Astrologia Para Leigos,
Tradução da 2ª Edição

Folha de Cola

Se você quer usar a astrologia para entender a si mesmo e aos outros, precisa saber os princípios astrológicos básicos e o que eles representam: os 12 signos do zodíaco; o Sol, a Lua e os planetas; as 12 casas do zodíaco.

Signos do Zodíaco: Símbolos, Datas, Características e Planetas Regentes

Qual é o seu signo? Um signo é a parte do zodíaco ocupada pelo Sol no momento do seu nascimento. Como o Sol reside em cada um dos signos do zodíaco por cerca de um mês, esses são também conhecidos como signos solares. A tabela a seguir mostra os 12 signos solares — juntamente com seus símbolos astrológicos, suas datas, as características essenciais associadas a eles e seus planetas regentes:

Signo	Símbolo	Datas	Características	Regente
Áries	♈	21 de março–20 de abril	Energia, iniciativa	Marte
Touro	♉	21 de abril–20 de maio	Confiança, persistência	Vênus
Gêmeos	♊	21 de maio–20 de junho	Versatilidade, curiosidade	Mercúrio
Câncer	♋	21 de junho–21 de julho	Intuição, simpatia	Lua
Leão	♌	22 de julho–22 de agosto	Confiança, autoexpressão	Sol
Virgem	♍	23 de agosto–22 de setembro	Observação, perfeccionismo	Mercúrio
Libra	♎	23 de setembro–22 de outubro	Equilíbrio, harmonia	Vênus
Escorpião	♏	23 de outubro–21 de novembro	Paixão, intensidade	Plutão (moderno), Marte (antigo)
Sagitário	♐	22 de novembro–21 de dezembro	Aventura, independência	Júpiter
Capricórnio	♑	22 de dezembro–20 de janeiro	Ambição, organização	Saturno
Aquário	♒	21 de janeiro–19 de fevereiro	Originalidade, imaginação	Urano (moderno), Saturno (antigo)
Peixes	♓	20 de fevereiro–20 de março	Sensibilidade, fé	Netuno (moderno), Júpiter (antigo)

Astrologia: Símbolos Planetários e Influências

A astrologia defende que o Sol, a Lua e os planetas representam diferentes facetas de quem você é e expressam suas energias através dos signos que eles ocupam em seu mapa astral. Esta tabela mostra o símbolo astrológico de cada um desses corpos celestiais (além dos o que representam.

Para Leigos®: A série de livros para iniciantes que mais vende no mundo.

Astrologia Para Leigos,

Tradução da 2ª Edição

Folha de Cola

Planetas: Símbolos e Influências

Planeta	Símbolo	Área de Influência
Sol	☉	Interioridade, preocupações primordiais
Lua	☽	Emoções, instintos, hábitos
Mercúrio	☿	Comunicação, intelecto, razão
Vênus	♀	Amor, beleza, arte
Marte	♂	Ação, desejo, agressividade
Júpiter	♃	Expansão, otimismo, prosperidade
Saturno	♄	Restrição, pessimismo, organização
Urano	♅	Revolução, excentricidade, rebeldia
Netuno	♆	Imaginação, sonhos, desilusões
Plutão	♇	Transformação, obsessão, poder
Nodo do Norte	☊	Seu potencial
Nodo do Sul	☋	Seu carma passado
Quíron	⚷	Ponto de cura

Casas Astrológicas e O que Significam

Assim como a faixa do céu onde o Sol, a Lua e os planetas podem ser encontrados é dividida em 12 signos, um mapa astrológico é dividido em 12 casas. Cada casa astrológica influencia diferentes áreas de sua vida, como mostrado na tabela:

Casa	Áreas de Influência
Primeira casa	Sua aparência e personalidade exterior
Segunda casa	Dinheiro, bens, valores
Terceira casa	Comunicação, ambiente próximo, irmãos e irmãs
Quarta casa	Casa, pais, raízes, situação no final da vida
Quinta casa	Romance, crianças, criatividade, diversão
Sexta casa	Trabalho, saúde, ocupação
Sétima casa	Casamento e outras parcerias
Oitava casa	Sexo, morte, regeneração, dinheiro dos outros
Nona casa	Educação superior, viagens, religião, filosofia, produção editorial, lei
Décima casa	Carreira, status, reputação, o outro progenitor
Décima primeira casa	Amigos, grupos, objetivos, aspirações
Décima segunda casa	Isolamento, segredos, espiritualidade, autossabotagem, intuições

Para Leigos®: A série de livros para iniciantes que mais vende no mundo.

Astrologia PARA LEIGOS

Tradução da 2ª Edição

Rae Orion

ALTA BOOKS
EDITORA

Rio de Janeiro, 2015

Astrologia Para Leigos
Copyright © 2015 da Starlin Alta Editora e Consultoria Eireli.

Translated from original Astrology For Dummies © 2010 by John Wiley & Sons, Inc. ISBN 978-0-470-09840-0. This translation is published and sold by permission of John Wiley & Sons, Inc., the owner of all rights to publish and sell the same. PORTUGUESE language edition published by Starlin Alta Editora e Consultoria Eireli, Copyright © 2015 by Starlin Alta Editora e Consultoria Eireli.

Todos os direitos reservados e protegidos por Lei. Nenhuma parte deste livro, sem autorização prévia por escrito da editora, poderá ser reproduzida ou transmitida.

Erratas: No site da editora relatamos, com a devida correção, qualquer erro encontrado em nossos livros bem como disponibilizamos arquivos de apoio se aplicável ao livro. Acesse o site www.altabooks.com.br e procure pelo título do livro desejado para ter acesso as erratas e/ou arquivos de apoio.

Marcas Registradas: Todos os termos mencionados e reconhecidos como Marca Registrada e/ou Comercial são de responsabilidade de seus proprietários. A Editora informa não estar associada a nenhum produto e/ou fornecedor apresentado no livro.

Impresso no Brasil — 1ª Edição, 2015

Vedada, nos termos da lei, a reprodução total ou parcial deste livro.

Produção Editorial Editora Alta Books **Produtor Responsável** Marcelo Vieira	**Gerência Editorial** Anderson Vieira **Supervisão Editorial** Angel Cabeza Sergio Luiz de Souza	**Design Editorial** Aurélio Corrêa	**Captação e Contratação de Obras Nacionais** J. A. Rugeri Marco Pace autoria@altabooks.com.br **Ouvidoria** ouvidoria@altabooks.com.br	**Marketing e Promoção** Hannah Carriello marketing@altabooks.com.br **Vendas Atacado e Varejo** comercial@altabooks.com.br
Equipe Editorial	Carolina Giannini Claudia Braga Gabriel Ferrira Letícia Vitoria	Jessica Carvalho Juliana Oliveira Mayara Coelho Mayara Soares	Milena Lepsch Rômulo Lentini Thiê Alves Silas Amaro	
Tradução Anna Carolina de Azevedo Caramuru	**Revisão Gramatical** Thamiris Rosana Almeida Leiroza	**Revisão Técnica** Gloria Britto *Taróloga, astróloga e autora de livros esotéricos.*	**Diagramação** Diniz Gomes dos Santos	

Dados Internacionais de Catalogação na Publicação (CIP)

```
O69a    Orion, Rae.
            Astrologia para leigos / por Rae Orion. – Rio de Janeiro, RJ :
        Alta Books, 2015.
            408 p. ; 24 cm.  – (Para leigos)

            Inclui índice e apêndice.
            Tradução de: Astrology for dummies (2. ed.).
            ISBN 978-85-7608-907-0

            1. Astrologia. 2. Horóscopos. 3. Astros. 4. Mapa astral. I.
        Título. II. Série.

                                                           CDU 133.52
                                                           CDD 133.5
```

Índice para catálogo sistemático:
1. Astrologia   133.52

(Bibliotecária responsável: Sabrina Leal Araujo – CRB 10/1507)

Rua Viúva Claudio, 291 – Bairro Industrial do Jacaré
CEP: 20970-031 – Rio de Janeiro – Tels.: (21) 3278-8069/8419
www.altabooks.com.br – e-mail: altabooks@altabooks.com.br
www.facebook.com/altabooks – www.twitter.com/alta_books

Sobre a Autora

Rae Orion calcula horóscopos desde os anos 1970, quando se tornou astróloga oficial de uma livraria metafísica na Costa Oeste e começou a fazer previsões para clientes. Ela ensinou astrologia para estudantes do Ensino Médio, profissionais do serviço social, amigos e parentes, e escreveu colunas mensais de horóscopo e artigos sobre astrologia (dentre outros temas) para a *New Woman* e outras revistas. Ela vive em Nova York.

Dedicatória

Para George, sempre.

Dedicatoria

Para Gladys, siempre

Agradecimentos

Dois capricornianos merecem aplausos especiais: meu marido, George, e minha editora, Chrissy Guthrie. Ambos são pensativos, sérios, organizados, gentis e muito mais divertidos do que geralmente se espera de alguém deste signo. Também quero agradecer a Tracy Boggier, que me reintroduziu ao modo de vida *For Dummies*; Ethel Winslow, que é tão boa astróloga quanto editora, e a outros na Wiley, incluindo Jessica Smith, David Lutton, as pessoas da composição gráfica e Christy Beck, cuja presença por trás dos bastidores sempre foi um conforto. Sem Reid Boates, este livro não existiria.

Apresentação à Edição Brasileira

É com prazer e orgulho que apresento a versão brasileira de *Astrologia Para Leigos*, da astróloga norte-americana Rae Orion.

A Astrologia é uma ciência milenar que tem como objetivo compreender e orientar as pessoas através do simbolismo expresso pelos signos, seus planetas regentes e os aspectos que formam num mapa natal.

Sua origem remonta, aproximadamente, a 4.000 anos a.C., já que na antiga biblioteca de Assurbanípal, em Nínive, Babilônia, foram encontradas tabuinhas com símbolos astrológicos. Porém, desde 15.000 a.C. o homem mesolítico já observava o Sol e a Lua. Os sacerdotes caldeus dividiam o céu em três faixas, chamando a do meio de Caminho de Anu. Viram que o Sol e a Lua cruzavam sempre as mesmas constelações dentro dessa faixa. Essa foi a primeira noção de zodíaco, uma vez que, a cada movimento dos astros, correspondiam eventos na Terra.

Entre os mesopotâmios a astrologia tornou-se de suma importância para o período de plantio, cultivo e colheita, já que o Sol era considerado, em seus ciclos, como o doador da vida. As raças nômades dos vaqueiros davam ênfase à Lua, por causa do período de acasalamento e procriação.

Existem provas de previsões astrológicas feitas para o Rei Sargão I da Babilônia, em 2350 a.C. e o horóscopo mais antigo feito para uma pessoa data de 20/04/409 a.C. A astrologia está em quase todas as culturas conhecidas do homem. Entre os chineses, hindus, gregos, romanos, árabes, astecas e egípcios, além de ter influenciado a Cabala, sistema filosófico-religioso dos hebreus.

Essa importante arte divinatória sobreviveu a todos esses milênios e não foi uma missão fácil. Ela foi elitizada, depois perseguida; Esteve oculta por muito tempo — considerada como mera superstição. Mas, a partir dos anos 1960, com o início da Era de Aquário, voltou com força total, se transformando num verdadeiro manual de comportamento, além de um poderoso instrumento de prospecção do futuro.

Quando recebi o original dessa obra, para fazer uma revisão técnica, inicialmente pensei se tratar de mais um manual sobre o assunto, daqueles do tipo "faça você mesmo". Mas, qual não foi a minha surpresa quando, no decorrer da leitura, me deparei com o belo e denso trabalho da astróloga Rae Orion.

Astrologia Para Leigos chega para preencher uma lacuna importante. De maneira simples e eficiente, ele introduz essa arte, desvendando para os iniciantes interessados os princípios básicos em uma linguagem divertida, mas certeira. Um formato deliciosamente elaborado, tornando o aprendizado quase um ato lúdico, mas sem perder a qualidade da informação e uma incrível organização dos textos.

Evidentemente, como o título já indica, alguns aspectos mais complexos ficaram de fora. Mas, o que se tem, já é o suficiente para fornecer uma visão bastante ampla da Astrologia e permitir que o nosso leigo se aventure nesse maravilhoso reino dos planetas, luminares e seus simbolismos, aprendendo mais sobre si mesmo e conseguindo obter boas pistas sobre pessoas e situações do seu cotidiano. É a possibilidade de lançar um olhar diferenciado sobre os "seres e haveres" muitas vezes intrigantes da vida.

Recomendo esse livro não apenas aos principiantes. Astrólogos profissionais também poderão fazer bom uso do seu conteúdo para orientar seus eventuais alunos e também para entrar em contato com as interpretações da autora, algumas engraçadas, outras práticas, mas, inegavelmente, todas muito bem embasadas. Eu vou fazer isso.

Quero deixar também os meus cumprimentos à Anna Carolina Caramuru, tradutora dessa obra. Garanto que, por tamanho esmero, deve ter alguns planetas em Virgem ou Libra.

Gostaria de finalizar essa apresentação com um belíssimo texto do Astrólogo Humanista Martin Schulmam que nos deixou uma visão sensível da missão de cada nativo do Zodíaco:

Os 12 Trabalhos — (tradução livre do texto de Martin Schulman)

"...E naquela manhã, Deus chamou suas doze crianças e, em cada uma delas, plantou a semente da vida humana.

Uma por uma, cada criança deu um passo à frente para receber o Dom e a função que lhe cabia.

A ti, Áries, dou a primeira semente para que tenhas a honra de plantá-la. Para cada semente que plantares, mais outro milhão de sementes se multiplicará em suas mãos. Não terás tempo de ver a semente crescer, pois tudo o que plantares criará cada vez mais e mais para ser plantado. Tu serás o primeiro a penetrar o solo da mente humana levando Minha Ideia. Mas não cabe a ti alimentar e cuidar dessa Ideia, nem questioná-la. Tua vida é ação, e a única ação que te atribuo é a de dar o passo inicial para tornar os homens conscientes da Criação.

Por este trabalho, Eu te concedo a Virtude do Respeito por Si mesmo.

Touro, a ti, Eu dou o poder de transformar a semente em substância. Grande é a tua tarefa, e requer paciência; pois tem que terminar tudo o que foi começado, para que as sementes não sejam desperdiçadas pelo vento. Não deves assim questionar, também não deves mudar de ideia no meio do caminho, nem depender dos outros para a execução do que te peço.

Para isso, Eu te concedo o Dom da Força. Trata de usá-la sabiamente.

A ti, Gêmeos, Eu dou as perguntas sem respostas, para que possas levar a todos um entendimento daquilo que o homem vê ao seu redor. Tu nunca saberás por que os homens falam ou escutam.

E em tua busca pela resposta encontrarás o Meu Dom reservado a Ti: O Conhecimento.

A ti, Câncer, atribuo a tarefa de ensinar aos homens a emoção. Minha ideia é que provoques neles risos e lágrimas, de modo que tudo o que eles vejam e sintam desenvolva uma plenitude desde dentro.

Para isso, Eu te dou o Dom da Família, para que sua plenitude possa me multiplicar.

A ti, Leão, atribuo a tarefa de exibir ao mundo Minha Criação em todo o seu esplendor. Mas deves ter cuidado com o orgulho e sempre lembrar que é Minha a criação e não tua. Se o esqueceres serás desprezado pelos homens. Há muita alegria em teu trabalho, basta fazê-lo bem.

Para isso, Eu te concedo o Dom da Honra.

A ti, Virgem, peço que empreendas um exame de tudo o que os homens fizerem com Minha Criação. Terás que observar com perspicácia os caminhos que percorrem, e lembrá-los de seus erros, de modo que através de ti minha Criação possa ser aperfeiçoada.

Para que assim o faças, Eu te concedo o Dom da Pureza.

A ti, Libra, dou a missão de servir, para que o homem esteja ciente de seus deveres para com os outros, e assim ele possa aprender a cooperação, como também a habilidade de refletir o outro lado de suas ações. Hei de te levar onde quer que haja discórdia.

Por teus esforços, Eu te concederei o Dom do Amor.

A ti, Escorpião, darei uma tarefa muito difícil. Terás a habilidade de conhecer a mente dos homens, mas não te darei permissão de falar o que aprenderes. Muitas vezes te sentirás ferido por aquilo que vês e em tua dor te voltarás contra Mim, esquecendo que não sou Eu, mas a perversão de Minha Ideia, o que te faz sofrer. Verás tanto e tanto do homem quanto animal, e lutarás tanto com os instintos em ti mesmo, que perderás o teu caminho.

Mas, quando finalmente voltares, terei para ti o Dom Supremo da Fidelidade.

A ti, Sagitário, eu peço que faças os homens rirem, pois entre as distorções da Minha Ideia eles se tornam amargos. Através do riso darás aos homens a esperança, e por ela voltarás seus olhos novamente para Mim. Chegarás a ter muitas vidas, ainda que só por um momento e em cada vida que atingires, conhecerás a inquietação.

A ti darei o Dom da Infinita Abundância, para que te possas expandir o bastante, até atingir cada recanto onde haja escuridão e levar aí a luz.

De ti, Capricórnio, quero o suor de tua fronte, para que possas ensinar aos homens o trabalho. Não é fácil tua tarefa, pois sentirás todo o labor dos homens sobre teus ombros.

Pelo jugo de tua carga, te concedo o Dom da Responsabilidade.

A ti, Aquário dou o conceito de futuro, para que através de ti, o homem possa ver outras possibilidades. Terás a dor da solidão, pois não te permito personalizar o Meu amor. Para que possas voltar os olhares humanos em direção a novas possibilidades, Eu te concedo o Dom da Liberdade, de modo que, livre, possas continuar a servir a humanidade onde quer que ela esteja.

E finalmente, a ti, Peixes, dou a mais difícil de todas as tarefas. Peço-te que reúna todas as tristezas dos homens e as traga de volta para Mim. Tuas lágrimas serão, no fundo, Minhas lágrimas. A tristeza e o padecimento que terás de absorver são o efeito das distorções impostas pelo homem à Minha Ideia, mas cabe a ti levar até ele a compaixão, para que possa tentar de novo.

Por esta tarefa, Eu te concedo o Dom mais alto de todos: tu serás o único de Meus doze filhos que Me compreenderá. Mas este Dom do Entendimento é só para ti, Peixes, pois quando tentares difundi-lo entre os homens, eles não te escutarão."

Um abraço e... Boa leitura!

Glória Britho*

---

* Glória Britho é jornalista, radialista, autora de livros esotéricos, estudiosa da Simbologia desde 1974, além de taróloga e astróloga profissional desde 1991. Conheça seu trabalho em `http://gloriabritho.com/`.

Sumário Resumido

Introdução.. 1

Parte I: Mapeando Seu Lugar no Cosmos 7

Capítulo 1: Uma Visão Astrológica Geral: o Horóscopo em Resumo....................... 9

Capítulo 2: Fazendo Seu Horóscopo de Forma Precisa: o Jeito Antigo versus o Jeito Novo ... 21

Capítulo 3: Calculando Seu Horóscopo Usando as Tabelas Neste Livro.............................. 31

Parte II: Lá Vem o Sol 41

Capítulo 4: Signos de Fogo: Áries, Leão e Sagitário.. 43

Capítulo 5: Signos de Terra: Touro, Virgem e Capricórnio..................................... 55

Capítulo 6: Signos de Ar: Gêmeos, Libra e Aquário... 67

Capítulo 7: Signos de Água: Câncer, Escorpião e Peixes....................................... 79

Parte III: Tudo Mais no Caldeirão Cósmico 91

Capítulo 8: Signos Lunares: o Fator Lunático 93

Capítulo 9: Os Planetas Pessoais 103

Capítulo 10: Os Planetas Exteriores (Mais um Incrível Asteroide) 121

Capítulo 11: O que Você Vê versus o que Você Tem: o Signo Ascendente (E Mais)............ 137

Capítulo 12: O Sol, a Lua e os Planetas nas Casas.. 151

Capítulo 13: Aspectos Surpreendentes: os Segredos da Geometria Cósmica.................... 173

Capítulo 14: Um Guia Para a Interpretação de Seu Mapa Astral 199

Parte IV: Usando Astrologia Agora Mesmo 215

Capítulo 15: As Combinações dos Signos Solares 217

Capítulo 16: Os Melhores Momentos de Nossas Vidas: Trânsitos.............................. 233

Capítulo 17: A Vantagem Lunar: usando a Astrologia na Vida Cotidiana 257

Capítulo 18: Inferno Retrógrado? A Verdade Revelada 265

Parte V: A Parte dos Dez 273

Capítulo 19: Dez Aptidões que Você Pode Descobrir em um Mapa 275

Capítulo 20: Dez (Mais Uma) Maneiras de Usar a Astrologia em Sua Vida: a Arte do
Momento Certo 285

Apêndices: Tabelas Planetárias.................................... 293

Índice...369

Sumário

Introdução..**1**

Sobre Este Livro..1
Convenções Usadas Neste Livro..1
O que Você Não Precisa Ler..2
Penso que...2
Como Este Livro Está Organizado...3
    Parte I: Mapeando Seu Lugar no Cosmos.................................3
    Parte II: Lá Vem o Sol...3
    Parte III: Tudo Mais no Caldeirão Cósmico..............................3
    Parte IV: Usando Astrologia Agora Mesmo...............................4
    Parte V: A Parte dos Dez...4
Ícones Usados Neste Livro...5
De Lá para Cá, Daqui para Lá..5

Parte I: Mapeando Seu Lugar no Cosmos........................**7**

Capítulo 1: Uma Visão Astrológica Geral: o Horóscopo em Resumo......9

Olhando Para o Céu Estrelado...10
Identificando os Signos do Zodíaco...11
Entendendo os Signos..12
    Polaridade: dividindo o zodíaco por dois................................13
    Modalidade: dividindo o zodíaco por três................................13
    Elementos: dividindo o zodíaco por quatro..............................13
    Juntando o zodíaco novamente...14
Considerando o Sol, a Lua e os Planetas.....................................16
Quem Faz as Regras? Descobrindo os Regentes dos Signos.......17
Avaliando o Ascendente e as Casas..18
    O Ascendente..18
    Fazendo um Tour pelas Casas...19

Capítulo 2: Fazendo Seu Horóscopo de Forma Precisa: o Jeito Antigo versus o Jeito Novo......21

Reunindo as Informações que Você Precisa..................................22
    Lidando com horas de nascimento aproximadas........................23
    Enfrentando a falta de informação...23
O que é Preciso para Calcular Seu Mapa Astral do Jeito Antigo.....24
Fazendo Seu Horóscopo em um Instante......................................26
Investindo em Softwares do Tipo "Faça Você Mesmo".................27
    Trabalhando com o Mac..27
    Usando um PC...28
    Buscando conselho..29

xvi   Astrologia Para Leigos

Capítulo 3: Calculando Seu Horóscopo Usando as Tabelas Neste Livro 31

Usando as Tabelas Neste Livro para Identificar Seus Planetas 32
Descobrindo Seu Signo Ascendente ou Crescente 33
    Encontrando seu signo ascendente em três etapas fáceis 34
    Cuidado com as limitações 36
Determinando Suas Casas 36
Criando um Horóscopo 38

Parte II: Lá Vem o Sol 41

Capítulo 4: Signos de Fogo: Áries, Leão e Sagitário 43

Áries, o Carneiro: 21 de Março–20 de Abril 44
    O lado positivo 44
    O lado negativo 45
    Relacionamentos 45
    Trabalho 46
Leão, o Felino: 23 de Julho–22 de Agosto 47
    O lado positivo 48
    O lado negativo 48
    Relacionamentos 49
    Trabalho 50
Sagitário, o Arqueiro: 22 de Novembro–21 de Dezembro 51
    O lado positivo 51
    O lado negativo 52
    Relacionamentos 52
    Trabalho 53

Capítulo 5: Signos de Terra: Touro, Virgem e Capricórnio 55

Touro, o Boi: 21 de Abril–20 de Maio 56
    O lado positivo 56
    O lado negativo 57
    Relacionamentos 57
    Trabalho 58
Virgem, a Donzela: 23 de Agosto–22 de Setembro 59
    O lado positivo 60
    O lado negativo 60
    Relacionamentos 61
    Trabalho 61
Capricórnio, a Cabra: 22 de Dezembro–21 de Janeiro 63
    O lado positivo 63
    O lado negativo 64
    Relacionamentos 64
    Trabalho 65

Capítulo 6: Signos de Ar: Gêmeos, Libra e Aquário 67

Gêmeos, os Irmãos Gêmeos: 21 de Maio–20 de Junho 68
    O lado positivo 68
    O lado negativo 69

Sumário *xvii*

Relacionamentos..69
Trabalho..70
Libra, a Balança: 23 de Setembro–22 de Outubro.............................71
O lado positivo..71
O lado negativo...72
Relacionamentos..73
Trabalho..73
Aquário, o Aguadeiro: 21 de Janeiro–19 de Fevereiro........................75
O lado positivo..75
O lado negativo...75
Relacionamentos..76
Trabalho..77

Capítulo 7: Signos de Água: Câncer, Escorpião e Peixes **79**

Câncer, o Caranguejo: 21 de Junho–21 de Julho................................80
O lado positivo..80
O lado negativo...81
Relacionamentos..81
Trabalho..82
Escorpião, o Aracnídeo: 23 de Outubro–21 de Novembro...................83
O lado positivo..84
O lado negativo...84
Relacionamentos..85
Trabalho..85
Peixes, os Dois Peixes: 20 de Fevereiro–20 de Março.........................87
O lado positivo..87
O lado negativo...88
Relacionamentos..88
Trabalho..89

Parte III: Tudo Mais no Caldeirão Cósmico *91*

Capítulo 8: Signos Lunares: o Fator Lunático **93**

A Lua nos Signos..94
Os Nodos da Lua..98
Os Nodos nos Signos...99

Capítulo 9: Os Planetas Pessoais **103**

Localizando Seus Planetas..103
Mercúrio: comunicação com Estilo..105
Vênus: o Amor Tudo Conquista...108
Marte: o Guerreiro da Estrada..111
Júpiter: quanto Mais, Melhor...113
Saturno: o Senhor dos Anéis..116

Capítulo 10: Os Planetas Exteriores (Mais um Incrível Asteroide) **121**

Urano: o Rebelde..123
Entendendo Urano..123
Urano nos signos..124

Netuno: o Sonhador...........127
   Estimando a influência de Netuno...........127
   Netuno nos Signos...........128
Plutão: o Poder da Transformação...........130
   Identificando a influência de Plutão...........131
   Plutão nos signos...........132
Quíron: o Curandeiro Ferido...........133
   A influência de Quíron...........134
   Quíron nos signos...........135

Capítulo 11: O que Você Vê Versus o que Você Tem: o Signo Ascendente (E Mais)...........137

Identificando o Seu Ascendente...........139
O que Seu Ascendente Diz Sobre Você...........139
Descobrindo e Entendendo o Seu Descendente...........144
Olhando para o Seu Meio do Céu e Fundo do Céu...........146

Capítulo 12: O Sol, a Lua e os Planetas nas Casas...........151

Fazendo um Tour Pelas Casas...........152
O Sol nas Casas...........152
A Lua nas Casas...........154
Os Nodos da Lua nas Casas...........156
Mercúrio nas Casas...........157
Vênus nas Casas...........159
Marte nas Casas...........160
Júpiter nas Casas...........163
Saturno nas Casas...........164
Urano nas Casas...........166
Netuno nas Casas...........168
Plutão nas Casas...........169
Interpretando Casas Vazias...........171

Capítulo 13: Aspectos Surpreendentes: os Segredos da Geometria Cósmica...........173

Identificando os Aspectos Principais...........173
Descobrindo Seus Aspectos...........176
Uma Nota Sobre Aspectos Menores...........178
Interpretando os Aspectos...........178
   Aspectos do Sol...........179
   Aspectos da Lua...........183
   Aspectos de Mercúrio...........186
   Aspectos de Vênus...........188
   Aspectos de Marte...........191
   Aspectos de Júpiter...........193
   Aspectos de Saturno...........195
   Aspectos de Urano, Netuno e Plutão...........196

Capítulo 14: Um Guia Para a Interpretação de Seu Mapa Astral...........199

Primeiro Passo: Encontrando Padrões Gerais...........199
   Análise por hemisfério...........200

Análise por modelo...201
Considerando os signos..206
Planetas nas casas: um ponto menor.............................207
Segundo Passo: Cinco Componentes Principais de um Mapa Astral.............209
Terceiro Passo: Procurando Padrões de Aspectos.............211
Quarto Passo: Montando o Quebra-Cabeças.....................214

Parte IV: Usando Astrologia Agora Mesmo 215

Capítulo 15: As Combinações dos Signos Solares..........217

Áries no Amor..217
Touro no Amor...219
Gêmeos no Amor...220
Câncer no Amor...222
Leão no Amor...224
Virgem no Amor...225
Libra no Amor..226
Escorpião no Amor..227
Sagitário no Amor..228
Capricórnio no Amor..229
Aquário no Amor..230
Peixes no Amor..231
Encontrando Outros Laços Planetários...........................231

Capítulo 16: Os Melhores Momentos de Nossas Vidas: Trânsitos.......233

Pesquisando Trânsitos...234
Mostrando a importância dos trânsitos......................234
Seguindo seus trânsitos..236
Rastreando Marte..237
Ativando Júpiter..240
Lidando com Saturno...242
Urano Imprevisível..246
Netuno Nebuloso...249
Plutão Ávido de Poder...251
Aviso: a Maldição do Astrólogo.....................................254

Capítulo 17: A Vantagem Lunar: Usando a Astrologia na Vida Cotidiana...257

Programar Suas Ações de Acordo com a Luz da Lua.........258
Usando a Lua nos Signos...259
Rastreando a Lua nas Casas..261
Tirando o Máximo de Proveito das Influências Lunares.....263
Evitando o Vazio..264

Capítulo 18: Inferno Retrógrado? A Verdade Revelada........265

Retrógrado Revelado..265
Lidando Bem com Mercúrio Retrógrado..........................266
Fazendo o melhor possível..266
Sabendo quando o rebuliço se aproxima...................268

Astrologia Para Leigos

Ficando de Olho em Vênus Retrógrado..269
Tomando Cuidado com Marte Retrógrado.......................................270
Os Outros Planetas..271

Parte V: A Parte dos Dez 273

Capítulo 19: Dez Aptidões que Você Pode Descobrir em um Mapa....275

Habilidades Artísticas..275
Proeza Atlética..277
Beleza (Ou o Poder da Atração)...277
Fator Celebridade..278
Cura...279
Tino Comercial...280
Ganhando Dinheiro..281
Habilidade Psíquica..282
Tornando-se um Astrólogo..283
Escrita...284

Capítulo 20: Dez (Mais Uma) Maneiras de Usar a Astrologia em Sua Vida: a Arte do Momento Certo.......................................285

Casando...285
Indo a um Primeiro Encontro...287
Abrindo um Negócio...287
Marcando uma Reunião..288
Dando uma Festa...289
Adquirindo um Computador...289
Comprando um Imóvel...290
Fazendo uma Cirurgia...290
Iniciando uma Dieta ou um Programa de Exercícios.............................291
Escrevendo um Livro ou um Roteiro...291
Diminuindo o Ritmo...292

Apêndice: Tabelas Planetárias 293
Índice 369

Introdução

Astrologia pode mudar sua vida. Ela mudou a minha. A Astrologia joga uma luz sobre os lugares secretos do eu, fornece a chave para entender os outros, contribui com um método útil para examinar os relacionamentos e ainda oferece um vislumbre do futuro. Além disso, como acontece com todas as grandes áreas de conhecimento, a astrologia tem o poder de alterar a percepção. Uma vez que você sabe algo sobre isso, nunca verá o mundo da mesma forma novamente.

Usando um vocabulário que é tanto objetivo quanto poético, a astrologia instiga a sua curiosidade (porque depois que você absorver seus princípios, toda pessoa que você encontrar, não importa o quão chato ou o quão fugaz foi o encontro, torna-se um mistério esperando para ser resolvido); ela amplia a sua percepção sobre comportamento e motivação e, acima de tudo, aumenta sua compaixão. Algumas pessoas pensam que a astrologia divide os seres humanos em 12 grupos. Como elas estão erradas!

A astrologia nos ensina que todos os seres humanos estão sujeitos a necessidades e desejos universais — e que cada indivíduo é inteira e esplendidamente único.

Sobre Este Livro

A astrologia tem muitas formas. Neste livro, concentro-me na *astrologia natal*, a interpretação de um mapa astral para obter conhecimento sobre si mesmo e sobre os outros. Usando exemplos da vida real, mostrarei como construir o seu mapa astral (ou como obtê-lo na internet), como interpretar as partes que o compõe e como usar essa informação para obter percepções de si mesmo e dos outros.

Considero a astrologia uma ferramenta — uma ferramenta objetiva — para a autocompreensão, para avaliar relacionamentos, examinar o seu potencial e até mesmo tomar algumas decisões básicas. Neste livro, mostro-lhe como usar essa ferramenta.

Convenções Usadas Neste Livro

Um dos aspectos mais charmosos da astrologia, na minha opinião, é que praticamente todos os mapas astrais, calendários e livros sobre o assunto estão repletos de pequenos símbolos misteriosos. Até você saber os símbolos de cor, sua presença pode ser distrativa e confusa. É, por isso, que costumo escrever os nomes dos signos, planetas e aspectos. No entanto,

Astrologia Para Leigos

em mapas astrais de verdade, palavras não são suficientes. Apresento os horóscopos do jeito que um astrólogo profissional faria — coberto de símbolos.

Memorizar esses símbolos é incrivelmente útil. Mas você não precisa fazê-lo. Em vez disso, pode ir para a Folha de Cola no início deste livro, onde encontrará uma lista organizada de cada símbolo que precisa saber. A Folha de Cola permite traduzir os símbolos de volta para o Português. Dessa forma, quando você está olhando para um mapa astral e vê algo como isto:

☽26 ♊23

você saberá que isso significa que a Lua (☽) está em Gêmeos (♊) a 26 graus e 23 minutos.

Neste livro, sempre que me refiro a uma posição planetária, como a do exemplo anterior, a descrevo como 26° 23' de Gêmeos. Normalmente não escrevo por extenso as palavras *grau* (°) e *minuto* ('). Suponho que você já conheça os símbolos. Em mapas astrais, vou mais longe e omito esses dois pequenos símbolos. Em vez disso, os mapas deste livro anunciam posições planetárias usando negrito para os graus e grafia regular para os minutos, como segue: **26** 23.

O Que Você Não Precisa Ler

Gostaria que lesse cada palavra deste livro, mas você não precisa. Você pode tranquilamente ignorar os parágrafos marcados com o ícone de Papo de Especialista e ainda pode pular as caixas de texto (as caixas sombreadas de cinza que estão espalhadas ao longo do livro). Embora a leitura dessas seções vá reforçar a sua compreensão, você ficará na boa sem elas.

Penso Que...

Apesar do título deste livro, suponho que você não seja totalmente leigo. Suponho que esteja intrigado com a arte da astrologia porque você está buscando novas formas de compreensão. Presumo também que, seja você um novato ou um seguidor de longa data, esteja especialmente interessado em seu próprio horóscopo.

Suponho que você tenha acesso a um computador e possa entrar na web, onde pode facilmente obter seu mapa astral (você também pode montar um por conta própria, usando apenas o material neste livro). Esse horóscopo combinado a este livro permite que você explore a astrologia por uma infinidade de formas.

Introdução **3**

Minha suposição final é que você simplesmente tenha o mínimo de bom senso, que espere uma compreensão da astrologia e não acerte os números da loteria; que você entenda que a astrologia não é sobre destino ou mesmo sobre sorte. É sobre possibilidade, propensão e potencial. Uma velha máxima, ensinada a todas as gerações de astrólogos, diz tudo: os astros regem, mas não governam.

Como Este Livro Está Organizado

Astrologia Para Leigos, Tradução da 2ª Edição, segue uma sequência lógica. Tudo começa com uma visão geral, oferece vários métodos para obter o seu mapa e, em seguida, explora os signos solares e os outros componentes do mapa em detalhes. Depois disso, ele se estende aos relacionamentos, pula para as maneiras de usar a astrologia no dia a dia, e conclui com uma seção sobre aptidões e momentos astrológicos.

Parte I: Mapeando Seu Lugar no Cosmos

Estes três capítulos cobrem o básico. O Capítulo 1 fala brevemente sobre o Sol, a Lua, os planetas, o signo ascendente e as 12 casas. O Capítulo 2 explica como obter o seu mapa através da internet ou de um software de computador. E o Capítulo 3 explica como construir um rascunho do seu mapa utilizando as tabelas neste livro. Depois disso, você está pronto para mergulhar no restante do livro.

Parte II: Lá Vem o Sol

A Astrologia é uma arte interpretativa, que pode levar a muitas direções. Aqui ela tem início com quatro capítulos sobre os signos solares, organizados de acordo com o elemento. O Capítulo 4 aborda os signos de fogo (Áries, Leão e Sagitário); o Capítulo 5 explora os signos de terra (Touro, Virgem e Capricórnio); o Capítulo 6 fala sobre os signos de ar (Gêmeos, Libra e Aquário); o Capítulo 7 pondera sobre os signos de água (Câncer, Escorpião e Peixes).

Parte III: Tudo Mais no Caldeirão Cósmico

Os signos astrológicos, embora fascinantes, deixam muitas perguntas sem respostas.

Os capítulos desta parte ajudam a preencher os espaços em branco. O Capítulo 8 esclarece um pouco sobre a Lua e os Nodos da Lua em cada um dos 12 signos. Os capítulos 9 e 10 falam de Mercúrio, Vênus, Marte, Júpiter, Saturno, Urano, Netuno e Plutão — e também do asteroide Quíron, que foi

Astrologia Para Leigos

descoberto em 1977 e é agora frequentemente incluído no horóscopo por muitos astrólogos. O Capítulo 11 fala sobre o Ascendente, o capítulo 12 descreve a influência dos planetas em cada uma das casas. Finalmente, o Capítulo 13 analisa a forma como os planetas interagem através da análise dos *aspectos* ou relações geométricas, que os interligam.

Depois que você olhar para seus posicionamentos planetários, você poderá sofrer uma sobrecarga de informações. Não tenha medo — O Capítulo 14 mostra como filtrar os dados em busca dos componentes mais importantes, procurando por padrões que caracterizem o seu mapa como um todo.

Parte IV: Usando Astrologia Agora Mesmo

Adquirir conhecimento sobre sua psique é um empreendimento valioso, mas a maioria das pessoas interessadas em astrologia tem outros assuntos em mente: como relacionamentos, o que discuto no Capítulo 15. Também incluo nesse capítulo uma avaliação de todas as 78 combinações de signos solares — além de dicas sobre como conquistar o coração de cada signo do zodíaco.

Nos capítulos 16, 17 e 18, digo como tirar o melhor proveito da astrologia. O Capítulo 16 explica como as posições atuais de Marte, Júpiter, Saturno, Urano, Netuno e Plutão lhe afetam — e o que você pode esperar do futuro.

O Capítulo 17, o mais prático do livro, concentra-se em apenas um planeta (e estou usando essa palavra de forma imprecisa): a Lua. Sua oscilação mensal através de todas as suas fases e todos os 12 signos resulta em dias em que o cosmos está a seu favor — e em dias em que ele definitivamente não está. Neste capítulo, explico como a posição da Lua pode ajudá-lo a decidir quando tomar a iniciativa, quando recuar, quando começar projetos, quando esperar, e muito mais.

O Capítulo 18 aborda um fenômeno que nunca deixa de incomodar as pessoas: Mercúrio retrógrado, que é famoso por gerar crises, atrasando e piorando as coisas. Sou geralmente bastante otimista sobre essa influência passageira. Afinal, isso acontece três vezes por ano. Qual é o problema? Ou assim eu pensava. Porém, recentemente, esse Mercúrio retrógrado me colocou no trem errado duas vezes numa semana, destruiu uma correspondência crucial e lobotomizou meu iPod. Neste capítulo, digo como você pode lidar com isso melhor do que eu.

Parte V: A Parte dos Dez

Depois de entender o Sol, a Lua e os planetas, você cobriu o básico. Nesta parte, aplico essa informação de duas maneiras. No capítulo 19, revelo os componentes planetários de dez aptidões diferentes. E no capítulo 20,

Introdução 5

que trata da arte do Momento Certo, digo quando dar uma festa, quando começar um negócio, quando comprar um computador e até mesmo quando se casar — pelas estrelas.

Você também encontrará o Apêndice, que lista as posições do Sol, da Lua e dos planetas, incluindo Quíron. Esta é a seção do livro a qual recorrer quando estiver fazendo um mapa astral. Ela diz onde os planetas estavam entre 1930 e 2012.

Ícones Usados Neste Livro

Há quatro ícones espalhados por este livro que servem como sinais de trânsito. Aqui está o que eles significam:

Em um mundo ideal, cada posição planetária, aspecto e trânsito discutido neste livro seria acompanhado por um exemplo da vida de um ser humano de carne e osso. No mundo real, o espaço do livro é limitado, por isso consigo dar apenas alguns exemplos. Este ícone destaca os exemplos. Em muitos casos, uso como exemplos da vida real estrelas de cinema, políticos e outras figuras públicas. Às vezes, concentro-me em pessoas que eu conheço pessoalmente. Nesses casos, os nomes são alterados. A astrologia continua a mesma.

Certos fatos e princípios são essenciais. Discuto a maioria deles nos primeiros capítulos. Mas quando você precisar lembrar de um fato, a fim de compreender outro aspecto de um mapa astral, vou tentar gentilmente lembrá-lo usando este ícone.

É impossível falar de astrologia sem se deparar com a astronomia e a matemática. Sempre que eu der uma explicação científica essencial de um fenômeno astrológico, vou avisá-lo com antecedência, usando este ícone. Quer pular a explicação? Vá em frente. Na maioria das vezes, você pode ignorá-la e continuar no caminho certo.

Um parágrafo marcado com este ícone pode sugerir uma maneira mais fácil de fazer algo. Pode sugerir um livro ou um site que trata de um assunto similar ao que está sendo discutido no texto, pode sugerir uma forma de contrabalançar um problema que surge com uma configuração particular em um mapa, ou que pode dizer-lhe como seduzir um capricorniano. Nunca digam que a astrologia não é útil.

De Lá para Cá, Daqui para Lá

Se você é um novato, talvez deva saber a verdade: a astrologia é um sistema complicado. A única maneira de descrevê-lo é começar pelo princípio, que é o que eu faço. Mas vejo a maneira como as pessoas folheiam livros de astrologia, assim eu o escrevi sabendo que você pode abri-lo em

6 Astrologia Para Leigos

qualquer parte. Por isso, considero este livro uma referência. Você não precisa ler os capítulos seguindo uma ordem particular. Você nem precisa lembrar de muita coisa de um capítulo antes de partir para o outro, porque este livro está cheio de referências cruzadas e lembretes. Se você já sabe um pouco sobre o assunto, pode pular para qualquer parte.

No entanto, você pode querer começar no início e ler um capítulo ou dois, antes de imergir no resto do livro. Se você sabe o seu signo, mas nada além, vá para o Capítulo 2, que lhe diz como conseguir um horóscopo preciso. Se você já tem uma cópia desse documento essencial, está pronto para começar. Convido você a dar um passeio aleatório por este livro.

Acho que o conhecimento que ganhei da astrologia é consistentemente fascinante e útil. Tenho esperança de que você também vá se alegrar — e se beneficiar — com a sabedoria das estrelas

Parte I
Mapeando Seu Lugar no Cosmos

A 5ª Onda — Por Rich Tennant

"Eu nasci sob o signo do 'Estacionamento'. Minha mãe mal conseguiu sair do carro, que dirá chegar ao hospital."

Nesta parte . . .

"**C**onhece-te a ti mesmo", disse o Oráculo de Delfos. Ainda é um bom conselho. Mas sugestões como essa nunca são fáceis de cumprir... a não ser que você saiba astrologia. Um sistema antigo e em evolução, a astrologia ilumina os recantos secretos da psique e aponta o caminho para o autoconhecimento. A astrologia permite-lhe conhecer seus pontos fortes, reconhecer suas fraquezas, aceitar suas necessidades e compreender de outra forma o comportamento incompreensível das pessoas que você conhece. Mas, primeiro, você precisa de uma cópia de seu mapa. Esta parte diz a você como conseguir uma.

Capítulo 1
Uma Visão Astrológica Geral: o Horóscopo em Resumo

Neste Capítulo

▶ Retratando o sistema solar

▶ Percorrendo o zodíaco

▶ Classificando os signos por polaridade, modalidade e elemento

▶ Contemplando o Sol, a Lua e os planetas

▶ Apresentando os regentes de cada signo

▶ Descobrindo o Ascendente

▶ Perambulando pelas casas

Diz a lenda que Sir Isaac Newton, considerado o maior gênio de todos os tempos, teria explorado a astrologia. Newton tinha uma mente curiosa complexa. Além de ter inventado o cálculo e ter descoberto a Lei da Gravitação Universal, ele se interessava pela alquimia (a tentativa de transformar metais comuns em ouro), pela Bíblia e pela astrologia. Quando seu amigo Edmund Halley (que deu nome ao cometa) fez um comentário depreciativo sobre a astrologia, Newton, um capricorniano conservador, disparou de volta: "Senhor, eu tenho estudado o assunto. Você não." Ou assim contam.

Como qualquer outro astrólogo, gosto de pensar que a história poderia ser verdade. Afinal, a astrologia entrou e saiu de moda, mas nunca deixou de ter seguidores. Catarina de Médici tinha Nostradamus como seu astrólogo, a rainha Elizabeth I consultava John Dee, e outros astrólogos aconselharam Napoleão, George Washington, J.P. Morgan e Ronald Reagan. No entanto, em todo esse tempo, ninguém deu uma explicação satisfatória de por que a astrologia funciona. Ao longo dos séculos, os defensores da arte antiga sugeriram que a gravidade seria o motor da astrologia... ou eletromagnetismo... ou a "Lei da Correspondência" metafísica. Carl G. Jung resumiu esse ponto de vista, quando escreveu: "Nascemos em um determinado momento, em um determinado lugar e como um vinho vintage, temos as qualidades do ano e da época em que nascemos."

Não sei por que a astrologia funciona, não mais do que Sir Isaac Newton sabia. Mas posso assegurar-lhe que funciona. O padrão que os planetas seguem no momento de seu nascimento — ou seja, seu mapa astral ou horóscopo — descreve suas tendências, habilidades, desafios e potencial. Não prevê o seu destino, ainda que torne alguns destinos mais propensos a serem realizados do que outros. Seu destino exato, acredito eu, é com você.

Neste capítulo, aprofundo-me na astronomia por trás da astrologia, nos signos do zodíaco e nos componentes do mapa astral.

Olhando Para o Céu Estrelado

Imagine, se puder, o nosso sistema solar. No meio está o Sol. Girando em torno dele estão os planetas e os asteroides, cujas órbitas giram ao redor do Sol mais ou menos da maneira como os sulcos em um vinil circulam o selo no centro.

Essa ideia, ensinada a nós na infância, teria deixado abismados os astrônomos antigos. Eles nunca duvidaram que o Sol, a Lua e os planetas girassem em torno da Terra. E embora saibamos mais agora, pensar dessa forma não os tornava estúpidos. O Sol realmente parece girar em torno da Terra. Parece nascer no leste e se pôr no oeste. E ele fica sempre dentro dos limites de um círculo espacial que circunda a Terra como um arco gigante. Esse círculo imaginário é chamado de *eclíptica*.

A seguir estão os três fatos mais importantes sobre a eclíptica:

- A eclíptica representa o caminho aparente do Sol ao redor da Terra — aparente porque, na verdade, o Sol não gira em torno da Terra. Ele apenas aparenta girar.
- Como um círculo, a elíptica está dividida em 360 graus — e cada grau é, por sua vez, dividido em 60 minutos. Os primeiros 30 graus da eclíptica são Áries, os próximos 30 graus são Touro, e assim por diante.
- As estrelas, que estão espalhadas como poeira ao longo de toda a extensão da eclíptica, formam as constelações do zodíaco.

Aqui vem a parte confusa: os signos do zodíaco e as constelações que compartilham seus nomes não são os mesmos. Os signos são divisões da eclíptica, cada um exatamente um duodécimo do comprimento total — 30 graus. As constelações não têm nada a ver com os signos. Eu explico este triste fato em "Os signos, as constelações e a precessão dos equinócios".

Capítulo 1: Uma Visão Astrológica Geral

Os signos, as constelações e a precessão dos equinócios

Milhares de anos atrás, quando os babilônios estavam estabelecendo os princípios da astrologia, as constelações e os signos do zodíaco foram alinhados. No equinócio vernal (o primeiro dia do outono no hemisfério sul e da primavera no hemisfério norte), o Sol estava "na" constelação de Áries: ou seja, se você pudesse ver o Sol e as estrelas ao mesmo tempo, veria o Sol rodeado pelas estrelas de Áries. Naqueles bons tempos, os signos e as constelações coincidiam.

Infelizmente, isso não é mais o caso. No equinócio vernal de hoje, o Sol aparece em meio às estrelas (de pouca grandeza) de Peixes — um cenário bem diferente.

A razão para essa mudança é que Terra oscila no seu eixo, que traça um círculo no espaço como o eixo de um pião. Da mesma forma que os desvios do eixo, as constelações parecem deslizar para trás. A quantidade de deslocamentos ao longo da vida de uma pessoa é minúscula, mas ao longo de gerações, aumenta. Como resultado, cada equinócio ocorre um pouco mais cedo no zodíaco que o anterior. Este processo é chamado de *precessão dos equinócios*. Isso explica porque o equinócio vernal, que

costumava ocorrer na constelação de Áries, agora acontece em Peixes.

Quando o equinócio recua ainda mais, para a constelação do portador da água, a Era de Aquário começa oficialmente. Os astrólogos divergem sobre quando ela teria início. Alguns estão convencidos de que ela está acontecendo agora. Outros acreditam que levará décadas — ou séculos — de distância. Eventualmente, o ciclo começará novamente. Por volta do ano 23.800, o equinócio vernal voltará a Áries e os astrólogos poderão pular toda essa explicação. Enquanto isso, constelações do zodíaco e signos do zodíaco não são a mesma coisa.

Os céticos que atacam a astrologia — e por alguma razão, estas almas cautelosas podem ser incrivelmente hostis — muitas vezes apontam para a mudança de posição das constelações e para a precessão dos equinócios como prova de que a astrologia é falsa. A verdade é que os astrólogos estão bem cientes desse fenômeno. Eles consideram as constelações como placas de sinalização e algo mais. O que importa é a divisão da eclíptica. As estrelas, por mais gloriosas que sejam, não têm nada a ver com o seu signo.

Identificando os Signos do Zodíaco

O signo que o Sol ocupava no momento de seu nascimento é o fato astrológico mais básico sobre você. Ele define seu ego, motivações, necessidades e forma de ver a vida. Mas o Sol não é o único "planeta" que o afeta (para fins astrológicos, os dois luminares — o Sol e a Lua — são chamados de planetas. Faça um favor a si mesmo e não use essa terminologia quando falar com astrônomos). Mercúrio, Vênus, Marte, Júpiter, Saturno, Quíron, Urano, Netuno e Plutão, para não mencionar a Lua, representam diferentes tipos de energia que se expressam no estilo do signo em que se encontram.

Parte I: Mapeando Seu Lugar no Cosmos

No entanto, astrologicamente falando, o seu signo solar é o fato mais importante sobre você. Para determinar o signo, use a Tabela 1-1. Tenha em mente que as datas variam de ano para ano. Afinal, apesar de um círculo ter 360 graus e cada signo ter precisamente 30 graus, é um fato inconveniente de que um ano tem 365 dias — sem contar os anos bissextos. Como resultado, os signos não se dividem em dias tão bem quanto você gostaria. Se você nasceu no primeiro ou último dia de um signo, você pode querer verificar o seu signo de nascimento, utilizando as tabelas no Apêndice, aventurando-se pela internet ou consultando um astrólogo.

Tabela 1-1	Os Signos Solares	
Signo	*Datas*	*Símbolo*
Áries, o Carneiro	21 de março–20 de abril	♈
Touro, o Boi	21 de abril–20 de maio	♉
Gêmeos, Os Irmãos Gêmeos	21 de maio–20 de junho	♊
Câncer, o Caranguejo	21 de junho–21 de julho	♋
Leão, o Felino	22 de julho–22 de agosto	♌
Virgem, a Donzela	23 de agosto–22 de setembro	♍
Libra, a Balança	23 de setembro–22 de outubro	♎
Escorpião, o Aracnídeo	23 de outubro–21 de novembro	♏
Sagitário, o Arqueiro	22 de novembro–21 de dezembro	♐
Capricórnio, a Cabra	22 de dezembro–20 de janeiro	♑
Aquário, o Aguadeiro	21 de janeiro–19 de fevereiro	♒
Peixes, os Dois Peixes	20 de fevereiro–20 de março	♓

Entendendo os Signos

Como qualquer sistema que se preze, a astrologia classifica e interpreta as partes básicas que a integram de várias maneiras. Só para começar, cada signo é definido por uma *polaridade* (padrão de reação positiva ou negativa), uma *qualidade* ou *modalidade* (forma de expressão) e um *elemento* (descrição de temperamento base).

Capítulo 1: Uma Visão Astrológica Geral **13**

Polaridade: dividindo o zodíaco por dois

Você pode descobrir a polaridade de cada signo, dividindo o zodíaco ao meio. Começando com Áries, seis signos *positivos* ou *masculinos* alternam com seis signos *negativos* ou *femininos*. A linguagem sexista, lamento dizer, é tradicional. Muitos astrólogos usam os termos yin e yang em seu lugar. Seja lá como os chame, os significados são os seguintes:

- **Signos positivos** (yang) são mais extrovertidos, objetivos e assertivos.
- **Signos negativos** (yin) são mais introvertidos, subjetivos e receptivos.

O zodíaco também pode ser dividido em pares de signos opostos. Os signos opostos são: Áries e Libra; Touro e Escorpião; Gêmeos e Sagitário; Câncer e Capricórnio; Leão e Aquário; Virgem e Peixes.

Modalidade: dividindo o zodíaco por três

As três modalidades a seguir descrevem diferentes formas de expressão:

- **Signos cardinais** são empreendedores. Eles dão início à mudança e fazem as coisas acontecerem. Os signos cardinais são Áries, Câncer, Libra e Capricórnio.
- **Signos fixos** consolidam e preservam a mudança. Eles estão focados e determinados. Os signos fixos são Touro, Leão, Escorpião e Aquário.
- **Signos mutáveis** são flexíveis e versáteis. Eles adaptam-se e ajustam--se. Os signos mutáveis são Gêmeos, Virgem, Sagitário e Peixes.

Dentro do ciclo do zodíaco, as três modalidades ocorrem em sequência. A energia cardinal inicia a mudança, a energia fixa persiste e mantém o *status quo*, e a energia mutável se adapta às diferentes circunstâncias.

Elementos: dividindo o zodíaco por quatro

Descrever o temperamento de cada signo do zodíaco, atribuindo-lhe um dos quatro elementos antigos, é provavelmente o mais famoso método de classificação. Os quatro elementos são fogo, terra, ar e água:

- **Fogo** traz vitalidade, entusiasmo e intensidade. Os signos de fogo são Áries, Leão e Sagitário.
- **Terra** dá estabilidade, bom senso e a capacidade de realizar as coisas. Os signos de terra são Touro, Virgem e Capricórnio.

Parte I: Mapeando Seu Lugar no Cosmos

- ✔ **Ar** instiga o intelecto e melhora a sociabilidade. Os signos de ar são Gêmeos, Libra e Aquário.
- ✔ **Água** fortalece as emoções e a intuição. Os signos de água são Câncer, Escorpião e Peixes.

Juntando o zodíaco novamente

Depois que você sabe a ordem dos signos, é fácil atribuir-lhes a sua polaridade, modalidade e elemento, porque essas classificações sempre ocorrem em sequência (você pode ver claramente a sequência na Tabela 1-2). Essas classificações transmitem uma grande quantidade de informações. Se a única coisa que você sabe é a polaridade, modalidade e elemento de cada signo, você já sabe muito.

Tabela 1-2	As Características dos Signos		
Signo	*Polaridade*	*Modalidade*	*Elemento*
Áries	Positivo	Cardinal	Fogo
Touro	Negativo	Fixo	Terra
Gêmeos	Positivo	Mutável	Ar
Câncer	Negativo	Cardinal	Água
Leão	Positivo	Fixo	Fogo
Virgem	Negativo	Mutável	Terra
Libra	Positivo	Cardinal	Ar
Escorpião	Negativo	Fixo	Água
Sagitário	Positivo	Mutável	Fogo
Capricórnio	Negativo	Cardinal	Terra
Aquário	Positivo	Fixo	Ar
Peixes	Negativo	Mutável	Água

Por exemplo, veja Câncer, o caranguejo. É o signo da água, cardinal e negativo. Isto lhe diz que os cancerianos tendem a ser introvertidos e receptivos (negativo), com uma forte dose de iniciativa (cardinal) e de forte consciência emocional (água).

Capítulo 1: Uma Visão Astrológica Geral **15**

O Homem do Zodíaco

Os arcos do zodíaco através do cosmos são enormes e incrivelmente remotos. Seu equivalente simbólico, pequeno e incrivelmente próximo, é o corpo humano. Dois mil anos atrás, um astrólogo romano chamado Manilius correlacionava cada signo do zodíaco com uma parte do corpo, em uma sequência que começa na cabeça com Áries e vai até os pés, que pertencem a Peixes. A arte medieval, tanto a europeia quanto a islâmica, inclui muitas representações do chamado Homem do Zodíaco, que também aparece em textos médicos antigos. Na verdade, a medicina já foi praticada fiando-se na astrologia, não só pela sua compreensão da doença, mas também para a sua cura.

Tenho minhas dúvidas sobre a astrologia médica (embora deva dizer que já vi casos em que ela é assustadoramente precisa, a ponto de ser perturbadora). No entanto, amo esse esquema porque ele me faz lembrar que o espectro da experiência representado pelos signos do zodíaco é universal e vive em todos nós.

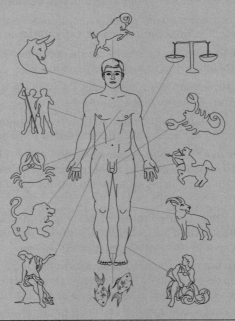

Ou considere Leão, que é vizinho de Câncer, mas possui uma personalidade muito diferente (como ocorre sempre com signos vizinhos). Leão é o signo de fogo, fixo e positivo. Isso significa que seus nativos tendem a ser extrovertidos (positivo), determinados (fixo) e cheios de vitalidade (fogo).

Parte I: Mapeando Seu Lugar no Cosmos

 A polaridade, a modalidade e o elemento fornecem um sentido rudimentar do que se trata cada signo. Para uma descrição detalhada dos signos, vá para a Parte II.

Considerando o Sol, a Lua e os Planetas

O Sol, a Lua e os planetas, cada um tem sua parte em seu horóscopo. Os seus significados são os seguintes:

- **O Sol** representa a sua essência, vontade, individualidade, vitalidade e desejo de poder. Mais do que qualquer outro planeta, ele representa quem você é. Também simboliza os homens em geral.
- **A Lua** representa suas emoções, subconsciente, instintos, hábitos e memória. Ela também representa as mulheres em geral.
- **Mercúrio** simboliza o seu estilo de comunicação, a sua capacidade de raciocínio e sua maneira de pensar.
- **Vênus** representa aquelas partes da sua vida que estão preocupadas com amor, atração, beleza, posses e artes.
- **Marte** é o planeta do desejo e da agressividade. Ele representa a sua energia física, combatividade, iniciativa e coragem.
- **Júpiter** é o planeta da expansão e boa sorte. Ele representa o crescimento, a prosperidade, a abundância, a sabedoria, a generosidade e a mente superior. A posição de Júpiter em um horóscopo diz-lhe onde você tem sorte.
- **Saturno** representa limitação, restrição, cautela, organização, perseverança e disciplina. Ele lhe diz onde você tem que enfrentar seus medos — e também onde você é ambicioso.
- **Quíron**, um planeta anão descoberto em 1977, representa mágoas passadas e cura futura. Astrólogos, dos quais nem todos usam Quíron, muitas vezes o associam à medicina holística.
- **Urano** representa originalidade, independência, rebeldia, criatividade, percepção e tudo que é inesperado.
- **Netuno** representa espiritualidade, sonhos, capacidade psíquica, intuição, desintegração, compaixão, autossacrifício, decepção e ilusão.
- **Plutão** representa eliminação, destruição, regeneração, renovação e transformação.

Capítulo 1: Uma Visão Astrológica Geral

Uma forma de simplificar tudo isso é atribuir uma única palavra — ou, como preferem dizer os astrólogos, palavra-chave — para cada planeta. Essas palavras-chave, que resumem o significado de cada planeta, aparecem na Tabela 1-3.

Tabela 1-3	Palavras-chave dos Planetas	
Planeta	*Palavra-chave*	*Símbolo*
Sol	Interioridade	☉
Lua	Emoção	☽
Mercúrio	Comunicação	☿
Vênus	Amor	♀
Marte	Ação	♂
Júpiter	Expansão	♃
Saturno	Restrição	♄
Quíron	Cura	⚷
Urano	Revolução	♅
Netuno	Imaginação	♆
Plutão	Transformação	♇

Quem Faz as Regras? Descobrindo os Regentes dos Signos

Em um mundo ideal, todo planeta funcionaria bem em todos os signos. Mas, na verdade, algumas colocações são melhores que outras. O signo em que o planeta parece funcionar de forma mais eficaz é o signo que ele rege. Dois mil anos atrás, quando os astrólogos só tinham que se preocupar com o Sol, a Lua e cinco planetas, eles atribuíram as regências da seguinte forma:

- O Sol regia Leão.
- A Lua regia Câncer.
- Mercúrio regia Gêmeos e Virgem.
- Vênus regia Touro e Libra.
- Marte regia Áries e Escorpião.
- Júpiter regia Peixes e Sagitário.
- Saturno regia Aquário e Capricórnio.

Depois que Urano foi descoberto em 1781, seguido por Netuno em 1846, e Plutão em 1930, os astrólogos modificaram o sistema. Hoje, os planetas regentes mais comumente aceitos são os seguintes:

- ✔ O Sol rege Leão.
- ✔ A Lua rege Câncer.
- ✔ Mercúrio rege Gêmeos e Virgem.
- ✔ Vênus rege Touro e Libra.
- ✔ Marte rege Áries.
- ✔ Júpiter rege Sagitário.
- ✔ Saturno rege Capricórnio.
- ✔ Urano rege Aquário.
- ✔ Netuno rege Peixes.
- ✔ Plutão rege Escorpião.

Nos últimos anos, os astrônomos descobriram legiões de asteroides, luas e outros corpos celestes em nosso sistema solar. Um deles é Quíron, que foi descoberto em 1977. Alguns astrólogos acreditam que Quíron é o regente de Virgem. Outros o associam a Sagitário. Muitos não se incomodam com ele, e a ele ainda falta ser atribuído a regência de um signo.

Avaliando o Ascendente e as Casas

Os planetas não são os únicos componentes essenciais do seu mapa. O signo Ascendente ou crescente — o signo que surgia no horizonte no momento do seu nascimento — é igualmente importante. Refere-se a sua máscara ou persona — a face que você mostra ao mundo. Ele também marca o início das 12 casas.

O Ascendente

Alguma vez você já teve uma amiga que era a Miss Simpatia — até que você a conhece? Alguma vez conheceu alguém que parecia distante e frio de cara, mas carinhoso depois? Você conhece alguém que é a essência do mal, cuja atitude alegre mascara uma mente calculista e manipuladora? E já se perguntou qual o seu efeito nas outras pessoas, especialmente quando elas não conhecem você muito bem? Seu horóscopo fornece a resposta. Enquanto o seu signo solar pode não ser evidente para as pessoas, elas definitivamente percebem o seu Ascendente. É a sua imagem, a

Capítulo 1: Uma Visão Astrológica Geral 19

sua fachada, sua personalidade aparente. Se ele se choca ou se harmoniza com o seu signo solar, descreve a forma como as pessoas o veem e a impressão que fazem de você. Na verdade, alguns astrólogos consideram o regente do Ascendente — ou seja, o planeta que rege o signo ascendente — o regente geral do seu mapa.

Não importa qual seja o seu signo solar, qualquer um dos 12 signos poderia estar no horizonte quando você nasceu. Se você nasceu por volta do amanhecer, quando o Sol estava surgindo no horizonte, você já sabe o seu signo ascendente: é o mesmo que o seu signo solar. Se você nasceu em qualquer outro momento do dia, o seu signo ascendente e o seu signo solar são diferentes.

Para aquelas pessoas cujos signos solares e ascendentes são idênticos, a superfície e a essência são as mesmas. Para todos os outros, as aparências enganam.

Considere Whoopi Goldberg: ela tem ascendente em Aquário, de modo que pareça progressiva, sociável e excêntrica — uma personalidade com uma mente viva, que encara a vida de forma independente e observadora. Na verdade, o Sol dela está em Escorpião, então sob sua brilhante superfície de Aquário, ela é intensamente emocional, apaixonada e cheia de segredos — nada independente.

Para determinar o seu signo ascendente, é preciso saber a hora de seu nascimento. Quando você tiver isso, vá para o Capítulo 3, que lhe dá uma estimativa aproximada do seu signo ascendente. Em seguida, vá para o Capítulo 11 para uma interpretação.

Além de moldar a sua personalidade, o Ascendente serve outra função: ele abre a porta para as casas. Para saber mais sobre esse assunto, continue lendo.

Fazendo um Tour pelas Casas

Não faz diferença se você é um leonino amoroso e divertido ou um capricorniano viciado em trabalho, você ainda tem que lidar com relacionamentos, dinheiro, saúde, carreira, e assim por diante. Essas áreas estão sob a autoridade das casas, que dividem o céu em 12 partes, começando com o Ascendente, que marca o início da primeira casa. Os significados das casas estão resumidos na Tabela 1-4.

Parte I: Mapeando Seu Lugar no Cosmos

Tabela 1-4	As Casas e Seus Significados
Casa	*Áreas de interesse*
Primeira casa	Sua aparência e personalidade exterior
Segunda casa	Dinheiro, bens, valores
Terceira casa	Comunicação, escrita, viagens curtas, irmãos e irmãs
Quarta casa	Casa, raízes, um dos pais, situação no final da vida
Quinta casa	Romance, crianças, criatividade
Sexta casa	Trabalho e saúde
Sétima casa	Casamento e outras parcerias
Oitava casa	Sexo, morte, regeneração, dinheiro dos outros
Nona casa	Educação superior, viagens longas, religião, filosofia
Décima casa	Carreira, status, reputação, o outro progenitor
Décima primeira casa	Amigos e aspirações
Décima segunda casa	Inimigos, isolamento, segredos

Assim como cada mapa astral inclui todos os planetas, cada horóscopo tem todas as 12 casas. O signo na *cúspide* ou no início da casa, descreve sua abordagem relativa a ela. Por exemplo, se o signo de Touro está na cúspide da sua casa de trabalho, sua atitude em relação ao seu trabalho é taurina, tornando-o confiável, produtivo e um pouco impassível, independentemente da casa estar repleta de planetas ou vazia.

A palavra *cúspide* é usada de duas formas em astrologia. Quando as pessoas dizem que elas nasceram "na cúspide", querem dizer que seu aniversário cai no final de um signo e no início de outro. Elas geralmente pensam que têm qualidades que pertencem a ambos os signos (discuto este assunto no Capítulo 3). Quando os astrólogos se referem à cúspide de uma casa, eles querem dizer o ponto de partida da casa.

Capítulo 2

Fazendo Seu Horóscopo de Forma Precisa: o Jeito Antigo versus o Jeito Novo

Neste Capítulo

▶ Reunindo informações sobre o seu nascimento

▶ Criando seu mapa com pilhas de papel, tabelas e livros antigos empoeirados

▶ Navegando na internet para conseguir o seu mapa

▶ Sondando sua psique e vislumbrando o futuro com um software astrológico

O que poderia ser mais fabulosamente enigmático que um mapa astrológico? Bem, muitas coisas: sigilos alquímicos, diagramas cabalísticos, magias — você escolhe. Mas este livro não é sobre eles. É sobre a astrologia, que só aparenta ser estranha. Isso porque um mapa astrológico, com todos os seus símbolos de aparência misteriosa, não tem nada de místico nele. É uma representação do mundo real, e não é nada peculiar. Um mapa astrológico é uma imagem, de forma simplificada, do sistema solar no momento de seu nascimento. É simples assim.

Para visualizar o cosmos como era, imagine-se posicionado sobre a Terra no momento exato de seu nascimento. Imagine, também, que você está de frente para o sul e olha para um relógio gigantesco que foi colocado sobre o céu. À sua esquerda, na posição nove horas, está o horizonte oriental (leste). Esse é o seu Ascendente. Se você nasceu por volta do amanhecer, é também onde o seu Sol está. A posição de doze horas é alto do céu a sua frente. É aí que o seu Sol está se você nasceu na hora do almoço. À sua direita na posição de três horas, é o horizonte ocidental (oeste). Se você nasceu em torno do anoitecer, o seu Sol está lá. E se você veio a este mundo em torno de meia-noite, quando o Sol estava iluminando o outro lado do planeta, seu Sol é o local das seis horas.

Se você sabe em qual fase a Lua estava no seu nascimento, pode localizá-la de uma forma similar. Você nasceu sob uma Lua nova? Então sua Lua e o seu Sol estão quase no mesmo lugar. Nascido sob a Lua cheia? Então, o Sol e a Lua estão em oposição ao outro — 180°. Se um está nascendo, o outro está se pondo.

O ponto é este: o horóscopo não é uma construção metafísica, um símbolo místico, um retrato psicológico. É um mapa. Seu horóscopo mostra a posição do Sol, da Lua e dos planetas no momento de seu nascimento. A tarefa do astrólogo é olhar para esse mapa e descobrir o seu significado. Mas primeiro você tem que conseguir um mapa. Neste capítulo, digo a você como fazer exatamente isso.

Reunindo as Informações que Você Precisa

Se você é como a maioria das pessoas, não terá qualquer dificuldade em encontrar as informações sobre o seu nascimento.
Aqui está o que você precisa:

- Seu mês, dia e ano de nascimento.
- O lugar de seu nascimento.
- A hora exata de seu nascimento — ou o mais próximo a ela que puder.

Sem uma hora de nascimento precisa, você nunca poderá saber o seu Ascendente (veja o Capítulo 11 para mais informações sobre Ascendentes). Você não terá posicionamentos de seus planetas nas casas em que possa confiar. Você poderá até não saber o seu signo lunar, porque a Lua muda de signo a cada dois ou três dias. Sem uma hora de nascimento exata, interpretar o mapa de forma correta será um desafio. E prever o futuro será quase impossível.

Felizmente, encontrar a hora exata é geralmente fácil. Mas não se surpreenda se a memória de sua mãe, sobre o que certamente deve ter sido o dia mais importante da vida dela, se torne irregular. Já que não fiz uma pesquisa, não tenho estatísticas sobre as quais me apoiar, mas vou dizer isto: é chocante como muitos pais não se lembram quando seus filhos nasceram. Não sei se foi 2h05 ou 5h02. Uma mãe até me confessou que ela não tinha certeza de quem nasceu às 10h06, sua filha ou ela própria. É por isso que recomendo que você confirme sua hora de nascimento através do registro oficial — sua certidão de nascimento.

Para obter a sua certidão de nascimento, você deve seguir para o cartório onde foi registrado. Caso não saiba o cartório, alguns estados possuem serviços de consulta online, onde o cartório/circunscrição, assim como o livro, a folha e o termo são informados, como o www.detran.rj.gov.br. Outros estados, como Bahia, permitem que a solicitação da 2ª via da certidão seja feita online, através do site do Tribunal de Justiça do Estado da Bahia (www5.tjba.jus.br), embora a retirada deva ser realizada em cartório.

Lidando com horas de nascimento aproximadas

E se ninguém pensou em olhar para um relógio quando você nasceu? Primeiro, tenha em mente que uma hora aproximada é melhor do que nada — muito melhor. Se tudo o que se sabe é que você veio a este mundo antes do almoço ou durante o *Jornal Nacional,* é uma informação útil, mesmo que não seja exata.

Se você não tem certeza da sua hora de nascimento, você pode considerar pedir a um astrólogo profissional para *retificar* o seu mapa. A retificação é um processo complexo. Trata-se de trabalhar em direção ao passado a partir de grandes eventos em sua vida (como casamento, divórcio ou a morte de um dos pais) para fazer um palpite sobre a sua hora de nascimento provável. Alguns softwares de astrologia incluem módulos de retificação. Mesmo assim, é aconselhável proceder com cautela: a menos que o astrólogo tenha uma experiência considerável, a retificação não é uma aposta certa.

Enfrentando a falta de informação

Um problema mais significativo surge quando você não tem ideia da hora em que nasceu. Tenho uma amiga querida, uma dentre muitos filhos, que nunca soube sua hora de nascimento. E então, um dia, as coisas rapidamente pioraram. Durante uma conversa surpreendente, com uma irmã mais velha, ela descobriu que ninguém na sua família pode atestar com 100% de certeza o dia em que ela nasceu — ou mesmo o mês. De repente, ela não tinha certeza se ela era de Libra (de jeito nenhum) ou de Escorpião (sim). Esta rara situação é o pior pesadelo de um astrólogo.

É mais comum que as pessoas saibam o dia, mês e ano de seu nascimento — mas não a hora. Isso não é uma tragédia. Mesmo sem a hora, você pode descobrir uma riqueza de informações sobre si mesmo. No entanto, quando você tenta obter o seu horóscopo online — ou mesmo quando o faz sozinho — você tem que se adaptar a falta de informação.

Na ausência de qualquer coisa próxima a hora de nascimento precisa, recomendo que você faça o que os astrólogos profissionais fazem: finja que nasceu ou ao meio-dia ou ao amanhecer (minha preferência) e aja em conformidade (no Capítulo 3, eu lhe digo mais sobre o que fazer se a sua hora de nascimento se perdeu no espaço).

Parte I: Mapeando Seu Lugar no Cosmos

O que é Preciso para Calcular Seu Mapa Astral do Jeito Antigo

No passado, antes do computador invadir cada canto da existência humana, descobrir as posições dos planetas era um desafio. Requeria paciência, horas de tempo livre, um mergulho destemido na matemática e uma ânsia de lidar com os tipos de detalhes chatos que levam a maioria das pessoas à loucura.

Por exemplo, você tinha que procurar a longitude e a latitude da sua cidade natal, e corrigir a distância a partir da hora do meridiano padrão para essa localização. Era necessário fazer a distinção entre a hora local e a de Greenwich, para não mencionar a hora padrão e horário de verão. Então você tinha que calcular o movimento dos planetas usando, entre outras ferramentas, uma tabela de logaritmos proporcionais. A maioria das pessoas não queria ter essa preocupação.

Sempre me senti diferente. Eu gostava de ficar até tarde rodeada de tabelas numéricas, quilos de dados astrológicos, blocos de papel amarelo e o horóscopo em branco especial que comprei em uma livraria metafísica. A medida que eu calculava cada posição planetária e cúspide da casa, desenhava os símbolos dos signos e planetas para o mapa, e calculava quantos planetas estavam nos signos de fogo, nos signos de terra, e assim por diante, o mapa — e a pessoa — aos poucos se tornava claro na minha mente.

Esse processo leva tempo e não faço mais isso. Em vez disso, uso um computador, como qualquer outro astrólogo que conheço. Com um computador, você pode obter um mapa preciso, sem sequer pensar em matemática. Mais adiante neste capítulo, eu explico como.

Ainda assim, a melhor maneira de entender a astrologia é calcular um mapa à moda antiga. Aqui está o que você precisa para calculá-lo por si mesmo:

- **A longitude e latitude exatas do seu local de nascimento.** Você pode descobrir a partir de um mapa ou procurá-lo em um atlas.

- **Os detalhes da sua hora de nascimento.** Só porque você sabe o momento exato do seu nascimento não significa que seus problemas com tempo acabaram. Você também tem que saber o fuso horário em que você nasceu — e esta é uma área de terreno pantanoso.

    Por exemplo, em junho de 2008 os fuso-horários no Acre, Amazonas e Pará mudaram. O Acre, que antes tinha - 5h (em relação à Greenwich), passou a - 4h. Alguns municípios do Amazonas localizados próximos ao Acre, passaram ao fuso horário - 4h, que já era adotado no resto do estado. O fuso horário do Pará era dividido em dois, um a leste e outro a oeste (que antes seguia o fuso - 4h) do rio Xingu. Com a mudança, todos os municípios paraenses passaram a adotar o mesmo horário de Brasília (- 3h). Em 2013, o decreto de 2008 foi revogado e o estado do Acre voltou a ter - 5h em relação a

Capítulo 2: Fazendo Seu Horóscopo de Forma Precisa

Greenwich, assim como parte do Amazonas. O Pará continuou com o fuso de -3h adotado em todo o estado a partir de 2008. Se você foi pego no meio desta (ou de outra) calamidade cívica, não tem escolha: vá a um astrólogo profissional. Ou entre em um dos sites listados mais adiante neste capítulo.

E ainda há o horário de verão. Com o passar dos anos, vários estados aderiram a ele ou não. Por exemplo, se você nasceu na Bahia em 27 de outubro de 1963, provavelmente nasceu no horário padrão de Brasília (- 3h), mas se você nasceu em qualquer um dos estados da região Sudeste, nasceu durante o horário de verão. Já se você nasceu em qualquer outro estado a partir de 9 de dezembro do mesmo ano de 1963, também nasceu durante o horário de verão.

Para calcular essas variações no tempo, você precisa de uma fonte confiável.

- **Uma tábua de casas.** Esta tábua informa o grau do zodíaco em determinado momento de acordo com a hora e a latitude de seu nascimento. Ele também informa os graus que aparecem nas outras cúspides das casas. Um recurso para obter essa informação é o livro *Tábulas de Casas Para o Hemisfério Sul*, de Carlos Alberto Boton, que costuma ser recomendado por astrólogos brasileiros.

- **Uma efeméride para o ano que você nasceu.** A Pedra de Roseta da astrologia, uma *efeméride* é um almanaque que lista as posições do Sol, da Lua e dos planetas para cada dia do ano, para a meia-noite ou para o meio-dia em Greenwich, Inglaterra (a base de Greenwich, a partir do qual todos fusos horários são determinados). Portanto, se você nasceu à meia-noite em Greenwich, não tem que fazer nada para determinar a posição de seus planetas. Você pode ler tudo diretamente do livro.

  Se você nasceu em qualquer outro momento ou lugar, você deverá fazer ajustes. Usando uma efeméride, uma tábua de casas e os princípios de álgebra do Ensino Médio, você pode chegar a valores aproximados de seu mapa. Se você insistir em precisão (talvez porque tenha uma dose de Virgem em seu mapa astral), precisa de mais um item, que explico no marcador seguinte.

- **Uma tabela de logaritmos proporcionais.** Usar esta tabela numérica torna seus cálculos precisos. Mas se consultar uma tabela de logaritmos soa como uma luta que você já sabe que não vai ganhar, faça um favor: ignore os cálculos e vá diretamente para a internet.

Para conseguir qualquer um destes livros, vá a uma livraria astrológica, exotérica ou New Age com um bom acervo — se você conseguir encontrar uma. Ou confira a Associação Brasileira de Astrologia em www.astrologia.org.br ou a Central Nacional de Astrologia em www.cnastrologia.org.br. Lá há dicas de bibliografia, códigos de ética, dentre outras informações. E há ainda algumas livrarias astrológicas online, que entregam em qualquer lugar do Brasil, basta buscá-las no Google.

Fazendo Seu Horóscopo em um Instante

A maneira mais fácil de obter uma cópia exata do seu horóscopo é usar a internet, acessar um dos sites na lista a seguir e digitar a data, o ano, a hora e o local de seu nascimento. Aqui estão três dos melhores sites para visitar:

✔ **Horóscopo Natal** (www.horoscopo-astral.com): site brasileiro que oferece o serviço gratuito mais completo de mapa astral. Não é necessário cadastro no site, você apenas digita os dados requeridos (nome, sexo, data, hora e local de nascimento). O ajuste para o fuso local e horário de verão é automático. Em instantes você visualiza um resumo do seu mapa, com Ascendentes, casas e outras informações, além do gráfico e de textos auxiliando a análise de seu mapa. No menu lateral você escolhe o que quer imprimir, se quer visualizar os aspectos, trânsitos ou as efemérides, dentre outras opções.

✔ **Viastral** (www.viastral.com.br): este site exige cadastro, solicitando um e-mail. A vantagem deste site é que os dados do seu mapa astral ficam guardados para consultas futuras, ele é bem organizado, oferece uma boa análise do signo solar, do signo lunar e do Ascendente, um belo gráfico, e indicações dos planetas nos signos, nas casas e dos aspectos. A desvantagem é que para ler a interpretação completa de alguns itens, como planetas nas casas ou aspectos, você precisa pagar. Ademais, a conversão para o horário de verão é manual, mas ele oferece uma tabela bem completa com informações sobre o horário de verão desde 1931.

✔ **Astrodienst** (www.astro.com): site internacional, disponível em português (basta selecionar o idioma). Você pode obter um mapa astral neste site abrangente — e muito mais, incluindo extensos horóscopos diários, um relatório sobre "amor, paquera e sexo", um gráfico e análise de relacionamento, e uma previsão de seis meses com base na mudança de posições — ou trânsitos (veja o Capítulo 16) — dos planetas. Todas essas versões gratuitas são versões de relatórios mais completos que você pode comprar. Eu não tenho um problema com isso. O único ingrediente que falta aqui é o gráfico real — o emblema redondo que sugere uma mandala pessoal — que não é mostrado. Você tem que construí-lo por conta própria (eu mostro como no Capítulo 3).

✔ **Astrolabe** (www.alabe.com): este site, apesar de estar em inglês, oferece um ótimo serviço de mapa astral grátis, e é de fácil manuseio para não falantes de inglês também. Na página inicial, clique em "Free Birth Chart Page". Coloque os dados requeridos: nome; e-mail — opcional; data de nascimento; hora de nascimento — am. para manhã, pm. para noite (Por exemplo, 9h da noite (21h), vira 9 pm.); digite o nome da cidade em que nasceu; selecione o país em que nasceu na lista. Para finalizar, clique em "Submit" para enviar seus

Capítulo 2: Fazendo Seu Horóscopo de Forma Precisa

dados. Segundos depois, seu mapa está pronto, incluindo o gráfico e uma breve análise. A versão completa do mapa astral, com cerca de 30 páginas, pode ser comprada.

✔ **Sadhana** (`www.sadhana.com.br`): um site brasileiro muito completo e de simples acesso. Nele, o leitor poderá encontrar todas as tabelas de cálculos desde as mais simples até as mais complexas. Ele oferece uma versão light gratuita e também a possibilidade de uma assinatura trimestral a preço módico, onde o leitor encontrará ferramentas mais avançadas (como o software Vega Plus) e interpretações de mapas, trânsitos, revoluções, sinastrias e retificação de horário de nascimento, entre outras possibilidades.

Investindo em Softwares do Tipo "Faça Você Mesmo"

Nada no mundo astrológico é mais divertido do que ser capaz de calcular mapas precisos para qualquer pessoa, a qualquer momento. Softwares astrológicos "faça você mesmo" são infinitamente divertidos. Eles permitem que você calcule mapas astrais, compare gráficos, determine como os planetas podem afetá-lo no futuro, e, em suma, divirta-se por horas. Softwares não são baratos, mas se você decidir que vale a pena o gasto, a seguir forneço algumas recomendações. Infelizmente, softwares astrológicos em português, são uma raridade.

Trabalhando com o Mac

Se você usar um Macintosh (como eu uso, e eu não deixarei de usar), terá apenas duas opções:

✔ **Io Programs:** a Time Cycles Research Programs oferece uma grande variedade de softwares que incluem os seguintes:

- Io Edition, o programa central deles, que faz todos os tipos de cálculos, mas não oferece nenhuma análise.

- Io Interpreter, que oferece interpretações e cria relatórios escritos. Ele está disponível com uma escolha de módulos, incluindo Io Horoscope, o programa de interpretação básica; Io Child, que analisa as crianças; Io Relationship, que compara horóscopos; Io Forecast, que lhe diz o que o futuro nos reserva, e Io Body and Soul, que sugere, entre outras coisas, que vitaminas você deve tomar.

- Io Detective, que permite pesquisar todos os tipos de fenômenos cósmicos nos mapas de milhares de pessoas famosas.

- Io Midnight Ephemeris, que fornece uma página de efemérides completa para cada mês entre janeiro de 1850 e dezembro de 2049.

Os programas da linha Io atendem a profissionais. Eu os tenho usado por anos, mas eles são caros (na faixa de $200 dólares cada, cerca de R$ 470,00) e complicados. Para mais informações, acesse www.timecycles.com.

✔ **TimePassages:** a Astrograph Software projetou este software como um ponto de partida universal, adequado tanto para iniciantes quanto para profissionais, e para defensores do Mac e fanáticos pelo PC. Programa top de linha, com uma quantidade absurda de funções astrológicas que você pode usar, com custos similares a um Io Program simples, enquanto que a edição básica, que fornece mapas astrais, mapas de compatibilidade e duas formas de prever o futuro, custa cerca de US$ 50 dólares (cerca de R$ 120,00). A economia é considerável.

Este programa é pura diversão, bem como um meio eficaz para dominar o assunto. Clique em qualquer elemento de um mapa — um planeta, uma cúspide de casa, um asteroide — e uma explicação aparece. Se você é um novato em astrologia, este produto pode ser o que você está procurando. Acesse www.astrograph.com, onde você pode baixar uma versão teste gratuita com mais de 200 mapas de celebridades, incluindo Angelina Jolie, Brad Pitt e J.K. Rowling (para obter a versão demo, clique em qualquer uma das opções de software e, em seguida, vá para "Download Demo"). Mesmo se você não baixar o software, poderá obter uma cópia gratuita do seu mapa, juntamente com uma mini-interpretação das colocações do Sol e da Lua (apenas clique sobre Horoscopes e vá para a parte inferior da página, onde você pode criar uma conta gratuitamente).

Usando um PC

Eu amo o Mac. Acho Steve Jobs um gênio. Mas comecei a me perguntar por que há tantos ótimos softwares astrológicos para PC e quase nenhum para Mac. Também me pergunto como seria se eu, sabe, brincasse um pouco com um PC. Seria errado? As opções de software para PC são muito tentadoras e numerosas demais para ser justa. Pedi ao astrólogo Hank Friedman, guru do software e revisor de softwares regular da revista *The Mountain Astrologer*, para dar algumas sugestões. Suas recomendações incluem — mas não se limitaram — as seguintes:

✔ The Electronic Astrologer Series da ACS (www.astrocom.com). A ACS produz três programas básicos que podem ser comprados separadamente ou em uma versão econômica que reúne todos: "The Electronic Astrologer Reveals Your Horoscope," "The Electronic Astrologer Reveals Your Future," e "The Electronic Astrologer Reveals Your Romance."

Capítulo 2: Fazendo Seu Horóscopo de Forma Precisa 29

Estes programas incluem muita informação útil, mas basicamente eles simplesmente geram relatórios. Para se ter uma ideia de como eles são, vá para o site, clique em "Electronic Astrologer Series", e, em seguida, clique no programa que lhe interessa. Impressões de amostra grátis aparecem na parte inferior da página. Os relatórios natais e futuros gratuitos são escritos por Willie Nelson. O relatório romântico é escrito por um casal imaginário: Drew Barrymore e o cortês Cary Grant, 71 anos mais velho que ela. Exceto pelo fato de que ele morreu, em 1986, ela poderia estar pior.

✔ Kepler 7.0. Este programa surpreendentemente abrangente e empolgante, inclui 47 aulas de astrologia, uma enciclopédia astrológica, mais de 19 mil mapas e uma coleção de funções além da compreensão. Quer informações sobre astrologia védica, estrelas fixas ou Lilith, Lua Negra? Está tudo aqui, junto com o básico: mapas astrais, trânsitos e progressões, e as comparações, por cerca de US$ 300 (cerca de R$ 700,00). Acesse www.patterns.com para mais informações.

✔ AstrolDeluxe ReportWriter de Halloran Software; Win*Star Express; Janus; e a lista continua. É por isso que você pode querer ter alguma ajuda adicional antes de fazer uma compra.

Buscando conselho

Se você decidiu investir em um software astrológico, seria inteligente falar com alguém que é conhecedor tanto do software que você quer quanto do hardware que você tem. Aqui estão algumas maneiras de conseguir informações confiáveis:

✔ Informe-se em sites de sindicatos, associações ou grupos de astrologia, nacionais ou da sua cidade, entre em contato com eles pedindo informações.

✔ Procure um astrólogo de confiança e peça dicas de programas. Se souber inglês, entre em contato com Hank Friedman, para assistência na escolha de um software que seja certo para você. A consulta é livre e ele vende todo o software com um desconto real. Você pode enviar um e-mail para ele em stars@soulhealing.com.

Acima de tudo, procure sites de astrologia e fóruns de debate, que contenham discussões detalhadas sobre softwares astrológicos e artigos fascinantes sobre muitos outros aspectos da astrologia — porque o homem não pode viver sozinho nas estrelas.

30   Parte I: Mapeando Seu Lugar no Cosmos

Capítulo 3

Calculando Seu Horóscopo Usando as Tabelas Neste Livro

Neste Capítulo

▶ Localizando seus planetas

▶ Estimando seu Ascendente

▶ Descobrindo suas casas

▶ Juntando tudo para ter o seu mapa astral

C alcular o mapa à moda antiga fornece a melhor introdução possível à ciência por trás da arte da astrologia. Mas é um processo demorado. Além disso, se você cometer um erro — e, acreditem, é fácil cometer um erro — os seus esforços serão em vão. Eu sei. Quando fiz meu primeiro mapa, olhei os resultados em um livro e fiquei surpresa ao saber que eu era o tipo de pessoa extrovertida, que se destaca em qualquer grupo. Já que, na realidade, eu era tão tímida que sentava no fundão da sala de aula e temia ir às festas, decidi tentar outro livro. Este opinou que eu era magra e ossuda, com um firme senso de autodisciplina. Quem me dera.

Ou eu estava vivendo a vida de outra pessoa ou a astrologia estava errada. Decidi recalcular. Foi quando descobri que eu tinha subtraído quando deveria ter somado. Foi um pequeno erro na página, mas fez uma diferença enorme na interpretação.

Você não tem que cometer um erro como o meu. Ao conseguir o seu mapa na internet ou usando um software astrológico — duas opções que discuto no Capítulo 2 — você pode ficar seguro de que os cálculos estão corretos. E só leva um instante.

Mas, e se você não tem nenhum computador a mão? E se você está sozinho nessa ilha deserta mítica, encostado numa palmeira, lendo este livro? Usando apenas as informações contidas aqui, você pode construir uma versão rudimentar do seu horóscopo (ou de qualquer outra pessoa) — e para a maioria dos objetivos, será algo que fará muito bem. Primeiro, copie o formulário do mapa em branco na Folha de Cola, com uma copiadora ou — se essa ilha deserta não tiver nem mesmo uma papelaria — com a mão. Em seguida, siga as instruções deste capítulo.

Usando as Tabelas Neste Livro para Identificar Seus Planetas

Para descobrir seus planetas, vá para as tabelas no Apêndice. Para cada planeta, vá para o ano de seu nascimento e anote a sua posição, começando com os luminares:

- **O Sol:** a sua posição é o seu signo solar — o seu signo do zodíaco. Se você nasceu em um dia em que o Sol se moveu de um signo para o outro (isto é, se você nasceu "na cúspide"), precisará dar mais um passo para identificar o seu signo solar, mas você só pode fazer isso se souber a hora em que nasceu. O que você quer descobrir é isso: o que veio primeiro, o seu nascimento ou a passagem do Sol para o próximo signo?

  Por exemplo, considere o horóscopo do roqueiro Bruce Springsteen, nascido em 23 de setembro de 1949. Naquele dia, o Sol passou do analítico Virgem para Libra, o signo dos relacionamentos. Qual é ele? De acordo com a tabela no final deste livro, o Sol fez o seu movimento naquele dia às 04h06 (pelo horário de New Jersey, onde Bruce nasceu, às 6h06 no horário de Brasília — Todas as tabelas neste livro estão nesse horário). Bruce nasceu bem depois disso, às 22h50 em Nova Jersey (00h50 do dia 24 de setembro no horário de Brasília). Então ele é Libra.

  Fazer este cálculo é mais difícil se você nasceu em outro fuso horário — mas só um pouco. O material introdutório no Apêndice fala como dar conta das diferenças de horário.

- **A Lua:** descobrir a localização da Lua, que representa suas emoções, pode ser um desafio, porque a Lua gira em um novo signo do zodíaco a cada dois ou três dias. Também aqui, o momento exato do seu nascimento pode fazer a diferença.

  Por exemplo, o diretor Oliver Stone nasceu em 15 de setembro de 1946. Vá para a Tabela da Lua no Apêndice. Como o aniversário dele não está na lista, confira o dia anterior mais próximo. Você pode ver que em 14 de setembro a Lua entrou em Touro. Não mudou de signo até o dia 16, quando entrou em Gêmeos. No dia 15, a Lua ainda estava no signo de Touro (e Oliver Stone parece ser uma pessoa obstinada, emocional, que não se deixa levar facilmente e se preocupa com dinheiro mais do que imagina? Faz sentido para mim).

  Identificar o signo lunar é mais difícil em um caso como esse da atriz Kate Hudson. Ela nasceu em Los Angeles em 19 de Abril de 1979 às 10h51 no horário local (horário padrão do Pacífico — PST). Nesse dia, de acordo com a Tabela de Lua no apêndice, a Lua entrou em Aquário às 17h02 no horário de Brasília. Assim é a sua Lua em Aquário ou é em Capricórnio?

  Para responder a isso, você precisa descobrir qual era a hora na Califórnia quando a Lua mudou de signo. Uma vez que a Califórnia são cinco horas mais cedo que em Brasília, descobrir o horário da Califórnia significa subtrair cinco horas do horário de Brasília. Quando são 17h02 em Brasília, são 12h02 em LA. É quando a Lua entrou em Aquário. Como Kate nasceu antes disso, às 10h51da manhã no horário local, a Lua dela está em Capricórnio.

Capítulo 3: Calculando Seu Horóscopo Usando as Tabelas Neste Livro 33

Claro, o Sol e a Lua não são os únicos corpos celestes que podem ter mudado de signo no dia em que você nasceu. Em 10 de dezembro de 1982, por exemplo, Mercúrio, Marte e a Lua mudaram de signos. Se você nasceu em um dia agitado, você teria que calcular as posições de todos os três. Ou — como sugiro no Capítulo 2, você pode pular a parte difícil e ir diretamente para a internet. Mas você deve saber: aqueles de nós que aprenderam a fazer horóscopos quando "Apple" não era nada mais do que um lanche e uma gravadora, consideram isso trapaça.

E se você nasceu em um dia em que a Lua (ou qualquer outro planeta) mudou de signo, mas não sabe a hora de seu nascimento? Você tem que adivinhar. Leia as descrições de ambos os signos para ver se um deles soa verdadeiro. Você pode descobrir bem rapidamente: um posicionamento soa exatamente como você e o outro soa como um total estranho. Mas não se surpreenda se for difícil se decidir. Para começar, todos os signos no zodíaco aparecem em seu mapa em algum lugar, por isso uma parte de você se identifica com cada signo. Além disso, outros planetas podem confundir as coisas. Por exemplo, a Lua pode ter se movido de Touro para Gêmeos no dia em que você nasceu. Mas, se você também tem Júpiter em Touro e Vênus em Gêmeos, já tem qualidades associadas a ambos os signos e pode ser difícil isolar o efeito da Lua com base apenas na intuição. Você precisa da matemática.

Na maioria dos casos, você pode identificar os signos ocupados pelos planetas no seu mapa simplesmente procurando-os no Apêndice, nenhum cálculo é necessário. Apenas anote-os, usando a seguinte lista:

- **Mercúrio:** o planeta da comunicação tem que estar em um dos três signos: seu signo solar, o signo que precede o seu signo solar ou o signo que o sucede. Se Mercúrio está em qualquer outro lugar, você está lendo as tabelas erradamente.

- **Vênus:** o planeta do amor e da beleza está sempre dentro de 48° do seu Sol. Portanto, se o Sol está a 15° de Gêmeos, seu Vênus poderia estar no máximo em 3° de Leão ou 12° de Áries. Vênus nunca pode estar a mais de dois signos de distância.

- **O resto dos planetas:** eles podem estar em qualquer signo do zodíaco, independentemente do seu signo solar.

Descobrindo Seu Signo Ascendente ou Crescente

Descobrir o signo que estava surgindo no horizonte oriental no momento do seu nascimento é a parte mais difícil de calcular em um mapa, mas é essencial, pois o signo ascendente representa a parte de você que as outras pessoas veem (e sentem) primeiro.

Apesar de descobrir o Ascendente ser algo difícil, há uma lógica nisso. Em um determinado momento, um signo do zodíaco está nascendo no leste e seu signo oposto está se pondo no oeste. Se você nasceu de madrugada, quando o Sol estava no horizonte, o seu signo ascendente é o mesmo que o seu signo solar. Se você tem o Sol em Áries, você é Áries — um duplo Áries, como eles dizem, e um exemplo formidável de signos de fogo em ação. Se você nasceu no pôr do sol, o seu signo ascendente seria o oposto do seu signo solar, isto é, se você é de Áries nascido ao anoitecer, tem Libra nascendo — e Áries se pondo.

A *eclíptica* — o caminho percorrido pelo Sol enquanto ele se move pelo céu (veja o Capítulo 1) — envolve a Terra como um anel gigante. Esse anel é dividido em 12 segmentos iguais, um para cada signo. À medida que a Terra gira sobre seu eixo, ele gira por cada segmento — todos os 12 signos em 24 horas, ou cerca de um signo a cada duas horas (embora a latitude faça a diferença e alguns signos levem mais tempo do que outros). O segmento do zodíaco que despontava no horizonte no momento do seu nascimento é o seu signo ascendente.

Encontrando seu signo ascendente em três etapas fáceis

Veja como descobrir o seu signo ascendente de um jeito mais fácil:

1. **Vá para a Figura 3-1.**
2. **Localize a sua hora de nascimento na linha horizontal em negrito na parte superior da tabela ou na linha horizontal em negrito no centro da tabela.**
3. **Encontre o seu signo solar na coluna do lado esquerdo da tabela.**

   O ponto onde a linha horizontal e a coluna vertical se cruzam mostra o seu provável signo ascendente.

Não se esqueça do horário de verão, que tem geralmente estado em vigor no Brasil do terceiro domingo de outubro até o terceiro domingo de fevereiro. Você pode calculá-lo, subtraindo uma hora da sua hora de nascimento.

Pegando um exemplo de como esta tabela funciona, considere a atriz Nicole Kidman, uma geminiana nascida em 20 de junho de 1967, às 3h15, em Honolulu, Havaí (embora, ela tenha crescido na Austrália). Encontre o signo solar dela (Gêmeos) na coluna à esquerda. Agora, siga com o dedo pela linha Gêmeos até chegar na coluna denominada "14h-16h", O signo que aparece lá — Escorpião — é o signo ascendente dela. Cálculos precisos corroboram isso (note que, embora Nicole tenha nascido entre abril e outubro, verão no hemisfério norte, não é necessário fazer um ajuste para o horário de verão, porque ele não existe no Havaí).

Capítulo 3: Calculando Seu Horóscopo Usando as Tabelas Neste Livro 35

Signo solar	4h-6h	6h-8h	8h-10h	10h-12h	12h-14h	14h-16h
Áries	Áries	Touro	Gêmeos	Câncer	Leão	Virgem
Touro	Touro	Gêmeos	Câncer	Leão	Virgem	Libra
Gêmeos	Gêmeos	Câncer	Leão	Virgem	Libra	Escorpião
Câncer	Câncer	Leão	Virgem	Libra	Escorpião	Sagitário
Leão	Leão	Virgem	Libra	Escorpião	Sagitário	Capricórnio
Virgem	Virgem	Libra	Escorpião	Sagitário	Capricórnio	Aquário
Libra	Libra	Escorpião	Sagitário	Capricórnio	Aquário	Peixes
Escorpião	Escorpião	Sagitário	Capricórnio	Aquário	Peixes	Áries
Sagitário	Sagitário	Capricórnio	Aquário	Peixes	Áries	Touro
Capricórnio	Capricórnio	Aquário	Peixes	Áries	Touro	Gêmeos
Aquário	Aquário	Peixes	Áries	Touro	Gêmeos	Câncer
Peixes	Peixes	Áries	Touro	Gêmeos	Câncer	Leão

Signo solar	16h-18h	18h-20h	20h-22h	22h-00h	00h-2h	2h-4h
Áries	Libra	Escorpião	Sagitário	Capricórnio	Aquário	Peixes
Touro	Escorpião	Sagitário	Capricórnio	Aquário	Peixes	Áries
Gêmeos	Sagitário	Capricórnio	Aquário	Peixes	Áries	Touro
Câncer	Capricórnio	Aquário	Peixes	Áries	Touro	Gêmeos
Leão	Aquário	Peixes	Áries	Touro	Gêmeos	Câncer
Virgem	Peixes	Áries	Touro	Gêmeos	Câncer	Leão
Libra	Áries	Touro	Gêmeos	Câncer	Leão	Virgem
Escorpião	Touro	Gêmeos	Câncer	Leão	Virgem	Libra
Sagitário	Gêmeos	Câncer	Leão	Virgem	Libra	Escorpião
Capricórnio	Câncer	Leão	Virgem	Libra	Escorpião	Sagitário
Aquário	Leão	Virgem	Libra	Escorpião	Sagitário	Capricórnio
Peixes	Virgem	Libra	Escorpião	Sagitário	Capricórnio	Aquário

Figura 3-1: Identificando o seu Ascendente.

O Ascendente em Escorpião faz sentido? Para mim, ele descreve perfeitamente o intenso e misterioso encanto dela. Pense em *Um Sonho Sem Limites* (*To Die For*), o filme que alavancou sua carreira, no qual ela interpreta uma otimista garota do tempo geminiana com uma tendência obscura, sedutora e manipuladora — ouso dizer escorpiana? Apesar de sua beleza radiante e do status de ícone da moda, há algo de enigmático e sombrio em Nicole. Quem é ela, realmente? Quero dizer, alguém aí viu *Dogville*?

Cuidado com as limitações

Embora este método para calcular o signo ascendente funcione para Nicole Kidman, não é de maneira alguma uma técnica perfeita. Muitas vezes, os cálculos precisos não batem com os resultados da tabela. Uma das razões é que a Terra gira em torno do Sol com uma pequena inclinação. Como resultado, alguns signos (como Gêmeos) levam mais tempo para despontar ao longo do horizonte do que outros (como Peixes). Assim, a divisão igualitária que fiz do dia em blocos de duas horas é artificial.

Geografia também é importante. Imagine dois bebês nascidos na Nova Inglaterra em 1 de janeiro de 2001, às 11 horas. O que nasceu em Portland, Maine, tem Áries, como previsto pela tabela. Mas a Terra é curva e há algumas centenas de quilômetros de distância, em Hartford, Connecticut, Áries ainda tem que passar sobre o horizonte. A criança que nasceu lá tem Peixes como Ascendente. Odeio admitir isso, mas a tabela não irá refletir essa diferença.

Então, quando for usar essa tabela, saiba que ela pode não ser totalmente confiável. Na maior parte do tempo, ela está certa. Nas outras vezes, está errada, geralmente por um signo. Se o signo dado como seu Ascendente não parece certo para você, verifique os signos de ambos os lados (com especial atenção para o signo que vem em primeiro lugar). Por exemplo, se a tabela diz que você tem Ascendente em Gêmeos, mas na vida real você é do tipo forte e silencioso, considere a possibilidade de que Gêmeos possa não ser o seu Ascendente, e dê uma olhada em Touro.

Determinando Suas Casas

Uma vez que você tenha identificado o seu signo ascendente, seus problemas acabaram. Se você já não tiver feito, vá para a Folha de Cola e faça uma cópia do mapa em branco (ou desenhe um círculo e o divida em 12 fatias de pizza, representando as casas). Agora tudo que você tem a fazer é marcar as casas com os signos apropriados.

Comece marcando a primeira casa com o nome (ou melhor ainda, o símbolo) do seu signo ascendente. Em seguida, desloque-se para a esquerda em torno do círculo, marcando a segunda casa com o signo que sucede o seu signo ascendente, a terceira casa com o signo que sucede este, e assim por diante. Não importa qual seja o seu signo ascendente, os signos sempre seguem em sua ordem habitual, isto é, eles começam com Áries e seguem até Peixes, em direção à esquerda (veja a Folha de Cola). Assim, se você tem Áries de Ascendente, então Touro está na cúspide da segunda casa, Gêmeos na cúspide da terceira, e assim por diante até a décima segunda casa, onde Peixes preside. E se você tem Escorpião como Ascendente, tem Sagitário na cúspide da segunda casa, Capricórnio na cúspide da terceira, e assim por diante, até Libra, que é o signo na cúspide da décima segunda casa. Nesse caso, a mandala do seu mapa deve ser algo parecido com a Figura 3-2.

Capítulo 3: Calculando Seu Horóscopo Usando as Tabelas Neste Livro

Dividindo as Casas

Astrólogos têm debatido por muito tempo a melhor maneira de dividir um mapa. As abordagens mais comuns são o sistema de Koch, um método baseado no tempo introduzido em 1962, e o sistema Placidus, uma técnica igualmente complexa em homenagem a Placidus de Tito, um astrólogo do século XVII, que por suas vez a pegou de um astrólogo árabe do século VIII. Esse sistema é difícil de calcular e bastante impreciso quando se trata das latitudes do norte. No entanto, como é muito difundido, é o sistema que uso para os mapas neste livro.

O sistema mais simples — bem, na verdade, o segundo mais simples — foi inventado por Ptolomeu há quase 2.000 anos. É o chamado sistema de casas iguais, porque ele assume que todas as casas são do mesmo tamanho. Neste sistema, se o seu Ascendente é de 12° 26' Leão (como Johnny Depp), você tem 12° 26' de Virgem na cúspide da segunda casa, 12° 26' de Libra na cúspide da terceira, e assim por diante ao redor do mapa.

O sistema mais simples de divisão de casas vem da astrologia hindu. Ele alinha as casas com os signos e coloca 0 graus na cúspide de cada casa (o Ascendente é, portanto, não a cúspide da primeira casa, mas simplesmente um ponto dentro dela). Então, se você tem Sagitário Ascendente, tudo de Sagitário está na sua primeira casa, tudo de Capricórnio em sua segunda casa, e assim por diante. Neste capítulo, eu recomendo este método. Embora este sistema não seja usado extensivamente na astrologia ocidental, o astrólogo Robert Hand recomenda o seu renascimento — e há muito a ser dito sobre ele, especialmente quando você suspeita que a hora de nascimento está incorreta. Se essa é a sua situação, recomendo este sistema. Coloque o seu signo solar na cúspide da primeira casa (às nove horas) e continue a partir daí.

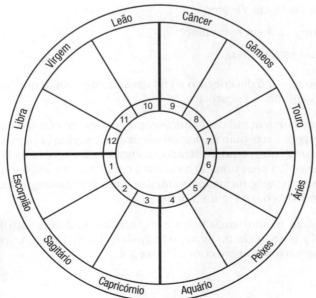

Figura 3-2: Mandala astrológica básica.

Parte I: Mapeando Seu Lugar no Cosmos

 A primeira casa começa às nove horas e segue em sentido anti-horário até oito horas, a segunda casa começa às oito horas e vai até sete horas, e assim por diante.

Criando um Horóscopo

Construir um mapa astral básico envolve estas etapas: procurar pelos planetas, descobrir o seu Ascendente, fazer a mandala do horóscopo e colocar os planetas nela. Depois disso, você está pronto para a verdadeira arte da astrologia: a interpretação.

 Para ilustrar o processo, vamos voltar para Nicole Kidman, que nasceu em 20 de junho de 1967, às 15h15, em Honolulu. Para fazer o mapa astral dela, comece procurando seus planetas no Apêndice. Aqui está o que nós encontramos nesse dia:

O Sol dela está em Gêmeos.

A Lua dela está em Sagitário.

O Nodo Norte da Lua está em Touro (o que significa que o Nodo Sul está em Escorpião).

Mercúrio está em Câncer.

Vênus está em Leão.

Marte está em Libra.

Júpiter está em Leão.

Saturno está em Áries.

Urano está em Virgem.

Netuno está em Escorpião.

Plutão está em Virgem.

O próximo passo é descobrir o signo ascendente dela, o que fizemos no início do capítulo. É Escorpião.

Agora pegue uma mandala de horóscopo em branco como o da Folha de Cola e designe Escorpião para a primeira casa, Sagitário para a segunda, e assim por diante, como mostrado na Figura 3-2. Escreva os símbolos dos planetas (ou seus nomes) nas casas corretas. Se você é um novato, poderá fazer isso de forma mais simples, num processo que gera um mapa parecido com a Figura 3-3.

Melhor ainda, memorize os belos e misteriosos símbolos astrológicos (a Folha de Cola no início do livro pode ajudar). Dessa forma, você acaba com um mapa que parece com a Figura 3-4.

Capítulo 3: Calculando Seu Horóscopo Usando as Tabelas Neste Livro

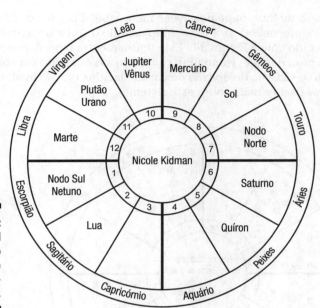

Figura 3-3: Mapa astral estimado de Nicole Kidman, simplificado.

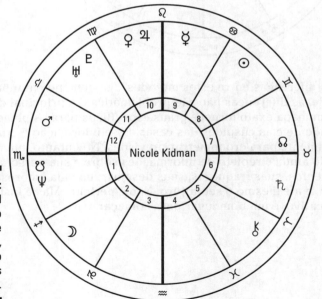

Figura 3-4: Mapa astral estimado de Nicole Kidman, usando símbolos astrológicos.

Parte I: Mapeando Seu Lugar no Cosmos

Claro que, o melhor mapa possível é mais específico. Se você receber seu mapa pela internet ou gerá-lo sozinho usando o software astrológico, terá algo parecido com a Figura 3-5. Esta figura mostra o horóscopo de Nicole, ajustado para o lugar (Honolulu), calculado até o minuto via computador, utilizando o sistema de divisão de casas Placidus (veja "Dividindo as casas" para saber mais sobre este sistema).

Figura 3-5: Mapa astral preciso de Nicole Kidman, gerado por computador.

Existem diferenças entre estes métodos? Existem, no entanto, no caso de Nicole, as diferenças não são problemáticas. A principal diferença é que um mapa exato fornece graus específicos para os planetas, o Ascendente e as cúspides das casas. Essa informação é crucial, especialmente para cronometrar previsões. No entanto, um mapa estimado ainda é repleto de informações sobre a sua personalidade, seus talentos, suas fraquezas, seus desejos, sua vida amorosa, sua carreira, e até mesmo o seu futuro. Não é perfeito. Mas é instigante e comunicativo, e um bom lugar para começar.

Parte II
Lá Vem o Sol

A 5ª Onda   Por Rich Tennant

Nesta parte . . .

Quando eu estava na faculdade, peguei meu primeiro livro de astrologia praticamente por acidente, e minha compreensão da vida se transformou. O livro — que foi um dos muitos escritos por Zolar, um nome usado por uma sucessão de escritores astrológicos — descreveu as pessoas que eu conhecia com uma fantástica precisão, baseado unicamente em seu signo, que é determinado pela posição do Sol. Meus pais, minha colega de quarto, meu suposto namorado — todos estavam lá, em detalhes impressionantes. Durante essas primeiras horas, descobri que, por si só, o signo solar é incrivelmente revelador.

Mais tarde, percebi que um mapa astral é tão complicado quanto uma novela longa (e nas mãos de um astrólogo qualificado, quase tão previsível quanto). Um mapa inclui o Sol, a Lua, oito planetas, doze casas, e muito mais. Mas o núcleo de quase todo horóscopo é o Sol.

Nesta parte, você pode conferir as implicações do seu signo solar. Seja um signo de fogo, um signo de terra, um signo de ar ou um signo de água, o seu signo solar revela o seu eu interior e ilumina o seu mapa, assim como o Sol radiante domina o céu.

Capítulo 4

Signos de Fogo: Áries, Leão e Sagitário

Neste Capítulo
▶ Apresentando Áries
▶ Olhando para Leão
▶ Conhecendo Sagitário

O primeiro dos quatro elementos tradicionais é o fogo, e você não precisa ser um astrólogo para adivinhar o que isso significa. Os antigos astrólogos associavam o fogo à força vital da criação (pense na bola de fogo original: o Big Bang). Esta associação procede. Fogo gera calor na forma de agitação, atividade e desejo. As pessoas nascidas sob esses signos dinâmicos e extrovertidos são vigorosas e voláteis, empreendedoras e corajosas. Elas também são inquietas e impacientes, com um estoque permanente de criatividade e visão. Mas eles têm dificuldade em aceitar limites — o que pode ser o motivo pelo qual eles são propensos a explodir.

No ciclo do zodíaco, cada elemento tem a sua função. A terra oferece estabilidade. O ar comunica. A água transmite emoção. Mas só fogo pode proporcionar a explosão inicial de energia — a centelha criativa que coloca o mundo em movimento.

A figura 4-1, que combina o círculo do potencial com o ponto da individualidade, representa o Sol. A localização do Sol no céu, no momento do seu nascimento, determina o seu signo. Se você tem alguma dúvida sobre o seu signo solar ou nasceu no início ou no final de um signo, confira o capítulo 1.

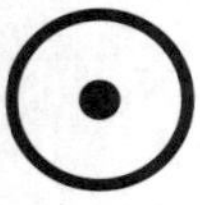

Figura 4-1: O símbolo do Sol.

Os astrólogos atribuíram três signos do zodíaco para cada um dos quatro elementos. Os signos de fogo, que são conhecidos por sua energia e intensidade, incluem os seguintes:

- Áries, o Carneiro (21 de março–20 de abril), o signo de fogo cardinal. É impulsivo, ousado e tem o dom de colocar as coisas em movimento.
- Leão, o Felino (22 de julho–22 de agosto), o signo de fogo fixo. É vibrante, confiante e cheio de determinação.
- Sagitário, o Arqueiro (22 de novembro–21 de dezembro), o signo de fogo mutável. É independente, aventureiro e espontâneo.

Mesmo que estes signos divirjam em muitos aspectos, eles compartilham da vitalidade que o fogo traz. Neste capítulo, discuto os signos de fogo. Se você nasceu sob um deles, está no lugar certo. Aqui apresento as suas boas características e os seus traços não tão agradáveis, bem como informações sobre trabalho e relacionamentos.

Cada signo tem um elemento (fogo, terra, ar ou água), uma polaridade (positiva ou negativa) e uma qualidade ou modalidade (cardinal, fixo ou mutável). Para saber mais sobre esses termos, vá para o Capítulo 1.

Áries, o Carneiro: 21 de Março–20 de Abril

O ano astrológico começa no equinócio da primavera, que é o primeiro dia de Áries, o signo do Carneiro. Porque você é regido por Marte, o planeta que homenageia ao deus romano da guerra, é vivo, direto, corajoso e empreendedor. O seu signo é o de novos começos.

O *glifo* (símbolo escrito) de Áries aparece na Figura 4-2. Ele significa a cabeça do carneiro, uma fonte que jorra energia, ou as sobrancelhas e o nariz de um ser humano — a parte do rosto que é bem definida e graciosa em uma típica pessoa de Áries.

Figura 4-2: O símbolo de Áries, o Carneiro.

O lado positivo

Entusiasmado, inspirador e emocionante, Áries é uma força da natureza como nenhuma outra. Abençoado com uma energia ilimitada e uma personalidade forte e atraente, você tem um gosto pela vida que demais signos só podem invejar. É destemido, apaixonado e corajoso — um agitador, brilhante e cheio de vida. Não convencional e individualista de uma forma positiva, apresenta um forte senso de quem você é e uma vontade de seguir a sua própria intuição. Você tem um senso de propósito

Capítulo 4: Signos de Fogo: Áries, Leão e Sagitário   *45*

e um estilo pessoal diferente, e se recusa a deixar que os outros te definam. Muitas vezes, uma criatura de extremos, você reage rapidamente e toma decisões de cara. Você acredita em agir e com orgulho defende o que sabe que é certo, mesmo que isso entre em conflito com o senso comum. Nem alguém chegado a grupos nem um seguidor, você é um líder nato, porque tem uma mente clara e decisiva, combinada com uma total confiança em seus próprios instintos e planos.

Quando mais audacioso, você é incansável, ardente e completamente original. Você é um ativista em sua própria causa e tem iniciativa. Alguém que se arrisca com um espírito pioneiro, você tem uma profunda necessidade de se provar. Assim, quando uma nova ideia ou uma missão inovadora consegue sua atenção, você se joga nela. Mais tarde, se o seu interesse vacila ou suas expectativas não se concretizarem, segue em frente, destemido. A vida é muito curta para ser desperdiçada em qualquer coisa que não lhe agrade.

O lado negativo

Como uma criança, você pode ser egoísta, insensível e decidir fazer as coisas à sua maneira. Sua determinação é muitas vezes intransigível. Quando você realmente quer algo, pode ser agressivo, impetuoso e até mesmo cruel em seus esforços para obtê-lo. Você está disposto a assumir riscos e quebra um monte de regras, uma característica que nem sempre funciona em seu benefício. Ao invés de ceder às exigências de outra pessoa, prefere simplesmente obedecer aos seus instintos. Às vezes você demonstra uma lamentável imprudência, e muitas vezes falta de diligência. Apesar de ter muitos interesses, você facilmente tornar-se inquieto e seu interesse inicial logo some. Sua impaciência é lendária. Por essa razão, você encontra maior satisfação com empreendimentos de curto prazo do que com os de longo prazo.

Emocionalmente, acha difícil pensar nos sentimentos das outras pessoas. Você pode ser visto pelas pessoas como insensível, egocêntrico e egoísta. E não há como evitar o fato de que você tem um temperamento quente: ele vai e vem num piscar de olhos, mas quando aparece, dá medo. Você tem opiniões fortes e não tem medo de expressá-las, não importa o quão imprudente (ou indelicadas) possam ser. Você pensa assim: se expressar seus pontos de vista causa desconforto aos outros, deixe que eles cuidem das suas fragilidades por conta própria. Você tem muito o que fazer para se preocupar com sentimentos feridos, críticas ou tristezas e injustiças do passado.

Relacionamentos

Qualquer um que conheça você — de amigos e familiares ao mais casual dos conhecidos — sabe qual é a sua. Franco e direto, você não hesita em se expressar e tem pouca paciência com aqueles que não aguentam o tranco. Além disso, você aprecia muito sua companhia para tolerar qualquer um que requeira cuidados. Autossuficiente e independente, prefere que seus amigos sejam como você e não consegue suportar chororô. Quanto ao amor, você é uma pessoa excitante para se ter por perto, transbordando de entusiasmo e alegria de viver. Embora sofra com ciúmes e possa ser competitivo, você gosta da caçada — embora não a deixe se arrastar por muito tempo. Você não é um jogador. Sabe do que gosta e quando o encontra, vai com tudo. E mencionei que você é sexualmente insaciável?

Ao mesmo tempo, é um idealista que está totalmente preparado para resistir à realidade. Você exige igualdade, e se não a obtêm, demonstra claramente seu descontentamento. Com Marte, o planeta guerreiro, como o seu regente, você raramente evita confronto. E mesmo que você não queira ser briguento, às vezes não consegue se ajudar. Você não é do tipo que reprime seus sentimentos ou passa horas intermináveis fuçando as complexidades de sua psique — ou de qualquer outra pessoa. Você prefere enfrentar os problemas de frente. Seu exterior volátil e intimidador pode mascarar sentimentos de inferioridade, mas a maioria das pessoas não vai perceber isso. Tudo o que sabem é que você é uma força a ser considerada.

Para obter informações sobre o seu relacionamento com outros signos, vá até o Capítulo 15.

Trabalho

Com a sua capacidade de decisão executiva e energia em geral, você é um realizador e um líder eficaz que gosta de iniciar mudanças. Ambicioso e competitivo, você se anima com um desafio. Mas é um velocista, não um corredor de longa distância. Ama a emoção única do início de um empreendimento, quando o impulso criativo está lá no alto e as possibilidades são inúmeras. Você adora experimentar e inovar. Mas uma vez que se estabelece uma rotina e que a empreitada é sobrecarregada com procedimentos, regras e supervisores, o seu entusiasmo diminui. Você acha irritante e desanimador gastar seu tempo focando em detalhes e pontas soltas ou fazer tarefas de simples manutenção. Não surpreendentemente, desistir cedo demais é um dos seus piores — e mais frequentes — erros.

Você é mais feliz trabalhando em seu próprio país ou sendo o chefe, de preferência em uma empresa que lhe permita estar no comando do seu próprio horário. A atividade física é sem dúvida uma vantagem, pois é a oportunidade de participar de uma variedade de tarefas. Você se entedia facilmente, e sua necessidade de se expressar é mais forte do que a sua necessidade de segurança. Carreiras na medida para Áries incluem ser um diretor de cinema, como Francis Ford Coppola, um astro de ação (ou motociclista), como Steve McQueen, um líder militar, como o general Colin Powell, ou um apresentador de talk show, como David Letterman. Dizem que ser cirurgião é uma profissão de Áries, como tudo o que envolve o fogo (incluindo cozinhar) e que apresente alto risco. Seja qual for sua verdadeira vocação, não é algo que você escolhe por dinheiro ou prestígio. Em vez disso, você é atraído por ela porque lhe oferece uma maneira de causar um impacto no mundo — e, ao mesmo tempo, para expressar o seu incrível e incomparável eu.

Capítulo 4: Signos de Fogo: Áries, Leão e Sagitário 47

Típicos Arianos

- Marlon Brando, Booker T. Washington (Lua em Áries)
- Norah Jones, Quentin Tarantino, Robert Downey, Jr. (Lua em Touro)
- Reba McEntire, Leonard Nimoy, Harry Houdini (Lua em Gêmeos)
- Charles Baudelaire, Aretha Franklin, Robert Frost (Lua em Câncer)
- Joseph Campbell, Gloria Steinem (Lua em Leão)
- Emmylou Harris, William Wordsworth (Lua em Virgem)
- Rosie O'Donnell, Maya Angelou (Lua em Libra)
- Mariah Carey, Eric Clapton, Francis Ford Coppola (Lua em Escorpião)
- Thomas Jefferson, Vincent Van Gogh (Lua em Sagitário)
- Al Gore, Kate Hudson, David Letterman (Lua em Capricórnio)
- Johann Sebastian Bach, Steve McQueen, Conan O'Brien (Lua em Aquário)
- Kareem Abdul-Jabbar, Sarah Michelle Gellar (Lua em Peixes)
- Ana Maria Braga, Xuxa (Lua em Touro)
- Antonio Fagundes (Lua em Capricórnio)

Se você trabalha para um ariano, seu chefe vai provavelmente ser assertivo, empreendedor e impaciente com alguém que não consegue se garantir, ou que exige muita supervisão. Sua melhor jogada é trabalhar de forma independente — e não levar as explosões de raiva para o lado pessoal.

Áries: fatos básicos

Polaridade: positivo
Modalidade: cardinal
Elemento: fogo
Símbolo: o Carneiro
Planeta Regente: Marte
Signo Oposto: Libra
Cores Favoráveis: vermelho e branco

Pedra da Sorte: diamante
Parte do Corpo: a cabeça
Metal: ferro
Frase-chave: eu sou
Traços Principais: enérgico, impetuoso

Leão, o Felino: 23 de julho–22 de Agosto

Eu costumava imaginar que era de alguma forma, a única a ter tantos amigos leoninos. Passei a entender que os leoninos são tão extrovertidos e calorosos que acumulam amigos da forma que algumas pessoas colecionam sapatos. Fato é, que eu conheci muito poucas pessoas que não têm um leonino ou dois entre os seus companheiros mais próximos.

O glifo torvelinho de Leão (veja a Figura 4-3) representa a cauda do leão, a juba ou a força criativa do Sol.

Figura 4-3:
O glifo de
Leão.

O lado positivo

Você tem talento. Se você é um típico leonino, é extrovertido, leal, determinado, alegre e simpático. Você é ativo, com uma vida social incrivelmente cheia e um monte de responsabilidades. Seja lá qual for seu modo de ganhar a vida, a sua agenda é cheia. Seu objetivo é viver a vida ao máximo — e se divertir, enquanto isso. Mesmo em conversas comuns, você acaba no papel de entreter outras pessoas, porque gosta de ser o centro das atenções — e com o Sol como seu planeta regente, você realmente ilumina o ambiente. Equipado com um alegre senso de humor, opiniões claras, e com a capacidade de se divertir, mesmo sob condições adversas, você se mostra com confiança e entusiasmo. Radiante e orgulhoso, você tem carisma para dar e vender.

Você também tem um senso de dignidade estilo "rei da selva" — e um senso de direito igualmente majestoso. Aprecia o luxo e o glamour em todas as suas formas (sua cor é ouro, seu metal é o ouro e sua aura é ouro). No entanto, apesar de suas maneiras aristocráticas e sua necessidade de ser bajulado, você respeita o trabalho duro e está disposto a assumir mais do que a sua parcela de responsabilidade. Embora possa ser exigente, valoriza a lealdade e a devolve na mesma moeda. Você é útil e generoso, um convicto defensor de um desfavorecido ou de um amigo em maus lençóis. E traz a festa com você. Naturalmente, quer ser reconhecido. O que há de errado com isso?

O lado negativo

Sob a sua fachada extravagante, se sentiria humilhado se alguém soubesse o quão duro você tenta ser ou como se sente vulnerável. Em seus esforços desesperados para fazer as pessoas gostarem de você, monopoliza o centro do palco, às vezes reduzindo todos à sua volta a meros membros da audiência (você tem que saber que a maioria das pessoas não gosta desse papel). Você está inclinado a dizer às pessoas o que pensa que eles querem ouvir, mesmo que isso signifique fugir da responsabilidade mais tarde, quando a verdade for revelada. Você tende a exagerar, em parte porque quer contar uma história fascinante e em parte porque quer lançar-se aos holofotes. É uma questão de estratégia: você imagina que, se usar suas cartas direito, vai triunfar.

Capítulo 4: Signos de Fogo: Áries, Leão e Sagitário 49

Você também pode ser arrogante, prepotente, vaidoso, autoengrandecedor e melodramático — uma verdadeira rainha do drama. Pode ser dogmático sobre as coisas mais ínfimas — shampoo, por exemplo. Ou molho de churrasco. Ou o que outras pessoas devem fazer com suas vidas. Não quero ser rude, mas o seu desejo de dar conselhos não solicitados já não vem de hoje, embora sua motivação seja nobre. Um idealista de primeira, você sabe o que a vida deveria ser. Se ao menos pudesse descobrir como fazer isso acontecer — e como convencer outras pessoas a fazer suas partes. Você é mais exigente do que imagina — e mais controlador. E acha difícil admitir seus erros. Quando se acalma e para de manipular, dá lugar para a sua cordialidade e generosidade, e você domina a adoração que almeja.

Relacionamentos

Sua autoconfiança e humor fácil de lidar atraem uma multidão. O centro de qualquer cena social, você é um festeiro realizado e alguém que todos querem convidar para jantar. Embora goste de manter a vantagem em um relacionamento e realmente possa contar com as atenções de outras pessoas para manter seu ego em forma, você também sabe dar carinho e elogios. As pessoas sentem que ser seu amigo é um privilégio.

Quanto ao romance, o leonino gosta de estar apaixonado e acredita em toda a simbologia que vem junto com isso — do sábado à noite (que é sagrado) a flores, telefonemas, café da manhã na cama, muito sexo e muitas joias (conheço leoninos que deixavam cópias do catálogo da Tiffany na mesa de café, só para garantir que a mensagem seria recebida). Você é definitivamente caro de se manter, apesar de, sem dúvida, pensar o contrário. Quando os tempos são bons, você é apaixonado, eficiente, solidário e amável. Quando as coisas estão desmoronando, você também desmorona, tornando-se dominador, arrogante e ciumento. Se um caso quente esfria resultando numa previsibilidade maçante, você pode até agitar as coisas, apenas para manter a vida interessante. E quando o seu amado decepciona, você fica devastado, mesmo se não deixa transparecer. Além de toda a sua arrogância, você tem um coração afetuoso.

Finalmente, gostaria de acrescentar uma nota sobre os animais. Na tradição astrológica tradicional, animais de estimação não são associados ao leonino. Mas tenho notado que as pessoas que conheço que tratam seus animais de estimação como família, que passeiam com eles com acessórios Louis Vuitton, compram guarda-roupas inteiros para eles, publicam livros a respeito deles ou aparecem na televisão com seus bulldogs se contorcendo no colo para protestar contra fábricas de filhotes, são na grande maioria leoninos. Nem toda pessoa de Leão tem um animal de estimação, e alguns não sonhariam com isso (eles não querem ser ofuscados). Mas aqueles que valorizam os seus amigos de quatro patas investem totalmente na relação.

Para obter informações sobre as relações de Leão com outros signos, dê uma olhada no Capítulo 15.

Parte II: Lá Vem o Sol

Típicos Leoninos

- Jacqueline Kennedy Onassis, Andy Warhol, Jennifer Lopez (Lua em Áries)
- Bill Clinton, Mick Jagger, Kyra Sedgwick (Lua em Touro)
- Amelia Earhart, Tony Bennett (Lua em Gêmeos)
- Emily Brontë, Annie Oakley, Sean Penn (Lua em Câncer)
- Charlize Theron, Halle Berry (Lua em Leão)
- Madonna, Dustin Hoffman, JK Rowling (Lua em Virgem)
- Fidel Castro, Belinda Carlisle, Julia Child (Lua em Libra)
- Alfred Hitchcock, Ben Affleck, Steve Martin (Lua em Escorpião)
- Herman Melville, Magic Johnson, Martha Stewart (Lua em Sagitário)
- Napoleão Bonaparte, Arnold Schwarzenegger (Lua em Capricórnio)
- Sandra Bullock, Beatrix Potter (Lua em Aquário)
- Coco Chanel, Robert De Niro (Lua em Escorpião)
- Bruna Lombardi (Lua em Sagitário)
- Ney Matogrosso (Lua em Escorpião)

Trabalho

Como o leonino desfruta do centro das atenções, as pessoas ocasionalmente supõem que você não é trabalhador. Este julgamento não poderia estar mais longe da verdade. Leoninos são extremamente ambiciosos e um tanto oportunistas. Você é criativo e produtivo, um organizador hábil com um faro para negócios afiado. Muitos leoninos são investidores natos. Você procura reconhecimento mais do que a maioria, fantasia sobre fama e está disposto a trabalhar ao máximo. Se está no topo da pilha, mesmo que seja uma pequena, como um negócio caseiro, você se sente poderoso e magnânimo. Sabe dar espaço para os outros, tanto parceiros quanto empregados, e não tem medo de sujar as mãos ou compartilhar uma pizza com o pessoal da equipe.

Mas não importa o quão gratificante o seu trabalho possa ser em outros aspectos, você não consegue ficar sem um pouco de extravagância. Carreiras ideais são músico (Madonna), ator (Halle Berry), estilista (Coco Chanel), político (Bill Clinton, Barack Obama) e qualquer coisa que o coloque na frente de um grupo de pessoas. Professor do quinto ano? Ótimo. Advogado? Claro, especialmente se você puder exibir seu talento em um tribunal. Presidente de qualquer coisa? Sem dúvida. Estrela das telas e dos palcos? Agora está mandando bem.

Se você trabalha para um leonino, esteja preparado para trabalhar intensamente (exceto quando seu chefe está com vontade de falar), para enchê-lo de respeito e elogios, e para se afastar educadamente sempre que os holofotes forem ligados. Sua lealdade e sua habilidade serão reconhecidas em privado — e recompensadas. O leonino é amoroso e generoso. Mas lembre-se, ele comanda. O termo em comum aqui é "déspota benevolente".

Leão: fatos básicos

Polaridade: positivo
Modalidade: fixo
Elemento: fogo
Símbolo: o Leão
Planeta Regente: o Sol
Signo Oposto: Aquário
Cores Favoráveis: dourado e laranja

Pedra da Sorte: rubi
Partes do Corpo: coração e coluna
Metal: ouro
Frase-chave: eu serei
Traços Principais: extrovertido, exigente

Sagitário, o Arqueiro: 22 de Novembro – 21 de Dezembro

Independente, alegre e transbordando de possibilidades, você se sente mais vivo quando está se aventurando pelo mundo. Para isso, você pode agradecer a Júpiter, seu regente, o planeta da expansão e boa sorte.

O glifo de Sagitário (veja a Figura 4-4) representa a flecha do centauro e suas elevadas aspirações.

Figura 4-4:
O símbolo de Sagitário.

O lado positivo

Quando no seu melhor, você é um espírito livre, um andarilho alegre, um companheiro honesto e inteligente, e um filósofo que gosta de refletir sobre as grandes questões — de preferência com alguns amigos e vários lanchinhos. Você vê a vida como uma busca contínua de experiência e sabedoria, não como uma busca por segurança. Inquieto e emotivo, com um humor rápido, você se irrita com restrição e pleiteia autonomia, o que alegremente estende para os demais.

Parte II: Lá Vem o Sol

Em sua eterna busca por experiência e conhecimento, você persegue uma infinidade de interesses e define metas ambiciosas para si mesmo. Você deseja ver o mundo e compreendê-lo, razão pela qual seu signo gosta de viagens, filosofia, religião, direito e abstrações de todos os tipos. Sagitário é livre em pensamento, descontraído, de mente aberta e otimista (embora um par de planetas em Escorpião possa diminuir seu espírito e adicionar um toque de melancolia). Você se conecta facilmente com todos os tipos de pessoas e é tido como sortudo. A verdade é que suas decisões espontâneas e apostas cegas às vezes compensam, mas o benefício do qual mais desfruta é a sua atitude destemida. Claro, os problemas podem surgir. Ninguém está imune a isso. Mas, no fim, impulsionado por sua curiosidade e crença no futuro, se recupera. Você encara assim: que outra escolha há?

O lado negativo

Como o centauro, o seu símbolo metade humano, metade cavalo, você é dividido. Parte de você quer cair na noite (a metade quadrúpede). A outra parte pensa grande, quer expandir sua mente e explorar as possibilidades sem fim da alma. Parece bom, mas você sabe ser um fanfarrão — e sem um alvo, tropeça. Nada prático e desorganizado, você facilmente sai dos trilhos e tem de lutar contra a tendência de procrastinar. Você desperdiça quantidades infinitas de tempo e energia (e dinheiro). Além disso, pode não ser confiável, com uma tendência infeliz para prometer mais do que pode de fato fazer. Não quer dizer que você seja falso sobre quem é, apenas que o seu otimismo inato faz com que você superestime sua capacidade.

Um fato peculiar sobre Sagitário é que, embora você supostamente ame o ar livre, não consegue passar muito tempo lá (como o sagitariano Woody Allen disse: "Eu estou em total desarmonia com a natureza"). E apesar de você ir bem nas atividades físicas, pode ser fisicamente desajeitado. Mais significativamente, você pode ser dogmático e fanático, com grande tendência a dar conselhos. Finalmente, há a sua lendária falta de tato. Você não sabe mentir, mesmo quando se trata de uma gentileza. Uma amiga aparece com o cabelo mal cortado ou uma roupa nova horrível? Você deixa escapar a famigerada verdade. É o outro lado da sua honestidade — e não é algo do qual deva se orgulhar.

Relacionamentos

Engraçado, generoso, entusiasta e direto, o Arqueiro gosta de falar e faz amigos facilmente. Uma conversa estimulante e um senso de humor inteligente têm grande importância para você. Você também valoriza a liberdade pessoal, tornando o romance muito mais complicado do que uma amizade. Apesar de uma tendência a assumir riscos em outras áreas, tende a se segurar romanticamente e é famoso por resistir a

Capítulo 4: Signos de Fogo: Áries, Leão e Sagitário 53

compromisso. Seja se identificando como um Don Juan, um amante inconstante, ou um monge em treinamento, você geralmente consegue manter a sua independência, mesmo à custa de uma solidão ocasional. Além disso, é um otimista (talvez pense o contrário). Então, por que se contentar com alguém que é menos do que perfeito quando sites de relacionamentos oferecem milhares de almas gêmeas elegíveis a apenas um clique do mouse? Não é à toa que é difícil escolher. Pessoas de outros signos podem correr para o altar, ansiosos para juntar os trapos e sossegarem. Você tem muitas fantasias — mas não sobre casamentos, listas de presentes, hipotecas ou gêmeos. Você quer ver o mundo o quanto antes e desenvolver alguns dos seus próprios talentos.

Quando você se conecta, em último caso (e não tema, isso acontece o tempo todo), sinceramente espera que a relação vá conduzir a algo melhor, a uma vida mais gratificante — não a uma mais restrita. Você não tem nada contra a vida doméstica, mas não é o seu sonho, e estabilidade não é o seu princípio norteador. Em vez disso, você busca uma vida de aventuras, seja literal, intelectual ou espiritual, com muitas risadas ao longo do caminho — e um companheiro ativo, realizado, que não se importa de estar com alguém tão independente quanto você. Mesmo totalmente comprometido em um relacionamento apaixonado, o sagitariano sempre precisa de algum espaço.

Para obter informações sobre os relacionamentos do Arqueiro com outros signos, vá para o Capítulo 15.

Trabalho

Sagitário é o signo da educação superior e as profissões associadas ao signo refletem isso. Abençoado com um amor pela aprendizagem e um desejo de fazer alguma coisa que importe, você se encaixa bem no ensino, na editoração, no jornalismo, no direito, na religião, na comunicação e em qualquer coisa que envolva viagens ou relações internacionais. Você não gosta de burocracia e fica incomodado em meio a uma organização rigidamente estruturada. Faça o que fizer, o seu intelecto deve estar envolvido. Versátil e rápido, é facilmente distraído e pode aceitar várias atribuições apenas para manter as coisas interessantes. Grandes projetos e grandes ideais animam você. Contabilidade não. Gestão financeira não. Na verdade, são nas pequenas coisas que você tropeça — e ainda assim o seu sucesso profissional depende de sua capacidade de lidar com os detalhes.

Aprender a delegar é mais um dos seus desafios. Naturalmente um defensor da igualdade, você odeia pedir assistência e fica desconfortável em pedir aos outros para executar as tarefas maçantes, das quais tão logo esquiva-se. Finalmente, você pode enfrentar problemas de gestão do tempo. Em um mundo cheio de distrações fascinantes, é imprescindível utilizar seu tempo de forma vantajosa. Mas você já sabe disso.

Parte II: Lá Vem o Sol

Típicos Sagitarianos

- Mark Twain, Tyra Banks (Lua em Áries)
- Christina Aguilera, Lucy Liu, Jim Morrison, Diego Rivera (Lua em Touro)
- Jeff Bridges, Edith Piaf, Tina Turner (Lua em Gêmeos)
- William Blake, Jimi Hendrix (Lua em Câncer)
- Winston Churchill, Katie Holmes (Lua em Leão)
- Frank Zappa, Samuel L. Jackson (Lua em Virgem)
- Jane Austen, Emily Dickinson, Jay Z (Lua em Libra)
- Scarlett Johansson, Bruce Lee, Steven Spielberg (Lua em Escorpião)
- Ludwig von Beethoven, Joan Didion, Jon Stewart (Lua em Sagitário)
- Brad Pitt, T. C. Boyle (Lua em Capricórnio)
- Woody Allen, Britney Spears, Caroline Kennedy (Lua em Aquário)
- Joe DiMaggio, Frank Sinatra (Lua em Peixes)
- Silvio Santos (Lua em Virgem)
- Angélica (Lua em Aquário)
- Vera Fischer (Lua em Escorpião)

Se você trabalha para um sagitariano, sua tarefa essencial é ter o panorama completo em mente e certificar-se de que as coisas estão progredindo. Se você faz um bom trabalho, o Arqueiro não vai ficar procurando defeitos. O sagitariano não é um fanático por detalhes. Por outro lado, se você precisar de ajuda com algo específico, você pode não conseguir. Afinal, já recebeu um resumo da situação — certo? E prepare-se: os sagitarianos avessos a detalhes não se opõem a trabalhar horas extras. Se você só trabalha em horário comercial, o Arqueiro pode questionar seu compromisso.

Sagitário: fatos básicos

Polaridade: positivo
Modalidade: mutável
Elemento: fogo
Símbolo: o Centauro
Planeta Regente: Júpiter
Signo Oposto: Gêmeos
Cores Favoráveis: roxo e azul

Pedra da Sorte: turquesa
Partes do Corpo: quadril e coxas
Metal: estanho
Frase-chave: eu vejo
Traços Principais: aventureiro, independente

Capítulo 5

Signos de Terra: Touro, Virgem e Capricórnio

Neste Capítulo

▶ Observando Touro
▶ Concentrando-se em Virgem
▶ Contemplando Capricórnio

ssim como o universo criou-se a partir da bola de fogo do Big Bang, o círculo do zodíaco expande-se com uma rajada de fogo, o mais enérgico dos quatro elementos tradicionais. Fogo gera calor, luz e movimento. Mas qual é o ponto de toda essa combustão se não leva a nada? Sem a terra, o fogo queimaria a si mesmo como fogos de artifício contra o céu noturno. Os signos de terra aterram a energia do fogo, transformando o calor em algo tangível. Cauteloso onde o fogo se destaca, signos de terra são estáveis, sensatos, produtivos, persistentes e materialistas — e não estou falando de uma maneira ruim. Ao contrário de signos menos realistas, signos de terra compreendem e respeitam as coisas materiais, incluindo dinheiro. Eles também são sensíveis, seres humanos receptivos que adoram o mundo físico, em todo o seu esplendor.

O fogo solta faíscas, sem dúvida. O ar promove uma tempestade. E ninguém entende o impacto da emoção como a água. Mas se você quiser realmente fazer alguma coisa, volte-se para a terra.

A tradição astrológica atribui três signos para cada um dos quatro elementos. Os signos de terra, reconhecidos por sua produtividade e abordagem pragmática da vida incluem os seguintes:

✔ Touro, o Boi (21 de abril–20 de maio), o signo de terra fixo. Touro é conhecido por sua persistência, seu anseio por segurança, e — no caso de você ter pensado que os signos de terra são só praticidade — seu amor ao prazer.

✔ Virgem, a Dozela (23 de agosto–22 de setembro), o signo de terra mutável. Virgem é famoso por sua mente analítica, sua atenção aos detalhes e sua tendência a ser um perfeccionista.

✔ Capricórnio, a Cabra (22 de dezembro–21 de janeiro), o signo de fogo cardinal. O capricorniano é engenhoso, consciencioso e ambicioso.

Estes signos compartilham o desejo de contribuir de forma concreta. Se a terra é o seu elemento, continue a ler. Neste capítulo, apresento as suas ótimas características e seus traços irritantes, juntamente com informações sobre relacionamentos e trabalho.

A posição do Sol no céu no momento do seu nascimento determina o seu signo. Se você nasceu no início ou no final de um signo ou não tem certeza sobre ele, vá ao Capítulo 1 e leia a seção intitulada "Nascido na Cúspide". Além disso, ademais do seu elemento, cada signo tem uma polaridade (positiva ou negativa) e uma qualidade ou modalidade (cardinal, fixo ou mutável). Para saber mais sobre estes termos, consulte o Capítulo 1.

Touro, o Boi: 21 de Abril–20 de Maio

Quando Harry Truman era presidente dos Estados Unidos, uma placa no Salão Oval dizia "A responsabilidade cabe a nós" (no original, "The buck stops here"). Isso é o que você poderia esperar de um taurino. Nos bons e maus momentos, você é firme, confiável e disposto a aceitar a responsabilidade. Mas Touro também tem um lado afetuoso, pois é regido por Vênus, o guardião do amor e da arte. Truman sabia alguma coisa sobre essa parte da vida também. Um marido e pai devotado e muito protetor, era um pianista talentoso que pensou em se tornar músico profissional. Ele decidiu que não tinha o que era preciso. "Um bom pianista de salão é melhor do que eu sequer já fui", disse ele. "Então entrei para a política e tornei-me presidente dos Estados Unidos." Touro tem a resistência e a persistência para tornar algo assim possível.

O símbolo (ou glifo) de Touro, mostrado na Figura 5-1, representa a cabeça e os chifres do touro — ou o círculo do potencial com a crescente da receptividade no topo.

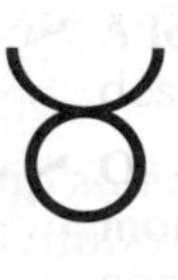

Figura 5-1: O símbolo de Touro.

O lado positivo

No ciclo do zodíaco, Áries, o pioneiro, chega primeiro, transbordando de energia em todas as direções. Touro, o segundo signo, traz essa energia para a terra e a usa para construir algo sólido. Como um signo de terra fixo, você é cauteloso, fundamentado na realidade, firme e totalmente confiável. Porque você tem uma necessidade intensa de segurança, tanto emocional quanto financeira, faz escolhas conservadoras e tenta evitar mudanças. Você é insistente, só desistindo quando não há outra opção. Contudo, uma vez que tomou uma decisão, nada pode convencê-lo a mudar

Capítulo 5: Signos de Terra: Touro, Virgem e Capricórnio **57**

de ideia. Metas concretas fazem mais sentido para você. Você as persegue calmamente e com obstinada determinação. É verdade que não consegue chegar rapidamente ao seu destino — mas como a famosa tartaruga, a quem você muitas vezes é comparado, você chega lá.

Como um signo de terra, você está à vontade com seu corpo e em sintonia com o seu ambiente. Romântico e sensual, amável e gentil, você tende a confortar a todos, e seus sentidos são apurados. Ama um sexo lento e calmo; as texturas de seda e veludo (e cotelê); pão fresco; vinho tinto encorpado; a natureza em todas as suas estações; objetos artesanais, que adquire com facilidade e nunca deixa de apreciar. Touro também é dotado de criatividade. Provavelmente, você tem talento em pelo menos uma das artes, incluindo música, dança, escultura, pintura, design, arquitetura, culinária, jardinagem e a arte de relaxar.

O lado negativo

Apesar de sua dedicação ser impressionante, seu ritmo pode acabar distraindo outras pessoas. Você começa lentamente, tende a arrastar-se, e se recusa a ser apressado. Você pode ser difícil de engolir em uma idade avançada e cai na rotina com facilidade. Além disso, é incrivelmente teimoso. Sua já conhecida tenacidade é uma característica positiva quando isso significa sustentar princípios morais (pense em Coretta Scott King ou Bono, o cantor de rock taurino que foi indicado para o Prêmio Nobel da Paz). Muitas vezes, porém, isso significa recusar-se a mudar, não importa quais sejam as circunstâncias. Eu vi taurinos se prenderem por anos a padrões autodestrutivos ultrapassados apenas porque não queriam correr o risco de tentar uma nova abordagem ou fazer as pazes. Isso que é ser cabeça dura (igual a de um touro).

Já que estamos discutindo seus traços negativos, deixe-me acrescentar que você pode ser ganancioso, deliberado, ávido, guloso, autoindulgente, além de sentir pena de si mesmo. Normalmente, é trabalhador e perseverante, mas quando está para baixo, se torna apático. Você também pode ser possessivo, dependente, ciumento, insensível e, no seu pior, um aproveitador. Você não tem a intenção de explorar outras pessoas. Mas — sabe — as coisas acontecem.

Só mais uma coisa: Touro, ao contrário de Áries, não fica com raiva facilmente, o que o resto do mundo agradece. Mas quando você explode... vamos apenas dizer que alguns dos piores assassinos em massa e ditadores da história — homens como Hitler, Lenin e Saddam Hussein — nasceram sob o signo de Touro.

Relacionamentos

Com Vênus como seu planeta regente, você é atraente e carinhoso, e facilmente faz amigos, amantes e companheiros. Romance é extremamente importante para você, mas (com raras exceções), não o persegue com vontade. Discretamente sedutor, você manda sinais sutis, e se o objeto de seu desejo for imune a eles, procura em outro lugar.

Seus sentimentos são profundos, mas não é emoção que você procura; é um refúgio. Em seu coração, a familiaridade gera contentamento. Você aprecia os rituais domésticos diários, juntamente com a segurança de um relacionamento de longa duração. Quando está em um relacionamento seguro, se agarra a ele. É carinhoso, protetor e solidário, mesmo que também seja dependente e possessivo.

Embora não goste de conflitos e tente evitá-los, você não quer voltar atrás. Se um relacionamento está em terreno pantanoso, você dificilmente consegue suportar a tensão. Algumas pessoas (leoninos e escorpianos, por exemplo) se submetem a esses altos e baixos românticos. Eles mergulham no drama e até mesmo o acham excitante. Não Touro. Sincero e intenso, você joga para ganhar, porque não está jogando. Para você, o amor não é um jogo.

Para saber tudo sobre seus relacionamentos com outros signos, vá para o Capítulo 15.

Trabalho

Como adora conforto e não tem aquele ritmo frenético que muitas vezes caracteriza os grandes empreendedores, as pessoas podem presumir que você é preguiçoso. Elas não poderiam estar mais erradas. Apesar de sua capacidade de relaxar nos fins de semana ser sem igual, você é trabalhador, produtivo e organizado quando quer ser, e tem uma necessidade natural de fazer algo construtivo. A segurança é essencial para você, seja na forma de dinheiro no banco, um bem imobiliário, um plano de pensão top de linha, ou todas as anteriores. E, no entanto, isso não é tudo sobre você. No fundo, é mais importante acreditar no que está fazendo e encontrar uma forma de se expressar criativamente. Quando você identifica uma área que satisfaça essas necessidades, se dispõe a fazer sacrifícios financeiros.

Seja qual for sua escolha, você trabalha em um ritmo constante. E ao contrário de outros signos, não está constantemente querendo forçar seu caminho para o estrelato. Naturalmente, as pessoas passam a confiar em você. E sim, às vezes você se sente como se estivesse fazendo mais do que a sua parte do trabalho, sem receber o reconhecimento apropriado. Essa é uma das desvantagens de ser um signo de terra.

Trabalhar com um taurino é mais fácil se você aceitar o fato de que ele sabe o que quer e é improvável que ele mude. Ele valoriza a produtividade, continuidade, lealdade e a capacidade de manter a calma. Quanto a essas ideias brilhantes que você tem sobre como agitar as coisas, deixe-as para si mesmo. Elas só vão fazê-lo desconfiar de seu julgamento.

Capítulo 5: Signos de Terra: Touro, Virgem e Capricórnio

Típicos Taurinos

- Stevie Wonder, Cate Blanchett (Lua em Áries)
- Katharine Hepburn, Kelly Clarkson (Lua em Touro)
- Sigmund Freud, Fred Astaire (Lua em Gêmeos)
- Benjamin Spock, Ulysses S. Grant (Lua em Câncer)
- Barbra Streisand, Renée Zellweger, James Brown (Lua em Leão)
- Michelle Pfeiffer, Jay Leno, Jack Nicholson, Shirley MacLaine (Lua em Virgem)
- Billy Joel, Rosario Dawson (Lua em Libra)
- Bono, Harry S. Truman (Lua em Escorpião)
- Frank Capra, Al Pacino, Sue Grafton (Lua em Sagitário)
- Cher, George Clooney (Lua em Capricórnio)
- Charlotte Brontë, Uma Thurman, David Beckham, George Lucas (Lua em Aquário)
- Audrey Hepburn, Jerry Seinfeld, Leonardo da Vinci (Lua em Peixes)
- Lulu Santos (Lua em Capricórnio)
- Léo Jaime (Lua em Áries)

Touro: fatos básicos

Polaridade: negativo
Modalidade: fixo
Elemento: terra
Símbolo: o Touro
Planeta Regente: Vênus
Signo Oposto: Escorpião
Cores Favoráveis: tons de verde e marrom

Pedra da Sorte: esmeralda
Partes do Corpo: pescoço e garganta
Metal: cobre
Frase-chave: eu construo
Traços Principais: produtivo, obstinado

Virgem, a Donzela: 23 de Agosto– 22 de Setembro

A mente de um virginiano é uma coisa maravilhosa. Graças à Mercúrio, o planeta em homenagem ao deus perspicaz da comunicação, você é atento, perspicaz, capaz e articulado. Também é exigente e crítico, especialmente sobre si mesmo. Constantemente em busca de autoaperfeiçoamento, você se considera em constante evolução.

O símbolo de Virgem (veja a Figura 5-2) se assemelha a um M com uma perna extra o fechando. Significa órgão genital feminino, em contraste com Escorpião, que representa o masculino.

Figura 5-2:
O símbolo de Virgem. ♍

O lado positivo

Nada escapa a você. Você tem um olho para detalhes, um senso natural de eficiência e uma grande sensibilidade para o uso da linguagem. Inteligente, engraçado e cativante, você apresenta habilidades analíticas extraordinárias, uma rara clareza de espírito, uma capacidade invejável de se concentrar e um amor pela aprendizagem que não é só de fachada. Além disso, é atencioso e modesto. Você sabe que não é perfeito — mas faz tudo o que pode para chegar lá. Como os outros signos de terra, você é consciente, trabalhador e eficiente. Ao contrário deles, você também é um idealista. Tem essa ideia de como as coisas deveriam ser, e você está certo de que pode fazê-las dessa forma, um detalhe de cada vez. Armado com a sua longa lista de tarefas, você é organizado e disciplinado, pronto para forçar seus limites. Você é igualmente disposto a ajudar outras pessoas, uma oferta que estende muito além de seu círculo social. Você tem um senso moral forte e pode ser útil ao ponto do altruísmo. As pessoas muitas vezes se esquecem que o virginiano é o signo do serviço (pense em Madre Teresa). Agir em nome de outras pessoas faz você se sentir bem consigo mesmo.

O lado negativo

Você é muito duro com todos, incluindo consigo mesmo. Você reclama. Você critica. Você não pode distinguir entre o que é aceitável (seu cônjuge) e aquilo que é o ideal (seu cônjuge, apenas se ele moldar-se). Você pode ser extremamente exigente — e ficar incrivelmente desapontado quando suas exigências não forem atendidas. Às vezes age como um mártir que é obrigado a lidar com os fracassos dos outros, mas também sofre de ondas de culpa, inferioridade, timidez e ansiedade. Você se preocupa com o ar, a água, o aquecimento global, guerra, calorias, o morador de rua por quem você passou, a observação insensível que teme ter feito, seus investimentos e seu corpo. Na vida de um virginiano típico, hipocondria é um dragão que você tem que matar a pau (o que é uma das razões pelas quais virginianos muitas vezes mergulham no Manual Merck ou tornam-se fascinados por técnicas alternativas de cura). Uma dieta saudável, exercício físico e um método confiável para reduzir o estresse são essenciais.

Uma nota sobre limpeza: não importa o que você possa ter ouvido, nem todos os virginianos são maníacos por limpeza. Não que isso não aconteça: conheço virginianos que não conseguem descansar a menos que tudo na geladeira esteja organizado em seu devido lugar. Conheço virginianos que têm fixação em produtos de limpeza de azulejos.

Capítulo 5: Signos de Terra: Touro, Virgem e Capricórnio *61*

Também conheço virginianos que são incapazes de jogar coisas fora. Sua intenção é fazer algo com todas essas coisas. Entretanto, eles nem soam compulsivos; eles se parecem relaxados.

Relacionamentos

Você imagina que um signo supostamente tão crítico quanto Virgem teria problemas para fazer amigos. Mas isto não é o caso. Os virginianos gostam de conversar, de analisar outras pessoas, de explorar novas ideias e manter uma variedade de interesses. Conversar com um virginiano nunca é chato. Virginianos também lembram aniversários, trazem canja de galinha e DVDs para amigos doentes e geralmente se superam. Então o que não lhe falta é uma vida social intensa — mesmo se, de vez em quando, você pega um pouco pesado com os conselhos.

Em um relacionamento sério, você fica mais confortável quando o seu papel e responsabilidades estão claramente definidos. Quando você não sabe o que esperar, ou esses papéis estão mudando de acordo com as circunstâncias, você fica nervoso, insone, atônito, e — seu pior defeito — controlador. Você não tem a intenção de ser — só quer ter a certeza de que tudo está no caminho certo. Você tem um forte senso de como as coisas deveriam ser, e quando a realidade entra em conflito com seus altos padrões impossíveis, você entra em um estado de negação e vê apenas o que quer ver. Quando termina com alguém, fica atordoado. Mesmo com todo o seu bom senso, um virginiano com o coração partido é, de fato, uma criatura patética. Felizmente, você não é de passar a vida afogando as mágoas no fundo de uma garrafa. Inevitavelmente, encontra uma maneira de mudar as coisas. Você não tem nenhuma dificuldade em atrair admiradores, o virginiano pode ser incrivelmente sedutor, apesar de sua imagem virginal (símbolos sexuais icônicos de Virgem incluem Sean Connery, Richard Gere, Sophia Loren e Greta Garbo). Mas não é isso que ajuda você a superar tempos difíceis. É a sua capacidade mental de repensar a situação. Claro que, por um lado, as coisas podem ficar ruins. Mas por outro lado...

Para conferir as relações de Virgem com outros signos, confira o Capítulo 15.

Trabalho

É difícil imaginar uma organização que não se beneficiaria em ter um virginiano ou dois. O mestre das multitarefas, você lida facilmente com centenas de detalhes e demandas conflitantes. Organizado e meticuloso, você é qualificado para o ensino, a escrita (e outras formas de comunicação) e qualquer coisa que requeira uma mente analítica e atenção aos detalhes. Mas não importa qual direção você tome, mais trabalho acaba em sua mesa do que na mesa de qualquer outra pessoa, adivinhe o porquê? É mais eficiente do que qualquer outra pessoa, por isso que autoridades vivem chamando você. Ninguém é mais indicado para o trabalho — e você pode

Parte II: Lá Vem o Sol

não querer fazê-lo também. Mesmo assim, produz resultados em tempo útil porque não consegue resistir a um desafio que surja. Seria bom admitir a verdade: você não consegue resistir a um elogio e tem um prazer secreto em mergulhar em todos os detalhes. Você é o empregado ideal, gostemos ou não — o que pode ser o motivo pelo qual virginianos muitas vezes fantasiam sobre possuir seu próprio negócio. O grau de controle que você ganha como um empresário é um elixir para a sua alma.

Se você trabalha para um virginiano, siga as instruções ao pé da letra e obedeça as regras de senso comum do local de trabalho. Na superfície, o ambiente pode ser casual e igualitário. No entanto, as normas são rígidas. Então vá em frente e peça instruções e esclarecimentos quando precisar deles. O virginiano vai respeitá-lo por perguntar. Da mesma forma, não hesite em pedir um feedback. Mas entenda que, depois de receber conselhos, você deve se esforçar de verdade para segui-lo. Caso contrário, o virginiano pode ver o seu pedido como um desperdício de tempo. E ouça o que eu digo: você não quer fazer um virginiano perder tempo.

Típicos Virginianos

- Ingrid Bergman, Lily Tomlin, Roald Dahl, Pink (Lua em Áries)
- Oliver Stone, Cameron Diaz, Hugh Grant (Lua em Touro)
- Claudia Schiffer, Cathy Guisewite, John Cage (Lua em Gêmeos)
- Julio Iglesias, Elvis Costello, Dave Chapelle (Lua em Câncer)
- Garrison Keillor, William Golding (autor de *O Senhor das Moscas*), Ludacris (Lua em Leão)
- Sean Connery, Lance Armstrong, Rachael Ray, Leon Tolstoy (Lua em Virgem)
- D. H. Lawrence, Agatha Christie (Lua em Libra)
- Beyoncé Knowles, Bruno Bettelheim (Lua em Escorpião)
- Mary Shelley (autora de *Frankenstein*), Stephen King (Lua em Sagitário)
- Dorothy Parker, Brian de Palma, John McCain (Lua em Capricórnio)
- Sophia Loren, Samuel Goldwyn, Bill Murray (Lua em Aquário)
- Michael Jackson, Macaulay Culkin (Lua em Peixes)
- Glória Pires (Lua em Libra)
- Malu Mader (Lua em Leão)
- Tony Ramos (Lua em Touro)

Virgem: fatos básicos

Polaridade: negativo
Modalidade: mutável
Elemento: terra
Símbolo: a Virgem
Planeta Regente: Mercúrio
Signo Oposto: Peixes
Cores Favoráveis: azul marinho e neutras

Pedra da Sorte: peridoto
Partes do Corpo: o sistema nervoso
Metal: mercúrio
Frase-chave: eu analiso
Traços Principais: analítico, diagnosticador

Capricórnio, a Cabra: 22 de Dezembro – 21 de Janeiro

Alguém tem que manter a tradição. Alguém tem que seguir as regras. Falando nisso, alguém tem de escrevê-las. Com o sombrio Saturno, o planeta da edificação, como o seu regente, ele bem que poderia ser você.

O glifo de Capricórnio (veja a Figura 5-3) representa tanto a cabra da montanha com os chifres ondulados quanto a criatura mítica que é uma cabra na parte de cima e um peixe na de baixo.

Figura 5-3: O símbolo de Capricórnio.

O lado positivo

Você é produtivo, responsável, competitivo e maduro. É um adulto — mesmo quando criança. Na verdade, Capricórnio muitas vezes passa por um momento difícil quando jovem, porque é mais sério do que a maioria das pessoas. Você se encontra na idade adulta e envelhece bem. Embora possa haver quedas ocasionais ao longo do caminho, já é de conhecimento geral que quanto mais você envelhece, mais feliz se torna. É o milagre de Capricórnio.

Você é ambicioso. Como a cabra das montanhas que escala um terreno rochoso para chegar ao cume, você está mirando longe — e já descobriu uma estratégia para chegar lá. Paciente, trabalhador e econômico, você enfrenta bravamente as dificuldades que encontra ao longo do caminho. A sociedade depende de Capricórnio, porque você tem a capacidade de ir além de si mesmo, considerar as necessidades dos outros e desenvolver estratégias realistas para cumprir essas necessidades. Você é um líder natural.

Embora possa entrar em pânico internamente durante períodos de estresse, externamente você mantém a calma. Ao contrário de outros signos que posso citar (digamos, Sagitário ou Peixes), você sabe como aplicar a autodisciplina — e, ao contrário de Virgem, pode fazê-lo sem que se torne uma obsessão. Seu controle é evidente em cada célula do seu corpo. Você é sereno, reservado, digno e autoritário. Como um signo de terra, vê o que precisa ser feito e age rapidamente. E, apesar de muitas vezes ter problemas se soltando, você pode dar-se ao luxo de ter essa sensualidade típica dos signos de terra. Você reage à arte atemporal, ao amor verdadeiro, e aos prazeres da cozinha, do quarto e da sala de reuniões — incluindo uma boa parcela de investimentos. Diga o que quiser, o dinheiro não dá segurança.

Parte II: Lá Vem o Sol

O lado negativo

Um conservador nato, não importa qual seja a sua política, você tem um plano (e um orçamento) para tudo. Consciente da sua posição social e do seu dinheiro, você pode ser medroso, reprimido e pessimista. Tem um senso de propósito tão intenso que tem dificuldade para relaxar: dar um tempo soa como diminuir o passo para você, e você não quer fazê-lo. Afinal, há mais a ser feito... muito mais. Você fica frustrado por seu lento progresso. A verdade é que se não fosse pelas outras pessoas, você viveria a toda velocidade. Você é o signo menos espontâneo do zodíaco. Um pouco de flexibilidade iria aliviar consideravelmente a sua carga, mas não é fácil para você ceder. Hesito em dizer "Você trabalha demais", só porque sei que vai concordar — e secretamente tomar isso como um elogio.

Aqui está outro problema: questões emocionais podem ser uma ameaça para a pessoa de Capricórnio. Mesmo com os amigos, você prefere não discutir sentimentos, de forma alguma, obrigado. Ninguém gosta de demonstrar fraqueza, mas para você é especialmente doloroso. Então, sofre em silêncio e é propenso a negação. Por que ver o que você não quer ver? Qual é o motivo de olhar para um coração envolto pelas trevas — ou o vazio no centro de um relacionamento ruim — se você não está preparado para fazer qualquer coisa sobre isso? Talvez seja melhor não saber. Certo?

Certo. Só que, por vezes, encarar a verdade é a única maneira de fazer as coisas melhorarem.

Relacionamentos

Comece reconhecendo que o capricorniano tem um forte senso de privacidade, propriedade e reserva emocional. Até mesmo seus amigos mais antigos não conseguem ser muito próximos. Você os admira por suas realizações e tem compaixão pelos problemas deles. Você não é cruel. Mas fica desconfortável com demonstrações emocionais e logo deseja não estar por perto em épocas de grande crise (você prefere ajudar fazendo algo prático). No amor, também, você tenta ao máximo evitar estardalhaços. Você simplesmente não consegue aguentá-los.

Por outro lado, é um conservador com um forte impulso sexual e uma profunda necessidade de ser consolado, admirado e de ter uma conexão. Seu parceiro ideal é realizado, centrado e digno aos olhos do mundo. Você não consegue ajudar lidando com a confiança que o sucesso traz. O que há de tão terrível nisso?

Quando você encontra a pessoa certa — e isso pode levar algum tempo — é fiel e dedicado. Brincar não é seu estilo. Incorporar papéis tradicionais é. Apesar de acreditar na igualdade de gênero, você ainda se sente confortável com a divisão padrão de papéis masculino/feminino. Se surge um problema, pode ser apenas porque você leva tudo muito a sério. Luta de almofadas em uma sexta-feira? De jeito nenhum! Você precisa de

Capítulo 5: Signos de Terra: Touro, Virgem e Capricórnio 65

7,5 horas de sono e nem um milésimo de segundo a menos. Um encontro à tarde com o seu amado? Está brincando? Você tem um emprego! Nos relacionamentos de Capricórnio, é geralmente a outra pessoa que tenta trazer os risos (e espontaneidade). Alguém tem que clarear as coisas — e provavelmente não será você.

Para detalhes sobre as interações de Capricórnio com outros signos, vá ao Capítulo 15.

Trabalho

Pode-se dizer viciado em trabalho? Capricórnio é o signo mais ambicioso e trabalhador do zodíaco. Você aceita a responsabilidade sem reclamar. Sabe como operar dentro de uma organização, grande ou pequena, e quando há uma falta de estrutura, sabe como criar uma. Você pode não gostar da burocracia, mas a compreende, e está em casa numa corporação. Naturalmente, você quer reconhecimento. E vamos escarar os fatos: embora o reconhecimento venha de muitas maneiras, sua forma primordial é dinheiro. Você saca das coisas. Ocasionalmente, até se torna obcecado com isso, porque dinheiro é um sinal de realização. Considere, por exemplo, esta observação do excêntrico magnata obsessivo-compulsivo Howard Hughes. "Eu não sou um milionário demente paranoico", disse ele. "Caramba, eu sou um bilionário."

Então, sim, alguns capricornianos são gananciosos e materialistas. A maioria não é. E muitos de vocês têm a habilidade pouco reconhecida de colocar o bem dos outros à frente dos seus próprios desejos. Não é a toa que Martin Luther King Jr. era capricorniano. Os nascidos sob o signo da cabra, apesar da reputação de uma ambição capitalista, muitas vezes têm uma consciência social. Eles só não acham que devem sofrer por isso.

Se você trabalha para um capricorniano, tudo o que aprendeu sobre como se comportar no trabalho se aplica: seja pontual, vista-se de acordo, antecipe as necessidades do seu chefe, seja organizado, e assim por diante. Evite piadas de escritório: fotos de gente pelada na copiadora não vão divertir o seu chefe certinho. E certifique-se de que nada suspeito apareça na tela do computador — e isso inclui jogo de paciência. Lembre-se: os capricornianos ditaram as regras. Você seria um tolo de quebrá-las.

Capricórnio: fatos básicos

Polaridade: negativo
Modalidade: cardinal
Elemento: terra
Símbolo: a Cabra
Planeta Regente: Saturno
Signo Oposto: Câncer
Cores Favoráveis: verde escuro e marrom

Pedra da Sorte: ônix
Partes do Corpo: ossos e dentes
Metal: prata
Frase-chave: eu uso
Traços Principais: focado nos objetivos, rígido

Típicos Capricornianos

- Albert Schweitzer, Diane von Furstenberg, Elizabeth Arden (Lua em Áries)
- Carlos Castañeda, Naomi Judd (Lua em Touro)
- Joan Baez, Jim Carrey (Lua em Gêmeos)
- Robert F. Kennedy, Jr., Mary Tyler Moore, Janis Joplin (Lua em Câncer)
- David Bowie, Mao Tse Tung, Marilyn Manson (Lua em Leão)
- Stephen Hawking (Lua em Virgem)
- Nicholas Cage, Jude Law (Lua em Libra)
- Henry Miller, Orlando Bloom, Kate Moss (Lua em Escorpião)
- Henri Matisse, Tiger Woods (Lua em Sagitário)
- Clara Barton, A. A. Milne (Lua em Capricórnio)
- Cary Grant, Richard M. Nixon, Denzel Washington, Muhammad Ali (Lua em Aquário)
- Edgar Allan Poe, Elvis Presley, J. R. R. Tolkien (Lua em Peixes)
- Cláudia Raia (Lua em Touro)
- Cássia Kiss (Lua em Câncer)

Capítulo 6

Signos de Ar: Gêmeos, Libra e Aquário

Neste Capítulo

▶ Refletindo sobre Gêmeos

▶ Pensando em Libra

▶ Avaliando Aquário

O ar representa a inteligência e a razão. É o elemento do intelecto, e os nascidos sob sua influência são conhecidos por sua capacidade de ligar os pontos. Os signos de ar são brilhantes, curiosos, versáteis e intelectualmente inquietos. Suas mentes estão sempre ativas, sempre em busca de entendimento. Por mais louco que possa parecer, os nativos desses signos realmente pensam sobre as coisas, e tentam fazê-lo objetivamente e em profundidade. Eles valorizam ideias e adoram uma conversa.

Apesar de sua reputação de ser às vezes um pouco objetivo e imparcial — vamos apenas dizer que o Sr. Spock foi definitivamente um signo de ar — eles também são extremamente sociais, relacionando-se com amigos, parentes e estranhos aleatórios em redes de relacionamentos.

Há muito na tradição astrológica, cada um dos quatro elementos foi atribuído a três signos do zodíaco. Os signos de ar, que são lendários por sua perspicácia mental, incluem os seguintes:

✔ Gêmeos, os Irmãos Gêmeos (21 de maio– 20 de junho), o signo de ar mutável. Gêmeos é conhecido por sua curiosidade, mente vivaz, personalidade brilhante e modos caprichosos.

✔ Libra, a Balança (23 de setembro–22 de outubro), o signo de ar cardinal. Libra é conhecido por seu intelecto equilibrado, senso de justiça e sensibilidade estética, bem como pela importância que atribui à parceria.

✔ Aquário, o portador da água (21 de janeiro–19 de fevereiro), o signo de ar fixo. Aquário é celebrado por suas ideias sobre o futuro, seus únicos e muitas vezes excêntricos interesses, e sua personalidade de espírito livre.

Se o seu aniversário cai no início ou no final de um signo, verifique o seu signo solar, indo ao Capítulo 1 e lendo a seção intitulada "Nascido na cúspide".

Os signos de ar compartilham o desejo de criar conexões e se comunicar. Se o ar é o seu elemento, suas qualidades essenciais são discutidas aqui. Neste capítulo, apresento suas características mais atraentes e seus traços mais irritantes, juntamente com informações sobre relacionamentos e trabalho.

Além de seu elemento, cada signo tem uma polaridade (positiva ou negativa) e uma qualidade ou modalidade (cardinal, fixo ou mutável). Para saber mais sobre esses termos, consulte o Capítulo 1.

Gêmeos, os Irmãos Gêmeos: 21 de Maio – 20 de Junho

Ágil e articulado, o geminiano é animado, brilhante, completamente engajado e incrivelmente persuasivo. Isso é porque você é governado pelo sagaz Mercúrio, o deus trapaceiro que consegue se safar de qualquer coisa.

Os dois pilares de Gêmeos (ver o glifo na Figura 6-1) representam os gêmeos mitológicos: Castor, o filho humano de um homem, e Polideuces, o filho imortal de Zeus, rei dos deuses. Eles também simbolizam os dois lados de sua natureza ambígua.

Figura 6-1: ♊
O símbolo
de Gêmeos.

O lado positivo

Eternamente jovem, dizem. Você é inteligente, curioso, sociável, e alegre — e mostra em seu rosto. Em sua busca incessante por estímulos, você regularmente descamba para direções inesperadas. Efervescente e atualizado, se sente revigorado pelo mais recente brinquedo, a banda mais quente, a notícia mais chocante e as fofocas mais picantes (porque, de verdade, não é assim que você aprende sobre o mundo?). É inteligente e rápido, animado com tudo que a vida tem para oferecer. Vai atrás de uma grande variedade de interesses e de amores para mergulhar em novos empreendimentos. Quando você adentra em um novo mundo, se sente como se as portas estivessem se abrindo e as possibilidades a sua frente fossem infinitas.

Mas você também é impaciente e se entedia facilmente. Para afastar a ameaça de tédio, lhe tranquiliza ter um (ou mais) romances sobre sua mesa

Capítulo 6: Signos de Ar: Gêmeos, Libra e Aquário

de cabeceira, dois empregos (meio período, de preferência), dois casos de amor (ou um principal e um reserva) e pelo menos dois telefones. Você também cultiva uma legião cada vez maior de amigos. Seu entusiasmo é contagiante, e nada encanta mais do que descobrir — ou construir — conexões entre pessoas inesperadas ou ideias não relacionadas. Você está em constante movimento, e faz questão de cultivar a espontaneidade, pelo menos em teoria. Na realidade, às vezes você se sobrecarrega com tantas atividades que a espontaneidade torna-se praticamente impossível. Você está sempre se dividindo entre reuniões, projetos, afazeres, amigos. Inevitavelmente, acaba fazendo muito malabarismo. No entanto, a verdade é esta: quando você está sobrecarregado e um pouco esgotado, por mais que possa reclamar, sente-se contente e em casa.

O lado negativo

Refém de hiperatividade, você desperdiça seus recursos, porque não consegue resistir à satisfação imediata de conversar, brincar com o gato, navegar na internet ou simplesmente fazer outra coisa. Se você pudesse, preferiria estar em dois lugares ao mesmo tempo. Impaciente e inconstante, você tagarela demais, tem pouca capacidade de atenção, e, muitas vezes, deixa a bola cair por simples falta de atenção. É facilmente distraído e muitas vezes têm dificuldade de se concentrar — ou até mesmo de ficar parado. De muitas maneiras, é como uma criança. Quando você encontra algo que te excita, acelera na ultrapassagem. Mas pode acabar com seu próprio entusiasmo ao falar demais do assunto. Você não hesita em entoar elogios a si mesmo. E, embora possa não notar, seu foco narcisista intenso às vezes drena outras pessoas. Ouça o que eu digo: eles não estão tão fascinados quanto você pensa.

No seu pior, pode ser enganador, superficial e volúvel — a encarnação viva de ar quente. Astrólogos (e amantes rejeitados), muitas vezes acusam você de ser emocionalmente superficial. Na verdade, você experimenta emoções reais — apenas não por muito tempo. Quando os problemas surgem, não vê nenhum motivo para torturar-se com eles. Em vez disso, você deixa seus sentimentos de lado e se adapta às novas circunstâncias — e o faz com uma facilidade impressionante. Alguém que você ama termina com você? Seu supervisor bloqueia seu computador e o acompanha até a saída? Sem problemas. Você reescreve a história, e logo é o único que andou. Você vai lidar com as repercussões no meio do caminho (se de todo). Enquanto isso, pode estar uma pilha de nervos, mas está ocupado escrevendo um novo capítulo. Como o geminiano Bob Dylan, você não olha para trás.

Relacionamentos

Aqueles que se feriram em um relacionamento com um geminiano muitas vezes acusam os integrantes do seu signo de serem insensíveis e inconstantes. Isso é injusto. Conheço geminianos que têm desfrutado de relações monogâmicas por décadas. Há muitos fatores em um horóscopo, e o Sol é apenas um deles.

Mas eu também conheço geminianos que se encaixam perfeitamente no estereótipo. Brincalhão e envolvente, você ama a emoção de uma conquista. Os cortejos da paquera lhe agradam. Por mais que você possa estar há muito tempo em um relacionamento sério, se entedia facilmente e, essencialmente, inquieto, logo se desencanta. O parceiro ideal para você é multifacetado o suficiente para fornecer o estímulo que você procura, confiante o suficiente para deixá-lo ter a liberdade que você aprecia, e espirituoso o suficiente para fazê-lo rir. Não ajuda reagir a alguém que representa um desafio. Um relacionamento de altos e baixos, eu lamento dizer, desperta a sua curiosidade. Em última análise, você não precisa de uma conexão emocional profunda. Também não precisa de sexo além da conta (o que não quer dizer que você não o aprecie). O que você precisa é uma conexão viva que gere faíscas e envolva sua mente.

Para mais detalhes sobre o seu relacionamento com outros signos, vá para o Capítulo 15.

Trabalho

Versátil e cerebral, você tem ótimas habilidades motoras e é um mago com as palavras. Esteja escrevendo um *roman à clef* ou construindo uma casa de passarinho vitoriana, ideias facilmente virão até você, porque é estimulado por tudo. Inteligente e dinâmico, pega as coisas tão rápido que você praticamente não tem uma curva de aprendizado. Mas no trabalho (como no amor), você rapidamente se entedia. Trabalhos que exijam muita repetição, não importa o quão aparentemente gratificantes, são sempre um erro para você. Você precisa de estímulo mental, muitas oportunidades para se socializar e de uma mistura de responsabilidades. As melhores profissões para você são as que oferecem variedade e tiram proveito de sua capacidade de se comunicar. Carreiras típicas de geminianos incluem educação, viagens, escrita e qualquer coisa relacionada com jornais, revistas, rádio ou TV. Blogues foram feitos para você. Inventivo e empreendedor, é hábil em criar projetos empresariais originais. Mesmo que a vida de freelancer não seja para todos, você goza de sua variedade e gera os desafios (sem segurança, sem previsibilidade e sem horários) com confiança. Apenas certifique-se de contratar um taurino sensível ou um capricorniano para cuidar de suas finanças. Manusear dinheiro *não* é seu ponto forte.

Trabalhar com um geminiano é um desafio, porque eles estão sempre preparados para mudar de direção por um capricho — e esperam que todos os outros sigam o exemplo. Se você está trabalhando com alguém de Gêmeos, sua única opção nestes momentos é mudar de marcha e fingir que não está abalado. "Mas você nos disse na semana passada..." não tem peso, com um geminiano. As pessoas de Gêmeos valorizam novas ideias, flexibilidade e resposta rápida. Eles não se preocupam com consistência.

Gêmeos: fatos básicos

Polaridade: positivo
Modalidade: mutável
Elemento: ar
Símbolo: os Gêmeos
Planeta Regente: Mercúrio
Signo Oposto: Sagitário
Cor Favorável: amarelo

Pedra da Sorte: ágata
Partes do Corpo: braços, ombros, pulmões
Metal: mercúrio
Frase-chave: eu imagino
Traços Principais: inteligente, superficial

Libra, a Balança: 23 de Setembro– 22 de Outubro

Cresci cercada por librianos, e posso dizer-lhe isto: Libra é o signo da civilização. Regido por Vênus, o planeta do amor e da beleza, você age de forma racional, acredita na justiça e é geralmente fácil de se lidar.

O glifo de Libra (veja a Figura 6-2) representa uma simples balança ou a balança da justiça. Ele também sugere que o Sol poente, reflete o fato de que o primeiro dia de Libra é o equinócio de primavera (no hemisfério sul — no hemisfério norte é o equinócio de outono), quando o dia e a noite chegam a um ponto de perfeito equilíbrio.

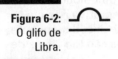

Figura 6-2: O glifo de Libra.

O lado positivo

Onde a elegância encontra a tranquilidade, e a razão encontra a sensibilidade: isso é Libra. Refinado e de temperamento equilibrado, amável e observador, você é o diplomata definitivo (quando quer ser). Você procura serenidade, reage fortemente à arte e à música e prospera em um ambiente esteticamente agradável (embora incômodos comuns como ruído deixem-no tenso e cansado). Sua sensibilidade artística é altamente desenvolvida, o seu sentido social, mais ainda. Fácil de lidar, educado, inteligente e encantador, você é um convidado disputado que quer muito ser apreciado. E, embora não consiga deixar de flertar, você também é um parceiro empenhado para quem relacionamentos são indispensáveis.

Parte II: Lá Vem o Sol

Ao mesmo tempo, como um signo de ar, você tem um intelecto sofisticado e se orgulha de sua abordagem sensata da vida. É consciente das implicações de todas e quaisquer decisões. Você busca informações e pontos de vista opostos e faz o seu melhor para não tirar conclusões precipitadas, muitas vezes discutindo um ponto apenas para abordar todos os lados de uma questão (além disso, diga-se de passagem, gosta de um bom debate). Como para você a razão é de grande valor, naturalmente, tenta ser objetivo. Esse é o significado das balanças, seu símbolo, que representa a sua capacidade de pesar ambos os lados de uma questão, bem como a sua necessidade de alcançar o equilíbrio emocional (Libra é o único signo simbolizado por um objeto físico em vez de uma criatura viva). Na maioria das vezes, sua abordagem séria, objetiva, funciona. A harmonia e o equilíbrio que você procura são realizáveis.

O lado negativo

Como Eleanor Roosevelt, uma típica libriana, uma vez disse: "Ninguém pode fazer você se sentir inferior sem o seu consentimento." Bem, sem problema: você consente. Sua personalidade amável pode esconder uma insatisfação tóxica e uma terrível luta com complexos emocionais. Você tem uma predisposição profundamente enraizada para se preocupar, combinada com — para o seu lamento — uma lamentável falta de confiança (se tiver planetas em Virgem, como muitos librianos têm, você é, sem dúvida, o seu crítico mais severo). Ansioso para ter a boa opinião dos outros, você pode se esforçar muito com dificuldade de satisfação. E mesmo tentando de outras formas, sua tentativa não é o suficiente. Quando você está para baixo, pode ser indeciso, dependente, autoindulgente e arredio, e seus apurados sentimentos são tão fáceis de se atingir que às vezes é risível.

Você não consegue suportar brigas — e ainda assim é mais do que capaz de gerá-las. Como os librianos Mahatma Gandhi, o profeta da não-violência, e John Lennon, o astro do rock anti-guerra, você é mais controverso do que sua reputação sugere.

E por mais que precise de equilíbrio, você tem problemas para mantê-lo. Porque é um pensador crítico, que pode ser indeciso a ponto de ficar paralisado, especialmente quando precisa fazer uma escolha séria. A incerteza acaba com você. Você balança para trás e para a frente, equilibrando prós e contras. Você compara e diferencia. Produz seu próprio estado de confusão, tornando-se distante, argumentativo ou obcecado. Fazer as pazes com sua mente para que possa seguir em frente pode ser o seu maior desafio. Em sua busca por paz, beleza e equilíbrio, você pode se autodestruir. Sua melhor abordagem é a romana: moderação em todas as coisas.

Capítulo 6: Signos de Ar: Gêmeos, Libra e Aquário   73

Relacionamentos

Que montanha de contradições Libra pode ser. Por um lado, você é governado pelo sedutor Vênus, e os relacionamentos são essenciais para você. Desejoso de amor, você instintivamente procura parceiros românticos para equilibrar suas inadequações e estabilizá-lo. Por outro lado, você é um signo de ar, regido por sua cabeça — não pelo seu coração. Graças à seus sentimentos elevados e total repugnância por melodramas, você inconscientemente preserva uma distância com intuito de protegê-lo de conflitos e caos emocional. Nos relacionamentos, como em outras áreas da vida, você frequentemente termina em uma espécie de cabo de guerra, primeiro aproximando-se do objeto de sua afeição, e depois se afastando. Não surpreendentemente, a sua ambivalência pode parecer manipulação aos olhos dos outros.

E o que é que você procura? O parceiro certo tem de vir equipado com o pacote completo: aparência, inteligência, energia, estilo, modos e uma pitada — ou mais que uma pitada — de status. Quando você encontra essa pessoa, como ocorre com a maioria dos librianos, é leal, amoroso, generoso e orgulhoso. Enquanto isso, graças a seu charme inefável e sua capacidade de manter a conversa interessante, você nunca precisa comer sozinho.

Para uma visão sobre seus relacionamentos com outros signos, consulte o Capítulo 15.

Trabalho

Para Libra, a vida seria muito mais agradável sem a cansativa necessidade de trabalhar. Como o seu senso estético está diretamente relacionado com o seu humor, é imperativo que o seu espaço de trabalho seja limpo e arejado, com muitas oportunidades para socialização cara a cara. Encontrar um ambiente que o apoie tanto intelectualmente quanto socialmente é igualmente importante. Você não é extremamente ambicioso, talvez porque se subestima. Dinheiro raramente é sua motivação principal, mas sabe que você tem valor, e é confiante o suficiente para pedir o reconhecimento que merece. Ainda assim, a qualidade do dia a dia do seu trabalho é o que mais importa.

Campos ideais incluem todos os aspectos das artes, incluindo as artes visuais, teatro e música. As organizações culturais são locais naturais para você. Você também pode expressar seus talentos artísticos em moda, design gráfico, decoração de interiores, arquitetura, fotografia, cinema, e áreas afins. Outras áreas para as quais está igualmente bem adequado incluem a diplomacia, mediação e negociação, a lei (o libriano dá um bom juiz), e qualquer coisa que requeira contato com o público.

Típicos Librianos

- E. E. Cummings, Anne Rice (Lua em Áries)
- Sigourney Weaver, Carrie Fisher (Lua em Touro)
- Gwyneth Paltrow, T. S. Eliot (Lua em Gêmeos)
- Paul Simon, Gwen Stefani (Lua em Câncer)
- Mahatma Gandhi, Oscar Wilde (Lua em Leão)
- Serena Williams, Pancho Villa (Lua em Virgem)
- Bruce Springsteen, Joan Jett, Kate Winslet (Lua em Libra)
- Will Smith, William Rehnquist (Lua em Escorpião)
- Friedrich Nietzsche, Christopher Reeve (Lua em Sagitário)
- Susan Sarandon, Matt Damon, Jesse Jackson (Lua em Capricórnio)
- John Lennon, Annie Leibovitz, Eminem (Lua em Aquário)
- Eugene O'Neill, Chuck Berry, Catherine Zeta-Jones (Lua em Peixes)
- Glória Menezes (Lua em Peixes)
- Miguel Falabella (Lua em Sagitário)

Se você trabalha com ou para um Libra, tem a oportunidade de observar o poder da razão de perto. Libra respeita a tomada de decisão racional e a análise. Dotado com equilíbrio e inteligência, Libra tenta ser justo e espera que você compartilhe o espírito de compromisso. É verdade que a tomada de decisão do libriano pode ser um processo demorado. A pessoa de Libra valoriza a sua opinião. Mas depois que uma decisão é tomada, Libra se move com rapidez. Dois conselhos: apresente suas ideias com calma e de forma lógica. E esteja bem arrumado. Libra pode fingir que a aparência não importa. Mas cada um sabe no que acredita.

Libra: fatos básicos

Polaridade: positivo
Modalidade: cardinal
Elemento: ar
Símbolo: a balança
Planeta Regente: Vênus
Signo Oposto: Áries
Cores Favoráveis: tons de azul e pastel

Pedra da Sorte: safira, jade e opala
Partes do Corpo: rins e pele
Metal: cobre
Frase-chave: eu equilibro
Traços Principais: cosmopolita, indeciso

Aquário, o Aguadeiro: 21 de Janeiro – 19 de Fevereiro

Você é original. Com o imprevisível Urano como seu regente, é progressivo, voltado para o futuro e propenso a ideias sem iguais. Você também é mais idiossincrático do que possa imaginar.

O glifo de Aquário, o portador da água (veja a Figura 6-3), representa as ondas da água ou, melhor ainda, as ondas de som, eletricidade e luz.

Figura 6-3: O símbolo de Aquário.

O lado positivo

Você é mesmo fruto da sua própria geração, é um visionário natural e humanitário de primeira ordem — pelo menos em teoria. Você tem princípios nobres e tenta viver de acordo com eles. Altruísta e determinado, acredita na igualdade de todos os seres humanos, e se interessa por todos, independentemente de classe, raça, idade, orientação sexual, ou qualquer um dos demais interesses da vida de hoje. Completamente consciente do impacto que esses fatores podem ter, você possui a capacidade (quando quer) de deixá-los de lado e se conectar com o ser humano de verdade. As coisas terríveis que acontecem no mundo assustam você, as questões diárias te animam, e não é de seguir uma ideologia só porque é nisso que seus amigos acreditam. Você tem uma grande capacidade cerebral e pensa por conta própria.

Um não-conformista com a mente alegre e inventiva, você tem um excêntrico conjunto de interesses e hábitos. A ficção científica e a tecnologia são aquarianas; assim como a arte do vídeo e tudo que seja indie. Mas como você influencia a essas áreas específicas não é o ponto (afinal, nem todos os sagitarianos andam a cavalo, e — surpresa! — nem todos os cancerianos adoram cozinhar). O ponto é que você se direciona para o futuro, não para longe dele. Intrigado e sem medo, é totalmente contemporâneo, uma autêntica obra vanguardista. Também é agradável, carismático e acumula uma variedade de amigos (e para seu perverso prazer, eles muitas vezes desaprovam um ao outro). Sua personalidade agradável e inteligente mente aberta são o atrativo.

O lado negativo

Seu olhar não-convencional e independente pode se transformar em excentricidade, inconsequência, rebeldia sem causa e num péssimo corte de cabelo. Você pode ser contrariador e infantil, um rebelde que bate o pé e nunca está disposto a concordar. Como um signo fixo, você tende a ser teimoso, e é raro para desistir de uma ideia a qual está apegado, não importa o quão antiquada possa ser. E sua famosa humanidade, talvez sua melhor característica, pode soar falsa. As pessoas podem achar você distante e indiferente porque não é chegado a intimidade e tenta de todas as formas erguer barreiras contra ela. Para você, o desapego é um estado natural. Mais confortável com ideias do que com emoções, pode aparentar ser afetuoso, mas é frio na essência. É um visitante na espaçonave Terra — alento, mas não envolvido. Apesar de seu idealismo ser mais profundo e você realmente querer o melhor para si e para os outros, você não necessariamente expressa esses pensamentos de uma forma positiva. Emocionalmente, você pode soar como particularmente insensível às pessoas, enquanto elas parecem estranhamente sensíveis para você. A verdade é que você simplesmente não entende. No seu pior, sinto muito em dizer, você é um android.

E há outra coisa que é facilmente esquecida. Debaixo da impressionante superfície de sua personalidade e sua notável mente inventiva, você pode ser incrivelmente inseguro. Outras pessoas podem não perceber isso (elas podem pensar, em vez disso, que você tem um ego inflado). Na verdade, a sua insegurança lhe atrapalha e é algo a ser combatido.

Relacionamentos

Dado que Aquário é o signo da humanidade, você pode imaginar que seus relacionamentos seriam modelos para o resto do mundo. E, de certa forma, eles são. Leal e amigável, você se interessa por pessoas de todos os cantos da sociedade. Você estende sua amizade para pessoas excêntricas, gênios, extremistas e o garoto do outro lado da rua. E de que adiante se você eventualmente não leva a frente a maioria desses relacionamentos? Você também mantém algumas amizades para a vida toda.

Romance é mais complicado. Embora se orgulhe de sua tolerância, certos costumes estabelecidos — ficar noivo(a), por exemplo, ou reservar a noite de sábado para o seu amado(a), parece falso ou antiquado para você. Você é muitas vezes surpreendido com as expectativas convencionais que as pessoas prezam, e se ressente de ter que participar dessas noções antiquadas. O problema é que as pessoas interpretam de forma errada os seus caminhos independentes, vendo-os como rejeição — e, sim, eles levam para o pessoal. Essas pessoas carentes, provavelmente, lhe soam irracionais e exigentes. Pense assim, se preferir. Mas lembre-se: relações íntimas têm o seu próprio ritmo, o que às vezes exige que você ofereça tranquilidade e se comporte de acordo com — por favor, desculpem a expressão — as regras. A fim de dar prosseguimento a um relacionamento, certifique-se de que partilham das mesmas ideias.

Capítulo 6: Signos de Ar: Gêmeos, Libra e Aquário 77

> ### Típicos Aquarianos
>
> - Virginia Woolf, Chris Rock, Ellen DeGeneres (Lua em Áries)
> - Bill Maher, Sheryl Crow, Jackson Pollock, Ronald Reagan (Lua em Touro)
> - Gene Hackman, Jack Benny, James Spader (Lua em Gêmeos)
> - Lord Byron, Mischa Barton, Franklin D. Roosevelt (Lua em Câncer)
> - James Joyce, Judy Blume, Paris Hilton (Lua em Leão)
> - John Travolta, Vanessa Redgrave (Lua em Virgem)
> - Natalie Cole, Stonewall Jackson, Edouard Manet (Lua em Libra)
> - James Dean, Bob Marley, Molly Ringwald (Lua em Escorpião)
> - Wolfgang Amadeus Mozart, Oprah Winfrey, Justin Timberlake (Lua em Sagitário)
> - Charles Darwin, Thomas Alva Edison, Abraham Lincoln, Betty Friedan (Lua em Capricórnio)
> - Joana d'Arc, Jackie Robinson, Angela Davis (Lua em Aquário)
> - Susan B. Anthony, Toni Morrison, Paul Newman, Lisa Marie Presley (Lua em Peixes)
> - Maitê Proença (Lua em Touro)
> - Neymar Jr. (Lua em Peixes)

Para saber tudo sobre seus relacionamentos com outros signos, siga para o Capítulo 15.

Trabalho

Por que alguém iria querer seguir o caminho batido? Arriscar-se por território desconhecido é muito mais divertido. Se você puder criar sua própria programação, é ainda melhor. Ficar acordado até altas horas da noite, não o assusta; tarefas entorpecentes e colegas de trabalho banais (uma maldição na sua vida) sim. O mais importante é que seu trabalho é focado na mudança e orientado para o futuro. É lá que você encontra a sua maior satisfação pessoal. Os campos que são na medida para Aquário incluem trabalho social, política, tecnologia, ciência (medicina, em particular), trabalho acadêmico, ambientalismo, direitos civis e qualquer coisa que além do progressismo. Políticos como Abraham Lincoln, pensadores como Charles Darwin, inventores como Thomas Edison, e personalidades da TV como Oprah Winfrey, demonstram o impacto que o seu signo pode ter. O inovador aquariano vê o futuro antes de mais ninguém e sabe como reagir a ele. Tecnologia, por sinal, é oxigênio para a sua alma. Mesmo se você acha que não gosta da tecnologia moderna — talvez você seja um aficionado por vinil ou um colecionador de máquinas de escrever portáteis — ainda se beneficia dela.

78 Parte II: Lá Vem o Sol

Se você trabalha com ou para um aquariano, esteja preparado para defender seu ponto de vista de forma eficaz e fazer o seu trabalho sem necessidade de estímulos. Aquário quer independência e tem o prazer de conceder o mesmo privilégio a você — supondo que não tirará vantagem. Não force um confronto.

Aquário: fatos básicos

Polaridade: positivo
Modalidade: fixo
Elemento: ar
Símbolo: o Portador da Água
Planeta Regente: Urano
Signo Oposto: Leão
Cores Favoráveis: azul elétrico e tons escuros brilhantes

Pedra da Sorte: ametista
Partes do Corpo: tornozelos, sistema circulatório
Metal: alumínio
Frase-chave: eu sei
Traços Principais: progressivo, rebelde

Capítulo 7

Signos de Água: Câncer, Escorpião e Peixes

Neste Capítulo

▶ Meditando sobre Câncer

▶ Observando Escorpião

▶ Ponderando sobre Peixes

Muitas vezes me pergunto: se fosse possível escolher o meu signo, o que eu gostaria de ser? Áries tem muita energia, mas eles podem ser sem noção. Geminianos se destacam, mas eles tentam tanto, que é cansativo de ver. Capricornianos têm características que eu gostaria de ter, mas eles são difíceis de se soltar. E assim segue ao redor do zodíaco, cada signo, por sua vez, apresenta suas vantagens e suas desvantagens. Não sei qual eu escolheria.

Uma coisa eu sei: não escolheria um signo de água. Não me interpretem mal: adoro as pessoas que nasceram sob signos de água, e eu valorizo a presença (abundante) de signos de água em meu próprio mapa. Sei também que a água representa a emoção, e os nascidos sob sua influência tendem a ser inundados por seus sentimentos. Profundamente sensíveis, eles são vulneráveis e ativos, são os primeiros a vir em socorro dos outros. Eles também são extremamente intuitivos e, ocasionalmente, psíquicos, o que alguns sugerem ser fruto de uma profunda inclinação espiritual.

Mas será que é fácil ser um signo de água? Em condições normais, prefiro ser Leão.

Os sinais de água, que são conhecidos por sua capacidade emocional, incluem os seguintes:

✔ Câncer, o Caranguejo (21 de junho–21 de julho), o signo de água cardinal. Câncer é famoso pela sua perspicácia emocional, natureza simpática e o amor pelo lar.

✔ Escorpião, o Aracnídeo (23 de outubro–21 de novembro), o signo de água fixo. Escorpião é reconhecido por sua intensidade, magnetismo e capacidade de ir fundo, tanto psicológica quanto intelectualmente.

✔ Peixes, os Dois Peixes (20 de fevereiro–20 de março), o signo de água mutável. Regido pelo indescritível Netuno, Peixes é compassivo, emotivo, gentil e imaginativo.

Os signos de água compartilham uma sensibilidade emocional e um senso bem desenvolvido de intuição. Se a água é o seu elemento, este capítulo descreve você. Nestas páginas, apresento seus traços mais louváveis e suas características mais lamentáveis, juntamente com informações sobre relacionamentos e trabalho.

Além de seu elemento, a cada signo é atribuída uma polaridade (positiva ou negativa) e uma modalidade (cardinal, fixo ou mutável). Para saber mais sobre estes termos, vá ao Capítulo 1. Além disso, não se esqueça de verificar no Capítulo 1 se você nasceu na cúspide destes signos — ou seja, no primeiro ou no último dia.

Câncer, o Caranguejo: 21 de Junho – 21 de Julho

Regido pela Lua, que vive em constante mudança, você é introspectivo, intuitivo, seguro e extremamente ciente de seu ambiente emocional. Você também está determinado a domar suas vulnerabilidades e alcançar seus objetivos.

O glifo de Câncer (veja a Figura 7-1) representa os seios (e, portanto, a mãe), as garras do caranguejo e a fluidez natural da emoção.

Figura 7-1: O símbolo de Câncer, o Caranguejo.

O lado positivo

Você encarna um paradoxo intrigante. Como você é um signo de água, é aberto às emoções com um intenso foco interno. Como também é um signo cardinal, você é empreendedor e ambicioso, com um forte foco externo. Não admira que você seja conhecido por seu humor instável. Sua sensibilidade emocional é um dos seus maiores trunfos. Ela serve como um instrumento de medição para a atmosfera ao seu redor, e quanto mais em sintonia com ele você estiver, melhor. Você é astuto e perspicaz. Quando confia em sua intuição o suficiente para agir de acordo com ela, você pode ir para aonde quiser e navegar nas águas mais turvas.

Você também mantém um forte vínculo com o passado, pessoal e histórico, e tem um forte anseio pelo lar, pela família, pela tranquilidade doméstica e pela segurança emocional. Leal, carinhoso, gentil e solidário, você nunca desiste de alguém que ama — e se isso significa ser grudento ou superprotetor, que assim seja. Sua capacidade de cuidar dos outros se iguala a sua necessidade de cuidar e consolar a si mesmo.

Capítulo 7: Signos de Água: Câncer, Escorpião e Peixes **81**

Ao mesmo tempo, você tem a intenção de iniciar a atividade. Seja lá quais forem suas emoções, você não deixa que elas impeçam de estabelecer seus objetivos e ir atrás deles. Sua determinação é extraordinária. Apesar de suas dúvidas e inseguranças, você segue em frente corajosamente, embora não sem algumas lágrimas ao longo do caminho. No seu melhor, sua consciência interna auxilia a sua ambição exterior, assim como o seu conhecimento do passado constitui uma base resistente para as suas investidas futuras. O fato de você ter a melhor memória do planeta é mais um ponto positivo.

O lado negativo

Imagine um caranguejo. Vulnerável e suave dentro de sua armadura de proteção, ele se aproxima de seu alvo de lado e, quando assustado, entra de volta em sua concha. Você faz o mesmo. Irritável e tenso, teme enfrentar um problema diretamente, mas se defende bem — às vezes em seu próprio detrimento. Às vezes você está tão na defensiva, tão preso às suas ansiedades, que se movimentar torna-se impossível. Você se afasta ou entra em um total estado de negação, onde se torna inacessível. No seu pior, sua necessidade de segurança o paralisa.

No entanto, não há como evitar as fortes emoções, que podem te atingir subitamente como um maremoto. Esses momentos de pura emoção são uma parte permanente de quem você é, mas você nem sempre lida com eles também. Com outras pessoas, você pode ser incrivelmente possessivo e exigente. Estimulado por seu medo de ser abandonado, você se agarra com força, segurando-se às relações — e ao emprego — muito além de seus prazos de validade.

Evitar o campo minado da insegurança e da traiçoeira depressão são desafios que você deve enfrentar; chegar ao fundo de seus mais profundos medos e de sua complexa psique é outro.

Relacionamentos

Como o signo mais maternal do zodíaco, Câncer tem um instinto de proximidade que poucos signos podem se igualar. A família em que você cresceu nunca deixa de desempenhar um papel central em sua consciência, seja este papel positivo ou negativo (ou, mais provavelmente, uma confusa mistura de ambos). Você divide sua atenção entre amigos e amores da mesma forma, e na ausência de um parceiro romântico comprometido, você transforma amigos em família. Crianças ocupam um lugar especial em seu coração.

Casos de amor absorvem-lhe, mas você fica mais confortável em um relacionamento tradicional compromissado. Mais tímido do que aparenta, você espera por alguém com quem compartilhe uma conexão de almas. Quando se sente querido e reconhecido, é totalmente dedicado e solidário. Quando você se sente inseguro, é outra coisa. Com medo de ficar sozinho e ainda procurando evitar conflitos, você se agarra às coisas com muita força, por muito tempo. Quando um relacionamento se desfaz, você fica devastado, mesmo se foi você quem tomou a decisão. Você retira-se para a segurança de sua concha. Muitas lágrimas são derramadas. E então — é incrível — você fica bem. Embora os astrólogos sempre digam que o canceriano anda para os lados (e eu já disse isso a mim mesma), nem sempre é verdade. Às vezes, você se move para a frente a passos de gigante. Tenho visto cancerianos irem da miséria total para um cruzeiro de lua de mel em uma questão de meses. No romance, como em outras áreas, a sua capacidade de agir e reconhecer oportunidades recompensa.

Para saber mais sobre seus relacionamentos com outros signos, vá para o Capítulo 15.

Trabalho

É verdade que o seu signo é o da domesticidade. Isso não significa que você queira ficar em casa o tempo todo, fazendo chá e bolinhos. Como um signo cardinal, você é mais feliz quando está ativamente envolvido no mundo. Você se destaca em áreas que dependam da sua sensibilidade emocional. Se destaca em medicina, ensino, serviço social, psicologia infantil, aconselhamento matrimonial e qualquer outra forma de terapia. Como você tem um profundo amor pelo lar (e casa), também pode ter sucesso no setor imobiliário, arquitetura, culinária, gestão de restaurantes, e assim por diante. Finalmente, graças ao seu interesse no passado, é atraído por história, antiguidades e trabalhos em museus. Você é ótimo com crianças. Também é extremamente sensível com idosos e se daria bem em geriatria. Faça o que fizer, sua profissão deve prover respeito, assim como a segurança material. Sua profissão precisa fasciná-lo, e não há nenhuma razão para se contentar com nada menos.

Apesar de suas dúvidas e hesitações, tomar a iniciativa é a sua melhor jogada. Dentro de uma organização, você rapidamente forma alianças e, geralmente, ascende para uma posição de liderança. É bem organizado e cheio de energia, mas também torna-se emocionalmente envolvido em seu trabalho, e tende a levá-lo para casa com você. Ajuda se você encontrar um mentor. Estabelecer um vínculo pessoal com alguém que tem a autoridade e a experiência que lhe falta, pode fortalecer você e tranquilizá-lo. Da mesma forma, depois de ter acumulado alguma experiência, você acha gratificante se tornar um mentor.

Se você trabalha com ou para um canceriano, esteja preparado para dar o seu melhor. Cancerianos tentam construir uma família, mesmo no escritório. Eles querem estabelecer conexões fortes e, portanto, tentam criar uma atmosfera positiva. Pelo menos em teoria, a porta do escritório estará sempre aberta, e as críticas serão construtivas. Se precisar de ajuda, diga (eles tendem a assumir um papel paternal/maternal). Se você tem uma reclamação legítima, a exponha em uma reunião privada. Mas não vá reclamar com os outros pelas costas de seu chefe. Cancerianos podem esconder as suas emoções, mas eles são astutos o suficiente para perceber uma traição.

Capítulo 7: Signos de Água: Câncer, Escorpião e Peixes

Típicos Cancerianos

- Kevin Bacon, Pamela Lee Anderson (Lua em Áries)
- Meryl Streep, Frida Kahlo, Lindsay Lohan (Lua em Touro)
- Henry David Thoreau (Lua em Gêmeos)
- Tom Cruise, Harrison Ford, Courtney Love (Lua em Câncer)
- Tom Hanks (Lua em Leão)
- O Dalai Lama (Lua em Virgem)
- Twyla Tharp (Lua em Libra)
- Rembrandt van Rijn, Gisele Bündchen (Lua em Escorpião)
- Rubén Blades (Lua em Sagitário)
- John Glenn, Ernest Hemingway (Lua em Capricórnio)
- Princesa Diana (Lua em Aquário)
- Robin Williams (Lua em Peixes)
- Cláudia Leitte (Lua em Gêmeos)

Câncer: fatos básicos

Polaridade: negativo
Modalidade: cardinal
Elemento: água
Símbolo: o Caranguejo
Planeta Regente: a Lua
Signo Oposto: Capricórnio
Cores Favoráveis: branco e prata

Pedra da Sorte: pérolas e selenita (pedra da Lua)
Partes do Corpo: estômago e tórax
Metal: prata
Frase-chave: eu sinto
Traços Principais: intuitivo, mal-humorado

Escorpião, o Aracnídeo: 23 de Outubro – 21 de Novembro

A intensidade é a chave para Escorpião. Regido por Plutão, o planeta (anão) da transformação, você é uma personalidade atraente — e uma criatura de extremos. Emocionalmente ou não, de verdade ou de fantasia, você vive no limite.

O glifo de Escorpião (veja a Figura 7-2) representa os órgãos genitais masculinos ou o ferrão da cauda do escorpião.

Figura 7-2:
O símbolo de
Escorpião.

O lado positivo

Vibrante, magnético e apaixonado, você é uma pessoa de profundidade e complexidade que participa da vida plenamente. É perceptivo e sensual e seus sentidos estão sempre alertas. Assim são os seus poderes de observação. Como Escorpião, você tem a ciência da mensagem proferida, bem como do subtexto e da linguagem corporal, e não consegue deixar de curtir um melodrama. Suas percepções sobre a psicologia humana são mais sagazes, em parte, porque você tem uma ampla gama de experiência. Seu humor varia do mais excitante êxtase ao mais horripilante pesadelo, e não há praticamente nenhuma emoção que você não tenha sentido em sua alma. Você também é curioso sobre as demais pessoas. Embora valorize sua privacidade e muitas vezes seja bastante reticente, você é hábil em esmiuçar os segredos dos outros. Mistérios o fascinam, e é por isso que livros de astrologia, inevitavelmente, acabam recomendando que escorpianos tornem-se detetives ou espiões.

Aqui está uma outra característica positiva: você é determinado. Quando você se dedica, sua força de vontade é surpreendente (embora também possa ir longe demais: os transtornos alimentares são uma praga no seu signo). Você é cheio de talentos também. Faz planos cuidadosos, e se não é o momento certo, você espera. Não desiste nunca e pensa grande — ou pequeno. É por isso que, ao contrário de qualquer outro signo, Escorpião possui três símbolos: o escorpião, que se arrasta através do pó, a águia, que voa pelo ar, e a fênix, que se queima no calor de sua paixão e renasce. Como esse pássaro mítico, você tem a capacidade de rejuvenescer.

O lado negativo

Deixe-me ser honesto: o escorpiano tem alguns traços profundamente desagradáveis. Você pode ser obsessivo, ciumento, dissimulado, manipulador e arrogante. Tem uma língua extremamente cruel. Sabe como ferir, e se você se sentir encurralado, não hesita em fazê-lo. Uma vez que você chega a conclusão de que foi enganado, é implacável. Você pode ser vingativo, rancoroso e perturbadoramente insensível — ou assim parece. Quando Escorpião (signo de Charles Manson) é ruim, é completamente assustador.

Mas, na minha experiência, a maioria dos escorpianos mantém esse lado de suas personalidades em segredo. Em vez disso, você luta com a depressão. Quando os tempos estão difíceis, você fica muito para baixo. Outros signos nem chegam perto de compreender o desespero sombrio que te puxa para

Capítulo 7: Signos de Água: Câncer, Escorpião e Peixes **85**

baixo. No entanto, esta é uma parte essencial de ser um escorpiano. Funciona assim: você afunda na escuridão, força seu caminho através do submundo da psique, e confronta suas piores qualidades e medos mais obscuros. E então você emerge. Antes de Plutão ser descoberto em 1930, astrólogos consideravam Marte, o planeta da guerra (e do desejo), como o regente de Escorpião. E, de fato, você persegue seus demônios como um guerreiro, lutando incansavelmente, mesmo contra o vício e outras adversidades Na sua busca por renovação e transformação, você é inabalável.

Relacionamentos

Ninguém disse que relacionamentos são fáceis. Isso porque ligações casuais não o satisfazem. Mesmo suas amizades são sérias. Crescendo, você entendeu o conceito de irmãos ou irmãs de sangue (mesmo que nunca tenha encontrado um amigo para ocupar a vaga), e você ansiava por esse tipo de conexão. Como um adulto, você ainda quer se relacionar em um nível mais profundo. Isso é especialmente válido para sua vida romântica. Ardente, misterioso e magnético, você quer um sexo extraordinário, conversas que superem todas as barreiras e total imersão. Quando se apaixona, é teatral e apaixonado — dramático para todos os gostos.

No seu melhor, essa intensidade ajuda a criar o tipo de parceria totalmente interligada que você deseja. Na pior das hipóteses, isso faz com que você se torne suspeito, possessivo e ressentido. Problemas relativos a poder e controle surgem, e você pode se tornar dolorosamente obsessivo. Quando se sente lesado ou quando um relacionamento está se desfazendo, você libera a picada mortal pela qual o escorpião é famoso. Se você tira alguém de sua vida, é para sempre. Ninguém sente mais prazer do que você; e ninguém sofre mais.

Finalmente, gostaria de salientar que, apesar do seu desejo de elo mental com outro ser humano, o escorpiano também exige privacidade. Sem ela, sua paz de espírito se vai, e qualquer pessoa envolvida com você deve entender isso. A solidão, como o sexo, é uma necessidade.

Quer saber como você se dá com outros signos? Vá para o Capítulo 15.

Trabalho

O escorpiano traz energia e ambição para o local de trabalho, e seus objetivos são geralmente do mais alto nível (embora, para registro, eu deva reconhecer que os escorpianos também podem ser ótimos golpistas, traficantes e bandidos de baixo nível). Astuto e perspicaz, você defende muito bem quem precisa. Além disso, é um lutador. Também é fascinado por poder e dinheiro, o que lhe dá motivação para se destacar nos negócios (pense em Bill Gates) ou na política (tenha em mente Hillary Clinton). Seja qual for a área em que você se encontra, trivialidades não lhe interessam. Nem você tem que ser o centro do palco (a não ser, é claro, que você tenha muito de Leão em seu mapa). Mas você não precisa estar envolvido em um empreendimento importante. A pesquisa científica, a cirurgia, vários tipos de aconselhamento, a organização comunitária, reportagens investigativas, investimentos bancários, a política e vários aspectos da psicologia, todos vêm à mente. Como eu disse anteriormente, detetive e espião são dois cargos tradicionalmente considerados escorpianos. Mas mencionei agente funerário? Mago? Escritor de obituários? Escritor de mistério? Guru? Poeta? Maior artista do século XX (Picasso)? E a lista continua.

Se você trabalha com ou para um escorpiano, você verá o que significa ser comprometido. Esforçado, disciplinado e exigente, o escorpiano sabe como se concentrar (a não ser, é claro, que eles não possam, neste caso, você começa a perceber o miserável mau humor escorpiano). Como eles sabem como guardar um segredo, você pode confiar tudo a um escorpiano. Mas eles também são impenetráveis. Eles nutrem seus cúmplices — e acabam com seus inimigos. Se você tem um chefe de Escorpião, dê o seu melhor — e não tente nada muito elaborado. Ele vai perceber e você vai pagar por sua presunção. Ninguém, e eu quero dizer ninguém, quer ter um escorpiano como inimigo.

Escorpião: fatos básicos

Polaridade: negativo
Modalidade: fixo
Elemento: água
Símbolo: o Escorpião
Planeta Regente: Plutão
Signo Oposto: Touro
Cores Favoráveis: vermelho escuro e preto

Pedra da Sorte: opala
Partes do Corpo: órgãos reprodutivos
Metal: aço ou ferro
Frase-chave: eu desejo
Traços Principais: apaixonado, obsessivo

Típicos Escorpianos

- Bill Gates, Jamie Lee Curtis, Sally Field (Lua em Áries)
- Demi Moore, o príncipe Charles (Lua em Touro)
- Bonnie Raitt, Goldie Hawn (Lua em Gêmeos)
- Condoleezza Rice, Keith Urban (Lua em Câncer)
- Julia Roberts, Kurt Vonnegut (Lua em Leão)
- Jodie Foster, Sean Combs, Matthew McConaughey (Lua em Virgem)
- Leonardo DiCaprio, Billie Jean King, Sylvia Plath (Lua em Libra)
- k.d. lang, Björk, Whoopi Goldberg (Lua em Escorpião)
- Pablo Picasso, Larry King, Kelly Osbourne (Lua em Sagitário)
- George Eliot, Anne Tyler, Bernard-Henri Lévy (Lua em Capricórnio)
- Calista Flockhart, Neil Young (Lua em Aquário)
- Hillary Rodham Clinton, Joni Mitchell (Lua em Peixes)
- Lázaro Ramos (Lua em Escorpião)
- Pelé (Lua em Câncer)

Capítulo 7: Signos de Água: Câncer, Escorpião e Peixes **87**

Peixes, os Dois Peixes: 20 de Fevereiro – 20 de Março

O seu é o signo dos sonhos, da imaginação, da poesia e das questões do espírito. Regido pelo misterioso Netuno, o planeta do glamour e da ilusão, seu desafio é encontrar uma maneira de viver em um mundo rotineiro quando você tem uma sensibilidade de outro mundo.

O glifo de Peixes (veja a Figura 7-3) implica duas formas de experiência, interna e externa. Além disso, ele representa dois peixes atados. Quando eles cooperam, eles navegam por seu domínio aquático com facilidade. Quando eles arrancam em direções opostas, não chegam a lugar nenhum.

Figura 7-3:
O símbolo de Peixes.

O lado positivo

Você quer sensibilidade? Peixes é sensível. Cada pequeno incidente emocional dá um nó na sua bússola interior. Simpático e receptivo, você recebe uma avalanche constante de impressões e informações, e pode ser estranhamente psíquico. Mas resguardar-se é difícil, porque você não tem limites. Todas as suas membranas são permeáveis. Quando as pessoas no andar de cima têm uma briga, você se sente agredido. Quando coisas ruins acontecem a pessoas boas, você fica horrorizado. E quando as coisas boas acontecem com pessoas que você ama, você se alegra (é um de seus traços mais magníficos). Você é generoso, bondoso, perspicaz e verdadeiramente compassivo. Também é naturalmente espiritual.

Outro ponto forte é a sua imaginação poderosa. Seus sonhos (e devaneios) podem ser uma fonte viva de inspiração e até mesmo a resposta aos problemas. Sua intuição é igualmente poderosa. Você sente o que está acontecendo muito antes de acontecer. Mas também pode ficar preso numa teia de ilusão (veja a próxima seção, "O lado negativo"). No melhor de sua intuição, sua recusa em se preocupar com as limitações da realidade, permite-lhe transpor obstáculos e fazer descobertas surpreendentes e transformadoras. Ao contrário dos signos mais "realistas", você aceita a mudança e se dispõe a assumir riscos enormes. Muitas vezes, suas apostas têm êxito. Quando elas não têm sucesso, você filosofa sobre isso. Como Albert Einstein, um autêntico pisciano, disse: "Quem nunca cometeu um erro, nunca tentou nada novo."

O lado negativo

No seu pior momento, é ingênuo ao extremo, irracional e tão fácil de ser machucado que você é praticamente uma ferida aberta. Como as demandas da vida comum podem oprimi-lo, você é propenso a ilusão e a pura e simples fantasia, muitas vezes combinados com um senso de direito que confunde a mente. Indeciso e fraco, você é facilmente enganado.

Mas isso não é o problema mais grave. Mais frequentemente, você se ilude, simplesmente recusando-se a aceitar a realidade. Sua compreensão da realidade é tênue, e muitas vezes se recusa a aceitar até mesmo uma parcela da responsabilidade sobre o seu estado. Mesmo quando você está infeliz, sua passividade pode ignorar toda e qualquer razão. Em vez de tomar uma atitude quando está se sentindo encurralado, você espera ser resgatado, muitas vezes se afundando em um padrão de melancolia e procrastinação (tenho visto homens e mulheres fazerem isso, por sinal). Além disso, quando seus esforços dão em nada ou seus sonhos são frustrados, você tende a se deixar levar pela letargia, autopiedade, depressão, culpa ou ressentimento. Dormir — muito pouco ou, mais comumente, muito — pode derrotar suas resoluções mais sinceras. E mencionei abuso de substâncias? Vamos apenas dizer que você é suscetível. Mais do que a maioria, você é o seu pior inimigo e capaz de mudar as coisas (e a sua atitude) ao seu redor.

Relacionamentos

Um fiel e generoso amigo, um amante caprichoso e sonhador, um cônjuge afetuoso, você tem uma certa doçura que não pode ser ignorada, e sua capacidade de amar é sem igual. Você vê o melhor em quem você ama, mesmo quando eles não o veem em si mesmos, e adora animá-los, em parte porque você almeja esse tipo de encorajamento para si mesmo.

Um autêntico romântico, você quer ser arrebatado — e apoiado — no verdadeiro estilo hollywoodiano. Você também é capaz de se apaixonar por um vagabundo que não tem aonde cair morto só porque você enxerga um potencial por debaixo de tudo. Amigos podem se opor. Mas uma vez que sentimentos estão envolvidos, a sua capacidade de fazer julgamentos racionais evapora no ar. Enquanto passeia pelo nevoeiro da paixão, totalmente perdido, você constrói uma fantasia que lhe permite ignorar as falhas mais óbvias (alcoolismo e infidelidade, por exemplo). É um fenômeno estranho: você é extremamente sensível às outras pessoas. Em muitas situações, a sua intuição é impecável. No entanto, em outros momentos, você sofre de um perigoso mal pisciano: a já estabelecida e obstinada recusa em encarar a realidade. Para o pisciano, ver com clareza é sempre uma meta válida.

Para dar uma olhada nos seus relacionamentos com outros signos, vá ao Capítulo 15.

Capítulo 7: Signos de Água: Câncer, Escorpião e Peixes

Trabalho

Utopicamente, estes são alguns dos trabalhos que o pisciano ficaria feliz em ter: poeta, artista, músico, clarividente, quiromante, marinheiro, cineasta, ator, degustador de vinho, curandeiro espiritual, hipnotizador, professor de yoga — e qualquer coisa associado a peixes tropicais, oceano ou ballet.

Dadas essas escolhas de carreira, você pode esperar que o pisciano seja um fracasso no mundo real. Mas você pode estar errado. Acontece que o pisciano é estranhamente hábil em lidar com grandes quantias de dinheiro. De acordo com um estudo de 1995 feito pela revista Forbes, dentre os 400 americanos mais ricos, haviam mais representantes de Peixes do que de qualquer outro signo. Qual seria o motivo disso? Bem, você realmente tem uma mente criativa. Não é apenas uma questão de pensar além, você tem a capacidade de largar o livro de lado e criar algo completamente original. Além disso, ao contrário de signos mais realistas (Capricórnio, por exemplo), você sonha grande. Se você puder adaptar essa visão a uma ética de trabalho à moda antiga, poderá realizar qualquer coisa. Caso seu trabalho também beneficie a humanidade, você será ainda mais feliz. O pisciano gosta de servir, e se sentirá melhor sobre si mesmo se o puder fazer. É por isso que, além dos ofícios irrealistas do parágrafo anterior, você pode querer considerar medicina, serviço social, filantropia, educação, ambientalismo, culinária, oceanografia, e — sim — finanças.

Se você trabalha com ou para um pisciano, fique atento — e quero dizer o tempo todo. Quaisquer más vibrações que você detectar, o pisciano também percebe. Simpáticos e de mente aberta, os piscianos apoiam a sua equipe e não se prendem a pormenores. Mas eles são empenhados, mais oportunistas e menos seguros do que podem aparentar. Se um pisciano sente discórdia no ar ou qualquer coisa que não seja a lealdade total, você vai virar comida de peixe.

Peixes: fatos básicos

Polaridade: negativo
Modalidade: mutável
Elemento: água
Símbolo: o Peixe
Planeta Regente: Netuno
Signo Oposto: Virgem
Cores Favoráveis: verde marinho e lavanda

Pedra da Sorte: água-marinha
Partes do Corpo: pescoço e garganta
Metal: platina
Frase-chave: eu acredito
Traços Principais: sensível, escapista

Típicos Piscianos

- Eva Longoria, Galileu Galilei (Lua em Áries)
- Edgar Casey, Bobby Fischer (Lua em Touro)
- Lee Radziwill, Benicio del Toro, W. H. Auden (Lua em Gêmeos)
- Kurt Cobain, Drew Barrymore (Lua em Câncer)
- Paula Zahn, Ralph Nader, Queen Latifah (Lua em Leão)
- Gabriel García Márquez, Jack Kerouac (Lua em Virgem)
- Nat King Cole, Patty Hearst (Lua em Libra)
- Elizabeth Taylor, Johnny Cash (Lua em Escorpião)
- Albert Einstein, Sharon Stone (Lua em Sagitário)
- Anais Nin, Philip Roth (Lua em Capricórnio)
- Glenn Close, Carson McCullers (Lua em Aquário)
- Michelangelo, Steve Jobs (Lua em Peixes)
- Nívea Maria (Lua em Virgem)
- Edson Celulari (Lua em Áries)

Parte III
Tudo Mais no Caldeirão Cósmico

A 5ª Onda   Por Rich Tennant

Nesta parte . . .

Seu horóscopo, com seus símbolos misteriosos, círculos concêntricos e números minúsculos pode ser parecido com um amuleto mágico. Na verdade, ele é simplesmente um mapa do céu no momento de seu nascimento. Esse padrão celestial, formado pelos planetas e que não se repetirá por cerca de 26 mil anos, sintetiza as forças cósmicas que operam no momento de seu nascimento. Cada item de seu horóscopo reflete ou simboliza um aspecto de quem você é.

Nesta parte, você descobre o significado da Lua, do Ascendente e dos planetas em seu mapa, por signo e por casa. Você também pode ler sobre as formas que os planetas interagem. E, finalmente, no Capítulo 14, você junta os ingredientes cósmicos em uma interpretação. Depois de fazer isso, estará no caminho certo.

Capítulo 8

Signos Lunares: o Fator Lunático

Neste Capítulo
- Estudando a Lua em seu mapa
- Compreendendo os Nodos da Lua
- Considerando os Nodos em seu mapa

*E*stranho, mas é verdade: para um terráqueo olhando para o céu, o Sol e a Lua parecem ser do mesmo tamanho. A prova irrefutável científica afirma o contrário. Mas visualmente, os dois são iguais. Mitologias antigas compartilham essa percepção, associando o Sol e a Lua a amantes briguentos, irmãos ou divindades.

Astrólogos imaginam o Sol e a Lua como parceiros. O invariável Sol representa a sua essência básica, vitalidade e autoconsciência, enquanto a inconstante Lua, com suas muitas fases (e desaparecimentos ocasionais), significa suas reações emocionais, instintos, hábitos e inconsciente.

Se o Sol e a Lua ocupavam signos compatíveis no seu nascimento, você está com sorte. Seu desejo (solar) e suas emoções (Lunares), seu consciente e inconsciente, seu eu sonhador, estão em sintonia. Isso deve ser bom — eu não saberia. Se os seus luminares habitam signos conflitantes, você experimentará uma tempestade de necessidades e desejos conflitantes. Bem, isso é a vida. A astrologia apenas a reflete.

Para descobrir a posição da Lua em seu mapa, vá para o Apêndice. Mas lembre-se: a Lua muda de signo a cada dois ou três dias. Se ela mudou de signo próximo ao seu aniversário, você pode ter que fazer algum cálculo para descobrir exatamente onde ela estava no momento crucial.

A Lua, que brilha com a luz do Sol, é simbolizada pelo crescente de receptividade (veja a Figura 8-1). Para determinar a sua localização em seu horóscopo, você precisa de um mapa preciso. Para conseguir um, recomendo ir na internet (veja o Capítulo 2 para obter orientação específica). Você também pode fazer cálculos matemáticos precisos, ligue para um astrólogo ou invista em software astrológico. Para uma descrição da Lua nas casas, vá ao Capítulo 12.

Figura 8-1:
O símbolo
da Lua.

A Lua nos Signos

O signo que a Lua ocupa em seu nascimento descreve suas reações emocionais. Ela determina uma área de oscilação e instabilidade em seu mapa, e também representa as mulheres em geral e a sua mãe, em particular. Nesta lista, eu descrevo o efeito da Lua nos signos:

- **Lua em Áries:** instintivo e espontâneo, você forma uma opinião de cara. Seu entusiasmo é facilmente despertado, assim como sua raiva. Você pode soar egoísta porque é mais inseguro do que aparenta, e é sempre extremamente competitivo. Você é mal-humorado e decidido (às vezes de forma tola). Também pode ser egoísta, irritável, impaciente e grosseiro. Irritadiço e impetuoso, você deixa suas necessidades claras de imediato. É provável que quando era criança, sua mãe atendesse prontamente às suas insistentes exigências. Ela não tinha escolha. Como resultado, você conseguiu o que queria — e aprendeu a ser independente, direto e corajoso.

- **Lua em Touro:** você anseia por segurança, emocional e material, e faz tudo o que puder para alcançá-la . Estável e teimoso, você se aproxima da mudança com cautela, pois nada o deixa mais desconfortável. Mas uma vez que você entenda que a mudança é inevitável, faz o que tem que ser feito. Confiável e agradável, você é charmoso, atraente, acolhedor, fiel e possessivo. Quando criança, você precisava desesperadamente da segurança que se consegue de pais amorosos e confiáveis. Você ainda anseia os prazeres da previsibilidade e segurança.

- **Lua em Gêmeos:** você é volúvel, simpático, arrojado e articulado. Se expressa com sagacidade e inteligência, mesmo se as pessoas te vejam como simplista ou superficial. Nervoso e tenso, você tem uma abordagem essencialmente racional para assuntos do coração. Embora possa entrar em pânico no calor de uma crise, esse tipo de reação é momentânea. Depois que as coisas se assentam, você olha em volta de forma objetiva e analisa suas próprias reações, um processo que o faz se acalmar um pouco. Quando criança, você era inquieto, curioso e facilmente distraído. Em momentos de estresse, sua mãe achava fácil distraí-lo. Diversão ainda lhe parece uma estratégia razoável — ou pelo menos compreensível — durante tempos difíceis. Um racional de primeira linha, você não hesita em seguir em frente quando for a hora certa.

Capítulo 8: Signos Lunares: O Fator Lunático

Mary Beth Whitehead

Mary Beth Whitehead, uma das primeiras mães de aluguel, nasceu em 7 abril de 1957, com todo o espírito pioneiro que você pode esperar de uma pessoa de Áries. Graças a seu ousado Sol em Áries e suas desapegadas atitudes não convencionais de seu Ascendente em Aquário, ela concordou em se tornar a mãe de aluguel de William e Elizabeth Stern, um casal que não podia ter filhos. Mary Beth, que tem a Lua em Câncer na quinta casa das crianças, estava feliz em ajudar. Mas depois que ela teve o bebê, sua maternal Lua canceriana rebelou-se — e de repente o plano não parecia ser uma ideia tão inteligente. Sentindo uma profunda ligação com a criança da qual ela havia concordado em desistir, recusou-se a renunciar a ela. Somente quando um juiz ordenou fazê-lo é que ela, finalmente, deu a menina (também de Áries) para os Sterns. Se ela tivesse falado com um astrólogo primeiro, poderia nunca ter concordado com o negócio a princípio de conversa.

- **Lua em Câncer:** a Lua rege o signo de Câncer, então não importa o que está acontecendo em seu mapa, você é uma pessoa lunar: mal-humorada, receptiva, sentimental, vulnerável e extremamente consciente do seu contínuo fluxo de emoções. Lágrimas brotam de seus olhos por nada, e você às vezes precisa se retirar para dar vazão a seus sentimentos. Cuidadoso e protetor, é uma pessoa verdadeiramente amável, mas, da mesma forma que as pessoas que nascem com a Lua em Touro, você tem dificuldade para se desapegar. Quando criança, você era extraordinariamente sensível a sua mãe. O impacto dela sobre você é além do normal, é por isso que, quando você tem filhos, é provável que seja um pai extremamente amoroso, frequentemente o mais envolvido.

- **Lua em Leão:** a Lua em Leão acrescenta calor, brilho e exuberância a qualquer signo solar. Generoso, dedicado e animado, você gosta de rir e é dotado de presença e alegria de viver. Apesar do seu orgulho considerável ser facilmente ferido (especialmente se acha que foi ignorado), você é geralmente confiante e otimista. De uma forma ou de outra, gosta de realizar e o mundo gosta de responder. Mas quando as coisas vão mal, ou quando se sente desanimado ou inseguro, você encobre suas dúvidas e ambivalência com explosões emocionais. Você herdou esse padrão dramático de sua mãe, que foi uma espécie de rainha do drama. Ela lhe ensinou a buscar o reconhecimento e deu-lhe a confiança para definir metas ambiciosas.

- **Lua em Virgem:** emocionalmente tímido e discreto, você prefere reprimir suas emoções a articulá-las. Você acha difícil enfrentar sérios problemas. Em vez disso, distrai-se com pormenores ou trabalhando tanto que mal tem a chance de respirar. Você é diligente e prático. Também é exigente e difícil de agradar. Sem dúvida, você é seu crítico mais severo. De onde é que esta qualidade repreensível

Parte III: Tudo Mais no Caldeirão Cósmico

vem? Você adivinhou — da sua mãe (ou de quem desempenhou esse papel em sua vida). Apesar das críticas dela, implícitas ou explícitas, terem tido um impacto sobre você, ela também merece crédito por várias de suas virtudes, incluindo a responsabilidade para com os outros, os valores que você dá à eficiência e organização, e seu desejo altruísta de aliviar o sofrimento dos outros. Você pode ser inibido, mas isso não significa que seja cego.

✔ **Lua em Libra:** você é gentil, romântico e artístico. Evita a vulgaridade, valoriza a cortesia e a elegância, e tenta transmitir seus sentimentos de uma forma calma e diplomática. A paz é essencial para você, e você fará qualquer coisa para manter o equilíbrio. Quando criança, você aprendeu a manter as aparências, mesmo que sofresse abusos. Seu temperamento equilibrado atraía elogios e as pessoas passaram a esperar isso de você. Agora, como um adulto, parece imperturbável. Amor e relacionamentos são fundamentais para o seu bem-estar. Se você está solteiro, se sente despojado sem um parceiro, se está comprometido, dificilmente consegue imaginar qualquer outro cenário e pode ficar com medo de ficar sozinho. De qualquer maneira, você detesta confronto e, portanto, pode encobrir os problemas. Não surpreendentemente, as questões que lhe causam angústia podem permanecer sem solução por anos a fio, seu desejo de paz e harmonia supera tudo.

✔ **Lua em Escorpião:** apaixonado e fácil de se machucar, você é um filhote complicado. Deliberado, intenso, e, ocasionalmente, autodestrutivo, suas emoções — para citar Herman Melville — deslocam-se como "cardumes de morsas e baleias" sobre a superfície de sua personalidade. Hesitante para revelar a profundidade de suas emoções, você tenta mantê-las escondidas, uma tarefa que pode exigir um certo grau de dissimulação e manipulação. Não que você queira estar no controle — simplesmente não pode evitar. Disfarçar seus sentimentos é algo que você aprendeu na infância. Mesmo que sua infância parecesse invejável, você tinha medo de abandono ou rejeição e estava bem ciente das necessidades reprimidas e dos conflitos escondidos dentro da sua família. Você aprendeu a manter o silêncio sobre suas próprias preocupações. O seu silêncio é uma forma de proteção — e de se esconder. Embora algumas pessoas com esta atribuição nutram fantasias de retaliação por erros de muito tempo atrás, a maioria simplesmente continua a esconder seus sentimentos. Aquelas morsas e baleias podem ainda estar lá, mas a superfície parece tranquila.

✔ **Lua em Sagitário:** você é filosófico, franco, alegre, desinibido, bem-intencionado, por vezes irrealista, e idealista — às vezes de forma patética. Seu otimismo é profundo e, como resultado, você se arrisca, sempre preparado para se lançar em uma aventura ou comprometer-se com causas que outras pessoas consideram impossíveis. Intelectual e emocionalmente, você estima a sua independência acima de tudo. Longas discussões de relacionamento o fazem se contorcer. Mais confortável com agir do que com analisar, você pode ser hipócrita e, inadvertidamente, nocivo, e tende a justificar os seus próprios erros, sem pestanejar. No entanto, sua intenção é

Capítulo 8: Signos Lunares: O Fator Lunático **97**

boa. E as pessoas percebem isso em você. Mesmo quando criança, sempre que irradiava alegria, sua mãe respondia positivamente. Para incentivar esse tipo de reação, você transmite seu entusiasmo mais facilmente do que sua dor e, como ela, você evita demonstrações emocionais.

✔ **Lua em Capricórnio:** você é estável, reservado, autoconfiante, ambicioso e bem disciplinado. Mesmo quando era pequeno, você era sério, e as brincadeiras da infância podem ter iludido você. Agora, sempre realista, você reconhece os seus pontos fortes e suas limitações. Entre suas limitações, você suspeita, está a incapacidade de se divertir. Você tem uma tendência a afundar em depressão e pessimismo, de tempos em tempos, talvez porque sua mãe sofresse de um caso de depressão pós-parto. Sentindo a tristeza dela, você se afastou. Você é emocionalmente reservado e autoconsciente, especialmente em face de explosões melodramáticas de outras pessoas. Você não consegue suportar essas cenas. O sucesso lhe estabiliza. Você está disposto a arcar com amplas responsabilidades porque se sente mais pé no chão, assim como mais poderoso e pacífico, quando você tem autoridade. Alguém tem que assumir o controle, e pode muito bem ser você.

✔ **Lua em Aquário:** aos olhos da sua mente, você está fora para melhorar o mundo. Com seus instintos progressistas e simpatia pelos outros, você tem a capacidade de mudar vidas para melhor. Também tem um talento para a amizade. Mas em certo ponto, você desaparece por trás das cortinas, porque no fundo do seu coração, tem uma aversão à intimidade. Você coíbe a proximidade e é atraído por pessoas excêntricas, atividades não convencionais e pelo mundo do intelecto. Agradeça a sua mãe. Mesmo que seus primeiros anos tenham sido marcados por turbulências, ela incentivou você a expressar a sua individualidade e a usar sua inteligência. Ela ficava menos confortável com as suas necessidades emocionais. Você é igual. Você acha difícil mergulhar em suas emoções — ou mesmo reconhecê-las. Então você finge que elas não estão lá — e esta técnica funciona... pelo menos por um tempo.

✔ **Lua em Peixes:** você é gentil, sentimental, simpático e ultrassensível. Fácil de se ferir e muitas vezes tímido, você se sente como um refém de suas próprias emoções, que são difíceis de controlar ou esconder. Outras pessoas reprimem as vulnerabilidades delas — você é bem consciente das suas. É igualmente sensível a seus instintos, intuições e fantasias. No seu melhor, você é praticamente psíquico. Também é artisticamente (ou musicalmente) talentoso. Mas você pode ser crédulo, irremediavelmente irrealista e autoindulgente. E você tem dificuldade de se erguer por conta própria. Ser gentil com os outros é mais fácil do que ajudar a si mesmo. Isso remonta à infância. Sempre alerta aos humores inconstantes da sua mãe, você aprendeu a fazer o que podia para melhorar a atmosfera emocional — mesmo que isso significasse ignorar suas próprias necessidades. Seu desafio permanente é ter tanta compaixão consigo mesmo quanto você tem pelos outros.

Os Nodos da Lua

Entre os astrólogos da Índia, os Nodos da Lua são considerados uma parte vital de cada horóscopo, tão necessários quanto o Sol e tão influentes quanto. Mas quando comecei a estudar astrologia, meus professores mal mencionavam os Nodos da Lua. Mesmo agora, livros introdutórios de astrologia frequentemente os omitem. Uma das razões é que, apesar dos Nodos da Lua ocuparem dois graus de sensibilidade em seu mapa astral, não há um corpo celeste em qualquer lugar. Em um sentido estritamente físico, os nós da Lua não existem. Como Gertrude Stein disse em um contexto diferente: "Não há ninguém lá." No entanto, os Nodos da Lua têm uma história astrológica longa e esplêndida.

Os Nodos da Lua são os pontos onde a Lua, em sua órbita ao redor da Terra, cruza a *eclíptica*, que é o percurso aparente do Sol no céu. O local onde a Lua cruza do sul para o norte da eclíptica é o *Nodo Norte*, o ponto onde ela passa ao sul da eclíptica é o *Nodo Sul*. Os Nodos, que fazem exatamente 180° entre si, giram gradualmente ao contrário, gastando cerca de um ano e meio em cada signo e demoram cerca de 19 anos para moverem-se através do zodíaco.

Para os astrólogos antigos, o Nodo Norte (ou Cabeça do Dragão) era benéfico, associado à prosperidade e sorte, enquanto o Nodo do Sul (ou Cauda do Dragão) era um pouco como Saturno, um ponto de perda ou adversidade. Em pleno século XX, os astrólogos ainda ocasionalmente descrevem o Nodo Sul como mal — um comentário angustiante para qualquer pessoa com o Nodo Sul em posição de destaque.

Os praticantes da astrologia ocidental, em geral, concordam que o Nodo Norte ilumina seu caminho espiritual e as escolhas construtivas, ainda mais exigentes, que promovem o crescimento. Para aqueles que acreditam na reencarnação, o Nodo Norte significa o seu caminho nesta vida — uma jornada evolutiva para a qual você pode sentir-se despreparado porque é uma viagem para o desconhecido. Em contraste, o Nodo Sul apoia o hábito no lugar do esforço, a estagnação acima do crescimento e experiência acima da busca. É o método padrão. Parece certo porque você viajou nessa estrada antes, talvez em vidas anteriores.

Admito que a reputação do Nodo Sul não é boa. Também não é completamente negativa. Ele representa um conjunto de talentos e habilidades que você já domina. O perigo não está em usar essas qualidades, mas dar importância indevida sobre elas e, assim, distorcê-las. O Nodo Sul é a sua plataforma de lançamento, o Nodo Norte é o seu destino.

O Nodo Norte (veja a imagem da esquerda na Figura 8-2) é um ponto de expansão, potencial e crescimento. Entre os astrólogos Védicos, ele é chamado *Rahu*. O Nodo Sul (veja a imagem à direita na Figura 8-2), conhecido pelos astrólogos Védicos como *Ketu*, simboliza padrões profundamente arraigados e hábitos que não mais beneficiam você.

Capítulo 8: Signos Lunares: O Fator Lunático

Para descobrir a posição dos Nodos Lunares, vá para o Apêndice e procure pelo ano de seu nascimento. O fato essencial para se ter em mente sobre esta tabela é que ela só diz a posição do Nodo Norte. Você tem que descobrir a posição do Nodo Sul, o que deve levar cerca de um segundo.

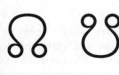

Figura 8-2:
O Nodo Norte e o Nodo Sul, também conhecidos como o Cabeça do Dragão e Cauda do Dragão.

Como exemplo, digamos que você nasceu em 1978. Naquele ano, de acordo com a tabela, o Nodo Norte, girando em direção retrógrada (que é o que o R significa) entrou em Virgem em 5 de julho às 7h41, horário de Brasília padrão. Se você nasceu depois disso, o Nodo Norte está em Virgem. Para descobrir em qual signo o Nodo Norte estava antes disso, você precisa verificar a entrada anterior. Neste caso, era 7 de janeiro de 1977, quando o Nodo Norte entrou em Libra. Permaneceu lá até 5 de julho de 1978. Portanto, se você nasceu em 1977, entre 1 de Janeiro e 5 de Julho (às 5h41), o seu Nodo Norte está em Libra.

Observe, também, que o Nodo Norte é geralmente retrógrado. Como resultado, ele viaja através dos signos em sentido inverso, passando de Libra em 1977 para Virgem em 1978, e, eventualmente, para Áries em 1986.

Uma vez que você sabe onde seu Nodo Norte está, você pode localizar rapidamente o seu Nodo Sul porque é sempre o signo oposto, exatamente 180° de distância. A saber:

Se o seu Nodo Norte está em...	*O seu Nodo Sul está em...*
Áries	Libra
Touro	Escorpião
Gêmeos	Sagitário
Câncer	Capricórnio
Leão	Aquário
Virgem	Peixes

Os Nodos nos Signos

O Sol, a Lua e os planetas são objetos maciços e substanciais. Tantos sólidos e rochosos como a Lua e Marte, ou gigantes gasosos como Júpiter e Netuno, são mundos visíveis distintos com a sua própria geografia e sua própria química. Não é assim com os Nodos. Os Nodos são pontos matemáticos — não lugares. Eles têm matérias de espécie alguma. No entanto, eles carregam significado.

O Nodo Norte e o Nodo Sul são um par combinado, iguais, mas opostos. Eles habitam signos opostos e casas opostas (para obter informações sobre os Nodos nas casas, vá para o Capítulo 12).

A lista a seguir identifica as áreas de crescimento e estagnação marcadas pelos Nodos Norte e Sul da Lua:

- **Nodo Norte em Áries/Nodo Sul em Libra:** você anseia se mover em direção de Áries, em direção à assertividade, autossuficiência, e uma ação ousada. Quando você obedece seus impulsos e age de forma independente, prospera. Mas, muitas vezes, em vez de reunir a coragem que precisa, você cede seu poder a outros. Você pode temer que, afirmar-se totalmente, nunca encontrará o relacionamento que quer (ou vai destruir o relacionamento que tem). Pelo contrário: ocultar sua identidade em função de outra pessoa é um erro. Por fim, quanto mais independente for, mais contente será, esteja você em um relacionamento ou não.

- **Nodo Norte em Touro/Nodo Sul em Escorpião:** sexo, mentiras, manipulação e o dinheiro de outras pessoas fascinam você, como fazem os agitados melodramas e intensos relacionamentos que muitas vezes o atraem. O problema é que depois de um tempo, essas novelas começam a ficar obsoletas. Ao invés de continuar a mergulhar no cerne de suas obsessões, você se beneficia com a construção de uma base segura para si mesmo. O que pode fazer de melhor é reunir os recursos materiais de que necessita (ainda que lentamente), para cultivar a paciência e deixar os valores que lhe são mais caros serem seu guia. O que você precisa, acima de tudo é a autoestima. E não iria fazer mal aprender a administrar o dinheiro.

- **Nodo Norte em Gêmeos/Nodo Sul em Sagitário:** como é agradável ficar sentado teorizando sobre a vida, a morte e o significado da existência. Como é bom saber tudo. E como é prazeroso transmitir seus pensamentos brilhantes para o seu grato público (ou, em certos casos, a seus amigos e família sem outra alternativa). Infelizmente, é também um desperdício de energia. Com a sua curiosidade incontrolável e capacidade de se comunicar, você se beneficia acumulando informações e empregando-nas para fins úteis. Você é um jornalista, um artista, um professor — um claro pensador, sim, mas se atenha aos fatos. Deixe essas reflexões filosóficas sobre os enigmas da vida para os outros. Você tem muito o que fazer no aqui e agora.

- **Nodo Norte em Câncer/Nodo Sul em Capricórnio:** ambicioso e controlador, você aceita prontamente responsabilidades, porque quer alcançar o respeito e ganhar uma posição na sociedade. No entanto, isso não é onde reside sua maior alegria. Apesar de sua sede de autoridade e status, você tem uma maior necessidade de um lar, da família e de segurança emocional. Embora revelar suas esperanças e medos possam fazê-lo ser extremamente fraco, a chave

Capítulo 8: Signos Lunares: O Fator Lunático   *101*

para sua evolução reside na sua capacidade de confiar e agir de uma forma afetuosa.

Nodo Norte em Leão/Nodo Sul em Aquário: muitos problemas devem ser abordados nos dias de hoje, e você gostaria de fazer a sua parte. Você teria o maior prazer em dedicar-se a uma organização com um propósito nobre — pelo menos é no que você acredita. Na verdade, porém, a sua realização está em outro lugar. Para ser a pessoa que você deveria ser, arrisque-se a expressar seus desejos, não importa o quão egoísta possa parecer. Por mais admirável que pareça, lutar silenciosamente pela paz na Terra não vai lhe trazer felicidade. A questão é simples: você não quer ser parte de uma multidão anônima. Você precisa se autoexpressar e precisa ser aclamado pelo que é, com todas as suas peculiaridades.

Nodo Norte em Virgem/Nodo Sul em Peixes: o reino do espírito exerce uma atração irresistível sobre você. Mas uma imersão nesse mundo pode alimentar suas tendências escapistas. É melhor guardar o seu tabuleiro Ouija e prestar atenção aos detalhes do dia a dia que atormentam a todos nós, tão chatos quanto parecem. Sua necessidade de ser uma vítima ou um mártir (os dois podem ser indistinguíveis) é preocupante, e seu senso de inferioridade limita suas possibilidades. Seu caminho para a realização passa pelo mundo do trabalho, se organizando, retornando telefonemas, cuidando dos negócios e estando consciente das necessidades dos outros. Você não precisa se sacrificar. Só precisa se concentrar. Preste atenção às pequenas coisas e se surpreenderá com o quanto você vai se sentir satisfeito.

Nodo Norte em Libra/Nodo Sul em Áries: você é corajoso, ousado e autossuficiente. Você não tem problemas em afirmar-se (mesmo que seja temperamental), é um líder eficaz e um tomador de decisões. Mas também é autocentrado, e as vantagens de uma relação amorosa podem iludir você. Seu desafio é cooperar, ser solidário, e cuidar das necessidades dos outros (ouvir é fundamental). Ao equilibrar as necessidades deles com as suas próprias, você caminha na direção da paz e do contentamento interior.

Nodo Norte em Escorpião/Nodo Sul em Touro: você pensa em si mesmo como uma pessoa prática que aloca seus recursos, financeiros ou não, com cuidado. Acredita que segurança material fornece a base para a força psicológica. Você pode manter essa fantasia, se quiser, mas deve saber que a sua satisfação mais profunda tem pouco a ver com bens materiais ou prazeres libidinosos, por mais que os aprecie. Em vez disso, você se beneficia indo mais a fundo em sua psique, compartilhando seus segredos, e trazendo à tona a coragem de superar sua resistência à mudança. Na verdade, você deseja nada menos do que a metamorfose total. Ao se envolver com os outros e aprender a aceitar a opinião deles, você pode, no mínimo, dar início a esse processo.

Nodo Norte em Sagitário/Nodo Sul em Gêmeos: é fácil para você tropeçar em uma vida de atividades triviais ou se perder em um labirinto de fofocas pessoais, sites de fofoca e uma fonte inesgotável de escândalos de celebridades. Mas, assim como Brad Pitt não é o seu namorado (mande-me um e-mail se eu estiver errada), o caminho das revistas de fofoca (e outros desperdiçadores de tempo) não é o certo para você. Com o Nodo Norte sob o signo da religião, da lei, das viagens e da educação, o que você precisa para entender o cenário completo. Busque conhecimento. Aprenda um idioma. Procure uma filosofia que auxilie seu entendimento. Em mapas antigos, áreas de território inexplorado eram preenchidas com imagens de dragões, que foram feitos para alertar os viajantes a manterem distância. Você precisa navegar naquelas águas desconhecidas, com direito a dragões e tudo mais. Fazer exercícios ajuda. Passar tempo na natureza também é valioso. Acima de tudo, você precisa confiar em sua intuição e fazer parte do mundo. É onde você pode encontrar o bálsamo do qual mais precisa: aventura.

✔ **Nodo Norte em Capricórnio/Nodo Sul em Câncer:** você tem um pouco de domesticidade, um interesse no passado e uma animada apreciação pelos prazeres simples do lar e da família. Ai de mim, por mais lindo que isso soe, não é seu caminho. Em vez disso, você precisa de conquistas do mundo real, do tipo que nascem da ambição, formados através da autodisciplina, e recompensadas com dinheiro e prestígio. Por mais que você adore a sua casa e sua família, não vai alcançar muita satisfação sentado na sala. E embora o seu humor inconstante possa lhe distrair e perturbar, você ainda precisa exercitar seus talentos — apesar de seus medos e inseguranças. Você tem a capacidade de atingir seus objetivos e influenciar a comunidade em geral. Sabendo que o destino está a seu favor pode aumentar sua confiança e ajudá-lo a reconhecer as oportunidades.

✔ **Nodo Norte em Aquário/Nodo Sul em Leão:** a autoexpressão criativa vem fácil para você, e você atrai o tipo de notoriedade que a maioria das pessoas nunca terá. Você sabe o que quer e tem os meios para alcançá-lo. Mas você tem tendência a assumir o controle e sobrecarrega as pessoas com a força da sua personalidade. Para o verdadeiro crescimento, é necessário juntar forças com os outros e ampliar sua visão. Envolver-se em uma causa social é um grande passo para você. Ao ligar o seu desejo de se expressar a uma causa que é maior do que você mesmo, você transcende o seu ego e caminha em direção da realização.

✔ **Nodo Norte em Peixes/Nodo Sul em Virgem:** trabalhar nós devemos: esse é o seu lema. Você tem uma legião de responsabilidades, e fica tão preso a essas tristes tarefas que não há espaço para mais nada. Para combater a ansiedade, você faz o seu melhor para manter a ordem e para repelir o caos. Mas há tanta coisa que você pode fazer. Certamente não pode deixar-se a deriva. E, no entanto, navegar você deve. Ao deixar a mente viajar, pondo de lado a sua temida lista de afazeres, dando atenção aos seus sonhos e fantasias, você se permite vislumbrar outro aspecto da experiência e explorar o domínio do espírito. Yoga, meditação, e qualquer coisa que possa ajudá-lo a relaxar, são ferramentas indispensáveis. Seu objetivo final é a iluminação.

Capítulo 9

Os Planetas Pessoais

Neste Capítulo

▶ Contemplando os planetas pessoais na astronomia, mitologia e astrologia

▶ Compreendendo os planetas nos signos

▶ Interpretando Mercúrio, Vênus, Marte, Júpiter e Saturno em seu mapa

O Sol e a Lua carregam toneladas de informação. Por si mesmos, eles fornecem uma chave-mestra para a sua psique. Mas, para compreender plenamente a complexidade do seu próprio horóscopo, você precisa incluir os planetas.

Para os astrólogos antigos, isso significava observar as posições de Mercúrio, Vênus, Marte, Júpiter e Saturno — os únicos planetas visíveis da Terra. Por milhares de anos, astrônomos assumiram que não haviam outros planetas. Então, em 1781, um astrônomo amador na Inglaterra descobriu outro planeta, e era dada a largada. Hoje, os astrônomos debatem sobre quantos planetas existem no sistema solar. Alguns afirmam que há apenas oito. Outros insistem que há 23 — e contando. A resposta depende totalmente de para quem você está perguntando.

Os astrólogos consideram esses cinco planetas, que você pode ver por si mesmo no céu à noite (e às vezes durante o dia), como aqueles cujo impacto é mais diretamente sentido sobre o indivíduo. É por isso que Mercúrio, Vênus, Marte, Júpiter e Saturno são conhecidos como os *planetas pessoais*. Os *planetas exteriores*, que não são visíveis sem um telescópio, interferem menos na personalidade e seus efeitos são mais percebidos nas gerações (salvas as exceções que comento no Capítulo 10).

Localizando Seus Planetas

Se você passou pelos Capítulos 2 e 3, provavelmente tem uma cópia de seu mapa na mão, e neste caso já conhece os seus posicionamentos planetários. Se você não tem uma cópia de seu mapa, retorne a esses capítulos — o Capítulo 2, se deseja obter o mapa a partir da internet, ou o Capítulo 3 e o Anexo, se pretende fazê-lo por conta própria utilizando as tabelas neste livro.

Para descobrir o que esses posicionamentos dizem, lione seus planetas por signo e por casa e depois procure-os neste capítulo (para os planetas pessoais), e no Capítulo 10 (para os planetas exteriores) e no Capítulo 12 (para os posicionamentos por casa).

Cada planeta realiza uma função diferente em seu horóscopo. Para tornar evidente as distinções entre eles, tenha em mente que cada planeta tem pelo menos uma palavra-chave que resume o seu significado. A Tabela 9-1 lista as palavras-chave, juntamente com os misteriosos símbolos que representam os planetas.

A princípio, a informação que você encontra pode parecer aleatória. Depois de um tempo, certas ideias irão repetir-se, e um quadro coerente das suas próprias possibilidades começará a surgir.

Tabela 9-1   Palavras-chave e Símbolos Planetários

Planeta	Palavra-chave	Símbolo
Mercúrio	Comunicação	☿
Vênus	Amor	♀
Marte	Atividade	♂
Júpiter	Expansão	♃
Saturno	Restrição	♄
Quíron	Cura	⚷
Urano	Revolução	♅
Netuno	Imaginação	♆
Plutão	Transformação	♇
Nodo do Norte	Potencial	☊
Nodo do Sul	O passado	☋

Não se preocupe se você notar contradições ocasionais quando observar seus posicionamentos planetários: elas são inevitáveis. Como Walt Whitman disse: "Eu me contradigo? Pois bem, eu me contradigo, (sou vasto, contenho multidões)." Concentre-se em vez disso, nas ideias que surgem uma após outra. Depois de identificar esses temas, você está no seu caminho para ser um astrólogo.

Mercúrio: comunicação com Estilo

Os astrólogos obtém o seu conhecimento dos planetas de várias fontes, incluindo a ciência, a mitologia e a tradição astrológica.

Em astronomia, o pequeno planeta Mercúrio se distingue por seu ritmo acelerado — que gira em torno do Sol em apenas 88 dias — e sua proximidade com o Sol.

Na mitologia, o deus romano Mercúrio, conhecido pelos gregos como Hermes, também é conhecido por sua velocidade. Em suas sandálias e elmo alados, ele era o mensageiro dos deuses, bem como um ladrão, músico, malandro e mentiroso talentoso que podia se safar de qualquer coisa. Um mestre do rodopio, Hermes escoltava almas mortas para o submundo. Os antigos, adoravam-no como o deus das viagens, da linguagem, das estradas, das fronteiras, do sono, dos sonhos e dos lugares sem nome que se enquadram entre aqui e lá. Dois desses entre-lugares merecem reconhecimento especial: o reino sombrio entre a vigília e o sono, e a transição entre a vida e a morte.

Astrólogos veem Mercúrio como símbolo da comunicação, da fala, da escrita, do conhecimento, do intelecto, da razão, da inteligência, e da aprendizagem. A sua posição no seu mapa astral determina a sua maneira de pensar, a velocidade com que reúne fatos e processa informações, a forma com a qual você se expressa e a sua capacidade de contar uma história (verídica ou não), fazer um discurso e usar a linguagem.

Como ele orbita o Sol tão de perto, Mercúrio é sempre o mesmo signo que o Sol ou um signo adjacente — e nunca está a mais do que 28° de distância do Sol. Para descobrir a posição dele no mapa, vá para o Apêndice.

O símbolo de Mercúrio tem três componentes metafísicos: a cruz da Terra ou da matéria, o círculo do espírito, e, empoleirada no topo, a crescente da personalidade similar a uma pequena antena parabólica, pronta para receber informações.

Para uma descrição da forma como a sua mente funciona, procure Mercúrio no Apêndice e leia o parágrafo apropriado nesta lista:

- **Mercúrio em Áries:** sempre pronto para tirar conclusões precipitadas, você tem uma mente extremamente rápida e ordenada, contundente na forma de se expressar. Embora possa ser impaciente, competitivo e irritável (e muitas vezes tenha dificuldade em concentrar-se), você nunca é chato ou insosso. Você está disposto a estabelecer as regras, se necessário. Se expressa de forma assertiva e as pessoas geralmente sabem o que você pensa (no entanto, se Mercúrio está na sua décima segunda casa, você pode tentar esconder suas opiniões, geralmente sem sucesso).

Parte III: Tudo Mais no Caldeirão Cósmico

- **Mercúrio em Touro:** você é atencioso, conservador e extremamente sensível. Levanta os fatos, constrói um argumento cuidadoso e o apresenta diplomaticamente. Depois disso, você apenas aparenta considerar outros pontos de vista. Na verdade, depois de ter chegado a uma decisão fundamentada com o máximo de urgência, você não vê nenhuma razão para mudar sua opinião. Tende a ser inflexível, e é difícil argumentar com você, em parte porque se atém aos fatos, e em parte porque estar aberto a novas ideias não é fácil para você. Você já sabe o que pensa.

- **Mercúrio em Gêmeos:** você é inteligente, curioso, perspicaz, persuasivo, bem humorado, impetuoso e inteligente. Sua agilidade intelectual é extraordinária. Sua mente curiosa funciona bem, você lida com inúmeros interesses e fala pelos cotovelos. Você também é flexível a mudanças. Muito adaptável, consegue racionalizar qualquer coisa. Ainda assim, este é um posicionamento invejável. Mercúrio rege Gêmeos (e Virgem), por isso funciona de forma muito eficaz aqui.

- **Mercúrio em Câncer:** sensível e compreensivo, você é perspicaz, reflexivo e extremamente bem sintonizado. Pode se comunicar com entusiasmo e compaixão, e você absorve informação facilmente. Tem uma memória incrível e uma mente extremamente intuitiva. Mas o seu humor pode influenciar o seu melhor julgamento, e você é propenso a ilusões.

- **Mercúrio em Leão:** dramático, digno e ambicioso, você pensa de forma criativa, expressa-se de forma clara e confia na sua opinião (embora menos quando o seu Sol está em Câncer). Um líder de opinião, você costuma ver o quadro completo e é persuasivo, eloquente e organizado em sua maneira de pensar. Também pode ser dogmático, arrogante e sem reservas quando se trata de seus interesses. Tudo bem, às vezes você passa dos limites. Como muitas vezes acontece com a colocação de Leão, seu calor supera sua tendência de se mostrar e tentar ganhar todas.

- **Mercúrio em Virgem:** você é inteligente, sutil, persistente, experiente, analítico e afiado. Nada te escapa, incluindo inconsistências lógicas. Um idealista em segredo, que lamenta a diferença entre como as coisas são e como elas deveriam ser, você pode ser detalhista, crítico ou um verdadeiro advogado de acusação. Também é um pensador brilhante e ótimo de conversa. Mercúrio rege Virgem, então essa combinação planeta-signo funciona excepcionalmente bem. Sinta-se confiante: você tem uma mente ótima.

- **Mercúrio em Libra:** racional na forma de pensar e elegante na forma de se expressar, você procura um ponto de vista equilibrado e entende, intuitivamente, que a melhor solução é geralmente a mais simples. Prudente, discreto e possuidor de um forte senso estético, você consegue ser objetivo de uma forma encantadora, diplomática. Gosta de debater e se interessa pelas opiniões daqueles que você respeita. Na privacidade da sua própria mente, você vive cheio de incertezas, e como tenta considerar todos os lados de uma questão, precisa de algum tempo para chegar a uma decisão.

Capítulo 9: Os Planetas Pessoais   *107*

✔ **Mercúrio em Escorpião:** você tem uma mente penetrante e engenhosa que continuamente vai além da superfície. No seu melhor, você é um observador perspicaz e um grande pensador. Não julga nada por seu valor aparente, e muitas vezes sofre de desconfiança e até mesmo paranoia. Você também é analítico, perspicaz, incisivo e capaz de lidar com todos os tipos de informações. Este é um ótimo posicionamento para um detetive, um pesquisador ou um terapeuta. Pode ser perigoso também, porque tal posicionamento também confere um humor mordaz e uma tendência persistente de usar as palavras como arma.

✔ **Mercúrio em Sagitário:** você tem um profundo intelecto e uma mente ampla. Quando está refletindo sobre grandes questões, como você gosta de fazer, pode ser inspirador em suas ideias e grande na forma de filosofar. Como um conversador, é divertido e inteligente. Você também pode ser dogmático, hipócrita e fraco para detalhes, e direto até o ponto da falta de tato. Evangeline Adams, uma grande astróloga do início do século XX, reclamou em *Astrology for Everyone* que todas as pessoas com este posicionamento não conseguem manter suas promessas devido à "qualidade descontínua e caótica" de suas mentes. Seu senso de humor é a sua salvação (pense em Woody Allen).

✔ **Mercúrio em Capricórnio:** metódico, realista e organizado, você é um pensador sistemático. Sabe como se concentrar e age como um adulto. Embora possa ser convencional, rígido e pessimista, você tenta ser imparcial ao chegar a conclusões, mesmo que isso signifique superar seus próprios preconceitos. Um pensador sério que valoriza a informação prática, você é responsável o suficiente para coletar os fatos, se comunicar com clareza e de forma responsável.

✔ **Mercúrio em Aquário:** abastecido por ideias, você tem uma mente inventiva, muitas vezes brilhante (tenha em mente Thomas Edison). Progressivo, humano e mais feliz quando comprometido com uma causa, você se expressa de maneira única e muitas vezes consegue um maior discernimento em flashes momentâneos de inspiração. Suas percepções são claramente suas. Você pode ficar extremamente animado sobre um problema social ou uma teoria abstrata. Nada errado com isso — contanto que você não se torne tão ligado a uma ideia a ponto de tornar-se inflexível, recusando-se a deixar que fatos — ou pessoas — fiquem em seu caminho.

✔ **Mercúrio em Peixes:** qualquer planeta em Peixes leva ao triunfo da emoção sobre a razão. Você responde a pessoas e situações de forma instintiva, frequentemente toma a decisão certa, sem saber por quê. Você entende como as pessoas funcionam. E acha fácil se adaptar a novas circunstâncias. Sua mente é receptiva, sutil, empática e imaginativa, mas a lógica não é o seu forte. Por outro lado, você tem acesso imediato a sua intuição, que funciona como uma enxurrada de impressões em uma fração de segundos, paralela aos seus pensamentos conscientes.

Vênus: o Amor Tudo Conquista

Se ele aparece como a Estrela da Manhã ou a Estrela da Tarde, Vênus, o segundo planeta a partir do Sol, brilha mais do que a maioria dos objetos no céu.

Os astrônomos dizem que Vênus é um estufa infernal, suas planícies fraturadas e antigos vulcões ficam escondidas sob uma densa cortina de nuvens venenosas. Com uma temperatura de superfície de 480° Celsius, uma atmosfera totalmente tóxica e uma pressão atmosférica 100 vezes maior do que na Terra, Vênus é um lugar tão inabitável e desagradável quanto você pode imaginar.

Os gregos e os romanos viam de outra forma. Na mitologia clássica, Vênus (Afrodite para os gregos) era a deusa do amor e da beleza. Ela era a amante de Adônis (e outros), a companheira constante do deus alado Eros, e a esposa infiel do deus Vulcano, que a pegou na cama com seu amante favorito, Marte, o deus da guerra.

Os astrólogos associam Vênus ao amor, ao flerte, à sedução, à beleza, à arte, ao luxo, à harmonia e ao prazer. Vênus rege a força da atração, sexual ou não. Ele descreve a qualidade de suas interações com os outros, a forma como você expressa seu afeto, seus impulsos artísticos, e, estranhamente, a maneira como você lida com dinheiro.

Visto da Terra, Vênus nunca pode estar a mais de 48° a partir do Sol. Isso se traduz em uma distância máxima de dois signos entre Vênus e o Sol. Para descobrir a posição de Vênus em seu mapa, vá para o Apêndice.

O símbolo de Vênus inclui dois componentes da tradição metafísica: a cruz da Terra e o círculo do espírito. A maioria das pessoas hoje o associam ao símbolo biológico da mulher.

Vênus representa as tendências românticas, valores e reação à beleza, arte, dinheiro e posses. Para descobrir a maneira de expressar esse lado da sua personalidade, procure a localização de Vênus no Apêndice, e, em seguida, leia o parágrafo apropriado na lista que segue:

- **Vênus em Áries:** empolgado, entusiasta e impulsivo, você gosta de pensar em si mesmo como um aventureiro romântico. Se apaixona impetuosamente e à primeira vista — e desapaixona igualmente rápido. Mais exigente do que imagina (e mais autocentrado), você é carinhoso, ardente e facilmente estimulável. Mesmo que requeira compatibilidade mental, o que lhe conquista em primeiro lugar é a aparência física.

- **Vênus em Touro:** como regente de Touro, Vênus está completamente em casa aqui, fazendo você ser carinhoso, charmoso, artístico e sensual ao extremo. Todos os confortos da vida atraem você, começando pela alta gastronomia e terminando com encontros sexuais luxuriosos, de preferência com a mesma pessoa toda vez.

Capítulo 9: Os Planetas Pessoais

Você valoriza a consistência, e ainda que seja capaz de brincar, não é o seu modo natural. Você precisa de segurança, conforto, carinho, belos objetos, um ocasional empurrão para fazê-lo se mexer, um parceiro comprometido e uma conta bancária bem das pernas. Sem mencionar as rosas, doces e lençóis com elevados números de fios, pelos quais você pode, possivelmente, pagar.

Vênus em Gêmeos: o planeta do amor sob o signo da mente inconstante produz brincadeiras espirituosas, muitas horas de conversa e passeios por livrarias, muita paquera despretensiosa e uma atração irresistível por pessoas que são inteligentes e ágeis. Seus sentimentos são facilmente influenciados e você é mais do que capaz de ter um caso amoroso apenas pela internet. O desafio é distinguir entre o que daria um ótimo romance (que parece uma ideia fabulosa) e o amor de verdade.

Vênus em Câncer: naturalmente caseiro, você encontra seus prazeres mais profundos no lar e na família. É gentil, simpático, sentimental, leal, dedicado, popular e um fantástico cozinheiro (ou gostaria de ser, de qualquer forma). Você pode parecer ser a personificação da autoconfiança. No entanto, precisa de mais do que um pouco de apoio psicológico. Seu medo da rejeição, ainda que tente disfarçá-lo, pode fazer com que se apegue por tempo demais a amores e amigos. Você não quer se amarrar. É só que quando você ama alguém, quer que dure para sempre.

Vênus em Leão: amoroso, extrovertido, leal e carinhoso, você é criativo, dramático e adora se apaixonar. Sente para valer e se expressa de forma exibicionista. O amor é uma parte essencial da sua natureza, e você tende a definir-se através dele. Também ama as artes. Isso não significa que você esteja prestes a fugir com um poeta não-publicado — que não é menos artista. Você é mais feliz quando o dinheiro jorra livremente.

Vênus em Virgem: quando você está apaixonado, presta total atenção, analisando cada interação, relendo cada e-mail, e ouvindo seu correio de voz repetidamente para ter certeza que entendeu cada nuance. Você fará qualquer coisa para o seu amado... Incluindo apontar suas falhas. Pode ser crítico, controlador e cheio de opiniões sobre como as outras pessoas devem se comportar. Algumas pessoas com este posicionamento têm personalidades chamativas (aquelas com o Sol em Leão, por exemplo). A maioria das pessoas com Vênus em Virgem são modestas, inibidas e um pouco tímidas por debaixo dos lençóis.

Vênus em Libra: você é carinhoso, gentil, quente e ansioso para agradar. Um verdadeiro romântico, idealiza o amor e muitas vezes tem dificuldade para se adaptar às imperfeições de um relacionamento real. Quando se decepciona, sofre por um tempo, e depois você se mexe. É altamente atraente para outras pessoas, e geralmente há sempre alguém por perto. Esta posição também traz uma forte sensibilidade estética.

Parte III: Tudo Mais no Caldeirão Cósmico

✔ **Vênus em Escorpião:** graças a sensualidade infame de Escorpião, este posicionamento soa como uma passagem para o êxtase. E às vezes é. Você se excita com o mistério, a intensidade e com um pouco de escuridão. Orgulhoso, apaixonado e sedutor, é propenso a sentir uma profunda saudade, tanto sexual quanto emocional, e sua vida amorosa tende a ser tempestuosa. No seu melhor, você é profundamente dedicado e íntimo. No seu pior, pode ser ciumento e vingativo. Você também é capaz de se afastar da interação social e isolar-se atrás de um escudo invisível.

✔ **Vênus em Sagitário:** demonstrativo, ardente, direto e emotivo, você vê o amor como uma aventura — e não como uma forma de alcançar um futuro seguro. Valoriza a sua liberdade e seu amante ideal é alguém que lhe ajuda a ver mais do mundo e experimentar mais da vida — e não alguém que restrinja suas atividades. Você tem ideais nobres e é atraído por pessoas altamente comprometidas. Também se sente intrigado por pessoas de origens completamente diferentes da sua. Você não se importa em chocar as pessoas.

✔ **Vênus em Capricórnio:** você é sensual em suas relações sexuais, constante em seus afetos e cauteloso sobre revelar suas emoções. Valoriza a estabilidade, o decoro e a virtude. A confusão de emoções ao ermo aterroriza você, então mantém seus sentimentos em segredo. Sério e sofisticado, você admira tudo que é clássico. Na arte, como no amor, você entende a necessidade de controle. Às vezes é acusado de privilegiar status acima de ideais mais exaltados. E o que há de errado com isso? Você é um realista e sabe que no mundo real, status importa.

✔ **Vênus em Aquário:** de mente aberta, amigável e idealista, você sente-se atraído por inconformistas e rebeldes e tem uma infinidade de amigos —que são exatamente como você gosta. Não é a pessoa mais apaixonada do planeta, tendendo a desfrutar mais de uma companhia intelectual estimulante do que de romance. Você precisa de certa quantidade de solidão. Ideias e causas têm apelo com você. Demonstrações apaixonadas não. Em última instância, você é um tipo independente e seu coração é difícil de conquistar.

✔ **Vênus em Peixes:** você é sentimental, artístico, dedicado e disposto a fazer qualquer coisa por seu amado. Idealiza seus amores e verdadeiramente busca unir-se a eles, mas você não tem ideia do que é razoável ou não. Outras pessoas acham que é fácil tirar proveito de você, em parte porque oferece seu ombro amigo e com gratidão aceita migalhas. Eventualmente, isso te deixa com raiva, o que é o motivo de você tornar-se emocionalmente abusivo, muitas vezes de forma passiva-agressiva. Você realmente sabe amar. Esse não é o problema. O problema é que você está disposto, por vezes, a sacrificar suas próprias necessidades em prol das dos outros.

Marte: o Guerreiro da Estrada

Que reputação terrível Marte tem. Como ele irradia uma luz vermelha no céu (resultado do óxido de ferro em seu solo rochoso), os babilônios associavam-no com morte e destruição, os habitantes de Ilhas do Pacífico pensavam que se tratava da casa de um porco gigante vermelho, e os moradores de Nova Jersey, ouvindo Orson Welles no rádio em 1938, correram aos gritos de suas casas com medo da invasão dos marcianos. No entanto, as pessoas sempre fantasiaram sobre a vida no planeta vermelho.

Para os antigos romanos, Marte era o deus da guerra, e muitos festivais foram realizados em sua honra. Ares, o equivalente grego, não foi admirado. Ao longo da mitologia grega, Ares é constantemente difamado pelos outros deuses — com exceção de Afrodite (Vênus), a deusa do amor, que o adora.

Os primeiros astrólogos viam Marte como o planeta da violência e da má índole. Mais tarde, no século XV, astrólogos associaram-no com roubo, assassinato, batalha, luxúria, desonestidade, e todos os tipos de males. Astrólogos continuam a associar Marte à raiva, acidentes e lesões. Eles também veem Marte como o planeta da ação e do desejo. Ele traz determinação, resistência, ímpeto, força, energia e a coragem para ir atrás do que você quer. Marte faz as coisas acontecerem.

O quarto planeta a partir do Sol, Marte leva quase dois anos — 687 dias, para ser exato — para girar através do zodíaco. Gasta cerca de dois meses em um signo (uma vez a cada um ano e meio, o padrão muda, e ele permanece por mais tempo em uma parte do céu, dando a este signo, em particular, um impulso extra de energia marciana). Não importa qual seja o seu signo solar, Marte pode estar em qualquer um dos 12 signos do zodíaco. Para descobrir posição dele em seu mapa, vá para o Apêndice.

A posição de Marte em seu mapa indica a área onde você é enérgico e vigoroso. Em biologia, seu símbolo representa o homem, assim como o símbolo de Vênus corresponde ao feminino.

O posicionamento de Marte por signo descreve a forma como você toma a iniciativa, afirma-se e mergulha em um novo empreendimento ou envolvimento. Ele representa o seu ímpeto e os seus desejos. Depois de localizar seu Marte no Apêndice, você pode dar uma conferida na lista a seguir:

> ✔ **Marte em Áries:** como o regente de Áries, Marte dota seus nativos com energia, carisma sexual para gastar e um temperamento ocasionalmente explosivo que você deve aprender a controlar. Felizmente, você não segura a sua raiva. Depois de explodir, ela se evapora. Entusiasmado, assertivo e ousado, é um líder nato, que comanda cuidadosamente, mesmo sem procurar por isso.

Parte III: Tudo Mais no Caldeirão Cósmico

- **Marte em Touro:** você é trabalhador, uma pessoa pé no chão, com muita resistência. Determinado e sensível, pode se distrair com os desejos da carne. Quando finalmente se compromete com alguma coisa, seja um relacionamento ou um emprego, você está nessa para o que der e vier — e pelo dinheiro. Nascido com um forte senso prático, você se preocupa com bens materiais e status, muitas vezes mais do que está disposto a admitir.

- **Marte em Gêmeos:** com o planeta de agressão no signo de Gêmeos, você é alto astral, argumentativo, nervoso e irritado. Sua energia aumenta e diminui, por vezes com uma velocidade surpreendente. E embora goste de debater, você nem sempre é capaz de distinguir entre princípios fundamentais e pormenores. Ainda assim, você aprecia o vai e vem. Você tem uma mente viva, engenhosa e é muito divertido.

- **Marte em Câncer:** você é uma pessoa inerentemente emocional que precisa de uma ajuda com o seu ânimo antes que possa realizar com sucesso seus objetivos. Sem perceber, você tende a ficar de mau humor. É altamente sensível, mas tende a passar sinais tão sutis que muitas pessoas nem os percebem. Em um relacionamento, você pode ser possessivo e tenaz quando deveria estar com raiva e sair pela porta. Você guarda rancor. Esconde suas emoções e precisa aprender a ser franco. Também é sensível, protetor, dedicado e criativo na cama e outros lugares.

- **Marte em Leão:** confiante, apaixonado e incansável, você tem presença e é determinado. Quando comprometido a uma causa ou atividade, é praticamente impossível de deter. É verdade, você pode ser egoísta e arrogante, e sua necessidade de uma audiência pode ser desgastante. No entanto, o seu fervor, alto astral e disposição para dar o primeiro passo lhe trazem muitos admiradores. Você causa agitação.

- **Marte em Virgem:** controle é um problema para você. É trabalhador, calculista e disposto a encarar a mordaz realidade de frente. Sensível e metódico, pode se desapegar emocionalmente quando o seu sucesso depende disso. Essa qualidade é vantajosa em sua carreira. Em sua vida pessoal, ela lhe dá a capacidade de ligar e desligar o seu desejo sexual, aparentemente à vontade (vários militares famosos compartilham este posicionamento, inclusive Alexandre, o Grande, Napoleão Bonaparte, e o general George Patton).

- **Marte em Libra:** no seu melhor, você é amigável, gracioso, charmoso e elegante. Mas fica perdido sem um parceiro. Em sua vida amorosa, e até mesmo no trabalho, é mais feliz quando tem um parceiro. Além disso, embora você se orgulhe de sua mente lógica, tende a encobrir as suas incertezas e inseguranças, defendendo suas declarações levianas com mais paixão do que lógica. Às vezes as pessoas são forçadas a concordar com você, só para acabar com a discussão.

- **Marte em Escorpião:** você é corajoso e esperto, determinado e autossuficiente. Abençoado com uma feroz força de vontade e desejos inabaláveis, você é altamente sexuado e intensamente emocional. Pode ter problemas com ciúme e desejo de vingança. Apesar de se adaptar ao curso das coisas não ser fácil, você tem uma fonte de energia interna na qual se apoiar e uma grande quantidade de poder pessoal, tornando este, de uma forma geral, um posicionamento benéfico.

- **Marte em Sagitário:** independente e entusiasta, você tem fortes convicções, um amor pelo ar livre e um profundo desejo de aventura. Mas pode ser descuidado e desafiante, e suas cruzadas, tão ansiosamente anunciadas, nem sempre chegam a um desfecho. No início do século XX, a astróloga Evangeline Adams, sem ninguém para contestá-la, afirmou que este posicionamento torna as pessoas "radiantes ao invés de sólidas, arrojadas ao invés de persistentes." Seja como for, você também é justo, direto e idealista, e pode reunir energia rapidamente — especialmente quando está em uma aventura.

- **Marte em Capricórnio:** seus desejos, sexuais ou não, são fortes, suas ambições focadas. Quando você se sente realizado, a sua energia é confiável e estável. Quando se sente frustrado, a sua vitalidade se desvanece. Eficiente e sistemático, respeita tradição e autoridade e, muitas vezes, ascende ao topo. Você entende as hierarquias e de muitas maneiras é um líder natural. Mas quando não consegue a obediência que procura ou quando as coisas simplesmente não saem do seu jeito, você pode ser surpreendentemente calmo. Você costuma esconder sua raiva. No entanto, nas raras ocasiões em que ela escapole, é desagradável.

- **Marte em Aquário:** sempre que possível, prefira o caminho menos percorrido. Você é empreendedor e impaciente, e não se importa de correr riscos. Convenções o aborrecem, e você valoriza a ideia de progresso. É independente, idealista e amigável. Mas emocionalmente, você pode ser frio e, às vezes, rebelde apenas pelo prazer de provar alguma coisa.

- **Marte em Peixes:** você se apaixona profundamente. É generoso, temperamental, inquieto, e altamente intuitivo. Mas quando o bafafá emocional torna-se mais do que consegue tolerar, você dá um fim. Quando isso acontece, sua força de vontade evapora, você tem problemas para se manter motivado, deixa amigos loucos com sua passividade e sua energia física desaparece. Um dos desafios centrais da sua vida é regular a sua energia. Não é algo fácil de se fazer quando você é um escravo das suas emoções.

Júpiter: quanto Mais, Melhor

Procurando pela sorte? Sua busca acabou. O auspicioso Júpiter é o senhor da sorte, o guardião da boa fortuna e o campeão de quebrar a maré de azar.

Júpiter é de longe o maior planeta do sistema solar. Mais massivo do que todos os outros planetas juntos, poderia devorar 1.330 Terras e ainda ter espaço para arrotar. Sua característica mais famosa, conhecida como a Grande Mancha Vermelha, é um ciclone de 300 anos que tem o dobro do tamanho da Terra.

Parte III: Tudo Mais no Caldeirão Cósmico

Não surpreendentemente, Júpiter deu nome ao rei dos deuses, que era conhecido na Grécia como Zeus e em Roma como Jove ou Júpiter Optimus Maximus — o maior e o melhor, mesmo que ele fosse também punitivo e promíscuo. Os gregos retratavam-no como barbudo, digno e poderoso — Zeus a figura do pai, observando o universo de sua casa do alvo Monte Olimpo.

Astrólogos associam Júpiter à oportunidade, à expansão, ao crescimento, à abundância, à aprendizagem, ao sucesso, ao otimismo e ao bom ânimo. Seja lá o que Júpiter tocar, se expande. Claro que, como todos os planetas, pode se expressar positiva ou negativamente. No seu melhor, ele traz boa sorte, generosidade e a capacidade de aproveitar uma oportunidade. Quando está ligado a outros planetas através de aspectos produtores de tensão, como quadraturas e oposições (discutido no Capítulo 13), exprime o seu lado sombrio entregando-se à gula, à preguiça e ao excesso de todos os tipos.

Júpiter leva cerca de 12 anos para girar através do zodíaco, gastando cerca de um ano em cada signo. Para descobrir a sua posição no seu mapa, vá ao Apêndice.

Alegrem-se quando ver este símbolo em seu mapa, pois marca uma área de oportunidade. De acordo com a tradição metafísica, seu símbolo é composto de duas partes: a cruz da matéria e, acima dela, a curva da personalidade, indicando a vasta expansão do eu. Essa é uma maneira de lembrar-se. Ou você pode pensar nisso como parecendo um número quatro altamente estilizado.

Galileu e as luas de Júpiter

Cerca de cem anos após o nascimento de Cristo, o astrônomo Ptolomeu escreveu um livro afirmando com segurança o que todo mundo já sabia: que a Terra era o centro do universo e que todo o resto — a Lua, o Sol, as estrelas e os planetas — girava em torno dela.

Mais de um milênio depois, em 1453, Copérnico mostrou que a Terra orbitava o Sol, e não o contrário. Suas observações não eram amplamente aceitas. Martinho Lutero se referiu a ele como "um astrólogo arrogante" (e de fato ele era um astrólogo, assim como a maioria dos astrônomos). Na sua maioria, as pessoas continuaram a colocar a sua fé em Ptolomeu. Poucos duvidavam de que a Terra fosse o centro do universo.

Um século e meio depois, Galileu observava com seu telescópio o distante Júpiter e viu que este era orbitado por inúmeras luas (ele viu quatro; os cientistas já identificaram 16). O anúncio foi recebido com angústia, particularmente pela igreja, porque se essas quatro luas orbitavam em torno de Júpiter, então, por definição, nem tudo girava em torno da Terra e o sistema de Ptolomeu teria que estar errado. Galileu acabou por passar o resto de sua vida em prisão domiciliar por seu papel na promoção desta nova visão dos céus. Suas ideias triunfaram. Assim, Júpiter e suas muitas luas deram início uma nova maneira de ver o cosmos. Em um mapa astrológico, Júpiter tem uma função similar. Ele dá início às coisas; ele amplia as possibilidades.

Capítulo 9: Os Planetas Pessoais   *115*

O posicionamento de Júpiter por signo descreve a maneira como você tenta ampliar seus horizontes e experimentar mais do mundo. Ele também indica as áreas onde é provável que você tenha sorte.

- **Júpiter em Áries:** você tem confiança, energia e entusiasmo. Facilmente se entusiasma, até mesmo ao ponto de se tornar maníaco, e tem muitos interesses, embora não os sustente a longo prazo. Você facilmente se enrola com suas próprias preocupações e deve precaver-se contra a tendência de ser egocêntrico e de se esquecer dos detalhes.

- **Júpiter em Touro:** você é dedicado e gentil, um amante da natureza, de objetos materiais e dos prazeres sensoriais. Pode facilmente ser autoindulgente. Então, é ótimo na cama — mas também pode ser afetado pelo excesso de peso. Felizmente, você equilibra a sua busca pelo prazer com praticidade. Quando se trata de limites, o seu julgamento é sensato.

- **Júpiter em Gêmeos:** nada te entusiasma mais do que uma ideia curiosa — ou um game show. É inteligente, multitalentoso, curioso e fácil de se envolver, embora corra o risco de perder o seu interesse em determinado assunto por falar dele excessivamente. Você se beneficia de tudo o que envolve a escrita — de manter um diário a trabalhar em uma livraria, até ser jornalista.

- **Júpiter em Câncer:** você é franco, benevolente, intuitivo, protetor e simpático — a derradeira mãe Terra, mesmo que seja homem. Compreensivo e clemente (às vezes de forma patética), você ama os prazeres do lar, da propriedade e da paternidade. A astrologia tradicional defende que Júpiter é exaltado nesta posição, e a experiência mostra que ele tende a trazer sorte no mercado imobiliário. Uma desvantagem: você pode ter problemas com seu amor pela boa comida.

- **Júpiter em Leão:** você é magnânimo e compassivo, exuberante e dramático, com uma enorme vitalidade e uma profunda necessidade de reconhecimento, respeito e poder. Embora possa ser arrogante, é sincero e bem quisto. Este posicionamento, considerado um afortunado, muitas vezes traz o sucesso.

- **Júpiter em Virgem:** você é organizado, prático e mais feliz quando seus esforços produz resultados concretos. Tem um bom intelecto, uma forte ética de trabalho e uma tendência a gastar muito tempo em busca da perfeição. Júpiter é expansivo enquanto Virgem é restritivo, de modo que esta colocação dá origem a tensões internas.

- **Júpiter em Libra:** você é amável, simpático, justo e popular. Dotado de um encanto natural, se beneficia do trabalho com outras pessoas e de ter uma atração inata pelas artes. Você pode lutar com a dificuldade do típico libriano em tomar decisões importantes. Buscar o equilíbrio é provavelmente uma boa ideia para todos, mas é especialmente gratificante para você.

Parte III: Tudo Mais no Caldeirão Cósmico

- **Júpiter em Escorpião:** você tem grandes paixões, uma intensidade magnética que outras pessoas podem sentir e uma natureza fortemente sexual. Embora possa ser reservado, também é atento e tem um interesse sincero em investigar o que quer que esteja oculto. É ambicioso e, por vezes, agressivo, com um grande orgulho pessoal e uma feroz força de vontade que pode ajudá-lo a alcançar seus sonhos.

- **Júpiter em Sagitário:** como Júpiter rege Sagitário, esta é considerada uma colocação auspiciosa. Sagitário evidencia o melhor de Júpiter, tornando você genial, otimista, generoso, tolerante e filosófico (então não fique obcecado com as pequenas coisas). Um professor qualificado, você é atraído por viagens ao exterior, ensino superior e todas as filosofias, abrangendo, religiões e sistemas de crenças. Mas esteja ciente de que esse posicionamento também infla a sua fé (ou fanatismo), juntamente com sua tendência a discursar.

- **Júpiter em Capricórnio:** com o planeta da expansão no cauteloso e constrito Capricórnio, você é ambicioso, obediente, honesto, sério, realista, disciplinado e trabalhador, mas dificilmente consegue relaxar. Quando define uma meta, suas chances de alcançá-la são excelentes. Ao longo do caminho, você pode ter que combater o pessimismo, mas também encontra a alegria na realização.

- **Júpiter em Aquário:** mente aberta, altruísta e inovador, você tem uma grande originalidade e se interessa por tudo o que seja de ponta. Você é naturalmente tolerante com as pessoas, mesmo que, por vezes, despreze suas ideias. Mas, apesar de seus ideais humanitários, você não lida bem com a decepção, e pode se tornar egoísta e arrogante.

- **Júpiter em Peixes:** abençoado com capacidades intuitivas e criativas poderosas, você absorve tudo o que acontece ao seu redor. Uma pessoa tolerante e compreensiva, você acredita que pode fazer as coisas melhor, até mesmo ao ponto do autossacrifício. Mas quando se sente sobrecarregado, o que acontece mais do que possa querer, você pode se transformar em um eremita. Buscas espirituais intrigam e amparam você.

Saturno: o Senhor dos Anéis

Antes da invenção do telescópio, Saturno era o planeta mais distante que se podia ver. Ele marcava o final do Sistema Solar. Naturalmente, ele passou a representar limites. Hoje, ele continua a ser o planeta mais distante visível a olho nu, de modo que o significado ainda se aplica. Mas sua imagem melhorou. Graças ao telescópio e as missões espaciais Voyager, todo mundo sabe como Saturno se parece. Mesmo as pessoas que nunca olharam através de um telescópio já viram imagens de sua deslumbrante estrutura anelar. E eles sabem que é o mais belo planeta do sistema solar.

Capítulo 9: Os Planetas Pessoais

O segundo maior planeta (depois de Júpiter), Saturno é um gigante gasoso rodeado por um amplo arco de anéis de gelo e pelo menos 18 luas nomeadas (e contando). É tão grande que 95 Terras caberiam dentro dele. Contudo, sua densidade é tão baixa que, se houvesse um oceano suficientemente grande para conter todo o planeta, Saturno flutuaria. Na mitologia, Saturno era originalmente um deus da agricultura. Os romanos o associaram ao deus grego Cronos, que engoliu seus filhos, e por sua vez foi dominado por eles. Ele é conhecido como o Pai do Tempo, o símbolo do passado e da velha ordem.

Na astrologia, Saturno representa o sistema. Sua influência é séria e sombria. Ele traz estrutura, disciplina, limitações, limites, responsabilidade, dever, perseverança e medo. Ele testa as pessoas e as obriga a encarar a realidade. Como resultado, Saturno tem uma terrível reputação, que tem sido alimentada por gerações de astrólogos, incluindo a grande Evangeline Adams. Em *Astrology for Everyone*, ela explica que Saturno "destrói tudo o que ele encontra pela frente. Ele é a maldição da decepção, não da raiva. Ele congela as nascentes; ele é a putrefação árida e a morte do ímpio. Ele contempla o Sol, se desespera; na cínica amargura sua bebida é fermentada, e ele a bebe, desejoso que fosse veneno. Sua respiração desvanece no amor; sua palavra é maldita... Mas, em cada um de nós este princípio vive; ele é o mais inevitável de todos os nossos destinos."

Com uma publicidade como essa, não é de admirar que os seguidores da astrologia temam Saturno. No entanto, sua reputação não é inteiramente merecida, porque, embora Saturno traga dificuldades, ele também ajuda a instaurar a ordem. A influência de Saturno permite que você supere seus medos e lute contra sua inércia. Se ele força você a combater a depressão, a decepção, a pobreza e outros obstáculos, também o obriga a buscar soluções, estabelecer metas, estabelecer horários, a trabalhar mais do que jamais pensou que poderia, e a se organizar. Saturno é, em suma, o planeta da realização.

Saturno leva 29 anos e meio para viajar através do zodíaco. Ele gasta cerca de 2 anos e meio em cada signo. Para descobrir a posição dele no mapa, vá para o Apêndice.

O símbolo de Saturno, onde quer que ele esteja em seu mapa, marca o local dos seus maiores desafios. Astrólogos metafísicos descrevem-no como a cruz da matéria e da realidade que surge da crescente personalidade, o que sugere que os seres humanos criam suas próprias limitações e devem encontrar formas de enfrentá-las. Uma maneira mais fácil de lembrar o símbolo é que ele se assemelha a um "h" minúsculo curvilíneo com um traço nele.

O posicionamento de Saturno em um signo determina o seu sentimento de inadequação, seus medos e hesitações, os obstáculos e as obrigações que bloqueiam o seu caminho, e as maneiras de tentar superá-los.

Parte III: Tudo Mais no Caldeirão Cósmico

✔ **Saturno em Áries:** você é um pensador independente: não consegue seguir o líder, mas não gosta de controlar outras pessoas também. Embora seja empreendedor, determinado e disciplinado, você também pode ser imprudente e dominador. Dado uma meta e um plano de jogo, você o cumpre maravilhosamente bem. Sem direção, tropeça. E nem adianta a meta ser imposta a você por outra pessoa. Ela deve vir de dentro.

✔ **Saturno em Touro:** imagens de pobreza permeiam sua cabeça. Você tem uma necessidade intensa de estabilidade, e o pensamento de estar sem dinheiro o assusta. Então você aprende a gerenciar seus recursos de forma eficaz e pode mesmo tornar-se muito endinheirado. É diligente, prudente e metódico. A desvantagem? Você é teimoso, carece de espontaneidade e corre o risco de se tornar impassível. E embora algumas pessoas com este posicionamento fiquem obcecadas por sexo ou outros prazeres, você no fundo fica dividido sobre essas coisas e está igualmente propenso a negar a si mesmo tais confortos materiais.

✔ **Saturno em Gêmeos:** você é inteligente, sério e articulado, apesar do seu medo de ser considerado intelectualmente inferior ou de se perder nas palavras. É um excelente solucionador de problemas, com uma mente ativa e dezenas de interesses. Como qualquer posicionamento no signo dos Gêmeos, Saturno em Gêmeos pode revelar a si mesmo de inúmeras maneiras. Quando você está entusiasmado, sua capacidade de concentração é inspiradora — e intimidante. Em outros momentos, você corre o risco de desperdiçar sua energia e diluir suas intenções em atividades sem sentido e muita conversa. Você tem uma mente clara e lúcida, mas cuidado: você pode se convencer de qualquer coisa.

✔ **Saturno em Câncer:** não é uma colocação fácil, Saturno em Câncer geralmente traz uma infância difícil, com pelo menos um pai frio e distante. Como resultado, você pode ser inseguro e inibido, com um desejo de controle emocional e compreensão. Sua tentativa de ganhar o amor que não tinha quando criança pode se tornar a busca de uma vida. Algumas pessoas com este posicionamento se tornam pegajosas ou encobrem o seu medo da vulnerabilidade, agindo de forma excessivamente confiante ou indiferente (o disfarce, por sinal, não engana ninguém). A maioria tende a criar na idade adulta o que lhe faltou na infância, tornando-se pais tolerantes, protetores e amorosos.

✔ **Saturno em Leão:** determinado e digno, você quer ser criativo, mas tem medo de se expressar. Quer ser reconhecido — mas tem medo de ser medíocre. Esse é o paradoxo que você deve superar. A insegurança o põe para baixo e não o leva a lugar algum. O desafio deste posicionamento é de reconhecer, não esconder, a sua necessidade de reconhecimento, e encontrar uma maneira de alcançá-lo. Da mesma forma, os seus impulsos criativos precisam de expressão dramática e aceitação positiva. Supere uma tendência à arrogância, o flagelo do leonino. Atreva-se a ser dramático. Você será muito mais feliz.

Capítulo 9: Os Planetas Pessoais 119

✔ **Saturno em Virgem:** você é analítico, preocupado, trabalhador e atraído pela solidão (em uma vida anterior, de acordo com um dos meus primeiros professores da astrologia, você pode ter sido um monge medieval). Em função do medo que tem de perder o controle, você faz o seu melhor para concluir com sucesso cada detalhe. O ritual te acalma, e você depende de uma série de rotinas que estabeleceu em sua vida cotidiana. Apesar de preferir que as coisas sejam ordenadas e previsíveis, essas rotinas podem também limitar, restringir, e, por fim, oprimir você. Tome como seu lema esta citação de Henry David Thoreau (de *Onde Vivi e Para que Vivi*): "Nossa vida é desperdiçada pelos detalhes... Simplifique, simplifique."

✔ **Saturno em Libra:** este posicionamento favorável o faz racional, confiável, discreto e sério. Você tem medo de ficar sozinho, o que o torna ainda mais ansioso quando tenta se conectar com outras pessoas. Seus relacionamentos refletem você completamente — mas pode não gostar do que vê. Você pode sentir que de alguma forma eles não conseguem corresponder às expectativas. Felizmente, você está sempre disposto a negociar. Embora possa pensar que deseja perder-se em uma paixão, você é, em última análise, muito mais feliz quando faz a escolha sensata. Tende a se casar com alguém mais velho e pode casar tarde.

✔ **Saturno em Escorpião:** você é criativo e poderoso, com fortes convicções e um grande senso de propósito. Problemas de dependência podem ser difíceis, e você pode ter dificuldade em se definir como um indivíduo, enquanto mantém um relacionamento. Você tem necessidades sexuais, mas o sexo também é complicado para você . Embora esteja propenso à inveja e ressentimento, você encontra a coragem para lidar com seus problemas e superar seus medos, inclusive o medo da morte. Mistérios o fascinam, e nenhum o fascina mais do que o mistério de sua própria psique.

✔ **Saturno em Sagitário:** "Não me imponha limites" é o seu refrão. Você procura aventura, viagens e amplos horizontes. Mas ao menos que você encontre uma forma estruturada para atingir seus objetivos, as circunstâncias podem conspirar para mantê-lo longe de alcançá-los. A educação é importante para você e os preceitos filosóficos e morais sob os quais vive moldam sua vida. Mesmo que possa fantasiar sobre ser independente e livre, o que você realmente precisa é encontrar significado em suas atividades cotidianas, para expandir o seu ponto de vista filosófico, além de viajar muito — literalmente ou figurativamente — com um propósito.

✔ **Saturno em Capricórnio:** você é capaz, ambicioso e pragmático, com uma autoridade natural e evidente competência. Como você almeja reconhecimento e no fundo teme não conseguir, persegue obstinadamente seus objetivos e não se esquece de seguir as regras — mesmo se tiver que desistir de suas ideias mais originais ao longo do caminho. Você não gosta de restrições, mas sabe como lidar com elas e consegue trabalhar dentro de uma estrutura. Você pode até mesmo superar a sua tendência à depressão. Saturno rege Capricórnio, de modo que este é considerado um excelente posicionamento.

Parte III: Tudo Mais no Caldeirão Cósmico

✔ **Saturno em Aquário:** você tem uma mente brilhante e original, um senso incomum de organização e estrutura, bem como uma capacidade de influenciar os outros. Mente aberta e altruísta (em parte porque não quer que as pessoas pensem mal de você), você se vê como um membro da sociedade, uma pequena parte de um todo maior. E é uma pessoa de princípios. É essencial para a sua felicidade e autoestima que você viva de acordo com seus ideais, que geralmente são do tipo mais nobre. O sucesso material não é uma força motivadora em sua vida — seus valores são mais importantes.

✔ **Saturno em Peixes:** você é simpático e intuitivo. Sua sensibilidade faz com que seja atraente para os outros, e sua criatividade lhe traz satisfação. Você também pode ter a sua quota de neuroses, ansiedades e receios infundados. Apesar de entender como as outras pessoas funcionam, você pode estar em desvantagem quando se trata de resolver os seus próprios problemas (especialmente se o abuso de substâncias passa a ser um deles). Você tem medo do caos e do isolamento, e luta para afastar esses temores. Estabelecer rotinas é útil. Tornar-se viciado é a sua ruína.

Capítulo 10

Os Planetas Exteriores (Mais um Incrível Asteroide)

• •

Neste Capítulo

▶ Conectando-se a Urano, o planeta da eletricidade

▶ Imaginando o nebuloso Netuno

▶ Meditando sobre Plutão, o anão da transformação

▶ Contemplando Quíron, o asteroide da cura

• •

A té 1781, os astrólogos calculavam horóscopos usando apenas o Sol, a Lua e os cinco planetas visíveis da Terra: Mercúrio, Vênus, Marte, Júpiter e Saturno. Então, William Herschel, um músico profissional e fabricante de telescópios amador, fez uma descoberta importante. Depois de anos acordado à noite com sua devotada irmã e obsessivamente (ele era um escorpiano) mapear os céus de Bath, na Inglaterra, ele tornou-se o primeiro ser humano na história a apontar um telescópio para o céu à noite e descobrir um planeta. Essa descoberta — do planeta Urano — abalou o mundo astronômico. Esse planeta excêntrico, identificado em plena Guerra da Independência dos EUA e apenas alguns anos antes da Revolução Francesa, transformou a visão comumente aceita do sistema solar. Na astrologia, ele logo ficou associado a revoluções de todos os tipos, incluindo pessoal, política e científica.

No século seguinte, os cientistas perceberam que as anomalias na órbita de Urano poderiam ser explicadas pela presença de um outro planeta. Em 1846, após uma busca marcada pela total confusão (em conformidade com a natureza do planeta), os astrônomos europeus identificaram o corpo desconhecido e nomearam-no Netuno. A terceira descoberta expandiu ainda mais o sistema solar em 1930, quando Clyde Tombaugh, um amador de 23 anos, que fora contratado para examinar as placas fotográficas do céu noturno, encontrou o que estava procurando: um pequeno corpo distante, que hoje conhecemos como Plutão.

Pobre rebaixamento de Plutão

Quando foi descoberto, Plutão foi aclamado como o nono planeta. Desde então, os astrônomos descobriram muitos pequenos objetos celestes que orbitam o Sol. E assim começaram a repensar o que significava ser um planeta. É suficiente simplesmente orbitar o Sol? Bem, não. Afinal, os asteroides giram em torno do Sol, assim como os cometas. É suficiente ter acima de um determinado tamanho? Ou orbitar o Sol de dentro do plano do sistema solar? Por esses padrões, Plutão não se qualifica. Ele é pequeno, sua órbita é inclinada e ele tem uma peculiar relação gravitacional com sua maior lua.

Como resultado, Plutão, o mais idiossincrático dos planetas tradicionais, foi rebaixado. Em 2006, os astrônomos o apelidaram de "planeta anão" e viraram as costas para ele. Os astrólogos permaneceram com ele. Está bem, talvez Plutão, que é ligeiramente menor do que a nossa Lua, não seja tão imponente como os outros planetas. Tamanho não é tudo. Além disso, Plutão não é o único objeto pequeno que os astrólogos consideram. Outro corpo celeste é Quíron, que não havia sido descoberto até 1977, e é agora rotineiramente incorporado em mapas astrais (falo sobre Quíron no final deste capítulo).

Todos estes corpos celestes — Urano e Netuno, assim como Plutão e Quíron — diferem dos planetas visíveis da antiguidade. Os planetas visíveis refletem a disposição individual, e, consequentemente, ficaram conhecidos como planetas pessoais. Urano, Netuno e Plutão, que pode ser encontrado nos confins do sistema solar, não descrevem a personalidade, mas eles moldam gerações. Afinal de contas, o Sol gira pelos 12 signos em um ano — mas Quíron leva 51 anos para viajar através dos signos, Urano requer 84 anos para fazer uma única volta, Netuno leva 165 anos, e o minúsculo Plutão gasta quase dois séculos e meio para completar sua volta pelo zodíaco. Esses corpos celestes têm um impacto menor sobre as atividades do dia a dia. Em vez disso, eles definem gerações, desencadeiam acontecimentos importantes e trazem potenciais ocultos à tona.

Os planetas exteriores também são arautos da mudança, tanto externa quanto interna. Estes planetas mexem com você (o revolucionário Urano), inspiram e confundem você (o nebuloso Netuno), e pressionam-lhe até o limite (o impetuoso Plutão). Eles representam as incontroláveis e invencíveis forças cósmicas da mudança.

As datas das gerações, entre parênteses, mais adiante neste capítulo para os posicionamentos planetários não são exatas. O que de fato acontece quando Netuno, Urano ou Plutão mudam de signo, é que por quase um ano (e, ocasionalmente, por mais tempo do que isso), o planeta parece ricochetear e para trás e para frente entre o signo velho e o novo. Como resultado, se você nasceu durante (ou até mesmo próximo a) o primeiro ou o último ano da jornada de um planeta através de um signo, você não pode contar com as datas aproximadas dadas neste capítulo. Vá para o Apêndice. Ou vá na internet para obter uma cópia de seu mapa (veja o Capítulo 2).

Capítulo 10: Os Planetas Exteriores (Mais um Incrível Asteroide)

Urano: o Rebelde

Como o primeiro planeta descoberto por meio do uso da tecnologia, Urano é o planeta da revolução e da idade moderna. Ele rege a eletricidade, a tecnologia e tudo na vanguarda. Também é dito ser o planeta da astrologia.

Urano é um choque. Em um mapa astral, representa a parte de você mais original e inventiva, que evita convenções, almeja a liberdade e atrai — ou cria — uma mudança abrupta. Pode provocar rebeldia sem causa, excentricidade intencional, agitação, confusão e mente agitada. Também pode anunciar a chegada de eventos inesperados do tipo que mudam sua vida, normalmente em áreas onde você não tem prestado atenção. Urano, preciso dizer, pode destruir o seu mundo.

Urano também gera lampejos de ideias, algumas brilhantes, e novas perspectivas quando você mais precisa delas. É o senhor iconoclasta da genialidade, criatividade, originalidade e tudo que o pega de surpresa. Quando o inesperado surge, seja na forma de uma carta de demissão inesperada ou uma surpreendente oportunidade de carreira, amor à primeira vista ou um divórcio repentino, ganhar na loteria ou passar por crise imobiliária, você pode apostar que Urano, o emissário da ruptura, está trabalhando.

Leva 84 anos — uma vida — para Urano e suas 15 luas viajarem pelo zodíaco. Como Júpiter, Saturno e Netuno, Urano é um gigante gasoso. Mas, enquanto todos os outros planeta giram sobre seu eixo de uma forma mais ou menos vertical, o não convencional Urano parece girar de lado, com o seu polo norte apontando para o Sol. Como resultado, um dia em Urano dura 42 anos, e a noite dura o mesmo tempo.

O símbolo de Urano (veja a Figura 10-1) se parece com uma antiga antena de TV — uma imagem apropriada para o planeta associado à eletricidade, à tecnologia e ao futuro. O símbolo também incorpora a letra H, um lembrete de William Herschel, que descobriu o planeta em 1781.

Figura 10-1:
O símbolo
de Urano.

Entendendo Urano

Urano gasta cerca de sete anos em cada signo. Como Netuno e Plutão, seu maior impacto é sentido sobre as gerações. Em um mapa individual, sua influência é sutil — na maior parte do tempo. Mas quando é proeminente em um mapa astral, Urano é a marca de gênios, idealistas, iconoclastas, não conformistas, excêntricos, inventores, revolucionários e astrólogos.

E quando, ao longo do seu ciclo de 84 anos, estimula o Sol, a Lua e os outros planetas em um mapa astral, ele pode gerar confusão, acidentes tolos, relacionamentos agitados de arrancar os cabelos, incríveis mudanças de emprego, e — em suma — qualquer desordem que o faça se descontrair e liberte você.

Urano, como os outros planetas exteriores, influencia principalmente as gerações, em vez de indivíduos — a menos que ele ocupe uma posição forte em seu mapa astral. Ele é proeminente em seu horóscopo se:

- Ele ocupa um ângulo — ou seja, ele está na primeira, quarta, sétima ou décima casa de seu mapa. Ele é especialmente poderoso se está a aproximadamente 8° do seu Ascendente ou Meio do Céu (veja o Capítulo 11 para mais informações sobre Ascendentes e Meio do Céu).

- Ele faz uma série de aspectos estreitos com outros planetas e, em particular, com o Sol, a Lua ou o planeta que rege seu Ascendente (veja o Capítulo 13 para uma discussão sobre os aspectos).

- Você tem um ou mais planetas em Aquário.

Para verificar a posição de Urano em seu mapa, vá para o Apêndice.

Urano nos signos

O signo que Urano ocupa em seu mapa astral determina a maneira como você e outros membros da sua geração livram-se do peso da expectativa, rebelam-se contra a ordem estabelecida, libertam-se do medo e expressam o seu eu mais original.

- **Urano em Áries (1927–1935):** você é mal-humorado, indomável e impaciente, e valoriza a sua liberdade ao extremo. É um espírito pioneiro, corajoso em seu âmago. Quando a mudança é necessária, você vai com tudo, preferindo os riscos de ser impulsivo à chamada segurança de uma abordagem lenta e sensata. É corajoso e criativo, mesmo com seus interesses indo e vindo. A mudança anima você.

- **Urano em Touro (1935–1942):** uma vez que você admite que quer algo e começa a ir atrás disso, nada pode pará-lo. Sua força de vontade lhe ajuda a superar todos os obstáculos. Você também se importa com dinheiro e posses e pode sofrer altos e baixos financeiros. Você é atraído por métodos concretos e inovadores de ganhar dinheiro.

- **Urano em Gêmeos (1942–1949):** você é inteligente, curioso, nervoso, tagarela, versátil e mentalmente inquieto. Você lida com a mudança reformulando-a — prefere sentir-se dono do seu próprio destino do que como uma vítima das circunstâncias. É atraído por ideias originais e novas formas de comunicação. Você também se distrai facilmente e tem tendência a procrastinar.

- **Urano em Câncer (1949–1956):** você tem uma imaginação ativa, um temperamento sensível e uma vida familiar comum. Talvez mude-se com certa frequência ou experiencie interrupções em sua vida

Capítulo 10: Os Planetas Exteriores (Mais um Incrível Asteroide) **125**

doméstica. Por mais que você anseie pela segurança de uma família tradicional, também se rebela contra isso, e quando você está em uma família tradicional (ou até mesmo em uma casa padrão), você pode alterar a forma como ela é estruturada.

- **Urano em Leão (1956–1962):** assertivo e independente, ardente e talentoso, você se joga de cabeça em empreendimentos criativos. Casos de amor extravagantes (quanto mais imprudente, melhor) seduzem e excitam você, e períodos de mudança entusiasmam-no. Mas você também pode ser egoísta, arrogante, e — em uma palavra — desagradável.

- **Urano em Virgem (1962–1969):** mesmo que você tenha uma mente afiada e analítica, se rebela contra a rotina — especialmente no trabalho, onde a sua necessidade de liberdade leva-o em direções surpreendentes. Sua atração por ciência, tecnologia e saúde, é tanto original quanto prática. E apesar de você se rebelar contra as rotinas impostas por outros, é perito em criar os seus próprios padrões altamente individuais que beiram a convulsão.

- **Urano em Libra (1969–1975):** você é criativo e artístico, embora pessoas de outras gerações possam se chocar com o seu gosto. Elas também podem ser surpreendidas por seus relacionamentos, românticos e de outra natureza, porque você se atrai por pessoas e situações inusitadas. De muitas maneiras, a sua geração está estabelecendo uma forma inovadora de lidar com relacionamentos — que envolve um alto grau de liberdade pessoal. Ainda assim, em momentos de estresse, você é mais feliz com um companheiro ao seu lado.

- **Urano em Escorpião (1975–1981):** profundamente intuitivo e persistente, você é carismático e determinado, com posicionamentos incomuns em relação ao sexo e a morte, temas que são eterno fascínio para você. Paixões repentinas e longas obsessões podem atormentá-lo. As finanças também consomem você, que pode vir a experimentar mudanças econômicas repentinas. É criativo e destemido, e quando a mudança está no ar, você escolhe experimentá-la profunda e conscientemente, de olho no futuro.

- **Urano em Sagitário (1981–1988):** você é otimista e de espírito livre, com grandes aspirações. Ressente-se com opositores que fazem pouco caso de seus sonhos, e se recusa a ser limitado por preocupações práticas. Você gostaria de ver o mundo — mas não seguindo o itinerário de outra pessoa. Você gostaria de alcançar a iluminação espiritual — mas se rebela contra as religiões convencionais. Viagens e educação animam você — mas só quando as desfruta do seu jeito. Você se sente libertado pelas forças da mudança.

- **Urano em Capricórnio (1988–1996):** você é ambicioso, responsável e metódico. No entanto, instintivamente foge do caminho previsto e da hierarquia antiquada. Como resultado, a sua carreira tem algumas reviravoltas surpreendentes. Se você puder expressar sua individualidade dentro de uma organização ou de um sistema, ótimo. Se não, um profundo sentimento de desconforto obriga-o a derrubá-lo por terra e criar um sistema totalmente novo. Você é uma força de mudança construtiva.

Parte III: Tudo Mais no Caldeirão Cósmico

✔ **Urano em Aquário (1996–2003):** você é tolerante, não sentimental, humanitário, e inventivo. A inconformista e idealista de coração, você celebra a individualidade dos outros e conta com inúmeros excêntricos dentre seus amigos. Coincidências incríveis e golpes de sorte caracterizam sua vida. Urano funciona bem em Aquário, então quando você aceita a mudança, o mundo se abre. Quando você resiste, a infelicidade o acompanha. Esta é também um excelente posicionamento para explorações científicas e tecnológicas.

✔ **Urano em Peixes (2003–2011):** imaginativo, talentoso e intuitivo, você é suscetível a sonhos estranhos e rompantes psíquicos. Tem um profundo sentimento de compaixão e uma atração por formas incomuns de espiritualidade, embora possa sofrer de sentimentos de alienação ou isolamento. Nessas ocasiões, o escapismo dá o ar da graça e sua força de vontade precisa de apoio. Arte e buscas espirituais fornecem um caminho satisfatório para você.

O segredo da década de 1960

Por que algumas décadas são mais emocionante do que os outras? Os planetas exteriores são geralmente os culpados. Eles viajam com lentidão pelo zodíaco. Quando eles combinam suas consideráveis energias movendo-se em conjunto, as coisas começam a acontecer.

Na década de 1960, por exemplo, o amante da liberdade Urano e Plutão, o planeta da transformação, estavam alinhados no mesmo signo (Virgem), pela primeira vez em mais de um século (o período anterior foi por volta de 1848, quando uma onda de revoluções varreu a Europa). Trabalhando juntos, Urano e Plutão fortaleciam e agitavam um ao outro, transformando os impulsos revolucionários de Urano em algo que deixou marcas profundas na sociedade e, em muitos aspectos, transformaram-na. O movimento dos direitos civis, o movimento antiguerra, a revolução sexual, o movimento estudantil, o Weather Underground, o feminismo, os direitos dos homossexuais, a caminhada na Lua, e mesmo os horríveis assassinatos que caracterizaram a década foram todos manifestações do impulso iconoclasta e revolucionário Urano, intensificados pelo poder transformador de Plutão.

Na época, mesmo referências culturais como Woodstock, LSD, comunas, Um estranho numa terra estranha e comunidades lésbicas vegetarianas (por exemplo) pareciam repletas de ressonância cósmica. Não só elas simbolizaram o desejo de Urano de se rebelar contra a sociedade adulta repressiva da década de 50, como elas também assimilaram a profundidade de Plutão e a importância da filosofia — ou assim parecia na época. E se, em retrospecto, algumas expressões dessa época soam ridículas, também é verdade que muitas das repercussões desses dias psicodélicos longínquos, não vão simplesmente desaparecer.

Se você nasceu entre 1962 e 1969, tem tanto o rebelde Urano quanto o transformador Plutão em Virgem. Embora a impraticabilidade de muito do que ocorreu na década de 60 provavelmente irritá-lo, em certo nível você sente-se em profunda sintonia com o desejo de romper com as velhas formas, de alterar os rígidos pressupostos da sociedade convencional e de dar uma chance à paz.

Netuno: o Sonhador

Em 1612, Galileu olhou através de seu pequeno telescópio (praticamente um brinquedo para os padrões atuais) e viu o que parecia ser uma estrela fraca — exceto que, ao contrário das outras estrelas, ela se movia. Ele até a desenhou, e se tivesse refletido, teria percebido que era um planeta. Infelizmente, ele não somou dois mais dois e perdeu a oportunidade de identificar Netuno.

Duzentos anos depois, Netuno continuava a ser ardiloso. Em meados do século XIX, dois cientistas, um francês e um inglês, trabalhando separadamente, haviam assinalado o local do planeta, em teoria, mas nenhum pode ter acesso a um grande telescópio para confirmá-lo. Se eles tivessem, teriam encontrado o planeta precisamente no local previsto (em Aquário). Mas nenhum deles tinha os meios para tornar isso possível. Finalmente, em 1846, um deles pediu a astrônomos na Alemanha para buscar o novo planeta. Johann Galle, um jovem assistente no Observatório de Berlim, encontrou-o dentro de uma hora.

Em fotografias da NASA, Netuno se parece com uma bola de gude azul-turquesa brilhante, quase sem atributo algum. Os astrônomos classificam Netuno como um gigante gasoso, porque, como Urano, é essencialmente uma bola de gases que gira em torno de um núcleo de metal. Ele ostenta um tênue círculo de anéis pouco visíveis e tem pelo menos oito luas, incluindo Tritão — o lugar mais frio do sistema solar.

Netuno é o nome do deus romano do mar. Seu símbolo (veja a Figura 10-2) se assemelha ao tridente de três pontas do deus.

Figura 10-2: O símbolo de Netuno.

Estimando a influência de Netuno

O impressionista Netuno rege a intuição, os sonhos e visões, a capacidade psíquica, a imaginação, o glamour e tudo que flui. Netuno encontra expressão na dança, música, poesia e devaneios. Ele estimula a compaixão, dissolve fronteiras e sensibiliza qualquer coisa que toque. Idealista e profundamente espiritual, ele também tem um lado sombrio. Netuno é o planeta da ilusão, da confusão, do engano, da imprecisão e das ideias ilusórias. Quando proeminente de uma forma positiva, Netuno traz talento artístico e imaginação, tendências espirituais e habilidades psíquicas. Em condições negativas, ele acentua a tendência a distrair-se e aumenta o risco de vício, hipocondria e escapismo.

Parte III: Tudo Mais no Caldeirão Cósmico

Netuno não afeta a todos igualmente. Como os outros planetas exteriores, ele tende a influenciar as gerações mais fortemente do que os indivíduos. Mas há exceções. Como você pode saber se tem um Netuno influente? Netuno ocupa uma posição de destaque em seu mapa astral se:

- Ele ocupa um ângulo — ou seja, está na primeira, quarta, sétima ou décima casa de seu mapa. É especialmente forte se está perto do seu Ascendente ou Meio do Céu (veja o Capítulo 11 para mais informações sobre Ascendentes e Meio do Céu).

- Ele faz uma série de aspectos estreitos com outros planetas e, em particular, com o Sol, a Lua ou o planeta que rege seu Ascendente (veja o Capítulo 13 para uma discussão sobre os aspectos).

- Você tem um ou mais planetas em Peixes.

Netuno gasta uma média de 14 anos em cada signo. Para descobrir a posição dele no mapa, vá para o Apêndice.

Netuno nos Signos

O posicionamento de Netuno em cada signo descreve de que forma a sua geração é mais idealista — e mais irrealista. A colocação dele em seu horóscopo representa uma área de imaginação, idealismo e espiritualidade (no lado positivo), e falta de rumo, confusão e engano (no lado negativo).

- **Netuno em Áries (1861–1875):** os membros desta geração tinham um senso intuitivo de si e lidavam com sua vida espiritual de forma ativa. Eles podiam ser descontroladamente imprudentes, e tiveram problemas para regular a sua agressividade, sendo por vezes muito fracos (como Neville Chamberlain) e em outras vezes demasiado imprudentes (como Winston Churchill em Galípoli). Mas um membro desta geração, com Netuno em Áries, em seu melhor momento, transformou a própria natureza do conflito: Mahatma Gandhi, o profeta da não violência (que, no entanto, foi assassinado em 1948). Netuno retorna a esta posição em 2026.

- **Netuno em Touro (1875–1889):** as pessoas nascidas com este posicionamento amavam arte, texturas suaves, alta gastronomia, imóveis, as belezas da natureza e todos os prazeres libidinosos (Casanova, nascido em 1725, tinha esse posicionamento. Assim como Pablo Picasso). Eles estavam em sintonia com o mundo físico e respondiam intuitivamente a estímulos corporais. Mas, em geral eles tiveram dificuldades em lidar com as coisas práticas — inclusive finanças. Exemplos incluem Isadora Duncan, Virginia Woolf e Albert Einstein. Netuno retorna ao signo de Touro em 2039.

- **Netuno em Gêmeos (1889–1902):** as pessoas nascidas durante a última década da Era Dourada tinham mentes sutis, inteligentes e complicadas, além de talento literário, uma tendência a ser superficial e uma grande capacidade de arquitetar (Edward Bernays, conhecido como "o pai das Relações Públicas", nasceu com esta colocação). Eles idealizavam educação e admiravam o intelecto. Mas

_____ **Capítulo 10: Os Planetas Exteriores (Mais um Incrível Asteroide)** *129*

muitos deles lutavam com a verdade e podem ter descoberto que quanto mais você engana os outros, mais está se enganando.

🗸 **Netuno em Câncer (1902–1915):** "Que mundo maravilhoso", disse o grande Louis Armstrong, que nasceu com este posicionamento. Você concorda. É atento, receptivo e sentimental — e não só porque é velho. Os valores antiquados de casa, família e país fazem seus olhos encherem de lágrimas, e você tende a romantizar o passado (o que não necessariamente sugere que a sua política seja conservadora: Ronald Reagan tinha esse posicionamento, mas Eugene McCarthy também). Como parte da geração que experimentou praticamente todos os grandes e terríveis acontecimentos do século XX, você deseja segurança e poder contar com a família. Contanto que se sinta protegido, você está indo bem.

🗸 **Netuno em Leão (1915–1929):** você é extravagante, artístico e romântico — ou pelo menos queria ser. Você idealiza o amor, os filhos e o processo criativo. Corre grandes riscos — e muitas vezes ganha suas apostas extravagantes. Mas você é propenso a loucuras e pode se recusar a enfrentar a realidade, preferindo o brilho de seus ideais fantasiosos às imperfeições da amarga realidade. E odeio dizer isso, mas você pode tornar-se tão apaixonado por um ideal que não consegue ver o quão desgastado ele realmente está.

🗸 **Netuno em Virgem (1929–1942):** Netuno, o planeta da imprecisão obscura, não é feliz com o meticuloso Virgem. Com este posicionamento, você não é capaz de dizer qual detalhe é importante e qual detalhe não é — assim você pode tornar-se ansioso pelos motivos errados. A hipocondria é definitivamente uma ameaça certa. Mas explorar atividades imaginativas e espirituais que foquem no trabalho lhe alegra.

🗸 **Netuno em Libra (1942–1957):** idealista e compassivo, você anseia por tranquilidade, equilíbrio e — acima de tudo — amor. Você reage fortemente à arte e à música. Mas relacionamentos românticos são um mistério para você, e seus altos ideais de relacionamentos (e de casamento, em particular) estão sempre tropeçando na realidade. Se você nasceu com este posicionamento, pode esperar para experimentar grandes mudanças nas regras das relações humanas ao longo de sua vida.

🗸 **Netuno em Escorpião (1957–1970):** a interpretação dos sonhos, estudos ocultos e romances de mistério despertam o seu interesse, mas nada te fascina mais do que o funcionamento da psique. Um detetive do espírito, você projeta uma aura de intensidade magnética e, instintivamente, compreende o conceito de cura sexual. Mas também está propenso a extremos sexuais e comportamento autodestrutivo, e você pode não ser capaz de reconhecer as fontes de sua própria dor.

🗸 **Netuno em Sagitário (1970–1984):** questões filosóficas, fé e valores religiosos intrigam você. Você os acha fáceis de discutir, mas difíceis de resolver. De alguma forma, dogmas fazem com que se sinta desconfortável, porque sua crença está em constante evolução. Você tem ânsia de liberdade e por viajar (de preferência a locais sagrados). Mas tende a ser crédulo e é facilmente enganado. Seja cauteloso ao lidar com qualquer um que queira ser considerado um guru. Cedo ou tarde, você vai se sentir extremamente desconfortável com isso.

- **Netuno em Capricórnio (1984–1998):** você é ambicioso, pragmático e nostálgico sobre os antigos valores do passado — ou do passado que idealiza. Você anseia pelo sucesso e idealiza o mundo dos negócios, mas pode ter problemas para reconhecer os problemas que vivencia lá. Imprecisão e incerteza deixam-no inquieto e você deve lutar contra uma tendência a reagir de forma exagerada, tornando-se autoritário. Seus anseios espirituais são melhor satisfeitos dentro de organizações estruturadas.

- **Netuno em Aquário (1998–2012):** como uma das pessoas esclarecidas, tecnologicamente dotadas e altruístas nascidas desde que Netuno entrou em Aquário em 1998, você possui um intuitivo senso de bem comum e uma abordagem progressiva relativa a reforma social. Mas você pode idealizar seus amigos, e seu desejo de viver em uma comunidade utópica, com um grupo de simpáticos indivíduos ecologicamente conscientes e espiritualizados, pode ser mais difícil de conseguir do que você imagina.

- **Netuno em Peixes (2012–2026):** você tem as típicas características de Peixes — ao quadrado. É sensível, generoso, criativo, compreensivo, místico, crédulo, possivelmente autodestrutivo, um amante da fantasia e do cinema, um aficionado por música, um crédulo sonhador e um provável candidato a todos tipos de vícios. Sigmund Freud, Johann Sebastian Bach, Vincent van Gogh e Theodore Roosevelt, todos tinham este posicionamento. A próxima geração de Netuno em Peixes vai ser interessante de assistir.

Plutão: o Poder da Transformação

Antes de agosto de 2006, Plutão era apenas mais um planeta. Então, os membros da União Astronômica Internacional declararam-no um planeta anão. Esse rebaixamento é irrelevante para os astrólogos. Os astrólogos acreditam que Plutão possui o poder de transformação, e nada vai mudar isso.

Plutão é pequeno, rochoso e tão misterioso que os astrônomos não têm certeza do que fazer com ele. Sua órbita alongada, que é inclinada em relação ao resto do sistema solar, sobrepõe-se à órbita de Netuno. Como resultado, de 1979 a 1999, Plutão estava mais perto do Sol do que Netuno. A maior lua de Plutão, Caronte, é tão grande em relação a ele que alguns astrônomos classificaram Plutão como um planeta duplo (isso foi antes deles decidirem que Plutão era anão). Outros astrônomos acreditavam que ela seria um asteroide muito longe de casa, um pedaço de rocha que sobrara da criação do sistema solar, ou uma lua desertora que uma vez pertencera a Netuno. Independentemente de sua classificação, os astrólogos concordam que Plutão representa algo de importante na natureza humana.

Capítulo 10: Os Planetas Exteriores (Mais um Incrível Asteroide)

Na mitologia clássica, Plutão (Hades para os gregos) era o deus do submundo, o rei dos mortos e o deus da fortuna, refletindo o fato de ouro, prata e pedras preciosas serem encontrados enterrados na terra. Praticamente todos os principais personagens mitológicos realizaram uma viagem ao submundo, que representa a parte mais obscura da psique. O retorno à terra dos vivos sugere renovação e transformação.

Assim, para os astrólogos, Plutão representa morte, regeneração e renascimento. Ele destrói, purifica, expurga e renova, tornando consciente o que estava oculto e, finalmente, gera transformação. O processo pode ser tedioso porque Plutão se move lentamente e seu caminho está repleto de obstáculos. Mas as recompensas são imensas.

Plutão tem dois símbolos. Um deles apresenta um estilo metafísico: um pequeno círculo sobre a crescente, equilibrado sobre uma cruz. Não uso este símbolo, porque é muito fácil confundi-lo com os glifos dos outros planetas (Mercúrio e Netuno, em particular). Mas muitos astrólogos preferem-no.

Sou partidária do segundo, o símbolo mais mundano, que tem suas origens no mundo da ciência. Esse símbolo (veja a Figura 10-3) representa tanto as duas primeiras letras do nome de Plutão quanto as iniciais do astrônomo aristocrata Percival Lowell, que estava tão convencido de que havia vida em Marte, que construiu um observatório no Arizona com o único propósito de observá-lo. Ao mesmo tempo, dedicou-se a uma pesquisa sobre o misterioso Planeta X, que ele acreditava que girava em torno do Sol nos confins do sistema solar, muito além de Netuno. Ele nunca o encontrou. Mas 14 anos após a morte de Lowell, Clyde Tombaugh trabalhava obstinadamente no Observatório Lowell e descobriu Plutão. Este símbolo reconhece as contribuições de Lowell.

Figura 10-3: O símbolo de Plutão.

P

Identificando a influência de Plutão

Como Urano e Netuno, Plutão influencia principalmente as gerações. Sua influência no mapa astral de um indivíduo é geralmente sutil — a menos que Plutão ocupe um lugar de destaque em seu mapa. Plutão é importante se:

✔ Ele ocupa um ângulo — ou seja, está na primeira, quarta, sétima ou décima casa de seu mapa. Ele é especialmente forte se está perto de seu Ascendente ou Meio do Céu (veja o Capítulo 11 para mais informações sobre Ascendentes e Meio do Céu).

132 Parte III: Tudo Mais no Caldeirão Cósmico

- ✔ Ele faz uma série de aspectos estreitos com outros planetas e, em particular, com o Sol, a Lua ou o planeta que rege seu Ascendente.
- ✔ Você tem um ou mais planetas em Escorpião.

Mesmo que Plutão passe, em média, cerca de 20 anos em cada signo do Zodíaco, ele passa rápido por alguns signos (ele fica em Libra cerca de 12 anos) e passa bem lentamente por outros (como Touro, onde permanece por 32 longos anos). Para descobrir o posicionamento dele em seu nascimento, vá para o Apêndice.

Plutão nos signos

O posicionamento de Plutão nos signos determina as obsessões mais profundas de sua geração, bem como a forma com a qual você lida com eventos transformadores de vida.

- ✔ **Plutão em Áries (1823–1852):** esta geração foi obstinada, rebelde, impulsiva e obcecada por poder e independência.
- ✔ **Plutão em Touro (1852–1884):** a estabilidade trouxe poder para essas pessoas que trabalham duro, mas seus valores, particularmente dizem respeito a posses, quando se aplicam. Com Plutão em um signo de terra, as posses são um problema. A Guerra Civil Americana foi travada durante esses anos sob essa mesma compulsão.
- ✔ **Plutão em Gêmeos (1884–1914):** a inteligência é a norma. A novidade excita. Inconscientemente, você procura transformar-se através de novas ideias. Sua mente é sempre jovem.
- ✔ **Plutão em Câncer (1914 –1939):** se você nasceu durante estes anos, quando Plutão foi descoberto, você pertence a uma geração para quem a estabilidade é primordial. Vocês foram ensinados a manter o que têm, e é isso que vocês fazem — mesmo quando deviam pensar diferente. Não é de admirar que vocês se sintam assim: a Grande Depressão da década de 1930 foi um evento de formação em sua geração, influenciando as experiências de todos os países afetados.
- ✔ **Plutão em Leão (1939–1957):** seu desejo de expressar-se de forma dramática, criativa e exagerada pode se tornar uma obsessão. Esta colocação é a marca registrada dos *baby boomers*, que olham com desdém para a busca da geração anterior por estabilidade — e que são vistos com desdém pelas gerações que se seguem, porque, no verdadeiro estilo leonino, vocês não puderam deixar de se exibir.
- ✔ **Plutão em Virgem (1957–1972):** os excessos dos *baby boomers* levam você à loucura, e você reage contra eles. Você procura o controle pessoal, é obcecado por detalhes e tem a intenção de tornar-se perfeito. Se você nasceu entre 1962 e 1969, também tem Urano em Virgem, e transtornos inesperados podem nocauteá-lo. Mas esses transtornos não vão impedi-lo de se esforçar para conseguir a transformação plutônica/ uraniana perfeita — do tipo que muda tudo em um instante.

_____ **Capítulo 10: Os Planetas Exteriores (Mais um Incrível Asteroide)** *133*

- **Plutão em Libra (1972–1984):** você é obcecado por equilíbrio, beleza e pelas relações sociais. Partilhar lhe dá bastante energia, mas somente se for algo real. Você não vê nenhuma vantagem em fingir. Pelo contrário, você busca um verdadeiro casamento entre iguais. As artes têm um forte impacto sobre você.

- **Plutão em Escorpião (1984–1995):** você é apaixonado, resolvido, profundamente sexual e quer experimentar até a última gota de tudo o que a vida tem a oferecer. Mas controlar seus desejos é essencial. Felizmente, você tem uma incrível força de vontade. Você intuitivamente reconhece a ligação entre dinheiro e poder, e está interessado em acumular ambos. Esta é uma colocação formidável.

- **Plutão em Sagitário (1995–2008):** você quer encontrar uma filosofia ou religião que ofereça intensas experiências espirituais e intelectuais —, mas você corre o risco de ser pomposo e fanático. A liberdade é essencial para você, e educação e viagens são transformadoras.

- **Plutão em Capricórnio (2008–2024):** as pessoas nascidas com Plutão em Capricórnio são objetivas, persistentes e pragmáticas, com um natural senso de como o mundo funciona. Você acha que já viu os políticos mais espertos? Espere até esses bebês crescerem. A última estada de Plutão no signo de Capricórnio foi entre 1762 e 1778, anos que abarcaram a Revolução Americana.

- **Plutão em Aquário (2024–2044):** esta geração "faça do seu jeito" provavelmente terá ideais progressistas e buscará a transformação através de associações não convencionais. O grupo será cada vez mais central, mas não nos moldes limitados e etnocêntricos do passado. Lembra da incrível cena do bar no filme original de *Star Wars*? Isso é Plutão em Aquário.

- **Plutão em Peixes (2044–2068):** este posicionamento tem que ser intrigante. Espere para ver uma geração mística abnegada que mergulha profundamente no inconsciente coletivo. Os membros deste grupo podem ter de enfrentar um desafio se as estruturas externas dissiparem-se em meio ao caos, como ocorreu durante a vida de Abraham Lincoln e Harriet Tubman, que, assim como outros membros de sua geração, tinham Plutão em Peixes.

Quíron: o Curandeiro Ferido

É um asteroide? Um cometa em chamas? Um resíduo planetesimal da criação do sistema solar? Uma lua errante de Netuno, há muito tempo arrancada de sua órbita original? Ou um determinado tipo de asteroide chamado de *Centauro*? Desde 1º de novembro de 1977, quando o cientista Charles Kowal descobriu Quíron lançando-se em torno do Sol entre as órbitas de Saturno e Urano, os cientistas vêm tentando decidir-se. De longe menor do que qualquer planeta (seu tamanho estimado é de 200 quilômetros de diâmetro), Quíron tem uma órbita peculiar que faz com que ele gaste mais tempo em alguns signos (Peixes, Áries e Touro) do que em outros (Virgem, Libra e Escorpião). Uma volta completa ao redor de todos os 12 signos do zodíaco leva 51 anos.

Na mitologia, Quíron era um tutor compassivo cujos alunos incluíam três heróis: o guerreiro Aquiles, o argonauta Jasão e Hércules. Um dia, Quíron foi acidentalmente arranhado por uma das flechas envenenadas de Hércules. A dor era tão intensa que ele queria morrer. Mas Quíron era imortal. Incapaz de morrer, ele foi forçado a lidar com a agonia. No processo, ele se tornou especialista na arte da cura. No entanto, apesar do conhecimento de Quíron, sua dor nunca diminuiu. Ele também não desenvolveu uma tolerância e ela. Ele, no entanto, encontrou uma solução. Depois de negociar com Zeus, legou sua imortalidade a Prometeu, que tinha dado o fogo aos homens e estava sendo torturado, como resultado. Então Prometeu, tendo sido libertado de sua agonia, juntou-se aos deuses no Monte Olimpo, enquanto Quíron, liberto de sua agonia, foi autorizado a viajar para o submundo, desprendendo-se de sua dor física, e fixando residência no Hades.

O símbolo de Quíron se parece com uma letra K equilibrada sobre um círculo ou forma oval. Assemelha-se a uma chave antiga.

A influência de Quíron

Nos anos seguintes a sua descoberta, poucos praticantes tiveram a coragem de inserir Quíron em mapas astrais. Parecia muito cedo, e os astrólogos não sabiam o suficiente sobre ele. Isso mudou. Hoje, Quíron, conhecido como o Curador Ferido, é frequentemente incluído nas interpretações. Astrólogos veem Quíron tanto como um ponto de dor quanto como uma fonte de cura — uma área onde você sofreu ou se decepcionou e onde deve encontrar resolução. Os astrólogos também associam Quíron com o movimento de cura holística.

Note que Quíron astrológico, da mesma forma que a figura mitológica, é mais do que uma vítima e um curandeiro. Enquanto tutor, Quíron era conhecido por sua sabedoria e sua capacidade de ensinar. A astróloga Zipporah Dobyns, PhD, conecta Quíron a Sagitário, e sugere que não só indica a busca de conhecimento, mas também o impulso de compartilhá-lo com os outros.

Quíron é pequeno, distante e impossível de se ver sem um telescópio. Ele é proeminente em seu mapa se:

- Ele ocupa um ângulo (e especialmente se ele está em conjunção ou em oposição a seu Ascendente ou Meio do Céu).
- Se faz aspecto estreito com o Sol, a Lua ou o planeta que rege seu Ascendente.

Para descobrir a posição de Quíron em seu mapa, vá para o Apêndice, ou use a internet.

Capítulo 10: Os Planetas Exteriores (Mais um Incrível Asteroide) **135**

Quíron nos signos

Quíron gasta, em média, pouco mais de quatro anos em cada signo. Assim, ele indica uma área de interesse tanto para você quanto para os membros da sua geração.

- **Quíron em Áries:** seus esforços para expressar sua personalidade foram frustrados. Você sofre de um caso grave de medo do fracasso, e tomar a iniciativa não é fácil para você. Encontre a coragem de fazê-lo — e você tem bastante coragem — é a única maneira de superar seus medos e sentimentos de inadequação.

- **Quíron em Touro:** estabilidade e segurança são questões essenciais para você. Por um lado, você almeja o conforto econômico. Por outro lado, se esforça para gerir o seu dinheiro. Para colocar o seu desejo de bens materiais e de segurança em perspectiva, você precisa perseguir seus valores mais intensamente.

- **Quíron em Gêmeos:** comunicar as suas ideias é um desafio, e você talvez não esteja preparado. A busca por conhecimento e atuar como educador permitem-lhe curar esse sentimento de inadequação. E aqui está outro problema que pode rondá-lo de vez em quando: fofoca. É uma maneira das pessoas aprenderem umas com as outras — mas ainda pode ser letal.

- **Quíron em Câncer:** sua vida doméstica, especialmente quando criança, pode ser cheia de dor. O alívio vem através da busca consciente por criar um ambiente emocional favorável. A verdadeira cura vem ao se perceber que, no fim das contas, todo mundo precisa ser cuidado.

- **Quíron em Leão:** na infância, os seus esforços para conseguir atenção foram frustrados, e como resultado você talvez duvide de seus próprios talentos. A expressão criativa ajuda a curar a dor. Atuar e ensinar também são benéficos porque, deixando de lado toda a dor que você deve ter sofrido, todo mundo precisa ser o centro das atenções de vez em quando.

- **Quíron em Virgem:** você cresceu com regras extremamente rígidas. Agora sofre com a ansiedade. Procure alívio ao focar no bem-estar, em servir aos outros, sem sacrificar a si mesmo, e, acima de tudo, recusando-se a ser um mártir. Ou tente outra abordagem, encontrando um ofício em que seu perfeccionismo — que é muitas vezes um problema a nível pessoal — seja de fato recompensado.

- **Quíron em Libra:** as parcerias são vitais para o seu bem-estar, mas elas também são decepcionantes. Você está certo de que um relacionamento saudável pode curá-lo, e ainda assim isso parece não acontecer. Equilibrar o romance com a realidade é essencial. Também é importante neutralizar a dor da rejeição. Uma possível forma de se fazer isso é através da arte.

136 Parte III: Tudo Mais no Caldeirão Cósmico

✔ **Quíron em Escorpião:** você quer amor, paixão e sexo fenomenal. Mas seus modos dissimulados e seu profundo medo de revelar a si mesmo (e, portanto, de ser rejeitado) tornam difícil satisfazer seus desejos. A cura vem por mergulhar em suas tristezas e trabalhar uma forma de superá-las. Procure um psicoterapia ou qualquer outra forma de autoconhecimento.

✔ **Quíron em Sagitário:** qual é o propósito da vida? As respostas tradicionais deixam você sentindo-se frustrado e sozinho. A busca pessoal diminui a dor. Por mais estranho que possa parecer, a educação ao longo da vida, designada para atender às suas necessidades individuais, pode trazer-lhe a cura.

✔ **Quíron em Capricórnio:** em seu coração, você almeja o sucesso. Você obedece às regras, mas elas te deixam para baixo. A cura vem quando você se afasta da rígida definição da sociedade para status, e encontra outras maneiras de expressar sua própria autoridade.

✔ **Quíron em Aquário:** o que há de errado com as pessoas? Lamentavelmente, você é consciente do imenso impacto negativo do conflito étnico, da injustiça social e do isolamento. Enfrentar esses erros, trabalhando para um bem maior, pode mudar sua vida.

✔ **Quíron em Peixes:** Peixes é o signo da compaixão, da sensibilidade e do sacrifício. Mas você não pode deixar de notar que muitas pessoas anunciam essas qualidades sem realmente pô-las em prática. Sua missão: encarar a tristeza e reagir adequadamente, sem ser oprimido por ela. Encontrar uma base espiritual pode aliviar sua angústia.

Capítulo 11

O que Você Vê Versus o que Você Tem: o Signo Ascendente (E Mais)

Neste Capítulo

▶ Determinando o seu signo ascendente

▶ Analisando seu Ascendente

▶ Considerando o seu Descendente

▶ Descobrindo o seu Meio do Céu e I.C.

*E*u costumava trabalhar em uma livraria com uma mulher que era tão bem organizada e tinha tudo sobre controle, que todo mundo confiava nela. Ela sabia o que estava nas prateleiras, o que havia sido pedido, o que estava fora de catálogo, o que estava no estoque e o que estava por trás do balcão. Além disso, ela tinha lido tudo, incluindo os clássicos que a maioria das pessoas nem sequer sabe que são clássicos, e ela podia aconselhar o cliente mais difícil de se agradar. Quando ela não estava por perto, as coisas eram um desastre. Então, não fiquei surpresa quando eu terminei o mapa dela e descobri que ela tinha Ascendente em Virgem. Ela era tão inteligente, organizada e meticulosa quanto qualquer virginiano que conheci.

Mas os signos ascendentes podem enganar. Claro, na superfície ela era detalhista e mantinha o controle, como uma virginiana. Mas o Sol dela não estava em Virgem. Estava no sensível e caridoso Peixes, o signo mais sonhador e impressionável do zodíaco. E, de fato, este signo a descrevia ainda mais plenamente. Ela era gentil, cheia de compaixão e imaginativa (por isso que ela era uma leitora ávida — ela se perdia nos livros). Tinha muitos amigos dedicados, um marido que ela adorava, um apartamento na cidade cheio de obras de arte originais e uma segunda casa — uma pequena casa de campo — em uma ilha varrida pelo vento no oceano distante. A vida dela era repleta de romance, criatividade e água. Mas se ela tivesse experimentado a poesia de Peixes, ela também conheceria sua dor. De uma forma ou de outra, ela lidou com todo tipo de coisa, de um parente na prisão ao alcoolismo. Ela era uma pisciana dos pés a cabeça.

No entanto, ela parecia uma virginiana. Isso porque Virgem era o seu *Ascendente*. O Ascendente descreve o nível visível da sua personalidade. É o que você aparenta ser — a fachada que apresenta ao mundo. No passado, muitos astrólogos consideravam o Ascendente a parte mais essencial do mapa astral — ainda mais central do que o signo solar. Hoje, a maioria dos astrólogos classifica o signo ascendente, o signo solar e o signo lunar como as três partes mais importantes de um mapa.

O zodíaco gira em torno da Terra como um aro gigante. Em um determinado momento, um signo do zodíaco está surgindo ao longo do horizonte oriental (leste) e outro signo está se pondo a oeste (ocidental); um signo está bem acima de você e um outro signo está no lado oposto do planeta. Cada um desses pontos representa um dos quatro principais ângulos do seu mapa.

O signo no horizonte oriental é o seu signo em ascensão; o grau exato desse signo, é o seu Ascendente. O ponto oposto ao seu signo ascendente, no horizonte ocidental, é o *Descendente*, que está sempre a uma distância total de 180° do Ascendente. O grau na parte superior do seu horóscopo é o *Meio do Céu*, ou MC, e o grau na parte mais baixa de seu mapa, a 180° de distância do Meio do Céu, é o *imum coeli*, Fundo do Céu ou IC. Estes quatro pontos determinam os ângulos do seu horóscopo, como mostrado na Figura 11-1.

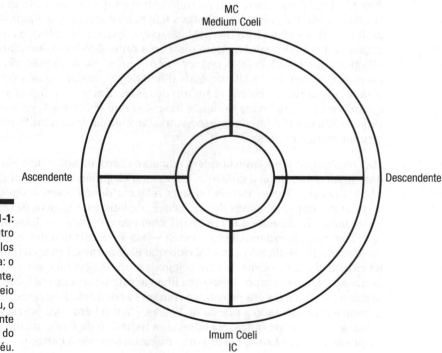

Figura 11-1: Os quatro ângulos do mapa: o Ascendente, o Meio do Céu, o Descendente e o Fundo do Céu.

Identificando o Seu Ascendente

É lamentável que descobrir o seu Ascendente seja um árduo processo. Para fazê-lo sozinho, você deve estar muito disposto e deve pôr as mãos numa coleção completa de material astrológico, incluindo um atlas, uma tábua de casas, e uma efeméride (um almanaque listando as posições do Sol, da Lua e dos planetas em cada dia do ano). Você também precisa de um livro que lhe diga em qual fuso horário você nasceu (eles são ocasionalmente alterados, como ocorreu em 2008 com o Acre e parte do Amazonas, sendo novamente alterado em 2013 — até 1913 o Brasil possuía um único fuso horário), e se você nasceu durante o horário normal ou durante o horário de verão, em uma de suas inúmeras variações.

Como alternativa, você pode ir para a internet, conforme descrito no Capítulo 2. Esse é o caminho mais rápido, mais barato e mais confiável para obter um mapa astral exato. Se ficar online não é uma possibilidade no momento, recomendo que você esqueça a precisão, pelo menos temporariamente, e faça um palpite. Digo como fazer isso no Capítulo 3.

Depois de ter identificado o seu Ascendente, seja através da internet, seja seguindo as instruções no Capítulo 3, sugiro que você o confira duas vezes. Depois comece copiando o mapa na folha de cola que acompanha este livro. Coloque o seu signo ascendente no local das nove horas. Em seguida, escreva nos outros signos no sentido anti-horário (isto é, se você tiver Touro como Ascendente, coloque Gêmeos na cúspide da segunda casa às oito horas, Câncer na cúspide da terceira casa às sete horas, e assim por diante).

A ideia é descobrir se o Ascendente faz sentido, comparando a posição do Sol em seu mapa astral com a sua posição no céu no momento de seu nascimento. Observe como: imagine que a linha do Ascendente/Descendente, que atravessa o gráfico das nove horas às três horas, é o horizonte. Se você nasceu por volta do amanhecer, o Sol estava no horizonte, ou próximo a ele. Seu símbolo em seu mapa também deve estar perto do Ascendente, talvez no mesmo signo. Se você nasceu por volta do meio-dia, o Sol fica próximo ao topo do seu mapa na nona ou décima casa. Se você nasceu por volta do crepúsculo, quando o Sol estava se pondo, o Sol em seu mapa está novamente no horizonte, desta vez na sexta ou sétima casa, perto do Descendente. E se você nasceu à meia-noite, o Sol está abaixo do horizonte, na terceira ou quarta casa.

O que Seu Ascendente Diz Sobre Você

O Ascendente descreve a sua personalidade aparente. É a sua imagem, a sua persona, a sua máscara, a sua vibração. Ou pense da seguinte maneira: seu signo ascendente é como as roupas que você veste; aquelas roupas não são exatamente *você*, mas elas também não são irrelevantes. Elas transmitem uma mensagem poderosa e silenciosa para os outros — e até mesmo *você* pode vir a associá-las a seu eu mais profundo.

- **Ascendente em Áries:** você é ativo, assertivo, aventureiro, teimoso e, às vezes, propenso a acidentes. Imprudente e extrovertido, com uma abundância de energia, você revigora todos ao seu redor. Tem orgulho — por uma boa razão — de sua capacidade de pôr as coisas em movimento. Quando você sabe o que quer, vai atrás com ousadia. Mas você também pode ser competitivo e insensível. Você tem uma tendência a assumir o comando. E, quando os obstáculos bloqueiam seu caminho, a sua paciência (que nunca é o seu forte) pode evaporar. Você gosta de estar lá no começo de um empreendimento, quando a emoção está a toda. Posteriormente, é outra história.

  Independentemente do seu signo solar, seu regente é Marte, o planeta guerreiro. O posicionamento dele por signo e por casa (bem como os aspectos que faz com outros planetas) descreve o seu nível de energia e a natureza de seus desejos.

- **Ascendente em Touro:** você é quente, generoso, leal e ótimo de se conviver, mesmo se demorar para se abrir e for resistente à mudança. Há algo reconfortante e calmante a respeito da sua presença estável. Você é pragmático e paciente — uma pessoa sensata que não deixa pequenas coisas te atingirem. Ao mesmo tempo, é carinhoso e amoroso, com uma profunda apreciação pela comida, pela bebida, pelas artes e pelos prazeres do corpo. Você se preocupa com as aparências — e não é indiferente ao dinheiro também. Ele proporciona a segurança de que você precisa.

  Independentemente do seu signo solar, seu regente é Vênus, o planeta do amor e da atração. O posicionamento dele por signo e por casa (bem como os aspectos que faz com outros planetas) descreve o papel do amor, da arte e da beleza em sua vida.

A Esposa de Bath

Quando os astrólogos analisam personagens literários, são geralmente forçados a intuir suas prováveis datas de nascimento. Ocasionalmente, um autor apresenta a informação essencial. Geoffrey Chaucer, por exemplo, claramente sabia astrologia. Em seus Contos de Canterbury, ele explicou o comportamento indecente da esposa de Bath, como o resultado natural de se ter um Ascendente em Touro com Marte, o planeta do desejo, no signo igualmente luxurioso. Não deixe o século 14 Inglês impedi-lo de desfrutar de sua própria explicação de seus caminhos lascivos:

> Meu Ascendente era Touro e Marte estava no mesmo situado —
>
> Ai, ai, porque tinha que ser o amor pecado!
>
> Eu sempre segui minha inclinação
>
> Imposta por minha constelação;
>
> Isso fez-me incapaz de negar
>
> Meu leito venusiano a um rapaz bom de se olhar.

Então, quem são as pessoas da vida real com Touro como Ascendente em Marte? Janet Jackson é uma delas. Barbara LaMarr é outra. LaMarr, era uma atriz da época em que os filmes eram mudos, que casou-se seis vezes antes de sua morte por abuso de drogas, aos 29 anos.

Capítulo 11: O que Você Vê Versus o que Você Tem *141*

✔ **Ascendente em Gêmeos:** você é falante, excitável, engraçado, possivelmente um insone, e eternamente jovem. Pesca informações em um piscar de olhos e se adapta rapidamente a novas circunstâncias (mesmo se também gostar de reclamar delas). Você tem uma mente curiosa e provavelmente tem habilidade para a escrita. Mas é inquieto, nervoso e se entedia facilmente, tendendo a ter sua energia dispersada. O que acalma sua mente ansiosa é ter dois de tudo: dois melhores amigos, dois empregos de meio-período, duas canetas favoritas, dois livros sendo lidos ao mesmo tempo.

Não importa qual seja o seu signo solar, seu regente é Mercúrio, o planeta da comunicação. O posicionamento dele por signo e por casa, junto com os aspectos que faz com outros planetas, descreve o jeito que você fala, a forma como aprende e o modo como a sua mente funciona.

✔ **Ascendente em Câncer:** rabugento, sensível e criativo, você vive em um tom emocional acima. Está em sintonia com as outras pessoas e é hábil em cuidar e protegê-los, mas você pode se sentir esgotado e ressentido pelas necessidades delas. Você é astuto e ambicioso, mas seus planos cuidadosamente planejados podem desmoronar diante de suas reações emocionais. Quando você se sente cercado pelas necessidades (ou críticas) de outras pessoas, você afasta-se de todos. Casa, comida, família e bem-estar financeiro são essenciais para a sua paz de espírito.

A Lua, em constante mudança, é o seu planeta regente, não importa qual seja o seu signo solar. Por casa, por signo e por aspecto, ela descreve suas emoções e instintos.

✔ **Ascendente em Leão:** você é extrovertido, divertido, carinhoso, carismático e amigável. Totalmente o oposto de ser invisível, você não consegue ficar sem ser notado. Você tem um imenso orgulho próprio. Faz o seu melhor para parecer alegre e confiante, e costuma conseguir. Você é a vida da festa — e muito mais. Também tem uma inconfundível capacidade de liderança. Você é empático, com um coração benevolente e um nobre desejo de tornar a vida melhor para as outras pessoas. Não é à toa que elas querem desfrutar do seu entusiasmo.

O Sol é o seu planeta regente, independentemente do signo solar sob o qual você nasceu. Ele representa o seu eu essencial e sua vitalidade, que é reforçada por ter um Ascendente em Leão.

✔ **Ascendente em Virgem:** um conversador nato, você tem uma mente rápida e incisiva, um comportamento controlado e atencioso. Metódico e articulado, com uma capacidade de lidar com detalhes que surpreende o resto do mundo, você se comunica de forma eficaz, aprende sem esforço e é altamente observador (que é uma das razões pelas quais conversar com você é muito divertido). Você se esforça para interagir com o mundo em um plano mental, mas demonstrações emocionais fazem-no querer esconder. Apesar do que possa pensar, seus esforços para manter seus sentimentos escondidos nem sempre são bem sucedidos. Você tende a se preocupar com a sua saúde.

Pseudônimos de um Ascendente em Escorpião

Algumas pessoas que nascem com o Ascendente em Escorpião não conseguem deixar de brincar com a sua própria identidade. Exemplos incluem a escritora Mary Anne Evans, que publicou sob o nome de George Eliot; Samuel Clemens, que escreveu como Mark Twain; Washington Irving (do famoso Rip Van Winkle), cujos pseudônimos incluíam Dietrich Knickerbocker e Geoffrey Crayon; Prince Rogers Nelson, que mudou seu nome para um símbolo e tornou-se "O Artista Anteriormente Conhecido como Prince"; a espiã Mata Hari; Grace Kelly, que desistiu da glamorosa vida de uma estrela de Hollywood para se tornar a princesa de Mônaco; Jacqueline Kennedy, que deixou o país após o assassinato de seu marido e tornou-se Jackie O; David Berkowitz, o assassino que se apelidou de "Filho de Sam"; o comediante camaleônico Tracey Ullman, cujos inúmeros alter egos são de todas as raças, sexos, idades e opiniões. Por que eles fazem isso? Pergunte a Sigmund Freud. Como outras pessoas com Ascendente em Escorpião, ele também era fascinado pelo mistério da identidade — e pelo poder dos segredos.

Independentemente do seu signo solar, seu regente é Mercúrio, o planeta da comunicação. A sua posição por signo, casa e aspecto, descreve a sua maneira de pensar e a forma como você se comunica.

✔ **Ascendente em Libra:** você é envolvente, discreto, charmoso, refinado, atraente e agradável de se ter por perto. Mas tem uma grande necessidade de harmonia, o que significa que você pode não suportar estar em um ambiente hostil (e pode se libertar caso se encontre em um). Você também é artístico e intelectualmente engajado, com um forte senso de justiça e uma necessidade de equilíbrio (que é a razão para a balança). Parcerias, românticas e de outra natureza, são essenciais para você.

Não importa qual seja o seu signo solar, seu regente é Vênus, o planeta do amor e da atração. O posicionamento dele no seu mapa por casa, signo e aspecto, é fundamental para quem você é.

✔ **Ascendente em Escorpião:** a astrologia tradicional afirma que o Ascendente determina a aparência. Ao meu ver, essa influência é geralmente sutil — com uma exceção: Ascendente em Escorpião. Claros ou escuros, seus olhos intensos e magnetismo pessoal atraem as pessoas. Você é atraente, misterioso e sexy, com um forte senso de privacidade e muitas vezes um poço de dor, o que pode, ocasionalmente, fazer com que você saia distribuindo patadas. Apesar de qualquer dor que possa ter experimentado no passado, você é um sobrevivente que assume o controle em períodos de crise. Tem a capacidade de persuadir, muita força de vontade e a habilidade de transformar a si mesmo, tanto interna quanto externamente.

Capítulo 11: O que Você Vê Versus o que Você Tem

Meu amigo Howard

Leoninos extrovertidos tem as pencas. Leoninos eremitas, como o meu amigo Howard, são uma raridade. Ele raramente sai de casa, mas quando o faz, é tão espirituoso e divertido quanto possível, e não digo isso só porque ele é meu amigo. Então como é que ele evita relacionamentos e prefere ficar em casa, cuidando de seu modem? É porque ele tem Ascendente em Capricórnio no severo Saturno, planeta regente, ocupando o mesmo grau do zodíaco que o seu Sol. Então, ele é uma pessoa preocupada, ele é inflexível e espera pelo pior. Não me admira que ele fique em casa.

Independentemente do seu signo solar, o regente de seu mapa é Plutão. E não deixe ninguém lhe dizer que Plutão é "apenas" um planeta anão. Plutão rege a destruição, a transformação e a energia nuclear. Ele não tem que ser grande. Você também deve saber que o domínio sobre Escorpião é creditado a dois planetas: Plutão, o regente dos tempos modernos, e Marte, o regente ortodoxo. Por signo, casa e aspecto, ambos os planetas têm um papel de liderança em seu mapa.

✔ **Ascendente em Sagitário:** você é extrovertido, inquieto e imprudente. Em sua busca otimista por uma vida mais emocionante, você se relaciona com pessoas de diversos tipos, viaja o quanto pode, mergulha em todos os tipos de sistemas filosóficos (sejam eles religiosos, acadêmicos ou profissionais), e pode ficar obcecado por uma ideia. Espirituoso e emotivo, você é uma pessoa de sorte, com uma personalidade alegre, muitos amigos e uma atitude independente. Quando as oportunidades surgem em seu caminho, você as agarra instintivamente. Mas é difícil para você sacrificar sua liberdade em função dos outros, e você sofre quando forçado a fazer algo.

Não importa em qual mês você nasceu — Júpiter, o planeta da expansão, é o seu regente. Seu posicionamento por casa, signo e aspecto, indica as áreas de prosperidade e oportunidade.

✔ **Ascendente em Capricórnio:** o caos te deixa louco. Você é sério, reservado, confiável e determinado, com um método para tudo. Ambicioso e competitivo, você prefere trabalhar dentro de um sistema estabelecido. Você lida com a autoridade de forma eficaz e tem um forte senso de ética. Você pode ser rígido e propenso à depressão, e aprender a relaxar pode ser um desafio. Apesar de sua infância provavelmente ter sido difícil, o seu panorama melhora com a idade (e graças a seus hábitos saudáveis, você mantém uma aparência jovem).

Saturno, o planeta da disciplina, é o seu regente, independente de seu signo solar. O seu posicionamento por casa, signo e aspecto, aponta para áreas onde você tem que pagar suas dívidas, enfrentar seus medos e estruturar-se, a fim de atingir o seu potencial.

✔ **Ascendente em Aquário:** você tem dezenas de interesses, uma legião de amigos e uma personalidade legal e amável. Mas mantém uma certa distância que pode fazer você parecer desinteressado ou distante, e está disposto a limitar as suas opções em prol dos outros. Se as pessoas te veem como caprichoso ou excêntrico, bem, isso é problema delas. Eventos inesperados, especialmente na infância, fizeram-no cauteloso e consciente da necessidade de se proteger. Mais do que isso, você resiste à mudança e à autoridade. Por que outra pessoa deveria ter poder sobre você? Você não consegue pensar em uma única razão.

O rebelde Urano, planeta do inesperado, é o seu regente, independentemente do seu signo solar. Antes de sua descoberta, em 1781, astrólogos atribuíam soberania de Aquário a outro regente: Saturno, o planeta da limitação e autodisciplina. Por signo, casa e aspecto, ambos os planetas têm um papel poderoso em seu mapa.

✔ **Ascendente em Peixes:** você é romântico, impressionável, sentimental, gentil e tão empático que às vezes só de estar perto de pessoas infelizes é demais para você aguentar. Melancólico e idealista, você tem poderosas habilidades artísticas e psíquicas. Em sua autorrealização, pode concentrar suas forças internas e transformar sonhos em realidades. Mas quando a ilusão fica fora de controle, você pode ser ingênuo, passivo e submisso demais para seu próprio bem. Lamento dizer que o abuso de substâncias é um perigo para você. Felizmente, você também tem um desejo de realização criativa e espiritual que pode mantê-lo na linha.

O ilusório Netuno, o planeta da inspiração, é o seu regente, não importa qual seja o seu signo solar. O posicionamento dele no seu mapa por casa, signo e aspecto, indica uma área de ideais, criatividade e realização espiritual. Você também tem um corregente: Júpiter, o planeta associado à Peixes antes da descoberta de Netuno em 1846.

Descobrindo e Entendendo o Seu Descendente

Depois de ter identificado o seu signo ascendente, você automaticamente fica sabendo o seu descendente, sem a necessidade de cálculo algum. Por definição, o Descendente é sempre exatamente o signo oposto ao seu signo ascendente. Por exemplo, se você tem Ascendente em Câncer, seu Descendente é Capricórnio.

Um elemento menos poderoso do que o seu Ascendente, o Descendente determina a sua forma de lidar com casamento e parcerias. Ele descreve a natureza dessas relações em sua vida, e indica o tipo de pessoa pela qual é mais provável que você se apaixone. Qual é o seu tipo? Seu Descendente dá a resposta:

Capítulo 11: O que Você Vê Versus o que Você Tem 145

- **Se você tiver Ascendente em Áries:** seu Descendente está em Libra. Seu relacionamento ideal é igualitário e seu parceiro perfeito, ao contrário de você, é equilibrado e estável, uma adição para a harmonia — a qualidade da qual você mais precisa.

- **Se você tiver Ascendente em Touro:** seu Descendente é Escorpião. O seu melhor parceiro possível é sexualmente passional, emocionalmente intenso e totalmente disposto a se envolver em uma conversa íntima. Você provavelmente não se acha alguém reservado ou manipulador. As evidências sugerem o contrário.

- **Se você tiver Ascendente em Gêmeos:** seu Descendente é Sagitário, o que sugere que o melhor parceiro para você é uma pessoa independente, de fortes crenças, que possa expandir o seu mundo. Você romantiza os relacionamentos e pode se casar mais de uma vez. Mas desde quando isso é crime?

- **Se você tiver Ascendente em Câncer:** seu Descendente é Capricórnio, o que significa que você procura um relacionamento sólido com um parceiro sério, protetor e confiável — uma pessoa mais velha ou com mais estabilidade, que possa lhe dar a segurança que você precisa.

- **Se você tiver Ascendente em Leão:** seu Descendente é Aquário, o que significa que, embora você possa pensar que queira um deslumbrante companheiro fanfarrão, seu companheiro ideal é na verdade um livre-pensador, único e estimulante, com quem você sinta uma vigorosa conexão mental.

- **Se você tiver Ascendente em Virgem:** seu Descendente é Peixes, o que sugere que o seu parceiro ideal é uma pessoa simpática, adaptável, que possa ajudá-lo a parar com todas aquelas coisas loucas e preocupantes que você faz. Você provavelmente sonha com alguém tão organizado e eficiente quanto você. Percebe como você continua não conseguindo isso? Há uma razão: não é o que você precisa.

- **Se você tiver Ascendente em Libra:** seu Descendente é Áries, o que sugere que o companheiro ideal para você é alguém com uma pegada independente e uma personalidade impetuosa que possa agitar seus interesses, dar energia a você e ajudá-lo a lidar com conflito.

- **Se você tiver Ascendente em Escorpião:** seu Descendente é Touro. O parceiro mais natural para você é pé no chão, confiável e teimoso o suficiente para resistir aos seus consideráveis encantos. Você talvez pense que queira alguém picante, complicado e quente (como você). Na verdade, você ficaria melhor com alguém que é tão simples e nutritivo quanto um pedaço de pão fresco.

- **Se você tiver Ascendente em Sagitário:** seu Descendente é Gêmeos, sugerindo que você talvez adie o compromisso por medo de se amarrar. Quando você encontra coragem, o parceiro adequado para você é uma pessoa multifacetada e ativa, cuja conversa é tão estimulante que você nunca fica entediado.

- **Se você tiver Ascendente em Capricórnio:** seu Descendente é Câncer, o que significa que você precisa de um companheiro carinhoso, solidário, que possa amaciá-lo, dando-lhe a estabilidade N(e as refeições caseiras) que você almeja. Relações tradicionais são melhores para você.

✔ **Se você tiver Ascendente em Aquário:** seu Descendente é o ardente Leão, o que sugere que um relacionamento que oferece a paixão, a vivacidade e a devoção pessoal de Leão, iria contrariar a sua objetividade falha e lhe trazer satisfação. Um pouco de entusiasmo por parte de seu parceiro já é metade do caminho para mantê-lo interessado.

✔ **Se você tiver Ascendente em Peixes:** seu Descendente é Virgem, sugerindo que um companheiro que seja prático, analítico e meticuloso com os detalhes iria equilibrar sua abordagem intuitiva e sonhadora da vida, e ajudar a reduzir o caos que você cria — ou atrai — sem nem sequer tentar.

Olhando para o Seu Meio do Céu e Fundo do Céu

Como é que algumas pessoas crescem em circunstâncias normais e ainda assim acabam nas carreiras mais estranhas? O Meio do Céu, também conhecido como MC (do latim *medium coeli*, que significa "meio do céu"), normalmente explica (outros fatores em sua escolha de carreira incluem planetas na décima casa, o planeta que rege o Meio do Céu e planetas na sexta casa do trabalho).

O Meio do Céu é o ponto mais alto da eclíptica e em seu mapa. Ele não determina o seu talento, mas afeta sua persona pública e influencia sua forma de lidar com autoridade, status e carreira. O MC também diz muito sobre um de seus pais. Qual? Alguns astrólogos acham que refere-se à mãe, outros ao pai do sexo oposto ao seu, e ainda há os que acham que se refere ao pai mais influente. Em suma, é definitivamente um ou outro. Você escolhe.

Oposto ao Meio do Céu está o IC, ou Fundo do Céu (do latim *imum coeli*, que significa "parte mais baixa do céu"). O Fundo do Céu influencia a sua atitude diante da casa e da família, afeta a sua condição no final da vida, e, como o MC, está associado a um dos seus pais. Algumas vezes é descrito como representante da "base da personalidade", o que sugere que sua importância é maior do que parece.

Se você tem uma cópia exata do seu mapa astral, pode encontrar o seu Meio do Céu próximo à cúspide da décima casa no local das doze horas. Se você estiver usando o material neste livro para determinar o seu Ascendente (veja o Capítulo 3), presuma que o seu Meio do Céu está no mesmo signo que aparece na cúspide da décima casa. De qualquer forma, o seu Fundo do Céu fica em frente ao MC, ou perto do ponto mais baixo de seu mapa.

A maneira mais fácil de obter uma cópia exata de seu mapa é pela internet. Mapas gratuitos estão disponíveis em: www.horoscopo-astral.com, www.astro.com ou www.alabe.com.

Capítulo 11: O que Você Vê Versus o que Você Tem

O Meio do Céu afeta a sua atitude com relação à carreira. O Fundo do Céu afeta a sua atitude em relação à casa e a família.

- **Meio do Céu em Áries:** você tem uma atitude ousada em relação a sua carreira. Você reage a um desafio e fica mais animado quando está começando um novo empreendimento. Você não tem medo de se arriscar e se preocupa em perder o poder. Ser seu próprio patrão é a sua melhor jogada.

  O planeta que rege o seu Meio do Céu é Marte.

  Seu Fundo do Céu está em Libra, indicando que, mesmo que você esteja disposto a travar batalhas no mundo profissional, você precisa de um lar sereno e harmonioso. Siga o conselho do artista de Áries, William Morris, em *A Beleza da Vida*: "Não tenham nada em suas casas cuja utilidade desconheçam ou em cuja beleza não acreditem." E em caso de dúvida quanto ao que é mais importante — utilidade ou beleza — fique com o último.

- **Meio do Céu em Touro:** estabilidade importa. Você precisa fazer algo tangível em sua carreira — e seja o que for, precisa ser bem recompensado. Felizmente, você tem a energia para fazer isso acontecer.

  O planeta que rege o seu Meio do Céu é Vênus, sugerindo que as áreas artísticas podem ter um apelo sobre você.

  Seu Fundo do Céu está em Escorpião, o que sugere que a sua casa é um refúgio onde você pode expressar suas paixões mais profundas e encontrar a privacidade que almeja.

- **Meio do Céu em Gêmeos:** na sua carreira, você precisa de diversidade, de estímulo intelectual, e de algo capaz de suprir a sua curiosidade. Escrever é favorável, como é qualquer coisa que envolva outras formas de comunicação. Também lhe é benéfico poder ter a chance de fazer passeios frequentes fora do escritório. Você não precisa ir muito longe — você só precisa sair.

  O planeta que rege o seu Meio do Céu é Mercúrio.

  Seu Fundo do Céu é Sagitário, o que sugere que você está em constante movimento (ou gostaria de), que a sua vida doméstica é formada por fortes princípios religiosos, ou que no fundo você quer viver fora do país. Você concorda com o escritor geminiano G. K. Chesterton, que escreveu em *O que há de errado com o mundo?*, "A casa não é o único lugar sossegado em um mundo de aventuras; ela é o único lugar selvagem em um mundo de regras e tarefas definidas."

- **Meio do Céu em Câncer:** você precisa de uma carreira onde possa usar sua intuição e estabelecer conexões emocionais. Seu propósito declarado pode ser o de proporcionar segurança para sua família, mas você também precisa se envolver na comunidade e receber o reconhecimento de figuras de autoridade de lá.

  O planeta que rege o seu Meio do Céu é a Lua.

Seu Fundo do Céu é Capricórnio, o que sugere que você tem um gosto tradicional na decoração de interiores, e que tem uma atitude conservadora em relação à família, uma área na qual você arca com uma enorme carga de responsabilidade.

- **Meio do Céu em Leão:** você precisa de uma carreira que ofereça espaço para a expressão criativa, com oportunidades de liderança e reconhecimento público. Seu orgulho está em jogo aqui, então quanto mais você receber reconhecimento por seus esforços profissionais, mais feliz será.

O planeta que rege o seu Meio do Céu é o Sol.

Seu Fundo do Céu é Aquário, o que indica que você tem uma atitude idiossincrática em relação à casa e à família. Como resultado, há algo incomum a respeito de sua vida doméstica — e sobre um de seus pais também.

- **Meio do Céu em Virgem:** seja qual for a sua carreira (ou atividades comunitárias), você tem sucesso, porque faz o seu dever de casa e presta atenção às pequenas coisas. Você trabalha duro e as pessoas passaram a confiar em você. Ainda assim, você pode sentir que não recebe o reconhecimento que merece. Tenha em mente que Virgem é o signo do martírio e resista à tentação de se torturar.

O planeta que rege o seu Meio do Céu é Mercúrio.

Björk

É justo dizer que a cantora / compositora / performista islandesa Björk, uma artista experimental que está na mira do público desde a infância, apresenta uma imagem extremamente estranha e fascinante? Eu acho que é. O que faz dela única são os dois principais ângulos do seu mapa: seu Ascendente, que descreve sua personalidade, e o Meio do Céu, ou MC, que representa a sua carreira. No caso dela, cada ângulo está em conjunção com um ou mais dos planetas exteriores de peso. Seu Ascendente, como seu Sol e sua Lua, está em Escorpião, fazendo dela um Escorpião triplo — uma combinação intensa de influências. Mais próximo ao seu Ascendente está Netuno, o planeta da fantasia e da ilusão. A proeminência de Netuno aumenta a criatividade musical dela. A sua presença na primeira casa torna mais fácil para ela alterar sua imagem e brincar com sua aparência de formas altamente imaginativas. Ela é, sem dúvida, uma metamorfa. O que mais poderia fazê-la vestir seu infame vestido de cisne, que parecia um cruzamento entre um pássaro morto e uma saia balonê anos 80? No clássico estilo netuniano, o significado era indecifrável e a sedutora estranheza inesquecível.

Igualmente importante no mapa dela é uma das conjunções a três do transformador Plutão, do imprevisível Urano e do MC. Estas colocações de peso sugerem que ela adora assumir riscos com uma compulsiva necessidade de mudar o mundo de maneiras não convencionais. Quanto aos pais dela, são pessoas poderosas por si mesmos (seu pai, um líder sindical, era famoso na Islândia antes que ela fosse) e a influência deles sobre ela é enorme.

Capítulo 11: O que Você Vê Versus o que Você Tem 149

Seu Fundo do Céu é Peixes, o que indica que os sentimentos de abandono na infância fazem-no querer uma casa serena, repleta de consolo espiritual. Sua atitude é a do filósofo francês Gaston Bachelard, que escreveu em *A Poética do Espaço*, "Se me pedissem para nomear o principal benefício da casa, eu diria: a casa abriga o devaneio, a casa protege o sonhador, a casa permite que se sonhe em paz."

✔ **Meio do Céu em Libra:** você quer carreira agradável e racional, que lhe permita equilibrar sua vida pública e privada. Idealmente, você desfrutaria de uma carreira nas artes ou de uma que incluísse muita socialização. Você atrai com facilidade pessoas que podem ajudá-lo a alcançar seus objetivos.

O planeta que rege o seu Meio do Céu é Vênus.

Seu Fundo do Céu é Áries, sugerindo que você pode renovar a sua energia e expressar a sua individualidade com mais sucesso em casa. Mas também pode ser rebelde e mal-humorado com os membros de sua família.

✔ **Meio do Céu em Escorpião:** você é atraído por uma carreira que lhe ofereça a oportunidade de sentir intensamente e, talvez, de exercer autoridade. Uma vez que você coloca um objetivo na sua cabeça, está determinado a alcançá-lo. Mas você pode tropeçar na complexidade emocional de seu mundo e você está sempre ciente das correntes políticas.

O planeta regente do seu Meio do Céu é Plutão.

Seu Fundo do Céu é Touro, sugerindo que a segurança financeira e o apoio familiar são extremamente importantes para você. Possuir uma casa e um terreno lhe traz satisfação.

✔ **Meio do Céu em Sagitário:** você é mais feliz com uma carreira que ofereça independência, oportunidade de ampliar seus horizontes mentais, e muitas milhas. Dentro de sua profissão ou comunidade, você é conhecido por seus grandes ideais e fortes crenças. Você tem uma tendência a idealizar as pessoas com (ou para) quem trabalha. E embora você se beneficie de seus encontros com figuras de autoridade, elas podem apontar-lhe o caminho errado, de qualquer maneira.

O planeta regente do seu Meio do Céu é Júpiter.

Seu Fundo do Céu é Gêmeos, o que sugere que a sua casa é um lugar repleto de livros, revistas e dispositivos de comunicação de todos os tipos. Você gostaria de ter duas casas e talvez mude-se com frequência.

✔ **Meio do Céu em Capricórnio:** confiável e ambicioso, você está disposto a fazer o que for necessário para alcançar o sucesso que deseja. Maiores responsabilidades regularmente são delegadas a você. É elogiado por sua responsabilidade. Para manter o otimismo, você precisa de sinais claros de progresso — coisas como promoções, aumentos e um escritório melhor. Você se dá bem em um ambiente corporativo.

Parte III: Tudo Mais no Caldeirão Cósmico

O planeta regente do seu Meio do Céu é Saturno.

Seu Fundo do Céu é Câncer, sugerindo que, os seus laços familiares, em geral, com sua mãe, em particular, são fortes. Viver perto da água acalma você.

✔ **Meio do Céu em Aquário:** sua atitude em relação à carreira e à comunidade é pouco convencional e única — e assim é a sua carreira ideal. Como suas habilidades são absolutamente únicas, seu trabalho ideal é feito sob encomenda para você. Você vai bem em áreas avançadas e progressivas que proporcionem benefícios para o público.

O planeta que rege o seu Meio do Céu é Urano.

Seu Fundo do Céu é Leão. Você tem orgulho de sua casa, que é um lugar onde pode expressar suas emoções e seus talentos criativos. Mesmo que seja tímido em outros lugares, você é a estrela da casa.

✔ **Meio do Céu em Peixes:** compaixão e/ou imaginação determinam suas escolhas de carreira. Você pode ser seduzido por profissões de ajuda ou de natureza expressiva, como música ou dança. De qualquer maneira, sua intuição e habilidades psíquicas orientam você.

O planeta que rege o seu Meio do Céu é Netuno.

Seu Fundo do Céu é de Virgem, o que sugere que um ambiente limpo e arrumado em casa dá-lhe a segurança e estabilidade que precisa. Você pode mudar-se com frequência, sempre em busca de uma casa ideal.

Capítulo 12
O Sol, a Lua e os Planetas nas Casas

Neste Capítulo
- Pensando nas casas de seu mapa astral
- Falando sobre o Sol e a Lua nas casas
- Considerando os planetas nas casas
- Refletindo sobre as casas vazias em seu mapa

Considere dois bebês nascidos em 6 de Julho de 1935, um em torno das 4h, hora local, e um, em outra parte do mundo, por volta das 6h. Seus planetas estão em signos idênticos do zodíaco. Mas seus signos ascendentes (veja o Capítulo 11) não são os mesmos, e nem suas colocações de casa. Quanta diferença isso faria?

Faria muita diferença. Uma criança, que nasceu com Ascendente em Gêmeos, Mercúrio no Ascendente e o Sol na primeira casa, é Candy Barr, a stripper de cabelos platinados que morreu em 2005. O outro, que nasceu com Ascendente em Câncer, Plutão no Ascendente e o Sol na décima segunda casa, é o Dalai Lama. Esta diferença gritante sugere o quão crucial o signo ascendente e as colocações de casa podem ser. Eles são tão importantes quanto os posicionamentos dos signos.

Infelizmente, é fácil confundir os signos com as casas. Uma diferença é que os signos, que são divisões da eclíptica, representam diversas atitudes, estilos e formas de abordar a vida. As casas descrevem áreas de interesse, tais como dinheiro, crianças, saúde, parcerias, viagens e educação. Em cada horóscopo, cada planeta está em um signo e em uma casa. Neste capítulo, discuto as doze casas e ofereço interpretações para cada planeta, em cada uma das casas.

Os planetas representam tipos de energia, os signos representam várias maneiras de expressar essa energia, e as casas representam diferentes áreas de vivência, em que essas energias são susceptíveis de operar. Cada colocação é baseada na hora de seu nascimento, e não no seu signo. Por exemplo, se você nasceu pouco antes do amanhecer, o Sol está na primeira casa — não importa se você nasceu em janeiro ou em junho. Para descobrir suas casas, consiga uma cópia do seu mapa online (confira o Capítulo 2 para mais detalhes), ou vá para o Capítulo 3 (que

Parte III: Tudo Mais no Caldeirão Cósmico

ensina como fazer o mapa utilizando as tabelas neste livro). E sinto muito em informar que se você não tem uma hora de nascimento que seja, no mínimo, razoavelmente precisa (dentro de uma hora, no máximo), é melhor você pular este capítulo.

Fazendo um Tour Pelas Casas

Todo mapa astral inclui todas as doze casas — nem mais, nem menos. Na maioria dos mapas, uma ou duas dessas casas revelam-se especialmente importantes, graças à presença de vários planetas. Quanto mais planetas você encontrar em uma casa, mais importantes as questões daquela casa devem ser. A Tabela 12-1 lista as doze casas, juntamente com as áreas da vida cobertas por elas.

Tabela 12-1	Casas e Seus Significados
Casa	*Áreas de interesse*
Primeira casa	Sua aparência e personalidade exterior
Segunda casa	Dinheiro, bens, valores
Terceira casa	Comunicação, escrita, viagens curtas, irmãos e irmãs
Quarta casa	Casa, raízes, um dos pais, situação no final da vida
Quinta casa	Romance, crianças, criatividade, entretenimento
Sexta casa	Trabalho e saúde
Sétima casa	Casamento e outras parcerias
Oitava casa	Sexo, morte, regeneração, dinheiro dos outros
Nona casa	Educação superior, longas viagens, religião, filosofia, lei
Décima casa	Carreira, status, reputação, o outro progenitor
Décima primeira casa	Amigos, grupos, aspirações
Décima segunda casa	Isolamento, inconsciente, segredos, autossabotagem

As seções a seguir mostram como o Sol, a Lua e os planetas desempenham seus papéis em cada uma das doze casas.

O Sol nas Casas

O Sol simboliza a sua vontade, o seu propósito e seu eu mais essencial. Sua colocação em uma casa descreve a área em que você pode expressar de forma mais eficaz os aspectos do seu ser.

Capítulo 12: O Sol, a Lua e os Planetas nas Casas   *153*

✔ **Sol na primeira casa:** você é ativo, empreendedor e orgulhoso de suas realizações. Sua personalidade forte permite-lhe afirmar-se de uma forma natural, digna. Esse posicionamento indica potencial e sucesso, que é alcançado através de seus próprios esforços.

✔ **Sol na segunda casa:** você é prático e persistente, interessado em dinheiro, e hábil em julgar o valor das coisas. Suas posses refletem seus valores mais profundos. Alcançar a estabilidade financeira lhe dá grande satisfação.

✔ **Sol na terceira casa:** curioso e atento, você coleta informações e se comunica com facilidade, tanto na fala quanto na escrita. Viagens e irmãos desempenham um papel importante em sua vida.

✔ **Sol na quarta casa:** você é intuitivo e introvertido, com um forte senso de si, laços estreitos com seus ancestrais e um interesse no passado. Casa e família são de primordial importância. Encontrar suas raízes é essencial para o seu autoconhecimento.

✔ **Sol na quinta casa:** dinâmico e em busca de prazer, você encontra a felicidade através de romance, de filhos e de atividades que lhe dão a oportunidade de se expressar de formas criativas e dramáticas.

✔ **Sol na sexta casa:** encontrar um trabalho gratificante é essencial, porque você é dedicado a ele e define-se através dele. Apesar de você se preocupar com sua saúde, ela é geralmente boa. Independentemente do seu signo solar, você tende a ser um perfeccionista.

✔ **Sol na sétima casa:** o casamento e outras parcerias são essenciais para a sua identidade, mas você pode ficar indeciso entre o medo do isolamento e o medo do compromisso. Disputa por poder é um problema em relacionamentos pessoais e profissionais.

✔ **Sol na oitava casa:** você é uma pessoa extremamente emocional, cuja necessidade de explorar o mistério de sua própria psique traz libertação e transformação. Sexo, dinheiro e heranças de todos os tipos têm um papel importante em sua vida.

✔ **Sol na nona casa:** você está numa eterna busca por significado, e deseja expandir a sua consciência através da educação, da religião e de viagens. Todo mundo fala sobre ter uma filosofia de vida. Você quer isso para valer.

✔ **Sol na décima casa:** sua determinação para ter sucesso e seu desejo de reconhecimento público tornam você um líder nato — e são excelentes indicadores de sucesso profissional.

✔ **Sol na décima primeira casa:** você tem grandes ideais e aspirações, muitos amigos, um grande círculo de amizades e a capacidade de trabalhar bem em grupo. Na verdade, tornar-se parte de um grupo que expresse seus valores mais estimados, permite cumprir seus maiores objetivos. Os amigos podem ser as pessoas mais importantes na sua vida.

154 Parte III: Tudo Mais no Caldeirão Cósmico

> ✔ **Sol na décima segunda casa:** intuitivo, recluso e discreto, você encontra alimento na solidão e na atividade espiritual. Também pode envolver-se em ajudar os outros, talvez por meio de grandes instituições, como hospitais ou prisões.

A Lua nas Casas

A casa que a Lua ocupa em seu mapa determina a área da vida em que você reage mais instintivamente. Esta mesma área é aquela em que você pode experimentar todo o tipo de instabilidade. No entanto, o seu bem-estar emocional depende dos interesses daquela casa.

✔ **Lua na primeira casa:** Não pense que suas emoções estão ocultas ou disfarçadas de alguma forma. Graças à sua necessidade inconsciente de expressar seus sentimentos e ser aceito, elas são bem óbvias para todos. Seu bem-estar estranhamente depende de sua aparência e de como as pessoas veem você.

✔ **Lua na segunda casa:** apesar de experimentar altos e baixos financeiros em toda a sua vida, você também vai se tornando cada vez mais consistente ao lidar com dinheiro — o que vem a calhar, porque a segurança material é vital para o seu bem-estar. Você pode não pensar em si mesmo como uma pessoa materialista, no entanto, dinheiro importa.

✔ **Lua na terceira casa:** você tem uma mente adaptável e curiosa, uma forte ligação com seus irmãos e irmãs e um dom para estabelecer conexões e conectar as pessoas. Você é um comunicador hábil, tanto na conversação quanto na escrita. Em uma pesquisa totalmente não científica, feita com uma base muito pequena da população, dois dos três agentes literários que conheço têm a Lua nesta posição (o outro tem vários planetas em Gêmeos, o signo mais parecido com a terceira casa).

✔ **Lua na quarta casa:** seus pais e sua herança familiar são profundamente importantes para você e o passado tem um fascínio irresistível. Estabilidade melhora a sua paz de espírito, e ter uma casa em que se sinta bem é essencial, embora possa não ser fácil de encontrar. Em sua busca pelo ninho perfeito, é provável que você passe por muitas mudanças de residência.

✔ **Lua na quinta casa:** você é romântico, dramático e emocional. Também é criativo e talentoso, talvez em mais de uma área. Você gosta de assumir riscos, especialmente no reino do amor, se conecta facilmente com crianças, sejam elas suas ou de outra pessoa (os professores mais estimulantes que eu conheço têm essa posição).

Capítulo 12: O Sol, a Lua e os Planetas nas Casas

Walt Whitman

O poeta Walt Whitman, nascido em 31 de maio de 1819, contou com a Lua em Leão na sexta casa. Como um geminiano, ele é conhecido por sua escrita. Como alguém com a Lua na casa do trabalho e da saúde, ele também é reconhecido por ocupar empregos regulares durante sua vida. Entre outras profissões, ele foi impressor, jornalista, professor, funcionário do governo e enfermeiro da Guerra Civil, um trabalho que era ao mesmo tempo dramático, de acordo com o posicionamento de Leão em sua Lua, e direcionado a prestar serviço, como demanda a sexta casa.

- **Lua na sexta casa:** até você encontrar um trabalho satisfatório, é provável que você mude de emprego várias vezes. Trabalhar por dinheiro não é suficiente, você precisa se sentir produtivo e realizado. Serviços de saúde e profissões são satisfatórios. Além disso, você se preocupa com a sua saúde, que pode ser afetada por sua reação a seu trabalho.

- **Lua na sétima casa:** casamento e outras parcerias são importantes para você, mas você pode sentir-se indeciso quando se trata de relacionamentos. Uma vez que você esteja comprometido, corre o risco de tornar-se demasiado dependente. No mundo dos negócios, você é procurado.

- **Lua na oitava casa:** você tem humores extremamente instáveis, poderosos impulsos sexuais e a capacidade de curar as feridas emocionais por conta própria e, eventualmente, pelos outros. Você é emocionalmente corajoso e disposto a encarar a realidade. Financeiramente, você pode experimentar altos e baixos, especialmente em função de um relacionamento romântico.

- **Lua na nona casa:** quanto mais você vai além dos limites de sua vida e procura novas experiências, mais feliz é. Você tem uma imaginação ativa e um desejo por conhecimento. Pode explorar muitas religiões e filosofias antes de encontrar uma que satisfaça você. Viagens acalmam a alma e você faz muitas.

- **Lua na décima casa:** sua paz de espírito anda de mãos dadas com as suas realizações profissionais. Depois de encontrar a carreira certa, você parte para ela. Não surpreendentemente, a sua vida privada pode sofrer. A boa notícia é que se você ama o que faz, não se importa.

- **Lua na décima primeira casa:** popular e descontraído, você compreende as outras pessoas de forma instintiva, e tem um notável talento para a amizade. Amigos desempenham um papel importante em sua vida (embora você possa se importar muito com o que eles pensam). Seus objetivos são susceptíveis a mudanças muitas vezes, e como eles, o seu círculo de amigos também pode mudar.

Parte III: Tudo Mais no Caldeirão Cósmico

> ✔ **Lua na décima segunda casa:** descobrir os seus segredos não é tarefa fácil. Você é mal-humorado, sensível e fascinado pelo lado oculto da vida. Isolamento é a sua. Você prefere esconder suas emoções (junto com certos episódios sórdidos do passado). Pode se envolver com instituições como hospitais ou prisões. Relacionamentos secretos podem oferecer uma forma de sustento emocional que você não encontra em outro lugar.

Os Nodos da Lua nas Casas

Ao contrário dos outros corpos celestes que discuto neste capítulo, os Nodos da Lua não existem exatamente. Eles são simplesmente os pontos no espaço onde o curso da Lua cruza a eclíptica. No entanto, lá estão eles em seu mapa: o Nodo Norte e o Nodo Sul, dois pontos sensíveis que levam uma mensagem que alguns astrólogos consideram a parte mais vital de seu horóscopo.

Embora astrólogos tenham debatido por muito tempo o significado dos Nodos, eles basicamente concordam que o Nodo Norte representa um crescimento pessoal e ilumina o caminho para a realização, enquanto o Nodo Sul simboliza padrões estabelecidos em vidas anteriores e, portanto, representa o caminho de menor resistência. Para interpretar os Nodos, considere o seu posicionamento por signo, aspecto e, acima de tudo, por casa.

> ✔ **Nodo Norte na primeira casa/Nodo Sul na sétima:** você encontra realização ao expressar sua personalidade. Continua cedendo seu poder para os outros e torna-se demasiado dependente (particularmente de um cônjuge).

> ✔ **Nodo Norte na segunda casa/Nodo Sul na oitava:** perseguir a segurança financeira através de seus próprios esforços, e de acordo com seus valores fundamentais, traz satisfação. Contar com outras pessoas para cuidar de você, mesmo que da família, traz decepção, assim como relacionamentos que são totalmente baseados em sexo.

> ✔ **Nodo Norte na terceira casa/Nodo Sul na nona:** coletar informações e usá-las para fins concretos traz realização; fincar residência permanente na academia traz frustração. Ensino primário, jornalismo investigativo e se envolver em atividades da vizinhança trazem benefícios; reflexões filosóficas e religiosas, embora agradáveis, não.

> ✔ **Nodo Norte na quarta casa/Nodo Sul na décima:** voltar-se para a família, para a tradição e para a vida interior traz realização. Não espere isso do mundo exterior. Embora você possa encontrar o sucesso em uma carreira, sua maior alegria vem de estar em contato com suas raízes.

> ✔ **Nodo Norte na quinta casa/Nodo Sul na décima primeira:** romance, crianças e expressão criativa abrem a sua mente e trazem satisfação. Cuidado ao socializar à toa — você se perde no turbilhão social. Espiritualmente falando, as atividades de grupo não levam a nada.

Capítulo 12: O Sol, a Lua e os Planetas nas Casas **157**

✔ **Nodo Norte na sexta casa/Nodo Sul na décima segunda:** a satisfação no trabalho é essencial para o seu desenvolvimento pessoal, assim como para sua boa saúde. Solidão e escapismo limitam-no: não seja um eremita.

✔ **Nodo Norte na sétima casa/Nodo Sul na primeira:** aceitar o desafio de um relacionamento e se tornar um parceiro em pé de igualdade traz benefícios. Cooperação acelera seu progresso. Concentrar-se em interesses pessoais ou egoístas atrasam você.

✔ **Nodo Norte na oitava casa/Nodo Sul na segunda:** você exagera a importância do dinheiro e da segurança material. Em vez disso, procure oportunidades para colaborar e formar laços íntimos com os outros.

✔ **Nodo Norte na nona casa/Nodo Sul na terceira:** você tende a andar por aí em frenesi, fofocando e acumulando fatos, em vez de ideias. Amplie seus horizontes buscando grandes ideias e filosofias. Ensino superior e viagens pelo mundo são bons para você. Jogar Sudoku não. Não se perca em atividades triviais. Expanda sua mente.

✔ **Nodo Norte na décima casa/Nodo Sul na quarta:** embora possa assustá-lo, você anseia por reconhecimento público. Dedicar-se a sua carreira traz crescimento pessoal. Dedicar-se exclusivamente ao lar e à família, apesar de tentador, não.

✔ **Nodo Norte na décima primeira casa/Nodo Sul na quinta:** sua tendência a concentrar-se em casos de amor, prazeres pessoais e filhos limita o seu desenvolvimento. Tenha uma visão mais ampla. Alinhe-se com os outros em busca de uma causa: torne-se uma pessoa política e desenvolva uma consciência social.

✔ **Nodo Norte na décima segunda casa/Nodo Sul na sexta:** trabalho vem à sua maneira e, ocasionalmente, corre o risco de dominá-lo. Políticas de escritório sugam sua energia. Solidão, yoga e a busca de transcendência espiritual fortalecem você. Não seja um viciado em trabalho. E não se esqueça de meditar.

Mercúrio nas Casas

Mercúrio é o planeta da comunicação. A sua colocação por casa sugere as áreas na vida que mais ocupam sua mente e estimulam seus pensamentos.

✔ **Mercúrio na primeira casa:** você é um tagarela. É atento, loquaz e gosta de compartilhar seus pontos de vista. Você pode ser um contador de histórias bem sociável, o tipo de pessoa que se torna o coração e a alma de qualquer festa. Mesmo se você não for extrovertido, fica à altura da ocasião quando dá um discurso. Sua capacidade de comunicar é um dos seus pontos fortes, e isso é um atrativo para as pessoas.

✔ **Mercúrio na segunda casa:** você valoriza resultados. Através de uma abordagem sistemática e por pensar em termos práticos, você pode transformar uma ideia em um benefício real. Você também pode ganhar dinheiro escrevendo.

Parte III: Tudo Mais no Caldeirão Cósmico

- **Mercúrio na terceira casa:** você é sortudo de possuir este posicionamento muito admirável, pois ele confere-lhe uma mente alerta e vibrante, uma grande curiosidade intelectual e um jeito com as palavras. Você é um palestrante eficaz, um conversador animado e um escritor talentoso.

- **Mercúrio na quarta casa:** fortemente influenciado por seus pais, você transforma sua casa em um centro de atividade e estimulação intelectual. Você pode até mesmo trabalhar em casa. Sua história familiar, provavelmente, é complicada, de um jeito ou de outro, e você deve, eventualmente, lidar com sua repercussão a frente. No seu pior, você pode ser intolerante e pedante. No seu melhor, você é antenado e muito consciente.

- **Mercúrio na quinta casa:** uma pessoa divertida com uma variedade de interesses, você é um pensador criativo com uma fraqueza para a especulação e uma história romântica sobre a qual vale à pena escrever. No amor, você procura por alguém com quem tenha uma conexão mental. Como pai, você se alegra imensamente com seus filhos (e você fala sobre eles sem parar).

- **Mercúrio na sexta casa:** hábil e eficiente, você tende a mergulhar no trabalho, seja lidando bem com detalhes, seja tornando-se obcecado por eles. Na falta de algo importante para fazer, você é o mestre do mãos à obra — por isso é essencial que você encontre um emprego estimulante e satisfatório. Uma pessoa apreensiva, você se preocupa sem necessidade e pode tornar-se um hipocondríaco. Para afastar esta possibilidade, tome medidas positivas para proteger a sua saúde.

- **Mercúrio na sétima casa:** você é uma pessoa sociável que deseja uma conversa animada e relacionamentos estimulantes. Embora seja extrovertido e conecte-se facilmente com os outros, você rapidamente se entedia e pode fugir de compromisso. Quando você encontra o relacionamento que está procurando, a conversa nunca termina.

- **Mercúrio na oitava casa:** esta colocação dá-lhe uma mente naturalmente intuitiva, a capacidade de revelar segredos, incríveis habilidades investigativas e uma ligação mental profunda com os mistérios da vida, incluindo sexo, morte, dinheiro (que você lamenta ter que se preocupar) e as artes metafísicas.

- **Mercúrio na nona casa:** você é fortalecido por ideias, motivado pela filosofia, estimulado pelas forças do intelecto e feliz em explorar o mundo. Você adora trocar ideias e conhecer pessoas, o que torna a educação um campo natural para você (outras opções inteligentes incluem legislação, publicação e religião). Você realiza-se ao lidar com questões importantes, mas não têm paciência para trivialidades da vida cotidiana.

- **Mercúrio na décima casa:** com este posicionamento de alto desempenho, é provável que você desenvolva uma carreira estimulante, muitas vezes envolvendo a palavra escrita. Seu trabalho ideal envolve grande variedade. Na ausência disso, vivencia mudanças de emprego frequentes. Você requer contínua estimulação mental. Prefere estar no comando e é mais bem sucedido quando pode perseguir suas próprias ideias.

Capítulo 12: O Sol, a Lua e os Planetas nas Casas **159**

✔ **Mercúrio na décima primeira casa:** uma vida social ativa é essencial para o seu bem-estar. Você faz amigos com facilidade, mas se Mercúrio for afligido por aspectos estressantes com outros planetas, pode haver uma maior seletividade de suas amizades (veja o Capítulo 13 para uma discussão sobre os aspectos). Você acha estimulante trabalhar em grupo e se beneficia de contatos frequentes com pessoas que compartilham seus ideais e aspirações.

✔ **Mercúrio na décima segunda casa:** você é misterioso, intuitivo, contemplativo e reservado. Consegue interpretar os sonhos, decifrar códigos e fazer todos os tipos de tarefas mentais que requerem um pensamento criativo — e um pouco de privacidade. A solidão refresca sua mente.

Vênus nas Casas

A casa ocupada por Vênus, o planeta do amor, indica as áreas da vida que lhe dão prazer e estimulam sua capacidade de se conectar com os outros.

✔ **Vênus na primeira casa:** seja lá o que for que apareça na primeira casa, é óbvio para todos. Com Vênus em ascensão, você é quente, sociável e atraente, uma qualidade que também admira nos outros.

✔ **Vênus na segunda casa:** você já ouviu falar que o dinheiro não pode comprar o amor. Você simplesmente não acredita nisso. Dinheiro e as coisas que ele pode comprar importam para você, e é provavelmente por isso que os astrólogos associam esta colocação com compras. Felizmente, você sabe fazer dinheiro.

✔ **Vênus na terceira casa:** você gosta de falar, viajar e reunir informações. Você se expressa de forma eloquente e suas habilidades verbais atraem admiradores. Também interage bem com os seus irmãos e irmãs. Este é um excelente posicionamento para um escritor ou palestrante.

✔ **Vênus na quarta casa:** na ausência de outros fatores, este posicionamento sortudo proporciona uma infância feliz, um grande vínculo com sua mãe, um talento para decoração e uma bela casa.

✔ **Vênus na quinta casa:** você atrai o amor e é ótimo com crianças (sendo um pouco criança também). Você gosta das artes e pode ser naturalmente talentoso. Ótimo de se conviver, você se dá bem com todo mundo e aproveita a vida ao máximo. A você nunca faltará os admiradores ou convites.

✔ **Vênus na sexta casa:** o trabalho é tão essencial para a sua felicidade quanto o amor. Quando um prospera, o mesmo acontece com o outro. Você encontra potenciais pretendentes através de seu trabalho e faz amigos e inspira afeto no trabalho. Realização profissional lhe traz felicidade, melhora a sua saúde e torna você mais atraente.

✔ **Vênus na sétima casa:** carinhoso e bem quisto, você é uma pessoa agradável, e mais feliz em um relacionamento sério. Graças ao seu charme inato, você atrai uma grande variedade de parceiros em potencial e tem a capacidade de estabelecer um relacionamento amoroso, talvez com alguém das artes. Parcerias de negócios também são benéficas.

- **Vênus na oitava casa:** você é sedutor, manipulador, obsessivo, apaixonado e, muitas vezes está sob a influência de uma tempestade de sentimentos — e isso inclui apetite sexual insaciável. Sua vida amorosa, provavelmente, é um labirinto de complicações. Você também é astuto quando o assunto é dinheiro, que muitas vezes surge em seu caminho através do casamento, de uma herança ou de investimentos programados.

- **Vênus na nona casa:** o amor vem através de qualquer coisa que expanda seus horizontes, com ênfase em turismo, educação, direito e editoração, todos os campos que se adequam bem a você. Filosófico e idealista, você admira ideias interessantes e grandes formas de pensamento. Você poderia se casar com um estrangeiro (ou alguém que conheceu durante uma viagem), um professor, um escritor, um advogado, um membro do clero, ou qualquer pessoa envolvida com editoração.

- **Vênus na décima casa:** sua carreira, de preferência nas artes, significa muito para você. É simpático e extrovertido e as pessoas querem te ajudar. Você recebe ajuda especial das mulheres, e tem uma sólida reputação — a menos que você deixe muito óbvio o quão ambicioso é. Você quer um cônjuge de alto status. Felizmente, as pessoas são naturalmente atraídas por você: você não tem que forçar.

- **Vênus na décima primeira casa:** você tem a mente aberta, é carinhoso e cooperativo, e as pessoas sentem-se confortáveis ao seu redor. É o centro de seu círculo social, um líder nato dentro de um grupo, e um amigo dedicado. Você facilmente atrai os amigos e amantes.

- **Vênus na décima segunda casa:** altamente em sintonia com os sentimentos dos outros, você é uma pessoa sensível, com uma necessidade de privacidade e uma tendência a ser reservado. Muitas pessoas com este posicionamento se veem em meio a casos amorosos, enquanto outras, que sofrem com sua timidez e vulnerabilidade, são tão facilmente machucadas em interações sociais, que elas afastam-se para lamber suas feridas. A solidão acalma você e a arte pode trazer-lhe paz.

Marte nas Casas

A posição de Marte numa casa lhe diz onde você está mais propenso a agir por impulso, assumir riscos e perseguir os seus desejos pessoais.

- **Marte na primeira casa:** vigoroso e apaixonado, você dá início à ação, às vezes impulsivamente, e suas paixões (e raiva) são evidentes para todos. Esta posição confere-lhe uma grande vitalidade, juntamente com uma personalidade agressiva e pode ser a marca de um guerreiro.

Capítulo 12: O Sol, a Lua e os Planetas nas Casas   *161*

- **Marte na segunda casa:** competitivo, ganancioso e prático, você sente-se feliz quando pode se concentrar em um objetivo concreto. Você quer ser recompensado por seus esforços — e não apenas com louvor. Dinheiro e objetos materiais são mais eficazes do que meras palavras.

- **Marte na terceira casa:** você tem uma mente forte, independente e às vezes argumentativa, e fala o que lhe vem a mente — mesmo que isso signifique tirar conclusões precipitadas. Com sua inteligência afiada, você é impaciente e se distrai facilmente, e pode ser agressivo na conversa.

- **Marte na quarta casa:** você tenta compensar uma infância difícil, focando-se em sua vida doméstica. Altamente protetora do lar e da família, você é uma pessoa independente, resistente e com uma vitalidade natural. Assuntos familiares consomem você, mas tome cuidado para não criar um ambiente familiar repleto de brigas e discórdia.

- **Marte na quinta casa:** impulsivo, excitável e altamente sexuado, você é ativo e ama uma diversão, e tem prazer em iniciar projetos criativos. Você também é muito envolvido com sua cria, sejam eles bebês de carne e osso ou filhos de sua imaginação. Embora possa ser impaciente e competitivo, você gosta de jogar jogos, esportivos ou não, e é revitalizado ao assumir riscos.

- **Marte na sexta casa:** o trabalho te excita (mesmo que lhe esgote). Você é eficiente, qualificado e preciso, com grande vitalidade física, habilidades mecânicas e amor pelas ferramentas de seu ofício. Um trabalho maçante aflige você, e regras organizacionais delimitadoras deixam-no irritado e rebelde. Por outro lado, um desafio, mesmo que envolvendo uma aposta, estimula você. Proteja-se contra o excesso de trabalho e comece a fazer exercícios.

- **Marte na sétima casa:** parcerias revitalizam-no, mas isso não significa que as coisas sejam fáceis com elas. Quando um relacionamento não está indo bem, você corajosamente enfrenta os problemas, tornando Marte na sétima casa a posição do "beijar e fazer as pazes". Alternativamente, você pode atrair um parceiro agressivo.

- **Marte na oitava casa:** você tem fortes desejos, com uma determinação e carisma sexual para dar e vender. Um pesquisador qualificado, você pode ser atraído pela arte da cura e por assuntos ocultos. Movimentações financeiras e acordos podem também fasciná-lo, embora dinheiro e patrimônio possam ser uma fonte de conflito. Como esta posição estimula um desejo de intensa experiência, você destemidamente toma medidas que os espíritos mais sensíveis evitam. Esta colocação pode trazer um certo grau de selvageria, tornando você irresistível para os outros — e um ocasional perigo para si mesmo.

- **Marte na nona casa:** você é um idealista apaixonado e um pensador independente de fortes convicções, amplos objetivos e alguém que deseja ver o mundo. Ideias motivam você, que está na casa dos domínios da lei, da religião e da educação. Mas você pode escorregar em fanatismo e deve evitar se tornar intolerante.

Parte III: Tudo Mais no Caldeirão Cósmico

- **Marte na décima casa:** uma carreira exigente e emocionante te enche de energia. Você gostaria de ser famoso, mas mais do que isso, gostaria de estar envolvido em algum grande esforço, algo que requeira estratégia e inteligência — como uma guerra, um movimento de protesto social ou a realização de um filme épico. Ambicioso e agressivo, você quer causar um impacto no mundo.

- **Marte na décima primeira casa:** seus amigos estimulam e ajudam você a alcançar suas aspirações. Em um grupo, você se destaca em uma posição de liderança. Mas também pode ser excessivamente exigente e pode, inconscientemente, criar conflitos ou ser levado por indivíduos briguentos.

- **Marte na décima segunda casa:** outras pessoas podem não entender quem você é, porque grande parte de sua energia, raiva e paixão está escondida. Você hesita em revelar tais traços sobre si mesmo, e, como resultado, pode sentir-se ignorado. No entanto, passar um tempo sozinho lhe revitaliza, além disso, você é extremamente eficaz quando está trabalhando nos bastidores.

O efeito Marte

Ele tem sido um constrangimento para os astrólogos que pouco pesquisaram sobre o assunto Uma parte significativa da pesquisa astrológica foi realizada na década de 1950, por Michel Gauquelin, estatístico francês que explorou a astrologia, em sua juventude, e a esposa dele, Françoise. Eles pretendiam provar que a astrologia não era fundamentada em fatos científicos. Eles examinaram os prontuários de nascimento de mais de 20.000 pessoas, e o que encontraram foi a astrologia no seu auge. Eles não anunciaram que sagitarianos eram melhores cavaleiros ou que capricornianos eram melhores CEOs — nada tão óbvio. Em vez disso, eles descobriram uma ligação entre o sucesso profissional e os planetas localizados próximos ao Ascendente, ao Descendente, ao Meio do Céu ou ao Fundo do Céu.

Especificamente, eles descobriram que Júpiter aparecia com mais frequência do que o normal nos mapas de atores de sucesso; que a Lua angular aparecia em mapas de escritores; que Vênus angular aparecia nos mapas de pintores e músicos; que Saturno angular aparecia nos mapas de médicos e cientistas; que Marte angular aparecia nos mapas de atletas campeões. Duas posições eram as mais poderosas: aquelas próximas ao Meio do Céu (tanto na nona casa quanto nos primeiros dez graus da décima casa) e aquelas próximas ao Ascendente (tanto na décima segunda casa quanto nos primeiros dez graus da primeira casa).

Muitas pessoas tentaram refutar esta associação, e a polêmica tomou conta do meio estatístico. Em última análise, o fenômeno foi à frente e ficou conhecido como o Efeito de Marte. Atletas que têm um Marte angular incluem Tiger Woods, Muhammad Ali, Arnold Schwarzenegger e Neil Armstrong, o primeiro homem a pisar na Lua (e sim, na minha opinião, ele conta como um atleta).

Nem todo profissional de sucesso tem uma dessas colocações. A ausência de um planeta angular de forma alguma o condena ao fracasso. Mas se, por acaso, Marte (ou qualquer outro planeta) acontece de ocupar as zonas angulares de Gauquelin em seu mapa, o planeta deve ser considerado especialmente importante. No caso de Marte, talvez ele não possa conceder-lhe a capacidade de superar Shaquille O'Neal (cujo Marte está na primeira casa). Mas deve, pelo menos, dar-lhe uma certa presunção.

Capítulo 12: O Sol, a Lua e os Planetas nas Casas

Júpiter nas Casas

A posição de Júpiter na casa determina as áreas da vida que são mais favoráveis a você — os lugares onde os benefícios vêm com mais facilidade e também as áreas onde você pode ficar comodista demais.

- **Júpiter na primeira casa:** você tem uma personalidade carismática e extrovertida, o que naturalmente atrai as pessoas para você. Também pode ter uma tendência a ganhar peso.

- **Júpiter na segunda casa:** dinheiro e prosperidade aparecem no seu caminho, muitas vezes sob a forma de uma herança inesperada. A única desvantagem é que seu desejo de gastar pode superar sua capacidade de ganhar, por isso, seja prudente — se você puder.

- **Júpiter na terceira casa:** comunicativo e faminto por informação, você é inteligente e bem informado, mas corre o risco de encher a sua mente até o limite com fofocas de tabloides. Você se beneficia de viagens, leitura e da companhia de seus irmãos e irmãs.

- **Júpiter na quarta casa:** você é uma pessoa generosa, que abre as portas da sua casa para os outros. Não há como escapar de ter um lar confortável, ou mesmo luxurioso, já que você tem um talento especial para tornar a sua casa um lugar seguro e agradável de se estar. A vida melhora à medida que você envelhece, e na velhice, você é cercado por conforto.

- **Júpiter na quinta casa:** ainda se divertindo? Se você tem este posicionamento, a resposta provavelmente é sim. Esta colocação traz inúmeros casos românticos, um amor pela diversão, a capacidade de se divertir, mesmo em circunstâncias difíceis, e uma alegre criatividade. Embora nem todo mundo com este posicionamento torne-se pai, aqueles que o fazem alcançam grande satisfação.

- **Júpiter na sexta casa:** encontrar o trabalho certo é essencial para a sua felicidade e você adora ser útil. Em um trabalho gratificante, você é um funcionário dedicado (ou um empresário feliz), que é famoso por se dar bem com os colegas. Mas você luta contra uma tendência a ignorar os detalhes, e você pode se tornar um viciado em trabalho. No trabalho e na saúde, é preciso evitar excessos.

- **Júpiter na sétima casa:** você é sociável e agradável de se conviver. Casamento e parcerias empresariais são favorecidos por esta colocação e você tem várias oportunidades de formar alianças. Mesmo em uma época de divórcios, as pessoas com este posicionamento se casam para a vida inteira.

- **Júpiter na oitava casa:** financeiramente, você tem a ganhar com investimentos, seguros, heranças e com negócios em que entrou com outras pessoas. Você tem um forte impulso sexual, um profundo interesse no processo de mudança pessoal e excelentes poderes de recuperação.

- **Júpiter na nona casa:** você tem uma ampla abordagem otimista em relação à vida. Um professor nato, com uma inclinação filosófica, você quer ver e entender tudo. Você se beneficia de tudo que expanda seus horizontes, como viagens, educação, religião e publicação.

Parte III: Tudo Mais no Caldeirão Cósmico

✔ **Júpiter na décima casa:** com um pouco de esforço, você pode satisfazer o seu desejo de reconhecimento. Tem uma capacidade de liderança natural; as pessoas querem ajudá-lo e você prospera aos olhos do público. Esta posição traz sucesso, notoriedade e até mesmo fama.

✔ **Júpiter na décima primeira casa:** você tem a mente aberta, é agradável, prestativo e justo. Trabalha bem com os outros, conhece um zilhão de pessoas e seus amigos te adoram. Grandes ambições revelam o que há de melhor em você. O sucesso vem através de empreendimentos em grupo.

✔ **Júpiter na décima segunda casa:** você é simpático, introspectivo e generoso. Pode ter habilidades psíquicas, mas pode sofrer de uma tendência a sobrecarregar-se. Solidão e buscas espirituais acalmam você e preparam-no para as suas incursões no mundo.

Saturno nas Casas

A posição de Saturno por casa determina as áreas da vida em que você sente a pressão da limitação e em que se beneficiará ao estabelecer limites, estruturar-se e praticar a autodisciplina.

✔ **Saturno na primeira casa:** você é autoconsciente e tem medo de ser ferido. Preocupa-se com o que as pessoas pensam de você, e como resultado, pode usar uma armadura para esconder a sua personalidade, numa postura defensiva. Embaixo do seu exterior cauteloso, você é uma pessoa séria e complicada, que faz valer o esforço de conhecer. Mas você não fica mais fácil.

✔ **Saturno na segunda casa:** você se preocupa com o lado prático da vida e dinheiro é um problema, seja você econômico ou gastador. Mesmo quando lida com questões emocionais, você está ciente das implicações práticas. Você gostaria de ganhar na loteria, mas é improvável que isso aconteça (e se acontecer, poderia trazer mais problemas do que vale à pena). Em vez disso, você pode conquistar a estabilidade que procura trabalhando duro.

✔ **Saturno na terceira casa:** você tem uma mente consciente e pensativa, e a capacidade de explorar um assunto em profundidade. Problemas de comunicação, seja na fala ou na escrita, são de praxe. Você tem um relacionamento complicado com seus irmãos e irmãs, e a rivalidade entre irmãos pode ser um problema para você.

✔ **Saturno na quarta casa:** apesar de sua família ser extremamente importante, você se sente afastado deles (e talvez de um dos pais, em particular). Encontrar maneiras de interagir com o sucesso com os membros da família (ou simplesmente entendê-los), exige esforço. Possuir sua própria casa é uma fonte gratificante de identidade e segurança.

✔ **Saturno na quinta casa:** você leva até as coisas mais lúdicas a sério e é difícil para você relaxar. Você não flerta com facilidade

Capítulo 12: O Sol, a Lua e os Planetas nas Casas

165

e fica mais confortável namorando pessoas que são mais velhas e mais sérias. A criatividade é importante para você, mas como talvez tema não ser talentoso, pode suprimir seus impulsos artísticos. Ou, você pode enfrentar o desafio de Saturno e trazer essa organização para sua vida criativa (algumas pessoas com este posicionamento se tornam artistas profissionais). Como pai, você é responsável e comprometido.

✔ **Saturno na sexta casa:** no seu trabalho, você é confiável, exigente e eficiente. Se tiver a coragem de insistir em fazer algo que ame, você consegue alcançar a realização através de seu trabalho. Em sua rotina de vida, você presta igualmente atenção as suas tarefas e responsabilidades, mas vive preocupado, especialmente com a sua saúde. Tranquilize-se fazendo exames regulares.

✔ **Saturno na sétima casa:** você encara casamento com seriedade, mas também pode fugir dele. Se você superar seus medos de intimidade, pode estabelecer um relacionamento sólido de longa duração. Você se sentirá mais confortável com um parceiro mais velho que seja responsável e sóbrio.

✔ **Saturno na oitava casa:** você tem grande percepção psicológica. Seu desafio é superar o seu medo da morte e enfrentar os seus problemas sexuais, que podem variar da inibição total à fria promiscuidade. Além disso, você é cauteloso e hábil em fazer dinheiro — o que é uma sorte, porque são altas as chances de você se casar com alguém que tem problemas financeiros.

✔ **Saturno na nona casa:** você é uma pessoa pensativa de grande inteligência. É atraído por grandes ideias — filosofia ou religião, por exemplo — e sua exploração total delas faz de você um educador, escritor, editor ou advogado nato.

✔ **Saturno na décima casa:** você é responsável, ambicioso e perseverante. Esse posicionamento geralmente indica grande sucesso, mas você também pode ser arrogante, e precisa pagar suas dívidas antes de alcançar o reconhecimento, que por fim, será seu. Um dos seus pais (provavelmente seu pai) pode ter sido especialmente difícil.

✔ **Saturno na décima primeira casa:** você espera grandes coisas de si mesmo e define metas ambiciosas, mesmo que tenha medo de não estar preparado para elas. Felizmente, você tem uma excelente capacidade de organização e grande determinação, podendo mobilizar a ajuda de que precisa. Você não faz amigos facilmente, mas as amizades que cria são significativas e de longa duração.

✔ **Saturno na décima segunda casa:** muitas pessoas ficariam surpresas ao saber que, sob a sua superfície prestativa, você luta contra o medo, o pessimismo, a insegurança, a solidão e a culpa. Embora você esteja acostumado a trabalhar sozinho ou nos bastidores, seus medos tornam-se mais aterrorizantes quando está sozinho. Você evita a solidão — e ainda assim ela é essencial para o seu bem-estar. Sua tarefa é encontrar maneiras de ficar confortável com ela.

Urano nas Casas

A posição que Urano ocupa nas casas determina a área na vida em que você pode esperar o inesperado.

- ✔ **Urano na primeira casa:** você tem um comportamento incomum e as pessoas pensam em você como um autêntico original. Não importa o quanto você tente parecer convencional, suas tentativas de se passar por comum estão condenadas. De tempos em tempos, os eventos inesperados viram seu mundo de cabeça para baixo.

- ✔ **Urano na segunda casa:** dinheiro e posses vêm e vão com a mesma velocidade. Você pode jorrar dinheiro ou ir à falência. Seus valores podem sofrer uma súbita reviravolta.

- ✔ **Urano na terceira casa:** você tem uma mente inovadora e uma maneira inteligente de se expressar. Você poderia ser um pensador ou escritor brilhante — ou poderia ser um maluco. Você tem irmãos incomuns, mas suas relações com eles têm os seus altos e baixos. Incidentes podem acontecer em suas viagens.

- ✔ **Urano na quarta casa:** você vem de, ou formou, uma família pouco convencional. Uma relação instável com um de seus pais (sua mãe, provavelmente) tem um forte impacto em você. Você acha difícil se estabelecer, e quando consegue, lida com a limpeza da casa de uma forma completamente própria. Mudanças profissionais afetam a sua vida doméstica.

- ✔ **Urano na quinta casa:** você tem uma veia criativa selvagem e uma vida amorosa imprevisível. Você tem propensão a amor à primeira vista, de preferência por tipos rebeldes. Mas rompimentos bruscos também fazem parte do quadro. Seus filhos podem ser pessoas notáveis, mas você pode sentir que eles prejudicam a sua liberdade.

- ✔ **Urano na sexta casa:** você não se importa de trabalhar, mas se opõe ao conceito de horário comercial. Você consegue encontrar empregos incomuns, até mesmo peculiares. E mesmo em seu dia a dia, você faz as coisas de uma forma única. Seus nervos afetam a sua saúde e você se beneficia de técnicas de cura não-ortodoxas.

- ✔ **Urano na sétima casa:** você pode casar com uma pessoa não convencional, ou pode se envolver em um relacionamento aberto, que reconheça, em seu formato radical, a sua necessidade de independência. Você está sujeito a casar-se na velocidade da luz, mas tenha cuidado — você pode se divorciar na mesma velocidade.

- ✔ **Urano na oitava casa:** sua vida sexual tem uma notável, ou mesmo extravagante, característica, e o mesmo é válido para as suas finanças (e as do seu cônjuge). Você se beneficia de investimentos incomuns. Também se atrai por assuntos metafísicos, incluindo a ideia de reencarnação. E embora eu hesite em mencionar isso, como você já deve bem saber: quando em conjunto com um engavetamento raro de aspectos especialmente difíceis, este posicionamento pode indicar a possibilidade de morte súbita e acidental — não necessariamente a sua. Você deve se preocupar? Não. Tenha em mente que, literalmente, uma em cada doze pessoas tem este posicionamento. Para mais informações, consulte o próximo quadro "Morte violenta e Princesa Diana".

Capítulo 12: O Sol, a Lua e os Planetas nas Casas

- **Urano na nona casa:** experiências incomuns se apresentam a você através de viagens, da educação e da lei. Você é interessado em religião, mas não de uma maneira convencional, e sua filosofia de vida é de sua própria autoria.

- **Urano na décima casa:** você insiste em manter a sua independência, especialmente em relação a sua carreira (áreas gratificantes incluem — mas não são limitados a — ativismo social, informática, astrologia e ciência). Você tem um ponto de vista original e oportunidades profissionais surgem do nada. Muito rebelde para trabalhar em uma organização fortemente hierárquica, você é um empreendedor natural ou freelancer.

- **Urano na décima primeira casa:** você é uma pessoa tolerante, com aspirações incomuns e muitos, amigos inconstantes altamente inteligentes que motivam você a realizar coisas. As pessoas entram em sua vida em um piscar de olhos, especialmente quando você está envolvido com uma causa, mas você pode perder o contato com elas com a mesma rapidez. Seus muitos amigos diversificados refletem seus interesses amplamente difusos.

- **Urano na décima segunda casa:** você é um amante da liberdade que exige independência e se rebela contra restrições. Você se interessa por formas incomuns de espiritualidade. Expressa a sua mais profunda individualidade na companhia da solidão. Da sua essência brotam lampejos intuitivos e ideias. Aprenda a prestar atenção a eles.

Morte Violenta e Princesa Diana

Ler livros antigos de astrologia pode ser aterrorizante. Eles estão cheios de previsões assustadoras de pobreza, doença e até mesmo morte. Estes livros antigos podem ser particularmente enervantes se você tem uma colocação tal como Urano, o planeta do inesperado, ou Marte, o planeta da violência, na oitava casa da morte e regeneração. Parece ruim. A verdade é que muitos indicadores são necessários para algo tão sério quanto uma morte violenta. Nem mesmo a presença de ambos, Urano e Marte, na oitava casa garante tamanha tragédia. Para isso, você precisa de aspectos verdadeiramente terríveis — como os da Princesa Diana, uma canceriana sensível com a Lua em Aquário.

Não só a oitavo casa de Diana tinha tanto Urano quanto Marte, como ela também tinha Plutão, o planeta da transformação. Além disso, Urano formavam um estressante padrão de quadratura em T (ou T--quadrado) com a Lua e Vênus, os planetas que regiam a vida amorosa dela (para uma discussão sobre a quadratura em T, consulte o Capítulo 14). Este é uma combinação excepcionalmente ruim de aspectos. O mapa dela claramente acusava a possibilidade de um acidente com risco de morte envolvendo um amante. Além disso, no momento de sua morte, a posição dos planetas exteriores no céu aumentavam os perigos que estavam à espreita em seu mapa astral.

Mas ela tinha que morrer naquele dia, logo antes de um eclipse? Alguns astrólogos afirmam que você não pode escapar de seu destino. Outros, inclusive eu, acreditam que cada influência tem muitas expressões possíveis. Certamente o mapa de Diana estava sob enorme estresse no momento de seu acidente de carro fatal. Mesmo em retrospecto, não podemos saber se Diana poderia ter evitado esse terrível acidente. Uma coisa, porém, é certa: ter tomado precauções — e ter usado cinto de segurança — não teria feito mal.

Netuno nas Casas

A casa que Netuno habita em seu horóscopo diz-lhe onde você pode acessar o mais profundo nível de intuição — e onde você está propenso a decepção.

✔ **Netuno na primeira casa:** você é impressionável, sonhador e flexível. Sua intuição é aguçada, mas pode facilmente tornar-se dependente. Você confunde e fascina as pessoas, pois elas não têm certeza de quem você é ou o que você está fazendo, porque a sua identidade parece mudar. Há uma boa chance de que você tenha habilidade musical ou artística.

✔ **Netuno na segunda casa:** você tem um sexto sentido quando se trata de ganhar dinheiro. Você pode até ganhar dinheiro através de atividades espirituais. Mas também corre o risco de ser enganado porque não tem a menor ideia de como poupar dinheiro, e, como resultado, os seus assuntos financeiros tendem a ser caóticos. Contrate alguém de um signo de terra responsável para ajudar.

✔ **Netuno na terceira casa:** você é impressionável, imaginativo e altamente sensível à linguagem. Persuasivo, mas facilmente distraído, você se enche de conhecimento e tem habilidade poética. Também é crédulo — e ninguém sabe como enganá-lo melhor do que seus irmãos e irmãs.

✔ **Netuno na quarta casa:** os membros de sua família são muito incomuns. A influência deles é poderosa e sutil e você acha difícil afastar-se deles. Você pode ter herdado uma habilidade psíquica.

✔ **Netuno na quinta casa:** você é artístico e sensível, mas acha difícil se concentrar na sua criatividade. Relacionamentos platônicos e casos secretos podem caracterizar sua vida romântica, e você é atraído por pessoas que são um mistério para você. Seus filhos (se você superar sua indecisão sobre o assunto e decidir se tornar pai) são susceptíveis a serem impressionáveis e gentis, e você tem um laço psíquico forte com eles.

✔ **Netuno na sexta casa:** você tende a ficar preso na política de escritório, e aos aspectos materiais de empregos regulares — as lâmpadas fluorescentes, a horrível decoração — fazem você querer fugir. Há possibilidades de emprego em cinema, farmacologia, música, moda e qualquer coisa ligada ao mar. Tenha em mente que as suas queixas relativas à saúde, raramente são resolvidas através da medicina ocidental. Os médicos têm dificuldade em diagnosticá-lo e você se dá melhor com estilos de cura mais intuitivos.

✔ **Netuno na sétima casa:** você sente-se atraído por pessoas de temperamento forte e com alma de artista. Você procura a sua alma gêmea espiritual, mas na confusão de seus relacionamentos, você pode sacrificar-se em prol de uma imagem ou ideal que não tem nada a ver com o seu parceiro atual. Idealismo quando se trata de relacionamentos é maravilhoso, mas só quando é temperado com realismo.

_____ **Capítulo 12: O Sol, a Lua e os Planetas nas Casas** *169*

✔ **Netuno na oitava casa:** sessões espíritas, tábuas Ouija, percepção extrassensorial e todas as formas de comunicação com o além atraem você. Você considera o sexo um exercício espiritual. Mas pode confiar em seus instintos demais, especialmente quando se trata de dinheiro e de seu parceiro. Tenha cuidado com parcerias de negócios.

✔ **Netuno na nona casa:** religiões místicas e jornadas espirituais são o seu interesse. Você quer desesperadamente identificar um caminho espiritual específico, mas isso não vai acontecer dessa forma, o visionário Netuno irá levá-lo em muitas direções. Você também é um professor sensível.

✔ **Netuno na décima casa:** ao escolher uma profissão que exija que use sua intuição, você encontra o sucesso que almeja. Seguir uma profissão só porque você acha que é prático (como bem sabe) é um desperdício de tempo. Aqui estão dois problemas de carreira que pode enfrentar: você tende a se deixar levar e raramente se impõe.

✔ **Netuno na décima primeira casa:** você tem ideais instáveis e vagas aspirações, juntamente com um grande leque de amigos talentosos e inspiradores que podem ter problemas com drogas e álcool. Infelizmente, você tende a só ver o que quer nos seus amigos. Juntar-se a uma organização espiritual poderia ajudá-lo a enxergar direito.

✔ **Netuno na décima segunda casa:** você é empático, reflexivo, pensativo e provavelmente psíquico. Você recebe um fluxo contínuo de mensagens do seu inconsciente. A metafísica, sonhos e segredos fascinam-lhe e você é muito atencioso aos necessitados. Seus esforços criativos são melhor concebidos em privado, e a solidão é necessária para a sua paz de espírito.

Plutão nas Casas

A casa que o pequeno Plutão ocupa em seu mapa astral determina a área da vida em que você está mais propenso a experimentar obsessão e transformação.

✔ **Plutão na primeira casa:** você tem uma personalidade compulsiva, controladora e magnética, juntamente com uma tendência a dominar. Você tem um impacto poderoso sobre as pessoas — mas também pode afastá-las.

✔ **Plutão na segunda casa:** você encontra alternativas concretas para suas habilidades, mas também pode tornar-se obcecado com suas posses. Mais importante, o dinheiro pode se tornar um grande problema, e você pode se tentar controlar outras pessoas com ele.

✔ **Plutão na terceira casa:** você tem uma mente sagaz, percepções precisas, um desejo de resolver os mistérios da vida e uma obsessiva necessidade de se comunicar, combinada a um forte senso de privacidade (certamente, o inventor do diário com cadeado tinha Plutão na terceira casa).

Parte III: Tudo Mais no Caldeirão Cósmico

✔ **Plutão na quarta casa:** você realmente podia contar com um dos seus pais; lidar com as consequências psicológicas é a sua missão plutoniana. Suas maiores transformações vêm através de sua família e do lar.

✔ **Plutão na quinta casa:** você fica obcecado com o romance. No entanto, não importa o quão duro você tente manipular a pessoa que ama, quem acaba mais afetado pela relação é você. Disputas de poder surgem em torno das crianças. Esforços criativos são transformadores para você. O jogo é viciante.

✔ **Plutão na sexta casa:** você é focado, determinado e pode ter habilidades de cura. Como sua sede de poder está focada no trabalho, você pode exagerar e trabalhar ao ponto de se tornar algo obsessivo. Seu trabalho deve fazer sentido ou sua saúde pode ser prejudicada. Você precisa de um propósito.

✔ **Plutão na sétima casa:** relacionamento e obsessão andam de mãos dadas com você, e o casamento é um laboratório. Você atrai um parceiro dominante, cuja influência faz com que você mude profundamente. Manter o seu senso de individualidade na presença desse ser poderoso não é fácil. Parcerias de negócios oferecem desafios semelhantes.

✔ **Plutão na oitava casa:** a vida após a morte, a percepção extrassensorial e todos os assuntos ocultos o fascinam, e você adquire sabedoria através desses canais. Você é intuitivo, perceptivo e muito sério. Você deve lidar com as verdadeiras grandes questões da vida, incluindo os incômodos sentimentos que envolvem sexo, dinheiro e morte.

✔ **Plutão na nona casa:** filosofia, religião e lei atraem e fortalecem você. Ao aprofundar-se nos estudos ou tornar-se entusiasticamente envolvido com pessoas de uma cultura diferente da sua, você aprimora sua compreensão. Educação e turismo são os seus passaportes para a transformação, mas você deve abordá-los em seus próprios termos.

✔ **Plutão na décima casa:** você é uma força irresistível na arena política. Ressente-se de figuras de autoridade (começando com um de seus pais), e ainda assim você deseja exercer autoridade. Quando decide buscar o poder, você pode ser um dos bons. Este posicionamento favorece o sucesso.

✔ **Plutão na décima primeira casa:** a amizade é uma área plena para você, especialmente quando jovem. Mas, afinal, seus amigos ajudam a moldar seus sonhos e aspirações, e experiências bastante transformadoras chegam até você através desses relacionamentos.

✔ **Plutão na décima segunda casa:** você é uma pessoa privada com uma vida secreta. Você evita demonstrar sua força, e mesmo assim é fascinado por tudo o que está acontecendo sob a superfície, especialmente em sua própria psique. Examinar o seu inconsciente gera transformação.

Interpretando Casas Vazias

Faça as contas: seu mapa tem doze casas, mas apenas dez planetas. Isso significa que você é obrigado a ter casas vazias em algum lugar em seu mapa. Elas são inevitáveis. Também não são nada para se preocupar.

Ter uma casa vazia de casamento, por exemplo, não significa que você sempre será solteiro. Basta lembrar de Elizabeth Taylor, que teve oito maridos, apesar do fato de sua sétima casa ser totalmente vazia. Da mesma forma, uma segunda casa desocupada de dinheiro não significa que você está destinado à pobreza. Olhe para Bill Gates, o mais jovem bilionário da história. Sua segunda casa é vazia (como é sua oitava casa, que também é associada à dinheiro).

Muitas vezes, uma casa desocupada significa que os interesses habituais dessa casa simplesmente não são uma grande preocupação. Mas você não pode fazer essa afirmação só passando olho. Só porque uma casa está vazia, não significa que não seja importante. A verdade é que há tanta coisa para pensar em um mapa astral que, mesmo uma casa vazia pode manter você ocupado. Para pesquisar uma casa vazia, sugiro o seguinte método de três etapas:

1. **Olhe para o signo na cúspide da casa.**

    O signo no início de cada casa determina a sua forma de lidar com os interesses daquela casa. Por exemplo, vá para o mapa de Andy Warhol, no Capítulo 19. Observe que a segunda casa do dinheiro dele está vazia, com Virgem na cúspide (a cúspide da segunda casa está às oito horas, a cúspide da terceira casa está às sete horas, e assim por diante). Assim, o modo dele lidar com questões financeiras era típico de Virgem: discriminativo e detalhista. E, de fato, ele tinha o hábito de registrar suas despesas diárias — como um virginiano.

    A Tabela 12-1 no início deste capítulo resume as os interesses de cada casa. A Tabela 12-2 sugere maneiras de interpretar o signo na cúspide.

2. **Confira o planeta que rege o signo na cúspide.**

    A localização do planeta lhe diz muito. No caso de Andy Warhol, Virgem, o signo na cúspide de sua segunda casa, é regido por Mercúrio. Ele pode ser encontrado no exibicionista Leão — um posicionamento perfeito para um artista que literalmente pintava dinheiro.

3. **Olhe para os aspectos feitos pelo planeta regente.**

    Se o planeta regente da casa vazia está perto do Sol ou da Lua, sua importância aumenta. Se ele está em conjunção com Júpiter, os interesses daquela casa são abençoados com boa sorte. Se ele se opõe a Saturno, surgem dificuldades. E assim por diante. Para saber mais sobre os aspectos, siga para o Capítulo 13.

Parte III: Tudo Mais no Caldeirão Cósmico

Tabela 12-2	Regência das Casas	
Se o Signo na Cúspide é	**Sua Forma de Lidar com os Interesses Dessa Casa é**	**E o Regente da Casa é**
Áries	Espontânea, enérgica	Marte
Touro	Produtiva, cuidadosa	Vênus
Gêmeos	Flexível, comunicativa	Mercúrio
Câncer	Intuitiva, defensiva	Lua
Leão	Digna, expressiva	Sol
Virgem	Discriminatória, detalhista	Mercúrio
Libra	Diplomática, artística	Vênus
Escorpião	Intensa, perspicaz	Plutão (moderno), Marte (antigo)
Sagitário	Independente, abrangente	Júpiter
Capricórnio	Responsável, tradicional	Saturno
Aquário	Não-convencional, imparcial	Urano (moderno), Saturno (antigo)
Peixes	Receptiva, vulnerável	Netuno (moderno), Júpiter (antigo)

Finalmente, tenha em mente que a cada ano, à medida que o Sol faz a sua peregrinação anual através do zodíaco, ele viaja através de cada parte de seu mapa — todos os signos e todas as casas. A Lua e os outros planetas também os visitam, cada um conforme a sua própria programação. Com o tempo, esses planetas em transição ativam cada uma das casas — mesmo se ela estiver vazia. Mais cedo ou mais tarde, cada casa terá o seu dia.

Capítulo 13

Aspectos Surpreendentes: os Segredos da Geometria Cósmica

Neste Capítulo

▶ Descobrindo os aspectos planetários mais importantes

▶ Determinando os aspectos em seu mapa

▶ Compreendendo os aspectos menores

▶ Decifrando o significado dos aspectos

Saber a localização dos planetas por signo e por casa não é o suficiente. Para compreender a verdadeira complexidade de um mapa astrológico, você precisa saber como os planetas interagem uns com os outros. Essa informação é revelada pelos ângulos matemáticos, ou aspectos, entre os planetas.

Considere o caso de uma mulher cujo Vênus, o planeta do amor, está localizado a poucos graus de Júpiter, o planeta da boa sorte. Essa combinação faz com que seja mais fácil para ela expressar afeto e encontrar o amor. Mas, e se ambos os planetas estiverem a 90° de Saturno? Com esse ângulo reto, pessimismo e desilusão entram em cena. Agora você tem um indivíduo encantador que atrai outros facilmente, e ainda assim nunca se contenta com eles — uma pessoa que, como Groucho Marx, não quer estar em um clube que a teria como membro.

Para detectar esse tipo de processo interno em seu próprio mapa, você precisa saber o grau do zodíaco que cada planeta ocupa. Essa informação, que está além do alcance deste livro, é fácil de se obter através da internet (consulte o Capítulo 2 para dicas sobre como fazer isso). Uma vez que você tenha uma cópia de seu mapa, você está pronto para selecionar os aspectos principais nele. Acredite em mim: é uma moleza.

Identificando os Aspectos Principais

Um mapa astrológico, como qualquer círculo, tem 360°, com cada signo do zodíaco cobrindo exatamente 30°, ou um doze avos do todo. Dentro desse círculo, cada par de planetas é separado por um determinado número de graus. Planetas com certas distâncias significativas entre si formam um *aspecto*. A Tabela 13-1 lista os aspectos *principais*, junto com seus símbolos.

Tabela 13-1		Aspectos Principais	
Distância	*Nome do Aspecto*	*Símbolo*	*Efeito*
0°	Conjunção	☌	Unifica ou integra
60°	Sextil	✶	Apoia
90°	Quadratura	□	Cria atrito
120°	Trígono	△	Ajuda e traz oportunidades
180°	Oposição	☍	Contrapõe

A grosso modo, existem três tipos de aspectos. Se dois planetas estão a poucos graus um do outro, eles estão *em conjunção*, o que significa que eles operam como um só. Se dois planetas estão a 60° ou 120°, eles apoiam e ajudam um ao outro. Estes aspectos — sextil e trígono — são considerados *harmoniosos*. E se dois planetas estão em ângulo reto (90°) ou opostos entre si (180°), eles estão basicamente em guerra. Estes aspectos — quadraturas e oposições — são considerados *difíceis*.

Observe o mapa de Oprah Winfrey (veja a Figura 13-1). Ela é uma aquariana com visão de futuro, com a Lua no otimista, e amante da liberdade, Sagitário. Ela também tem uma série de aspectos, tanto fáceis quanto desafiadores. Eles incluem:

✔ Uma conjunção exata entre o Sol e Vênus a 9° de Aquário.

✔ Um trígono harmonioso entre Mercúrio, o planeta da comunicação, a 19° de Aquário e o extenso Júpiter, o planeta da boa sorte, a 16° de Gêmeos.

✔ Uma quadratura estressante entre o agressivo Marte a 23° Escorpião e Plutão, a 24° de Leão.

Como a maioria das pessoas, Oprah tem uma mistura de conjunções, aspectos harmônicos e aspectos difíceis em seu mapa.

Surpreendentemente, um mapa "fácil" adornado com sextis e trígonos não é necessariamente melhor do que um mapa "difícil" atravessado por quadraturas e oposições. Os astrólogos há muito tempo observaram que as pessoas com mapas harmoniosos correm o risco de se tornar preguiçosas e acomodadas, enquanto empreendedores extremamente realizados muitas vezes têm mapas com um alto nível de estresse.

Capítulo 13: Aspectos Surpreendentes

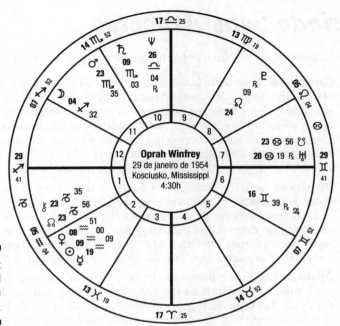

Figura 13-1: Mapa astral de Oprah Winfrey.

Os aspectos mais fortes ocorrem quando as distâncias entre os planetas estão próximos aos apresentados na Tabela 13-1. A quadratura em 90°, por exemplo, é mais forte do que a quadratura em 82°, independentemente dos planetas envolvidos. Mas a experiência indica que um aspecto não tem de ser preciso para haver uma influência. Então, astrólogos permitem uma pequena margem para cada lado. Esta margem é chamada a *esfera de influência*. No entanto, astrólogos diferem sobre o quão grande essa esfera pode ser. Alguns praticantes generosos usam uma esfera tão grande quanto 14°. Videntes mais rigorosos não permitem mais do que uma esfera de 5°. A maioria dos astrólogos, inclusive eu, ficam em algum lugar no meio.

Em geral, recomendo usar uma esfera de 8° para a conjunção, quadratura, trígono ou oposição e uma esfera de 6° para o sextil, que é um aspecto um pouco mais fraco (aspectos menores, discutidos mais adiante neste capítulo, podem lidar com apenas uma esfera de 2°). Em ambos os casos, você pode anexar um adicional de 2° se o Sol ou a Lua estão envolvidos. Isso significa que se o seu Sol está a 14°, qualquer planeta entre 4° e 24° do seu signo solar é considerado conjunção, um planeta de 52° a 68° de distância é sextil, e assim por diante. Lembre-se: quanto mais próxima a esfera, mais poderoso o aspecto.

Descobrindo Seus Aspectos

Veja como localizar os cinco aspectos principais em seu mapa:

- **Conjunções**: você pode facilmente detectar as conjunções. Se dois planetas estão dentro de 8° um do outro (10°, se o Sol ou a Lua estiverem envolvidos), eles estão em conjunção. Por exemplo, se você tem Marte a 5° em Sagitário e Júpiter a 7° em Sagitário, eles estão em conjunção. A mesma regra se aplica mesmo que os dois planetas estejam em signos diferentes. Por exemplo, se você tem Vênus a 28° em Capricórnio e a Lua em 1° em Aquário, Vênus e a Lua estão em conjunção.

- **Oposições**: para detectar oposições, procure planetas em lados opostos do mapa. Planetas em signos opostos, muitas vezes (mas nem sempre) formam uma oposição. Para ter certeza, verifique se eles estão dentro da esfera. Se o seu Marte estiver a 18° em Sagitário, qualquer planeta entre 10° e 26° em Gêmeos está em oposição. Um planeta a 6° em Gêmeos não está em oposição.

- **Quadraturas:** quadraturas são mais difíceis de detectar. Procure por planetas em signos da mesma modalidade (cardinal, fixo ou mutável). Em seguida, verifique se eles estão a cerca de 90° entre si, mais ou menos 8°. Se eles estiverem, você encontrou a fonte de suas frustrações mais profundas. No mapa de Oprah, por exemplo, Saturno, a 9° em Escorpião, forma uma quadratura com Vênus — o que definitivamente trava sua vida amorosa.

- **Trígonos:** você encontra trígonos entre planetas em signos do mesmo elemento — ou seja, os dois planetas são signos de fogo, de terra, de ar, ou de água. Talvez você tenha Mercúrio em Gêmeos e Urano em Libra? Se eles estão dentro de 8° um do outro, eles são trígonos — neste caso, parabéns: você tem uma mente rápida e original.

- **Sextis:** o mais fraco dos aspectos principais, o sextil acontece entre os planetas que estão a dois signos de distância. No mapa de Oprah, por exemplo, Plutão a 24° de Leão faz sextil com Netuno a 26° de Libra.

A Tabela 13-2 apresenta quadraturas e oposições de relance, e a Tabela 13-3 faz o mesmo com os aspectos harmoniosos.

Tabela 13-2	Os Aspectos Difíceis	
Se o Planeta Está em...	**Faz Quadraturas com os Planetas em...**	**E Está em Oposição Àqueles em...**
Áries	Câncer e Capricórnio	Libra
Touro	Leão e Aquário	Escorpião
Gêmeos	Virgem e Peixes	Sagitário
Câncer	Áries e Libra	Capricórnio
Leão	Touro e Escorpião	Aquário

Capítulo 13: Aspectos Surpreendentes

Se o Planeta Está em...	Faz Quadraturas com os Planetas em...	E Está em Oposição Àqueles em...
Virgem	Gêmeos e Sagitário	Peixes
Libra	Câncer e Capricórnio	Áries
Escorpião	Leão e Aquário	Touro
Sagitário	Virgem e Peixes	Gêmeos
Capricórnio	Áries e Libra	Câncer
Aquário	Touro e Escorpião	Leão
Peixes	Gêmeos e Sagitário	Virgem

Tabela 13-3   Os Aspectos Harmoniosos

Se o Planeta Está em...	Faz Sextis com os Planetas em...	E Trígonos com Aqueles em...
Áries	Aquário e Gêmeos	Leão e Sagitário
Touro	Peixes e Câncer	Virgem e Capricórnio
Gêmeos	Áries e Leão	Libra e Aquário
Câncer	Touro e Virgem	Escorpião e Peixes
Leão	Gêmeos e Libra	Sagitário e Áries
Virgem	Câncer e Escorpião	Touro e Capricórnio
Libra	Leão e Sagitário	Gêmeos e Aquário
Escorpião	Virgem e Capricórnio	Câncer e Peixes
Sagitário	Libra e Aquário	Áries e Leão
Capricórnio	Escorpião e Peixes	Touro e Virgem
Aquário	Sagitário e Áries	Gêmeos e Libra
Peixes	Capricórnio e Touro	Câncer e Escorpião

Quando os planetas estão nos primeiros ou nos últimos graus de um signo, não se esqueça de verificar a existência de aspectos fora de signos, que são notoriamente difíceis de detectar. Se você está olhando para um mapa com, digamos, o Sol a 28° de Gêmeos e Saturno a 1° de Libra, é fácil supor que, como ambos os planetas estão em signos de ar, devem fazer um trígono. Na verdade, eles estão separados por 93° e, portanto, fazem quadratura. É por isso que você deve obter um mapa gerado por computador. Mesmo um astrólogo experiente pode perder um aspecto fora do signo, mas você não pode enganar um computador.

Uma Nota Sobre Aspectos Menores

Os aspectos principais discutidos neste capítulo não são a única relação geométrica que os astrólogos consideram significativa. Outros aspectos, normalmente descritos como *aspectos menores*, também conectam dois planetas. Como aspectos menores são fracos, a esfera reservada a eles é pequena — apenas 2°.

Dois dos aspectos menores a que me refiro neste capítulo são o *semissextil*, a 30°, aspecto que é considerado um pouco positivo, e o *semi-quadratura*, um aspecto de 45° cuja influência é um pouco estressante. Estes aspectos menores crescem em importância se o mapa tiver uma escassez de aspectos principais, como às vezes acontece. Mas lembre-se, eles se chamam menores por uma razão.

A Tabela 13-4 lista os mais importantes aspectos menores.

Tabela 13-4	Aspectos Menores	
Nome	*Graus*	*Ação*
Semissextil	30°	Moderadamente solidário
Semi-quadratura	45°	Moderadamente irritante
Quintil	72°	Promove a criatividade
Sesquiquadratura	135°	Estressante e ativo
Quincunce ou inconjunção	150°	Indeciso; inconstante

Existem outros aspectos menores? Pode apostar. Há o *septil*, o *novil*, e muito mais. Eu já vi símbolos para aspectos que eu nunca sequer ouvi falar. Pode chegar um ponto em que a adição de mais aspectos a um mapa só vai ofuscar o panorama principal. É por isso que recomendo que se atenha aos principais.

Interpretando os Aspectos

Nesta seção, interpreto os aspectos principais de cada um dos planetas. Eu reuni sextis e trígonos juntos como aspectos harmônicos. Suas ações são semelhantes, apesar de trígonos serem mais poderosos. Da mesma forma, junto quadraturas e oposições como aspectos difíceis, embora eles não sejam tão idênticos. Em geral, uma quadratura traz conflitos internos, enquanto que as oposições são mais propensas a criar obstáculos externos.

Capítulo 13: Aspectos Surpreendentes   179

Considero os planetas na seguinte ordem: primeiro o Sol e a Lua, depois os planetas em ordem de afastamento do Sol: Mercúrio, Vênus, Marte, Júpiter, Saturno, Urano, Netuno e Plutão. Ao procurar um aspecto, não se esqueça de procurar no planeta que está em primeiro lugar na lista. Um aspecto entre Mercúrio e Urano, por exemplo, aparece em Mercúrio; uma oposição entre Vênus e Plutão é discutido em Vênus, e assim por diante.

Aspectos do Sol

Seu signo solar representa a parte mais significativa, mais essencial de sua natureza. Os aspectos que ele faz com outros planetas podem ajudar a tornar evidente o seu potencial ou torná-lo mais difícil.

Sol/Lua

O Sol representa a sua identidade consciente, enquanto a Lua governa seus sentimentos mais íntimos e subconscientes. O aspecto Sol/Lua mostra como estes dois cooperam sem dificuldades.

- **Conjunção:** se o Sol e a Lua estão em conjunção, você nasceu na época da Lua nova, com toda a vitalidade que isto implica. Sua vontade e seu subconsciente trabalham juntos, então você tem propósitos fortes, entusiasmo e capacidade de concentração. Você também pode ser teimoso e mente fechada.

- **Aspectos harmônicos:** com seu sextil solar ou trígono com a Lua, você é genial e energético. Oportunidades surgem em seu caminho. Se não houver nenhuma surpresa, você está basicamente em paz consigo mesmo. Considere-se abençoado.

- **Aspectos difíceis:** se o Sol e a Lua estão em quadratura, o seu autoconsciente deseja uma coisa, e seu subconsciente anseia por outra. Então, você nunca está realmente satisfeito podendo lutar com uma tendência a sabotar a si mesmo. Curiosamente, este desconforto acaba por ser altamente motivador. Inúmeras pessoas realizadas em todos os campos têm este aspecto — tantos que nem tenho certeza de que seja uma desvantagem.

  Se o Sol e a Lua estão em oposição, você nasceu sob a Lua cheia, um momento em que as emoções correm soltas. Inquieto e em conflito, você acha difícil combinar os seus desejos as suas habilidades. Você atrai relacionamentos estressantes e pode reagir de forma exagerada a dificuldades no caminho. Embora algumas pessoas com oposições Sol/Lua estraguem tudo de maneiras surpreendentes (exemplo extremo: Michael Jackson), a oposição também as motiva a superar o conflito interno e tornarem-se um enorme sucesso.

Parte III: Tudo Mais no Caldeirão Cósmico

Sol/Mercúrio

O ardente Sol rege o seu ego enquanto Mercúrio rege a comunicação. Este aspecto revela a facilidade com que você expressa seus pensamentos.

- ✔ **Conjunção:** estes dois corpos nunca podem estar a mais do que 28° entre si, de modo que muitas pessoas têm este aspecto. Ele indica um temperamento nervoso e agitado. Quando a conjunção é extremamente estreita, dentro de um grau ou menos, isso pode indicar um nível excessivo de egocentrismo.

- ✔ **Aspectos harmônicos:** Mercúrio e o Sol nunca estão longe o suficiente para formar um sextil (60°) ou trígono (120°). Mas eles podem, ocasionalmente, estar separados por 28°, tornando-os semissextil, um aspecto um pouco útil que reforça a sua capacidade de se comunicar.

- ✔ **Aspectos difíceis:** Mercúrio e o Sol estão sempre tão juntos que nunca formam um aspecto difícil.

Sol/Vênus

Como estes dois planetas interagem, influencia seus talentos artísticos, sua sociabilidade e sua capacidade de atrair coisas que ama — em particular o que diz respeito a relacionamentos, dinheiro e posses.

- ✔ **Conjunção:** você é atraente, carinhoso e criativo. Tem uma grande necessidade de estar num relacionamento, uma capacidade inata para a intimidade e um amor pelo prazer. Este aspecto também produz talento artístico. Como Vênus nunca pode estar a mais de 48° do Sol, este é o único aspecto principal que esses dois corpos podem formar entre si.

- ✔ **Aspectos harmônicos:** Vênus e o Sol nunca estão longe o suficiente para formar um sextil ou um trígono. Mas se eles estão a 30° entre si, eles são semissextis, um aspecto menor amigável, que favorece talentos artísticos e a capacidade de expressar afeto.

- ✔ **Aspectos difíceis:** o Sol e Vênus nunca estão em oposição e nunca formam quadraturas. Quando eles estão perto de sua distância máxima, formam uma semi-quadratura, um aspecto menor de 45° que pode provocar questões sexuais e fazer você expressar-se. Quer exemplos? Pense em Hugh Hefner, Bill Clinton , Woody Allen e o Marquês de Sade.

Sol/Marte

Este aspecto descreve a sua capacidade de direcionar sua energia e colocar seus objetivos em prática.

- ✔ **Conjunção:** você é um aventureiro com energia, coragem e fortes paixões — sexuais e de outra natureza. É empreendedor, competitivo e disposto a tomar a iniciativa — um competidor em todos os sentidos.

Capítulo 13: Aspectos Surpreendentes

181

- ✔ **Aspectos harmônicos:** quando você quer, consegue fazer uso da sua energia. É assertivo sem ser combativo e enérgico sem ser maníaco.

- ✔ **Aspectos difíceis:** controlar a vitalidade que flui através de você não é fácil. Você tende a exagerar, muitas vezes por ser um viciado em trabalho. Seu temperamento pode ficar fora de controle. Você pode ser controverso e propenso a acidentes, e tem uma tendência a agir precipitadamente. Exemplo extremo: Lizzie Borden.

Sol/Júpiter

Combine o Sol, que representa o seu potencial, com Júpiter, o portador de oportunidades, e você tem um aspecto invejável. O desafio é fazer uso da conexão entre os dois planetas — e não desperdiçá-la.

- ✔ **Conjunção:** você é abençoado com boa sorte, senso de humor, inteligência elevada, um forte espírito e uma atitude otimista. Você também pode ser descuidado e confiante demais, contando com o indiscutível fato de que a sorte está com você.

- ✔ **Aspectos harmoniosos:** este aspecto traz saúde, sucesso, uma forma agradável e positiva de encarar a vida, e uma natureza generosa. Possível desvantagem: você pode ter uma tendência a relaxar e ser preguiçoso.

- ✔ **Aspectos difíceis:** você tem tendência a exagerar, a ficar cheio de si, a julgar, e não tem nenhum senso de moderação. A extravagância pode atormentá-lo. Mesmo assim, este aspecto, porque é caracterizada por Júpiter, pode trazer oportunidades e é muitas vezes benéfico.

Sol/Saturno

O Sol quer brilhar. O sombrio Saturno requer cautela. Quando estes dois planetas formam um aspecto importante, isso indica que você se sente testado de várias maneiras. Este aspecto mostra a forma como você lida com esses desafios.

- ✔ **Conjunção:** comedido, mas persistente, você é responsável, realista e introspectivo. Você se leva a sério. Este é um aspecto exigente, mas que traz controle, determinação e capacidade de superar o seu sentido inicial de inadequação através de sólidas realizações.

- ✔ **Aspectos harmônicos:** você é trabalhador, determinado, e aceita a responsabilidade por suas atitudes. Decidido e prático, você olha antes de saltar e sua cautela compensa.

- ✔ **Aspectos difíceis:** na infância, decepções e frustrações podem ter sido um duro golpe para a sua autoestima. Se o Sol e Saturno estabelecem quadraturas, os seus problemas são essencialmente internos. Se o Sol e Saturno estão em oposição, obstáculos ou inimigos externos podem bloquear seu caminho. Finalmente, você tem a capacidade de superar tudo através da autodisciplina, da persistência e da coisa que Saturno adora acima de tudo: trabalho duro.

182 Parte III: Tudo Mais no Caldeirão Cósmico

Sol/Urano

O Sol representa a sua identidade principal. Urano representa o seu lado mais excêntrico. Se eles formam um aspecto importante, você pode ter certeza disso: você não é como qualquer outra pessoa.

- ✔ **Conjunção:** independente, imprevisível e completamente original, você tem um modo original e individualista de lidar com a vida. É impulsivo e excêntrico, um gênio ou um rebelde, e magnético de qualquer maneira. Exemplos: Meryl Streep e Sean Penn.
- ✔ **Aspectos harmônicos:** um aventureiro de espírito livre, você possui originalidade, independência, uma atitude flexível e uma tendência a dar de cara com a sorte.
- ✔ **Aspectos difíceis:** você é uma pessoa incomum, dramática, com uma infeliz tendência para agir de forma excêntrica e pouco prática, e tomar decisões precipitadas. Rebelde, você se entedia com facilidade, e provavelmente se atira para o destino incerto, especialmente quando eventos te pegam de surpresa, como ocasionalmente acontece.

Sol/Netuno

O Sol confere vitalidade, enquanto o sonhador Netuno traz inspiração... ou indolência. Esta combinação pode incentivar o potencial criativo ou objetivos irrealistas.

- ✔ **Conjunção:** você é um sonhador, um poeta e um idealista inspirado. Intuitivo, sensível, e às vezes até psíquico, você tem uma imaginação primorosamente desenvolvida, além de grande talento criativo para empreendimentos místicos e artísticos, o que deixa pouco espaço para questões práticas. Você tende a mentir para si mesmo (ou para os outros) e a viver em um mundo de fantasia, enxergando apenas o que quer enxergar. Drogas e álcool podem ser um problema.
- ✔ **Aspectos harmônicos:** sua intuição é bem desenvolvida e você tem a capacidade de usar a sua imaginação de forma construtiva.
- ✔ **Aspectos difíceis:** você tem uma imaginação ativa combinada a uma tendência desanimadora de sonhar acordado e se iludir. Tal como acontece com todos os aspectos de Netuno, a decepção pode ser um problema, porque você opta por enganar os outros ou porque é tão ingênuo que qualquer um pode jogar areia nos seus olhos.

Sol/Plutão

Se estes dois planetas formam um aspecto principal, controle é um problema para você. Este aspecto revela a maneira de equilibrar a essência da sua identidade com a sua necessidade de poder.

- ✔ **Conjunção:** uma pessoa vigorosa e carismática, você é radical, com fortes opiniões, grande força de vontade, e a capacidade de transformar a si mesmo. Você pode ter problemas com sua propensão a dominar ou se tornar obcecado.

Capítulo 13: Aspectos Surpreendentes 183

✔ **Aspectos harmônicos:** determinado, perseverante e à vontade com o poder e seus usos, você tem opinião própria combinada a capacidade de se adaptar às circunstâncias e de criar mudanças positivas.

✔ **Aspectos difíceis:** você é competitivo. Consciente dos usos do poder pessoal, você é manipulador, habilidoso e, às vezes, intimidante. O desafio, se você está competindo com os outros ou consigo mesmo, é evitar tornar-se excessivamente agressivo ou obcecado pelo poder.

Aspectos da Lua

A Lua representa as emoções, instintos, hábitos e o subconsciente.

Lua/Mercúrio

Você sente uma forte necessidade de comunicar as suas emoções? Se Mercúrio e a Lua formam um aspecto principal, a resposta é sim.

✔ **Conjunção:** você é inteligente, ágil e está em contato com suas emoções. Sabe como se comunicar com confiança e charme.

✔ **Aspectos harmônicos:** você pensa com clareza, comunica-se de forma eficaz, faz bom uso do humor, e tem uma excelente memória.

✔ **Aspectos difíceis:** você reage rapidamente, mas muitas vezes se torna ansioso. Dotado de uma mente incomum, muitas vezes você sente que as pessoas não lhe entendem, e é muito sensível a críticas.

Lua/Vênus

Se a Lua e Vênus formam um aspecto principal, suas necessidades emocionais e sua necessidade de amor e beleza estão interligadas.

✔ **Conjunção:** um grande amante do conforto, você é sensível, atraente, gentil, criativo e agradável. Seu humor depende de seus relacionamentos e você pode acabar totalmente arrebatado pelo jogo do amor.

✔ **Aspectos harmônicos:** você expressa suas afeições com facilidade. É uma pessoa afável, com bom gosto e grande sensibilidade romântica, mesmo que ocasionalmente tropece em um poço de complacência.

✔ **Aspectos difíceis:** suas relações amorosas percorrem uma estrada esburacada, repleta de conflito e frustração emocional. Algumas pessoas reagem, afastando-se, outras, tornando-se exigentes e possessivas. De qualquer maneira, você não consegue deixar de sentir que tem que trabalhar mais do que outras pessoas para conseguir o que deseja.

Parte III: Tudo Mais no Caldeirão Cósmico

Lua/Marte

Se você tem um aspecto principal entre a Lua e Marte, você é assertivo ao expressar suas emoções.

- **Conjunção:** você é emocionalmente intenso, impaciente e cabeça quente. Você permite que as pessoas saibam como se sente, mas não é sempre diplomático quanto a isso.

- **Aspectos harmônicos:** corajoso, enérgico, prestativo e direto, você adora assumir riscos e está sempre pronto para saltar de cabeça em novas situações.

- **Aspectos difíceis:** precipitado, defensivo, e às vezes volátil, é impulsivo, competitivo e mandão. Você não esconde suas emoções e seu humor instável pode provocar conflitos. Não importa qual faceta você mostre ao mundo, a raiva é um problema que você deve enfrentar.

Lua/Júpiter

A Lua quer despejar seus sentimentos, enquanto o extravagante Júpiter diz que "Mais é mais" — o que contribui para um poderoso coquetel emocional.

- **Conjunção:** você é amável, otimista, atencioso e compreensivo, uma pessoa de grande coração, mesmo que ocasionalmente prometa mais do que possa cumprir. Você tem fé em suas próprias habilidades. Sente-se melhor quando há inúmeras possibilidades e seu universo está se expandindo.

- **Aspectos harmônicos:** você é altamente sensível, gentil e solidário: um verdadeiro ser humano.

- **Aspectos difíceis:** com você é tudo ou nada. Você está em êxtase ou sofrendo por uma perda, transbordando de felicidade ou à beira do colapso. Em suma, você tem dificuldade para controlar seus sentimentos e tende a passar dos limites.

Lua/Saturno

Saturno é o planeta da contenção, e a Lua tem tudo a ver com emoções desenfreadas. Este par pode ser chamado de "Razão e Sensibilidade".

- **Conjunção:** o passado tem uma forte influência sobre você. Você pode sofrer de insegurança, como resultado de uma relação sem muito afeto com sua mãe. Felizmente, você se arma de autocontrole. O bom senso ajuda a concentrar os seus sentimentos de uma forma positiva.

- **Aspectos harmônicos:** disciplinado e sensato, você faz um grande esforço para controlar suas emoções, e geralmente consegue. Isto explica como o intrépido Evel Knievel e o escritor de horror Stephen King conseguem fazer o que fazem.

- **Aspectos difíceis:** uma história de privação emocional lhe tornou hesitante e autoconsciente. Apesar do pessimismo, das emoções

Capítulo 13: Aspectos Surpreendentes

185

reprimidas e das dificuldades com as mulheres poderem angustiar você, sua compreensão desenvolve-se com sua maturidade, assim como a sua capacidade de encontrar a felicidade e contentamento.

Lua/Urano

Nunca há um momento de tédio sequer, quando a emocional Lua encontra-se com o planeta de imprevisibilidade.

- ✔ **Conjunção:** impulsivo e estimulável, você reage de maneiras não convencionais, atrai experiências incomuns e pode sofrer alterações de humor imprevisíveis. Esta é uma combinação volátil.

- ✔ **Aspectos harmônicos:** você se rebela contra a repressão e a convenção, se orgulha de sua independência e valoriza a sua autonomia, mesmo dentro dos relacionamentos. Você é atraído por pessoas interessantes e situações inusitadas.

- ✔ **Aspectos difíceis:** talentoso e fácil de se distrair, você não suporta sentir-se constrangido. Você se aborrece facilmente e de vez em quando agita (ou atrai) a crise. Para manter a sua independência, você pode inconscientemente distanciar-se dos outros.

Lua/Netuno

A Lua abriga o lado privado e sensível de sua personalidade, enquanto Netuno transforma tudo em mistério. Juntos, este par pode sensibilizar sua imaginação — ou levá-lo a cegueira emocional.

- ✔ **Conjunção:** você percebe as menores pistas emocionais e muitas vezes se sente oprimido, esgotado, ou com pena de si mesmo. Você é vulnerável e amável, com fortes necessidades espirituais, um potencial psíquico definido e vive uma vida de fantasias. Esse aspecto indica imaginação e talento criativo. Também pode gerar uma tendência para o escapismo, alcoolismo e abuso de drogas.

- ✔ **Aspectos harmônicos:** compassivo, intuitivo e carinhoso, você tem dificuldade em dizer não. Embora este aspecto aumente a sua criatividade, aproveitá-la pode ser difícil porque você está inclinado a perder-se em devaneios. Transformar fantasia em realidade requer trabalho — e isso pode ser um problema para você.

- ✔ **Aspectos difíceis:** você luta contra ilusões, medos irracionais (como a hipocondria) e instabilidade emocional, para não mencionar o abuso de drogas e álcool. Mas você também é sensível, criativo e receptivo.

Lua/Plutão

Plutão empresta intensidade para as questões emocionais regidas pela Lua. Um aspecto importante entre os dois significa que seus sentimentos são intensos e suas percepções estão afiadas.

Parte III: Tudo Mais no Caldeirão Cósmico

- **Conjunção:** você é magnético, controlador, possessivo, intenso e compulsivo. Você resiste às menores mudanças. Mas quando chega a hora de grandes mudanças, entende a necessidade e se sai muito bem.

- **Aspectos harmônicos:** você lida com grandes mudanças com facilidade. Você tem emoções intensas e uma forte necessidade, de tempos em tempos, de purgar-se de velhos sentimentos. Fazer isso traz alívio.

- **Aspectos difíceis:** você é inibido quando se trata de expressar suas emoções, e tende a se segurar. As pessoas lutam para ganhar a sua confiança, e você pode manipular situações no intuito de conseguir o cargo mais alto. Ocasionalmente, transtornos domésticos e lutas pelo poder dão um sacode na sua vida.

Aspectos de Mercúrio

Mercúrio representa a maneira de você pensar, a sua curiosidade, a forma como você se expressa e o seu intelecto.

Mercúrio/Vênus

O adorável Vênus, a musa do zodíaco, empresta graça de expressão à ginástica mental de Mercúrio.

- **Conjunção:** você se expressa com charme e humor. Você pode ter habilidade literária e gosta de falar, ainda bem, porque você é um fofoqueiro de carteirinha.

- **Aspectos harmônicos:** você é alerta, charmoso, diplomático e um hábil comunicador.

- **Aspecto difícil (quase isso):** Mercúrio e Vênus nunca ficam mais distantes do que 76° entre si, então, eles não podem formar um quadratura ou oposição. Mas eles podem formar uma Semi-quadratura — um ângulo de 45° que aprimora suas habilidades criativas e pode estimulá-lo a criticar aqueles que você mais ama.

Mercúrio/Marte

Quando o regente do time do intelecto se junta ao planeta da agressividade, você tem uma mente assertiva, afiada e persuasiva.

- **Conjunção:** você tem uma mente animada e contestadora, opiniões fortemente defendidas, e a autoridade intelectual para ganhar a maioria de seus debates — seja sabendo algo sobre o assunto ou não.

- **Aspectos harmônicos:** você é franco e mentalmente ativo, com uma mente rápida e a capacidade de tomar decisões seguras.

- **Aspectos difíceis:** você reage imediatamente, e às vezes de forma imprudente. Você também tem uma língua afiada e uma tendência a ser impetuoso.

Capítulo 13: Aspectos Surpreendentes 187

Mercúrio/Júpiter

Mercúrio é o planeta das habilidades mentais, enquanto o expansivo Júpiter faz qualquer coisa maior e melhor. Este par pode inspirar grandes ideias ou excesso de distrações.

- **Conjunção:** você é inteligente, filosófico, de mente aberta e capaz de enxergar o panorama geral. Você faz as grandes perguntas, divide-se entre dezenas de interesses, e tem a capacidade de influenciar os outros. Reunir informações e dominar novas habilidades te deixa feliz.
- **Aspectos harmônicos:** você é inteligente e bem-humorado, otimista, e ainda assim capaz de discernir, com uma variedade de interesses. Você é um orador persuasivo.
- **Aspectos difíceis:** você é cheio de ideias interessantes e boas intenções. Mas tende a exagerar e tirar conclusões precipitadas, e seu julgamento pode ser sem nenhum embasamento.

Mercúrio/Saturno

O veloz Mercúrio rege o modo de você pensar. O exigente Saturno é o planeta da estruturação e do autocontrole. Eles funcionam bem em conjunto, se Mercúrio puder usar a disciplina de Saturno para colocar os pensamentos em prática.

- **Conjunção:** você é uma pessoa séria, com uma mente racional, um senso de humor irônico e uma apreciação por conhecimento útil.
- **Aspectos harmônicos:** você é bem organizado, metódico, reservado e inteligente, com uma compreensão nata de como focar sua mente e assimilar informações.
- **Aspectos difíceis:** você não encara as coisas despreocupadamente, mesmo quando você deve. Embora você seja um eficaz planejador, você também pode ser inflexível, melancólico, e ficar desconfortável com novas ideias.

Mercúrio/Urano

Mercúrio representa o modo de pensar, enquanto Urano é um para-raios que atrai inspiração do nada. Dependendo de como os dois interagem, eles podem revelar o genial inventor, o cientista louco, ou o tagarela excêntrico lá da esquina.

- **Conjunção:** este é o aspecto Eureka!— você é um pensador progressista propenso a súbitas visões e ideias surpreendentes. Você tem uma mente incomum, uma maneira original de se expressar, e até mesmo um toque de genialidade.
- **Aspectos harmônicos:** ideias incomuns estimulam você. Sua mente é criativa, ilimitada e brilhante, e você se expressa de uma forma animada e original.

Parte III: Tudo Mais no Caldeirão Cósmico

✔ **Aspectos difíceis:** às vezes brilhante, às vezes apenas nervoso e impaciente, você tem uma mente instável. Rebela-se contra a autoridade, a rotina, e as convenções, e ao fazê-lo você cria tensão e conflito. Você também tem um espontâneo intelecto genial que pode levá-lo longe.

Mercúrio/Netuno

Mercúrio pensa, enquanto Netuno sonha. Mercúrio pode ajudar a transformar as fantasias de Netuno em realidade, enquanto Netuno traz percepção e dá asas à imaginação às ideias de Mercúrio.

✔ **Conjunção:** você é um visionário com uma inspirada imaginação, um sonhador sensível ao humor e à linguagem, um artista de múltiplos talentos e poeta que pode criar um estado de ânimo através das palavras por conta própria. Mas quando você fica obcecado por uma ideia fixa, pode perder o contato com a realidade.

✔ **Aspectos harmônicos:** você tem uma mente criteriosa, uma imaginação artística e uma forma imaginativa de se expressar.

✔ **Aspectos difíceis:** fantasia e realidade disputam sua atenção, e nem sempre fica claro qual deles está vencendo. No seu melhor, você é criativo, intuitivo e visionário. Mas também pode ser desorganizado e distraído, com uma tendência destrutiva para ver apenas o que você quer ver.

Mercúrio/Plutão

Quando Plutão, o detetive do zodíaco, se conecta com sagaz Mercúrio, a combinação confere-lhe um espírito de comando e a capacidade de concentração.

✔ **Conjunção:** você é analítico, focado e hábil em desenterrar segredos. Com sua inteligência perspicaz, pode ser um pesquisador talentoso, repórter investigativo ou detetive. Este aspecto traz discernimento e capacidade de escrita, junto com pensamentos obsessivos.

✔ **Aspectos harmônicos:** você é um pensador criativo e astuto, que pode ir além da superfície e que está disposto a lidar com questões importantes.

✔ **Aspectos difíceis:** você é atencioso, observador e curioso, bem como tenso e agressivo, com uma clara tendência a se chatear.

Aspectos de Vênus

Vênus simboliza amor, relacionamentos, arte, prazer, posses e dinheiro.

Capítulo 13: Aspectos Surpreendentes **189**

Vênus/Marte

Vênus é o planeta do fascínio. Marte estimula o desejo. Juntos, eles estimulam as forças da paixão e da sensualidade.

- ✓ **Conjunção:** expressivo e magnético, você irradia sexualidade, vitalidade e carisma. Você não tem nenhuma dificuldade em atrair os outros, porque as pessoas querem estar perto de você. Mas gostaria de ver faíscas voando e pode, inconscientemente, criar relacionamentos tumultuados.

- ✓ **Aspectos harmônicos:** você é atraente, genial, amoroso e propenso a encontrar satisfação romântica.

- ✓ **Aspectos difíceis:** você não tem certeza do que quer, especialmente em relacionamentos românticos. Como resultado, sua vida amorosa pode ser perturbada por brigas, infelicidade e tensão.

Vênus/Júpiter

Quando o amoroso Vênus encontra o generoso Júpiter em um mapa astral, o resultado é um derramamento de afeto, um amor pela luxúria e uma apreciação da arte e da beleza.

- ✓ **Conjunção:** este é um aspecto de sorte. Como você é carinhoso e generoso, atrai amor, amizade, e até mesmo dinheiro — o que é surpreendente, considerando o quão imprudente, indisciplinado e autoindulgente você pode ser. Este aspecto também confere capacidade artística.

- ✓ **Aspectos harmoniosos:** este aspecto de sorte aumenta a sua capacidade de atrair a atenção, de ganhar dinheiro e de escolher o parceiro ideal.

- ✓ **Aspectos difíceis:** você passa dos limites. Pode comer, beber ou gastar em excesso, ser excessivamente exigente, ou simplesmente extravasar seus sentimentos de forma exagerada. De uma forma ou de outra, extravagância é um problema.

Vênus/Saturno

O restritivo Saturno inibe o afetuoso Vênus. Este aspecto sedimenta e fortalece os seus sentimentos — mas também traz sofrimento e atrasos no amor.

- ✓ **Conjunção:** emocionalmente inibido e com medo de ser ferido, você se leva a sério demais para tratar o romance de uma forma alegre. Fica mais confortável em um relacionamento com alguém mais velho ou mais estabelecido do que você. Algumas pessoas com este aspecto fazem do amor uma espécie de perseguição obsessiva. Independente de fazer isso ou não, o amor é um problema para você. Este aspecto também aumenta a criatividade, ajudando você a direcionar (a influência de Saturno) seus talentos artísticos (dados por Vênus).

Parte III: Tudo Mais no Caldeirão Cósmico

✔ **Aspectos harmoniosos:** tanto emocionalmente quanto financeiramente, você valoriza segurança acima da emoção. Responsável e leal, você procura um relacionamento sólido e duradouro — e uma carteira gorda.

✔ **Aspectos difíceis:** romance pode ser um problema. Defensivo e com medo de rejeição, você pode se esconder atrás de uma parede levantada por você mesmo. Mesmo quando você encontra um relacionamento satisfatório (e muitas pessoas com este aspecto são bem casadas), você pode sentir-se isolado e pode tentar preencher esse vazio assumindo responsabilidades adicionais. Algo semelhante acontece com o dinheiro. Em ambos os casos, o medo da perda é um fator de motivação.

Vênus/Urano

Se o amoroso Vênus e o incomum Urano estão juntos em seu mapa astral, é provável que você seja o impetuoso protagonista de sua própria novela romântica.

✔ **Conjunção:** este é o aspecto relâmpago, do tipo que traz uma personalidade emotiva, amor à primeira vista e , muitas vezes, uma instável e dramática vida amorosa. Como Elizabeth Taylor (casada oito vezes) ou Warren Beatty (casou-se pela primeira vez aos 55 anos, depois de décadas como o solteiro número um de Hollywood), você quer atração instantânea e fogos de artifício por todo o caminho.

✔ **Aspectos harmônicos:** na amizade como no romance, você sente-se atraído por pessoas excitantes e inusitadas. Você é original, artisticamente talentoso e sortudo no amor. Além disso, você tem a invejável (mas totalmente imprevisível) capacidade de atrair pencas de dinheiro.

✔ **Aspectos difíceis:** à procura de um relacionamento de confiança com uma pessoa "apropriada"? Duvido. Você procura a emoção do proibido. O amor inesperado é parte de sua história; a traição repentina pode ser outra. Entre as pessoas em meus arquivos com um aspecto difícil entre Vênus e Urano, encontrei uma que tinha um caso com o cônjuge de sua irmã, uma que fugiu com o marido de sua melhor amiga, outra que se casou com seu primo em primeiro grau, e várias que desafiaram as expectativas por se casar com alguém de outra etnia ou nacionalidade.

Vênus/Netuno

Vênus vive para o romance e para a beleza. O glamoroso Netuno incentiva o mistério, a magia e os sentimentos espirituais. Quando eles estão em sincronia, você pode andar nas nuvens, mas até mesmo a conjunção pode trazer-lhe de volta à terra em um instante.

✔ **Conjunção:** sua compaixão e vívida imaginação podem fazer de você um artista inspirado, mas também pode trazer-lhe problemas, especialmente no romance, porque você, inconscientemente, deixa o seu desejo de amor (ou entendimento) ofuscar a sua visão. Você é um romântico, um idealista, em eterna busca espiritual. Seu companheiro ideal compartilha dessas aptidões.

✔ **Aspectos harmônicos:** você pode ser simpático, gentil, místico, musical, refinado e criativo. Também está propenso à preguiça e ao comodismo.

✔ **Aspectos difíceis:** a ilusão entra em sua vida de uma forma positiva através da arte, da música e do cinema. Você também está propenso àpaixão sonhadora. Ser realista sobre romance não é o seu forte. Você se apaixona por Heathcliff todas as vezes.

Vênus/Plutão

O planeta do amor encontra o planeta da obsessão. Você pode adivinhar o que acontece: ciúme, intriga e paixão são as palavras de ordem para este par.

✔ **Conjunção:** você é ciumento, possessivo, profundamente sexual e controlador. Este aspecto também traz habilidade artística e financeira.

✔ **Aspectos harmônicos:** intenso, mas não destrutivo, você procura com sucesso transformar-se através de seus relacionamentos. Você atrai pessoas poderosas, tanto no amor quanto nos negócios.

✔ **Aspectos difíceis:** já foi fixado em alguém que sabia que não era bom para você? Acredito que sim. Este aspecto traz paixão e obsessão. Felizmente, ele também pode fazer você magneticamente atraente.

Aspectos de Marte

Marte representa a sua vontade, seus desejos, seu ímpeto, sua energia e sua agressividade.

Marte/Júpiter

A energia "quero fazer" de Marte é um complemento perfeito para a energia "manda ver" de Júpiter. Este é um emparelhamento animador.

✔ **Conjunção:** por que a canção astrológica mais famosa de todos os tempos ("Age of Aquarius", do Fifth Dimension) sugere que vamos experimentar paz e amor "when the Moon is in the seventh house and Jupiter aligns with Mars" ("quando a Lua estiver na sétima casa e Júpiter estiver alinhado com Marte?") Francamente, não tenho certeza. Porém, vou dizer o seguinte: se Júpiter se alinhar com Marte em seu mapa, você terá energia para dar e vender, uma grande vontade de explorar, um senso natural de oportunidade, e a capacidade de satisfazer os seus desejos de uma forma extravagante.

✔ **Aspectos harmônicos:** definir grandes metas vem naturalmente para você. Você é aventureiro, incansável, otimista e forte — uma grande combinação.

Parte III: Tudo Mais no Caldeirão Cósmico

> ✔ **Aspectos difíceis:** inquieto e extravagante, você tem resistência e ímpeto, mas a moderação, embora frequentemente recomendada, não é a sua.

Marte/Saturno

O sangue quente de Marte é o planeta da ação; o sombrio Saturno é o senhor da cautela. Eles não gostam muito um do outro, mas conseguem trabalhar juntos.

> ✔ **Conjunção:** na melhor das hipóteses, este aspecto traz autodisciplina, perseverança e coragem. Na pior das hipóteses, leva a timidez, inibição, ressentimento e comportamento destrutivo.
>
> ✔ **Aspectos harmônicos:** você é ambicioso, decidido, trabalhador e sensato. Você consegue fazer as coisas.
>
> ✔ **Aspectos difíceis:** a impaciência domina. Você se sente bloqueado e frustrado, e não é fácil para você dosar o seu temperamento. Além disso, você sente que tem inimigos, e desentendimentos com autoridade pode ser muito comum em sua vida. Este pode ser um aspecto difícil (pense em River Phoenix), mas não faltam exemplos positivos, incluindo Anderson Cooper, Jane Austen e Johann Sebastian Bach.

Marte/Urano

O impaciente Marte e o imprevisível Urano: a dupla bad boy original do zodíaco. Estes dois não podem evitar problemas.

> ✔ **Conjunção:** você é desenfreado e determinado, com atitudes sexuais pouco convencionais, desejos incomuns e grande ímpeto. Mas sua energia é irregular, e você pode estar propenso a acidentes.
>
> ✔ **Aspectos harmônicos:** nervoso e sincero, você persegue objetivos incomuns, busca a novidade e reage rapidamente. Mas você usa a sua considerável energia de forma construtiva ou a desperdiça? Felizmente, a escolha é sua.
>
> ✔ **Aspectos difíceis:** você adora assumir riscos, e é um espírito livre, cujos modos rebeldes podem prejudicar tudo a sua volta. Na pior das hipóteses, esse aspecto estimula um comportamento fingido verdadeiramente ridículo; no melhor de sua criatividade, este aspecto incentiva a independência e a aventura.

Marte/Netuno

O sonhador Netuno pode passar o dia em meio a nebulosos devaneios, enquanto o descuidado Marte entra em ação (porém impensada ou ineficaz). Felizmente, Marte também serve de combustível para os planos criativos de Netuno.

> ✔ **Conjunção:** inseguro, talentoso e sensível, você tem dificuldade para direcionar sua energia, e pode definir objetivos que são ao mesmo tempo idealistas e irrealistas. John Lennon tinha esse aspecto.

Capítulo 13: Aspectos Surpreendentes **193**

- ✔ **Aspectos harmônicos:** você é romântico, artístico e capaz de colocar seus sonhos e inspirações em ação.

- ✔ **Aspectos difíceis:** você é idealista, mas facilmente desencorajado, com tendência para adotar uma conduta escapista.

Marte/Plutão

Você é uma fonte de energia e intensidade. Este aspecto traz ambição e resistência — na maior parte das vezes.

- ✔ **Conjunção:** fisicamente dotado com enormes reservas de energia, você é agressivo, ambicioso e trabalhador. Vai atrás do que quer com uma impressionante determinação. Este é um aspecto poderoso. Exemplo: Hillary Rodham Clinton.

- ✔ **Aspectos harmônicos:** você tem fortes desejos e aversões, um sólido senso de confiança, bem como a rara habilidade de sair de um relacionamento ou de um emprego sem entrar em colapso. Você também tem a capacidade de começar um novo empreendimento com incrível fervor.

- ✔ **Aspectos difíceis:** você tem grandes paixões, mas também tem dificuldade em controlá-las e em evitar conflito. Embora você tenda a sabotar a si mesmo, tem uma resistência impressionante e a capacidade de eliminar suas atitudes negativas e alcançar o que realmente quer: poder.

Aspectos de Júpiter

Júpiter representa prosperidade, sabedoria, abundância, extravagância e expansão. Sua colocação em seu horóscopo diz-lhe onde você pode esperar boa sorte e oportunidade.

Júpiter/Saturno

O expansivo Júpiter e restritivo Saturno não são aliados naturais. Misture-os e você consegue tensão — e determinação.

- ✔ **Conjunção:** quando o otimista Júpiter está em conjunção com o pessimista Saturno, o idealismo é esmagado pelo realismo, e a frustração é violenta. Seu caminho está cheio de obstáculos, mas sua capacidade para o trabalho duro é de tirar o fôlego. Este aspecto difícil ocorre aproximadamente a cada 20 anos. Você pode tê-lo em seu mapa astral se tiver nascido em 1901, 1921, 1940 ou 1941, 1961, 1981 ou 2000.

- ✔ **Aspectos harmônicos:** você é sensível, de cabeça fria, e prático o suficiente para reconhecer suas limitações e compensá-las com seus pontos fortes. Saturno empresta-lhe a capacidade de transformar os seus sonhos mais extravagantes (ao estilo de Júpiter) em realidade (bem ao estilo de Saturno). Você pode fazer acontecer. Os melhores terapeutas que conheço têm este aspecto.

Parte III: Tudo Mais no Caldeirão Cósmico

✔ **Aspectos difíceis:** um cabo de guerra entre as forças de expansão e as forças de restrição mantém o equilíbrio. Inquietação, descontentamento, péssima escolha de momento e tensão podem atormentar você. Em algum lugar lá no fundo, você tem medo que o seu julgamento não seja confiável e sua confiança sofre de acordo. A oposição entre Júpiter e Saturno ocorre cerca de dez anos após a conjunção: em 1911, 1930-1931, 1951-1952, 1970-1971, 1989-1990 e 2010.

Júpiter/Urano

Surpresas não param de chegar quando o benevolente Júpiter encontra Urano, o planeta do inesperado. Urano acrescenta um toque rebelde ao sincero entusiasmo e à capacidade de atrair oportunidades de Júpiter.

✔ **Conjunção:** você é uma pessoa idealista, que se beneficia ao correr riscos. De alguma forma, apesar de seus meios extravagantes, você está no lugar certo, na hora certa. Este é o aspecto de oportunidades incomuns e sorte repentina —, mas, como tudo relacionado a Urano, ele não vem da forma que você esperaria.

✔ **Aspectos harmônicos:** alerta e criativo, você tem uma mente original e aprecia às oportunidades que são excitantes e inconvencionais.

✔ **Aspectos difíceis:** o caminho predeterminado e os rumos requeridos não lhe agradam. Você faz escolhas surpreendentes e pode sofrer quando suas decisões impulsivas mostram-se imprudentes. Você é um rebelde nato.

Júpiter/Netuno

O extravagante Júpiter incentiva o impressionável Netuno a sonhar grande. Este aspecto reforça a imaginação, o idealismo e a espiritualidade.

✔ **Conjunção:** sua espiritualidade, idealismo e bem-estar financeiro se beneficiam deste aspecto. Mas cuide para que a sua atitude amigável e simpática não lhe cegue para a realidade. Enquanto você é abençoado com uma certa quantidade de pura sorte, pode ter problemas com a incerteza, autoilusão e com a tendência de se afastar da realidade.

✔ **Aspectos harmônicos:** você é compassivo, gentil, perspicaz, criativo e sortudo, com uma atração inata para buscas espirituais.

✔ **Aspectos difíceis:** você tende a dispersar seus esforços, você pode ser demasiado crédulo, e sua recusa em enfrentar a realidade pode levar seus amigos a beber (uma substância que você deve ter cuidado para não abusar). Este aspecto pode trazer dinheiro e talento, especialmente musical. Você também pode ser exageradamente idealista, e seu modo de pensar fantasioso pode ser um problema.

Júpiter/Plutão

Júpiter traz oportunidades e amplia tudo o que toca — de bom e de ruim. Plutão representa a jornada interior e o poder da transformação.

- **Conjunção:** quando estes dois planetas estão lado a lado, você tem fortes convicções e pode se tornar um poderoso agente de mudança. Um exemplo: Bill Gates, o fundador da Microsoft, que tem esta conjunção na terceira casa da comunicação.

- **Aspectos harmônicos:** quando os tempos são de mudança, você tem confiança para reagir de acordo e geralmente se beneficia. Você é bem organizado e um poderoso líder.

- **Aspectos difíceis:** você quer mudar o mundo. No seu melhor, enfrenta bravamente o mais temível dos Golias — e vence. Mas você nutre um desejo secreto de poder, e pode ser cruel, desconfiado, autodestrutivo e fanático. Este é um aspecto poderoso que aparece nos mapas de pessoas poderosas.

Aspectos de Saturno

Saturno simboliza limitação, retração, restrição e a necessidade de uma estrutura. Sua localização lhe diz onde você tem que enfrentar a realidade, se organizar e ir pôr mãos à obra.

Saturno/Urano

A Tradição (Saturno) encontra a inovação (Urano). Limites (Saturno) encontram as forças da libertação (Urano). Não é preciso dizer o que esta combinação proporciona.

- **Conjunção:** você tem ímpeto, persistência, potencial de liderança e capacidade de focar-se em suas ideias mais originais, combinando o brilho de Urano com as realidades práticas de Saturno.

- **Aspectos harmônicos:** você é determinado e decidido, capaz de misturar a seriedade de Saturno com a originalidade de Urano. Este é um aspecto de muitos feitos.

- **Aspectos difíceis:** compromisso é difícil. Você pode ser egoísta, insensível e hipócrita — uma verdadeira dor de cabeça. No seu pior, você acredita que lhe tem sido negado o reconhecimento, o status ou riqueza material que merece. Em seu melhor você é um reformista, capaz de pôr em prática ideias originais (Urano) para velhos (Saturno) problemas.

Saturno/Netuno

O prático Saturno segue instruções. O sonhador Netuno vagueia em transe, absorvendo impressões e dissolvendo fronteiras. Dependendo se eles estiverem trabalhando com ou contra o outro, eles ou intensificam as forças de percepção ou tornam-nas completamente foras de foco.

- ✔ **Conjunção:** se os dois planetas estiverem bem combinados, você é disciplinado, sensível e criativo. Se o inflexível Saturno domina Netuno, você desconfia da sua intuição e reprime seus impulsos criativos. Se o tonto Netuno é dominante, você se esforça para ser asseado, organizado e estar no controle.

- ✔ **Aspectos harmônicos:** seu idealismo netuniano e seu senso de realidade saturniano unem forças, dando-lhe a capacidade de direcionar a sua imaginação, de forma prática e realista.

- ✔ **Aspectos difíceis:** emocionalmente, você se segura. Você não confia nas pessoas com facilidade e tem tendência à reclusão. Além disso, tem dificuldade em se organizar. A localização de Saturno em seu mapa indica onde você precisa de estruturação. As chances são de que você saiba exatamente o que deve fazer. O problema é que, graças ao misterioso Netuno, o planeta da ilusão, você tem dificuldades de fazê-lo.

Saturno/Plutão

Plutão é um mago poderoso e o planeta da mudança interior, lenta e intensa; Saturno é o vigia do zodíaco e o senhor de disciplina. Quando eles interagem em seu mapa, a sua capacidade de transformar a si mesmo é aumentada.

- ✔ **Conjunção:** Plutão tem tudo a ver com transformação, mas o cauteloso Saturno, que não se sente confortável com mudanças, restringe a sua ação, criando um comportamento compulsivo, de hábitos difíceis de se quebrar e a principal fonte de resistência. Para contornar este intenso, e às vezes frustrante, aspecto, você precisa de uma abordagem sistemática para resolver problemas, uma boa dose de autodisciplina, e uma aceitação do fato de que, embora a mudança possa ser lenta, água mole em pedra dura...

- ✔ **Aspectos harmônicos:** um trígono ou sextil ligando Saturno e Plutão reforça a sua força de vontade, seu senso de controle e sua confiança.

- ✔ **Aspectos difíceis:** pensamentos obsessivos ou de conduta compulsiva podem deixá-lo em maus lençóis até que você encontre uma maneira de diminuir suas influências. Embora obstáculos possam bloquear seu caminho, você tem a determinação de superá-los.

Aspectos de Urano, Netuno e Plutão

Urano representa a individualidade, a excentricidade, a revolta, revolução e o imprevisível. Netuno simboliza a imaginação, os esforços espirituais, os sonhos, a percepção e a ilusão. Plutão representa obsessão, compulsão, morte, renascimento e transformação.

Capítulo 13: Aspectos Surpreendentes

Urano, Netuno e Plutão, os três planetas exteriores, viajam através do zodíaco tão lentamente que sua maior influência é sobre as gerações, e não sobre indivíduos. Os aspectos que eles formam permanecem na esfera por muito tempo. A conjunção entre dois deles, não importa quais, por exemplo, dura anos. Assim, o mero fato de ter esse aspecto não distingue você. Ele simplesmente faz de você um membro de sua geração, com todos os prós e contras que isso implica.

Sob certas circunstâncias, um aspecto que envolve os planetas exteriores pode ganhar destaque no mapa de um indivíduo. Isso acontece quando:

- Qualquer um dos planetas ocupa um ângulo ou está em conjunção com o seu Ascendente ou Meio do Céu.
- Qualquer um deles faz vários aspectos perto de outros planetas e, em especial, do Sol, da Lua, ou do regente do seu Ascendente.
- Qualquer um destes planetas rege seu signo solar, seu signo lunar, ou seu signo ascendente. Urano governa Aquário, Netuno preside Peixes e Plutão rege Escorpião.

Urano/Netuno

Urano, o planeta da revolução, e o místico Netuno, o planeta dos sonhos e visões, inspiram e levam você a ter ideias.

- **Conjunção:** em 1992 e 1993, Urano e Netuno entravam em conjunção pela primeira vez desde 1821 — uma proeza que não vai repetir até por volta de 2163. Qualquer pessoa nascida com este aspecto é provável que tenha uma forma criativa de lidar com a mudança social e um temperamento nervoso.
- **Aspectos harmônicos:** se você tem um trígono ou um sextil entre Netuno e Urano, você pertence a uma geração que é compassiva, utópica e propensa à espiritualidade.
- **Aspectos difíceis:** você é emocional, excêntrico e totalmente original, especialmente se um desses planetas entra em contato com um terceiro de forma significativa.

Urano/Plutão

O não convencional Urano e o intenso Plutão colaboram para promover as maiores, às vezes revolucionárias, mudanças.

- **Conjunção:** você já se perguntou por que os anos 60 foram tão turbulentos? Aqui está o porquê: pela primeira vez em 115 anos, Urano, o planeta da revolução e excentricidade, estava em conjunção com Plutão, o planeta da transformação. Planetas em trânsito afetam a todos — e não apenas os bebês nascidos sob sua influência. Se você nasceu durante essa década — se é um autêntico filho dos anos 60 — você é independente e obstinado, e leva esse senso de rebelião criativa woodstockiano dentro de você.

Parte III: Tudo Mais no Caldeirão Cósmico

✔ **Aspectos harmônicos:** trígonos e sextis entre os amantes da liberdade Urano e Plutão trazem rompentes mudanças, mas permitem que você use a energia que é gerada de forma criativa.

✔ **Aspectos difíceis:** quando é pego de surpresa, você tenta conter suas reações naturais, criando assim, acima de tudo, uma porção extra de ansiedade. Não é só você: esta é uma influência geracional. Como todo mundo em sua geração, você já viu de tudo.

Netuno/Plutão

O Visionário Netuno, soberano da imaginação, você é sensível aos sonhos, à música, à poesia, ao misticismo e ao oculto. O poderoso Plutão, senhor do submundo, sonda as profundezas do proibido. Juntos, eles fazem uma combinação poderosa e estimulam uma busca heroica.

✔ **Conjunção:** esta rara conjunção, que ocorreu da última vez em 1892 e não vai reaparecer até o século XXIV, combina a espiritualidade netuniana com o ímpeto plutoniano por poder e conhecimento. Exemplos: Paramahansa Yogananda, autor de *Autobiografia de um Iogue*, e J. R. R. Tolkien, autor de *O Senhor dos Anéis*.

✔ **Aspectos harmônicos:** desde cerca de 1928, Netuno e Plutão têm estado em um sextil, aspecto que liga os anseios místicos de Netuno ao impulso transformador de Plutão, criando uma onda de interesse na espiritualidade e no ocultismo.

✔ **Aspectos difíceis:** uma preocupação incomum com a sexualidade ou com o sobrenatural pode surgir como fruto da energia bloqueada deste complicado aspecto. A obsessão é provável — mas a natureza dessa obsessão depende do indivíduo. Dois exemplos, nascidos com uma semana de diferença, são a Rainha Vitória, que emprestou seu nome a uma era conhecida por sua repressão, e Walt Whitman, cuja poesia é repleta de alegre sexualidade e amor desinibido.

Capítulo 14

Um Guia Para a Interpretação de Seu Mapa Astral

Neste Capítulo

▶ Encontrando os padrões em seu mapa

▶ Analisando cinco componentes específicos de um mapa

▶ Olhando para as configurações de aspecto

▶ Completando o quebra-cabeça

A maioria dos astrólogos concorda que o signo solar astrológico, que descreve tipos mais que indivíduos, é insuficiente para a maioria dos propósitos. Mas o signo solar astrológico pode reivindicar uma vantagem: é simples. Um mapa astrológico completo, por outro lado, com o seu entrelaçamento de planetas, signos, casas e aspectos, é tão complexo quanto um ser humano real — e tão difícil de entender quanto.

Felizmente, você não precisa ser vidente para ser um astrólogo. Mas você precisa de um sistema, especialmente quando está começando. Este capítulo fornece um sistema desse tipo.

Primeiro Passo: encontrando Padrões Gerais

Folheie uma pilha de mapas astrais, e você poderá notar que em alguns, os planetas estão amontoados em uma parte do círculo, enquanto em outros eles estão espalhados ao redor dele, como números em um relógio. Estes agrupamentos, que nada têm a ver com os planetas em questão e signos envolvidos, podem ser incrivelmente reveladores. Os astrólogos desenvolveram duas principais formas de avaliar as configurações de um mapa astrológico:

✔ **Análise por Hemisfério:** tão fácil que uma criança pode fazê-lo, este método divide o círculo do mapa ao meio, horizontalmente e verticalmente, e conta o número de planetas em cada lado.

Parte III: Tudo Mais no Caldeirão Cósmico

> ✔ **Análise por Modelo:** este método pioneiro do astrólogo Marc Edmund Jones, em seu *Guide to Horoscope Interpretation*, analisa a forma como os planetas estão espalhados ao redor do círculo astrológico.

Ambos os métodos se apoiam apenas em padrões, não em signos e planetas específicos.

Análise por hemisfério

Um rápido olhar sobre o seu horóscopo fornece um fácil acesso à interpretação — e tudo que você tem a fazer é contar. Primeiro, localize a *linha do horizonte* em seu mapa — a linha traçada do Ascendente ao Descendente, conforme mostrado na Figura 14-1 (vá para o Capítulo 11 para mais informações sobre o seu Ascendente e Descendente). Se a grande maioria dos seus planetas — sete ou mais — está acima do horizonte, você é uma pessoa extrovertida, que encara o mundo externo buscando reconhecimento e aprovação. Se a maioria dos planetas estiver na área abaixo da linha, você é um introvertido que precisa de privacidade, busca a realização pessoal e pode sentir-se desconfortável na vida pública.

Agora, divida o seu mapa ao meio verticalmente ou ao longo do *meridiano*, que vai do seu Meio do Céu, ou MC, no local das doze horas em seu mapa, até o seu Fundo do Céu, no local das seis horas (veja a Figura 14-1). Essa linha divide o horóscopo em dois setores: o hemisfério ocidental à esquerda e o hemisfério oriental à direita. Se a maioria dos planetas se encontra no lado oriental ou direito do horóscopo, você tem a invejável habilidade de fazer as coisas acontecerem, de criar suas próprias oportunidades. Você é extremamente independente, mas também pode ser intolerante com as pessoas que não conseguem dar as cartas como você.

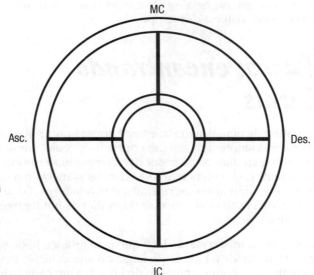

Figura 14-1: Dividindo o seu mapa na horizontal e na vertical.

Se o mapa pende mais para a esquerda, por assim dizer, com sete ou mais planetas no lado ocidental ou à esquerda do círculo, você é mais dependente das circunstâncias. Você precisa agarrar a oportunidade quando ela se apresenta, e pode achar que deva ceder às exigências dos outros, a fim de ter sucesso. A maioria das pessoas, incluindo o melhor dos melhores, tem planetas em ambos os lados do meridiano.

O Ascendente simboliza a sua personalidade à vista. O Descendente representa a sua forma de lidar com casamento e parcerias. O Meio do Céu, ou MC, mostra a sua ambição e imagem pública. O *imum coeli*, ou Fundo do Céu, indica sua atitude em relação à casa e à família.

Análise por modelo

Em 1941, astrólogo Marc Edmund Jones (um libriano) identificou sete modelos planetários (ou padrões planetários) que, como a divisão hemisférica, operam sem levar em conta os signos e planetas específicos. Desde então, estudantes de astrologia têm vindo a explorar o significado desses padrões. Aqui estão eles:

- **O feixe:** se todos os planetas estão concentrados em quatro signos ou a 120° (um trígono), você tem um mapa padrão feixe, independentemente dos signos envolvidos ou onde na roda esse modelo planetário acontece de cair. Este padrão, mostrado na Figura 14-2, concede-lhe um foco claro, interesses inabaláveis, confiança e força pessoal. Ele também limita você: onde é o seu forte, você é resistente, e totalmente inconsciente (ou desinteressado), onde não leva jeito. George W. Bush é um exemplo.

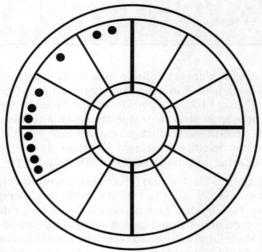

Figura 14-2:
O padrão feixe.

Duas impressões isoladas

Sempre que você encontrar um mapa astral com um autêntico planeta isolado — ou seja, um mapa feixo com um planeta afastado de todos os demais — você encontrou a chave para essa pessoa. Considere estes exemplos dos meus arquivos:

✔ **Lulu (não é seu nome verdadeiro), a anfitriã por excelência**. Com três planetas no carismático Leão, ela atrai as pessoas por onde passa, dá os melhores jantares para os quais já fui convidada, e parece a rainha da confiança. Ela também é uma das mais bem-sucedidas e caridosas mulheres que conheço. Mas ela se casou e se divorciou várias vezes, teve mais namorados do que todos os meus amigos juntos, e é obcecada por relacionamentos. Por quê? Ela tem um mapa feixo com nove planetas no lado oriental, equilibrado pela emocional Lua no outro. Graças aos nove planetas, ela é ativa e autônoma, uma verdadeira empreendedora. Mas, com a Lua bem no meio de sua sétima casa de parceria, o seu bem-estar emocional gira em torno dos relacionamentos. Isso é o que a localização do planeta isolado indica: o foco de uma vida.

✔ **Dr. X (não é seu nome verdadeiro), o psiquiatra mais divertido que conheço**. Sua personalidade amorosa vem do seu Ascendente em Leão. O interesse dele em psiquiatria sem dúvida vem da Lua isolada dele que, como a Lua do Dr. Freud, está na oitava casa da intimidade, dos segredos, da psicanálise, da regeneração (ou cura) e do conhecimento oculto. Em seu trabalho como terapeuta, o Dr. X é um mestre em criar uma agradável intimidade com seus pacientes, o que lhe permite descobrir os seus segredos. Em sua vida privada, a Lua leva-o a explorar as áreas que a maioria dos médicos não admitiriam sequer conhecer — áreas como a percepção psíquica, a quiromancia (sua palma da mão foi lida pela primeira vez quando ele tinha 5 anos de idade), a astrologia (foi assim que nos tornamos amigos) e todos os tipos de técnicas espirituais. Mais uma vez, o planeta isolado é a chave.

✔ **A tigela:** se os seus planetas cobrem mais de 120°, mas não mais do que 180° (ou metade do zodíaco), você tem um mapa tigela, como mostrado na Figura 14-3. Esse padrão altamente motivador pode criar uma sensação frustrante de que algo está faltando, combinado à uma grande determinação para preencher esse vazio. Essas pessoas são ativistas. Exemplos incluem Abraham Lincoln, Vincent van Gogh, Amelia Earhart, Donald Trump e Billie Jean King.

✔ **O balde:** um mapa balde é como uma tigela, exceto que um planeta (ou às vezes dois em conjunção estreita) está separado do resto, como a Figura 14-4 mostra. Esse planeta isolado, a alça do balde, torna-se o foco do mapa. Como as necessidades dele são sempre primordiais, Marc Edmund Jones comparou aquele planeta solitário a uma dor de dente. Ele exige atenção — e às vezes dói. Isso porque o papel dele é essencialmente equilibrar o resto do mapa. Sua importância é tão extrema que, tanto por signo quanto por casa, ele frequentemente descreve uma pessoa de uma forma inquietante.

Capítulo 14: Um Guia Para a Interpretação de Seu Mapa Astral

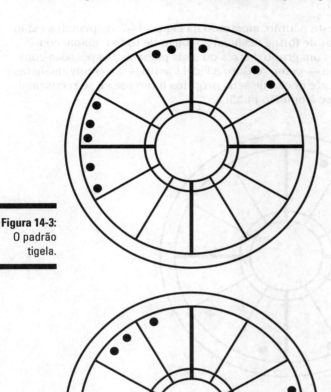

Figura 14-3:
O padrão tigela.

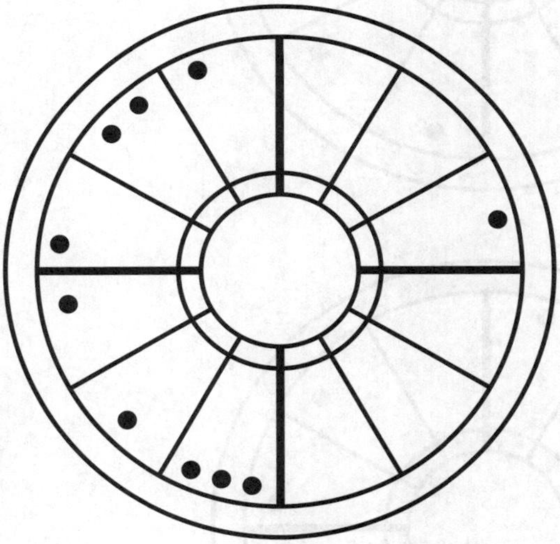

Figura 14-4:
O padrão balde.

- **A locomotiva:** se os dez planetas em seu mapa estão posicionados em 2/3 do zodíaco, como mostrado na Figura 14-5, você tem ímpeto, resistência e praticidade. Os dois planetas mais importantes são o primeiro e o último — a locomotiva, que puxa o desfile planetário quando o mapa é girado no sentido horário, e o vagão, que fica na parte de trás.

- **O espalhado:** assim como ela soa, os planetas neste padrão estão salpicados mais ou menos uniformemente em torno de toda a roda, com pontos em branco aqui e ali apenas porque há dez planetas e 12 signos. Figura 14-6 mostra um exemplo de padrão espalhado. Com este padrão, uma riqueza de experiência de vida é sua por direito. A desvantagem? Você dispersa sua energia e seus interesses da forma que uma árvore espalha suas flores durante uma ventania.

✔ **O funil:** neste padrão, mostrado na Figura 14-7, os planetas estão distribuídos de forma desigual ao longo de todo o mapa, com pelo menos um grupo de três ou mais planetas. As pessoas com este padrão — como Al Gore e Fidel Castro — são individualistas, têm uma forte noção de seus próprios interesses e se recusam a curvarem-se à opinião pública.

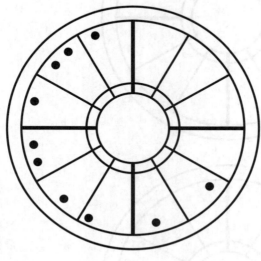

Figura 14-5:
O padrão locomotiva.

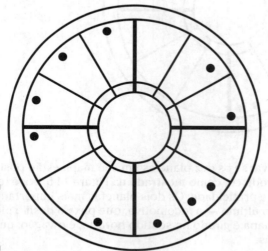

Figura 14-6:
O padrão espalhado.

Capítulo 14: Um Guia Para a Interpretação de Seu Mapa Astral

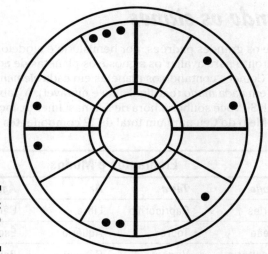

Figura 14-7:
O padrão funil.

- **A gangorra:** se você tem dois grupos de planetas opostos, separados por algumas casas vazias em cada lado, como mostrado na Figura 14-8, você está sempre para cima e para baixo na gangorra dos fatos e da experiência. Um excelente mediador, juiz e administrador, você consegue ver as coisas objetivamente porque é totalmente consciente dos dois lados de sua própria natureza. Você também pode, no fundo, sentir-se dividido, porque tem dois grupos de necessidades e dois grupos de talentos, e você pode achar que é difícil satisfazer a ambos. Exemplos incluem o escritor Dave Eggers e os artistas Frank Sinatra, Mariah Carey e Queen Latifah.

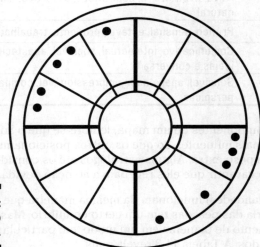

Figura 14-8:
O padrão gangorra.

Considerando os signos

Após refletir sobre os grandes padrões, por hemisfério e modelo, em seu mapa, você está pronto para avaliar os signos e os planetas de acordo com elemento e modo. Comece contando os planetas em cada *elemento* (fogo, terra, ar e água) e em cada *modo* (cardinal, fixo e mutável). A Tabela 14-1 mostra qual é qual. Se você souber a hora de seu nascimento, inclua o seu Ascendente e seu Meio do Céu para um total de 12 componentes distintos.

Tabela 14-1		Elementos e Modos		
	Fogo	*Terra*	*Ar*	*Água*
Cardinal	Áries	Capricórnio	Libra	Câncer
Fixo	Leão	Touro	Aquário	Escorpião
Mutável	Sagitário	Virgem	Gêmeos	Peixes

A maioria das pessoas apresentam um certo equilíbrio, com 2-4 planetas em cada elemento. Se você tem cinco ou mais planetas em signos de um elemento (ou modalidade), os traços associados a esse elemento ou qualidade são enfatizados. Confira a Tabela 14-2 para explicações sobre o que tal abundância pode significar para você.

Tabela 14-2	Ênfase por Elemento
Com um Predomínio de Planetas em...	**Você é...**
Signos de Fogo	Ativo, aventureiro, espirituoso, assertivo, um líder natural
Signos de Terra	Prático, sensual, estável, prudente, trabalhador, seguro
Signos de Ar	Comunicativo, intelectual, sociável, abastecido por ideias e conversa
Signos de Água	Sensível, apaixonado, impressionável, compassivo, perspicaz

Ao classificar os componentes de um mapa, lembre-se que o Sol, a Lua e o Ascendente são mais influentes do que os outros posicionamentos e, portanto, merecem peso extra. Alguns astrólogos até os consideram duas vezes, apenas para garantir que eles recebam a atenção devida.

Os modos (ou modalidades) funcionam da mesma maneira que os elementos. A maioria das pessoas tem um certo equilíbrio. Mas se você tem um engavetamento de planetas em um modo, em particular, aqueles traços são enfatizados. A Tabela 14-3 revela mais.

Capítulo 14: Um Guia Para a Interpretação de Seu Mapa Astral

Tabela 14-3	Ênfase por Modo
Com um Predomínio de Planetas em...	**Você é...**
Signos Cardinais	Ativo, corajoso, disposto a tomar a iniciativa
Signos Fixos	Inflexível, determinado, focado, oposto a mudanças
Signos Mutáveis	Flexível, adaptável, aberto à mudança

Planetas nas casas: um ponto menor

Ao adotar paralelos entre as casas e os signos, de modo que a primeira casa seja equivalente a Áries, a segunda casa a Touro, e assim por diante, você pode classificar as casas de forma elucidativa, como na Tabela 14-4. Para considerar o seu mapa, desta forma, conte quantos planetas você tem em cada trio de casas.

Para um exemplo, vá ao Capítulo 13 e dê uma olhada no mapa de Oprah Winfrey. Com três planetas na segunda casa, um na sexta casa e dois na décima, a maioria de seus planetas estão nas casas dos bens materiais, o que pode ajudar a explicar como uma aquariana idealista é uma das mulheres mais ricas do mundo.

Tabela 14-4		Ênfase por Modo
Casas	**Nome do Grupo**	**Características**
1, 5 e 9	Casas da Vida (Casas de fogo)	Ardente; dinâmico; motivado a aproveitar a vida e a tirar o máximo proveito da experiência
2, 6 e 10	Casas de Bens Materiais (Casas de terra)	Prático; apegado a sistemas e métodos; motivado a buscar segurança e reconhecimento
3, 7 e 11	Casas de Relacionamentos (Casas de ar)	Comunicativo; empático; motivado a criar relacionamentos gratificantes de todos os tipos
4, 8 e 12	Casas da Emoção (Casas de água)	Emotivo; responsivo; sagaz; motivado a explorar conexões familiares e o passado

Embora as divisões de casas da Tabela 14-4 não lhe dotem com as mesmas habilidades e características que os signos possuem, elas direcionam seus interesses de uma forma a equilibrar um mapa antes fora de sintonia.

Por exemplo, uma pessoa que não tem planetas em signos de terra, carece de habilidades práticas (e terá que lutar para compensar essa falta). A presença de planetas na segunda, sexta e décima casas pode contrariar essa inaptidão, fornecendo motivação. Estes posicionamentos não podem transformar um poeta aspirante em um contador com um fundo de investimento. Mas eles podem estimular o poeta a encontrar alguma forma de estabilidade (derivada dos planetas na segunda casa), a se organizar (devido aos planetas na sexta casa), e buscar o reconhecimento público (provindo dos planetas na décima casa).

Você também pode encontrar paralelos entre as casas e as modalidades, ou modos, conforme descrito na Tabela 14-5.

Tabela 14-5   Modalidade das Casas

Casas	Nome do Grupo	Características
1, 4, 7 e 10	Casas Angulares (cardinais)	Empreendedor, ativo
2, 5, 8 e 11	Casas Sucedentes (fixas)	Estável, determinado
3, 6, 9 e 12	Casas Cadentes (mutáveis)	Pensativo, flexível

Astrólogos tradicionalmente vêem as casas angulares (especialmente a primeira e a décima) como as mais fortes, enquanto as casas cadentes (especialmente a sexta e a décima segunda) são consideradas as mais fracas. Como alguém com muitos planetas cadentes, sempre achei essa análise desanimadora, até que aprendi sobre Michel Gauquelin, um cientista francês que encontrou significância estatística em certas colocações planetárias. Gauquelin observou as seguintes tendências:

- O agressivo Marte é muitas vezes proeminente nos horóscopos de atletas de sucesso.
- A Lua, regente do humor e do instinto, desempenha um papel importante em horóscopos de escritores.
- O sombrio Saturno, o senhor da estrutura e da consistência, é notável nos mapas de cientistas.
- O jovial Júpiter, o planeta da extravagância, é proeminente nos horóscopos de atores.

Estes planetas muitas vezes estiveram posicionados em áreas do horóscopo às vezes conhecidas como os *setores de Gauquelin*. Essas áreas de poder incluem grande parte das casas cadentes, com a décima segunda e a nona classificação como as mais importantes. Apesar da astrologia tradicional, que afirma o contrário, planetas cadentes não são necessariamente fracos.

Capítulo 14: Um Guia Para a Interpretação de Seu Mapa Astral

Segundo Passo: cinco Componentes Principais de um Mapa Astral

Depois de olhar para os padrões gerais de seu mapa, você está pronto para verificar signos e planetas específicos. Para ter uma noção do seu mapa sem se perder em detalhes, concentre-se nos seguintes fatores:

- ✔ **O Sol:** o Sol determina a sua identidade básica — suas motivações, necessidades, vontades e individualidade. Seu signo descreve a forma como você expressa esses aspectos importantes de si. Sua casa determina a área de maior interesse para você, assim como a área em que consegue se expressar de forma mais eficaz.

- ✔ **A Lua:** a Lua descreve suas emoções, subconsciente, instintos, hábitos e memória. O signo em que ela está determina a maneira de você vivenciar o lado emocional de sua natureza. O posicionamento dela por casa aponta a área da vida que é mais essencial para o seu bem-estar emocional.

- ✔ **O signo ascendente (ou simplesmente Ascendente):** o Ascendente descreve o nível visível de sua personalidade — a faceta que você mostra ao mundo (veja o Capítulo 11 para mais informações sobre os signos ascendentes).

- ✔ **O planeta regente:** o planeta que rege o Ascendente é o regente de seu mapa, independente da localização dele e independente de qualquer outra coisa que esteja acontecendo em seu horóscopo. O regente contribui tanto para a sua noção de identidade quanto para a impressão que os outros têm de você. A Tabela 14-6 mostra os signos ascendentes e seus planetas regentes. Vá ao Capítulo 9 ou 10 para mais detalhes sobre o seu planeta regente.

Tabela 14-6	Signos Ascendentes e Regentes	
Se Seu Ascendente é...	**Você Aparenta Ser...**	**E Seu Planeta Regente é...**
Áries	Impetuoso, determinado	Marte
Touro	Estável, sensual	Vênus
Gêmeos	Falante, tenso	Mercúrio
Câncer	Emocional, responsável	Lua
Leão	Confiante, exuberante	Sol
Virgem	Metódico, exuberante	Mercúrio
Libra	Charmoso, atraente	Vênus
Escorpião	Controlador, reservado	Plutão e/ou Marte

Continua

Parte III: Tudo Mais no Caldeirão Cósmico

Tabela 14-6 *(continuação)*

Se Seu Ascendente é...	Você Aparenta Ser...	E Seu Planeta Regente é...
Sagitário	Cosmopolita, incontrolável	Júpiter
Capricórnio	Respeitável, orgulhoso	Saturno
Aquário	Amigável, individualista	Urano e/ou Saturno
Peixes	Idealista, receptivo	Netuno e/ou Júpiter

Uma das qualidades mais reveladoras do planeta regente é a sua posição por casa. Por exemplo, o Ascendente de Jay Leno é Aquário (o que pode explicar seu cabelo bizarro, bem como seu amor pelas máquinas); o planeta regente dele, Urano, está na quinta casa do entretenimento. Courtney Love tem Ascendente em Libra. O planeta regente dela, Vênus (é claro), está na oitava casa do sexo e da morte. Winona Ryder tem Ascendente em Sagitário, o planeta regente dela é Júpiter, que pode ser encontrado escondido em sua décima segunda casa da autodestruição. E assim por diante. Agora, não me interpretem mal: este método rápido e barato nem sempre funciona de forma tão óbvia. Mas ele fornece uma pista para a compreensão de um mapa, e sua mensagem não deve ser ignorada. Não importa qual seja o seu planeta regente, o posicionamento dele por casa tem uma influência sobre você. A Tabela 14-7 mostra como este fator importante lhe afeta.

Tabela 14-7   Planeta Regente por Posicionamento nas Casas

Se o Seu Planeta Regente Está na...	Você é...
Primeira casa	Uma pessoa de personalidade e um empreendedor
Segunda casa	Uma fábrica de dinheiro; alguém para quem valores são fundamentais
Terceira casa	Um comunicador e um fofoqueiro
Quarta casa	Um membro da família e caseiro
Quinta casa	Um romântico; alguém que gosta de entreter; um pai devotado
Sexta casa	Um viciado em trabalho; alguém que vive preocupado; um perfeccionista
Sétima casa	Um confidente e um companheiro
Oitava casa	Um observador e um questionador
Nona casa	Um explorador e um pensador
Décima casa	Um empreendedor e uma pessoa de destaque
Décima primeira casa	Um amigo e uma pessoa ligada a grupos
Décima segunda casa	Um curioso espiritual e eremita

Capítulo 14: Um Guia Para a Interpretação de Seu Mapa Astral **211**

✔ **Stelliums:** um agrupamento de três ou mais planetas do mesmo signo, e de preferência, na mesma casa, é conhecido como *stellium*. Esse agrupamento é sempre importante. Quando ele aparece no mesmo signo que o Sol, reforça a mensagem do signo. Quando aparece em outro signo, adiciona um leque extra de qualidades e influências, que podem rivalizar com o signo solar em importância.

O tamanho do stellium também faz a diferença. Normalmente, um stellium consiste em três ou quatro planetas. Raramente você vê mais. Mas amontoamentos planetários ocasionais produzem stelliums monstruosos, como no caso da cozinheira Rachael Ray (que tem sete planetas mais o Ascendente em Virgem) ou a atriz Jennifer Jason Leigh, cujo mapa astral extraordinário apresenta sete planetas, incluindo o Sol e a Lua, em Aquário. A intensidade assustadora que ela representa em sua atuação vem diretamente do poder desse stellium.

Terceiro Passo: procurando Padrões de Aspectos

Um mapa astral pode facilmente ter dezenas de aspectos nele. Felizmente, alguns são mais importantes do que outros. Os aspectos que merecem a maior atenção são aqueles que estão mais próximos, os que envolvem o Sol ou a Lua, e os que juntam três ou mais planetas em um único padrão, como nessas configurações:

✔ **O Grande Trígono:** três planetas, cada um em um ângulo de 120° com os outros dois, formam um gigante triângulo da sorte chamado de *Grande Trígono*, mostrado na Figura 14-9.

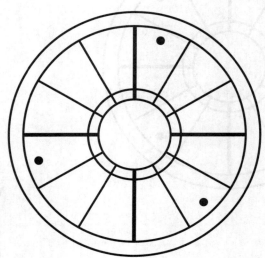

Figura 14-9:
O Grande Trígono.

Um Grande Trígono perfeito sempre inclui pelo menos um planeta em cada signo de um determinado elemento. Nessas áreas da vida, fluxos de energia e oportunidades são abundantes. Por exemplo, o artista pop Andy Warhol foi um leonino marcante com um grande trígono em fogo: a Lua e o Urano dele estavam em Áries, o Sol estava em Leão, e seu Saturno estava em Sagitário. Como a maioria das pessoas, Andy Warhol tinha outras áreas em seu mapa que ofereciam muitas dificuldades. Mas ele usou o Grande Trígono dele em seu proveito, tanto artisticamente (graças a Saturno na quinta casa da criatividade) quanto socialmente (graças ao espirituoso signo solar dele). Você pode dar uma olhada no mapa dele no Capítulo 19.

Nem todo mundo com a sorte de ter este aspecto o usa de forma eficaz. O Grande Trígono, um símbolo do preguiçoso, é notório por trazer apenas sorte o suficiente para que você continue com a sensação de que deve se esforçar.

✔ **A Grande Cruz:** se dois conjuntos de planetas em seu mapa estabelecem oposições (ou *quadraturas*) um com o outro, como mostrado na Figura 14-10, você é bem ocupado. A *Grande Cruz* é um aspecto relativamente raro que simboliza tensão, obstrução e frustração.

Algumas pessoas são sobrecarregadas por uma Grande Cruz. Pense em Nicole Brown Simpson, a esposa assassinada de O. J. Simpson, cujo mapa estava nitidamente repleto de quadraturas. Mas a Grande Cruz também pode ser uma fonte de incrível comprometimento, coragem e energia — como nos mapas de Miles Davis, Stonewall Jackson e Douglas Adams, autor de *O Guia do Mochileiro das Galáxias*.

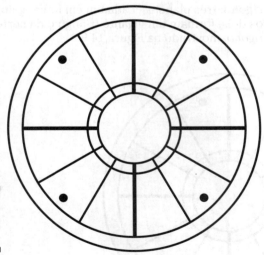

Figura 14-10: A Grande Cruz.

Capítulo 14: Um Guia Para a Interpretação de Seu Mapa Astral   213

- **A Quadratura em T (ou T-quadrado):** quando dois planetas se opõem um ao outro com um terceiro planeta formando quadraturas com ambos, como mostrado na Figura 14-11, eles formam uma *Quadratura em T* — uma configuração agitada, incômoda, mas bastante comum. Uma quadratura em T, inevitavelmente, cria tensão e insatisfação. Também te motiva a fazer algo a respeito da sua situação, o que pode ser o motivo para tantas pessoas bem sucedidas apresentarem essa configuração. Oprah é uma delas. Dê uma olhada no gráfico dela no Capítulo 13. Você verá uma clássica quadratura em T envolvendo quatro planetas: Plutão em Leão, Saturno em Escorpião e o Sol e Vênus em Aquário.

- **O Yod, Dedo do Destino ou Mão de Deus:** parece sério, não é? Na realidade, esta configuração difícil de achar, mostrada na Figura 14-12, é mais sutil em ação do que os outros padrões de aspecto. Ela parece um triângulo comprido e estreito, com dois planetas na sua base, formando um *sextil* (um ângulo de 60°), e um terceiro no *ápice* ou cume, formando um ângulo de 150° com os outros dois.

Esse aspecto de 150°, também chamado de *quincunce* ou *inconjunção*, tem uma energia do tipo "pare e acelere" que gera uma queimada de largada, desvios e frustrações. Exige ajuste contínuo e prejudica a sua capacidade de tomar decisões, especialmente nas áreas afetadas pelo planeta no ápice. Este aspecto configura uma complexa dinâmica dentro de um mapa. Mas é letal? Não. É um sinal de Deus? Não. Muitas pessoas bem sucedidas têm este aspecto? Sim (lembre de Meryl Streep, Winston Churchill, Quincy Jones e Leonardo da Vinci). Não deixe que o nome deste aspecto mexa com você.

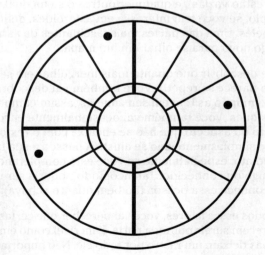

Figura 14-11: Quadratura em T.

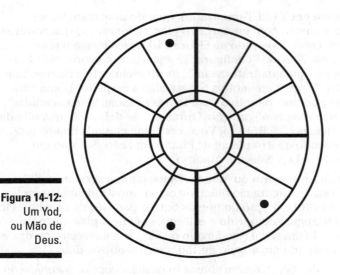

Figura 14-12:
Um Yod,
ou Mão de
Deus.

Quarto Passo: montando o Quebra-Cabeças

Antes de chegar a qualquer conclusão ávida sobre um mapa (especialmente o seu), certifique-se de que você observou tudo, incluindo os planetas, os aspectos, o Ascendente e o Meio do Céu, as casas (incluindo as que estão vazias), e qualquer outra coisa na qual você possa pensar. Por exemplo, se você tem interesse em asteroides, definitivamente dê uma checada neles. Uma das partes mais fascinantes da astrologia é que há sempre algo novo para se olhar em um mapa.

E ainda você pode descobrir que quanto mais mergulhar em seu mapa, mais a informação parece se repetir. Você também vai descobrir algumas contradições: todo mundo as têm em seus mapas, assim como todos as têm em suas psiques. Você também vai ocasionalmente encontrar um posicionamento ou aspecto que não se encaixa com o resto do horóscopo, ou que simplesmente não se ajusta à pessoa a sua frente (não o descarte de imediato, especialmente se você está completando um mapa para um amigo ou conhecido. Tal incômodo poderia ser um indício de que você não conhece essa pessoa tão bem quanto achava).

Depois de pesar todos esses fatores, você vai perceber que certas características parecem surgir por toda parte. É incrível como em todos os mapas, alguns temas deixam um rastro por todo ele. Não importa por onde você comece — pelo balanço dos hemisférios ou contagem dos elementos, pelo signo solar ou por aquele peculiar acúmulo planetário na quinta casa — o mesmo tema continua surgindo de novo e de novo. E todo o mapa começa a encaixar. É assim que você sabe que está se tornando um astrólogo.

Parte IV
Usando Astrologia Agora Mesmo

A 5ª Onda　　　　　　　　　　　　Por Rich Tennant

ASTROLOGIA APLICADA

"Você pode cozinhar e moer nozes, mas eu evitaria fazer purê e nem sequer chegaria perto de um sanduíche grelhado até depois de 15 de junho."

Nesta parte . . .

Fornecer informações sobre a sua personalidade não é a única aplicação da astrologia. Ela também pode ajudá-lo a entender seus relacionamentos, dar um sentido aos grandes padrões da sua vida e mostrar-lhe como planejar suas ações para o máximo de benefício. Nesta parte, discuto tudo isso. Também falo sobre um dos grandes infortúnios astrológicos de todos os tempos: Mercúrio Retrógrado, que tem a desagradável reputação de transformar atividades comuns em aventuras caóticas. Eu digo como tirar proveito deste trânsito muito difamado. É disso que esta parte do livro trata: a aplicação prática, no aqui e agora, da astrologia.

Capítulo 15

As Combinações dos Signos Solares

Neste Capítulo

▶ Olhando para o amor, signo por signo
▶ Verificando suas chances
▶ Indo além do Sol

A Astrologia não julga. Todos os 12 signos são igualmente dignos. Esse é o discurso oficial. Na realidade, todo mundo tem suas preferências. Espiando a partir do seu próprio horóscopo, você não pode deixar de perceber que alguns signos são mais fáceis de se conviver do que outros. Neste capítulo, falo sobre as combinações dos signos solares — aqueles que estão normais num dia e no outro te enlouquecem. "Como é que eu te amo?" Há 78 maneiras — uma para cada par de signos solares.

Nas páginas a seguir, falo sobre cada uma das combinações dentro do signo que aparece primeiro no zodíaco. Se você é um ariano impetuoso e seu amado é um libriano pacífico, vá para Áries para uma descrição da dinâmica do seu relacionamento. E se você for um pisciano sentimental envolvido com um virginiano viciado em trabalho, procure seu relacionamento sob esse signo. Como Peixes é o último signo do zodíaco, todo relacionamento que tiver (com exceção de um com um companheiro também de Peixes) é classificado em outro signo. Pode não ser justo. Mas é assim que é.

Áries no Amor

Forte e exuberante, você é apaixonado, idealista e dedicado, especialmente quando está apaixonado. Você também é impaciente e não gosta de se sentir encurralado. Amantes que tentam controlar o seu comportamento rapidamente perdem sua confiança, assim como os amigos que ligam com muita frequência ou exigem muita intimidade. Veja como você interage com outros signos do zodíaco:

> ✔ **Áries + Áries:** pense em pimentas, saxofones e vulcões — tudo quente. Este movimento rápido, orientado para a ação, combinado leva a fogos de artifício — quando você os quer e não os quer. Exemplo: Matthew Broderick e Sarah Jessica Parker.

Parte IV: Usando Astrologia Agora Mesmo

✔ **Áries + Touro:** o ariano impetuoso é mal-humorado, motivado, extremamente sexy; o inabalável, teimoso e sedutor Touro é moroso e imutável. Tal como acontece com todas as combinações de vizinhos, as diferenças de estilo e ritmo podem deixá-lo louco. Exemplo: Spencer Tracy (Áries) e Katharine Hepburn (Touro).

✔ **Áries + Gêmeos:** vocês são alto astral e facilmente se entediam, têm um milhão de interesses e um amor por atividades de todos os tipos. Áries é direto e físico, enquanto o inconstante geminiano vive envolto em seus próprios pensamentos. No entanto, esta é uma combinação fantástica. Exemplo: Warren Beatty (Áries) e Annette Bening (Gêmeos).

✔ **Áries + Câncer:** vocês são dinâmicos e expressivos. O canceriano é sensível e inseguro, enquanto o temperamental ariano é dominante, espontâneo e corajoso. Mas o ariano não é sintonizado emocionalmente — para a frustração contínua do mal-humorado e intuitivo canceriano.

✔ **Áries + Leão:** dois signos de fogo juntos geram uma grande cordialidade. Com exceção de ocasionais explosões de ego por qualquer uma das partes, não existe nada melhor do que esta alegre e alto astral combinação. Exemplo: Jennifer Garner (Áries) e Ben Affleck (Leão).

✔ **Áries + Virgem:** o ariano indisciplinado prefere saltar primeiro e olhar depois, o virginiano inibido quer refletir sobre as coisas. O ariano diz que é o que você vê, direto e objetivo; o virginiano analítico pensa antes de falar e tenta ser sensível (mas muitas vezes falha). Ambos os signos têm queixas válidas sobre o outro. Exemplo: Tabitha (Áries) e Stephen King (Virgem).

✔ **Áries + Libra:** nessa combinação opostos se atraem. Áries traz energia apaixonada, curiosidade e entusiasmo à mistura; Libra agrega inteligência, cortesia e charme. Mesmo que as diferenças entre vocês não passem desapercebidas — Áries é espontâneo e direto, enquanto Libra é pensativo e comedido —, esta é uma receita para o romance.

✔ **Áries + Escorpião:** sexualmente, esta combinação é além do esperado Mas enquanto o ariano é direto, o ciumento escorpiano é tudo menos isso. Como regra geral, esse par está pedindo por problemas.

✔ **Áries + Sagitário:** dois signos de fogo incitando-se mutuamente em uma clássica boa combinação de grande energia, assumindo que vocês não queiram se queimar. Mesmo que as brigas possam ser violentas, as risadas compensam — a não ser que isso não ocorra, no caso de nenhum de vocês ter paciência para consertar as coisas.

✔ **Áries + Capricórnio:** o capricorniano de início embarca na aventura de estar com uma criatura ousada e imprudente. Mas os capricornianos são extremamente maduros, e arianos são eternos adolescentes transbordando de entusiasmo e planos inconclusivos. Na maioria das vezes, a animação se esvai.

✔ **Áries + Aquário:** embora estes dois signos sejam sextis, isso não é um duo tão bom quanto você poderia esperar. O visionário aquariano está pensando no futuro; Áries é impetuoso, ousado, e um ser do presente. Um forte laço Vênus/Marte pode ser de grande ajuda.

✔ **Áries + Peixes:** o receptivo e simpático pisciano pode domar o ariano dominante por um tempo. Mas o que acontece no momento inevitável quando o emocional pisciano precisa de um pouco de carinho? O ariano bate em retirada. Proteja-se, Peixes. Procure em outro lugar.

Capítulo 15: As Combinações dos Signos Solares   **219**

Se você é apaixonado por um ariano, não seja tímido, sutil ou hesitante. Flerte com ousadia. Sugira algo casual no calor do momento. Não deixe nenhuma dúvida na mente do ariano em quem você está interessado. Se seus esforços caírem por terra, recue imediatamente e tente ficar fora de alcance. Acima de tudo, não peça, implore ou lamente. Arianos não têm paciência para esse tipo de comportamento ou qualquer forma de carência.

Touro no Amor

Possessivo, fiel, e nem sempre tão doce quanto gostaria de ser, você precisa de contato físico, segurança emocional, financeira e conforto doméstico. Uma vez que encontre alguém que partilhe a sua sensualidade e valores básicos, você fica contente. Você pode na boa passar o tempo apenas estando junto, sem fazer nada. Problemas surgem quando seu parceiro quer uma mudança de ritmo. Inevitavelmente, você resiste. Você é a parte impassível. Aprenda a ceder.

- **Touro + Touro:** supondo que um de vocês tenha a coragem de dar o primeiro passo, este poderia ser um amor a longo prazo. Mas quando surgem desentendimentos, vocês entram em atrito. Você vai encontrar grande paixão e grandes brigas, mas esta combinação definitivamente vale a pena.

- **Touro + Gêmeos:** o efervescente geminiano faz o impassível taurino se soltar um pouco. Gêmeos adora mudanças e salta para elas sem hesitação, enquanto o conservador Touro fica desconfortável com mudanças e tenta evitá-las. Como sempre, os signos vizinhos podem ser problemáticos. Verifique a existência de Mercúrio, Vênus ou da Lua nos signos de cada um.

- **Touro + Câncer:** bem-vindo ao lar. Touro é sensual, amoroso e seguro; Câncer é intuitivo, carinhoso e seguro. Uma combinação perfeita e harmoniosa.

- **Touro + Leão:** o confiável taurino quer ter uma vida normal, uma hora certa de dormir e uma conta bancária que gere rendimentos. O exigente leonino quer viver com extravagância. E nenhum de vocês cede um centímetro.

- **Touro + Virgem:** vocês dois valorizam soluções práticas, mesmo que o sensato taurino leve mais tempo para chegar nela do que o eficiente virginiano. Além dos valores de partilha, o comodista taurino acalma os nervos em frangalhos do virginiano, enquanto o determinado virginiano estimula o taurino a agir. Uma boa combinação.

- **Touro + Libra:** ambos são regidos pelo sexy Vênus, mas quanta diferença entre vocês! O intelectual libriano valoriza requinte, música e iluminação suave; o prático taurino quer pular as preliminares e chegar aos finalmentes. Quando passa a emoção do momento, vocês têm pouco a dizer um ao outro.

- **Touro + Escorpião:** playground da paixão. Escorpião transborda de ideias eróticas; Touro vai junto. O amor do escorpiano por mistério, melodrama e controle, recebe uma recepção mais fria do taurino, que se move lentamente e é consideravelmente mais franco. Quando surgem problemas, ambos são igualmente teimosos. Exemplo: Jessica Lange (Touro) e Sam Shepard (Escorpião).

✔ **Touro + Sagitário:** sexualmente, vocês são correspondentes, pelo menos por um tempo. Por outro lado, vocês são tão diferentes que é surpreendente que estejam juntos. O sagitariano acumula milhas aéreas, quer mais espaço privado do que o normal e tem necessidade de estímulos; o caseiro taurino, precisa de muito carinho (e um recanto acolhedor) e gosta de ficar em casa, tornando esta uma combinação difícil.

✔ **Touro + Capricórnio:** você tem uma boa combinação aqui. Vocês têm valores semelhantes, valorizam o conforto físico, desejam prosperidade financeira, acreditam em dividir o trabalho frequentemente reenterram sua crença no poder de cura do sexo. Exemplo: Coretta Scott King (Touro) e Martin Luther King Jr. (Capricórnio).

✔ **Touro + Aquário:** o aéreo e excêntrico aquariano vive tendo ideias; o conservador e estável taurino tem os dois pés plantados no chão. Ambos são rígidos. Esta não é uma boa perspectiva de longo prazo, apesar do notável exemplo de Alice B. Toklas (Touro) e Gertrude Stein (Aquário) (para saber mais sobre esse casal, vá para o quadro "Incompatível? Você decide.").

✔ **Touro + Peixes:** o prático taurino é essencialmente físico; o sonhador pisciano é metafísico. No entanto, esses dois partilham ritmos semelhantes, gostos e noções românticas. Exemplos: Sid Vicious (Touro) e Nancy Spungen (Peixes), Robert (Touro) e Elizabeth Barrett Browning (Peixes).

Perdendo a cabeça por um taurino? Fique por perto. Seja paciente. Evite discussões. Não revele nenhuma neurose complexa. E dê ao taurino a possibilidade de se sentir confortável. Segurança é essencial para a pessoa de Touro. Para dar ao seu taurino um porto seguro, propicie alimentos ricos, toques suaves, tardes preguiçosas, bom vinho, caminhadas tranquilas pela floresta e tudo que o faça se sentir relaxado. O taurino responde ao cheiro e a textura, então use seda, veludo, caxemira, tweed — qualquer coisa palpável. É essa a praia do taurino.

Gêmeos no Amor

Atrevido, desenfreado geminiano, o último defensor vivo do sexo casual, flerta escandalosamente, conecta-se facilmente e segue em frente com a mesma velocidade da luz com que as coisas desmoronam. Como você ama a diversidade e aprecia desafios intelectuais, procura pessoas espirituosas, atualizadas, que compartilhem seu apreço por uma conversa e estímulos constantes. Você é vivaz, encantador e inconstante — mais uma vítima do mito a grama do vizinho é sempre mais verde.

Capítulo 15: As Combinações dos Signos Solares 221

Gêmeos + Gêmeos: apesar do nível de energia nervosa que vocês geram juntos, se divertem e se envolvem um com o outro. E vocês nunca têm que lidar com esses silêncios distanciadores que caem sobre as relações dos outros. Este é sem dúvida um festival de conversa.

Gêmeos + Câncer: geminianos se distraem facilmente e são inexperientes emocionalmente, capazes de negar seus sentimentos por anos a fio; os temperamentais cancerianos, ganhadores da medalha de ouro do chororô, desejam se conectar emocionalmente, de preferência em casa. Procure por fortes laços planetários porque esta não é normalmente uma combinação dos céus. Exemplo: Wallis Simpson (Gêmeos) e Edward VIII (Câncer).

Gêmeos + Leão: estes dois foliões brincalhões realmente apreciam um ao outro. Mas eles podem inconscientemente competir para ser o centro das atenções, algo que o leonino necessita e o geminiano, um conversador incessante, reluta em renunciar. Além disso, Leão é leal ao extremo, enquanto Gêmeos... Bem, considere este exemplo: John F. Kennedy (Gêmeos) e Jacqueline Kennedy (Leão).

Gêmeos + Virgem: espertos e mordazes, vocês imediatamente começam e não conseguem parar de falar. Mas o geminiano acredita na livre associação e nos benefícios da boa sorte, enquanto o virginiano planeja tudo. Em última análise, vocês dão nos nervos um do outro.

Gêmeos + Libra: esta maravilhosa combinação promove flertes carinhosos e conversas intermináveis. Mesmo que não seja a ligação mais apaixonada, dificilmente dará errado. Exemplo: Paul McCartney (Gêmeos) e Linda Eastman (Libra).

Gêmeos + Escorpião: escorpião considera sexo o mistério central da vida. Gêmeos, um signo mais voluptuoso do que lhe é atribuído, curte isso sem ficar muito emotivo. Não demora para o ciumento escorpiano se sentir magoado, enquanto o inconstante geminiano, agora imerso num jogo de palavras cruzadas, não pode deixar de se perguntar qual é o problema. Exemplo: Nicole Kidman (Gêmeos) e Keith Urban (Escorpião).

Gêmeos + Sagitário: apesar de uma cabeçada ou outra de vez em quando, esse par amante da liberdade e eloquente está na mesma sintonia. Conselho: preencham sua agenda com atividades variadas e muitas viagens; pilhas de material de leitura e cadernos sobre as mesas de cabeceira; e não fiquem presos a convivência, porque não é assim que este casal independente vive sua vida. Exemplo: Angelina Jolie (Gêmeos) e Brad Pitt (Sagitário).

Gêmeos + Capricórnio: os carrancudos capricornianos se levam a sério; os descontraídos geminianos, embora egocêntricos, não levam as coisas tão a sério e estão sempre seguindo em novas direções. Não é uma combinação fácil. Exemplos: Jean-Paul Sartre (Gêmeos) e Simone de Beauvoir (Capricórnio), Johnny Depp (Gêmeos) e Vanessa Paradis (Capricórnio).

Gêmeos + Aquário: vocês podem ser almas gêmeas. Ambos são sociáveis e divertidos, e têm mentes hiperativas (embora Aquário queira discutir questões sociais, enquanto Gêmeos tem ideias sobre tópicos menos pretensiosos). Nenhum de vocês está em contato emocionalmente, por isso, quando a coisa fica feia, a cola que mantém vocês juntos pode enfraquecer.

✔ **Gêmeos + Peixes:** o despreocupado pisciano quer dormir até mais tarde; o geminiano gosta de levantar cedo. O místico pisciano quer analisar seus sonhos; o geminiano prefere explorar a blogosfera. Vocês vêm de planetas diferentes. Os confrontos são inevitáveis , mas ambos são cabazes de ceder. Exemplos: Laurie Anderson (Gêmeos) e Lou Reed (Peixes).

Se um geminiano não sai da sua cabeça, seja otimista, informado, imprevisível e disponível. A pessoa de Gêmeos é inteligente, curiosa, bem informada e topa qualquer parada. Para capturar a atenção de Gêmeos, mostre as mesmas qualidades. Não seja taciturno. Não lamente o triste estado das coisas no mundo de hoje. Não se queixe. Não exija que seus encontros sejam planejados com semanas de antecedência. Acima de tudo, lembre-se que o geminiano valoriza uma conversa animada. Está se perguntando por que os geminianos têm uma reputação de serem infiéis? É porque eles ficam entediados com muita facilidade.

Câncer no Amor

O canceriano tem um talento para a intimidade e o afeto. Quando está apaixonado, você de boa vontade ignora as falhas mais óbvias enquanto foca no potencial escondido do seu amado. Amoroso, generoso, sentimental e maternal, você precisa estar com alguém que compartilhe seus princípios e sua vontade de explorar questões emocionais complexas. Quando encontra alguém assim, você é inteiramente solidário — mesmo quando a recíproca não é verdadeira. Você também tem uma tendência a se apegar. A mãe sufocante é um arquétipo canceriano por uma boa razão: às vezes você não consegue deixar desapegar, nem mesmo um pouquinho.

✔ **Câncer + Câncer:** vocês são intuitivos e ágeis, com muita energia e princípios. Faça uma tentativa. Mas lembre-se: as emoções ficam em alta durante luas cheias e ambos sentem o tranco. Exemplos: Rogers e Hammerstein, Barnum e Bailey, os críticos literários Diana e Lionel Trilling.

✔ **Câncer + Leão:** o dominador Leão ama paixão, aventura e hotéis cinco estrelas; o mal-humorado canceriano quer uma vida mais calma em uma casa aconchegante coberta de trepadeiras. Se o leonino estiver disposto a reduzir o tamanho de suas expectativas e o canceriano estiver pronto para acariciar o frágil ego do leonino e se arriscar, vocês podem encontrar um lugar comum. Exemplos: Kevin Bacon (Câncer) e Kyra Sedgwick (Leão).

✔ **Câncer + Virgem:** depois que se estabelece uma confiança, o canceriano ajuda o virginiano a relaxar, e este ajuda o canceriano a se sentir mais seguro. Os problemas surgem com questões emocionais. O supersensível canceriano quer discutir sentimentos, enquanto o crítico

Capítulo 15: As Combinações dos Signos Solares

virginiano prefere ignorar o material emocional (a menos que possa ser abordado de uma forma calma e sistemática) e fazer planos práticos.

- **Câncer + Libra:** o caseiro canceriano e o artístico libriano têm uma fabulosa sintonia na hora de decorar juntos uma casa. Mas a sensibilidade emocional de Câncer faz o lógico libriano dar um passo atrás. À semelhança de outros signos que se equiparam, não se trata de um emparelhamento agradável, embora o desejo de Libra de união — combinado com a necessidade do canceriano de ter um ninho — possa ser um fator atenuante.

- **Câncer + Escorpião:** ambos estão tanto em contato com seus sentimentos quanto apaixonados pelo amor. Vocês provavelmente têm uma relação profundamente intuitiva, embora os problemas possam surgir quando o escorpiano não consegue lidar com o rápido fluxo de emoções cancerianas. Os sentimentos do escorpiano, quando profundos, mudam lentamente; sentimentos cancerianos estão em fluxo constante. Exemplos: Tom Hanks (Câncer) e Rita Wilson (Escorpião), Princesa Diana (Câncer) — ou Camilla Parker Bowles (Câncer) — e Príncipe Charles (Escorpião).

- **Câncer + Sagitário:** o canceriano quer amar, nutrir e possuir; o sagitariano não pode ser possuído. Embora vocês possam se amar intensamente, são completamente diferentes. Esteja avisado. Exemplos: Frida Kahlo (Câncer) e Diego Rivera (Sagitário), Tom Cruise (Câncer) e Katie Holmes (Sagitário).

- **Câncer + Capricórnio:** como cada par de opostos, este tem prós e contras. O calado canceriano tem um senso intuitivo de como as coisas devem ser feitas; o sensato capricorniano prefere seguir o manual. Essa é uma diferença pequena, já que o capricorniano ajuda o canceriano a sentir-se protegido, enquanto o canceriano faz o capricorniano sentir-se amado, e vocês compartilham um grande respeito pela tradição e pela família.

- **Câncer + Aquário:** o apaixonado e acolhedor canceriano com o indiferente e independente aquariano? Não recomendo, embora alguns casais tenham desafiado as probabilidades. Exemplo: Nancy (Câncer) e Ronald Reagan (Aquário).

- **Câncer + Peixes:** vocês são igualmente sensíveis. Um grande sentimento flui entre vocês, seus ritmos são semelhantes e vocês podem até compartilhar uma conexão psíquica rara. Esta é uma combinação perfeita, apesar do canceriano, que gosta de um salvamento, poder achar difícil vencer a famosa capacidade de Peixes para a autodestruição. Exemplos: George Sand (Câncer) e Frederic Chopin (Peixes), Courtney Love (Câncer) e Kurt Cobain (Peixes).

Se você se apaixonar por um canceriano, pense em rosas, beijos, chocolate e luz de velas. Monogâmico de coração, o canceriano é terno e amoroso — um bom partido. Vá para a praia. Vá dançar. Vá a qualquer lugar ao luar. Alguns signos fazem essas coisas porque acham que devem. Cancerianos as fazem porque se importam com estes símbolos tradicionais — e porque eles anseiam por intimidade. Três sugestões: pergunte sobre toda a árvore genealógica de seu canceriano; prove que você pode cozinhar; esteja disposto a discutir suas emoções — em minuciosos detalhes.

Leão no Amor

Desinibido sexualmente, você é romântico, generoso, inteligente, manipulador, leal e, apesar de sua aparência confiante, precisa desesperadamente de amor. Quando alguém ganha o seu coração, você quer a pessoa em sua vida para sempre. Mas quer ser cortejado de certa forma, insiste em manter as rédeas do poder, e pode ser intrometido e controlador. Apesar de seu mau comportamento, você é tão radiante e simpático que consegue se safar de tudo.

✔ **Leão + Leão:** vocês têm grandes personalidades teatrais e sua casa é cheia de riso. Mas também têm enormes e sedentos egos, que necessitam constantemente de doses de aplausos e elogios. Sexualmente, vocês são dinamites. Ainda assim, fica a pergunta: quem é o rei deste castelo? Uma decisão difícil. Exemplo: Antonio Banderas e Melanie Griffith.

✔ **Leão + Virgem:** o exibicionista leonino faz grandes gestos; o tenso virginiano se concentra em detalhes. Esta não é uma dupla fácil. O ideal é que um ou ambos tenham pelo menos um planeta no signo do outro para superar a distância considerável entre vocês. Exemplo: Jennifer Lopez (Leão com Vênus em Virgem) e Marc Anthony (Virgem com Marte em Leão).

✔ **Leão + Libra:** libra é um flerte; Leão gosta de jogar — funciona. Apesar do leonino ser mais dramático do que o bem-humorado libriano, estes dois estimulam e encantam o outro. Exemplo: Zelda (Leão) e F. Scott Fitzgerald (Libra).

✔ **Leão + Escorpião:** Leão incendeia, Escorpião queima, ambos são reis do drama. Impetuosos, intensos, divertidos e envolventes, esta apaixonada e complicada aliança gera bons momentos e grandes batalhas — fogo e gelo. Exemplos: Ted Hughes (Leão) e Sylvia Plath (Escorpião), Arnold Schwarzenegger (Leão) e Maria Shriver (Escorpião), Bill (Leão) e Hillary Rodham Clinton (Escorpião).

✔ **Leão + Sagitário:** esta exuberante e ardente combinação tem abundância de riso, muita paixão e aventuras compartilhadas com o mundo. O leal leonino, que quer fazer tudo junto, deve se lembrar que o livre sagitariano precisa ficar fora das rédeas de vez em quando, já o franco sagitariano tem que se acostumar com o fato de que o melodramático leonino precisa ser o centro das atenções.

✔ **Leão + Capricórnio:** o exibicionista leonino ama grandes gestos, emoções exageradas e cenários dramáticos. O conservador capricorniano prefere ficar calmo que menosprezar suas reações. Mas ambos adoram estar cercados de luxo e das coisas boas da vida. Se você tiver muito dinheiro, esta combinação pode funcionar.

✔ **Leão + Aquário:** se o expressivo leonino pode aceitar as excentricidades do portador da água (e amigos) e se o aquariano amante da liberdade não tiver nenhum problema em mergulhar na necessidade leonina por adoração, esta pode ser uma combinação. Mas o leonino também deve desistir um pouco do controle, porque o aquariano resiste a ser arrastado para os planos de outra pessoa.

Capítulo 15: As Combinações dos Signos Solares 225

- **Leão + Peixes:** o pisciano é enfeitiçado pela calorosa confiança do audacioso leonino, que por sua vez é arrastado pelo expressivo e pouco prático pisciano. Inicialmente, o quixotesco pisciano sente-se protegido pelo leonino (que quer fazer tudo ficar bem). Mas no final, o pisciano (que estraga as coisas de uma forma que o leonino mal pode acreditar) se sente criticado e julgado. Deixe essa relação para lá.

Para fisgar o coração de um leonino, esteja bem, transpire confiança e abra sua carteira. O leonino espera flores após o primeiro encontro e depois que as apostas aumentam. Não é uma questão de ganância; o leonino só quer ter certeza de seus sentimentos. Portanto, não pense que você pode se safar com os bens de segunda classe — o leonino sabe a diferença. Além disso, a pessoa de Leão é um sugador de carinho, atenção e elogios. Você não pode ser muito descarado — os sapos leoninos acham que são príncipes; os príncipes leoninos acham que são reis; os reis leoninos acham que são deuses. Você pode não conseguir lidar com isso.

Virgem no Amor

Você é compreensível, fácil de conversar e muito mais sexy do que seu símbolo virginal sugere. Mas seus padrões idealistas são extremamente altos, e meros mortais têm problemas para te cortejar. Quando alguém se prova digno, você é afetuoso, respeitoso, dedicado e prestativo. Infelizmente, muitas vezes você tem que aprender da maneira mais difícil que as sugestões e conselhos bem-intencionados, não importa o quão gentil sejam, são terrivelmente perigosos.

- **Virgem + Virgem:** suas mentes funcionam de maneira semelhante. Assumindo as suas compulsões perfeccionistas podem coexistir, ou seja, esta é uma união feliz e saudável.

- **Virgem + Libra:** o analítico virginiano e o pensativo libriano conectam-se mentalmente. Mas eficiente, o laborioso virginiano visa a perfeição, enquanto o libriano, sempre meio preguiçoso, precisa de mais tempo parado e anseia o romance, mesmo quando há roupa para ser lavada. Como sempre acontece com os signos vizinhos, procure por planetas no signo da outra pessoa. Exemplo: Jada Pinkett Smith (Virgem com Vênus em Libra) e Will Smith (Libra com Marte em Virgem).

- **Virgem + Escorpião:** esta é uma combinação admirável. O virginiano é prático o suficiente para satisfazer os energicos momentos do escorpiano, enquanto o escorpiano, um detetive habilidoso que adora ir fundo nos significados das coisas, pode encontrar o virginiano em seu próprio terreno intelectual. Exemplo: Mary Matalin (Virgem) e James Carville (Escorpião).

- **Virgem + Sagitário:** a carga escaldante, erótica, funciona entre vocês, que se conectam mentalmente. Mas o extravagante sagitariano gosta de fazer grandes discursos e lidar com as pequenas coisas mais tarde (se lidar), enquanto o prudente virginiano prefere manter os pés no chão e atentar para os detalhes. Após o fascínio inicial desaparecer, as diferenças podem ser grandes demais para superar, como ocorre frequentemente com dois signos que se enquadrem.

- **Virgem + Capricórnio:** dois signos do mesmo elemento se entendem. Vocês têm um grande relacionamento, sem precisar fazer nenhum esforço. Vocês são práticos, metódicos, realizadores e ardentes. Esta combinação é uma excelente aposta para um relacionamento duradouro e agradável.

- **Virgem + Aquário:** a mente única e bem abastecida do virginiano excita o brilhante aquariano, cujos modos rebeldes ajudam o virtuoso virginiano a soltar-se. Vocês se divertem juntos, e despertam o outro intelectualmente. Mas nenhum de vocês faz o estilo pegajoso emocionalmente, o que significa que quando os problemas surgem, nesta área, vocês se sentem pouco à vontade.

- **Virgem + Peixes:** vocês fascinam um ao outro porque estão em polos opostos. O virginiano precisa de ordem, horários e motivos. O intuitivo pisciano reage instintivamente e tem uma atração profunda e permanente pelo caos. Naturalmente, o virginiano vence as brigas. Mas o despreocupado pisciano tem maneiras de não embarcar nessa. É um concurso de iguais: analítico-compulsivo encontra passivo-agressivo.

Para atrair um virginiano, admire sua inteligência, traga artigos, envolva-se em jogos de palavras e elogie sua mente astuta. Debaixo dos lençóis, o virginiano pode ser absolutamente picante, mas a pessoa de Virgem também é maníaca por controle — tão tensa quanto possível. Portanto, evite emoções confusas. Na verdade, evite confusões de todos os tipos. E lembre-se: o virginiano está sempre preocupado com o comportamento e a aparência adequada, assim, nada de afeto em público, por favor.

Libra no Amor

Você é sociável, atraente e flerta naturalmente. Nascido para a união, é contido em público, amoroso em privado e se identifica completamente com o objeto de sua afeição. Quando solteiro, você é romântico, charmoso e popular. Mas fazer parte de um casal é essencial para a sua realização, assim, você fica feliz em deixar a vida de encontros casuais para trás.

- **Libra + Libra:** a desvantagem deste casal é que se vocês se sentirem ambivalentes sobre as mesmas questões, podem perder-se na indecisão para sempre. Caso contrário, vocês são criativos, corteses, lógicos e simpáticos. Esta é uma conversa que nunca tem fim. Exemplo: Tim Robbins e Susan Sarandon.

- **Libra + Escorpião:** embora estes dois signos partilhem um desejo de romance, o escorpiano anseia intensidade emocional e melodrama, enquanto o imparcial libriano anseia pela serenidade. A menos que a pessoa de Libra tenha planetas em Escorpião, a atração inicial é forte, mas a relação de longo prazo não.

Capítulo 15: As Combinações dos Signos Solares

- **Libra + Sagitário:** embora a necessidade de aventuras do independente arqueiro possa render ao libriano alguns momentos de ciúmes, o charme do libriano traz o cigano errante de volta. Uma boa combinação, apesar da estranheza deste exemplo: Soon-Yi Previn (Libra) e Woody Allen (Sagitário).

- **Libra + Capricórnio:** o romance à moda antiga agrada a ambos, e vocês adoram fazer parte de um casal. Mas ambos tendem a reprimir emoções. Quando surgem problemas, como inevitavelmente acontece, o desafio é admitir que há um problema e lidar com ele.

- **Libra + Aquário:** vocês poderiam falar a noite toda. A conexão mental de vocês é extraordinária. Outros aspectos amorosos deixam um pouco a desejar. Procure por um laço forte de Marte/Vênus. John Lennon (Libra) e Yoko Ono (Aquário) não tinham essa ligação planetária. Mas o Ascendente dela no signo solar dele e a Lua dele no signo solar dela ajudou a mantê-los juntos.

- **Libra + Peixes:** vocês parecem ser almas gêmeas, mas não são. O misterioso pisciano transborda alma e o libriano, embora tentadoramente romântico na superfície, é legal, calmo e fica desconfortável com emoções. Depois de um tempo, o sensível pisciano sente-se ignorado, enquanto o libriano, longe de ser o centro da energia do zodíaco, sente-se esgotado.

Apaixonado por um libriano? Seja inteligente, elegante, culto e tenha boa aparência. Leve o libriano a lugares paisagísticos — a pessoa de Libra se derrete na presença de beleza natural. Tente não ser carente (Libra responde apenas quando é preciso, por isso não se lamente) ou ter ciúmes (Libra flerta como louco e atrai admiradores em todos os lugares). E não seja espalhafatoso ou obsceno: o libriano não aguenta. No entanto, eles são capazes de divergir de forma saudável. Na verdade, muitas vezes eles crescem com isso. Isso porque o libriano está realmente à procura de um relacionamento, não de um clone.

Escorpião no Amor

Você é intenso, dedicado e fascinado pelo jogo do amor. Você pensa em romance de forma mítica, demanda grande paixão (sexualmente ou não) e muitas vezes cai na areia movediça da obsessão. Como você irradia apelo sexual e tem uma presença tão atraente, outras pessoas muitas vezes se fixam em você (note, no entanto, que, apesar do escorpiano ter uma merecida reputação como o signo mais sexy do zodíaco, muitos escorpianos também lutam com problemas sexuais que vão desde vício em sexo à impotência, com alguns desvios bizarros no meio). Ainda assim, o mais importante é isso: você espera que o amor (e o sexo) transformem você — e isso é exatamente o que acontece.

- **Escorpião + Escorpião:** a comunicação é assustadoramente fácil e o sexo é erótico além da imaginação. Mas deve haver um pouco de desconfiança ou disputa pelo poder, a guerra psíquica é insuportável. Esta pode ser uma combinação para a eternidade ou um exercício de tortura prolongado. Exemplo: Larry e Althea Flynt.

- **Escorpião + Sagitário:** o escorpiano é complicado e cheio de segredos; o sagitariano é direto e honesto. A pessoa de Escorpião procura imersão total; Sagitário quer independência. Os signos solares são incrivelmente diferentes. Mas, quando pelo menos um dos parceiros tem planetas no signo do outro, a atração é convincente. Exemplos: Pablo Picasso (Escorpião com a Lua em Sagitário) e Françoise Gilot (Sagitário).

- **Escorpião + Capricórnio:** estes sérios e vigorosos signos parecem diferentes porque o escorpiano mergulha de cara nas emoções, enquanto o capricorniano, embora propenso ao mal humor, prefere tocar de leve a superfície congelada. Na verdade, a pessoa de Escorpião dá ao capricorniano permissão para ter sentimentos, e a pessoa de Capricórnio protege o sempre emotivo escorpiano, e vocês se sentem como se estivessem em casa. Exemplo: Mike Nichols (Escorpião) e Diane Sawyer (Capricórnio).

- **Escorpião + Aquário:** signos inflexíveis não se submetem facilmente. Assim, vocês não respeitam as pessoas que o fazem. O problema é que o escorpiano procura conexão, é absorto pela complexidade emocional e procura uma sincera conexão emocional, enquanto o aquariano, ainda que mentalmente vibrante, prefere um pouco de distância emocional. Esta é uma mistura volátil. Exemplo: Demi Moore (Escorpião) e Ashton Kutcher (Aquário).

- **Escorpião + Peixes:** vocês são sensuais, intuitivos e emocionalmente conscientes. Como regra geral, o possessivo escorpiano é mais à vontade com as coisas do mundo do que o aéreo pisciano. Mas o escorpiano anseia por magia e o imaginativo pisciano pode fazer isso acontecer. Exemplos: Goldie Hawn (Escorpião) e Kurt Russell (Peixes).

Se você está obcecado por um escorpiano, seja apaixonado e expressivo. Cante Gershwin ou Cole Porter. Convide o escorpiano para ver Casablanca. Assistam a um eclipse juntos. Quando o objeto de sua afeição entra em seu domínio, explore a sua vantagem de jogar em casa. Sinta-se livre para jogar, insinuar e recuar. O escorpiano adora essas coisas. Seja secreto, sugestivo, manipulador e sempre ligeiramente agressivo — e, ao mesmo tempo, esteja emocionalmente disponível. Faça contato visual. Deixe o escorpiano saber o quão fascinante ele é. Sério, ninguém se compara.

Sagitário no Amor

Você preza sua liberdade, gosta de uma aventura e tem "Não me aprisione" como sua filosofia pessoal. Não preciso dizer que relacionamentos são um problema. Quando um relacionamento desafia você ou lhe apresenta um mundo mais amplo, você fica intrigado e animado. O imprevisível te atrai. Mas muitas regras, jantares formais e domesticidade levam você ao desespero.

Capítulo 15: As Combinações dos Signos Solares

- **Sagitário + Sagitário:** como dois Don Quixotes, vocês se entendem muito bem. Eternamente jovens de coração, vocês compartilham aventuras, aspirações e a capacidade para divertir os outros. Mas tendem a sonhar o sonho impossível e podem deixar de abordar questões concretas quando elas surgem. Chequem frequentemente a realidade.

- **Sagitário + Capricórnio:** o capricorniano é encantado pelas doideiras do sagitariano, enquanto o animado sagitariano se surpreende com o quão organizado e crescido o capricorniano é. Como dois países vizinhos, vocês podem ir para a guerra ou estabelecer um intercâmbio cultural. Ajuda se um de vocês tiver um planeta ou dois no signo do outro. Exemplo: John F. Kennedy, Jr. (Sagitário) e Carolyn Bessette Kennedy (Capricórnio).

- **Sagitário + Aquário:** vocês são alegres, tolerantes e desgovernados. Mas nenhum de vocês tem muito talento para a vida doméstica — ou união. Prepare-se para uma vida de jantares fora, amigos não convencionais, vídeos de fim de noite e conversas a noite toda.

- **Sagitário + Peixes:** você são dois aventureiros, cada um com uma inclinação para sonhar. Mas o sagitariano esvazia o frágil ego do pisciano, enquanto o sensível pisciano, embora fascinante, pode tornar-se estranhamente passivo, de uma forma que o ardente sagitariano não consegue conviver. Um casal no mínimo questionável.

Para fisgar um sagitariano, não vá com tudo. Gestos típicos de galanteio fazem o arqueiro se contorcer. Em vez disso, seja casual, espirituoso, alegre e espontâneo. Use o improviso a seu favor; estabelecer regras demais não vai te ajudar. Lembre-se que o sagitariano quer ser um espírito livre e se delicia com o inesperado. Portanto, mantenha o seu passaporte em dia. Esteja disposto a ser ousado. E não apresse os sagitarianos: não importa o que dizem, a maioria deles tem fobia a compromisso. Eles precisam relaxar em um relacionamento.

Capricórnio no Amor

Conservador e elegante, você quer um relacionamento tradicional com toda a pompa. Você não está particularmente interessado em casos tórridos, o que não quer dizer que seja desinteressado em sexo. Pelo contrário, como um signo de terra, você é um amante de hormônios a flor da pele e alta resistência. Mas o sexo casual parece sem sentido para você. Você é um cônjuge dedicado, uma mãe ou pai atencioso, um verdadeiro amigo, um filho ou filha leal — a coisa toda. Você procura um compromisso para a vida toda e nada menos.

- **Capricórnio + Capricórnio:** vocês são ambiciosos, comprometidos e vigorosos. Mas correm o risco de levar uma vida tão certinha, orientada para o trabalho e bem programada, que vocês nunca terão nenhum divertimento além do sexo (mesmo lá, vocês não são os amantes mais criativos do planeta). E se qualquer um de vocês ficar deprimido, estarão em apuros.

- **Capricórnio + Aquário:** o capricorniano é um tradicionalista que acredita em sistemas; o progressista aquariano é um rebelde que gosta de derrubá-los. O capricorniano se preocupa e se sente desanimado; o aquariano acredita que o futuro é brilhante. Provavelmente, vocês irritam um ao outro. Isso pode ser um desastre — a menos que um de vocês tenha um ou dois planetas no signo do outro.

- **Capricórnio + Peixes:** o empreendedor capricorniano sabe como lidar com o mundo do trabalho, mas pode ficar atolado nele; o compassivo pisciano, que tem outros valores, é especialista em fugir (ou ignorar) das exigências do mundo real. Mas o pisciano pode levantar o ânimo do capricorniano, e este pode ajudar o pisciano a ter ao menos um dos pés no chão. Vocês inspiram e apoiam um ao outro.

Obcecado por um capricorniano? Calmo e contido, o capricorniano segue as regras. Você deve segui-las também. Vista-se com classe, seja educado, seja bem-sucedido, seja um admirador. Convide-o para atividades respeitáveis de qualidade — teatro, exposições de arte, palestras. Não vá para a cama com ele imediatamente. Não seja agressivo. Não seja vulgar. Não seja insistente. Deixe que as coisas se desenrolem naturalmente. E seja paciente: o capricorniano reprime as emoções e, geralmente, vai com calma. Mas o capricorniano joga para valer.

Aquário no Amor

Um tipo amigável, não convencional, que se fascina por todo mundo, você se conecta facilmente, mas superficialmente, e valoriza a sua liberdade. Apesar de sua reputação de boêmio, quando encontra alguém que respeita, você assume o compromisso de bom grado — o que não significa que você pretende desistir de sua independência ou excentricidades (esses são para a eternidade). Você pode ser tão apaixonado como qualquer um (e mais depravado que a maioria), mas por mais que você o aprecie, não é um escravo do sexo. Você vive nas nuvens.

- **Aquário + Aquário:** ah, as pessoas que vocês conhecem, as causas que apoiam e as festas que dão. Para não falar da maneira como vocês decoram sua casa. Vocês são irrestritos, não ortodoxos, opinativos e visionários — um casal diferente de qualquer outro. Mentalmente, vocês se conectam. Romanticamente, é outra história. Mas talvez isso não importe. Como outras combinações de signo de ar, vocês facilmente se garantem na conversa.

- **Aquário + Peixes:** esta combinação é inicialmente atraente, mas decepcionante a longo prazo — o gentil pisciano é demasiado sensível para estar com alguém tão desapegado e cerebral como o aquariano. Mas não diga isso para Paul Newman e Joanne Woodward. Ele tem o Sol em Aquário e a Lua em Peixes. Ela tem o Sol em Peixes e a Lua em Aquário. Todos deveríamos ser sortudos assim.

Capítulo 15: As Combinações dos Signos Solares

 Se você está encantada por um aquariano, prepare-se para conhecer mais gente excêntrica do que você pensou que pudesse existir fora da Terra de Oz. O aquariano os coleciona. Sua missão é atingir o aquariano de forma insubstituível e fascinante o suficiente para ser adicionado à coleção. Não há necessidade de fingir ser outra pessoa ou esconder as imperfeições. Pelo contrário. Seja independente (mas disponível). Expresse suas opiniões. E seja você mesmo — quanto mais heterodoxo, melhor. Uma dúzia de rosas? Não, não e não! Um convite para um passeio a meia-noite em um antigo abatedouro? Isso poderia funcionar.

Peixes no Amor

Gestos — passeio ao luar, cantores mariachi — significam tudo para você. Você é um romântico que quer uma conexão cósmica, gerado karmicamente, alguma noite mágica com uma alma gêmea. Embora a sua intuição seja precisa em outros momentos, quando está apaixonado você pode ser incrivelmente ingênuo, incrivelmente dependente e mais exigente do que possa imaginar. Regido por suas emoções, você também é generoso, erótico, carinhoso, solidário e amável.

> ✔ **Peixes + Peixes:** uniões de pessoas do mesmo signo são uma faca de dois gumes, porque elas ampliam os pontos positivos e os pontos negativos do signo. Dois sonhadores piscianos podem se comunicar de uma maneira que outros signos nem sequer imaginam. Mas a praticidade ilude vocês. Será que isso importa? No fim das contas, provavelmente sim. Exemplo: George Harrison e Patti Boyd (quando o casamento se desintegrou, ela casou-se com seu amigo de Áries, Eric Clapton).

 Se você se apaixonar por um pisciano, seja romântico. As pessoas de Peixes querem ser arrebatadas, mas não à la Tarzan e Jane. Ser muito agressivo pode funcionar a curto prazo (o pisciano pode ser passivo), mas a longo prazo não vai funcionar bem. O pisciano quer um amor que seja como uma união de almas gêmeas, dois companheiros contra as adversidades da vida cotidiana. Ele também quer presentes, jantares sentimentais à luz de velas, presentes de Dia dos Namorados, tudo que tem direito. O pisciano não quer ser aconselhado. Não importa como você diga, ele entenderá como uma crítica, então desista.

Encontrando Outros Laços Planetários

E se o seu signo e do seu amado não forem compatíveis? A sua próxima parada será um site de relacionamentos? Não necessariamente. Conjunções ou outros aspectos entre a Lua em um mapa e o Sol em outro — ou entre as duas Luas — traz compreensão emocional. Aspectos próximos (até e incluindo oposições) que conectam Vênus em um mapa

Parte IV: Usando Astrologia Agora Mesmo

com Marte em outro estimulam a atração sexual. Ascendentes de signos compatíveis melhoram o entrosamento das personalidades.

Quanto mais conjunções, sextis e trígonos você ver entre os planetas de um mapa e os planetas do outro, melhor. Quadraturas e oposições, por mais problemáticas que possam ser, ainda são um vínculo, e elas podem fornecer a quantidade certa de atrito.

Os únicos aspectos planetários que dificilmente importam são as conjunções de Saturno e Saturno, Urano e Urano, Netuno e Netuno, Plutão e Plutão. Estes planetas orbitam o Sol de forma tão lenta que eles definem gerações, não indivíduos. O fato do seu Netuno estar em conjunção com o do seu amado, não significa que vocês estão karmicamente destinados a ficarem juntos. Isso significa que vocês têm mais ou menos a mesma idade — o que não é bem uma ligação. Mas também não é nada, como quem já participou de um reencontro de alunos pode atestar.

Incompatível? Você decide

Os atores e ativistas de direitos civis Ruby Dee (Escorpião) e Ossie Davis (Sagitário) nasceram em signos vizinhos — portanto, incompatíveis. Felizmente, seu Ascendente e Vênus estão em seu signo solar, Sagitário, sua Lua em conjunção com seu Vênus, e ambos nasceram com a Lua em Aquário. Mesmo que seus signos solares não sejam um par ideal, o casamento, que também foi uma parceria de trabalho, durou 57 anos — até a morte dele.

Ou considere Gertrude Stein, a vanguardista escritora aquariana, e sua companheira, Alice B. Toklas, uma taurina. Elas se conheceram em 1907, em Paris, onde Gertrude entretinha a todos, desde Picasso a Hemingway, em seu famoso salão, e ficaram juntas até a morte de Gertrude em 1946. Embora o prático taurino e o sonhador aquariano normalmente não se misturem, a ligação entre elas foi imediata. Como escreveu Gertrude quando descreveu o encontro em *A Autobiografia de Alice B. Toklas* (que compôs na voz de Alice, como se a própria Alice o tivesse escrito), "Eu conheci várias pessoas fantásticas, mas só conheci três gênios de verdade, e em cada uma das vezes, algo em mim se ascendeu."

Eu sei o que foi esse algo. Era o Marte de Alice em conjunção estreita com Vênus de Gertrude e exatamente em oposição ao Urano dela. Quando se trata do coração, essa conexão surgida do nada — juntamente com uma série de trígonos harmoniosos que conectam os dois mapas — rapidamente prevalece sobre os signos solares antagônicos.

A propósito, as outros dois gênios que Alice conheceu, foram Pablo Picasso e o filósofo Alfred North Whitehead. Pessoalmente, nunca duvidei de que Alice poderia ter se encantado por Picasso, que claramente tinha um jeito com as mulheres. Mas Alfred North Whitehead? Eu não tinha muita certeza. Então, procurei o aniversário dele, e adivinhem? Vênus de Whitehead em Aquário, em conjunção com Marte de Alice, e Plutão dele em Touro exatamente em conjunção com Vênus dela. Estou certa de que quando eles se encontraram algo dentro dela se ascendeu.

Capítulo 16

Os Melhores Momentos de Nossas Vidas: Trânsitos

Neste Capítulo

▶ Descobrindo os trânsitos

▶ Seguindo os ciclos dos planetas

▶ Mantendo-se calmo na presença de um trânsito preocupante

Havia um tempo em que, a astrologia era um domínio de privilegiados. Reis e faraós consultavam astrólogos, não porque eles ficavam fascinados com a complexidade de personalidades, mas porque queriam saber quando ir à guerra, quando estocar grãos, quando construir um templo e quando se casar. Eles queriam saber, em suma, como conduzir suas vidas. A Astrologia fornecia algumas respostas.

Hoje, qualquer um pode tirar proveito do que a sabedoria astrológica tem a oferecer. Você pode pegar um pouco dessa sabedoria do seu mapa astral — e um pouco a partir da posição atual dos planetas. Trânsito planetários são os planetas que estão aparecendo no céu agora. À medida que eles giram ao redor do zodíaco, acionam seus planetas astrais, apresentando-lhe desafios e oportunidades. Saturno em trânsito está em conjunção com sua Lua? Esteja preparado para combater a depressão. Urano está atravessando o seu Meio do Céu? Prepare-se para uma reviravolta em sua carreira. Cada vez que um planeta constituir um aspecto para um planeta ou um ângulo em seu mapa astral, ele despertará uma área diferente da sua psique.

É triste dizer, mas este livro não é longo o suficiente para considerar todos os trânsitos. Estou deixando de fora os trânsitos pelas casas. Ignoro o trânsito pelas quadraturas (são estressantes), bem como por sextis e trígonos (que são úteis). E omito totalmente aspectos realizados por trânsitos em Vênus, Mercúrio e pelo Sol, porque eles se movem tão rápido que sua influência é passageira (a Lua move-se rapidamente através dos signos de forma ainda mais rápida. Mas está tão perto que acaba exercendo uma influência de qualquer maneira, e é por isso que dedico o Capítulo 17 aos trânsitos lunares).

Neste capítulo, vou me concentrar nos planetas que se movem mais devagar, começando por Marte e terminando com Plutão. Considero as conjunções e oposições que esses planetas fazem em seu mapa astral. E tento, da melhor forma possível, destacar as possibilidades que se abrem para você. Trânsitos não alteram seu mapa astral. Goste ou não, o seu mapa astral é eterno. Mas eles podem ajudar você a alcançar o potencial contido em seu horóscopo. O que, como se costuma dizer, não tem preço.

Pesquisando Trânsitos

Para identificar os trânsitos em vigor no momento, vá para o Apêndice no final deste livro e confira a posição atual dos planetas. As tabelas planetárias no Apêndice dizem em qual signo cada planeta está. Anote as posições dos planetas de Marte a Plutão. Em seguida, faça uma cópia do seu mapa astral e posicione os planetas em trânsito a seu redor. Como modelo, olhe as Figuras 16-2 e 16-3, que apresentam o mapa de Anne Morrow Lindbergh. Nos dois casos, o círculo interno representa o mapa astral, e o círculo externo mostra a localização dos planetas em trânsito.

Para saber exatamente onde os planetas em trânsito estão e se eles estão a um ou dois graus de seus planetas astrais, você precisa consultar um profissional, procure um na Web, ou — melhor ainda — compre um calendário astrológico, que pode rapidinho dizer-lhe a posição exata dos planetas.

Mostrando a importância dos trânsitos

Anne Morrow Lindbergh foi a autora de 14 livros, mãe de seis filhos e mulher do aviador Charles Lindbergh, que voou sozinho pelo Oceano Atlântico em 1927 e tornou-se um herói internacional instantâneo (embora sua reputação tenha sido manchada, mais tarde, quando ele aceitou um prêmio do governo nazista). Ao contrário de muitas esposas de homens famosos, ela tornou-se famosa por conta própria — que é exatamente o que você poderia esperar de alguém com uma décima casa tão cheia quanto a dela. A figura 16-1 mostra o seu extraordinário mapa astral.

Depois de voo solo triunfante de Lindbergh, ele se tornou um embaixador da boa vontade da América Latina. Em dezembro de 1927, ele visitou o México onde conheceu Anne, cujo pai era o embaixador americano. Um ano e meio depois, eles se casaram. A figura 16-2 mostra o mapa de Anne no centro, cercado pelos trânsitos do seu encontro inicial com Charles. Note que Júpiter, o portador da oportunidade, e Urano, o senhor do inesperado, estão em conjunção em sua sétima casa do casamento. Qualquer astrólogo poderia ter dito a ela que ela iria se encontrar com alguém em breve e que ele seria uma pessoa incomum.

O mapa interno é o mapa astral. Os planetas do círculo externo representam os trânsitos.

Capítulo 16: Os Melhores Momentos de Nossas Vidas: Trânsitos   235

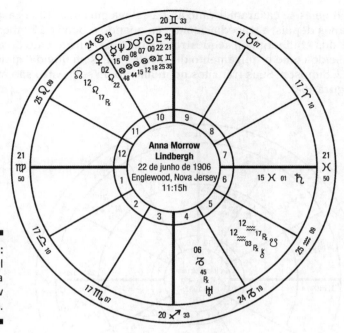

Figura 16-1: Mapa astral de Anna Morrow Lindbergh.

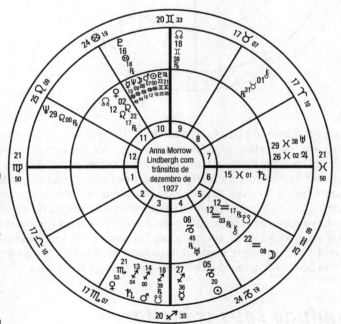

Figura 16-2: Mapa astral de Anna Morrow Lindbergh com trânsitos para dezembro de 1927.

Quando eles se casaram, Urano ainda estava em sua sétima casa. Quase três anos depois, a tragédia aconteceu quando o bebê de 20 meses de idade dos Lindbergh foi sequestrado e morto. O julgamento do assassino, conhecido como o "julgamento do século", foi, sem dúvida, maior que o de O.J. Simpson. Seus trânsitos no momento do sequestro são mostrados na Figura 16-3.

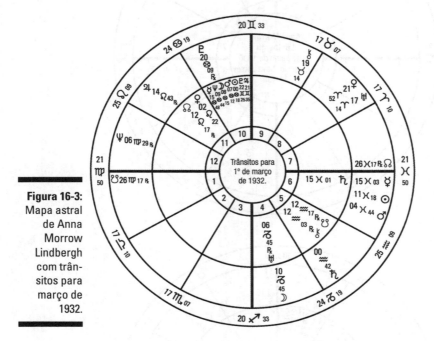

Figura 16-3: Mapa astral de Anna Morrow Lindbergh com trânsitos para março de 1932.

Note que Saturno, o planeta da restrição, estava naquele momento na sua quinta casa das crianças, e Urano, o planeta do inesperado, estava na sua oitava casa da morte e transformação. Esses dois trânsitos, gostaria de salientar, não são suficientes para desencadear uma perda tão extremamente rara e terrível. Afinal, todo mundo que tinha um Ascendente próximo a 21° de Virgem também experimentou esses trânsitos. Um mapa astral deve mostrar o potencial para um evento, para que isso aconteça. E aí está: a oposição do Urano natal ao Sol natal dela, Lua, Marte e Netuno apresentam claramente a possibilidade de violência. Os trânsitos agiram sobre as possibilidades já existentes em seu notável mapa.

Seguindo seus trânsitos

Para seguir seus trânsitos, faça uma cópia do mapa vazio na folha de cola e coloque o seu planeta de nascimento nas seções apropriadas (veja o Capítulo 3 para obter mais informações sobre a construção de seu mapa astral). Em seguida, posicione os planetas em trânsito ao redor da borda exterior. Você vai ver imediatamente que há muita coisa acontecendo. Marte está aqui, Saturno está lá, Plutão e Júpiter estão juntos em um terceiro lugar. Então, como você pode saber em que trânsito se concentrar?

Eis a regra: os trânsitos que trazem maior impacto são aqueles feitos pelos planetas mais lentos — Saturno, Urano, Netuno e Plutão — para o Sol, a Lua, o Ascendente e os planetas mais rápidos. Contatos feitos pelos planetas mais rápidos são geralmente de curta duração. Contatos feitos pelos planetas lentos para planetas mais lentos (como Urano oposto a seu Plutão ou Netuno em conjunção com seu Saturno) podem ser muito sutis para serem detectados (a menos que o planeta natal ocupe uma posição de destaque em seu mapa). Mas contatos feitos por um planeta lento para um de seus planetas pessoais — Plutão em conjunção com sua Lua, Urano oposto seu Sol, e assim por diante — indicam os capítulos de sua vida.

Rastreando Marte

Marte está associado à vitalidade, iniciativa, paixão, força, raiva e agressão. Marte desperta seus desejos e estimula você a agir. Como regra geral, Marte passa cerca de dois meses em um signo, levando cerca de dois anos para viajar através do zodíaco e retornar à posição que ocupava quando você nasceu. Mas esses números são apenas médias, porque, como os outros planetas, Marte, por vezes, fica mais lento, se transforma em retrógrado, e passa vários meses em um signo (veja o Capítulo 18 para mais informações sobre planetas retrógrados). Para mostrar como a sua programação pode ser variada, em 1997, Marte acelerou através de Escorpião por cerca de seis semanas. Mas quando voltou para esse signo em 1999, ele permaneceu lá por mais de cinco meses. Naturalmente, quanto mais tempo se gasta em um signo, mais ele energiza os planetas em contato com ele.

Os principais trânsitos de Marte seguem abaixo:

- **Marte em conjunção com o Sol:** você se sente determinado, agressivo e corajoso. Mas age rapidamente (e tenta evitar explosões de raiva). Este trânsito energético geralmente dura apenas alguns dias, embora, ocasionalmente, quando Marte está retrógrado, pode durar por mais tempo.
- **Marte em oposição ao Sol:** você é enérgico, mas aguerrido. Este é um trânsito "não mexa comigo".
- **Marte em conjunção com a Lua:** você é mal-humorado, expressivo e não tem disposição para reprimir suas poderosas emoções ou irritações impertinentes, que de alguma forma, simplesmente saem. Basta lembrar que um pouco de autoconhecimento leva tempo.
- **Marte em oposição à Lua:** tome cuidado. Suas explosões emocionais — que parecem de causa externa — podem rapidamente se transformar em confronto. Conte até dez.

Parte IV: Usando Astrologia Agora Mesmo

- **Marte em conjunção com Mercúrio:** você se sente impaciente, animado e cheio de ideias. Você expressa suas opiniões com confiança — e agressividade. Uma dica da concorrência ou hostilidade pode se embrenhar em suas comunicações.

- **Marte em oposição a Mercúrio:** você argumenta, debate, é implacável. Você é rápido para responder, mas também pode se sentir frustrado, repreendido, confrontador e hostil. Tenha cuidado com o que você diz.

- **Marte em conjunção com Vênus:** seu desejo sexual, a capacidade de amar e impulsos artísticos estão fazendo hora extra. Você está para lá de irresistível.

- **Marte em oposição a Vênus:** socialmente e sexualmente, você está com disposição para o amor. Mas suas estratégias para se reunir com outras pessoas podem não ser bem-sucedidas. Você corre o risco de ser demasiado assertivo ou não cooperar — ou de atrair as pessoas que estão se comportando de forma desequilibrada semelhante.

- **Marte em conjunção com Marte natal:** Marte retorna. A jornada do herói começa novamente como uma nova onda de energia e desejo passa por você. Seu desafio é aproveitar essa energia. Este trânsito, que ocorre a cada dois anos, marca o fim de um ciclo de energia e o início de outro. Este é o momento de buscar um novo interesse, inventar um projeto e ficar aberto às possibilidades que chegam espontaneamente. O trânsito de Marte também pode gerar hostilidade, então cuide do seu temperamento.

- **Marte em oposição a Marte natal:** apesar de sua resistência ser alta, você pode não achar que é fácil usar sua energia de uma forma construtiva e consistente. Algo com que você tem estado envolvido a cerca de um ano chegou a um ponto crítico. É necessário muito esforço e seu temperamento poderia explodir para além do controle.

- **Marte em conjunção com Júpiter:** o universo apoia suas visões grandiosas estimulando você a sair do sofá e fazer algo para realizá-las. Você está motivado a agir. Sob este trânsito encorajador, expansivo, você também se beneficia de viagens e educação.

- **Marte em oposição a Júpiter:** esse pode ser um trânsito afortunado. Você tem muita energia, e é animado e otimista. Mas você corre o risco de prometer muito, superestimando suas capacidades, e exagerando.

- **Marte em conjunção com Saturno:** como você tem um forte senso das limitações e percalços que enfrenta, este tende a ser um trânsito difícil. Ele também pode ser um momento de grande realização, graças a sua capacidade aumentada para se organizar e se concentrar.

- **Marte em oposição a Saturno:** este trânsito exige cautela, diligência e um comportamento responsável. Infelizmente, é provável que você aja precipitadamente, resistindo a imposição dos outros e expressando a sua autoridade desajeitadamente. Além disso, você está irritadiço e sente pena de si mesmo.

- **Marte em conjunção com Urano:** você age impulsivamente, rebelando-se contra as restrições e às vezes toma direções inesperadas.

Capítulo 16: Os Melhores Momentos de Nossas Vidas: Trânsitos

Durante os poucos dias em que Marte está em conjunção com o seu Urano natal, aperte o cinto e evite conflitos. Como de costume com Urano, a regra é simples: espere o inesperado e fique bem.

✔ **Marte em oposição a Urano:** tensão, deformação, acidentes e eventos imprevisíveis podem interromper seus planos. Não corra riscos durante este trânsito agitado. E não se esqueça de fazer backup de seus arquivos de computador.

✔ **Marte em conjunção com Netuno:** sua vida dos sonhos está com tudo e você procura inspiração. Atividades artísticas, espirituais ou saudáveis animam você. Mas tenha cuidado com drogas e álcool, e evite tomar grandes decisões — o seu julgamento pode ser prejudicado.

✔ **Marte em oposição a Netuno:** sonhos vívidos e inspiração artística caracterizam este trânsito. Mas seus esforços para fazer algo no mundo do trabalho podem dar errado. Você pode sentir que estão se aproveitando de você, confuso ou fora da jogada.

✔ **Marte em conjunção com Plutão:** suas tentativas de perseguir suas ambições e expressar o seu poder pessoal na forma com que interage com outros recebem um incentivo.

✔ **Marte em oposição a Plutão:** em seu desejo de se estabelecer, você corre o risco de tropeçar em lutas de poder.

✔ **Marte em conjunção com o Ascendente:** você se expressa de forma eficaz, contanto que não soe irritado, e está motivado a tomar medidas em seu próprio benefício. Após a conjunção com o Ascendente, Marte passa por sua primeira casa, aumentando a sua energia física e emprestando-lhe uma ousadia que você normalmente não sente.

✔ **Marte em oposição ao Ascendente:** você pode sentir raiva ou ficar chateado. Depois de formar a oposição ao seu Ascendente, Marte passa por sua sétima casa por cerca de dois meses, com destaque para questões relacionadas com o casamento ou parcerias de negócios e ressaltando sua falta de vontade de ser passivo. Mas discussões e tensão o incomodam, e você joga sua frustração em cima daqueles mais próximos a você.

✔ **Marte em conjunção com o Meio do Céu:** este trânsito, juntamente com a longa permanência de dois meses de Marte em sua décima casa, lhe motiva a perseguir os seus desejos profissionais. Também aumenta a sua impaciência. Tente não ser agressivo.

✔ **Marte em oposição ao Meio do Céu:** seus esforços profissionais fracassam ou são rejeitados, e sua atenção vai para outro lugar. Como Marte está em conjunção com seu I.C. (que está oposto ao seu Meio do Céu) e viaja por sua quarta casa, desperta o seu interesse na casa e na família e energiza sua vida doméstica. Conflitos ocultos emergem.

Trânsitos de Marte são energizantes. Quando Marte está viajando por uma casa, você encontra energia para agir nessa área. Você se beneficia de ter uma abordagem corajosa.

Ativando Júpiter

Júpiter gira através do zodíaco em pouco menos de 12 anos, gastando cerca de um ano em cada signo. Seus trânsitos estão entre os mais ansiosamente aguardados — e o mais decepcionantes. Como planeta da expansão, oportunidade, generosidade e prosperidade, Júpiter pode trazer felicidade, crescimento e sucesso. Como planeta da filosofia, religião e educação, pode estimular uma exploração da fé e da busca por conhecimento. Mas, apesar de sua reputação como o senhor da abundância e do portador de boa sorte, Júpiter não necessariamente te entrega o prêmio de mão beijada, e as pessoas que ficam sentadas esperando passivamente que os seus desejos se tornem realidade sob sua influência acabam insatisfeitos. O problema é que, enquanto o genial Júpiter pode levá-lo até as portas da oportunidade, ele também traz sentimentos de satisfação e autoindulgência. Em vez de tentar empurrar essas portas abertas, muitas pessoas se inclinam para trás para apreciar o trânsito e, assim, perdem-no.

Na minha experiência, um trânsito de Júpiter é uma convocação. Quando você vê Júpiter preparado à beira do seu signo solar, prestes a entrar em contato com o seu Meio do Céu voltado para a carreira, ou a entrar em sua sétima casa do casamento, você sabe que as oportunidades estão disponíveis nessas áreas. Mas você tem que fazer sua parte. Para tirar o máximo proveito de Júpiter, faça um esforço legítimo para aprender alguma coisa, para enfrentar um velho dilema de uma nova maneira ou para encontrar tempo para as coisas que você sempre diz que quer fazer. Quando você agir sob um trânsito de Júpiter, as recompensas inevitavelmente virão depois.

Um trânsito só pode ativar o potencial que já existe no seu mapa.

- **Júpiter em conjunção com o Sol:** aproveite a oportunidade para diversificar-se durante este ano de crescimento, mas lembre-se: se a vida está indo bem, você pode ser tentado a não fazer nada. Se a vida não está do jeito que você quer, você pode tornar-se desanimado ou cínico. Não deixe que Júpiter o leve a ser condescendente. Este é o momento de estender a mão, ser generoso e assumir riscos.

- **Júpiter em oposição ao Sol:** oportunidades estão disponíveis, mas você corre o risco de extrapolar, exagerando a sua situação, ou simplesmente prometendo demais.

- **Júpiter em conjunção com a Lua:** este trânsito traz uma maior sensibilidade e fluxo de emoções — o que é agradável se sua Lua natal faz aspectos especialmente harmoniosos com outros planetas, mas é exaustivo se sua Lua é afligida por quadraturas e oposições.

- **Júpiter em oposição à Lua:** por que cada revés emocional — cada pequena afronta, cada decepção e cada pequeno empurrão — parece um abalo sísmico? A resposta é que, graças a Júpiter, você está supersensível, com tendência para inflar seus sentimentos e reagir de forma exagerada.

Capítulo 16: Os Melhores Momentos de Nossas Vidas: Trânsitos   *241*

✔ **Júpiter em conjunção com Mercúrio:** Júpiter estimula o seu intelecto e expande a sua capacidade de se expressar. Você manifesta-se livremente e viaja bem.

✔ **Júpiter em oposição a Mercúrio:** busque conhecimento. Leia veementemente. Escreva diariamente. E lembre-se que o excesso de confiança pode ser um problema. Não fale demais e adie a tomada de decisões importantes.

✔ **Júpiter em conjunção com Vênus:** sua vida social floresce. Você expressa suas afeições facilmente, atrai amor e aprecia as artes. Este trânsito afortunado ainda melhora a sua capacidade de lucro.

✔ **Júpiter em oposição a Vênus:** você é atraente para os outros e sua vida social está ativa, mas não necessariamente satisfatória. Talvez você esteja se esforçando demais. Você também pode estar gastando muito.

✔ **Júpiter em conjunção com Marte:** você é corajoso, apaixonado, ocupado e cheio de vitalidade. Ser assertivo produz excelentes resultados.

✔ **Júpiter em oposição a Marte:** você se sente frustrado, mas enérgico e pode achar difícil reprimir sua hostilidade. Demandas são numerosas e podem surgir desentendimentos.

✔ **Júpiter em conjunção com Júpiter natal:** Júpiter circula de volta para a sua posição de partida a cada 12 anos, renovando o seu otimismo. Esta pode ser uma hora aventureira e afortunada, durante a qual viagens, educação e explorações filosóficas trazem satisfação. Seus esforços para superar antigas limitações compensam e você tem um pouco de diversão ao longo do caminho. Mas atenção: Júpiter também pode promover a autossatisfação, preguiça e indiferença presunçosa.

✔ **Júpiter em oposição a Júpiter natal:** você está com uma disposição exuberante e generosa, mas pode ser mais alegre do que a situação requer. Cuidado com os excessos.

✔ **Júpiter em conjunção com Saturno:** você pode tornar-se extremamente consciente de seus medos e limitações, mas você está mais no controle. Encontre a ajuda que precisa ou descubra uma maneira de se organizar, ou ainda, finalmente, trabalhe duro e tome uma atitude em relação aos seus problemas.

✔ **Júpiter em oposição a Saturno:** por mais que você queira romper seus antigos padrões, as circunstâncias podem não permitir isso. No entanto, você pode ser tentado a novos conhecimentos e oportunidades, suas responsabilidades são contínuas. Sua melhor jogada é aceitar suas obrigações.

✔ **Júpiter em conjunção com Urano:** oportunidades incomuns apresentam-se a você, que tem a coragem de dar um salto e expressar sua individualidade. Este é um momento animador de uma mudança positiva.

✔ **Júpiter em oposição a Urano:** oportunidades surpreendentes podem trazer a tão esperada chance de romper com situações de confinamento. O excesso de confiança não leva a lugar algum, mas é algo a se considerar quando se assume um risco calculado.

- **Júpiter em conjunção com Netuno:** seu lado místico, interesses espirituais, habilidade sobrenatural e imaginação são ampliados. Possíveis problemas incluem devaneio excessivo, abuso de substâncias e a recusa em aceitar a realidade.

- **Júpiter em oposição a Netuno:** aceitar a realidade não é fácil — e você provavelmente não está sequer tentando. Sua imaginação pode ser grande, mas seu juízo não. Você é pouco prático e facilmente enganado. Se já lutou com o abuso de substâncias, você deve ficar atento agora.

- **Júpiter em conjunção com Plutão:** sua ambição e poder pessoal são ampliados e seus trabalhos dão resultados. No passado, você pode ter percorrido o submundo de tristeza, medo ou do isolamento. Se assim for, agora você volta à luz.

- **Júpiter em oposição a Plutão:** seu desejo de poder pode ficar descontrolado e os obstáculos podem ficar no seu caminho. Neste momento de transição, você pode sentir como se tivesse pouco controle ou estivesse preso em uma luta pelo poder.

- **Júpiter em conjunção com o Ascendente:** você é liberal, efervescente e até mesmo sortudo. Durante o ano, mais ou menos quando Júpiter entrar em contato com seu Ascendente e viajar pela sua primeira casa, você está extrovertido e receptivo e as pessoas respondem a você de forma positiva. A má notícia: o ganho de peso é uma possibilidade nítida.

- **Júpiter em oposição ao Ascendente:** você facilmente se conecta com outras pessoas e seus relacionamentos florescem. Durante o ano, ou então quando Júpiter se opuser ao Ascendente e habitar a sétima casa, você pode atrair um novo parceiro, seja nos negócios ou na vida pessoal.

- **Júpiter em conjunção com o Meio do Céu:** conjunção de Júpiter com o Meio do Céu, seguido de uma longa temporada em sua décima casa, pode trazer sucesso, um maior papel no mundo e mais opções de carreira. Aproveite-as.

- **Júpiter em oposição ao Meio do Céu:** as relações familiares melhoram. Este é um bom ano para mudar, investir em imóveis, focar em atividades domésticas e curar feridas familiares.

Trânsitos de Júpiter trazem crescimento, oportunidades e perigo de insensibilidade.

Lidando com Saturno

Pessoas que sabem algo sobre astrologia tendem a ansiar pelos trânsitos de Júpiter — e ver os trânsitos de Saturno com preocupação. Saturno leva quase 30 anos para dar a volta no zodíaco. Ele gasta cerca de dois anos e meio em cada signo e está associado com o dever, disciplina, esforço, obstruções, limitações, limites e lições aprendidas. O melancólico

Capítulo 16: Os Melhores Momentos de Nossas Vidas: Trânsitos

Saturno pode trazer desespero, apatia e uma tristeza preocupante. Mas, assim como Júpiter não necessariamente traz amor perfeito, romances de estreia best-sellers ou bilhetes de loteria premiados, Saturno não necessariamente gera miséria. Ele pode trazer a responsabilidade na forma de um melhor trabalho, limitação na forma de um compromisso sério e o fortalecimento da autoestima que acompanha a autodisciplina. Para se beneficiar de um trânsito de Saturno, você precisa criar uma estrutura, se organizar e descobrir como gerir o seu tempo.

Trânsitos, por definição, são transitórios. Eles não duram muito tempo, por isso você deve agir rapidamente para aproveitá-los.

- **Saturno em conjunção com o Sol:** você colhe o que planta: essa é a mensagem deste trânsito desafiador e às vezes desanimador. Saturno estimula suas ambições, aumenta sua necessidade de segurança, o obriga a aprender a ser disciplinado e pode deixa-lo frente a frente com os seus pontos fracos. Mas também pode trazer segurança, satisfação e reconhecimento pelo trabalho bem feito.

- **Saturno em oposição ao Sol:** pessimismo e baixa vitalidade caracterizam este trânsito difícil, que acontece cerca de 14 anos depois de Saturno ter estado em conjunção com o Sol. Outras pessoas podem se opor a seus esforços. Seja paciente.

- *Nota:* as quadraturas de Saturno ao Sol, que ocorrem sete anos antes e depois da oposição, também são difíceis.

- **Saturno em conjunção com a Lua:** preocupações lhe afligem. Você pode sentir-se melancólico, mal compreendido, mal amado ou azarado — para não mencionar cheio de dúvidas interiores. Você está preso momentaneamente no abismo, onde o tempo é sempre propício para desabafar em um diário, falar com um terapeuta e lembrar-se que isto também passará.

- **Saturno em oposição à Lua:** a insegurança, amargura e relacionamentos estressantes podem fazer com que você se afaste durante este tempo de isolamento. Embora você possa desejar a compaixão dos outros, não é provável que vá obtê-la. Evite ter pena de si mesmo e tome medidas práticas.

- **Saturno em conjunção com Mercúrio:** você está em um ânimo pensativo e, possivelmente, pessimista, que favorece o estudo, a concentração e horários regulares. Este é o momento ideal para ler *Guerra e Paz*, *Moby Dick*, ou quaisquer outros clássicos de peso que você vem evitando.

- **Saturno em oposição a Mercúrio:** as circunstâncias podem fazer com que você questione suas ideias ou procure um estilo de comunicação mais eficaz.

- **Saturno em conjunção com Vênus:** relacionamentos frágeis podem desmoronar. Você pode se sentir solitário, inibido, mal amado e carente de recursos. E mesmo assim um novo relacionamento mais sério pode ter início, possivelmente com uma pessoa mais velha. Este também é um bom momento para começar um projeto artístico.

244 Parte IV: Usando Astrologia Agora Mesmo

✔ **Saturno em oposição a Vênus:** terminar uma relação é difícil, mesmo que seja a única coisa a se fazer. Relacionamentos saudáveis sobrevivem a este trânsito estressante. Mas, mesmo assim, a verdade vem à tona a medida que você encara a verdade.

✔ **Saturno em conjunção com Marte:** seus esforços são frustrados, fazendo com que sinta-se ressentido e sobrecarregado. Se a raiva é um problema para você, aprenda a lidar com ela agora. Este também é um excelente momento para contratar um treinador ou entrar numa academia. Você está sendo desafiado a aprender a se controlar. Se agir de forma metódica, você pode realizar muitas coisas.

✔ **Saturno em oposição a Marte:** este trânsito pode ser difícil, especialmente se você é o tipo de pessoa que coleciona inimigos. Obstáculos impedem o seu progresso à medida que Saturno força você a aceitar a realidade, tome medidas adequadas e — no pior dos cenários — seja paciente.

✔ **Saturno em conjunção com Júpiter:** mesmo que as oportunidades que surgem durante esta época tediosa possam não ser chamativas, elas no entanto são reais. Durante um trânsito de Saturno, enfrentar a realidade é essencial. Embora você possa precisar agilizar ou limitar seus objetivos de alguma forma, Saturno recompensa os seus esforços.

✔ **Saturno em oposição a Júpiter:** não é porque a sorte não está com você que ela estará contra você. Este é um momento de crescimento restrito, diminuição do entusiasmo, diligência e aceitação do *status quo*.

✔ **Saturno em conjunção com Saturno:** Saturno retorna. Este é um momento crucial, um momento de encarar a realidade. Saturno retorna à posição que ocupava em seu mapa astral quando você está entre as idades de 28 e 30, 58 e 60, 88 e 90. O primeiro retorno de Saturno representa o verdadeiro início da idade adulta. Durante esse tempo, normalmente difícil, você é forçado a encarar a verdade sobre si mesmo, pare de brincar e cresça. O segundo e o terceiro retorno representam pontos de mudança, durante os quais você deve assumir seus descontentamentos e se preparar para uma nova fase em sua vida. Em cada caso, Saturno te encoraja a enfrentar seus medos, reconhecer os obstáculos em seu caminho, definir suas ambições e mudar seus hábitos.

✔ **Saturno em oposição a Saturno:** este trânsito, que o obriga a ver a si mesmo em relação com o mundo de forma mais ampla, pode ser perturbador, especialmente na primeira vez, quando você está com cerca de 14 anos de idade. Experiências subsequentes ocorrem mais ou menos nas idades de 44 e 74. Em cada caso, você pode sentir-se sozinho e inseguro. O que ajuda? Focar em tarefas específicas e esforços práticos pode aumentar a sua sensação de segurança. A mensagem: persevere.

✔ **Saturno em conjunção com Urano:** embora você possa sentir-se aprisionado, é inútil se rebelar. Em vez disso, busque formas controladas de expressar a sua individualidade, o que lhe permitirá navegar por este trânsito com calma.

Capítulo 16: Os Melhores Momentos de Nossas Vidas: Trânsitos 245

✔ **Saturno em oposição a Urano:** nascido livre? Não é assim que parece. Eventos conspiram para fazer você se sentir como se suas opções fossem limitadas, mas não subestime o poder positivo de Saturno. Saturno dá força para a organização e autodisciplina. Ele recompensa você, permitindo-lhe desenvolver os aspectos mais idiossincráticos e originais de seu eu.

✔ **Saturno em conjunção com Netuno:** você pode se sentir mais firme e mais no controle durante esta fase introspectiva — ou pode ser pessimista e frustrado criativamente. Se você foi assolado por abuso de álcool ou drogas, provavelmente vai ser forçado a lidar com isso.

✔ **Saturno em oposição a Netuno:** você pode sentir-se envolto em confusão, incerteza e desânimo. Os sonhos podem se tornar realidade, mas você se sente decepcionado. Este trânsito apresenta ainda outra chance de aceitar a realidade e crescer.

✔ **Saturno em conjunção com Plutão:** problemas de controle e manipulação surgem durante este longo período de trânsito transformador. Apesar das circunstâncias restritivas e frustrantes, você pode encontrar uma maneira de reconhecer os seus erros (ou obsessões) e repensar o seu propósito. Como sempre acontece com Saturno, alcançar esses objetivos exige que você conheça a realidade a sua volta.

✔ **Saturno em oposição a Plutão:** seu desejo de controlar a situação e perseguir seus objetivos colide com pressões externas, que podem ser mais fortes do que você. Uma obsessão que pode estar te consumindo precisa ser superada, ainda assim você pode sentir-se incapaz de fazê-lo. Olhe para as áreas de sua vida que estão indo bem e concentre-se nelas.

✔ **Saturno em conjunção com o Ascendente:** as pessoas te acham confiável e fiel e como resultado você pode ter mais responsabilidades. Embora você possa sentir-se reprimido e com excesso de trabalho durante este período difícil, este trânsito traz alguns benefícios. Ele melhora a sua capacidade de concentração, estimula você a regular seu comportamento (tornando este o momento ideal para começar uma dieta responsável) e incentiva a repensar suas ambições. Ao mesmo tempo, você está começando um período de sete anos conhecido como o *ciclo de obscuridade*, que é caracterizado pela introspecção e busca de crescimento pessoal.

✔ **Saturno em oposição ao Ascendente:** este trânsito representa um ponto de mudança na forma como você se relaciona com o mundo. Pode trazer insatisfações à tona e prejudicar os relacionamentos, tanto pessoais quanto profissionais. Relacionamentos estabelecidos (se não sólidos) podem terminar. Mais suscetível a novas alianças com pessoas que são mais velhas ou mais autoritárias. Embora relacionamentos tendam a ser um desafio durante os próximos dois anos e meio, a boa notícia é que você está iniciando um período de sete anos de oportunidades e realizações conhecido como o *ciclo de atividade*. Por 14 anos, seu foco tem sido principalmente interno; agora você está se abrindo para o mundo.

- **Saturno em conjunção com o Meio do Céu:** com este trânsito, começa o *ciclo de influência* de sete anos. Se você está pagando suas dívidas, você pode esperar a chegada de um ponto máximo de reconhecimento e responsabilidade. Este é um momento de sucesso e destaque durante o qual você estabelece o seu lugar no mundo. Mas se você estiver acomodado, este trânsito poderá anunciar uma onda de fracasso e derrota. Se esse é o seu caso, lembre-se que Saturno sempre responde positivamente a um maior planejamento.

- **Saturno em oposição ao Meio do Céu:** questões relativas à casa e à família imploram por atenção. Embora você possa sentir-se oprimido por necessidades da família e pelo peso do passado, deve saber que você está começando um outro componente do ciclo de Saturno. Tendo acabado de completar o ciclo de obscuridade de sete anos, descrito anteriormente nesta seção, você está entrando agora no *ciclo de emersão*, um período mais criativo e emocionante. Uma mudança também é uma possibilidade.

Como planeta da limitação e perda, Saturno, exige uma avaliação lúcida da sua situação. Ele também traz responsabilidade e recompensa o trabalho duro.

Urano Imprevisível

Quando Urano aparece na área, a vida começa a ficar interessante. Como planeta da revolução, invenção, eletricidade, individualidade e excentricidade, Urano interrompe o fluxo normal de eventos e está associado a acontecimentos imprevistos e pessoas incomuns. Urano leva 84 anos — cerca de uma vida — para atravessar o zodíaco (vá para o Capítulo 10 para obter mais informações sobre os planetas exteriores).

- **Urano em conjunção com o Sol:** você está em ritmo de espera, mas não vai estar lá por muito tempo. A sua necessidade de expressar a sua individualidade impulsiona você para a mudança de uma vida. Se você está no caminho certo, este trânsito não deve ser traumático. Mas se está à deriva, empacado ou de alguma forma fora de seu caminho, este trânsito pressagia uma mudança perturbadora — de uma forma ou de outra. Se você não começar a mudar por conta própria, pode esperar que ela chegue espontaneamente a partir de fontes externas. Aja agora.

- **Urano em oposição ao Sol:** este trânsito perturbador favorece o pensamento inovador e inaugura um período criativo e explosivo de mudança e instabilidade. Fincar o pé contra ele não vai funcionar. É necessário ter flexibilidade.

- **Urano em conjunção com a Lua:** lampejos intuitivos trazem novas ideias durante este mal-humorado e instável trânsito. Atente para as tempestades emocionais, mudanças na dinâmica familiar ou uma súbita vontade de independência.

Capítulo 16: Os Melhores Momentos de Nossas Vidas: Trânsitos 247

✔ **Urano em oposição à Lua:** sensação de limitação e uma necessidade de romper com o passado fazem deste um período de instabilidade emocional e mudanças revolucionárias.

✔ **Urano em conjunção com Mercúrio:** embora você possa sentir-se sobrecarregado e frenético, o pensamento inflexível te segura. Novas perspectivas e fatos obrigam você a abolir ideias gastas e padrões de comunicação. Urano desencadeia a sua capacidade de pensar de uma forma original. Leve sempre um caderno com você.

✔ **Urano em oposição a Mercúrio:** você é mentalmente ativo e fisicamente nervoso, e pode ter problemas para dormir. Enfrentar os seus problemas sempre da mesma forma leva ao mesmo resultado sempre. Voluntariamente ou não, você deve tentar uma nova abordagem.

✔ **Urano em conjunção com Vênus:** se não há mais faíscas num relacionamento que você valoriza, você não pode mais ser passivo sobre isso. Revigore-o ou procure outro. Se você está sozinho, pode conhecer alguém novo de uma forma inesperada, e essa pessoa não será como as outras que você conhece. Relacionamentos que têm um toque de imprevisibilidade atraem você. Relações chatas antigas, não importa quão dignas ou cheias de história, não.

✔ **Urano em oposição a Vênus:** em seu desejo de escapar do tédio, você — ou seu parceiro — pode ser tentado por uma relação que parece oferecer maior entusiasmo. Mas será que esta nova união vai durar? Eu não apostaria nisso.

✔ **Urano em conjunção com Marte:** você é inquieto, ansioso por mudança e pronto para tomar a iniciativa: essa é a parte positiva. Você também é mais raivoso do que o normal e propenso a agir de forma precipitada e tomar decisões impulsivas. Além disso, você está propenso a acidentes.

✔ **Urano em oposição a Marte:** algo precisa mudar durante o seu período volátil, mas suas ações podem ser irregulares porque você não tem certeza do que quer. Controlar suas animosidades e sentimentos competitivos pode ser complicado e você pode provocar a rivalidade dos outros. No entanto, essas influências externas podem dar apenas o pontapé que você precisa.

✔ **Urano em conjunção com Júpiter:** raras oportunidades e mudanças surpreendentes em circunstâncias marcam esta conjunção. Em um mapa dos meus arquivos, este trânsito coincidiu com a perda de um membro da família e uma gravidez não planejada. Em outro caso, ele trouxe um movimento de mudança perturbador, mas positivo. Em um terceiro caso, uma mulher foi promovida profissionalmente quando Urano entrou na sua décima casa de Júpiter — e seguiu para a Terra um ano mais tarde, quando Saturno entrou em contato com seu Sol e ela foi demitida.

✔ **Urano em oposição a Júpiter:** a necessidade de independência e uma vontade de correr riscos caracterizam essa influência rebelde. Novas possibilidades podem atormentar (ou frustrar) você. Em seu desejo de levar uma vida melhor, você faz algumas escolhas surpreendentes. Surpreenda os seus amigos de todas as formas — mas não deixe que o seu otimismo (ou grandiosidade) fuja com seu bom senso.

Parte IV: Usando Astrologia Agora Mesmo

✔ **Urano em conjunção com Saturno:** você se sente encurralado e tenso e não mais capaz de tolerar as limitações que se impôs. Urano age como um catalisador, obrigando-o a abandonar velhos medos, limitações e até mesmo empregos em busca de um sentido menos limitador de si mesmo.

✔ **Urano em oposição a Saturno:** você se sente desconfortável e ansioso. Velhos hábitos e padrões antiquados desmoronam sob o ataque de forças além de seu controle.

✔ **Urano em conjunção com Urano natal:** o retorno Urano ocorre quando você está com 84 anos. Ele simboliza um ciclo completo de individualidade e pode estimulá-lo a buscar uma nova expressão do seu eu.

✔ **Urano em oposição a Urano natal:** este inquietante trânsito provocador de ansiedade e crise de meia-idade, acontece em torno dos 42 anos, convidando-o a assumir riscos e aumentando o seu desejo de se rebelar contra o *status quo*.

✔ **Urano em conjunção com Netuno:** se você nasceu no início de 1990, poderá ter estado sob este desconcertante e sensibilizante trânsito quando criança (episódios de percepção psíquica podem ser atribuídos a essa influência). No entanto, se você tem idade suficiente para se lembrar de 1993 (dica: o presidente Bill Clinton tomou posse), você não vai sentir este trânsito em sua vida.

✔ **Urano em oposição a Netuno:** se você estiver sentindo os efeitos desse trânsito, provavelmente está lá pena casa dos 70. A vantagem do envelhecimento, além de poder ir ao cinema com desconto, é que você se preocupa menos com o que as outras pessoas pensam e mais sobre o que importa para você. Sonhos incríveis, música moderna e buscas espirituais não tradicionais têm um apelo surpreendente. Evite esquemas de enriquecimento rápido.

✔ **Urano em conjunção com Plutão:** este trânsito pesado pode trazer transições que são imprevisíveis e importantes. No entanto, a menos que você esteja com mais de 100 anos, você não está prestes a experimentá-lo.

✔ **Urano em oposição a Plutão:** velhos padrões e obsessões caem no esquecimento com este trânsito, especialmente se Plutão é proeminente em seu horóscopo.

✔ **Urano em conjunção com o Ascendente:** mudar sua aparência, agir de forma abrupta ou imprevisível e enfatizar suas maiores excentricidades são métodos de expressar sua insistente necessidade de liberdade pessoal. Esta passagem pode também coincidir com reconhecimento inesperado.

✔ **Urano em oposição ao Ascendente:** seja você a iniciar essas mudanças, seja outra pessoa, inesperadas sacudidas nos relacionamentos liberam o caminho para uma maior liberdade e individualidade. As pessoas que te atraem agora são notoriamente diferentes do seu tipo habitual.

✔ **Urano em conjunção com o Meio do Céu:** reviravoltas na carreira podem dar início a um capítulo dramático na sua vida se você tiver a coragem de reagir. Quando uma oportunidade incomum se apresenta, agarre-a. Não deixe que sentimentos não resolvidos de inferioridade o impeçam de seguir o seu destino.

✔ **Urano em oposição ao Meio do Céu:** eventos e desafios inesperados podem deixar sua vida doméstica de cabeça para baixo e alterar seu status social ou relações profissionais. Uma mudança repentina não é impossível.

Urano, o planeta da revolta, traz mudanças inesperadas e pode ser associado ao caos e à desorientação, assim como à libertação.

Netuno Nebuloso

O mágico e misterioso Netuno é atordoante e inspirador. Ele dissolve fronteiras, cria ilusões, estimula a compaixão e a imaginação. Ao contrário de Urano, a influência de Netuno pode ser difícil de detectar, porque ele vem envolto em uma névoa de confusão. Quando algo está acontecendo, mas você não sabe o que é, conte com Netuno, que leva cerca de 164 anos para viajar pelo zodíaco. O Apêndice apresenta seu itinerário.

✔ **Netuno em conjunção com o Sol:** a autopiedade, o mau humor e uma sensação de pouca autoestima são as desvantagens desse trânsito lento. Ele também pode fortalecer seu idealismo, compaixão, visão e sensibilidade psíquica.

✔ **Netuno em oposição ao Sol:** sua capacidade de enganar a si mesmo (ou para permitir-se ser enganado) está em um alta durante este trânsito ligeiramente mistificador. Apesar de sua confiança poder vacilar, às vezes vagar sem destino é tudo que você pode fazer. Você está à procura de um sentido mais compassivo de si.

✔ **Netuno em conjunção com a Lua:** você é empático, clemente e altamente sintonizado com a atmosfera emocional a sua volta, seja ela positiva ou negativa. Para defender-se contra a ilusão, estabeleça limites e preste muita atenção a sua intuição.

✔ **Netuno em oposição à Lua:** incerteza emocional, vontade de fugir e obsessões desconhecidas podem afligi-lo. Você é facilmente iludido, então seja cauteloso sobre apaixonar-se ou dedicar-se a uma orientação espiritual com uma resposta para tudo. Não deixe que os outros destruam sua confiança em si mesmo.

✔ **Netuno em conjunção com Mercúrio:** se você é um poeta, artista ou músico, vai adorar este trânsito. Mas esteja preparado: o impulso criativo ocorre à custa de coisas habituais, para as quais você conta com Mercúrio — como a tomada de decisões inteligentes ou lembrar-se de pagar as contas.

✔ **Netuno em oposição a Mercúrio:** acha que está se comunicando com clareza? Acha que tem um plano infalível para erradicar a guerra, a fome ou o terrorismo? Pense novamente. Netuno estimula seus impulsos artísticos, mas também fomenta um ambiente em que o pensamento equivocado pode prosperar.

250 Parte IV: Usando Astrologia Agora Mesmo

✔ **Netuno em conjunção com Vênus:** você é extremamente sensível e preparado para se apaixonar. Mas será que o objeto de sua devoção retribuiu o seu afeto? A relação é tão perfeita quanto você imagina? Lembre-se, por favor, que Netuno é o planeta da ilusão. Da mesma forma, se você cair na armadilha da autopiedade e ficar convencido de que você vai ficar sozinho para sempre, mande embora esse sentimento e coloque a sua confiança na arte, música, poesia e no universo.

✔ **Netuno em oposição a Vênus:** você se sente exasperado, especialmente (mas não exclusivamente) sobre sua vida amorosa. Visões românticas ocupam sua mente, mas você é relutante ou incapaz de realizar esses sonhos. Este trânsito, como a conjunção de Netuno e Vênus, estimula a ilusão em grande estilo.

✔ **Netuno em conjunção com Marte:** se você está com raiva ou inveja, ou está desperdiçando suas habilidades, você dispersa sua energia. Ao agir de forma intuitiva e pondo em prática seus talentos, você constrói as bases para o sucesso. Preste atenção à coincidência e à sorte, sejam boas ou ruins. O mundo exterior espelha a sua realidade interior e informa se você está no caminho certo.

✔ **Netuno em oposição a Marte:** confuso sobre o que quer? Observe a si mesmo à medida que seus desejos reprimidos emergem na consciência e se expressam em suas ações. E cuidado, também, quando você responder negativamente a outras pessoas. Essas reações refletem sua sombra, o lado escuro de sua personalidade.

✔ **Netuno em conjunção com Júpiter:** você fantasia sobre uma infinidade de possibilidades. E assim, sem nem perceber, você se abre para novas experiências. Seu idealismo, compaixão e fé na vida crescem.

✔ **Netuno em oposição a Júpiter:** você é simpático, idealista, e aberto à experiência — mas está fora de contato com a realidade. Não vá por aí.

✔ **Netuno em conjunção com Saturno:** as normas e regras rígidas sobre as quais você vive não estão mais funcionando, e você precisa atualizá-las, torná-las mais inspiradoras e menos temerosas. Lembre-se que todos que nasceram com alguns meses de diferença de você estão enfrentando esse trânsito. E seja sensato quando o assunto é dinheiro.

✔ **Netuno em oposição a Saturno:** velhos medos e bloqueios aparecem e você tem que enfrentá-los de frente. Este é um momento difícil, mas não é necessariamente negativo, pois Netuno pode afastar as limitações do passado.

✔ **Netuno em conjunção com Urano:** no século XXI, este trânsito geracional afeta apenas os idosos. É provável que produza estados alterados de consciência, um devaneio de liberdade e um surto de excentricidade.

✔ **Netuno em oposição a Urano:** uma vaga insatisfação do tipo crise de meia-idade aflige você. Se você está numa rotina, mesmo que seja por sua própria vontade, você pode tentar redefinir a si mesmo através de experiências excitantes.

Capítulo 16: Os Melhores Momentos de Nossas Vidas: Trânsitos   **251**

- **Netuno em conjunção com Netuno natal:** se você está enfrentando esse trânsito, é muito jovem (ainda criança) ou muito velho (164) para se preocupar com isso.

- **Netuno em oposição a Netuno natal:** este trânsito acontece aos 82 anos, cerca de dois anos antes de Urano retornar. Ele pode coincidir com o aumento da confusão, mas também pode fortalecer a sua imaginação e consciência espiritual.

- **Netuno em conjunção com Plutão:** essa conjunção não vai acontecer em sua vida.

- **Netuno em oposição a Plutão:** este trânsito exerce uma influência sutil que aumenta a consciência e incentiva você a repensar vários aspectos da sua vida, incluindo problemas psicológicos que você que tentou reprimir.

- **Netuno em conjunção com o Ascendente:** Netuno dissolve os limites da personalidade externa, deixando-o fora de foco ou perdido em um devaneio. Conscientemente ou não, você pode alterar a sua imagem. Na pior das hipóteses, você é autodestrutivo. Na melhor das hipóteses, você é intuitivo e criativo. Arte, música, cinema, análise de sonhos, e exploração espiritual são saídas saudáveis. E não há nada de errado em sonhar acordado.

- **Netuno em oposição ao Ascendente:** se você está em um relacionamento satisfatório, vocês desenvolvem uma forma de comunicação que é praticamente clarividente. Mas se o seu relacionamento é instável, segredos e enganos podem levar a casa abaixo. Preste atenção às nuances.

- **Netuno em conjunção com o Meio do Céu:** os contornos da sua carreira estão se dissolvendo. Práticas misteriosas no escritório podem te preocupar e fazer com que você considere outras opções de carreira. A satisfação pode vir através de assuntos espirituais, cinema, fotografia, música, arte, oceanografia e tudo o que envolve as profissões de cura. Mas cuidado, pois você também pode estar sujeito a ilusão, como muitas vezes ocorre com Netuno.

- **Netuno em oposição ao Meio do Céu:** desentendimento ou insatisfação com a sua carreira, seus pais ou sua vida em casa prejudicam a sua capacidade de decisão. Para encontrar um propósito e um objetivo, ouça a sua voz interior. Ou fale com seus avós. Como sempre acontece com Netuno, a ajuda pode ser encontrada através da arte, música, buscas espirituais e longas caminhadas na praia.

Netuno dissolve fronteiras, cria confusão, atrai ilusão e sensibiliza a imaginação.

Plutão Ávido de Poder

Em 2006, os astrônomos reclassificaram Plutão como um planeta anão. Isso pode fazer a diferença para os astrofísicos (embora eu não consiga ver por que deveria). Astrólogos basicamente não se importam. Em nossa

Parte IV: Usando Astrologia Agora Mesmo

interpretação do universo, Plutão está associado ao poder, à regeneração e ao submundo da psique — um lugar onde a alquimia é a metáfora operante e tamanho é algo profundo e verdadeiramente sem sentido. Trânsitos plutônicos, que duram dois ou três anos, coincidem com períodos de profunda mudança.

- **Plutão em conjunção com o Sol:** sua consciência aumenta. Você se torna obcecado com o seu potencial e, em última análise, não quer ser alguém que não seja a versão mais poderosa de si mesmo. Empregos e relacionamentos inadequados podem se desfazer durante este período crítico. Também importantes: questões não resolvidas a respeito de seu pai ou outras figuras de autoridade precisam ser abordadas. Na primeira metade do século XXI, só Sagitário, Capricórnio, Aquário e Peixes terão esse trânsito.

- **Plutão em oposição ao Sol:** as circunstâncias forçam você a assumir o controle de seu destino. Relacionamentos podem sofrer. Apesar da rivalidade ou dos conflitos com autoridade, você está determinado a agir da melhor maneira possível. Acima de tudo, você busca o reconhecimento. Atitude construtiva leva ao sucesso; comportamento, baseado no medo ou egoísta saem pela culatra. Ao longo dos próximos dois anos, tem início uma nova fase de sua vida.

- **Plutão em conjunção com a Lua:** forças emocionais poderosas estão girando em torno de você. Você pode até ter que lidar com uma morte na família. A preocupação de que talvez venha ignorando desde a infância ressurgem, incluindo questões relacionadas a sua mãe. Confrontar questões de dependência e inferioridade traz cura e catarse.

- **Plutão em oposição à Lua:** turbulência emocional e mudança de situações familiares provocam mudanças em seu ambiente doméstico. Enfrentar a verdade é a única opção, por mais doloroso que isso possa ser.

- **Plutão em conjunção com Mercúrio:** leve-se a sério. Sua capacidade mental está se desenvolvendo e suas ideias estão mais sagazes do que nunca. Você é capaz de influenciar os outros através da palavra falada ou escrita.

- **Plutão em oposição a Mercúrio:** diferenças de opinião, problemas de comunicação e pensamentos obsessivos (ou depressivos) podem perturbá-lo. Segredos podem ser revelados. Você também tem a chance de se comunicar de uma forma mais enérgica.

- **Plutão em conjunção com Vênus:** o ciúme, o ressentimento ou o amor obsessivo podem dominar você. Inconscientemente você procura uma conexão profunda e provavelmente poderá encontrá-la durante este intenso — e, ocasionalmente, miserável — período.

- **Plutão em oposição a Vênus:** uma crise emocional pode fazer um relacionamento desmoronar ou se aprofundar. Disputas, choque de valores ou questões sexuais não resolvidas podem precisar serem abordados. Além disso, problemas financeiros podem persegui-lo.

Capítulo 16: Os Melhores Momentos de Nossas Vidas: Trânsitos 253

✔ **Plutão em conjunção com Marte:** aumento da determinação e ambição abrem muitas portas. O aumento da capacidade de se concentrar permite agir com maior vigor. Embora você precise encontrar maneiras de gerenciar sua raiva, sua energia é transformada.

✔ **Plutão em oposição a Marte:** eventos ou circunstâncias perturbadoras além de seu controle forçam você a agir e a canalizar a sua raiva de forma construtiva.

✔ **Plutão em conjunção com Júpiter:** estenda os seus limites e você poderá transformar sua vida completamente. Oportunidades surgem através da educação, turismo, religião ou da lei.

✔ **Plutão em oposição a Júpiter:** o seu desejo de sucesso e poder te motiva a ampliar seus horizontes. Esteja ciente de que se superestimar é uma possibilidade real. Além disso, se você é religioso, pode experimentar uma crise de fé.

✔ **Plutão em conjunção com Saturno:** livrar-se das suas amarras autoimpostas está longe de ser fácil. Essa conjunção inaugura um período de autorreflexão e resulta em mudança permanente intensa.

✔ **Plutão em oposição a Saturno:** forças externas frustram seus esforços e obrigam você a alterar seus planos durante este período de mudança espontânea. Como sempre acontece com Saturno, você se beneficia de autocontrole e trabalho duro.

✔ **Plutão em conjunção com Urano:** se você reprimiu a sua individualidade, ela ressurge agora. Simples rebeldia não leva a nada. Se você exagerou no papel de extravagante, está pronto para suavizar suas excentricidades. Se você já tentou esconder o seu eu mais idiossincrático, abrace-o agora. Você vai encontrar satisfação inesperada.

✔ **Plutão em oposição a Urano:** circunstâncias surpreendentes impulsionam você para o futuro, forçando-o a entrar em acordo com quem você é e com quem você quer ser.

✔ **Plutão em conjunção com Netuno:** seus sonhos, crenças e ideais estão lentamente mudando.

✔ **Plutão Netuno oposto:** a menos que você esteja com bem mais de 100 anos, você não tem que se preocupar com este trânsito.

✔ **Plutão em conjunção com Plutão natal:** não é possível.

✔ **Plutão em oposição a Plutão natal:** não é possível (a menos que você tenha 123 anos de idade).

✔ **Plutão em conjunção com o Ascendente:** você já não está disposto a negar ou reprimir o seu poder pessoal. A autoimagem mais forte fortalece seu objetivo e estimula você a iniciar a mudança.

✔ **Plutão em oposição ao Ascendente**: você exige ser reconhecido pela pessoa forte que é, e quer causar um impacto no mundo. Se um relacionamento está te colocando para baixo de alguma forma, ele deve acabar.

✔ **Plutão em conjunção com o Meio do Céu:** a sua carreira (ou o seu papel na comunidade) entra numa era de grande, e lenta, mudança.

✓ **Plutão em oposição ao Meio do Céu:** hábitos precisam mudar. Ao longo dos próximos anos, a sua situação em casa e sua relação com seus pais vão passar por uma profunda mudança.

Plutão traz desintegração, regeneração e metamorfose. Conflitos externos, com poder e burburinhos internos dentro da psique caracterizam esses trânsitos transformadores.

Aviso: a Maldição do Astrólogo

Se você for como eu, pode descobrir que conhecer os princípios dos trânsitos pode deixa-lo apavorado. Cedo ou tarde, você vai notar um trânsito problemático se aproximando e vai começar a entrar em pânico enquanto os piores cenários assombram sua imaginação. Semanas ou meses depois, você pode se surpreender ao perceber que nenhum dos desastres ocorreu. Grandes eventos, sejam positivos ou negativos, exigem uma confluência de influências, é por isso que quanto mais você seguir os trânsitos, provavelmente mais comedidas se tornarão suas previsões.

As regras de interpretação de trânsito são simples:

✓ **Se as configurações em seu mapa astral não tornam um certo evento possível, ele não vai acontecer, não importa os trânsitos.** O imprevisível Urano dançando através de sua segunda casa das finanças, face a face com o generoso Júpiter, traz grande prosperidade na loteria se, e somente se, o seu mapa astral estiver repleto de aspectos para ganhar dinheiro fácil. A predisposição tem que estar lá.

✓ **Mesmo com uma predisposição astral, uma única escala raramente se correlaciona com um evento que muda vidas.** Essas situações dramáticas surgem a partir de inúmeras influências, tudo aponta para uma direção similar.

✓ **Qualquer trânsito tem várias interpretações possíveis.** Nada é predestinado. Mas a energia do trânsito deve ser manifestada. A maneira com que ocorre depende das circunstâncias e das escolhas que você faz.

Aqui está um caso em que prever a catástrofe teria sido tão fácil — e tão errado. Imagine uma pessoa cujo Sol, Ascendente e vários planetas estão sendo atacados não só por Saturno, mas também por Urano, Netuno e Plutão. Mesmo individualmente, esses mundos distantes são conhecidos por fazer astrólogos se contorcerem. Quando todos eles agem ao mesmo tempo, é difícil não ficar nervoso.

Então pergunto-me o que eu teria dito, em 1993, se Toni Morrison, cujo mapa está reproduzido na Figura 16-4, tivesse me pedido uma consulta. Seu mapa astral está na parte interior do círculo. Os planetas em trânsito estão na parte exterior.

Capítulo 16: Os Melhores Momentos de Nossas Vidas: Trânsitos

Olhando para o mapa, eu teria notado que Saturno, o planeta das lições, estava transitando para frente e para trás acima do Sol (e por duas vezes fez uma conjunção exata com ele no início do ano); que Urano e Netuno, viajando juntos na nona casa, estavam em conjunção com o Saturno dela e em oposição ao seu Plutão natal, e que o trânsito de Plutão estava duelando com seu Ascendente por cerca de um ano e estava se aproximando de uma oposição exata.

Observando tudo isso, eu poderia ter proferido palavras alegres sobre transformação (Plutão) e responsabilidade (Saturno). Certamente teria dito a ela que Saturno em trânsito pela décima casa muitas vezes se correlaciona com o sucesso profissional. Mas, secretamente, teria ficado preocupada. Como um monte de gente, acho que seria fácil imaginar a catástrofe.

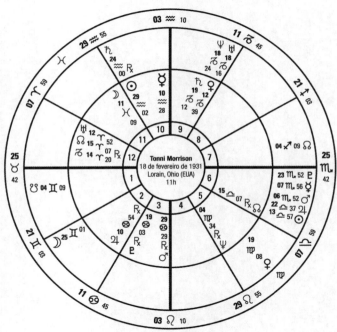

Figura 16-4: Mapa astral de Toni Morrison. O mapa astral dela está na parte interna do círculo. Os planetas espalhados ao redor da borda exterior representam os trânsitos para 1993.

Então, o que realmente aconteceu com Toni Morrison em 1993? Ela ganhou o Prêmio Nobel de Literatura. E com certeza, com Saturno em seu signo solar, ela de fato colheu o que havia plantado.

O maior erro autodestrutivo que você pode cometer como um astrólogo é permitir que o seu conhecimento de trânsitos se torne uma fonte de ansiedade. Acredite em mim: a maioria das coisas terríveis que os astrólogos preveem nunca acontecerá. Não perca seu tempo se preocupando com elas.

256   Parte IV: Usando Astrologia Agora Mesmo

Capítulo 17

A Vantagem Lunar: Usando a Astrologia na Vida Cotidiana

Neste Capítulo

▶ Beneficiando-se das fases da Lua

▶ Sintonizando a Lua nos signos

▶ Usando a Lua nas casas

▶ Examinando as cinco principais influências lunares

▶ Perguntando sobre a Lua fora de curso

ocê sabe onde a Lua está agora? Sem olhar pela janela, você se lembra em qual fase ela está? Pode citar o signo do zodíaco que ela habita? Você sabe se é crescente ou minguante?

Não se sinta mal se você não sabe a resposta para qualquer uma dessas perguntas. Exceto quando a Lua está cheia, a maioria das pessoas não tem a menor ideia sobre onde ela está ou o que está fazendo. Mas há milhares de anos, homens e mulheres em todos os continentes adoravam a Lua e estavam atentos a todas as suas fases. Nas culturas iniciais, contadores de histórias criaram várias divindades lunares, cada uma das quais reflete uma fase diferente da Lua. Na Grécia, por exemplo, a moleca Artemis, patrona das meninas, era uma deusa da Lua Nova; Hera, rainha dos deuses e Deméter, mãe de Perséfone, regiam a Lua Cheia, e Hécate, a deusa de uma determinada época, reinou na bruxaria e no crescente lunar minguante. Ao contrário de nós, o povo que há muito tempo adorava essas deusas, observou a Lua com cuidado e tinha plena consciência de sua localização. Com o tempo, eles descobriram que a jornada mensal da Lua, uma vez que ela aumentava e diminuía, refletia e apoiava o padrão da atividade humana.

Esse conhecimento antigo está ao seu alcance. Quando você entende a Lua e as suas mudanças fundamentais, pode escolher datas que fortalecem suas intenções, evitar datas que podem levar à frustração ou fracasso e viver a sua vida de acordo com o ritmo do cosmos. Este capítulo diz-lhe como — e quando — aproveitar o dia.

Programar Suas Ações de Acordo com a Luz da Lua

Quantas fases da Lua existem? Depende a quem você pergunta. Na Índia, os astrólogos identificam 27 "mansões lunares". O grande astrólogo do século XX (e músico) Dane Rudhyar, contava oito fases: Nova, Crescente, Quarto Crescente, Disseminante, Cheia, Convexa, Quarto Minguante e Balsâmica (sem relação com o vinagre). Adoradores dos deuses antigos, assim como seus equivalentes pagãos e wiccanos contemporâneos, geralmente reconhecem três fases: Crescente, Cheia e Minguante. Hoje, a maioria das pessoas reconhecem as quatro fases da Lua seguintes:

- **Nova:** um período de aumentar energia e novos começos. Luas Novas são especialmente poderosas quando coincidem com eclipses solares, algo que geralmente acontece duas vezes por ano.
- **Quarto Crescente:** um período de crescimento, atrito e ação.
- **Cheia:** um período de iluminação quando as situações em curso vêm à tona, as emoções são intensificadas e grandes eventos acontecem. Luas cheias são especialmente dramáticas e reveladoras quando elas são também eclipses lunares.
- **Quarto Minguante:** um período da conclusão, libertação e enfraquecimento da vitalidade

Ao tomar conhecimento desses ritmos naturais, você pode programar suas atividades para o máximo proveito — e você não precisa de um calendário astrológico também. Basta olhar para a Lua sempre que estiver fora durante a noite, e logo, conhecer a sua fase vai se tornar algo natural para você. A tabela 17-1 descreve a aparência aproximada e a orientação da Lua, juntamente com as ações mais adequadas para cada fase.

Tabela 17-1	O que Fazer de Acordo com a Luz da Lua	
Fase da Lua	*Aparência*	*Atividades Recomendadas*
Lua Nova	Invisível a princípio; depois se parece com uma lasca com as pontas crescentes apontando para o leste. Nasce ao amanhecer, se põe ao pôr do sol.	Comece; realize desejos; defina metas; inicie projetos; semeie; inicie empreendimentos.
Quarto Crescente	Um semicírculo com a face murcha voltada para o leste (à esquerda) e o lado curvo voltado para o oeste. Nasce ao meio dia. Está mais alta no céu após o pôr do sol. Põe-se próximo à meia-noite.	Tome uma atitude; desenvolva projetos; tome medidas essenciais; tome decisões; enfrente o conflito.

Capítulo 17: A Vantagem Lunar: Usando a Astrologia na Vida Cotidiana

Tabela 17-1	O que Fazer de Acordo com a Luz da Lua	
Fase da Lua	Aparência	Atividades Recomendadas
Lua Cheia	Uma esfera brilhante. Nasce ao pôr do sol. Mais alta no céu à meia-noite. Põe-se próximo ao amanhecer.	Avalie o progresso enquanto as emoções estão lá no alto e as coisas se concretizam; faça ajustes; lide com as consequências.
Lua Minguante	Um semicírculo com o lado murcho voltado para oeste (à direita) e o lado curvo voltado para o leste. Nasce à meia-noite. Alta no céu antes do amanhecer.	Finalize as coisas; relaxe; reflita; recue.

Uma vez por ano, há uma Lua Nova em seu signo. Independentemente de saber se ela vem antes ou depois de seu aniversário, o período altamente carregado entre esses dois dias é ideal para o estabelecimento de metas anuais e de dar os primeiros passos em direção ao cumprimento delas. Se a Lua Nova ocorrer bem no seu aniversário, parabéns. O ano que se segue promete ser uma época de novos começos.

Usando a Lua nos Signos

Uma maneira útil de ficar em sintonia com a Lua é acompanhar sua jornada através do zodíaco. Para fazer isso, use a tabela da Lua no Apêndice, que lhe diz exatamente quando as mudanças da Lua ocorrem em cada ano de 1930 a 2012. Ou adquira um calendário astrológico. Particularmente, eu não ficaria sem um.

Embora o Anexo tenha o básico de informação necessária para seguir a Lua através dos signos, calendários astrológicos contêm muito mais. Dois dos melhores são *Llewellyn's Daily Planetary Guide* e *Jim Maynard's Celestial Guide* ou *Celestial Influences Calendars* (todos ainda sem tradução para o português). Estes calendários, que estão disponíveis em uma variedade de tamanhos, também lhe informam as fases da Lua, os aspectos formados com outros planetas, a hora dos eclipses e o momento exato em que a Lua entra em cada signo do zodíaco. Se você não fala inglês ou não consegue encontrar estes ou outros calendários em sua livraria favorita, dê uma busca online e você encontrará algumas opções gratuitas.

Conhecer a localização da Lua é muito divertido. Ao longo dos anos, descobri que gosto de certas colocações lunares mais do que de outras. Como escritora, eu amo Lua em Gêmeos. Eu sempre espero realizar muita coisa nesses dias — mesmo que a experiência tenha me mostrado que Lua em Gêmeos atrai visitantes de fora da cidade e compromissos inevitáveis mais do que qualquer outro signo e põe o telefone para tocar de uma forma que parece estar além meu controle. No entanto, quando consigo sentar à minha mesa nesses dias, as palavras fluem.

Parte IV: Usando Astrologia Agora Mesmo

> ### Obtendo aconselhamento a partir da internet
>
> Um horóscopo mensal ou semanal perceptivo pode ajudá-lo a alinhar-se com o cosmos. Aqui estão dois dos meus favoritos, contudo, ambos estão em inglês:
>
> - **Astrology Zone de Susan Miller:** suas previsões mensais, disponíveis em www.astrologyzone.com, são quentes, motivadoras, bem informadas e surpreendentemente específicas. Ela discute Luas Novas e Luas Cheias e é especialista, especialmente, em eclipses. Não tem como errar.
>
> - **Free Will Astrology Newsletter de Rob Brezsny:** ele não fala sobre os planetas ou usa o jargão astrológico. Ele conta histórias — parábolas — e elas nem sempre acertam em cheio. Quando o fazem, elas ecoam na mente por dias. Dê uma conferida por fora em www.freewillastrology.com.

Amo Lua em Virgem, também: é ideal para cuidar dos negócios — e limpar a casa. Não sou a pessoa mais eficiente do planeta, mas você nunca diria isso nestes dias.

Observar a Lua enquanto você faz suas atividades diárias as coloca sob uma perspectiva interessante. Mas quero enfatizar a importância de se fazer isso de uma forma casual, não obsessiva. Caso contrário, você corre o risco de ficar tão envolvido com os céus que perde de vista os acontecimentos aqui na Terra.

Dito isto, aqui está como aproveitar ao máximo a trajetória da Lua através de cada signo:

- **Lua em Áries:** seja ousado. Imponha-se, inicie projetos de curto prazo, faça qualquer coisa que requeira uma explosão de energia e uma centelha de coragem. Cuidado com ataques de nervos.

- **Lua em Touro:** seja prático. Comece projetos de longo prazo, cultive, pague suas contas. Concentre-se em trabalhos que exijam paciência. Ouça o seu corpo. Dê um passeio no bosque.

- **Lua em Gêmeos:** converse, leia, escreva em seu diário, tire fotos. Compre livros, revistas e artigos de papelaria. Execute tarefas, faça viagens curtas, mude de opinião.

- **Lua em Câncer:** fique em casa. Cozinhe, redecore, ligue para sua mãe. Passe tempo com pessoas que você ama. Compre antiguidades. Caminhe na praia. Vá lá fora e olhe para as estrelas.

- **Lua em Leão:** deixe a festa rolar. Seja romântico, brinque com as crianças, aprenda tango, vá ao teatro, dê uma festa, atreva-se a se aproximar de pessoas de status. Seja confiante.

- **Lua em Virgem:** tome cuidado com o mundano. Limpe o chão, vá ao dentista, vá ao veterinário, atente para os detalhes triviais. Pode não parecer divertido, mas a Lua em Virgem é incrivelmente útil — e aparece quase todo mês.

Capítulo 17: A Vantagem Lunar: Usando a Astrologia na Vida Cotidiana

- **Lua em Libra:** cuide-se. Vá a um concerto ou a um museu, faça algo artístico, faça um tratamento de beleza, amenize desentendimentos. Forme uma parceria de negócios. Assine um tratado de paz. Case.

- **Lua em Escorpião:** espere encontros intensos. Tenha relações sexuais, consulte o seu terapeuta, leia um romance de mistério, arquive seus impostos, pague seus débitos, faça um seguro, estude qualquer coisa.

- **Lua em Sagitário:** explore. Viaje, assista a uma aula, converse com um advogado, siga interesses espirituais ou filosóficos, faça um passeio de bicicleta, vá à academia, altere sua rotina.

- **Lua em Capricórnio:** seja profissional. Imprima seu currículo, prepare um contrato, faça tarefas que envolvem empresas ou outras organizações de grande porte. Fale com uma pessoa mais velha. Investigue o passado. Cumpra o seu dever.

- **Lua em Aquário:** socialize. Voluntarie-se para uma causa. Fique online, compre software, se reúna com os amigos, veja um filme independente, visite um planetário. Faça algo incomum.

- **Lua em Peixes:** relaxe. Medite, tire um cochilo, perca-se em pensamentos, ouça música, vá nadar, analise seus sonhos. Tenha uma conversa íntima ou um dê uma boa chorada.

Rastreando a Lua nas Casas

Seguir a Lua através das casas do seu mapa astral é uma outra maneira de utilizar sua força. No entanto, você só pode fazer isso se souber a hora de seu nascimento e tiver identificado o seu Ascendente (para obter instruções sobre como descobrir isso, consulte o Capítulo 11).

Digamos, por exemplo, que você tenha Ascendente em Leão — isto é, Leão no limite de sua primeira casa. Quando a Lua está nesse signo, está viajando por sua primeira casa. Uma vez que oscila em Virgem, ela entra em sua segunda casa. E assim por diante.

Em um determinado momento, a Lua está em um signo do zodíaco e em uma casa de seu mapa. Se você deseja obter detalhes sobre isso, pode descobrir exatamente quando a Lua atingirá o grau exato do vértice de cada casa. Mas quem tem tempo para isso? Eu não. Sugiro que você simplesmente observe o signo no ápice de cada casa. Quando a Lua entra nesse signo, essa é a sua dica para voltar sua atenção para os assuntos daquela casa. Por exemplo:

- **Lua na primeira casa:** faça algo por si mesmo. Ganhe um corte de cabelo ou uma manicure. Agende uma entrevista, um primeiro encontro ou uma apresentação no trabalho. Sua visibilidade é alta, então apresente-se com estilo. Você vai deixar uma impressão positiva.

- **Lua na segunda casa:** maior segurança significa maior paz de espírito. Questões práticas e financeiras exigem sua atenção. Pague contas. Reúna-se com um consultor financeiro. Livre-se do que não usa mais. Faça compras importantes. E se você estiver envolvido com construção de alguma forma, comece a trabalhar.

262 Parte IV: Usando Astrologia Agora Mesmo

- **Lua na terceira casa:** sente-se inquieto? Execute algumas tarefas. Vá à biblioteca. Reúna informações. Faça chamadas telefônicas. Converse com os vizinhos. Reúna-se com irmãos e irmãs. Faça uma viagem curta. Essa posição favorece a leitura, a escrita e qualquer coisa que tenha a ver com escola.

- **Lua na quarta casa:** concentre-se em seu lar, família, pais e no passado.

- **Lua na quinta casa:** romance, recreação, atividades criativas e qualquer coisa que tenha a ver com crianças são reforçadas durante esses dias.

- **Lua na sexta casa:** a ênfase está no trabalho, saúde e nas rotinas da vida diária. Limpe sua mesa. Organize seus arquivos. Atualize-se sobre tudo o que você deixou de lado. Também: inicie uma dieta. Vá para a academia. Faça um check-up. Cuide-se.

- **Lua na sétima casa:** se você é casado, deixe suas necessidades de lado e concentre-se nas do seu companheiro. Se você tem um parceiro de negócios ou lida com o público em geral, foque sua atenção lá. Esta casa é toda sobre a cooperação, mas também governa os seus adversários. Quando a Lua está na sétima casa, outras pessoas estão no controle — goste ou não.

- **Lua na oitava casa:** quando a Lua está no domínio do sexo, morte, regeneração e dinheiro de outras pessoas, você pode ter um caso, roubar um banco, visitar um necrotério, ou apenas — você sabe — veja seu psiquiatra, talvez a respeito de seus comportamentos compulsivos ou sentimentos de dependência. Faça o que fizer, a carga emocional será provavelmente intensa. Esta é a casa da transformação.

- **Lua na nona casa:** tudo o que envolve publicação, educação, religião ou lei avança agora. Trata-se de ampliar seus horizontes. Viajar para lugares distantes definitivamente ajuda.

- **Lua na décima casa:** a ênfase está na carreira, assuntos da comunidade e sua imagem pública. Mande seu currículo. Dê um discurso. Esteja no mundo.

- **Lua na décima primeira casa:** veja os amigos. Deixe-os lembrar de suas mais estimadas aptidões. Ou participe de um grupo.

- **Lua na décima segunda casa:** desacelere. Rejuvenesça com a solidão e durma. Esta é a casa do inconsciente e da autodestruição. Assim, atente para seus sonhos — e não faça nada precipitado.

Capítulo 17: A Vantagem Lunar: Usando a Astrologia na Vida Cotidiana

Tirando o Máximo de Proveito das Influências Lunares

A Lua se desloca pelo zodíaco mais rápido do que qualquer outro planeta, então se preocupar com isso, uma vez que ela passa por um signo após o outro, pode deixá-lo louco. A maioria dos trânsitos da Lua não fazem diferença alguma e podem ser ignorados com segurança. No entanto, alguns trânsitos lunares mensais oferecem oportunidades que são muito valiosas para perder. Aqui estão as cinco principais influências mensais:

- **A Lua em seu signo solar:** o seu poder pessoal está em seu ápice. Você é a sua versão mais carismática durante estes poucos dias, tornando-os um período bom para agendar reuniões importantes, encontros às cegas ou qualquer coisa que necessite que você esteja no seu melhor.

- **A Lua no signo em oposição ao seu signo solar:** o seu poder pessoal está fraco. Você está a mercê dos outros e seus planos são susceptíveis de serem afundados ou interrompidos. Espere interferência.

- **A Lua em seu signo lunar:** suas emoções fluem livremente, quer você queira ou não. Você está mais sensível e mais fácil de se ferir do que o habitual, mas também está em maior sintonia com as sutilezas emocionais e motivações inconscientes. Ouça a sua intuição.

- **Lua Escura:** no final do ciclo lunar, a Lua está tão perto do Sol que é invisível. Durante este período de redução, as tentativas de começar novos empreendimentos são um fiasco, e a desesperança muitas vezes domina. Em vez de lançar-se em uma tentativa infrutífera de influenciar os acontecimentos, coloque os toques finais em empreendimentos que estão se aproximando da conclusão. Além disso, durma bem, com a certeza de que a Lua Nova significa um novo começo.

- **Lua Nova:** faça desejos, estabeleça metas e inaugure novos projetos.

Finalmente, gostaria de mencionar uma outra influência lunar importante: o eclipse. Se você já assistiu a um eclipse, sabe como ele pode ser assustador. Um eclipse solar, que acontece durante a Lua Nova, literalmente transforma o dia em noite. Um eclipse lunar, que acontece durante a Lua cheia, parece apagar a lua do céu. Não é de se admirar que os povos antigos contavam tantos mitos sobre eles.

Seguidores de astrologia também têm mitos, um deles é que os eclipses sempre trazem más notícias. Isso é totalmente falso. Mas as pessoas têm medo de mudança, e mudança é o que eclipses são. Quando um eclipse — ou uma série de eclipses — atinge o seu mapa, traz uma explosão de energia cósmica que pode agitar as coisas. Vi eclipses darem

Parte IV: Usando Astrologia Agora Mesmo

início a divórcios horríveis e os vi trazerem o verdadeiro amor. Eclipses encontram algumas portas fechadas — e outras abertas. E, às vezes, eles não fazem nada de especial... até mais tarde. Um eclipse pode ter um efeito retardado.

Um bom calendário astrológico lhe dirá quando — e onde — esperar um eclipse. Observe a sua localização por signo e por casa. Essas são as áreas onde a mudança está a caminho.

Evitando o Vazio

Imagine o seguinte: a Lua vai para um novo signo — vamos dizer Touro — e começa a se conectar com os planetas. Ela está em conjunção com Júpiter à noite (uma vista esplêndida), em trígono com Vênus poucos minutos depois, em quadratura com o Sol na manhã seguinte, em oposição a Marte ao meio-dia, em conjunção com Saturno durante a manhã e em sextil em Mercúrio. Depois disso... nada: nenhum aspecto mais importante. Algumas horas mais tarde, ela entra em Gêmeos e o processo começa novamente.

Esse período, entre o último aspecto importante da Lua em um signo e sua entrada no próximo, pode durar de alguns segundos a um dia ou mais. Durante esse tempo, a Lua é chamada de vazia (de curso) ou fora de curso. Se a palavra "vazio" o deixa nervoso, você percebe o problema. Quando a Lua está fora de curso, as coisas desmoronam e julgamentos são afetados. Embora as atividades normais não sejam afetadas, negócios efetuados durante esse tempo tendem a desintegrar-se e decisões, ainda que tomadas com cuidado, acabam se mostrando erradas.

O conselho habitual para uma Lua fora de curso é adiar qualquer coisa importante (como uma entrevista de emprego, casamento ou campanha presidencial) e evitar se aventurar em algo novo. Mas vamos cair na real: você teria que ser quase que paranoico para viver dessa maneira. A Lua fica fora de curso a cada dois dias, e se preocupar com isso frequentemente é uma loucura. Eu costumava ignorá-la totalmente. Então, um dia, um editor me ligou de repente, pedindo para eu escrever um livro sobre um assunto que eu amo e solicitou uma reunião. Eu concordei com a hora sugerida, mesmo com a Lua fora de curso. O encontro não poderia ter sido mais emocionante. Nós nos demos perfeitamente bem, concordamos em tudo e entusiasticamente nos entendemos. No entanto, o projeto morreu. Teria feito alguma diferença se eu agendasse a reunião para outra hora? Talvez não. No entanto, depois dessa decepção eu comecei a prestar atenção à Lua vazia de curso e descobri que ela, de fato, tem um efeito.

Ainda assim, a maior parte do tempo, eu a ignoro. Mas quando estou programando um evento que me interessa, o lançamento de um empreendimento de longo prazo, planejando uma entrevista vital ou fazendo uma grande compra (automóveis e eletrodomésticos contam; livros de bolso não), eu verifico meu calendário astrológico a mão e — se possível — evito o vazio.

Capítulo 18

Inferno Retrógrado?
A Verdade Revelada

Neste Capítulo

▶ Explicando o movimento retrógrado

▶ Gerenciando Mercúrio retrógrado

▶ Lidando com Marte e Vênus retrógrados

▶ Considerando outros planetas retrógrados

É incrível como muitas pessoas não conferem um horóscopo, não sabem seus signos ascendentes e ainda assim praticamente têm ataques de pânico durante o movimento retrógrado de Mercúrio. Estes períodos supostamente sinistros, durante os quais aquele pequeno planeta parece viajar para trás, chegam regularmente três ou quatro vezes por ano. E sim, eles dão início a uma chuva de contratempos, mal-entendidos, irritações e pequenas perturbações. Pior ainda, eles agitam uma tempestade de medo e ansiedade no coração dos fãs de astrologia em toda parte. Mas essa reação é justificada? Em uma palavra, não. O movimento retrógrado não é uma tragédia. Não é um desastre. Nem sequer é uma causa para alarme. É um alívio e um presente do cosmos — mas só se você entender o seu propósito e usá-lo de forma adequada. Neste capítulo, eu falo o que você precisa saber para lidar com calma e de forma racional com movimentos retrógrados.

Retrógrado Revelado

Quando um planeta está *retrógrado*, é como se ele estivesse sendo rebobinado através do zodíaco. Na verdade, os planetas se movem para a frente constantemente, mas esse não é assim que parece. Embora o Sol e a Lua girem claramente no mesmo sentido durante todo o ano, todos os anos, os planetas parecem seguir um padrão menos consistente. Com uma programação regular, cada um dos planetas parece desacelerar, inverter a direção e refazer seu caminho, retrocedendo em círculos por todo o zodíaco. Por semanas ou meses a cada vez (dependendo do planeta), ele gira contra a maré planetária. Em seguida, mais uma vez, parece desacelerar, virar, e retomar o movimento normal (o que é conhecido como *movimento direto*).

Quando os astrônomos antigos viram os corpos celestes girando para trás, eles inventaram todos os tipos de esquemas para explicar o fenômeno. No século II a.C., por exemplo, os astrônomos da Grécia estavam convencidos de que os planetas davam uma volta ao redor de suas órbitas habituais em pequenas esferas esculpidas a partir do mais puro cristal. Não é necessário dizer que eles estavam errados. Os planetas nunca mudam de direção de fato.

Movimento retrógrado é apenas uma percepção — uma ilusão causada pelo fato de que os planetas, incluindo a Terra, estão sempre em movimento, traçando arcos através do céu enquanto eles giram em torno do Sol em velocidades variadas. Você pode experimentar o mesmo efeito desconcertante em um trem. Se dois trens saem da estação juntos, mas o seu trem está se movendo mais rápido, o trem na pista ao lado parece deslizar para trás. Esse movimento para trás, assim como o movimento retrógrado dos planetas, é uma ilusão de ótica.

Lidando Bem com Mercúrio Retrógrado

Aqui está um cenário típico da minha vida: o telefone toca. Eu o atendo hesitante. E, de fato, é a costumeira ligação que eu já esperava de alguém em frenesi, depois de se ter experimentado frustrações em excesso. A gota d'água pode ser um cartão de banco perdido, uma espera interminável no consultório do médico, um compromisso não cumprido, uma pane no computador, a incapacidade de alugar um apartamento com valores de 1977, um recado na caixa postal desastroso ou outra descida angustiante ao inferno dos planos de saúde. Ouvindo a ladainha, sei o que está por vir. Meu fiel seguidor está prestes a fazer esta pergunta: é Mercúrio retrógrado?

Muitas vezes, a resposta é sim. Minúsculo Mercúrio, o planeta mais próximo do Sol, parece mudar de direção com mais frequência do que qualquer outro planeta. Ele entra em "reverso" três ou quatro vezes por ano por cerca de três semanas em um trecho. Durante esses interlúdios cansativos — e, particularmente, no início e no final — você pode esperar pequenos percalços, pequenos aborrecimentos e todos os tipos de problemas de comunicação. Quando Mercúrio está retrógrado, as mensagens desaparecem no ciberespaço, simples declarações são mal interpretadas, as pessoas esquecem compromissos e perdem papéis, e secretárias eletrônicas, faxes, fotocopiadoras, computadores e celulares ameaçam greve.

Fazendo o melhor possível

Não posso afirmar que sei o porquê de coisas loucas acontecerem quando Mercúrio está retrógrado. A Astrologia, na minha concepção, é um sistema de metáforas, uma linguagem cósmica simbólica que reflete a nossa vida da forma como o mar reflete o céu. Assim, mesmo que nenhum dos planetas nunca realmente gire para trás, seu retorno aparente afeta sutilmente nossas reações, nossas percepções e nossas experiências.

Capítulo 18: Inferno Retrógrado? A Verdade Revelada

Quando Mercúrio está retrógrado, a perturbação é abundante. No entanto, apesar do que você pode ter ouvido — e, apesar do inventário de possíveis problemas que listei no início do capítulo — Mercúrio retrógrado não é para ser temido. É uma força menor, e não um tsunami. Obriga-nos a desacelerar (porque você está preso em um engarrafamento), a ser flexível (porque seu voo acabou de ser cancelado), para verificar as coisas que você pode normalmente ignorar (porque o pacote já deveria ter chegado a esta altura). Ele incentiva você a tentar outra abordagem. Assim, ele oferece algo que maioria das pessoas precisa desesperadamente: um intervalo, a chance de juntar os cacos.

Quando Mercúrio está retrógrado, *não*:

- Lance um projeto importante.
- Compre um computador, um celular, um smartphone ou qualquer outro dispositivo de comunicação, incluindo canetas caras.
- Compre um carro, um barco ou uma casa.
- Mude-se para uma nova habitação.
- Comece em um emprego.
- Comece um relacionamento.
- Assine um contrato.
- Espere que as coisas corram bem.
- Tente lutar contra o destino. Forçar as coisas a acontecerem de acordo com o seu plano só cria mais confusão.

Para tirar o máximo proveito de Mercúrio retrógrado, respire aliviado e desacelere. Você ganhou um indulto. Tudo que você tem a fazer é:

- Examine.
- Reveja (Mercúrio retrógrado é de valor inestimável para os escritores).
- Reconsidere (se um ex-amante ou um velho problema reaparece, Mercúrio retrógrado pode ajudá-lo a resolver a situação).
- Revisite o passado.
- Mude de ideia.
- Confirme suas reservas.
- Confira os fatos.
- Faça reparos.
- Faça as tarefas que você foi adiando.
- Corrija erros.
- Organize-se.
- Fique em dia com todas as formas de correspondência.
- Ponha a casa em ordem.
- Envie cartas e pacotes cedo (quando Mercúrio está retrógrado, a correspondência pode não chegar a tempo).

Parte IV: Usando Astrologia Agora Mesmo

> ✔ Carregue um livro ou revista o tempo todo (quando Mercúrio está retrógrado, suas chances de ter que esperar em uma fila ou ser pego em um engarrafamento aumentam exponencialmente e não conte com o seu celular para o manter entretido: é provável que ele transmita apenas estática).

Sabendo quando o rebuliço se aproxima

A tabela 18-1 mostra quando (e onde) Mercúrio está retrógrado a partir do primeiro dia de 2007 até o último dia de 2015. As datas para cada período retrógrado correspondem aos graus do zodíaco listado na coluna "Localização".

Por exemplo, a primeira linha para o ano de 2007 mostra que Mercúrio está retrógrado de 14 de fevereiro até 7 de março, durante o qual ele retrocede a partir de 10° de Peixes — a sua localização em 14 de fevereiro — a 25° de Aquário, onde ele acaba em 7 de março. Nesse ponto, em 7 de março, deixa de ser retrógrado. Por um breve momento, Mercúrio aparentemente está parado. Em seguida, ele move-se direto, movendo-se para a frente mais uma vez da forma usual. Meses passam. Do seu ponto de partida, a 25° Aquário, Mercúrio gira alegremente através de um terço do zodíaco. E então, em 15 de junho, ele muda de direção, mais uma vez, desta vez a 11° de Câncer. E assim o ciclo recomeça.

Tabela 18-1		Mercúrio Retrógrado
Ano	*Datas*	*Localização*
2007	14 de fev.–7 de mar.	10° Peixes–25° Aquário
2007	15 de jun.–9 de jul.	11° Câncer–2° Câncer
2007	12 de out.–1 de nov.	9° Escorpião–23° Libra
2008	28 de jan.–18 de fev.	23° Aquário–8° Aquário
2008	26 de maio–14 de jun.	21° Gêmeos–12° Gêmeos
2008	24 de set.–15 de out.	22° Libra–7° Libra
2009	11 de jan.–1 de fev.	7° Aquário–21° Capricórnio
2009	7–30 de maio	1° Gêmeos–22° Touro
2009	6–29 de set.	6° Libra–21° Virgem
2009	26–31 de dez.	21° Capricórnio–19° Capricórnio
2010	1–15 de jan.	18° Capricórnio–5° Capricórnio
2010	17 de abr.–11 de maio	12° Touro–2° Touro
2010	20 de ago.–12 de set.	19° Virgem–5° Virgem
2010	10–30 de dez.	5° Capricórnio–19° Sagitário
2011	30 de mar.–23 de abr.	24° Áries–12° Áries
2011	3–26 de ago.	1° Virgem–18° Leão

Capítulo 18: Inferno Retrógrado? A Verdade Revelada

Ano	Datas	Localização
2011	24 de nov.–13 de dez.	20° Sagitário–3° Sagitário
2012	12 de mar.–4 de abr.	6° Áries–23° Peixes
2012	14 de jul.–8 de ago.	12° Leão–1° Leão
2012	6–26 de nov.	4° Sagitário–18° Escorpião
2013	23 de fev.–17 de mar.	19° Peixes–05° Peixes
2013	26 de jun.–20 de jul.	23° Câncer–13° Câncer
2013	21 de out.–10 de nov	18° Escorpião–02° Escorpião
2014	6–28 de fev.	03° Peixes–18° Aquário
2014	7 de jun.–1 de jul.	03° Câncer–24° Gêmeos
2014	4–25 de out.	02° Escorpião–02° Libra
2015	21 de jan.–11 de fev.	17° Aquário–01° Aquário
2015	19 de mai.–11 de jun.	13° Gêmeos–04° Gêmeos
2015	17 de set.–09 de out.	15° Libra–00° Libra

Às vezes, as semanas, quando Mercúrio está retrógrado, passam tão calmas que você mal percebe. Outras vezes, Mercúrio retrógrado gera uma avalanche tamanha de atrasos e percalços que você simplesmente não pode deixar de perceber a sua influência maléfica. O que faz a diferença? A resposta é fácil: localização, localização, localização. Procure ver onde Mercúrio está quando retrógrado. Se está em seu signo solar, signo lunar, signo de Mercúrio ou signo ascendente, você vai sentir o seu impacto. Da mesma forma, quando Mercúrio começa ou termina o seu ciclo retrógrado dentro de um ou dois graus de um planeta em seu horóscopo, você é suscetível de ser afetado. Em ambos os casos, prepare-se para desfrutar o ritmo retrógrado. E não se esqueça de levar consigo um livro.

Ficando de Olho em Vênus Retrógrado

Na astrologia mesoamericana, Vênus governava. Os astecas e maias mantiveram registros cuidadosos de Vênus nascendo e se pondo, sua chegada como a estrela da manhã e como a estrela da noite, seus desaparecimentos regulares e seus intervalos de movimento retrógrado, que ocorrem a cada um ano e meio, por cerca de seis semanas. De acordo com astrólogos astecas, aquelas semanas retrógradas eram tempos perigosos, especialmente no cenário político. Astrólogos de hoje geralmente veem Vênus retrógrado como um período de incerteza, distração, erros de interpretação, passividade e desejos não realizados em duas áreas: romance e finanças.

Parece ruim, mas, na realidade, os efeitos são sutis. Acho que a vida é muito curta para se preocupar excessivamente com este trânsito em particular. De uma forma estranha, até acho reconfortante. Por exemplo, se a sua vida amorosa não é uma maravilha — se é inexistente —, então Vênus retrógrado lhe permite esquecê-la por um tempo e voltar sua mente para outros assuntos. Que alívio.

Eu, no entanto, tenho dois conselhos por garantia:

✔ Não se case quando Vênus está retrógrado (a menos que você e seu pretendido tenham Vênus retrógrado em seu mapa astral).

✔ Não feche grandes transações financeiras quando Vênus está retrógrado — especialmente um empréstimo, uma hipoteca, uma roupa cara, uma peça original de arte, um anel de esmeralda (esmeralda é a gema de Touro, que Vênus rege) ou qualquer coisa adorada por Vênus (com exceção de flores, chocolates e cartões românticos).

A tabela 18-2 informa quando (e onde) Vênus está retrógrado entre 2007 e 2015 (2008 e 2011 não são listados porque Vênus não ficou retrógrado durante estes anos).

Tabela 18-2		Vênus Retrógrado
Ano	*Datas*	*Localização*
2007	27 de jul.–8 de set.	2° Virgem–16° Leão
2009	6 de mar.–7 de abr.	15° Áries–29° Peixes
2010	8 de out.–18 de nov.	13° Escorpião–27° Libra
2012	15 de mai.–27 de jun.	23° Gêmeos–7° Gêmeos
2013	21 de dez.–31 de jan. de 2014	28° Capricórnio–13° Capricórnio
2015	25 de jul.–06 de set.	00° Leão–14° Leão

Tomando Cuidado com Marte Retrógrado

Amo Marte, o planeta vermelho. Facilmente reconhecível no céu por sua coloração rosa pálido, ele estimula a atividade, estimula-nos a tomar a iniciativa, e nos enche de coragem. Marte é empreendedor, dinâmico, determinado e dominador. É verdade, também é o planeta da hostilidade e da guerra. Mas sem ele, nada poderia ser feito.

Gosto de pensar que no meu mapa, e no seu, a energia que motiva Marte pode ser canalizada em direções positivas. Ele no mínimo, é bem sucedido na academia — e eu não estou falando de ioga ou bicicleta ergométrica. Marte prefere kickboxing. Vamos ser honestos: Marte quer lutar. Quanto mais você malha, melhor.

Mas quando Marte está retrógrado, a energia é desviada. Obstáculos surgem do nada e a raiva e agressividade associados ao planeta guerreiro ficam escondidos. Assim, o progresso fica mais lento, mesmo na academia. Instigar novas ocupações não leva a nada e assumir uma posição ofensiva — ou tentar — pode criar consequências inesperadas.

O agressivo Marte fica retrógrado a cada 22 meses, por cerca de 11 semanas. Durante esses períodos, a regra fundamental é simples: não se lance em uma cruzada ou vá para a guerra, metaforicamente ou não.

A tabela 18-3 informa quando (e onde) Marte está retrógrado de 2007 a 2014 (ele não fica retrógrado ao longo de 2011, nem 2015).

Tabela 18-3   Marte Retrógrado

Ano	Datas	Localização
2007	15 de nov.–31 de dec.	12° Câncer–0° Câncer
2008	1–30 de jan.	29° Gêmeos–24° Gêmeos
2009	20–31 de dec.	19° Leão–18° Leão
2010	1 de jan.–0 de mar.	18° Leão–0° Leão
2012	24 de jan.– 14 de abr.	23° Virgem–3° Virgem
2014	1 de mar.–20 de mai.	27° Libra– 09° Libra

Os Outros Planetas

Depois de Marte, os planetas são retrógrados por meses a fio e tudo isso se torna sem importância. Na maioria das vezes, não há nenhuma razão para ficar desesperado por causa de planetas retrógrados além de Marte. Recomendo prestar atenção no movimento retrógrado dos planetas exteriores em apenas duas circunstâncias:

> ✔ **Quando cinco ou seis planetas são retrógrados de uma só vez.** Esses são períodos em que novos empreendimentos avançam a passos de tartaruga. Como você sabe quando os planetas estão retrógrados? Lamento dizer que este livro não pode ajudá-lo. Mas qualquer bom calendário astrológico pode. Os melhores são *Llewellyn's Daily Planetary Guide* (tenho uma predileção pelo *Daily Planetary Guide*) e *Jim Maynard's Celestial Guide* ou *Celestial Influences Calendars*.

Mercúrio, Vênus e Marte retrógrados no mapa astral

Anos atrás, eu tinha a impressão de que quando um planeta estava retrógrado, a energia dele era enfraquecida. Mudei de opinião quando notei que algumas das pessoas mais inteligentes e articuladas que conheço têm Mercúrio retrógrado em seus mapas astrais, assim como alguns dos meus escritores favoritos — ícones como M.F.K. Fisher, Robert Frost, Gabriel García Márquez, Henry Miller, Philip Roth, Dylan Thomas e J.R.R. Tolkien. Claramente, Mercúrio retrógrado em um mapa astral não nega a capacidade de se comunicar. Pelo contrário, ele aumenta seu intelecto, o aprofunda, aumenta sua necessidade de reflexão, gera uma maior preocupação com a forma de se comunicar e faz de você um pensador mais independente e reflexivo. Meu palpite é que escritores com Mercúrio retrógrado passam mais tempo meditando sobre as coisas e revisando tudo do que outros escritores.

Se você tem Vênus retrógrado em seu mapa astral, pode ser tímido, inseguro e hesitante para expressar afeto, especialmente em relação a potenciais parceiros. O romance não é um jogo alegre para você — por mais que gostaria que fosse. É complexo e problemático, uma questão para séria reflexão e, como resultado, você pode se agarrar a situações românticas. Mas não se desespere. Vênus retrógrado não renega o romance. Ele apenas o atrasa. Por exemplo, conheço um homem de bom coração, com Vênus retrógrado, que se casou com uma mulher de outro país — mas nunca viveu ou dormiu com ela —, simplesmente para ajudá-la a conseguir um visto. Mais tarde, ele encontrou seu verdadeiro amor — e sua primeira "esposa" foi uma das convidadas em seu segundo casamento.

Marte retrógrado torna produtiva a agressividade ao forçá-lo a reconhecer sua raiva e focalizá-la de forma construtiva. Algumas pessoas com Marte retrógrado — Lizzie Borden vem à mente — nunca encontram uma maneira de fazer isso. Outros conseguem com sucesso. Esta lista de guerreiros de escala mundial fala por si: Franklin Delano Roosevelt, Billie Jean King, Jesse Jackson e Martin Luther King Jr. Todos eles têm Marte retrógrado.

✔ **Quando um planeta fica retrógrado ou direto em cima (ou em oposição) do seu planeta natal.** Por exemplo, se Saturno (ou qualquer outro planeta) está retrógrado a 10° Leão e acontece de você ter um planeta bem ali, você pode esperar para sofrer as consequências. Um problema do passado, algo que você achava que estava totalmente superado, pode ressurgir. Você vai ter que lidar com os mesmos problemas de novo. Sua melhor e única opção, pegando a deixa de Saturno, é encarar a realidade.

Parte V
A Parte dos Dez

A 5ª Onda — Por Rich Tennant

"Deixe-me dar uma dica. Esqueça as tabelas de estatísticas — tente conseguir o mapa astral do cavalo."

Nesta parte . . .

Nesta parte, digo a vocês os marcadores tradicionais associados com dez aptidões diferentes. Também mostro como usar a astrologia como um guia para tomar decisões importantes na vida, como quando comprar um computador, quando se casar e quando simplesmente pegar leve por um tempo. Que você possa descobrir nestas páginas um dos grandes dons da astrologia: algo fabuloso sobre si mesmo e sobre seu potencial que você não sabia.

Capítulo 19

Dez Aptidões que Você Pode Descobrir em um Mapa

Neste Capítulo
- Reconhecendo aptidões especiais em um mapa astral
- Vendo astrologia em ação

De onde os talentos extraordinários vêm? O que aparece no mapa de uma beldade internacional, um artista inovador, uma celebridade ou um bilionário?

Essas pessoas, obviamente, têm algo de especial... e talvez você também tenha. Nas seções seguintes, revelo os segredos astrológicos por trás dos grandes talentos.

Habilidades Artísticas

Cada signo tem o seu leque de artistas. Mas os maiores de todos os tempos — gênios como Leonardo da Vinci e Pablo Picasso — pertencem a uma categoria própria. Aqui estão alguns indicadores de talento artístico:

- **Por signo:** Touro, Libra, e Leão apresentam talento artístico. Procure pelo Sol, pela Lua, pelo Ascendente, pelo Meio do Céu ou por Vênus nesses signos.
- **Por planeta:** Vênus e Netuno proeminentes aceleraram o senso estético e a imaginação.
- **Por casa:** uma quinta casa ativa acentua a sua necessidade de ser criativo.

Um planeta é *proeminente* quando está dentro de 8° do seu Ascendente ou Meio do Céu; quando ocupa um ângulo (ou seja, está na primeira, quarta, sétima ou décima casa do seu mapa); ou quando faz aspectos próximos a outros planetas.

Uma casa é *ativa* quando tem um ou mais planetas, ou quando seu regente está em uma posição de destaque.

Parte V: A Parte dos Dez

Considere o mapa da artista mexicana Frida Kahlo (veja a Figura 19-1). Durante sua vida, ela não era tão famosa quanto seu marido muralista, Diego Rivera. Nos últimos anos, suas telas coloridas repletas de angústia atraíram muitos admiradores e sua fama disparou. Aqui está como seu mapa ordena os fatores descritos anteriormente nesta seção:

- **Por signo:** dois dos três signos na lista são centrais na tabela de Frida Kahlo. Touro mantém a Lua e o Meio do Céu, enquanto Leão é a casa do Ascendente dela e de Mercúrio. Apenas Libra está vazia.

- **Por planeta:** Vênus e Netuno são proeminentes no mapa dela. Vênus rege seu Meio do Céu, junto com Plutão, e determina o sextil de seu Ascendente. Netuno está em estreita conjunção com o Sol dela.

- **Por casa:** dois planetas — Urano, o planeta da originalidade, e Marte — habitam a quinta casa (juntamente com o Nodo Sul). Além disso, o regente da quinta casa, Júpiter, está em conjunção com o Sol dela no signo da exaltação, tornando-se excepcionalmente bem posicionado.

Frida Kahlo lutou contra dolorosas dificuldades durante a sua curta vida, mas a falta de talento artístico não estava entre elas.

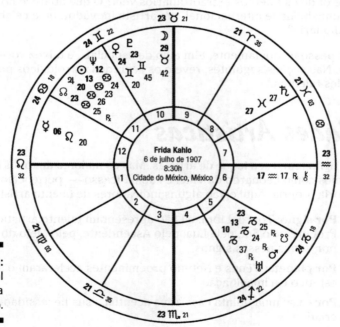

Figura 19-1: Mapa astral de Frida Kahlo.

Capítulo 19: Dez Aptidões que Você Pode Descobrir em um Mapa   *277*

Proeza Atlética

O Poderoso Marte, o planeta da agressividade, figura fortemente nos mapas de atletas, que têm estatisticamente mais chances que não atletas de terem Marte a pouca distância do Meio do Céu ou do Ascendente (as áreas específicas próximas ao Meio do Céu são a nona casa e os primeiros dez graus da décima. As áreas sensíveis próximas ao Ascendente são a décima segunda casa e os primeiros dez graus da primeira casa). Você vê estes posicionamentos nos mapas de Muhammad Ali e Tiger Woods, ambos capricornianos. Ali tem um obstinado Marte em Touro, em conjunção com o Meio do Céu. Tiger tem uma configuração semelhante, com um impaciente Marte em Gêmeos, em conjunção com o Meio do Céu.

Marte também pode estar proeminente por outras razões. Por exemplo, não sei se Lance Armstrong tem um Marte angular. A angularidade depende da hora de nascimento e eu não tenho essa informação sobre ele. Uma coisa eu sei: seu Marte em Aquário faz aspectos com praticamente todos os seus outros planetas, excetuando-se um, o tornando muito ativo, de fato.

Marte também pode dominar um mapa em situação contrária: quando não apresenta nenhum aspecto. Tal planeta solitário, livre de outros planetas com interesses concorrentes, opera sem interferência, e pode, consequentemente, ser a influência mais forte em um mapa.

Não quero sugerir que Marte seja o único planeta que afeta a capacidade atlética. O Sol bem posicionado dá vitalidade. Mercúrio empresta rapidez. Júpiter, Urano e Plutão conferem força. O atletismo, assim como outras aptidões, é uma combinação de muitos fatores.

Finalmente, embora atletas talentosos nasçam em todos os signos do zodíaco, os signos de fogo e terra são um pouco mais comuns entre eles do que os signos de ar e água. Atletas, como artistas, beneficiam-se de um toque de Leão — não porque ele alavanca a capacidade atlética (leoninos, tenho notado, podem ser incrivelmente desajeitados), mas porque estimula o amor pela performance. E isso definitivamente faz parte do jogo.

Beleza (Ou o Poder da Atração)

Se Marte promove a capacidade atlética, Vênus amplia a beleza, especialmente quando se está:

- ✔ Em conjunção com o Ascendente, o Sol, a Lua, o Meio do Céu ou o regente do Ascendente.
- ✔ Na primeira ou décima casa.
- ✔ Em Touro ou Libra, os signos que ele rege.

Brooke Shields, por exemplo, era uma beleza reconhecida mesmo quando criança, quando começou sua carreira de modelo. Seu Vênus está no topo do mapa dela, em conjunção com seu Meio do Céu. Angelina Jolie, cujo

Parte V: A Parte dos Dez

próprio nome anuncia sua beleza, tem Vênus em conjunção estreita com seu Ascendente.

Nem toda pessoa com Vênus proeminente possui um rosto lindo. O que eles têm é ainda mais valioso: o poder de atração. Um exemplo é o ex-presidente Bill Clinton. Ele é um leonino (é claro) com Vênus na primeira casa do sociável Libra, o signo que o rege. Seu Vênus faz quatro conjunções e dois sextis. Assim, ele facilmente atrai admiradores. Hillary Rodham Clinton, por outro lado, tem Vênus em Escorpião, o signo que prejudica a si mesmo. Com Vênus em conjunção com seu planeta regente (Mercúrio), ela pode ser encantadora. Mas seu Vênus enquadra Saturno, Plutão e Marte e faz um irritante (135°) ângulo com a Lua e o Ascendente. Não surpreendentemente, como uma personalidade pública, ela tem que trabalhar mais para defender seu ponto de vista.

Fator Celebridade

Conhecido por seus retratos silk-screen e pinturas provocativas de latas de sopa Campbell (e cadeiras elétricas), Andy Warhol também é lembrado por sua declaração profética: "No futuro, todos serão famosos por 15 minutos."

Bem, foi fácil para ele dizer. Ele tinha todos os ingredientes que o fator celebridade requer (veja a Figura 19-2):

- Planetas em conjunção com o Meio do Céu e/ou na décima casa.
- Planetas em conjunção com o Ascendente e/ou na primeira casa.
- Um toque de Leão.

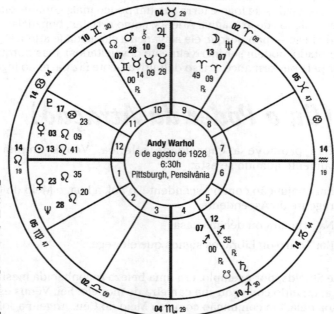

Figura 19-2: Mapa astral de Andy Warhol. Ele conseguiu seus 15 minutos e mais.

Capítulo 19: Dez Aptidões que Você Pode Descobrir em um Mapa 279

Particularmente, ele tinha Júpiter (e Quíron) em conjunção com o Meio do Céu, Marte na décima casa, o Sol em conjunção estreita com o Ascendente, e dois planetas — Vênus e Netuno, os planetas da arte — na primeira casa. Além disso, ele tinha quatro planetas e o Ascendente em Leão. A fama era um direito de nascença.

Por que Paris Hilton é uma celebridade? Não acho que seja por causa do vídeo de sexo (não que eu já o tenha visto). Também não é pela sua riqueza (embora sua segunda casa do dinheiro esteja lotada).

É outra coisa: ela tem a impressão digital astrológica para a fama (veja a Figura 19-3). Planetas em conjunção com o Meio do Céu? Ela tem dois deles, incluindo Júpiter, seu planeta regente. Além disso, Plutão está na décima casa. Planetas em conjunção com o Ascendente? O glamoroso Netuno está logo ali. E, com certeza, ela tem algo de Leão em andamento: a Lua e o Nodo Norte na oitava casa do sexo e do dinheiro de outras pessoas. Sua fama não é por acaso.

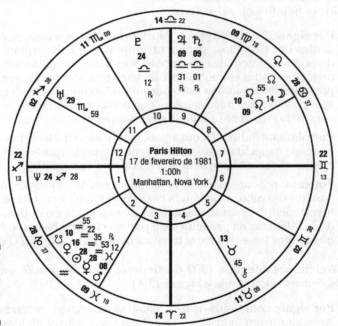

Figura 19-3: Mapa astral de Paris Hilton.

Cura

Médicos, enfermeiros, acupunturistas, dentistas (gentis), e outros com o desejo de curar compartilham certas características astrológicas:

- **Por signo:** Câncer, Escorpião e Peixes, os signos de água, promovem a empatia. Virgem incentiva uma curiosidade intelectual sobre as técnicas de saúde e cura. Aquário aumenta a preocupação humanitária.

- **Por planeta:** a pesquisa mostrou que os médicos muitas vezes têm Saturno em conjunção ou oposto ao Ascendente ou Meio do Céu.

Plutão, o planeta da transformação, e Marte também figuram fortemente nos mapas de pessoas que lidam com saúde.

✔ **Por casa:** as posições mais importantes relacionadas à saúde são a sexta casa da saúde e dos serviços; a oitava casa da cirurgia, pesquisa, morte e renascimento; e a décima segunda casa do oculto e dos hospitais.

A casa é poderosa se ela contém um ou mais planetas, mas até mesmo uma casa vazia pode ser importante. Se o regente daquela casa está em conjunção com o Sol, a Lua, o Ascendente ou Meio do Céu, os assuntos daquela casa ganham importância.

Tino Comercial

O que os CEOs das grandes companhias têm de diferente de nós? (exceto o fato deles voarem em jatos particulares)? Veja como identificar habilidade executiva:

✔ **Por signo:** Touro, Virgem e Capricórnio são os signos mais proeminentes dos negócios. Igualmente importante é Escorpião, o signo do poder político, das operações secretas, e do autocontrole. Nos negócios, como em outras áreas, você também pode esperar pela presença dos leoninos. Isso porque os leoninos querem estar no topo, e vão fazer hora extra — que mais parecem anos — com um sorriso no rosto para atingir esse nobre objetivo.

✔ **Por planeta:** Saturno, com signo, casa e aspecto bem posicionados, concede capacidade organizacional; Mercúrio fornece habilidade em comunicação e Marte alimenta o impulso competitivo.

✔ **Por casa:** procure planetas na décima casa da reputação, na sexta casa do trabalho, na segunda casa do dinheiro, e na oitava casa de investimento. Essas casas ajudam a capacidade executiva. Além disso, planetas na primeira casa podem conferir bastante carisma, que muitas vezes é a característica definidora de um CEO de sucesso.

Jack Welch, presidente e CEO da General Electric por 20 anos, mostra muitos desses traços (veja a Figura 19-4):

✔ **Por signo:** com todos os três planetas em signos da terra, Ascendente em Capricórnio e Sol em Escorpião, Welch mostra uma clara capacidade organizacional.

✔ **Por planeta:** Saturno rege seu Ascendente, sendo, portanto, o seu planeta regente. Mercúrio está em conjunção com o Meio do Céu. Mas seu planeta mais notável é seu dominante e ambicioso Marte. Ele está angular (na primeira casa), em estreita conjunção com seu Ascendente, em um bom aspecto, e no signo que o exalta, o que faz dele extremamente competitivo e agressivo.

✔ **Por casa:** seu Sol está na décima casa da carreira e da vida pública e está em conjunção com o expansivo Júpiter, o que é outra marca da capacidade de liderança. Sua Lua está na oitava casa de investimentos, juntamente com dois outros planetas, e seu regente, Saturno, está na segunda casa de dinheiro.

Capítulo 19: Dez Aptidões que Você Pode Descobrir em um Mapa

Diga o que quiser sobre o mundo corporativo, é a ele que Jack Welch pertence.

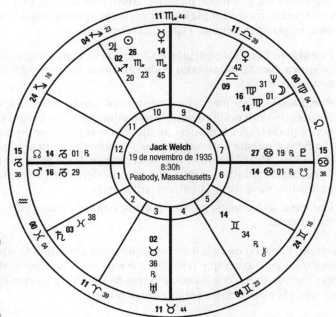

Figura 19-4: Mapa astral de Jack Welch.

Ganhando Dinheiro

Estes são os marcadores tradicionais que apontam para a possibilidade de acumular dinheiro e bens materiais, seja por meio de seus próprios esforços ou por pura sorte:

- Planetas na segunda e oitava casas.
- Planetas potentes regendo a segunda e oitava casas.
- Um Júpiter bem posicionado. Se você tiver sorte, ele irá se conectar com a segunda e oitava casas.

Só uma olhada de relance no mapa de Jack Welch (veja a Figura 19-4) mostra o que já se poderia esperar: ele tem quatro planetas na segunda e oitava casas, incluindo Saturno, regente de seu Ascendente. O regente de sua segunda casa, Netuno está em conjunção com a Lua na oitava casa. O regente de sua oitava casa, Mercúrio, está em conjunção com o Meio do Céu. Quanto a Júpiter, está fortalecido por signo (porque está em Sagitário, o signo que o rege); por casa (porque está na décima casa da reputação); e por aspecto (porque está em conjunção com seu Sol).

Habilidade Psíquica

Tanto faz se você a chama de percepção extrassensorial, clarividência, um sexto sentido ou de simples intuição, a capacidade psíquica não é tão rara como se poderia pensar. Veja como encontrá-la:

- **Por signo:** Peixes, Escorpião e Câncer reforçam a capacidade psíquica. Sagitário também pode estimular uma tendência nesse sentido.

- **Por planeta:** Netuno e a Lua mantêm os canais de recepção abertos (especialmente quando estão em conjunção). Um Urano proeminente pode trazer lampejos de discernimento e compreensão. Plutão também aumenta a percepção, especialmente se ficar aspecto com o Sol, a Lua, Mercúrio ou com o Ascendente. Não tenho certeza se isso é realmente psíquico, mas se os seus poderes de observação são apurados, ninguém pode dizer a diferença.

- **Por casa:** a décima segunda, a oitava e quarta casas carregam o maior peso.

Um exemplo clássico de habilidade psíquica em abundância é o renomado curandeiro Edgar Cayce, que trabalhou como um "diagnosticador psíquico" (termo dele), colocando em transe e sugerindo curas para clientes que ele nunca tinha sequer encontrado.

O mapa dele (veja a Figura 19-5) mostrou todos os indícios de habilidade psíquica. Ele tinha o Sol e três planetas em Peixes, três planetas na oitava casa, uma conjunção Lua/Netuno na décima casa e Urano em ascensão.

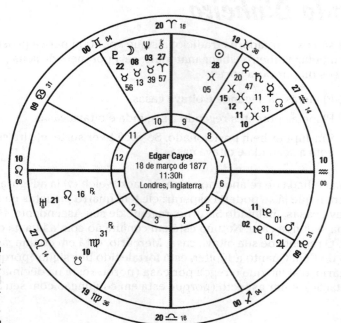

Figura 19-5: Mapa astral de Edgar Cayce.

Capítulo 19: Dez Aptidões que Você Pode Descobrir em um Mapa

Tornando-se um Astrólogo

Tornar-se um astrólogo qualificado não tem nada a ver com a habilidade psíquica. A astrologia é um conjunto de conhecimentos acumulados — e não a capacidade mística para interceptar mensagens do mundo espiritual. Qualquer pessoa pode aprender. Mas é mais provável que você esteja interessado em saber se tem alguma destas características no seu mapa:

- Um Urano proeminente.

- Atividade em Aquário e/ou numa décima primeira casa ativa. Quando comecei a estudar astrologia, ouvi dizer que dois graus específicos são muitas vezes vistos nos mapas dos astrólogos: 25° Aquário e 25° Leão. Não tenho certeza se acredito nisso.

- Atividade em Escorpião e/ou na oitava casa. Escorpião é sutil e incisivo. Ele fica à vontade com contradições e motivações ocultas e adora trazer à tona um mistério — e é disso que a astrologia trata.

Exemplo em questão: Isabel M. Hickey, cujo livro de 1970, *Astrology: a Cosmic Science*, 2ª edição (CRCS Publications, 1992), inspirou gerações de astrólogos. Dê uma olhada no que aparecia para ela (veja a Figura 19-6): Ascendente em Urano na sua primeira casa, Saturno em Aquário, Ascendente em Escorpião, Sol em Leão a 25°, um dos chamados graus de astrólogo, e uma sensível conjunção Lua/Netuno na oitava casa.

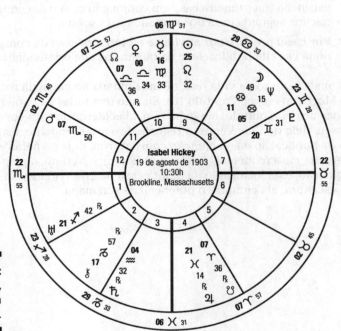

Figura 19-6: Isabel Hickey, extraordinária astróloga.

Escrita

É impressionante como muitas pessoas fantasiam sobre escrever. Veja o que é preciso para se ter sucesso:

- **Por signo:** grandes escritores nascem em todos os signos do zodíaco, mas Gêmeos é especialmente assombrado pelo desejo de escrever. Ter o Sol, a Lua, Mercúrio, o Ascendente ou o Meio do Céu no signo de Gêmeos estimula a habilidade de escrita.

- **Por planeta:** tornar-se um escritor de sucesso requer um potente Mercúrio. Mercúrio é forte se reger o Ascendente ou Meio do Céu, se estiver em Gêmeos ou Virgem, se fizer aspectos com outros planetas e se estiver na terceira, sexta, nona, ou décima casas. Não se preocupe se o seu Mercúrio está retrógrado. Essa posição é tão comum entre os autores que admiro, que comecei a me perguntar se não é na verdade uma vantagem.

  Saturno, o planeta da autodisciplina, é essencial. O imaginativo Netuno pode ser crucial, especialmente ao escrever poesia, ficção e letras de músicas.

  A Lua é, sem dúvida, o "planeta" mais importante, como descoberto pelo pesquisador Michel Gauquelin. Ele descobriu que é mais provável que escritores criativos, ao invés de não escritores, tenham a Lua em uma das chamadas zonas de poder: elevada (isto é, na nona casa ou em conjunção com o Meio do Céu na décima) ou em ascensão (na primeira casa em conjunção com o Ascendente ou na décima segunda casa dos segredos e da solidão).

- **Por casa:** procure por atividade na terceira casa da comunicação, na nona casa da publicação e na quinta casa da criatividade.

Para observar isso na vida real, dê uma olhada no mapa da romancista Toni Morrison (veja o Capítulo 16). Ela não tem todas as características listadas acima. Contudo, ninguém tem. Mas Mercúrio está em conjunção com seu Meio do Céu; Vênus, o regente de seu Ascendente, está na nona casa da publicação em conjunção com Saturno; dois planetas estão na terceira casa (com mais um bem próximo); e Netuno, o planeta da imaginação, está localizado na quinta casa da criatividade. Ao tornar-se uma escritora, ela cumpriu o potencial de seu mapa.

Capítulo 20
Dez (Mais Uma) Maneiras de Usar a Astrologia em Sua Vida: a Arte do Momento Certo

Neste Capítulo
▶ Agindo quando for a hora certa
▶ Sabendo quando se conter e esperar

Se timing é tudo, então a astrologia é a chave do sucesso — não a Astrologia Natal, que tem a ver com o seu mapa astral, mas a *Astrologia Eletiva*, a complexa arte de escolher uma data favorável com antecedência. Através da aplicação de seus princípios, você pode escolher datas propícias, evitar as problemáticas, alinhar-se com o cosmos e aumentar suas chances de ter um resultado positivo. Neste capítulo, vou mostrar-lhe como.

Para participar das maravilhas do tempo celestial, você deve ter um calendário astrológico. Gosto dos calendários *Daily Planetary Guide* de Llewellyn e *Celestial Guide and Celestial Influences* de Jim Maynard, mas existem outros. Você pode dar uma olhada mais atenta neles e em outros online e também conferir os lançamentos disponíveis na Central Nacional de Astrologia, www.cnastrologia.org.br.

Casando

Mais do que qualquer outro evento, um pedido para escolher a data do casamento pode deixar um astrólogo desesperado, procurando que nem doido nas efemérides o dia perfeito. Dadas as estatísticas de casamento, não vai ser surpresa ouvir que datas ideais são difíceis de encontrar — e que até mesmo os astrólogos se divorciam.

Ainda assim, certos eventos celestes melhoraram suas chances de passar do primeiro ano de casado. Um dos mais encorajadores é um trânsito de Júpiter pela sua sétima casa do casamento. O problema é que Júpiter só retorna para sua sétima casa a cada doze anos e você provavelmente não vai querer esperar tanto tempo.

Algumas influências astrológicas, por outro lado, ocorrem com bastante frequência e estas valem a pena esperar. Veja o que procurar quando for escolher a data:

- Certifique-se de que Vênus, o planeta do amor, esteja direto. Se acontecer de estar retrógrado, adie seu casamento por algumas semanas (consulte o Capítulo 18 para mais informações sobre Vênus retrógrado).

- Escolha um dia em que Mercúrio esteja direto, não retrógrado. Com Mercúrio retrógrado, mal-entendidos e problemas de comunicação podem surgir imediatamente ou com o tempo. Além disso, nunca é uma boa ideia assinar um contrato quando Mercúrio está retrógrado. Casamento, dentre outras coisas, é um acordo legal — e você terá que assinar na linha pontilhada.

- Escolha a posição da Lua com cuidado. A Lua Nova, com o Sol e a Lua em conjunção, tradicionalmente sinaliza um novo começo. A melhor Lua possível para um casamento é uma Lua Nova em seu signo (ou do seu parceiro), na sua sétima casa do casamento ou em Libra.

 Como exemplo, dê uma olhada no mapa de Nicole Kidman no Capítulo 3. Ela tem Ascendente em Escorpião. Então, Touro está na cúspide de sua sétima casa. Assim, se ela for se casar novamente, pode querer fazê-lo após uma Lua Nova em Touro.

- Se a Lua Nova não for uma opção, por qualquer que seja o motivo, pelo menos se case quando a Lua estiver *crescente* — isto é, quando está entre Nova e Cheia, tornando-se maior e mais luminosa a cada noite. A Lua minguante já teve seu pico de luminosidade e está em declive, ficando menor e mais fraca a cada momento. Quem precisa desse simbolismo?

- Procure por um ângulo propício entre o Sol e a Lua. Um sextil (60°) ou trígono (120°) cria harmonia. Uma quadratura de 90° ou uma oposição de 180° gera tensão e conflito.

- Procure trígonos e sextis envolvendo a Lua, Vênus e Júpiter — quanto mais, melhor.

- Certifique-se de que a Lua não esteja fora de curso. E certifique-se de que seu cronograma tenha espaço para erros, apenas no caso da dama de honra se atrasar.

A Lua está fora de curso quando ela já fez o seu último aspecto importante em um signo, mas ainda não entrou no próximo. O período fora de curso sempre vem no final do trajeto da Lua por um signo. Para evitar uma Lua fora de curso, agende um evento logo após a Lua entrar em um novo signo (para saber mais sobre a Lua fora de curso, vá para o Capítulo 17).

Capítulo 20: Dez Maneiras de Usar a Astrologia em Sua Vida *287*

Indo a um Primeiro Encontro

No mundo real, se alguém em quem você estiver interessado te chama para sair, a última coisa que você quer fazer é dizer que a Lua está minguando, portanto prefere esperar duas semanas por aquela bebida. Por outro lado, se você tiver algum controle sobre o assunto, pode decidir que não se importa de esperar. Veja como marcar um encontro que pode levar a outro:

- ✔ Preste atenção na Lua. Procure uma Lua crescente, ou seja, uma Lua que esteja em algum lugar entre a Nova e a Cheia. Certifique-se de que a Lua não esteja fora de curso, porque as relações que começam sob uma Lua fora de curso são menos propensas a durar. E escolha um signo da Lua que seja ou caloroso e sensível — como Câncer, Peixes ou Touro — ou divertido, como Gêmeos, Leão ou Sagitário.

- ✔ Procure aspectos harmônicos — ou seja, conjunções, sextis ou trígonos — entre a Lua e Vênus. Qualquer bom calendário astrológico irá listá-los (para saber mais sobre os aspectos, vá ao Capítulo 13).

- ✔ Observe seus trânsitos planetários. Júpiter em sua quinta casa é uma influência favorável que pode aliviar a falta de namoro, mesmo para aqueles que odeiam o processo. Ele demora cerca de um ano em sua quinta casa — mas só aparece a cada doze anos, por isso cabe a você aproveitá-lo.

- ✔ Procure trânsitos do Sol, da Lua, de Vênus ou de Marte naquele setor de seu horóscopo.

- ✔ Uma vez por ano, a Lua Nova em sua quinta casa do romance é, definitivamente, uma porta para o romance, da mesma forma que a Lua Cheia, também uma vez ao ano, que ocorre seis meses depois da Nova. Não seja tímido.

Abrindo um Negócio

Abrir um negócio não é muito diferente de começar um casamento e algumas das mesmas regras se aplicam. A saber:

- ✔ Certifique-se de que Mercúrio, o planeta que rege os contratos, não está retrógrado. O mesmo vale para Vênus, o planeta do dinheiro.

- ✔ Comece o seu empreendimento durante a Lua Nova ou logo após ela. A Lua Nova em sua segunda casa (ou em Touro) é ideal se o negócio for essencialmente financeiro ou se envolver objetos materiais (a Lua Nova na segunda casa também é o momento certo para pedir um aumento). A Lua Nova na sua sexta casa (ou em Virgem) é perfeita se o seu negócio é direcionado a serviços. E a Lua Nova na décima casa (ou em Capricórnio) auxilia no conhecimento público do seu negócio e garante que você seja reconhecido em seu campo.

- Procure aspectos benéficos (sextis e trígonos) entre Saturno e Júpiter. Saturno rege as estruturas e organizações; Júpiter rege a sorte e a expansão. Você quer que eles trabalhem juntos. Evite quadraturas e oposições envolvendo esses dois planetas.

  Um calendário astrológico pode dizer quando um aspecto é exato ou está em seu cume. Mas um aspecto entre dois planetas normalmente cria um burburinho, mesmo antes do momento crucial, quando o aspecto está se aproximando. É como o Natal: você pode senti-lo no ar bem antes do dia de verdade. Em seguida, a energia diminui rapidamente. Sugiro que você vasculhe antecipadamente o seu calendário para ver se todos os aspectos importantes estão se aproximando. Esteja ciente de que se você for abrir seu negócio em uma quarta-feira, e na quinta-feira houver uma oposição entre Saturno e Júpiter, você irá sentir a tensão.

- Para certificar-se de que sua ideia será notada, abra a sua empresa — e refiro-me a coisas como virar a laje, cortar a fita, assinar o contrato social, apertar a mão de seu parceiro — por volta do meio-dia. Dessa forma, você pode ter certeza de que existem planetas perto do topo do mapa. Ganhando ou perdendo, você não vai passar despercebido.

Marcando uma Reunião

A forma de você agendar uma reunião depende inteiramente do que você deseja fazer. Siga estas regras:

- Se você espera que a reunião vá ajudá-lo a inaugurar um programa, introduzir um novo conjunto de metas, envolver um membro da equipe que não tenha participado anteriormente desta área ou fazer um case de mudança organizacional, agende a reunião quando a Lua for Nova ou, no mínimo, crescente.

- Para incentivar o brainstorming, procure uma conjunção, um sextil ou um trígono, entre Mercúrio e Urano, o planeta da originalidade. A Lua em Gêmeos também incentiva uma explosão de ideias.

- Se você quiser que a reunião seja sobre chegar a uma decisão final a respeito de um assunto que esteve em pauta muitas vezes antes, agende-a para um momento em que a Lua esteja quase cheia. Luas Cheias podem ser momentos de grande emoção. Elas são muito esclarecedoras — revelam o que estava escondido e trazem resoluções. Se é isso que você tem em mente, vá em frente.

- Certifique-se de que a Lua não esteja fora de curso e que Mercúrio não esteja retrógrado.

Por outro lado, se você está marcando uma reunião para discutir uma proposta a qual se opõe completamente, aqui está o que fazer:

- Agende a reunião durante a Lua minguante, de preferência durante os últimos dias do ciclo lunar.

Capítulo 20: Dez Maneiras de Usar a Astrologia em Sua Vida

- Certifique-se de que a Lua esteja fora de curso. Muitas ideias podem surgir na reunião. Pode haver muito debate. Mas adivinhem? Não levará a lugar algum.

Dando uma Festa

Mais uma vez, isso depende do que você tem em mente. Se você pretende contratar um DJ e abrir as portas para qualquer um com quem já esbarrou, estas são as regras:

- Deixe a Lua estar em Leão (primeira escolha), Gêmeos ou Sagitário, seguida de Libra, Aquário ou Áries. Os signos de fogo e ar são turbulentos e envolventes. Eles podem não gerar tanta intimidade como outros signos, mas sob sua afortunada influência, a diversão rola solta.
- Procure Vênus e Júpiter. Se eles fazem conjunções, sextis ou trígonos com o Sol e a Lua, temos boas notícias.
- Para ter certeza de que o inflexível Saturno não vá tirar toda a diversão da sua festa, certifique-se de que ele não faça uma conjunção estreita, quadratura ou oposição ao Sol, à Lua, a Vênus, a Marte ou a Júpiter.

Por outro lado, se você quiser dar um jantar tranquilo em família ou um brunch com champanhe para os seus amigos mais queridos, a Lua em Câncer, Touro ou Peixes não é má escolha, garantindo que todos vão se sentir em casa, atendidos e bem alimentados.

Adquirindo um Computador

Siga estas três regras simples quando for comprar um computador:

- Certifique-se de que Mercúrio, o planeta da comunicação, não esteja retrógrado. Tudo bem, sei que continuo a mencionar esta influência. É sempre importante, mas há momentos — eu admito — em que você pode quebrar as regras. Entretanto, não neste caso. Não — eu repito, não — compre um computador (ou um carro) quando Mercúrio estiver girando em sentido contrário.
- Certifique-se de que Urano e Marte não estejam fazendo nada desastroso. Quadraturas de alta tensão, oposições e conjunções, especialmente com Mercúrio ou com a Lua, são exatamente o tipo de coisa que você não quer ver.
- Verifique se a Lua não está fora de curso.

Não é necessário, mas uma influência de Aquário — talvez sob a forma do Sol ou da Lua nesse signo — garante que a tecnologia seja de ponta.

Comprando um Imóvel

Considerando que a compra de uma casa é a maior compra da vida da maioria das pessoas, seria bom ter os planetas do seu lado — começando com Júpiter, o senhor da fartura. Uma vez a cada 12 anos, Júpiter percorre sua quarta casa. Essa é a melhor influência para investir em imóveis.

Mas talvez você não possa esperar tanto tempo. E talvez não consiga esperar pelo melhor cenário econômico também. Se você precisa comprar ou vender uma casa agora, considere as seguintes sugestões:

- Comece o processo de compra com a Lua Nova em sua quarta casa ou uma Lua Nova em Câncer. A Lua Cheia pode servir também — especialmente se você a estiver vendendo.
- Certifique-se de que a Lua esteja crescente quando você comprar uma casa. Se estiver em Touro, Câncer ou no signo que está à beira de sua quarta casa, ainda melhor. Quando você vende uma casa, tudo bem se a Lua estiver minguante.
- Procure aspectos propícios (trígonos e sextis) envolvendo o Sol, a Lua e quaisquer planetas que se movam por sua quarta casa.
- Para certificar-se de que a venda se concretize, nunca assine um contrato quando Mercúrio estiver retrógrado — e certifique-se de que a Lua não esteja fora de curso.

Fazendo uma Cirurgia

Primeiro, deixe-me ser clara: se você precisa de uma cirurgia para ontem, você precisa para ontem. Ouça o seu médico.

Mas talvez você esteja passando por uma cirurgia eletiva. Ou talvez o seu médico tenha lhe dado uma escolha. Isso aconteceu comigo quando quebrei meu braço em um país estrangeiro (onde eu não falava a língua). Minha médica me disse que eu poderia ter meu cotovelo operado imediatamente ou eu poderia pegar um voo para casa e operar lá. De qualquer forma, ela disse que eu tinha que ser operada dentro de uma semana.

Em uma situação como essa, como você decide? Estas são as regras:

- Certifique-se de que a Lua não esteja no signo que corresponde à parte do seu corpo que está sendo operada. Assim, se você vai fazer uma cirurgia em seu braço, evite a Lua em Gêmeos. Se você está planejando fazer uma cirurgia no joelho, certifique-se de que a Lua não esteja em Capricórnio. E assim por diante.

Para uma descrição dos signos e das partes do corpo a eles associadas, consulte o Capítulo 1.

- Algumas pessoas recomendam evitar a Lua em Escorpião em qualquer tipo de cirurgia. A astróloga Susan Miller observa que para uma

Capítulo 20: Dez Maneiras de Usar a Astrologia em Sua Vida **291**

cirurgia estética é bom evitar Marte em Áries, que governa o rosto, ou em Touro, que rege o pescoço.

✔ Não seja operado quando a Lua está cheia.

✔ Evite Mercúrio, Vênus ou Marte retrógrados, se possível.

✔ Procure trígonos e sextis com o Sol, a Lua e o planeta que rege o signo na cúspide de sua oitava casa (da cirurgia).

✔ Procure influências positivas, como Júpiter ou Vênus na sua sexta casa da saúde.

Iniciando uma Dieta ou um Programa de Exercícios

Começar uma dieta é uma atividade desanimadora sob quaisquer circunstâncias. O mínimo que você pode fazer é dar a si mesmo uma vantagem celestial. Veja como:

✔ Uma vez por ano, há uma Lua Nova na sua sexta casa da saúde. A Lua Nova ajuda a inaugurar um novo hábito, dessa forma é um momento perfeito para começar uma dieta ou programa de exercício (ou ambos).

✔ A Lua Cheia na sua sexta casa também pode ser benéfica. Ela pode ajudá-lo a largar um velho hábito — como comer compulsivamente ou um vício em lattes de 300 calorias.

✔ Saturno, o planeta da autodisciplina, pode ajudá-lo a manter uma dieta e criar hábitos novos e mais saudáveis. Procure por Saturno para formar conjunções, trígonos e sextis com o Sol e a Lua.

✔ Saturno também auxilia os seus esforços se ele estiver passando por sua sexta casa, sua primeira casa ou pelo seu signo solar, apesar de que qualquer um desses trânsitos pode corresponder a momentos difíceis de sua vida. O consolo é que eles também podem trazer uma maior força de vontade, controle e realização.

✔ Marte na sexta casa lhe dá um impulso de energia — ideal para ir à academia e fazer disso um hábito.

Escrevendo um Livro ou um Roteiro

Costumo trabalhar na sala dos escritores de uma biblioteca particular, então sei quantas pessoas estão batalhando em romances, roteiros e outros projetos de escrita. Vejo-os o tempo todo, dedilhando seus cartões de índice, marcando as suas impressões, olhando desconsoladamente para as telas de seus notebooks ou jogando paciência. Identifico-me. Escrever projetos são como as dietas: fácil de começar e fácil de pôr de lado. Veja como melhorar suas chances de completar seu projeto:

Parte V: A Parte dos Dez

- Comece um projeto criativo de escrita quando houver uma Lua Nova em sua terceira casa; uma Lua Nova na quarta casa (se você estiver escrevendo um livro de memórias); uma Lua Nova na quinta casa (especialmente se você estiver trabalhando em um roteiro); uma Lua Nova na nona casa (de publicação); ou uma Lua Nova em Gêmeos.

- Comece quando Mercúrio estiver direto. Se acontecer de Mercúrio estar em Gêmeos, em Virgem, no seu signo solar ou no mesmo signo que o seu Mercúrio natal, é um bônus.

- Procure um Urano ativo se você precisar de algumas ideias originais; um Netuno ativo quando você quiser forçar a sua imaginação; um Plutão ativo quando você estiver pronto para entrar de cabeça em um material emocionalmente complexo.

- Aproveite os períodos de Mercúrio retrógrado para fazer revisões.

Diminuindo o Ritmo

Você vive se esforçando insistentemente. Então, num certo ponto, o universo te faz recuar e você precisa descansar um pouco. Por exemplo:

- A Lua Nova ou a Lua Cheia em sua décima segunda casa é uma mensagem clara de que você precisa ir com calma. A passagem anual e mensal do Sol por esse setor de seu mapa é um ótimo momento para programar um descanso.

- Também é aconselhável diminuir o ritmo quando a Lua está no signo anterior ao seu. Assim, se você é de Escorpião, a jornada da Lua por Libra é tempo de ir com calma, de meditar e recuperar o atraso no sono, sabendo que dois ou três dias depois da Lua entrar em Escorpião você receberá um estímulo — e vai estar totalmente descansado e pronto para aproveitá-lo.

É disso que o momento astrológico se trata. Não se trata de sorte. Trata-se de tirar o máximo proveito das estrelas.

Apêndice

Tabelas Planetárias

*E*ste apêndice fornece a localização, por signo, do Sol, da Lua, dos planetas, dos Nodos da Lua e do asteroide Quíron, entre 1930 e 2012.

As tabelas listam o dia e a hora de cada entrada (ou ingresso) em um novo signo de cada um desses corpos celestes. As tabelas estão na seguinte ordem:

- ✔ Tabela A 1 — o Sol
- ✔ Tabela A 2 — a Lua
- ✔ Tabela A 3 — os Nodos da Lua
- ✔ Tabela A 4 — Mercúrio
- ✔ Tabela A 5 — Vênus
- ✔ Tabela A 6 — Marte
- ✔ Tabela A 7 — Júpiter
- ✔ Tabela A 8 — Saturno
- ✔ Tabela A 9 — Urano
- ✔ Tabela A 10 — Netuno
- ✔ Tabela A 11 — Plutão
- ✔ Tabela A 12 — Quíron

A primeira coluna de cada tabela indica em qual signo o planeta está entrando (a Folha de Cola no início deste livro apresenta o símbolo de cada signo). A segunda coluna contém a data em que o planeta entra nesse signo. A terceira coluna mostra o momento em que a mudança ocorre. As horas são escritas em contagem contínua (de 00h00 às 23h59). Em alguns casos, a letra "R" segue após a hora. Esse R significa retrógrado. Isso ignifica que, naquele dia em particular, o planeta estava retrógrado. Não lhe diz quando o planeta começou a estar retrógrado ou quando deixou de ser retrógrado (consulte o Capítulo 18 para as datas de Mercúrio, Vênus e Marte retrógrados para os anos de 2007 a 2015).

As tabelas neste apêndice usam o horário padrão de Brasília (fora do horário de verão). Se você não nasceu numa região que siga o horário de Brasília, terá que fazer ajustes. Vamos dizer que você nasceu em Manaus. O horário de Brasília apresenta UTC-3 (três horas a menos em relação à hora de Greenwich) enquanto o horário de Manaus é UTC-4 (quatro horas a menos em relação à Greenwich). Dessa forma, se você nasceu no fuso horário de Manaus, deve subtrair uma hora dos horários listados nas

Astrologia Para Leigos

tabelas. Por exemplo, Plutão entrou em Sagitário em 17 de janeiro de 1995, às 6h16 da manhã, pelo horário de Brasília. Em Manaus, o evento ocorreu uma hora mais cedo, às 05h16.

A seguir, uma lista parcial dos ajustes que você tem que fazer, dependendo de onde você nasceu:

Se Você Nasceu em/no/na	Faça Isso
Mato Grosso, Mato Grosso do Sul,	Subtraia 1h
Rondônia, Roraima	Subtraia 1h
Na maior parte do Amazonas	Subtraia 1h
Acre e alguns municípios do Amazonas	Subtraia 2h
Fernando de Noronha, Ilha de Trindade, Atol das Rocas	Adicione 1h
Bolívia, Chile, Paraguai, Venezuela	Subtraia 1h
Colômbia, Equador, Peru	Subtraia 2h
Costa Leste Estadunidense	Subtraia 2h
México	Subtraia 3h
Costa Oeste Estadunidense	Subtraia 5h
Portugal, Reino Unido	Adicione 3h
Alemanha, Espanha, Itália	Adicione 4h
África do Sul, Grécia	Adicione 5h
Japão	Adicione 12h
Austrália	Adicione 13h

Estados das regiões Nordeste, Sudeste e Sul do Brasil — da mesma forma que países como Argentina e Uruguai — não estão listados porque seguem o mesmo fuso padrão de Brasília, UTC-3.

E não se esqueça do horário de verão brasileiro. Se ele estava em vigência na hora do seu nascimento, ou se você está olhando para a posição atual dos planetas durante o horário de verão, deve subtrair uma hora adicional. Em vários estados houve mudanças no horário de verão, quanto a sua adoção e sua data de início, ainda que como regra geral ele vigore do terceiro domingo de outubro ao terceiro domingo de fevereiro. Atente também para o fato de alguns estados terem mudado seus fuso-horários ao longo das décadas (em especial Acre e Amazonas).

Note, também, que as tabelas deste apêndice abrangem os anos 1930-2012 — mesmo que não pareça. Para uma consulta a datas não listadas, por favor, consulte as tabelas de efemérides disponíveis em sites como os listados no Capítulo 2. A Tabela de Plutão (A 11) começa em 1937 com a entrada de Plutão em Leão em 7 de outubro. Antes disso, Plutão estava no signo anterior — Câncer. Da mesma forma, as últimas entradas de Plutão estão em 2008. Em 25 de janeiro, entra em Capricórnio. Em 14 de junho ele fica retrógrado em Sagitário (observe o R próximo a essa entrada, indicando que está retrógrado nesse dia). Finalmente, em 26 de novembro, ele reentra em Capricórnio, onde permanece até bem depois de 2012. Não há mais entradas necessárias.

Apêndice: Tabelas Planetárias 295

Tabela A-1	O Sol

1930
♒ Jan 20 15:33
♓ Fev 19 6:00
♈ Mar 21 5:30
♉ Abr 20 17:06
♊ Maio 21 16:42
♋ Jun 22 0:53
♌ Jul 23 11:42
♍ Ago 23 18:26
♎ Set 23 15:36
♏ Out 24 0:26
♐ Nov 22 21:34
♑ Dez 22 10:40

1931
♒ Jan 20 21:18
♓ Fev 19 11:40
♈ Mar 21 11:06
♉ Abr 20 22:40
♊ Maio 21 22:15
♋ Jun 22 6:28
♌ Jul 23 17:21
♍ Ago 24 0:10
♎ Set 23 21:23
♏ Out 24 6:16
♐ Nov 23 3:25
♑ Dez 22 16:30

1932
♒ Jan 21 3:07
♓ Fev 19 17:28
♈ Mar 20 16:54
♉ Abr 20 4:28
♊ Maio 21 4:07
♋ Jun 21 12:23
♌ Jul 22 23:18
♍ Ago 23 6:06
♎ Set 23 3:16
♏ Out 23 12:04
♐ Nov 22 9:10
♑ Dez 21 22:14

1933
♒ Jan 20 8:53
♓ Fev 18 23:16
♈ Mar 20 22:43
♉ Abr 20 10:18
♊ Maio 21 9:57
♋ Jun 21 18:12
♌ Jul 23 5:05
♍ Ago 23 11:52
♎ Set 23 9:01
♏ Out 23 17:48
♐ Nov 22 14:53
♑ Dez 22 3:58

1934
♒ Jan 20 14:37
♓ Fev 19 5:02
♈ Mar 21 4:28
♉ Abr 20 16:00
♊ Maio 21 15:35
♋ Jun 21 23:48
♌ Jul 23 10:42
♍ Ago 23 17:32
♎ Set 23 14:45
♏ Out 23 23:36
♐ Nov 22 20:44
♑ Dez 22 9:49

1935
♒ Jan 20 20:28
♓ Fev 19 10:52
♈ Mar 21 10:18
♉ Abr 20 21:50
♊ Maio 21 21:25
♋ Jun 22 5:38
♌ Jul 23 16:33
♍ Ago 23 23:24
♎ Set 23 20:38
♏ Out 24 5:29
♐ Nov 23 2:35
♑ Dez 22 15:37

1936
♒ Jan 21 2:12
♓ Fev 19 16:33
♈ Mar 20 15:58
♉ Abr 20 3:31
♊ Maio 21 3:07
♋ Jun 21 11:22
♌ Jul 22 22:18
♍ Ago 23 5:11
♎ Set 23 2:26
♏ Out 23 11:18
♐ Nov 22 8:25
♑ Dez 21 21:27

1937
♒ Jan 20 8:01
♓ Fev 18 22:21
♈ Mar 20 21:45
♉ Abr 20 9:19
♊ Maio 21 8:57
♋ Jun 21 17:12
♌ Jul 23 4:07
♍ Ago 23 10:58
♎ Set 23 8:13
♏ Out 23 17:07
♐ Nov 22 14:17
♑ Dez 22 3:22

1938
♒ Jan 20 13:59
♓ Fev 19 4:20
♈ Mar 21 3:43
♉ Abr 20 15:15
♊ Maio 21 14:50
♋ Jun 21 23:04
♌ Jul 23 9:57
♍ Ago 23 16:46
♎ Set 23 14:00
♏ Out 23 22:54
♐ Nov 22 20:06
♑ Dez 22 9:13

1939
♒ Jan 20 19:51
♓ Fev 19 10:09
♈ Mar 21 9:28
♉ Abr 20 20:55
♊ Maio 21 20:27
♋ Jun 22 4:39
♌ Jul 23 15:37
♍ Ago 23 22:31
♎ Set 23 19:49
♏ Out 24 4:46
♐ Nov 23 1:59
♑ Dez 22 15:06

1940
♒ Jan 21 1:44
♓ Fev 19 16:04
♈ Mar 20 15:24
♉ Abr 20 2:51
♊ Maio 21 2:23
♋ Jun 21 10:36
♌ Jul 22 21:34
♍ Ago 23 4:29
♎ Set 23 1:46
♏ Out 23 10:39
♐ Nov 22 7:49
♑ Dez 21 20:55

1941
♒ Jan 20 7:34
♓ Fev 18 21:56
♈ Mar 20 21:20
♉ Abr 20 8:50
♊ Maio 21 8:23
♋ Jun 21 16:33
♌ Jul 23 3:26
♍ Ago 23 10:17
♎ Set 23 7:33
♏ Out 23 16:27
♐ Nov 22 13:38
♑ Dez 22 2:44

1942
♒ Jan 20 13:24
♓ Fev 19 3:47
♈ Mar 21 3:11
♉ Abr 20 14:39
♊ Maio 21 14:09
♋ Jun 21 22:16
♌ Jul 23 9:07
♍ Ago 23 15:58
♎ Set 23 13:16
♏ Out 23 22:15
♐ Nov 22 19:30
♑ Dez 22 8:40

1943
♒ Jan 20 19:19
♓ Fev 19 9:40
♈ Mar 21 9:03
♉ Abr 20 20:32
♊ Maio 21 20:03
♋ Jun 22 4:12
♌ Jul 23 15:05
♍ Ago 23 21:55
♎ Set 23 19:12
♏ Out 24 4:08
♐ Nov 23 1:22
♑ Dez 22 14:29

1944
♒ Jan 21 1:07
♓ Fev 19 15:27
♈ Mar 20 14:49
♉ Abr 20 2:18
♊ Maio 21 1:51
♋ Jun 21 10:02
♌ Jul 22 20:56
♍ Ago 23 3:46
♎ Set 23 1:02
♏ Out 23 9:56
♐ Nov 22 7:08
♑ Dez 21 20:15

1945
♒ Jan 20 6:54
♓ Fev 18 21:15
♈ Mar 20 20:37
♉ Abr 20 8:07
♊ Maio 21 7:40
♋ Jun 21 15:52
♌ Jul 23 2:45
♍ Ago 23 9:35
♎ Set 23 6:50
♏ Out 23 15:44
♐ Nov 22 12:55
♑ Dez 22 2:04

1946
♒ Jan 20 12:45
♓ Fev 19 3:09
♈ Mar 21 2:33
♉ Abr 20 14:02
♊ Maio 21 13:34
♋ Jun 21 21:44
♌ Jul 23 8:37
♍ Ago 23 15:26
♎ Set 23 12:41
♏ Out 23 21:35
♐ Nov 22 18:46
♑ Dez 22 7:53

1947
♒ Jan 20 18:32
♓ Fev 19 8:52
♈ Mar 21 8:13
♉ Abr 20 19:39
♊ Maio 21 19:09
♋ Jun 22 3:19
♌ Jul 23 14:14
♍ Ago 23 21:09
♎ Set 23 18:29
♏ Out 24 3:26
♐ Nov 23 0:38
♑ Dez 22 13:43

1948
♒ Jan 21 0:18
♓ Fev 19 14:37
♈ Mar 20 13:57
♉ Abr 20 1:25
♊ Maio 21 0:58
♋ Jun 21 9:11
♌ Jul 22 20:08
♍ Ago 23 3:03
♎ Set 23 0:22
♏ Out 23 9:18
♐ Nov 22 6:29
♑ Dez 21 19:33

1949
♒ Jan 20 6:09
♓ Fev 18 20:27
♈ Mar 20 19:48
♉ Abr 20 7:17
♊ Maio 21 6:51
♋ Jun 21 15:03
♌ Jul 23 1:57
♍ Ago 23 8:48
♎ Set 23 6:06
♏ Out 23 15:03
♐ Nov 22 12:16
♑ Dez 22 1:23

(continua)

Astrologia Para Leigos

Tabela A-1 — O Sol (continuação)

1950			1954			1958			1962			1966		
♒ Jan 20	12:00		♒ Jan 20	11:11		♒ Jan 20	10:28		♒ Jan 20	9:58		♒ Jan 20	9:20	
♓ Fev 19	2:18		♓ Fev 19	1:32		♓ Fev 19	0:48		♓ Fev 19	0:15		♓ Fev 18	23:38	
♈ Mar 21	1:35		♈ Mar 21	0:53		♈ Mar 21	0:06		♈ Mar 20	23:30		♈ Mar 20	22:53	
♉ Abr 20	12:59		♉ Abr 20	12:20		♉ Abr 20	11:27		♉ Abr 20	10:51		♉ Abr 20	10:12	
♊ Maio 21	12:27		♊ Maio 21	11:47		♊ Maio 21	10:51		♊ Maio 21	10:17		♊ Maio 21	9:32	
♋ Jun 21	20:36		♋ Jun 21	19:54		♋ Jun 21	18:57		♋ Jun 21	18:24		♋ Jun 21	17:33	
♌ Jul 23	7:30		♌ Jul 23	6:45		♌ Jul 23	5:50		♌ Jul 23	5:18		♌ Jul 23	4:23	
♍ Ago 23	14:23		♍ Ago 23	13:36		♍ Ago 23	12:46		♍ Ago 23	12:12		♍ Ago 23	11:18	
♎ Set 23	11:44		♎ Set 23	10:55		♎ Set 23	10:09		♎ Set 23	9:35		♎ Set 23	8:43	
♏ Out 23	20:45		♏ Out 23	19:56		♏ Out 23	19:11		♏ Out 23	18:40		♏ Out 23	17:51	
♐ Nov 22	18:03		♐ Nov 22	17:14		♐ Nov 22	16:29		♐ Nov 22	16:02		♐ Nov 22	15:14	
♑ Dez 22	7:13		♑ Dez 22	6:24		♑ Dez 22	5:40		♑ Dez 22	5:15		♑ Dez 22	4:28	

1951		1955		1959		1963		1967	
♒ Jan 20	17:52	♒ Jan 20	17:02	♒ Jan 20	16:19	♒ Jan 20	15:54	♒ Jan 20	15:08
♓ Fev 19	8:10	♓ Fev 19	7:19	♓ Fev 19	6:38	♓ Fev 19	6:09	♓ Fev 19	5:24
♈ Mar 21	7:26	♈ Mar 21	6:35	♈ Mar 21	5:55	♈ Mar 21	5:20	♈ Mar 21	4:37
♉ Abr 20	18:48	♉ Abr 20	17:58	♉ Abr 20	17:17	♉ Abr 20	16:36	♉ Abr 20	15:55
♊ Maio 21	18:15	♊ Maio 21	17:24	♊ Maio 21	16:42	♊ Maio 21	15:58	♊ Maio 21	15:18
♋ Jun 22	2:25	♋ Jun 22	1:31	♋ Jun 22	0:50	♋ Jun 22	0:04	♋ Jun 21	23:23
♌ Jul 23	13:21	♌ Jul 23	12:25	♌ Jul 23	11:45	♌ Jul 23	10:59	♌ Jul 23	10:16
♍ Ago 23	20:16	♍ Ago 23	19:19	♍ Ago 23	18:44	♍ Ago 23	17:58	♍ Ago 23	17:12
♎ Set 23	17:37	♎ Set 23	16:41	♎ Set 23	16:08	♎ Set 23	15:24	♎ Set 23	14:38
♏ Out 24	2:36	♏ Out 24	1:43	♏ Out 24	1:11	♏ Out 24	0:29	♏ Out 23	23:44
♐ Nov 22	23:51	♐ Nov 22	23:01	♐ Nov 22	22:27	♐ Nov 22	21:49	♐ Nov 22	21:04
♑ Dez 22	13:00	♑ Dez 22	12:11	♑ Dez 22	11:34	♑ Dez 22	11:02	♑ Dez 22	10:16

1952		1956		1960		1964		1968	
♒ Jan 20	23:38	♒ Jan 20	22:48	♒ Jan 20	22:10	♒ Jan 20	21:41	♒ Jan 20	20:54
♓ Fev 19	13:57	♓ Fev 19	13:05	♓ Fev 19	12:26	♓ Fev 19	11:57	♓ Fev 19	11:09
♈ Mar 20	13:14	♈ Mar 20	12:20	♈ Mar 20	11:43	♈ Mar 20	11:10	♈ Mar 20	10:22
♉ Abr 20	0:37	♉ Abr 19	23:43	♉ Abr 19	23:06	♉ Abr 19	22:27	♉ Abr 19	21:41
♊ Maio 21	0:04	♊ Maio 20	23:13	♊ Maio 20	22:34	♊ Maio 20	21:50	♊ Maio 20	21:06
♋ Jun 21	8:13	♋ Jun 21	7:24	♋ Jun 21	6:42	♋ Jun 21	5:57	♋ Jun 21	5:13
♌ Jul 22	19:07	♌ Jul 22	18:20	♌ Jul 22	17:37	♌ Jul 22	16:53	♌ Jul 22	16:07
♍ Ago 23	2:03	♍ Ago 23	1:15	♍ Ago 23	0:34	♍ Ago 22	23:51	♍ Ago 22	23:03
♎ Set 22	23:24	♎ Set 22	22:35	♎ Set 22	21:59	♎ Set 22	21:17	♎ Set 22	20:26
♏ Out 23	8:22	♏ Out 23	7:34	♏ Out 23	7:02	♏ Out 23	6:21	♏ Out 23	5:30
♐ Nov 22	5:36	♐ Nov 22	4:50	♐ Nov 22	4:18	♐ Nov 22	3:39	♐ Nov 22	2:49
♑ Dez 21	18:43	♑ Dez 21	17:59	♑ Dez 21	17:26	♑ Dez 21	16:50	♑ Dez 21	16:00

1953		1957		1961		1965		1969	
♒ Jan 20	5:21	♒ Jan 20	4:39	♒ Jan 20	4:01	♒ Jan 20	3:29	♒ Jan 20	2:38
♓ Fev 18	19:41	♓ Fev 18	18:58	♓ Fev 18	18:16	♓ Fev 18	17:48	♓ Fev 18	16:55
♈ Mar 20	19:01	♈ Mar 20	18:16	♈ Mar 20	17:32	♈ Mar 20	17:05	♈ Mar 20	16:08
♉ Abr 20	6:25	♉ Abr 20	5:41	♉ Abr 20	4:55	♉ Abr 20	4:26	♉ Abr 20	3:27
♊ Maio 21	5:53	♊ Maio 21	5:10	♊ Maio 21	4:22	♊ Maio 21	3:50	♊ Maio 21	2:50
♋ Jun 21	14:00	♋ Jun 21	13:21	♋ Jun 21	12:30	♋ Jun 21	11:56	♋ Jun 21	10:55
♌ Jul 23	0:52	♌ Jul 23	0:15	♌ Jul 22	23:24	♌ Jul 22	22:48	♌ Jul 22	21:48
♍ Ago 23	7:45	♍ Ago 23	7:08	♍ Ago 23	6:19	♍ Ago 23	5:43	♍ Ago 23	4:43
♎ Set 23	5:06	♎ Set 23	4:26	♎ Set 23	3:42	♎ Set 23	3:06	♎ Set 23	2:07
♏ Out 23	14:06	♏ Out 23	13:24	♏ Out 23	12:47	♏ Out 23	12:10	♏ Out 23	11:11
♐ Nov 22	11:22	♐ Nov 22	10:39	♐ Nov 22	10:08	♐ Nov 22	9:29	♐ Nov 22	8:31
♑ Dez 22	0:31	♑ Dez 21	23:49	♑ Dez 21	23:19	♑ Dez 21	22:40	♑ Dez 21	21:44

Apêndice: Tabelas Planetárias 297

Tabela A-1	O Sol (continuação)

1970

♒ Jan 20	8:24
♓ Fev 18	22:42
♈ Mar 20	21:56
♉ Abr 20	9:15
♊ Maio 21	8:37
♋ Jun 21	16:43
♌ Jul 23	3:37
♍ Ago 23	10:34
♎ Set 23	7:59
♏ Out 23	17:04
♐ Nov 22	14:25
♑ Dez 22	3:36

1971

♒ Jan 20	14:13
♓ Fev 19	4:27
♈ Mar 21	3:38
♉ Abr 20	14:54
♊ Maio 21	14:15
♋ Jun 21	22:20
♌ Jul 23	9:15
♍ Ago 23	16:15
♎ Set 23	13:45
♏ Out 23	22:53
♐ Nov 22	20:14
♑ Dez 22	9:24

1972

♒ Jan 20	19:59
♓ Fev 19	10:11
♈ Mar 20	9:21
♉ Abr 19	20:37
♊ Maio 20	20:00
♋ Jun 21	4:06
♌ Jul 22	15:03
♍ Ago 22	22:03
♎ Set 22	19:33
♏ Out 23	4:41
♐ Nov 22	2:03
♑ Dez 21	15:13

1973

♒ Jan 20	1:48
♓ Fev 18	16:01
♈ Mar 20	15:12
♉ Abr 20	2:30
♊ Maio 21	1:54
♋ Jun 21	10:01
♌ Jul 22	20:56
♍ Ago 23	3:53
♎ Set 23	1:21
♏ Out 23	10:30
♐ Nov 22	7:54
♑ Dez 21	21:08

1974

♒ Jan 20	7:46
♓ Fev 18	21:59
♈ Mar 20	21:07
♉ Abr 20	8:19
♊ Maio 21	7:36
♋ Jun 21	15:38
♌ Jul 23	2:30
♍ Ago 23	9:29
♎ Set 23	6:58
♏ Out 23	16:11
♐ Nov 22	13:38
♑ Dez 22	2:56

1975

♒ Jan 20	13:36
♓ Fev 19	3:50
♈ Mar 21	2:57
♉ Abr 20	14:07
♊ Maio 21	13:24
♋ Jun 21	21:26
♌ Jul 23	8:22
♍ Ago 23	15:24
♎ Set 23	12:55
♏ Out 23	22:06
♐ Nov 22	19:31
♑ Dez 22	8:46

1976

♒ Jan 20	19:25
♓ Fev 19	9:40
♈ Mar 20	8:50
♉ Abr 19	20:03
♊ Maio 20	19:21
♋ Jun 21	3:24
♌ Jul 22	14:18
♍ Ago 22	21:18
♎ Set 22	18:48
♏ Out 23	3:58
♐ Nov 22	1:22
♑ Dez 21	14:35

1977

♒ Jan 20	1:14
♓ Fev 18	15:30
♈ Mar 20	14:42
♉ Abr 20	1:57
♊ Maio 21	1:14
♋ Jun 21	9:14
♌ Jul 22	20:04
♍ Ago 23	3:00
♎ Set 23	0:29
♏ Out 23	9:41
♐ Nov 22	7:07
♑ Dez 21	20:23

1978

♒ Jan 20	7:04
♓ Fev 18	21:21
♈ Mar 20	20:34
♉ Abr 20	7:50
♊ Maio 21	7:08
♋ Jun 21	15:10
♌ Jul 23	2:00
♍ Ago 23	8:57
♎ Set 23	6:25
♏ Out 23	15:37
♐ Nov 22	13:05
♑ Dez 22	2:21

1979

♒ Jan 20	13:00
♓ Fev 19	3:13
♈ Mar 21	2:22
♉ Abr 20	13:35
♊ Maio 21	12:54
♋ Jun 21	20:56
♌ Jul 23	7:49
♍ Ago 23	14:47
♎ Set 23	12:16
♏ Out 23	21:28
♐ Nov 22	18:54
♑ Dez 22	8:10

1980

♒ Jan 20	18:49
♓ Fev 19	9:02
♈ Mar 20	8:10
♉ Abr 19	19:23
♊ Maio 20	18:42
♋ Jun 21	2:47
♌ Jul 22	13:42
♍ Ago 22	20:41
♎ Set 22	18:09
♏ Out 23	3:18
♐ Nov 22	0:41
♑ Dez 21	13:56

1981

♒ Jan 20	0:36
♓ Fev 18	14:52
♈ Mar 20	14:03
♉ Abr 20	1:19
♊ Maio 21	0:39
♋ Jun 21	8:45
♌ Jul 22	19:40
♍ Ago 23	2:38
♎ Set 23	0:05
♏ Out 23	9:13
♐ Nov 22	6:36
♑ Dez 21	19:51

1982

♒ Jan 20	6:31
♓ Fev 18	20:47
♈ Mar 20	19:56
♉ Abr 20	7:07
♊ Maio 21	6:23
♋ Jun 21	14:23
♌ Jul 23	1:15
♍ Ago 23	8:15
♎ Set 23	5:46
♏ Out 23	14:58
♐ Nov 22	12:23
♑ Dez 22	1:38

1983

♒ Jan 20	12:17
♓ Fev 19	2:31
♈ Mar 21	1:39
♉ Abr 20	12:50
♊ Maio 21	12:06
♋ Jun 21	20:09
♌ Jul 23	7:04
♍ Ago 23	14:07
♎ Set 23	11:42
♏ Out 23	20:54
♐ Nov 22	18:18
♑ Dez 22	7:30

1984

♒ Jan 20	18:05
♓ Fev 19	8:16
♈ Mar 20	7:24
♉ Abr 19	18:38
♊ Maio 20	17:58
♋ Jun 21	2:02
♌ Jul 22	12:58
♍ Ago 22	20:00
♎ Set 22	17:33
♏ Out 23	2:46
♐ Nov 22	0:11
♑ Dez 21	13:23

1985

♒ Jan 19	23:58
♓ Fev 18	14:07
♈ Mar 20	13:14
♉ Abr 20	0:26
♊ Maio 20	23:43
♋ Jun 21	7:44
♌ Jul 22	18:36
♍ Ago 23	1:36
♎ Set 22	23:07
♏ Out 23	8:22
♐ Nov 22	5:51
♑ Dez 21	19:08

1986

♒ Jan 20	5:46
♓ Fev 18	19:58
♈ Mar 20	19:03
♉ Abr 20	6:12
♊ Maio 21	5:28
♋ Jun 21	13:30
♌ Jul 23	0:24
♍ Ago 23	7:26
♎ Set 23	4:59
♏ Out 23	14:14
♐ Nov 22	11:44
♑ Dez 22	1:02

1987

♒ Jan 20	11:40
♓ Fev 19	1:50
♈ Mar 21	0:52
♉ Abr 20	11:58
♊ Maio 21	11:10
♋ Jun 21	19:11
♌ Jul 23	6:06
♍ Ago 23	13:10
♎ Set 23	10:45
♏ Out 23	20:01
♐ Nov 22	17:29
♑ Dez 22	6:46

1988

♒ Jan 20	17:24
♓ Fev 19	7:35
♈ Mar 20	6:39
♉ Abr 19	17:45
♊ Maio 20	16:57
♋ Jun 21	0:57
♌ Jul 22	11:51
♍ Ago 22	18:54
♎ Set 22	16:29
♏ Out 23	1:44
♐ Nov 21	23:12
♑ Dez 21	12:28

1989

♒ Jan 19	23:07
♓ Fev 18	13:21
♈ Mar 20	12:28
♉ Abr 19	23:39
♊ Maio 20	22:54
♋ Jun 21	6:53
♌ Jul 22	17:45
♍ Ago 23	0:46
♎ Set 22	22:20
♏ Out 23	7:35
♐ Nov 22	5:05
♑ Dez 21	18:22

(continua)

298 Astrologia Para Leigos

Tabela A-1 — O Sol (continuação)

1990
- ♒ Jan 20 5:02
- ♓ Fev 18 19:14
- ♈ Mar 20 18:19
- ♉ Abr 20 5:27
- ♊ Maio 21 4:37
- ♋ Jun 21 12:33
- ♌ Jul 22 23:22
- ♍ Ago 23 6:21
- ♎ Set 23 3:56
- ♏ Out 23 13:14
- ♐ Nov 22 10:47
- ♑ Dez 22 0:07

1991
- ♒ Jan 20 10:47
- ♓ Fev 19 0:58
- ♈ Mar 21 0:02
- ♉ Abr 20 11:08
- ♊ Maio 21 10:20
- ♋ Jun 21 18:19
- ♌ Jul 23 5:11
- ♍ Ago 23 12:13
- ♎ Set 23 9:48
- ♏ Out 23 19:05
- ♐ Nov 22 16:36
- ♑ Dez 22 5:54

1992
- ♒ Jan 20 16:32
- ♓ Fev 19 6:43
- ♈ Mar 20 5:48
- ♉ Abr 19 16:57
- ♊ Maio 20 16:12
- ♋ Jun 21 0:14
- ♌ Jul 22 11:09
- ♍ Ago 22 18:10
- ♎ Set 22 15:43
- ♏ Out 23 0:57
- ♐ Nov 21 22:26
- ♑ Dez 21 11:43

1993
- ♒ Jan 19 22:23
- ♓ Fev 18 12:35
- ♈ Mar 20 11:41
- ♉ Abr 19 22:49
- ♊ Maio 20 22:02
- ♋ Jun 21 6:00
- ♌ Jul 22 16:51
- ♍ Ago 22 23:50
- ♎ Set 22 21:22
- ♏ Out 23 6:37
- ♐ Nov 22 4:07
- ♑ Dez 21 17:26

1994
- ♒ Jan 20 4:07
- ♓ Fev 18 18:22
- ♈ Mar 20 17:28
- ♉ Abr 20 4:36
- ♊ Maio 21 3:48
- ♋ Jun 21 11:48
- ♌ Jul 22 22:41
- ♍ Ago 23 5:44
- ♎ Set 23 3:19
- ♏ Out 23 12:36
- ♐ Nov 22 10:06
- ♑ Dez 21 23:23

1995
- ♒ Jan 20 10:00
- ♓ Fev 19 0:11
- ♈ Mar 20 23:14
- ♉ Abr 20 10:21
- ♊ Maio 21 9:34
- ♋ Jun 21 17:34
- ♌ Jul 23 4:30
- ♍ Ago 23 11:35
- ♎ Set 23 9:13
- ♏ Out 23 18:32
- ♐ Nov 22 16:01
- ♑ Dez 22 5:17

1996
- ♒ Jan 20 15:52
- ♓ Fev 19 6:01
- ♈ Mar 20 5:03
- ♉ Abr 19 16:10
- ♊ Maio 20 15:23
- ♋ Jun 20 23:24
- ♌ Jul 22 10:19
- ♍ Ago 22 17:23
- ♎ Set 22 15:00
- ♏ Out 23 0:19
- ♐ Nov 21 21:49
- ♑ Dez 21 11:06

1997
- ♒ Jan 19 21:43
- ♓ Fev 18 11:51
- ♈ Mar 20 10:55
- ♉ Abr 19 22:03
- ♊ Maio 20 21:18
- ♋ Jun 21 5:20
- ♌ Jul 22 16:15
- ♍ Ago 22 23:19
- ♎ Set 22 20:56
- ♏ Out 23 6:15
- ♐ Nov 22 3:48
- ♑ Dez 21 17:07

1998
- ♒ Jan 20 3:46
- ♓ Fev 18 17:55
- ♈ Mar 20 16:55
- ♉ Abr 20 3:57
- ♊ Maio 21 3:05
- ♋ Jun 21 11:03
- ♌ Jul 22 21:55
- ♍ Ago 23 4:59
- ♎ Set 23 2:37
- ♏ Out 23 11:59
- ♐ Nov 22 9:34
- ♑ Dez 21 22:56

1999
- ♒ Jan 20 9:37
- ♓ Fev 18 23:47
- ♈ Mar 20 22:46
- ♉ Abr 20 9:46
- ♊ Maio 21 8:52
- ♋ Jun 21 16:49
- ♌ Jul 23 3:44
- ♍ Ago 23 10:51
- ♎ Set 23 8:31
- ♏ Out 23 17:52
- ♐ Nov 22 15:25
- ♑ Dez 22 4:44

2000
- ♒ Jan 20 15:23
- ♓ Fev 19 5:33
- ♈ Mar 20 4:35
- ♉ Abr 19 15:40
- ♊ Maio 20 14:49
- ♋ Jun 20 22:48
- ♌ Jul 22 9:43
- ♍ Ago 22 16:49
- ♎ Set 22 14:28
- ♏ Out 22 23:47
- ♐ Nov 21 21:19
- ♑ Dez 21 10:37

2001
- ♒ Jan 19 21:16
- ♓ Fev 18 11:27
- ♈ Mar 20 10:31
- ♉ Abr 19 21:36
- ♊ Maio 20 20:44
- ♋ Jun 21 4:38
- ♌ Jul 22 15:26
- ♍ Ago 22 22:27
- ♎ Set 22 20:04
- ♏ Out 23 5:26
- ♐ Nov 22 3:00
- ♑ Dez 21 16:21

2002
- ♒ Jan 20 3:02
- ♓ Fev 18 17:13
- ♈ Mar 20 16:16
- ♉ Abr 20 3:20
- ♊ Maio 21 2:29
- ♋ Jun 21 10:24
- ♌ Jul 22 21:15
- ♍ Ago 23 4:17
- ♎ Set 23 1:55
- ♏ Out 23 11:18
- ♐ Nov 22 8:54
- ♑ Dez 21 22:14

2003
- ♒ Jan 20 8:53
- ♓ Fev 18 23:00
- ♈ Mar 20 22:00
- ♉ Abr 20 9:03
- ♊ Maio 21 8:12
- ♋ Jun 21 16:10
- ♌ Jul 23 3:04
- ♍ Ago 23 10:08
- ♎ Set 23 7:47
- ♏ Out 23 17:08
- ♐ Nov 22 14:43
- ♑ Dez 22 4:04

2004
- ♒ Jan 20 14:42
- ♓ Fev 19 4:50
- ♈ Mar 20 3:49
- ♉ Abr 19 14:50
- ♊ Maio 20 13:59
- ♋ Jun 20 21:57
- ♌ Jul 22 8:50
- ♍ Ago 22 15:53
- ♎ Set 22 13:30
- ♏ Out 22 22:49
- ♐ Nov 21 20:22
- ♑ Dez 21 9:42

2005
- ♒ Jan 19 20:22
- ♓ Fev 18 10:32
- ♈ Mar 20 9:33
- ♉ Abr 19 20:37
- ♊ Maio 20 19:47
- ♋ Jun 21 3:46
- ♌ Jul 22 14:41
- ♍ Ago 22 21:45
- ♎ Set 22 19:23
- ♏ Out 23 4:42
- ♐ Nov 22 2:15
- ♑ Dez 21 15:35

2006
- ♒ Jan 20 2:15
- ♓ Fev 18 16:25
- ♈ Mar 20 15:25
- ♉ Abr 20 2:25
- ♊ Maio 21 1:31
- ♋ Jun 21 9:25
- ♌ Jul 22 20:17
- ♍ Ago 23 3:22
- ♎ Set 23 1:03
- ♏ Out 23 10:26
- ♐ Nov 22 8:01
- ♑ Dez 21 21:21

2007
- ♒ Jan 20 8:00
- ♓ Fev 18 22:08
- ♈ Mar 20 21:07
- ♉ Abr 20 8:06
- ♊ Maio 21 7:11
- ♋ Jun 21 15:06
- ♌ Jul 23 2:00
- ♍ Ago 23 9:07
- ♎ Set 23 6:51
- ♏ Out 23 16:15
- ♐ Nov 22 13:49
- ♑ Dez 22 3:07

2008
- ♒ Jan 20 13:43
- ♓ Fev 19 3:49
- ♈ Mar 20 2:48
- ♉ Abr 19 13:50
- ♊ Maio 20 13:00
- ♋ Jun 20 20:59
- ♌ Jul 22 7:54
- ♍ Ago 22 15:02
- ♎ Set 22 12:44
- ♏ Out 22 22:08
- ♐ Nov 21 19:44
- ♑ Dez 21 9:03

2009
- ♒ Jan 19 19:40
- ♓ Fev 18 9:45
- ♈ Mar 20 8:43
- ♉ Abr 19 19:44
- ♊ Maio 20 18:50
- ♋ Jun 21 2:45
- ♌ Jul 22 13:35
- ♍ Ago 22 20:38
- ♎ Set 22 18:18
- ♏ Out 23 3:43
- ♐ Nov 22 1:22
- ♑ Dez 21 14:46

Apêndice: Tabelas Planetárias **299**

Tabela A-1 — O Sol (continuação)

2010

♒ Jan 20	1:27
♓ Fev 18	15:35
♈ Mar 20	14:32
♉ Abr 20	1:29
♊ Maio 21	0:33
♋ Jun 21	8:28
♌ Jul 22	19:21
♍ Ago 23	2:26

♎ Set 23	0:08
♏ Out 23	9:34
♐ Nov 22	7:14
♑ Dez 21	20:38

2011

♒ Jan 20	7:18
♓ Fev 18	21:25
♈ Mar 20	20:20

♉ Abr 20	7:17
♊ Maio 21	6:20
♋ Jun 21	14:16
♌ Jul 23	1:11
♍ Ago 23	8:20
♎ Set 23	6:04
♏ Out 23	15:30
♐ Nov 22	13:07
♑ Dez 22	2:29

2012

♒ Jan 20	13:09
♓ Fev 19	3:17
♈ Mar 20	2:14
♉ Abr 19	13:11
♊ Maio 20	12:15
♋ Jun 20	20:08
♌ Jul 22	7:00
♍ Ago 22	14:06

♎ Set 22	11:48
♏ Out 22	21:13
♐ Nov 21	18:49
♑ Dez 21	8:11

Tabela A-2 — A Lua

1930

♒ Jan 1	15:29	♊ Abr 3	0:42	♏ Jul 4	11:56	♈ Out 6	12:52	♋ Jan 3	12:21
♋ Jan 4	4:05	♋ Abr 5	5:11	♐ Jul 6	19:49	♉ Out 8	23:14	♌ Jan 5	13:32
♈ Jan 6	15:27	♌ Abr 7	8:09	♑ Jul 9	5:49	♊ Out 11	7:29	♍ Jan 7	14:06
♉ Jan 8	23:59	♍ Abr 9	10:11	♒ Jul 11	17:23	♋ Out 13	13:29	♎ Jan 9	15:48
♊ Jan 11	4:34	♎ Abr 11	12:17	♓ Jul 14	5:57	♌ Out 15	17:19	♏ Jan 11	19:40
♋ Jan 13	5:35	♏ Abr 13	15:45	♈ Jul 16	18:26	♍ Out 17	19:26	♐ Jan 14	1:51
♌ Jan 15	4:37	♐ Abr 15	21:49	♉ Jul 19	4:54	♎ Out 19	20:43	♑ Jan 16	10:02
♍ Jan 17	3:57	♑ Abr 18	7:07	♊ Jul 21	11:39	♏ Out 21	22:32	♒ Jan 18	20:04
♎ Jan 19	5:44	♒ Abr 20	18:58	♋ Jul 23	14:22	♐ Out 24	2:23	♓ Jan 21	7:55
♏ Jan 21	11:25	♓ Abr 23	7:23	♌ Jul 25	14:19	♑ Out 26	9:27	♈ Jan 23	20:55
♐ Jan 23	20:56	♈ Abr 25	18:10	♍ Jul 27	13:34	♒ Out 28	19:54	♉ Jan 26	9:10
♑ Jan 26	8:53	♉ Abr 28	2:08	♎ Jul 29	14:18	♓ Out 31	8:23	♊ Jan 28	18:18
♒ Jan 28	21:35	♊ Abr 30	7:26	♏ Jul 31	18:05	♈ Nov 2	20:34	♋ Jan 30	23:09
♓ Jan 31	9:59	♋ Maio 2	10:54	♐ Ago 3	1:24	♉ Nov 5	6:37	♌ Fev 2	0:24
♈ Fev 2	21:23	♌ Maio 4	13:32	♑ Ago 5	11:34	♊ Nov 7	13:58	♍ Fev 3	23:57
♉ Fev 5	6:49	♍ Maio 6	16:11	♒ Ago 7	23:26	♋ Nov 9	19:05	♎ Fev 5	23:54
♊ Fev 7	13:08	♎ Maio 8	19:30	♓ Ago 10	12:03	♌ Nov 11	22:45	♏ Fev 8	2:04
♋ Fev 9	15:55	♏ Maio 11	0:06	♈ Ago 13	0:32	♍ Nov 14	1:42	♐ Fev 10	7:21
♌ Fev 11	16:00	♐ Maio 13	6:39	♉ Ago 15	11:38	♎ Nov 16	4:27	♑ Fev 12	15:39
♍ Fev 13	15:14	♑ Maio 15	15:39	♊ Ago 17	19:46	♏ Nov 18	7:36	♒ Fev 15	2:14
♎ Fev 15	15:50	♒ Maio 18	3:04	♋ Ago 20	0:02	♐ Nov 20	12:00	♓ Fev 17	14:23
♏ Fev 17	19:45	♓ Maio 20	15:34	♌ Ago 22	0:58	♑ Nov 22	18:42	♈ Fev 20	3:21
♐ Fev 20	3:49	♈ Maio 23	2:56	♍ Ago 24	0:13	♒ Nov 25	4:23	♉ Fev 22	15:54
♑ Fev 22	15:13	♉ Maio 25	11:15	♎ Ago 25	23:58	♓ Nov 27	16:33	♊ Fev 25	2:13
♒ Fev 25	3:57	♊ Maio 27	16:07	♏ Ago 28	2:11	♈ Nov 30	5:06	♋ Fev 27	8:47
♓ Fev 27	16:13	♋ Maio 29	18:26	♐ Ago 30	8:04	♉ Dez 2	15:32	♌ Mar 1	11:25
♈ Mar 2	3:08	♌ Maio 31	19:45	♑ Set 1	17:35	♊ Dez 4	22:32	♍ Mar 3	11:21
♉ Mar 4	12:19	♍ Jun 2	21:37	♒ Set 4	5:27	♋ Dez 7	2:31	♎ Mar 5	10:32
♊ Mar 6	19:16	♎ Jun 5	1:04	♓ Set 6	18:06	♌ Dez 9	4:53	♏ Mar 7	11:03
♋ Mar 8	23:34	♏ Jun 7	6:30	♈ Set 9	6:21	♍ Dez 11	7:04	♐ Mar 9	14:30
♌ Mar 11	1:25	♐ Jun 9	13:56	♉ Set 11	17:18	♎ Dez 13	10:05	♑ Mar 11	21:39
♍ Mar 13	1:54	♑ Jun 11	23:20	♊ Set 14	2:01	♏ Dez 15	14:19	♒ Mar 14	8:03
♎ Mar 15	2:43	♒ Jun 14	10:39	♋ Set 16	7:42	♐ Dez 17	19:54	♓ Mar 16	20:26
♏ Mar 17	5:46	♓ Jun 16	23:12	♌ Set 18	10:18	♑ Dez 20	3:11	♈ Mar 18	19:24
♐ Mar 19	12:24	♈ Jun 19	11:15	♍ Set 20	10:45	♒ Dez 22	12:44	♉ Mar 21	21:44
♑ Mar 21	22:40	♉ Jun 21	20:35	♎ Set 22	10:43	♓ Dez 25	0:35	♊ Mar 24	8:19
♒ Mar 24	11:05	♊ Jun 24	2:00	♏ Set 24	12:07	♈ Dez 27	13:29	♋ Mar 26	16:04
♓ Mar 26	23:24	♋ Jun 26	3:57	♐ Set 26	16:34	♉ Dez 30	0:52	♌ Mar 28	20:29
♈ Mar 29	10:00	♌ Jun 28	4:06	♑ Set 29	0:48	**1931**		♍ Mar 30	21:58
♉ Mar 31	18:24	♍ Jun 30	4:28	♒ Out 1	12:09	♊ Jan 1	8:34	♎ Abr 1	21:49
		♎ Jul 2	6:47	♓ Out 4	0:48			♏ Abr 3	21:50

(continua)

300 Astrologia Para Leigos

Tabela A-2 — A Lua (continuação)

♐	Abr 5	23:52	♊	Ago 7	22:01	♐	Dez 8	4:04	♉ Abr 7 2:44
♑	Abr 8	5:20	♋	Ago 10	5:10	♑	Dez 10	6:18	♊ Abr 9 15:27
♒	Abr 10	14:40	♌	Ago 12	8:31	♒	Dez 12	11:10	♋ Abr 12 2:47
♓	Abr 13	2:49	♍	Ago 14	9:25	♓	Dez 14	19:50	♌ Abr 14 11:22
♈	Abr 15	15:48	♎	Ago 16	9:45	♈	Dez 17	7:49	♍ Abr 16 16:21

Coluna 1

♐	Abr 5	23:52
♑	Abr 8	5:20
♒	Abr 10	14:40
♓	Abr 13	2:49
♈	Abr 15	15:48
♉	Abr 18	3:50
♊	Abr 20	13:56
♋	Abr 22	21:42
♌	Abr 25	3:04
♍	Abr 27	6:10
♎	Abr 29	7:35
♏	Maio 1	8:26
♐	Maio 3	10:14
♑	Maio 5	14:35
♒	Maio 7	22:37
♓	Maio 10	10:02
♈	Maio 12	22:57
♉	Maio 15	10:54
♊	Maio 17	20:26
♋	Maio 20	3:26
♌	Maio 22	8:27
♍	Maio 24	12:07
♎	Maio 26	14:51
♏	Maio 28	17:08
♐	Maio 30	19:48
♑	Jun 2	0:07
♒	Jun 4	7:23
♓	Jun 6	18:01
♈	Jun 9	6:44
♉	Jun 11	18:54
♊	Jun 14	4:22
♋	Jun 16	10:38
♌	Jun 18	14:36
♍	Jun 20	17:32
♎	Jun 22	20:23
♏	Jun 24	23:34
♐	Jun 27	3:26
♑	Jun 29	8:35
♒	Jul 1	15:56
♓	Jul 4	2:10
♈	Jul 6	14:40
♉	Jul 9	3:14
♊	Jul 11	13:14
♋	Jul 13	19:30
♌	Jul 15	22:41
♍	Jul 18	0:22
♎	Jul 20	2:06
♏	Jul 22	4:56
♐	Jul 24	9:18
♑	Jul 26	15:22
♒	Jul 28	23:24
♓	Jul 31	9:45
♈	Ago 2	22:10
♉	Ago 5	11:05

Coluna 2

♊	Ago 7	22:01
♋	Ago 10	5:10
♌	Ago 12	8:31
♍	Ago 14	9:25
♎	Ago 16	9:45
♏	Ago 18	11:10
♐	Ago 20	14:47
♑	Ago 22	20:58
♒	Ago 25	5:38
♓	Ago 27	16:27
♈	Ago 30	4:56
♉	Set 1	17:59
♊	Set 4	5:43
♋	Set 6	14:15
♌	Set 8	18:47
♍	Set 10	20:04
♎	Set 12	19:43
♏	Set 14	19:40
♐	Set 16	21:39
♑	Set 19	2:48
♒	Set 21	11:18
♓	Set 23	22:28
♈	Set 26	11:09
♉	Set 29	0:07
♊	Out 1	12:03
♋	Out 3	21:38
♌	Out 6	3:49
♍	Out 8	6:34
♎	Out 10	6:50
♏	Out 12	6:17
♐	Out 14	6:51
♑	Out 16	10:18
♒	Out 18	17:39
♓	Out 21	4:32
♈	Out 23	17:21
♉	Out 26	6:12
♊	Out 28	17:48
♋	Out 31	3:26
♌	Nov 2	10:39
♍	Nov 4	15:08
♎	Nov 6	17:03
♏	Nov 8	17:21
♐	Nov 10	17:39
♑	Nov 12	19:52
♒	Nov 15	1:40
♓	Nov 17	11:32
♈	Nov 20	0:08
♉	Nov 22	13:00
♊	Nov 25	0:12
♋	Nov 27	9:09
♌	Nov 29	16:06
♍	Dez 1	21:16
♎	Dez 4	0:44
♏	Dez 6	2:43

Coluna 3

♐	Dez 8	4:04
♑	Dez 10	6:18
♒	Dez 12	11:10
♓	Dez 14	19:50
♈	Dez 17	7:49
♉	Dez 19	20:45
♊	Dez 22	7:59
♋	Dez 24	16:22
♌	Dez 26	22:16
♍	Dez 29	2:41
♎	Dez 31	6:17

1932

♏	Jan 2	9:24
♐	Jan 4	12:15
♑	Jan 6	15:37
♒	Jan 8	20:44
♓	Jan 11	4:49
♈	Jan 13	16:07
♉	Jan 16	5:02
♊	Jan 18	16:47
♋	Jan 21	1:22
♌	Jan 23	6:39
♍	Jan 25	9:47
♎	Jan 27	12:07
♏	Jan 29	14:43
♐	Jan 31	18:07
♑	Fev 2	22:39
♒	Fev 5	4:48
♓	Fev 7	13:15
♈	Fev 10	0:17
♉	Fev 12	13:05
♊	Fev 15	1:27
♋	Fev 17	11:02
♌	Fev 19	16:49
♍	Fev 21	19:25
♎	Fev 23	20:22
♏	Fev 25	21:20
♐	Fev 27	23:39
♑	Mar 1	4:06
♒	Mar 3	11:00
♓	Mar 5	20:15
♈	Mar 8	7:35
♉	Mar 10	20:19
♊	Mar 13	9:03
♋	Mar 15	19:46
♌	Mar 18	2:56
♍	Mar 20	6:18
♎	Mar 22	6:56
♏	Mar 24	6:35
♐	Mar 26	7:07
♑	Mar 28	10:08
♒	Mar 30	16:30
♓	Abr 2	2:05
♈	Abr 4	13:53

Coluna 4

♉	Abr 7	2:44
♊	Abr 9	15:27
♋	Abr 12	2:47
♌	Abr 14	11:22
♍	Abr 16	16:21
♎	Abr 18	18:00
♏	Abr 20	17:33
♐	Abr 22	16:57
♑	Abr 24	18:15
♒	Abr 26	23:04
♓	Abr 29	7:55
♈	Maio 1	19:46
♉	Maio 4	8:46
♊	Maio 6	21:20
♋	Maio 9	8:34
♌	Maio 11	17:47
♍	Maio 14	0:13
♎	Maio 16	3:32
♏	Maio 18	4:15
♐	Maio 20	3:48
♑	Maio 22	4:12
♒	Maio 24	7:31
♓	Maio 26	14:57
♈	Maio 29	2:09
♉	Maio 31	15:05
♊	Jun 3	3:32
♋	Jun 5	14:21
♌	Jun 7	23:14
♍	Jun 10	6:06
♎	Jun 12	10:41
♏	Jun 14	13:00
♐	Jun 16	13:45
♑	Jun 18	14:31
♒	Jun 20	17:12
♓	Jun 22	23:25
♈	Jun 25	9:34
♉	Jun 27	22:08
♊	Jun 30	10:35
♋	Jul 2	21:07
♌	Jul 5	5:18
♍	Jul 7	11:33
♎	Jul 9	16:12
♏	Jul 11	19:27
♐	Jul 13	21:38
♑	Jul 15	23:35
♒	Jul 18	2:44
♓	Jul 20	8:34
♈	Jul 22	17:52
♉	Jul 25	5:54
♊	Jul 27	18:26
♋	Jul 30	5:07
♌	Ago 1	12:57
♍	Ago 3	18:15
♎	Ago 5	21:56

Coluna 5

♏	Ago 8	0:49
♐	Ago 10	3:32
♑	Ago 12	6:38
♒	Ago 14	10:54
♓	Ago 16	17:13
♈	Ago 19	2:18
♉	Ago 21	13:56
♊	Ago 24	2:33
♋	Ago 26	13:50
♌	Ago 28	22:03
♍	Ago 31	2:58
♎	Set 2	5:32
♏	Set 4	7:06
♐	Set 6	9:00
♑	Set 8	12:11
♒	Set 10	17:16
♓	Set 13	0:31
♈	Set 15	10:01
♉	Set 17	21:34
♊	Set 20	10:14
♋	Set 22	22:13
♌	Set 25	7:32
♍	Set 27	13:07
♎	Set 29	15:22
♏	Out 1	15:44
♐	Out 3	16:02
♑	Out 5	18:00
♒	Out 7	22:44
♓	Out 10	6:26
♈	Out 12	16:36
♉	Out 15	4:24
♊	Out 17	17:03
♋	Out 20	5:26
♌	Out 22	15:57
♍	Out 24	23:03
♎	Out 27	2:15
♏	Out 29	2:30
♐	Out 31	1:40
♑	Nov 2	1:54
♒	Nov 4	5:06
♓	Nov 6	12:06
♈	Nov 8	22:24
♉	Nov 11	10:33
♊	Nov 13	23:13
♋	Nov 16	11:32
♌	Nov 18	22:35
♍	Nov 21	7:08
♎	Nov 23	12:08
♏	Nov 25	13:38
♐	Nov 27	12:58
♑	Nov 29	12:16
♒	Dez 1	13:46
♓	Dez 3	19:08
♈	Dez 6	4:35

Apêndice: Tabelas Planetárias 301

Tabela A-2 — A Lua (continuação)

Signo	Data	Hora	Signo	Data	Hora	Signo	Data	Hora	Signo	Data	Hora	Signo	Data	Hora
♉	Dez 8	16:41	♎	Abr 9	1:00	♈	Ago 9	1:41	♎	Dez 11	2:19	♓	Abr 9	23:52
♊	Dez 11	5:26	♏	Abr 11	2:32	♉	Ago 11	9:45	♏	Dez 13	7:27	♈	Abr 12	3:40
♋	Dez 13	17:28	♐	Abr 13	2:52	♊	Ago 13	20:57	♐	Dez 15	8:49	♉	Abr 14	8:56
♌	Dez 16	4:13	♑	Abr 15	3:54	♋	Ago 16	9:32	♑	Dez 17	8:08	♊	Abr 16	16:41
♍	Dez 18	13:09	♒	Abr 17	7:02	♌	Ago 18	21:22	♒	Dez 19	7:37	♋	Abr 19	3:26
♎	Dez 20	19:32	♓	Abr 19	12:54	♍	Ago 21	7:07	♓	Dez 21	9:15	♌	Abr 21	16:10
♏	Dez 22	22:53	♈	Abr 21	21:14	♎	Ago 23	14:29	♈	Dez 23	14:15	♍	Abr 24	4:20
♐	Dez 24	23:42	♉	Abr 24	7:31	♏	Ago 25	19:45	♉	Dez 25	22:43	♎	Abr 26	13:32
♑	Dez 26	23:31	♊	Abr 26	19:18	♐	Ago 27	23:21	♊	Dez 28	9:43	♏	Abr 28	19:07
♒	Dez 29	0:23	♋	Abr 29	7:58	♑	Ago 30	1:52	♋	Dez 30	22:07	♐	Abr 30	22:02
♓	Dez 31	4:16	♌	Maio 1	20:06	♒	Set 1	4:00				♑	Maio 2	23:53
			♍	Maio 4	5:41	♓	Set 3	6:44	**1934**			♒	Maio 5	2:06
1933			♎	Maio 6	11:17	♈	Set 5	11:15	♌	Jan 2	10:56	♓	Maio 7	5:26
♈	Jan 2	12:13	♏	Maio 8	13:07	♉	Set 7	18:35	♍	Jan 4	23:09	♈	Maio 9	10:09
♉	Jan 4	23:36	♐	Maio 10	12:43	♊	Set 10	5:01	♎	Jan 7	9:20	♉	Maio 11	16:24
♊	Jan 7	12:19	♑	Maio 12	12:15	♋	Set 12	17:25	♏	Jan 9	16:11	♊	Maio 14	0:38
♋	Jan 10	0:16	♒	Maio 14	13:46	♌	Set 15	5:30	♐	Jan 11	19:18	♋	Maio 16	11:17
♌	Jan 12	10:27	♓	Maio 16	18:34	♍	Set 17	15:13	♑	Jan 13	19:37	♌	Maio 18	23:55
♍	Jan 14	18:42	♈	Maio 19	2:45	♎	Set 19	21:51	♒	Jan 15	18:56	♍	Maio 21	12:35
♎	Jan 17	1:03	♉	Maio 21	13:26	♏	Set 22	1:59	♓	Jan 17	19:17	♎	Maio 23	22:43
♏	Jan 19	5:24	♊	Maio 24	1:31	♐	Set 24	4:49	♈	Jan 19	22:28	♏	Maio 26	4:52
♐	Jan 21	7:54	♋	Maio 26	14:12	♑	Set 26	7:23	♉	Jan 22	5:26	♐	Maio 28	7:28
♑	Jan 23	9:18	♌	Maio 29	2:33	♒	Set 28	10:27	♊	Jan 24	15:54	♑	Maio 30	8:12
♒	Jan 25	10:57	♍	Maio 31	13:06	♓	Set 30	14:27	♋	Jan 27	4:24	♒	Jun 1	8:55
♓	Jan 27	14:31	♎	Jun 2	20:15	♈	Out 2	19:51	♌	Jan 29	17:12	♓	Jun 3	11:06
♈	Jan 29	21:21	♏	Jun 4	23:25	♉	Out 5	3:18	♍	Fev 1	5:00	♈	Jun 5	15:31
♉	Fev 1	7:40	♐	Jun 6	23:32	♊	Out 7	13:18	♎	Fev 3	15:00	♉	Jun 7	22:17
♊	Fev 3	20:05	♑	Jun 8	22:33	♋	Out 10	1:29	♏	Fev 5	22:31	♊	Jun 10	7:14
♋	Fev 6	8:13	♒	Jun 10	22:41	♌	Out 12	14:02	♐	Fev 8	3:14	♋	Jun 12	18:14
♌	Fev 8	18:16	♓	Jun 13	1:50	♍	Out 15	0:24	♑	Fev 10	5:23	♌	Jun 15	6:53
♍	Fev 11	1:43	♈	Jun 15	8:51	♎	Out 17	7:07	♒	Fev 12	5:57	♍	Jun 17	19:51
♎	Fev 13	6:59	♉	Jun 17	19:12	♏	Out 19	10:27	♓	Fev 14	6:27	♎	Jun 20	6:59
♏	Fev 15	10:46	♊	Jun 20	7:25	♐	Out 21	11:54	♈	Fev 16	8:39	♏	Jun 22	14:25
♐	Fev 17	13:42	♋	Jun 22	20:07	♑	Out 23	13:13	♉	Fev 18	14:03	♐	Jun 24	17:49
♑	Fev 19	16:22	♌	Jun 25	8:17	♒	Out 25	15:48	♊	Fev 20	23:16	♑	Jun 26	18:24
♒	Fev 21	19:29	♍	Jun 27	19:01	♓	Out 27	20:17	♋	Fev 23	11:22	♒	Jun 28	18:02
♓	Fev 23	23:56	♎	Jun 30	3:11	♈	Out 30	2:40	♌	Fev 26	0:13	♓	Jun 30	18:38
♈	Fev 26	6:42	♏	Jul 2	7:57	♉	Nov 1	10:53	♍	Fev 28	11:46	♈	Jul 2	21:39
♉	Fev 28	16:20	♐	Jul 4	9:32	♊	Nov 3	21:02	♎	Mar 2	21:02	♉	Jul 5	3:47
♊	Mar 3	4:18	♑	Jul 6	9:15	♋	Nov 6	9:05	♏	Mar 5	3:59	♊	Jul 7	12:55
♋	Mar 5	16:43	♒	Jul 8	9:05	♌	Nov 8	21:58	♐	Mar 7	8:58	♋	Jul 10	0:20
♌	Mar 8	3:18	♓	Jul 10	11:01	♍	Nov 11	9:24	♑	Mar 9	12:22	♌	Jul 12	13:07
♍	Mar 10	10:42	♈	Jul 12	16:31	♎	Nov 13	17:13	♒	Mar 11	14:36	♍	Jul 15	2:07
♎	Mar 12	15:03	♉	Jul 15	1:49	♏	Nov 15	20:52	♓	Mar 13	16:25	♎	Jul 17	13:47
♏	Mar 14	17:27	♊	Jul 17	13:44	♐	Nov 17	21:34	♈	Mar 15	19:00	♏	Jul 19	22:31
♐	Mar 16	19:18	♋	Jul 20	2:25	♑	Nov 19	21:24	♉	Mar 17	23:46	♐	Jul 22	3:28
♑	Mar 18	21:47	♌	Jul 22	14:19	♒	Nov 21	22:21	♊	Mar 20	7:51	♑	Jul 24	5:03
♒	Mar 21	1:39	♍	Jul 25	0:36	♓	Nov 24	1:50	♋	Mar 22	19:13	♒	Jul 26	4:43
♓	Mar 23	7:16	♎	Jul 27	8:44	♈	Nov 26	8:13	♌	Mar 25	8:03	♓	Jul 28	4:20
♈	Mar 25	14:49	♏	Jul 29	14:21	♉	Nov 28	17:03	♍	Mar 27	19:44	♈	Jul 30	5:46
♉	Mar 28	0:32	♐	Jul 31	17:27	♊	Dez 1	3:45	♎	Mar 30	4:37	♉	Ago 1	10:25
♊	Mar 30	12:13	♑	Ago 2	18:40	♋	Dez 3	15:53	♏	Abr 1	10:35	♊	Ago 3	18:48
♋	Abr 2	0:50	♒	Ago 4	19:22	♌	Dez 6	4:49	♐	Abr 3	14:37	♋	Ago 6	6:13
♌	Abr 4	12:16	♓	Ago 6	21:10	♍	Dez 8	17:00	♑	Abr 5	17:45	♌	Ago 8	19:08
♍	Abr 6	20:33							♒	Abr 7	20:43			

(continua)

Tabela A-2 — A Lua (continuação)

♍ Ago 11 7:59	♓ Dez 11 20:31	♌ Abr 11 10:52	♒ Ago 13 0:22	♌ Dez 13 6:07
♎ Ago 13 19:33	♈ Dez 13 23:51	♍ Abr 13 23:47	♓ Ago 15 0:19	♍ Dez 15 16:33
♏ Ago 16 4:51	♉ Dez 16 4:56	♎ Abr 16 12:01	♈ Ago 16 23:55	♎ Dez 18 4:58
♐ Ago 18 11:12	♊ Dez 18 11:58	♏ Abr 18 22:09	♉ Ago 19 1:07	♏ Dez 20 17:03
♑ Ago 20 14:27	♋ Dez 20 21:11	♐ Abr 21 6:06	♊ Ago 21 5:25	♐ Dez 23 2:45
♒ Ago 22 15:18	♌ Dez 23 8:37	♑ Abr 23 12:13	♋ Ago 23 13:17	♑ Dez 25 9:27
♓ Ago 24 15:08	♍ Dez 25 21:32	♒ Abr 25 16:43	♌ Ago 26 0:00	♒ Dez 27 13:46
♈ Ago 26 15:44	♎ Dez 28 9:59	♓ Abr 27 19:40	♍ Ago 28 12:20	♓ Dez 29 16:42
♉ Ago 28 18:55	♏ Dez 30 19:41	♈ Abr 29 21:26	♎ Ago 31 1:08	♈ Dez 31 19:15
♊ Ago 31 1:55		♉ Maio 1 23:09	♏ Set 2 13:22	
♋ Set 2 12:40	**1935**	♊ Maio 4 2:26	♐ Set 4 23:48	**1936**
♌ Set 5 1:32	♐ Jan 2 1:27	♋ Maio 6 8:50	♑ Set 7 7:08	♉ Jan 2 22:11
♍ Set 7 14:16	♑ Jan 4 3:44	♌ Maio 8 18:55	♒ Set 9 10:44	♊ Jan 5 2:04
♎ Set 10 1:23	♒ Jan 6 4:04	♍ Maio 11 7:26	♓ Set 11 11:15	♋ Jan 7 7:29
♏ Set 12 10:19	♓ Jan 8 4:17	♎ Maio 13 19:48	♈ Set 13 10:20	♌ Jan 9 15:02
♐ Set 14 17:03	♈ Jan 10 6:03	♏ Maio 16 5:54	♉ Set 15 10:10	♍ Jan 12 1:05
♑ Set 16 21:36	♉ Jan 12 10:25	♐ Maio 18 13:13	♊ Set 17 12:48	♎ Jan 14 13:10
♒ Set 19 0:06	♊ Jan 14 17:43	♑ Maio 20 18:20	♋ Set 19 19:27	♏ Jan 17 1:38
♓ Set 21 1:14	♋ Jan 17 3:37	♒ Maio 22 22:08	♌ Set 22 5:50	♐ Jan 19 12:11
♈ Set 23 2:13	♌ Jan 19 15:27	♓ Maio 25 1:13	♍ Set 24 18:18	♑ Jan 21 19:19
♉ Set 25 4:47	♍ Jan 22 4:19	♈ Maio 27 3:59	♎ Set 27 7:05	♒ Jan 23 23:02
♊ Set 27 10:33	♎ Jan 24 16:59	♉ Maio 29 6:59	♏ Set 29 19:06	♓ Jan 26 0:35
♋ Set 29 20:14	♏ Jan 27 3:46	♊ Maio 31 11:11	♐ Out 2 5:41	♈ Jan 28 1:36
♌ Out 2 8:44	♐ Jan 29 11:11	♋ Jun 2 17:44	♑ Out 4 14:02	♉ Jan 30 3:37
♍ Out 4 21:31	♑ Jan 31 14:47	♌ Jun 5 3:19	♒ Out 6 19:20	♊ Fev 1 7:39
♎ Out 7 8:20	♒ Fev 2 15:26	♍ Jun 7 15:26	♓ Out 8 21:27	♋ Fev 3 13:58
♏ Out 9 16:31	♓ Fev 4 14:47	♎ Jun 10 4:00	♈ Out 10 21:20	♌ Fev 5 22:26
♐ Out 11 22:32	♈ Fev 6 14:49	♏ Jun 12 14:35	♉ Out 12 20:53	♍ Fev 8 8:48
♑ Out 14 3:04	♉ Fev 8 17:22	♐ Jun 14 21:57	♊ Out 14 22:17	♎ Fev 10 20:45
♒ Out 16 6:32	♊ Fev 10 23:35	♑ Jun 17 2:21	♋ Out 17 3:21	♏ Fev 13 9:24
♓ Out 18 9:10	♋ Fev 13 9:24	♒ Jun 19 4:56	♌ Out 19 12:35	♐ Fev 15 20:56
♈ Out 20 11:28	♌ Fev 15 21:35	♓ Jun 21 6:56	♍ Out 22 0:44	♑ Fev 18 5:21
♉ Out 22 14:34	♍ Fev 18 10:33	♈ Jun 23 9:21	♎ Out 24 13:31	♒ Fev 20 9:46
♊ Out 24 19:58	♎ Fev 20 23:02	♉ Jun 25 12:54	♏ Out 27 1:15	♓ Fev 22 10:55
♋ Out 27 4:46	♏ Fev 23 10:04	♊ Jun 27 18:06	♐ Out 29 11:17	♈ Fev 24 10:35
♌ Out 29 16:42	♐ Fev 25 18:40	♋ Jun 30 1:26	♑ Out 31 19:31	♉ Fev 26 10:51
♍ Nov 1 5:36	♑ Mar 1 0:05	♌ Jul 2 11:13	♒ Nov 3 1:38	♊ Fev 28 13:30
♎ Nov 3 16:41	♒ Mar 2 2:16	♍ Jul 4 23:08	♓ Nov 5 5:20	♋ Mar 1 19:25
♏ Nov 6 0:32	♓ Mar 4 2:13	♎ Jul 7 11:52	♈ Nov 7 6:54	♌ Mar 4 4:20
♐ Nov 8 5:33	♈ Mar 6 1:40	♏ Jul 9 23:15	♉ Nov 9 7:29	♍ Mar 6 15:18
♑ Nov 10 8:57	♉ Mar 8 2:43	♐ Jul 12 7:27	♊ Nov 11 8:52	♎ Mar 9 3:26
♒ Nov 12 11:52	♊ Mar 10 7:11	♑ Jul 14 12:03	♋ Nov 13 12:56	♏ Mar 11 16:03
♓ Nov 14 14:56	♋ Mar 12 15:52	♒ Jul 16 13:53	♌ Nov 15 20:51	♐ Mar 14 4:06
♈ Nov 16 18:26	♌ Mar 15 3:48	♓ Jul 18 14:30	♍ Nov 18 8:10	♑ Mar 16 13:51
♉ Nov 18 22:46	♍ Mar 17 16:51	♈ Jul 20 15:33	♎ Nov 20 20:52	♒ Mar 18 19:52
♊ Nov 21 4:47	♎ Mar 20 5:08	♉ Jul 22 18:21	♏ Nov 23 8:36	♓ Mar 20 21:59
♋ Nov 23 13:25	♏ Mar 22 15:44	♊ Jul 24 23:42	♐ Nov 25 18:08	♈ Mar 22 21:31
♌ Nov 26 0:54	♐ Mar 25 0:24	♋ Jul 27 7:43	♑ Nov 28 1:28	♉ Mar 24 20:37
♍ Nov 28 13:52	♑ Mar 27 6:49	♌ Jul 29 18:04	♒ Nov 30 7:00	♊ Mar 26 21:31
♎ Dez 1 1:39	♒ Mar 29 10:41	♍ Ago 1 6:07	♓ Dez 2 11:03	♋ Mar 29 1:52
♏ Dez 3 10:06	♓ Mar 31 12:14	♎ Ago 3 18:55	♈ Dez 4 13:53	♌ Mar 31 10:04
♐ Dez 5 14:53	♈ Abr 2 12:31	♏ Ago 6 6:57	♉ Dez 6 16:03	♍ Abr 2 21:07
♑ Dez 7 17:09	♉ Abr 4 13:18	♐ Ago 8 16:25	♊ Dez 8 18:36	♎ Abr 5 9:31
♒ Dez 9 18:34	♊ Abr 6 16:35	♑ Ago 10 22:10	♋ Dez 10 22:54	♏ Abr 7 22:05
	♋ Abr 8 23:49			♐ Abr 10 10:03

Apêndice: Tabelas Planetárias — 303

Tabela A-2 — A Lua (continuação)

Signo	Data	Hora	Signo	Data	Hora	Signo	Data	Hora	Signo	Data	Hora	Signo	Data	Hora
♑	Abr 12	20:23	♋	Ago 12	20:52	♑	Dez 14	12:25	♊	Abr 13	16:34	♐	Ago 14	17:59
♒	Abr 15	3:49	♌	Ago 15	3:20	♒	Dez 16	21:42	♋	Abr 15	18:02	♑	Ago 17	6:37
♓	Abr 17	7:37	♍	Ago 17	11:44	♓	Dez 19	4:43	♌	Abr 17	22:11	♒	Ago 19	17:05
♈	Abr 19	8:20	♎	Ago 19	22:17	♈	Dez 21	9:26	♍	Abr 20	5:16	♓	Ago 22	0:28
♉	Abr 21	7:37	♏	Ago 22	10:36	♉	Dez 23	12:05	♎	Abr 22	14:51	♈	Ago 24	5:23
♊	Abr 23	7:37	♐	Ago 24	23:09	♊	Dez 25	13:24	♏	Abr 25	2:21	♉	Ago 26	8:57
♋	Abr 25	10:22	♑	Ago 27	9:35	♋	Dez 27	14:36	♐	Abr 27	15:05	♊	Ago 28	12:01
♌	Abr 27	17:03	♒	Ago 29	16:12	♌	Dez 29	17:14	♑	Abr 30	3:56	♋	Ago 30	15:03
♍	Abr 30	3:22	♓	Ago 31	19:06	♍	Dez 31	22:45	♒	Maio 2	15:08	♌	Set 1	18:21
♎	Maio 2	15:43	♈	Set 2	19:43		**1937**		♓	Maio 4	22:57	♍	Set 3	22:34
♏	Maio 5	4:16	♉	Set 4	20:04	♎	Jan 3	7:55	♈	Maio 7	2:47	♎	Set 6	4:48
♐	Maio 7	15:54	♊	Set 6	21:54	♏	Jan 5	19:58	♉	Maio 9	3:32	♏	Set 8	13:59
♑	Maio 10	1:57	♋	Set 9	2:16	♐	Jan 8	8:43	♊	Maio 11	2:56	♐	Set 11	1:59
♒	Maio 12	9:47	♌	Set 11	9:13	♑	Jan 10	19:53	♋	Maio 13	3:00	♑	Set 13	14:52
♓	Maio 14	14:52	♍	Set 13	18:20	♒	Jan 13	4:25	♌	Maio 15	5:27	♒	Set 16	1:51
♈	Maio 16	17:14	♎	Set 16	5:12	♓	Jan 15	10:28	♍	Maio 17	11:19	♓	Set 18	9:19
♉	Maio 18	17:47	♏	Set 18	17:32	♈	Jan 17	14:48	♎	Maio 19	20:34	♈	Set 20	13:31
♊	Maio 20	18:12	♐	Set 21	6:24	♉	Jan 19	18:07	♏	Maio 22	8:18	♉	Set 22	15:49
♋	Maio 22	20:19	♑	Set 23	17:53	♊	Jan 21	20:54	♐	Maio 24	21:10	♊	Set 24	17:46
♌	Maio 25	1:41	♒	Set 26	1:53	♋	Jan 23	23:38	♑	Maio 27	9:53	♋	Set 26	20:24
♍	Maio 27	10:48	♓	Set 28	5:39	♌	Jan 26	3:08	♒	Maio 29	21:13	♌	Set 29	0:14
♎	Maio 29	22:38	♈	Set 30	6:10	♍	Jan 28	8:30	♓	Jun 1	5:58	♍	Out 1	5:29
♏	Jun 1	11:11	♉	Out 2	5:25	♎	Jan 30	16:49	♈	Jun 3	11:22	♎	Out 3	12:31
♐	Jun 3	22:37	♊	Out 4	5:37	♏	Fev 2	4:10	♉	Jun 5	13:36	♏	Out 5	21:55
♑	Jun 6	8:03	♋	Out 6	8:29	♐	Fev 4	16:59	♊	Jun 7	13:46	♐	Out 8	9:44
♒	Jun 8	15:17	♌	Out 8	14:45	♑	Fev 7	4:34	♋	Jun 9	13:31	♑	Out 10	22:47
♓	Jun 10	20:27	♍	Out 11	0:01	♒	Fev 9	13:00	♌	Jun 11	14:44	♒	Out 13	10:37
♈	Jun 12	23:46	♎	Out 13	11:19	♓	Fev 11	18:10	♍	Jun 13	19:01	♓	Out 15	19:03
♉	Jun 15	1:48	♏	Out 15	23:47	♈	Fev 13	21:12	♎	Jun 16	3:08	♈	Out 17	23:32
♊	Jun 17	3:30	♐	Out 18	12:38	♉	Fev 15	23:34	♏	Jun 18	14:31	♉	Out 20	1:09
♋	Jun 19	6:09	♑	Out 21	0:37	♊	Fev 18	2:22	♐	Jun 21	3:25	♊	Out 22	1:40
♌	Jun 21	11:06	♒	Out 23	10:00	♋	Fev 20	6:04	♑	Jun 23	15:58	♋	Out 24	2:47
♍	Jun 23	19:15	♓	Out 25	15:28	♌	Fev 22	10:51	♒	Jun 26	2:54	♌	Out 26	5:42
♎	Jun 26	6:23	♈	Out 27	17:09	♍	Fev 24	17:04	♓	Jun 28	11:37	♍	Out 28	11:01
♏	Jun 28	18:53	♉	Out 29	16:34	♎	Fev 27	1:26	♈	Jun 30	7:50	♎	Out 30	18:47
♐	Jul 1	6:27	♊	Out 31	15:49	♏	Mar 1	12:23	♉	Jul 2	21:34	♏	Nov 2	4:48
♑	Jul 3	15:34	♋	Nov 2	17:00	♐	Mar 4	1:08	♊	Jul 4	23:15	♐	Nov 4	16:46
♒	Jul 5	21:56	♌	Nov 4	21:37	♑	Mar 6	13:23	♋	Jul 6	23:53	♑	Nov 7	5:50
♓	Jul 8	2:10	♍	Nov 7	6:00	♒	Mar 8	22:36	♌	Jul 9	0:59	♒	Nov 9	18:19
♈	Jul 10	5:10	♎	Nov 9	17:15	♓	Mar 11	3:50	♍	Jul 11	4:15	♓	Nov 12	4:07
♉	Jul 12	7:46	♏	Nov 12	5:52	♈	Mar 13	6:00	♎	Jul 13	11:04	♈	Nov 14	9:59
♊	Jul 14	10:38	♐	Nov 14	18:33	♉	Mar 15	6:54	♏	Jul 15	21:36	♉	Nov 16	12:12
♋	Jul 16	14:28	♑	Nov 17	6:20	♊	Mar 17	8:19	♐	Jul 18	10:20	♊	Nov 18	12:10
♌	Jul 18	19:58	♒	Nov 19	16:11	♋	Mar 19	11:25	♑	Jul 20	22:50	♋	Nov 20	11:47
♍	Jul 21	3:54	♓	Nov 21	23:04	♌	Mar 21	16:35	♒	Jul 23	9:20	♌	Nov 22	12:55
♎	Jul 23	14:31	♈	Nov 24	2:37	♍	Mar 23	23:44	♓	Jul 25	17:21	♍	Nov 24	16:56
♏	Jul 26	2:54	♉	Nov 26	3:29	♎	Mar 26	8:47	♈	Jul 27	23:15	♎	Nov 27	0:22
♐	Jul 28	14:56	♊	Nov 28	3:11	♏	Mar 28	19:51	♉	Jul 30	3:31	♏	Nov 29	10:46
♑	Jul 31	0:24	♋	Nov 30	3:40	♐	Mar 31	8:32	♊	Ago 1	6:29	♐	Dez 1	23:05
♒	Ago 2	6:25	♌	Dez 2	6:43	♑	Abr 2	21:16	♋	Ago 3	8:34	♑	Dez 4	12:07
♓	Ago 4	9:36	♍	Dez 4	13:31	♒	Abr 5	7:38	♌	Ago 5	10:35	♒	Dez 7	0:40
♈	Ago 6	11:21	♎	Dez 6	23:55	♓	Abr 7	13:59	♍	Ago 7	13:54	♓	Dez 9	11:21
♉	Ago 8	13:11	♏	Dez 9	12:28	♈	Abr 9	16:28	♎	Ago 9	19:58	♈	Dez 11	18:55
♊	Ago 10	16:12	♐	Dez 12	1:07	♉	Abr 11	16:39	♏	Ago 12	5:37	♉	Dez 13	22:50

(continua)

Tabela A-2 — A Lua (continuação)

Signo	Data	Hora
♊	Dez 15	23:42
♋	Dez 17	23:03
♌	Dez 19	22:48
♍	Dez 22	0:57
♎	Dez 24	6:53
♏	Dez 26	16:45
♐	Dez 29	5:12
♑	Dez 31	18:17
1938		
♒	Jan 3	6:31
♓	Jan 5	17:07
♈	Jan 8	1:29
♉	Jan 10	7:06
♊	Jan 12	9:50
♋	Jan 14	10:21
♌	Jan 16	10:09
♍	Jan 18	11:13
♎	Jan 20	15:27
♏	Jan 22	23:55
♐	Jan 25	11:51
♑	Jan 28	0:58
♒	Jan 30	13:00
♓	Fev 1	22:58
♈	Fev 4	6:54
♉	Fev 6	12:58
♊	Fev 8	17:08
♋	Fev 10	19:26
♌	Fev 12	20:33
♍	Fev 14	21:57
♎	Fev 17	1:28
♏	Fev 19	8:37
♐	Fev 21	19:33
♑	Fev 24	8:28
♒	Fev 26	20:36
♓	Mar 1	6:13
♈	Mar 3	13:16
♉	Mar 5	18:29
♊	Mar 7	22:33
♋	Mar 10	1:46
♌	Mar 12	4:23
♍	Mar 14	7:05
♎	Mar 16	11:08
♏	Mar 18	17:53
♐	Mar 21	4:01
♑	Mar 23	16:32
♒	Mar 26	4:56
♓	Mar 28	14:52
♈	Mar 30	21:33
♉	Abr 2	1:43
♊	Abr 4	4:33
♋	Abr 6	7:07
♌	Abr 8	10:04
♍	Abr 10	13:51
♎	Abr 12	19:02
♏	Abr 15	2:21
♐	Abr 17	12:19
♑	Abr 20	0:31
♒	Abr 22	13:11
♓	Abr 24	23:53
♈	Abr 27	7:08
♉	Abr 29	11:01
♊	Maio 1	12:45
♋	Maio 3	13:51
♌	Maio 5	15:42
♍	Maio 7	19:17
♎	Maio 10	1:06
♏	Maio 12	9:16
♐	Maio 14	19:40
♑	Maio 17	7:51
♒	Maio 19	20:37
♓	Maio 22	8:08
♈	Maio 24	16:35
♉	Maio 26	21:17
♊	Maio 28	22:52
♋	Maio 30	22:52
♌	Jun 1	23:09
♍	Jun 4	1:21
♎	Jun 6	6:35
♏	Jun 8	15:01
♐	Jun 11	1:57
♑	Jun 13	14:21
♒	Jun 16	3:07
♓	Jun 18	15:02
♈	Jun 21	0:40
♉	Jun 23	6:50
♊	Jun 25	9:25
♋	Jun 27	9:27
♌	Jun 29	8:45
♍	Jul 1	9:24
♎	Jul 3	13:09
♏	Jul 5	20:49
♐	Jul 8	7:45
♑	Jul 10	20:22
♒	Jul 13	9:05
♓	Jul 15	20:55
♈	Jul 18	7:02
♉	Jul 20	14:31
♊	Jul 22	18:43
♋	Jul 24	19:24
♌	Jul 26	19:26
♍	Jul 28	19:17
♎	Jul 30	21:35
♏	Ago 2	3:49
♐	Ago 4	14:02
♑	Ago 7	2:33
♒	Ago 9	15:15
♓	Ago 12	2:45
♈	Ago 14	12:34
♉	Ago 16	20:25
♊	Ago 19	1:51
♋	Ago 21	4:39
♌	Ago 23	5:27
♍	Ago 25	5:43
♎	Ago 27	7:26
♏	Ago 29	12:26
♐	Ago 31	21:28
♑	Set 3	9:30
♒	Set 5	22:10
♓	Set 8	9:28
♈	Set 10	18:40
♉	Set 13	1:54
♊	Set 15	7:23
♋	Set 17	11:09
♌	Set 19	13:26
♍	Set 21	15:01
♎	Set 23	17:19
♏	Set 25	21:57
♐	Set 28	6:02
♑	Set 30	17:20
♒	Out 3	5:58
♓	Out 5	17:27
♈	Out 8	2:22
♉	Out 10	8:43
♊	Out 12	13:10
♋	Out 14	16:31
♌	Out 16	19:19
♍	Out 18	22:09
♎	Out 21	1:43
♏	Out 23	7:00
♐	Out 25	14:54
♑	Out 28	1:39
♒	Out 30	14:08
♓	Nov 2	2:09
♈	Nov 4	11:35
♉	Nov 6	17:41
♊	Nov 8	21:03
♋	Nov 10	22:59
♌	Nov 13	0:50
♍	Nov 15	3:38
♎	Nov 17	8:03
♏	Nov 19	14:26
♐	Nov 21	22:56
♑	Nov 24	9:38
♒	Nov 26	21:58
♓	Nov 29	10:30
♈	Dez 1	21:02
♉	Dez 4	4:01
♊	Dez 6	7:18
♋	Dez 8	8:07
♌	Dez 10	8:17
♍	Dez 12	9:37
♎	Dez 14	13:27
♏	Dez 16	20:13
♐	Dez 19	5:31
♑	Dez 21	16:39
♒	Dez 24	4:59
♓	Dez 26	17:41
♈	Dez 29	5:14
♉	Dez 31	13:47
1939		
♊	Jan 2	18:19
♋	Jan 4	19:20
♌	Jan 6	18:32
♍	Jan 8	18:08
♎	Jan 10	20:11
♏	Jan 13	1:54
♐	Jan 15	11:10
♑	Jan 17	22:44
♒	Jan 20	11:15
♓	Jan 22	23:51
♈	Jan 25	11:42
♉	Jan 27	21:29
♊	Jan 30	3:50
♋	Fev 1	6:22
♌	Fev 3	6:06
♍	Fev 5	5:02
♎	Fev 7	5:29
♏	Fev 9	8:22
♐	Fev 11	17:24
♑	Fev 14	4:41
♒	Fev 16	17:22
♓	Fev 19	5:52
♈	Fev 21	17:23
♉	Fev 24	3:19
♊	Fev 26	10:47
♋	Fev 28	15:06
♌	Mar 2	16:30
♍	Mar 4	16:17
♎	Mar 6	16:26
♏	Mar 8	19:00
♐	Mar 11	1:23
♑	Mar 13	11:35
♒	Mar 16	0:01
♓	Mar 18	12:31
♈	Mar 20	23:41
♉	Mar 23	8:58
♊	Mar 25	16:15
♋	Mar 27	21:19
♌	Mar 30	0:15
♍	Abr 1	1:39
♎	Abr 3	2:48
♏	Abr 5	5:21
♐	Abr 7	10:47
♑	Abr 9	19:47
♒	Abr 12	7:33
♓	Abr 14	20:04
♈	Abr 17	7:13
♉	Abr 19	15:57
♊	Abr 21	22:16
♋	Abr 24	2:43
♌	Abr 26	5:55
♍	Abr 28	8:26
♎	Abr 30	11:02
♏	Maio 2	14:36
♐	Maio 4	20:11
♑	Maio 7	4:34
♒	Maio 9	15:41
♓	Maio 12	4:09
♈	Maio 14	15:41
♉	Maio 17	0:28
♊	Maio 19	6:06
♋	Maio 21	9:23
♌	Maio 23	11:33
♍	Maio 25	13:51
♎	Maio 27	17:06
♏	Maio 29	21:47
♐	Jun 1	4:15
♑	Jun 3	12:50
♒	Jun 5	23:40
♓	Jun 8	12:05
♈	Jun 11	0:10
♉	Jun 13	9:43
♊	Jun 15	15:32
♋	Jun 17	18:06
♌	Jun 19	18:58
♍	Jun 21	19:56
♎	Jun 23	22:30
♏	Jun 26	3:25
♐	Jun 28	10:39
♑	Jun 30	19:53
♒	Jul 3	6:54
♓	Jul 5	19:17
♈	Jul 8	7:50
♉	Jul 10	18:27
♊	Jul 13	1:20
♋	Jul 15	4:16
♌	Jul 17	4:30
♍	Jul 19	4:07
♎	Jul 21	5:10
♏	Jul 23	9:04
♐	Jul 25	16:10
♑	Jul 28	1:51
♒	Jul 30	13:15
♓	Ago 2	1:41
♈	Ago 4	14:22
♉	Ago 7	1:47
♊	Ago 9	10:06
♋	Ago 11	14:21
♌	Ago 13	15:09
♍	Ago 15	14:19

Apêndice: Tabelas Planetárias

Tabela A-2 — A Lua (continuação)

Coluna 1

♎ Ago 17 14:04
♏ Ago 19 16:20
♐ Ago 21 22:14
♑ Ago 24 7:33
♒ Ago 26 19:09
♓ Ago 29 7:42
♈ Ago 31 20:15
♉ Set 3 7:47
♊ Set 5 17:02
♋ Set 7 22:52
♌ Set 10 1:11
♍ Set 12 1:09
♎ Set 14 0:39
♏ Set 16 1:43
♐ Set 18 6:02
♑ Set 20 14:11
♒ Set 23 1:24
♓ Set 25 14:00
♈ Set 28 2:22
♉ Set 30 13:29
♊ Out 2 22:38
♋ Out 5 5:16
♌ Out 7 9:10
♍ Out 9 10:46
♎ Out 11 11:15
♏ Out 13 12:18
♐ Out 15 15:36
♑ Out 17 22:22
♒ Out 20 8:40
♓ Out 22 21:05
♈ Out 25 9:28
♉ Out 27 20:09
♊ Out 30 4:31
♋ Nov 1 10:41
♌ Nov 3 15:01
♍ Nov 5 17:57
♎ Nov 7 20:03
♏ Nov 9 22:14
♐ Nov 12 1:41
♑ Nov 14 7:42
♒ Nov 16 17:00
♓ Nov 19 5:00
♈ Nov 21 17:36
♉ Nov 24 4:23
♊ Nov 26 12:09
♋ Nov 28 17:11
♌ Nov 30 20:34
♍ Dez 2 23:23
♎ Dez 5 2:22
♏ Dez 7 5:57
♐ Dez 9 10:32
♑ Dez 11 16:51
♒ Dez 14 1:42
♓ Dez 16 13:14

Coluna 2

♈ Dez 19 2:03
♉ Dez 21 13:32
♊ Dez 23 21:37
♋ Dez 26 2:03
♌ Dez 28 4:05
♍ Dez 30 5:29

1940

♎ Jan 1 7:44
♏ Jan 3 11:36
♐ Jan 5 17:12
♑ Jan 8 0:30
♒ Jan 10 9:42
♓ Jan 12 21:03
♈ Jan 15 9:56
♉ Jan 17 22:15
♊ Jan 20 7:32
♋ Jan 22 12:35
♌ Jan 24 14:10
♍ Jan 26 14:12
♎ Jan 28 14:43
♏ Jan 30 17:17
♐ Fev 1 22:36
♑ Fev 4 6:27
♒ Fev 6 16:21
♓ Fev 9 3:58
♈ Fev 11 16:49
♉ Fev 14 5:36
♊ Fev 16 16:10
♋ Fev 18 22:46
♌ Fev 21 1:19
♍ Fev 23 1:11
♎ Fev 25 0:29
♏ Fev 27 1:13
♐ Fev 29 4:54
♑ Mar 2 12:02
♒ Mar 4 22:07
♓ Mar 7 10:07
♈ Mar 9 23:01
♉ Mar 12 11:44
♊ Mar 14 22:53
♋ Mar 17 6:57
♌ Mar 19 11:15
♍ Mar 21 12:20
♎ Mar 23 11:47
♏ Mar 25 11:33
♐ Mar 27 13:31
♑ Mar 29 19:00
♒ Abr 1 4:13
♓ Abr 3 16:11
♈ Abr 6 5:10
♉ Abr 8 17:39
♊ Abr 11 4:32
♋ Abr 13 13:04
♌ Abr 15 18:44

Coluna 3

♍ Abr 17 21:34
♎ Abr 19 22:23
♏ Abr 21 22:33
♐ Abr 23 23:48
♑ Abr 26 3:50
♒ Abr 28 11:39
♓ Abr 30 22:56
♈ Maio 3 11:52
♉ Maio 6 0:12
♊ Maio 8 10:34
♋ Maio 10 18:33
♌ Maio 13 0:22
♍ Maio 15 4:18
♎ Maio 17 6:40
♏ Maio 19 8:12
♐ Maio 21 10:00
♑ Maio 23 13:35
♒ Maio 25 20:19
♓ Maio 28 6:39
♈ Maio 30 19:18
♉ Jun 2 7:44
♊ Jun 4 17:49
♋ Jun 7 1:02
♌ Jun 9 6:00
♍ Jun 11 9:41
♎ Jun 13 12:43
♏ Jun 15 15:31
♐ Jun 17 18:34
♑ Jun 19 22:44
♒ Jun 22 5:15
♓ Jun 24 14:55
♈ Jun 27 3:13
♉ Jun 29 15:52
♊ Jul 2 2:15
♋ Jul 4 9:10
♌ Jul 6 13:12
♍ Jul 8 15:44
♎ Jul 10 18:07
♏ Jul 12 21:07
♐ Jul 15 1:05
♑ Jul 17 6:17
♒ Jul 19 13:22
♓ Jul 21 22:58
♈ Jul 24 11:02
♉ Jul 26 23:56
♊ Jul 29 11:04
♋ Jul 31 18:32
♌ Ago 2 22:20
♍ Ago 4 23:50
♎ Ago 7 0:50
♏ Ago 9 2:46
♐ Ago 11 6:29
♑ Ago 13 12:15
♒ Ago 15 20:07

Coluna 4

♓ Ago 18 6:10
♈ Ago 20 18:14
♉ Ago 23 7:17
♊ Ago 25 19:13
♋ Ago 28 3:53
♌ Ago 30 8:31
♍ Set 1 9:57
♎ Set 3 9:54
♏ Set 5 10:16
♐ Set 7 12:36
♑ Set 9 17:45
♒ Set 12 1:51
♓ Set 14 12:25
♈ Set 17 0:43
♉ Set 19 13:45
♊ Set 22 2:05
♋ Set 24 11:57
♌ Set 26 18:09
♍ Set 28 20:41
♎ Set 30 20:46
♏ Out 2 20:12
♐ Out 4 20:54
♑ Out 7 0:28
♒ Out 9 7:44
♓ Out 11 18:18
♈ Out 14 6:50
♉ Out 16 19:49
♊ Out 19 7:59
♋ Out 21 18:18
♌ Out 24 1:51
♍ Out 26 6:10
♎ Out 28 7:37
♏ Out 30 7:25
♐ Nov 1 7:21
♑ Nov 3 9:22
♒ Nov 5 15:03
♓ Nov 8 0:46
♈ Nov 10 13:13
♉ Nov 13 2:13
♊ Nov 15 14:00
♋ Nov 17 23:52
♌ Nov 20 7:38
♍ Nov 22 13:11
♎ Nov 24 16:25
♏ Nov 26 17:44
♐ Nov 28 18:18
♑ Nov 30 19:50
♒ Dez 3 0:12
♓ Dez 5 8:35
♈ Dez 7 20:26
♉ Dez 10 9:27
♊ Dez 12 21:08
♋ Dez 15 6:20
♌ Dez 17 13:16

Coluna 5

♍ Dez 19 18:35
♎ Dez 21 22:37
♏ Dez 24 1:30
♐ Dez 26 3:36
♑ Dez 28 5:58
♒ Dez 30 10:09

1941

♓ Jan 1 17:35
♈ Jan 4 4:34
♉ Jan 6 17:28
♊ Jan 9 5:27
♋ Jan 11 14:33
♌ Jan 13 20:39
♍ Jan 16 0:45
♎ Jan 18 4:00
♏ Jan 20 7:04
♐ Jan 22 10:16
♑ Jan 24 14:01
♒ Jan 26 19:06
♓ Jan 29 2:34
♈ Jan 31 13:02
♉ Fev 3 1:41
♊ Fev 5 14:09
♋ Fev 7 23:57
♌ Fev 10 6:07
♍ Fev 12 9:21
♎ Fev 14 11:07
♏ Fev 16 12:52
♐ Fev 18 15:37
♑ Fev 20 19:54
♒ Fev 23 2:02
♓ Fev 25 10:18
♈ Fev 27 20:54
♉ Mar 2 9:23
♊ Mar 4 22:12
♋ Mar 7 9:04
♌ Mar 9 16:19
♍ Mar 11 19:51
♎ Mar 13 20:51
♏ Mar 15 21:03
♐ Mar 17 22:08
♑ Mar 20 1:25
♒ Mar 22 7:34
♓ Mar 24 16:30
♈ Mar 27 3:39
♉ Mar 29 16:14
♊ Abr 1 5:06
♋ Abr 3 16:44
♌ Abr 6 1:26
♍ Abr 8 6:21
♎ Abr 10 7:54
♏ Abr 12 7:31
♐ Abr 14 7:07
♑ Abr 16 8:38

(continua)

Tabela A-2 — A Lua (continuação)

♒ Abr 18 13:31	♌ Ago 20 11:15	♒ Dez 20 13:53	♋ Abr 20 21:10	♑ Ago 21 17:46
♓ Abr 20 22:07	♍ Ago 22 16:53	♓ Dez 22 17:33	♌ Abr 23 9:21	♒ Ago 23 19:07
♈ Abr 23 9:34	♎ Ago 24 20:21	♈ Dez 25 1:24	♍ Abr 25 19:02	♓ Ago 25 20:55
♉ Abr 25 22:23	♏ Ago 26 22:49	♉ Dez 27 12:43	♎ Abr 28 0:50	♈ Ago 28 0:39
♊ Abr 28 11:11	♐ Ago 29 1:13	♊ Dez 30 1:27	♏ Abr 30 2:59	♉ Ago 30 7:29
♋ Abr 30 22:56	♑ Ago 31 4:18		♐ Maio 2 3:03	♊ Set 1 17:40
♌ Maio 3 8:34	♒ Set 2 8:39	**1942**	♑ Maio 4 3:04	♋ Set 4 6:00
♍ Maio 5 15:06	♓ Set 4 14:52	♋ Jan 1 13:42	♒ Maio 6 4:56	♌ Set 6 18:15
♎ Maio 7 18:11	♈ Set 6 23:28	♌ Jan 4 0:32	♓ Maio 8 9:44	♍ Set 9 4:31
♏ Maio 9 18:34	♉ Set 9 10:32	♍ Jan 6 9:42	♈ Maio 10 17:31	♎ Set 11 12:05
♐ Maio 11 17:49	♊ Set 11 23:06	♎ Jan 8 16:48	♉ Maio 13 3:37	♏ Set 13 17:19
♑ Maio 13 18:03	♋ Set 14 11:09	♏ Jan 10 21:24	♊ Maio 15 15:15	♐ Set 15 20:58
♒ Maio 15 21:15	♌ Set 16 20:36	♐ Jan 12 23:31	♋ Maio 18 3:49	♑ Set 17 23:48
♓ Maio 18 4:33	♍ Set 19 2:29	♑ Jan 15 0:07	♌ Maio 20 16:21	♒ Set 20 2:27
♈ Maio 20 15:34	♎ Set 21 5:17	♒ Jan 17 0:52	♍ Maio 23 3:07	♓ Set 22 5:34
♉ Maio 23 4:26	♏ Set 23 6:24	♓ Jan 19 3:43	♎ Maio 25 10:22	♈ Set 24 9:57
♊ Maio 25 17:10	♐ Set 25 7:24	♈ Jan 21 10:08	♏ Maio 27 13:32	♉ Set 26 16:34
♋ Maio 28 4:36	♑ Set 27 9:44	♉ Jan 23 20:18	♐ Maio 29 13:39	♊ Set 29 2:05
♌ Maio 30 14:15	♒ Set 29 14:17	♊ Jan 26 8:44	♑ Maio 31 12:43	♋ Out 1 14:03
♍ Jun 1 21:38	♓ Out 1 21:18	♋ Jan 28 21:03	♒ Jun 2 12:59	♌ Out 4 2:35
♎ Jun 4 2:17	♈ Out 4 6:37	♌ Jan 31 7:37	♓ Jun 4 16:14	♍ Out 6 13:13
♏ Jun 6 4:13	♉ Out 6 17:52	♍ Fev 2 15:57	♈ Jun 6 23:11	♎ Out 8 20:33
♐ Jun 8 4:24	♊ Out 9 6:23	♎ Fev 4 22:18	♉ Jun 9 9:16	♏ Out 11 0:46
♑ Jun 10 4:32	♋ Out 11 18:53	♏ Fev 7 2:56	♊ Jun 11 21:11	♐ Out 13 3:10
♒ Jun 12 6:41	♌ Out 14 5:29	♐ Fev 9 6:06	♋ Jun 14 9:50	♑ Out 15 5:13
♓ Jun 14 12:33	♍ Out 16 12:36	♑ Fev 11 8:19	♌ Jun 16 22:19	♒ Out 17 8:01
♈ Jun 16 22:30	♎ Out 18 15:54	♒ Fev 13 10:27	♍ Jun 19 9:33	♓ Out 19 12:05
♉ Jun 19 11:03	♏ Out 20 16:25	♓ Fev 15 13:50	♎ Jun 21 18:04	♈ Out 21 17:37
♊ Jun 21 23:44	♐ Out 22 16:00	♈ Fev 17 19:46	♏ Jun 23 22:50	♉ Out 24 0:52
♋ Jun 24 10:51	♑ Out 24 16:40	♉ Fev 20 4:57	♐ Jun 26 0:09	♊ Out 26 10:18
♌ Jun 26 19:55	♒ Out 26 20:02	♊ Fev 22 16:47	♑ Jun 27 23:30	♋ Out 28 22:00
♍ Jun 29 3:03	♓ Out 29 2:51	♋ Fev 25 5:15	♒ Jun 29 23:00	♌ Out 31 10:48
♎ Jul 1 8:17	♈ Out 31 12:38	♌ Fev 27 16:06	♓ Jul 2 0:46	♍ Nov 2 22:19
♏ Jul 3 11:34	♉ Nov 3 0:19	♍ Mar 2 0:06	♈ Jul 4 6:10	♎ Nov 5 6:21
♐ Jul 5 13:13	♊ Nov 5 12:52	♎ Mar 4 5:23	♉ Jul 6 15:22	♏ Nov 7 10:27
♑ Jul 7 14:21	♋ Nov 8 1:26	♏ Mar 6 8:50	♊ Jul 9 3:10	♐ Nov 9 11:47
♒ Jul 9 16:36	♌ Nov 10 12:49	♐ Mar 8 11:28	♋ Jul 11 15:51	♑ Nov 11 12:18
♓ Jul 11 21:42	♍ Nov 12 21:29	♑ Mar 10 14:08	♌ Jul 14 4:08	♒ Nov 13 13:48
♈ Jul 14 6:35	♎ Nov 15 2:22	♒ Mar 12 17:30	♍ Jul 16 15:08	♓ Nov 15 17:28
♉ Jul 16 18:30	♏ Nov 17 3:40	♓ Mar 14 22:09	♎ Jul 19 0:02	♈ Nov 17 23:30
♊ Jul 19 7:10	♐ Nov 19 2:53	♈ Mar 17 4:41	♏ Jul 21 6:02	♉ Nov 20 7:38
♋ Jul 21 18:15	♑ Nov 21 2:11	♉ Mar 19 13:39	♐ Jul 23 8:58	♊ Nov 22 17:35
♌ Jul 24 2:48	♒ Nov 23 3:46	♊ Mar 22 1:00	♑ Jul 25 9:38	♋ Nov 25 5:17
♍ Jul 26 9:03	♓ Nov 25 9:09	♋ Mar 24 13:33	♒ Jul 27 9:37	♌ Nov 27 18:09
♎ Jul 28 13:41	♈ Nov 27 18:26	♌ Mar 27 1:04	♓ Jul 29 10:49	♍ Nov 30 6:29
♏ Jul 30 17:09	♉ Nov 30 6:18	♍ Mar 29 9:36	♈ Jul 31 14:55	♎ Dez 2 15:55
♐ Ago 1 19:49	♊ Dez 2 19:00	♎ Mar 31 14:36	♉ Ago 2 22:47	♏ Dez 4 21:06
♑ Ago 3 22:17	♋ Dez 5 7:22	♏ Abr 2 16:54	♊ Ago 5 9:54	♐ Dez 6 22:34
♒ Ago 6 1:32	♌ Dez 7 18:43	♐ Abr 4 18:04	♋ Ago 7 22:30	♑ Dez 8 22:07
♓ Ago 8 6:51	♍ Dez 10 4:12	♑ Abr 6 19:41	♌ Ago 10 10:39	♒ Dez 10 21:57
♈ Ago 10 15:13	♎ Dez 12 10:46	♒ Abr 8 22:56	♍ Ago 12 21:09	♓ Dez 12 23:56
♉ Ago 13 2:32	♏ Dez 14 13:51	♓ Abr 11 4:19	♎ Ago 15 5:31	♈ Dez 15 5:04
♊ Ago 15 15:09	♐ Dez 16 14:10	♈ Abr 13 11:49	♏ Ago 17 11:38	♉ Dez 17 13:16
♋ Ago 18 2:37	♑ Dez 18 13:26	♉ Abr 15 21:18	♐ Ago 19 15:35	♊ Dez 19 23:46
		♊ Abr 18 8:37		

Apêndice: Tabelas Planetárias — 307

Tabela A-2 — A Lua (continuação)

♋ Dez 22 11:46	♐ Abr 22 12:56	♊ Ago 22 15:34	♐ Dez 24 14:44	♉ Abr 22 13:29
♌ Dez 25 0:35	♑ Abr 24 15:40	♋ Ago 25 2:07	♑ Dez 26 17:24	♊ Abr 24 15:59
♍ Dez 27 13:10	♒ Abr 26 18:21	♌ Ago 27 14:49	♒ Dez 28 18:21	♋ Abr 26 21:49
♎ Dez 29 23:44	♓ Abr 28 21:36	♍ Ago 30 3:47	♓ Dez 30 19:17	♌ Abr 29 7:36
1943	♈ Maio 1 1:39	♎ Set 1 15:33		♍ Maio 1 20:04
♏ Jan 1 6:40	♉ Maio 3 6:57	♏ Set 4 1:20	**1944**	♎ Maio 4 8:40
♐ Jan 3 9:34	♊ Maio 5 14:16	♐ Set 6 8:38	♈ Jan 1 21:34	♏ Maio 6 19:18
♑ Jan 5 9:35	♋ Maio 8 0:17	♑ Set 8 13:13	♉ Jan 4 1:58	♐ Maio 9 3:27
♒ Jan 7 8:42	♌ Maio 10 12:39	♒ Set 10 15:18	♊ Jan 6 8:44	♑ Maio 11 9:33
♓ Jan 9 9:03	♍ Maio 13 1:21	♓ Set 12 15:46	♋ Jan 8 17:48	♒ Maio 13 14:10
♈ Jan 11 12:21	♎ Maio 15 11:44	♈ Set 14 16:09	♌ Jan 11 4:58	♓ Maio 15 17:35
♉ Jan 13 19:22	♏ Maio 17 18:19	♉ Set 16 18:14	♍ Jan 13 17:38	♈ Maio 17 20:03
♊ Jan 16 5:39	♐ Maio 19 21:33	♊ Set 18 23:42	♎ Jan 16 6:29	♉ Maio 19 22:15
♋ Jan 18 17:53	♑ Maio 21 23:00	♋ Set 21 9:10	♏ Jan 18 17:27	♊ Maio 22 1:26
♌ Jan 21 6:44	♒ Maio 24 0:23	♌ Set 23 21:34	♐ Jan 21 0:53	♋ Maio 24 7:04
♍ Jan 23 19:03	♓ Maio 26 2:58	♍ Set 26 10:30	♑ Jan 23 4:26	♌ Maio 26 16:04
♎ Jan 26 5:47	♈ Maio 28 7:16	♎ Set 28 21:56	♒ Jan 25 5 :09	♍ Maio 29 3:58
♏ Jan 28 13:51	♉ Maio 30 13:25	♏ Out 1 7:04	♓ Jan 27 4:48	♎ Maio 31 16:37
♐ Jan 30 18:34	♊ Jun 1 21:29	♐ Out 3 14:03	♈ Jan 29 5:15	♏ Jun 3 3:32
♑ Fev 1 20:15	♋ Jun 4 7:45	♑ Out 5 19:11	♉ Jan 31 8:07	♐ Jun 5 11:27
♒ Fev 3 20:10	♌ Jun 6 20:03	♒ Out 7 22:39	♊ Fev 2 14:17	♑ Jun 7 16:41
♓ Fev 5 20:07	♍ Jun 9 9:03	♓ Out 10 0:44	♋ Fev 4 23:40	♒ Jun 9 20:12
♈ Fev 7 22:00	♎ Jun 11 20:22	♈ Out 12 2:12	♌ Fev 7 11:20	♓ Jun 11 22:58
♉ Fev 10 3:17	♏ Jun 14 3:59	♉ Out 14 4:26	♍ Fev 10 0:08	♈ Jun 14 1:41
♊ Fev 12 12:25	♐ Jun 16 7:36	♊ Out 16 9:07	♎ Fev 12 12:54	♉ Jun 16 4:52
♋ Fev 15 0:24	♑ Jun 18 8:30	♋ Out 18 17:28	♏ Fev 15 0:24	♊ Jun 18 9:11
♌ Fev 17 13:18	♒ Jun 20 8:33	♌ Out 21 5:12	♐ Fev 17 9:15	♋ Jun 20 15:28
♍ Fev 20 1:20	♓ Jun 22 9:36	♍ Out 23 18:10	♑ Fev 19 14:33	♌ Jun 23 0:25
♎ Fev 22 11:30	♈ Jun 24 12:52	♎ Out 26 5:38	♒ Fev 21 16:27	♍ Jun 25 11:58
♏ Fev 24 19:25	♉ Jun 26 18:52	♏ Out 28 14:14	♓ Fev 23 16:09	♎ Jun 28 0:40
♐ Fev 27 0:59	♊ Jun 29 3:27	♐ Out 30 20:14	♈ Fev 25 15:31	♏ Jun 30 12:10
♑ Mar 1 4:19	♋ Jul 1 14:13	♑ Nov 2 0:37	♉ Fev 27 16:36	♐ Jul 2 20:38
♒ Mar 3 5:56	♌ Jul 4 2:39	♒ Nov 4 4:10	♊ Fev 29 21:06	♑ Jul 5 1:42
♓ Mar 5 6:54	♍ Jul 6 15:45	♓ Nov 6 7:16	♋ Mar 3 5:38	♒ Jul 7 4:14
♈ Mar 7 8:41	♎ Jul 9 3:44	♈ Nov 8 10:10	♌ Mar 5 17:19	♓ Jul 9 5:39
♉ Mar 9 12:53	♏ Jul 11 12:40	♉ Nov 10 13:32	♍ Mar 8 6:18	♈ Jul 11 7:18
♊ Mar 11 20:39	♐ Jul 13 17:37	♊ Nov 12 18:31	♎ Mar 10 18:55	♉ Jul 13 10:16
♋ Mar 14 7:51	♑ Jul 15 19:07	♋ Nov 15 2:22	♏ Mar 13 6:12	♊ Jul 15 15:11
♌ Mar 16 20:41	♒ Jul 17 18:46	♌ Nov 17 13:27	♐ Mar 15 15:31	♋ Jul 17 22:21
♍ Mar 19 8:43	♓ Jul 19 18:30	♍ Nov 20 2:21	♑ Mar 17 22:13	♌ Jul 20 7:51
♎ Mar 21 18:21	♈ Jul 21 20:08	♎ Nov 22 14:19	♒ Mar 20 1:55	♍ Jul 22 19:24
♏ Mar 24 1:23	♉ Jul 24 0:53	♏ Nov 24 23:09	♓ Mar 22 2:59	♎ Jul 25 8:08
♐ Mar 26 6:23	♊ Jul 26 9:04	♐ Nov 27 4:35	♈ Mar 24 2:42	♏ Jul 27 20:16
♑ Mar 28 10:05	♋ Jul 28 20:04	♑ Nov 29 7:43	♉ Mar 26 3:01	♐ Jul 30 5:50
♒ Mar 30 12:57	♌ Jul 31 8:43	♒ Dez 1 10:01	♊ Mar 28 5:58	♑ Ago 1 11:42
♓ Abr 1 15:27	♍ Ago 2 21:45	♓ Dez 3 12:36	♋ Mar 30 12:59	♒ Ago 3 14:10
♈ Abr 3 18:17	♎ Ago 5 9:51	♈ Dez 5 16:00	♌ Abr 1 23:54	♓ Ago 5 14:35
♉ Abr 5 22:37	♏ Ago 7 19:40	♉ Dez 7 20:30	♍ Abr 4 12:49	♈ Ago 7 14:43
♊ Abr 8 5:41	♐ Ago 10 2:08	♊ Dez 10 2:32	♎ Abr 7 1:22	♉ Ago 9 16:19
♋ Abr 10 16:03	♑ Ago 12 5:09	♋ Dez 12 10:46	♏ Abr 9 12:12	♊ Ago 11 20:38
♌ Abr 13 4:39	♒ Ago 14 5:36	♌ Dez 14 21:37	♐ Abr 11 21:02	♋ Ago 14 4:03
♍ Abr 15 16:59	♓ Ago 16 5:06	♍ Dez 17 10:22	♑ Abr 14 3:56	♌ Ago 16 14:08
♎ Abr 18 2:41	♈ Ago 18 5:32	♎ Dez 19 22:55	♒ Abr 16 8:46	♍ Ago 19 2:01
♏ Abr 20 9:04	♉ Ago 20 8:40	♏ Dez 22 8:46	♓ Abr 18 11:28	♎ Ago 21 14:45
			♈ Abr 20 12:35	

(continua)

Tabela A-2 — A Lua (continuação)

♏ Ago 24 3:13	♉ Dez 24 14:24	♎ Abr 24 5:15	♈ Ago 25 10:30	♎ Dez 25 20:45
♐ Ago 26 13:52	♊ Dez 26 17:26	♏ Abr 26 17:52	♉ Ago 27 11:34	♏ Dez 28 8:43
♑ Ago 28 21:12	♋ Dez 28 21:44	♐ Abr 29 5:56	♊ Ago 29 13:47	♐ Dez 30 21:32
♒ Ago 31 0:44	♌ Dez 31 4:19	♑ Maio 1 16:40	♋ Ago 31 18:00	**1946**
♓ Set 2 1:14	**1945**	♒ Maio 4 1:06	♌ Set 3 0:20	♑ Jan 2 9:11
♈ Set 4 0:27	♍ Jan 2 13:49	♓ Maio 6 6:21	♍ Set 5 8:36	♒ Jan 4 18:38
♉ Set 6 0:28	♎ Jan 5 1:44	♈ Maio 8 8:25	♎ Set 7 18:48	♓ Jan 7 1:47
♊ Set 8 3:14	♏ Jan 7 14:13	♉ Maio 10 8:24	♏ Set 10 6:48	♈ Jan 9 6:56
♋ Set 10 9:47	♐ Jan 10 0:55	♊ Maio 12 8:12	♐ Set 12 19:37	♉ Jan 11 10:25
♌ Set 12 19:50	♑ Jan 12 8:28	♋ Maio 14 9:51	♑ Set 15 7:11	♊ Jan 13 12:42
♍ Set 15 8:00	♒ Jan 14 12:57	♌ Maio 16 14:57	♒ Set 17 15:19	♋ Jan 15 14:32
♎ Set 17 20:48	♓ Jan 16 15:27	♍ Maio 18 23:56	♓ Set 19 19:19	♌ Jan 17 17:04
♏ Set 20 9:11	♈ Jan 18 17:21	♎ Maio 21 11:43	♈ Set 21 20:11	♍ Jan 19 21:40
♐ Set 22 20:16	♉ Jan 20 19:48	♏ Maio 24 0:21	♉ Set 23 19:53	♎ Jan 22 5:31
♑ Set 25 4:55	♊ Jan 22 23:35	♐ Maio 26 12:11	♊ Set 25 20:32	♏ Jan 24 16:40
♒ Set 27 10:10	♋ Jan 25 5:05	♑ Maio 28 22:24	♋ Set 27 23:38	♐ Jan 27 5:27
♓ Set 29 11:58	♌ Jan 27 12:33	♒ Maio 31 6:35	♌ Set 30 5:47	♑ Jan 29 17:18
♈ Out 1 11:30	♍ Jan 29 22:09	♓ Jun 2 12:25	♍ Out 2 14:34	♒ Fev 1 2:23
♉ Out 3 10:46	♎ Fev 1 9:46	♈ Jun 4 15:51	♎ Out 5 1:17	♓ Fev 3 8:32
♊ Out 5 11:59	♏ Fev 3 22:22	♉ Jun 6 17:23	♏ Out 7 13:24	♈ Fev 5 12:38
♋ Out 7 16:56	♐ Fev 6 9:57	♊ Jun 8 18:15	♐ Out 10 2:17	♉ Fev 7 15:47
♌ Out 10 2:03	♑ Fev 8 18:29	♋ Jun 10 20:02	♑ Out 12 14:33	♊ Fev 9 18:45
♍ Out 12 14:04	♒ Fev 10 23:12	♌ Jun 13 0:20	♒ Out 15 0:07	♋ Fev 11 21:59
♎ Out 15 2:55	♓ Fev 13 0:52	♍ Jun 15 8:07	♓ Out 17 5:34	♌ Fev 14 1:50
♏ Out 17 15:03	♈ Fev 15 1:12	♎ Jun 17 19:06	♈ Out 19 7:09	♍ Fev 16 7:03
♐ Out 20 1:50	♉ Fev 17 2:05	♏ Jun 20 7:36	♉ Out 21 6:30	♎ Fev 18 14:36
♑ Out 22 10:48	♊ Fev 19 5:01	♐ Jun 22 19:27	♊ Out 23 5:49	♏ Fev 21 1:05
♒ Out 24 17:19	♋ Fev 21 10:42	♑ Jun 25 5:14	♋ Out 25 7:11	♐ Fev 23 13:41
♓ Out 26 20:53	♌ Fev 23 18:58	♒ Jun 27 12:36	♌ Out 27 11:55	♑ Fev 26 2:01
♈ Out 28 21:54	♍ Fev 26 5:13	♓ Jun 29 17:51	♍ Out 29 20:12	♒ Fev 28 11:34
♉ Out 30 21:45	♎ Fev 28 16:57	♈ Jul 1 21:29	♎ Nov 1 7:08	♓ Mar 2 17:25
♊ Nov 1 22:28	♏ Mar 3 5:32	♉ Jul 4 0:04	♏ Nov 3 19:29	♈ Mar 4 20:23
♋ Nov 4 2:04	♐ Mar 5 17:45	♊ Jul 6 2:20	♐ Nov 6 8:18	♉ Mar 6 22:08
♌ Nov 6 9:44	♑ Mar 8 3:37	♋ Jul 8 5:10	♑ Nov 8 20:35	♊ Mar 9 0:12
♍ Nov 8 20:59	♒ Mar 10 9:40	♌ Jul 10 9:43	♒ Nov 11 6:59	♋ Mar 11 3:29
♎ Nov 11 9:45	♓ Mar 12 11:50	♍ Jul 12 16:58	♓ Nov 13 14:05	♌ Mar 13 8:14
♏ Nov 13 21:48	♈ Mar 14 11:32	♎ Jul 15 3:13	♈ Nov 15 17:24	♍ Mar 15 14:32
♐ Nov 16 8:02	♉ Mar 16 10:54	♏ Jul 17 15:29	♉ Nov 17 17:48	♎ Mar 17 22:40
♑ Nov 18 16:20	♊ Mar 18 12:04	♐ Jul 20 3:36	♊ Nov 19 17:02	♏ Mar 20 9:04
♒ Nov 20 22:47	♋ Mar 20 16:31	♑ Jul 22 13:29	♋ Nov 21 17:14	♐ Mar 22 21:30
♓ Nov 23 3:18	♌ Mar 23 0:32	♒ Jul 24 20:16	♌ Nov 23 20:12	♑ Mar 25 10:18
♈ Nov 25 5:57	♍ Mar 25 11:11	♓ Jul 27 0:27	♍ Nov 26 2:59	♒ Mar 27 20:51
♉ Nov 27 7:22	♎ Mar 27 23:15	♈ Jul 29 3:07	♎ Nov 28 13:18	♓ Mar 30 3:26
♊ Nov 29 8:55	♏ Mar 30 11:50	♉ Jul 31 5:29	♏ Dez 1 1:43	♈ Abr 1 6:16
♋ Dez 1 12:17	♐ Abr 2 0:08	♊ Ago 2 8:23	♐ Dez 3 14:30	♉ Abr 3 6:56
♌ Dez 3 18:53	♑ Abr 4 10:51	♋ Ago 4 12:23	♑ Dez 6 2:23	♊ Abr 5 7:25
♍ Dez 6 5:04	♒ Abr 6 18:28	♌ Ago 6 17:53	♒ Dez 8 12:34	♋ Abr 7 9:21
♎ Dez 8 17:28	♓ Abr 8 22:10	♍ Ago 9 1:24	♓ Dez 10 20:20	♌ Abr 9 13:37
♏ Dez 11 5:42	♈ Abr 10 22:38	♎ Ago 11 11:21	♈ Dez 13 1:15	♍ Abr 11 20:20
♐ Dez 13 15:50	♉ Abr 12 21:40	♏ Ago 13 23:24	♉ Dez 15 3:30	♎ Abr 14 5:13
♑ Dez 15 23:22	♊ Abr 14 21:31	♐ Ago 16 11:56	♊ Dez 17 4:03	♏ Abr 16 16:03
♒ Dez 18 4:44	♋ Abr 17 0:14	♑ Ago 18 22:31	♋ Dez 19 4:27	♐ Abr 19 4:30
♓ Dez 20 8:39	♌ Abr 19 6:52	♒ Ago 21 5:32	♌ Dez 21 6:30	♑ Abr 21 17:28
♈ Dez 22 11:42	♍ Abr 21 17:03	♓ Ago 23 9:05	♍ Dez 23 11:44	♒ Abr 24 4:56

Apêndice: Tabelas Planetárias 309

Tabela A-2 — A Lua (continuação)

♓ Abr 26 12:54	♍ Ago 26 12:54	♓ Dez 28 7:43	♌ Abr 27 7:44	♒ Ago 28 11:18
♈ Abr 28 16:45	♎ Ago 28 18:15	♈ Dez 30 16:31	♍ Abr 29 11:15	♓ Ago 30 23:03
♉ Abr 30 17:31	♏ Ago 31 2:49		♎ Maio 1 16:24	♈ Set 2 9:03
♊ Maio 2 17:03	♐ Set 2 14:31	**1947**	♏ Maio 3 23:35	♉ Set 4 17:10
♋ Maio 4 17:23	♑ Set 5 3:24	♉ Jan 1 22:06	♐ Maio 6 9:09	♊ Set 6 23:18
♌ Maio 6 20:04	♒ Set 7 14:41	♊ Jan 4 0:26	♑ Maio 8 20:55	♋ Set 9 3:12
♍ Maio 9 1:57	♓ Set 9 22:46	♋ Jan 6 0:28	♒ Maio 11 9:41	♌ Set 11 5:03
♎ Maio 11 10:53	♈ Set 12 3:49	♌ Jan 7 23:53	♓ Maio 13 21:20	♍ Set 13 5:51
♏ Maio 13 22:08	♉ Set 14 7:03	♍ Jan 10 0:45	♈ Maio 16 5:56	♎ Set 15 7:16
♐ Maio 16 10:46	♊ Set 16 9:45	♎ Jan 12 4:54	♉ Maio 18 10:51	♏ Set 17 11:11
♑ Maio 18 23:42	♋ Set 18 12:42	♏ Jan 14 13:15	♊ Maio 20 12:51	♐ Set 19 18:49
♒ Maio 21 11:31	♌ Set 20 16:13	♐ Jan 17 1:03	♋ Maio 22 13:27	♑ Set 22 5:58
♓ Maio 23 20:39	♍ Set 22 20:38	♑ Jan 19 14:10	♌ Maio 24 14:18	♒ Set 24 18:38
♈ Maio 26 2:05	♎ Set 25 2:40	♒ Jan 22 2:37	♍ Maio 26 16:50	♓ Set 27 6:24
♉ Maio 28 4:03	♏ Set 27 11:12	♓ Jan 24 13:23	♎ Maio 28 21:54	♈ Set 29 15:58
♊ Maio 30 3:54	♐ Set 29 22:32	♈ Jan 26 22:10	♏ Maio 31 5:42	♉ Out 1 23:15
♋ Jun 1 3:29	♑ Out 2 11:29	♉ Jan 29 4:45	♐ Jun 2 15:54	♊ Out 4 4:44
♌ Jun 3 4:39	♒ Out 4 23:27	♊ Jan 31 8:52	♑ Jun 5 3:51	♋ Out 6 8:47
♍ Jun 5 8:57	♓ Out 7 8:09	♋ Fev 2 10:38	♒ Jun 7 16:38	♌ Out 8 11:41
♎ Jun 7 16:57	♈ Out 9 13:05	♌ Fev 4 11:01	♓ Jun 10 4:47	♍ Out 10 13:57
♏ Jun 10 4:04	♉ Out 11 15:20	♍ Fev 6 11:42	♈ Jun 12 14:34	♎ Out 12 16:31
♐ Jun 12 16:50	♊ Out 13 16:37	♎ Fev 8 14:39	♉ Jun 14 20:45	♏ Out 14 20:45
♑ Jun 15 5:39	♋ Out 15 18:23	♏ Fev 10 21:28	♊ Jun 16 23:21	♐ Out 17 3:53
♒ Jun 17 17:16	♌ Out 17 21:35	♐ Fev 13 8:15	♋ Jun 18 23:32	♑ Out 19 14:14
♓ Jun 20 2:43	♍ Out 20 2:35	♑ Fev 15 21:12	♌ Jun 20 23:06	♒ Out 22 2:39
♈ Jun 22 9:19	♎ Out 22 9:33	♒ Fev 18 9:38	♍ Jun 23 0:01	♓ Out 24 14:45
♉ Jun 24 12:56	♏ Out 24 18:41	♓ Fev 20 19:57	♎ Jun 25 3:51	♈ Out 27 0:31
♊ Jun 26 14:07	♐ Out 27 6:03	♈ Fev 23 3:58	♏ Jun 27 11:17	♉ Out 29 7:16
♋ Jun 28 14:10	♑ Out 29 18:59	♉ Fev 25 10:08	♐ Jun 29 21:46	♊ Out 31 11:36
♌ Jun 30 14:47	♒ Nov 1 7:36	♊ Fev 27 14:47	♑ Jul 2 10:03	♋ Nov 2 14:32
♍ Jul 2 17:45	♓ Nov 3 17:32	♋ Mar 1 17:59	♒ Jul 4 22:50	♌ Nov 4 17:03
♎ Jul 5 0:21	♈ Nov 5 23:28	♌ Mar 3 20:00	♓ Jul 7 11:03	♍ Nov 6 19:55
♏ Jul 7 10:41	♉ Nov 8 1:49	♍ Mar 5 21:46	♈ Jul 9 21:34	♎ Nov 8 23:42
♐ Jul 9 23:20	♊ Nov 10 2:07	♎ Mar 8 0:51	♉ Jul 12 5:12	♏ Nov 11 5:03
♑ Jul 12 12:05	♋ Nov 12 2:15	♏ Mar 10 6:51	♊ Jul 14 9:17	♐ Nov 13 12:33
♒ Jul 14 23:17	♌ Nov 14 3:53	♐ Mar 12 16:34	♋ Jul 16 10:14	♑ Nov 15 22:37
♓ Jul 17 8:15	♍ Nov 16 8:05	♑ Mar 15 5:00	♌ Jul 18 9:34	♒ Nov 18 10:45
♈ Jul 19 14:59	♎ Nov 18 15:12	♒ Mar 17 17:35	♍ Jul 20 9:19	♓ Nov 20 23:16
♉ Jul 21 19:35	♏ Nov 21 0:58	♓ Mar 20 3:57	♎ Jul 22 11:33	♈ Nov 23 9:53
♊ Jul 23 22:18	♐ Nov 23 12:44	♈ Mar 22 11:23	♏ Jul 24 17:41	♉ Nov 25 17:06
♋ Jul 25 23:44	♑ Nov 26 1:40	♉ Mar 24 16:29	♐ Jul 27 3:40	♊ Nov 27 20:55
♌ Jul 28 0:57	♒ Nov 28 14:30	♊ Mar 26 20:16	♑ Jul 29 16:01	♋ Nov 29 22:31
♍ Jul 30 3:32	♓ Dez 1 1:30	♋ Mar 28 23:26	♒ Ago 1 4:50	♌ Dez 1 23:30
♎ Ago 1 9:05	♈ Dez 3 9:05	♌ Mar 31 2:22	♓ Ago 3 16:49	♍ Dez 4 1:23
♏ Ago 3 18:23	♉ Dez 5 12:48	♍ Abr 2 5:30	♈ Ago 6 3:20	♎ Dez 6 5:14
♐ Ago 6 6:36	♊ Dez 7 13:30	♎ Abr 4 9:39	♉ Ago 8 11:43	♏ Dez 8 11:24
♑ Ago 8 19:23	♋ Dez 9 12:50	♏ Abr 6 15:56	♊ Ago 10 17:17	♐ Dez 10 19:49
♒ Ago 11 6:23	♌ Dez 11 12:50	♐ Abr 9 1:12	♋ Ago 12 19:49	♑ Dez 13 6:14
♓ Ago 13 14:41	♍ Dez 13 15:09	♑ Abr 11 13:08	♌ Ago 14 20:06	♒ Dez 15 18:16
♈ Ago 15 20:37	♎ Dez 15 21:07	♒ Abr 14 1:51	♍ Ago 16 19:49	♓ Dez 18 6:59
♉ Ago 18 0:59	♏ Dez 18 6:43	♓ Abr 16 12:47	♎ Ago 18 21:04	♈ Dez 20 18:37
♊ Ago 20 4:22	♐ Dez 20 18:48	♈ Abr 18 20:26	♏ Ago 21 1:44	♉ Dez 23 3:11
♋ Ago 22 7:06	♑ Dez 23 7:50	♉ Abr 21 0:56	♐ Ago 23 10:34	♊ Dez 25 7:47
♌ Ago 24 9:38	♒ Dez 25 20:29	♊ Abr 23 3:28	♑ Ago 25 22:31	♋ Dez 27 9:03
		♋ Abr 25 5:22		

(continua)

Tabela A-2 — A Lua (continuação)

Signo	Data	Hora	Signo	Data	Hora	Signo	Data	Hora	Signo	Data	Hora	Signo	Data	Hora
♌	Dez 29	8:41	♐	Abr 27	17:22	♋	Ago 29	13:34	♑	Dez 29	14:47	♊	Abr 30	0:48
♍	Dez 31	8:47	♒	Abr 30	4:16	♌	Ago 31	15:41	♒	Dez 31	23:07	♋	Maio 2	9:43
1948			♓	Maio 2	16:44	♍	Set 2	15:20	**1949**			♌	Maio 4	16:11
♎	Jan 2	11:10	♈	Maio 5	4:28	♎	Set 4	14:35	♓	Jan 3	9:58	♍	Maio 6	20:11
♏	Jan 4	16:51	♉	Maio 7	13:48	♏	Set 6	15:34	♈	Jan 5	22:40	♎	Maio 8	22:07
♐	Jan 7	1:41	♊	Maio 9	20:20	♐	Set 8	19:52	♉	Jan 8	11:03	♏	Maio 10	22:54
♑	Jan 9	12:41	♋	Maio 12	0:38	♑	Set 11	3:56	♊	Jan 10	20:31	♐	Maio 12	23:57
♒	Jan 12	0:54	♌	Maio 14	3:39	♒	Set 13	14:58	♋	Jan 13	1:57	♑	Maio 15	2:57
♓	Jan 14	13:35	♍	Maio 16	6:14	♓	Set 16	3:27	♌	Jan 15	4:08	♒	Maio 17	9:19
♈	Jan 17	1:44	♎	Maio 18	9:07	♈	Set 18	16:02	♍	Jan 17	4:52	♓	Maio 19	19:26
♉	Jan 19	11:42	♏	Maio 20	12:56	♉	Set 21	3:45	♎	Jan 19	6:03	♈	Maio 22	8:02
♊	Jan 21	18:01	♐	Maio 22	18:22	♊	Set 23	13:40	♏	Jan 21	8:59	♉	Maio 24	20:42
♋	Jan 23	20:23	♑	Maio 25	2:08	♋	Set 25	20:46	♐	Jan 23	14:09	♊	Maio 27	7:27
♌	Jan 25	20:00	♒	Maio 27	12:31	♌	Set 28	0:35	♑	Jan 25	21:22	♋	Maio 29	15:39
♍	Jan 27	18:56	♓	Maio 30	0:46	♍	Set 30	1:40	♒	Jan 28	6:26	♌	Maio 31	21:36
♎	Jan 29	19:29	♈	Jun 1	12:55	♎	Out 2	1:30	♓	Jan 30	17:26	♍	Jun 3	1:53
♏	Jan 31	23:27	♉	Jun 3	22:43	♏	Out 4	1:58	♈	Fev 2	6:04	♎	Jun 5	4:57
♐	Fev 3	7:26	♊	Jun 6	5:06	♐	Out 6	4:55	♉	Fev 4	18:57	♏	Jun 7	7:13
♑	Fev 5	18:30	♋	Jun 8	8:28	♑	Out 8	11:31	♊	Fev 7	5:40	♐	Jun 9	9:24
♒	Fev 8	6:59	♌	Jun 10	10:11	♒	Out 10	21:42	♋	Fev 9	12:22	♑	Jun 11	12:40
♓	Fev 10	19:37	♍	Jun 12	11:49	♓	Out 13	10:03	♌	Fev 11	15:00	♒	Jun 13	18:26
♈	Fev 13	7:37	♎	Jun 14	14:33	♈	Out 15	22:36	♍	Fev 13	15:05	♓	Jun 16	3:38
♉	Fev 15	18:08	♏	Jun 16	19:03	♉	Out 18	9:54	♎	Fev 15	14:44	♈	Jun 18	15:45
♊	Fev 18	1:56	♐	Jun 19	1:28	♊	Out 20	19:15	♏	Fev 17	15:53	♉	Jun 21	4:30
♋	Fev 20	6:09	♑	Jun 21	9:51	♋	Out 23	2:21	♐	Fev 19	19:49	♊	Jun 23	15:20
♌	Fev 22	7:07	♒	Jun 23	20:15	♌	Out 25	7:10	♑	Fev 22	2:50	♋	Jun 25	23:01
♍	Fev 24	6:22	♓	Jun 26	8:23	♍	Out 27	9:53	♒	Fev 24	12:26	♌	Jun 28	4:01
♎	Fev 26	6:05	♈	Jun 28	20:56	♎	Out 29	11:16	♓	Fev 26	23:54	♍	Jun 30	7:27
♏	Fev 28	8:24	♉	Jul 1	7:40	♏	Out 31	12:31	♈	Mar 1	12:36	♎	Jul 2	10:22
♐	Mar 1	14:41	♊	Jul 3	14:48	♐	Nov 2	15:10	♉	Mar 4	1:33	♏	Jul 4	13:22
♑	Mar 4	0:50	♋	Jul 5	18:07	♑	Nov 4	20:39	♊	Mar 6	13:05	♐	Jul 6	16:45
♒	Mar 6	13:14	♌	Jul 7	18:53	♒	Nov 7	5:41	♋	Mar 8	21:21	♑	Jul 8	21:02
♓	Mar 9	1:53	♍	Jul 9	19:03	♓	Nov 9	17:34	♌	Mar 11	1:33	♒	Jul 11	3:09
♈	Mar 11	13:33	♎	Jul 11	20:31	♈	Nov 12	6:12	♍	Mar 13	2:24	♓	Jul 13	12:01
♉	Mar 13	23:40	♏	Jul 14	0:28	♉	Nov 14	17:24	♎	Mar 15	1:40	♈	Jul 15	23:43
♊	Mar 16	7:45	♐	Jul 16	7:11	♊	Nov 17	2:02	♏	Mar 17	1:25	♉	Jul 18	12:36
♋	Mar 18	13:14	♑	Jul 18	16:13	♋	Nov 19	8:11	♐	Mar 19	3:31	♊	Jul 20	23:57
♌	Mar 20	15:58	♒	Jul 21	3:02	♌	Nov 21	12:32	♑	Mar 21	9:04	♋	Jul 23	7:52
♍	Mar 22	16:42	♓	Jul 23	15:13	♍	Nov 23	15:48	♒	Mar 23	18:10	♌	Jul 25	12:19
♎	Mar 24	17:01	♈	Jul 26	3:57	♎	Nov 25	18:33	♓	Mar 26	5:50	♍	Jul 27	14:36
♏	Mar 26	18:49	♉	Jul 28	15:34	♏	Nov 27	21:19	♈	Mar 28	18:41	♎	Jul 29	16:20
♐	Mar 28	23:46	♊	Jul 31	0:01	♐	Nov 30	0:52	♉	Mar 31	7:29	♏	Jul 31	18:44
♑	Mar 31	8:34	♋	Ago 2	4:20	♑	Dez 2	6:16	♊	Abr 2	19:03	♐	Ago 2	22:25
♒	Abr 2	20:18	♌	Ago 4	5:13	♒	Dez 4	14:32	♋	Abr 5	4:10	♑	Ago 5	3:36
♓	Abr 5	8:56	♍	Ago 6	4:32	♓	Dez 7	1:46	♌	Abr 7	9:59	♒	Ago 7	10:34
♈	Abr 7	20:28	♎	Ago 8	4:30	♈	Dez 9	14:30	♍	Abr 9	12:32	♓	Ago 9	19:45
♉	Abr 10	5:58	♏	Ago 10	6:57	♉	Dez 12	2:09	♎	Abr 11	12:48	♈	Ago 12	7:20
♊	Abr 12	13:20	♐	Ago 12	12:49	♊	Dez 14	10:44	♏	Abr 13	12:27	♉	Ago 14	20:18
♋	Abr 14	18:41	♑	Ago 14	21:51	♋	Dez 16	16:01	♐	Abr 15	13:23	♊	Ago 17	8:23
♌	Abr 16	22:16	♒	Ago 17	9:02	♌	Dez 18	19:03	♑	Abr 17	17:16	♋	Ago 19	17:15
♍	Abr 19	0:30	♓	Ago 19	21:23	♍	Dez 20	21:19	♒	Abr 20	0:59	♌	Ago 21	22:08
♎	Abr 21	2:16	♈	Ago 22	10:05	♎	Dez 22	23:59	♓	Abr 22	12:08	♍	Ago 23	23:56
♏	Abr 23	4:49	♉	Ago 24	22:03	♏	Dez 25	3:39	♈	Abr 25	1:01	♎	Ago 26	0:24
♐	Abr 25	9:31	♊	Ago 27	7:40	♐	Dez 27	8:29	♉	Abr 27	13:41	♏	Ago 28	1:20

Apêndice: Tabelas Planetárias **311**

Tabela A-2 — A Lua (continuação)

♐ Ago 30 4:00	♊ Dez 31 18:13	♏ Maio 1 8:37	♉ Ago 31 23:19	**1951**
♑ Set 1 9:05	**1950**	♐ Maio 3 7:50	♊ Set 3 11:45	♏ Jan 2 12:58
♒ Set 3 16:37	♋ Jan 3 3:56	♑ Maio 5 8:08	♋ Set 5 23:54	♐ Jan 4 14:38
♓ Set 6 2:26	♌ Jan 5 10:58	♒ Maio 7 11:22	♌ Set 8 9:34	♑ Jan 6 14:32
♈ Set 8 14:13	♍ Jan 7 16:06	♓ Maio 9 18:34	♍ Set 10 15:55	♒ Jan 8 14:35
♉ Set 11 3:12	♎ Jan 9 20:08	♈ Maio 12 5:18	♎ Set 12 19:28	♓ Jan 10 16:56
♊ Set 13 15:47	♏ Jan 11 23:28	♉ Maio 14 17:59	♏ Set 14 21:27	♈ Jan 12 23:05
♋ Set 16 1:52	♐ Jan 14 2:16	♊ Maio 17 6:52	♐ Set 16 23:12	♉ Jan 15 9:10
♌ Set 18 8:04	♑ Jan 16 5:06	♋ Maio 19 18:50	♑ Set 19 1:49	♊ Jan 17 21:36
♍ Set 20 10:34	♒ Jan 18 9:07	♌ Maio 22 5:06	♒ Set 21 5:59	♋ Jan 20 10:06
♎ Set 22 10:41	♓ Jan 20 15:41	♍ Maio 24 12:50	♓ Set 23 12:09	♌ Jan 22 21:12
♏ Set 24 10:20	♈ Jan 23 1:37	♎ Maio 26 17:26	♈ Set 25 20:32	♍ Jan 25 6:26
♐ Set 26 11:21	♉ Jan 25 14:08	♏ Maio 28 19:01	♉ Set 28 7:08	♎ Jan 27 13:46
♑ Set 28 15:07	♊ Jan 28 2:43	♐ Maio 30 18:43	♊ Set 30 19:26	♏ Jan 29 19:04
♒ Set 30 22:13	♋ Jan 30 12:50	♑ Jun 1 18:27	♋ Out 3 7:59	♐ Jan 31 22:16
♓ Out 3 8:19	♌ Fev 1 19:34	♒ Jun 3 20:18	♌ Out 5 18:40	♑ Fev 2 23:52
♈ Out 5 20:27	♍ Fev 3 23:37	♓ Jun 6 1:57	♍ Out 8 1:54	♒ Fev 5 1:04
♉ Out 8 9:26	♎ Fev 6 2:19	♈ Jun 8 11:44	♎ Out 10 5:29	♓ Fev 7 3:29
♊ Out 10 22:02	♏ Fev 8 4:50	♉ Jun 11 0:12	♏ Out 12 6:31	♈ Fev 9 8:43
♋ Out 13 8:51	♐ Fev 10 7:51	♊ Jun 13 13:05	♐ Out 14 6:44	♉ Fev 11 17:33
♌ Out 15 16:35	♑ Fev 12 11:45	♋ Jun 16 0:45	♑ Out 16 7:55	♊ Fev 14 5:18
♍ Out 17 20:42	♒ Fev 14 16:57	♌ Jun 18 10:37	♒ Out 18 11:27	♋ Fev 16 17:51
♎ Out 19 21:48	♓ Fev 17 0:11	♍ Jun 20 18:31	♓ Out 20 17:53	♌ Fev 19 5:01
♏ Out 21 21:18	♈ Fev 19 10:01	♎ Jun 23 0:09	♈ Out 23 2:59	♍ Fev 21 13:43
♐ Out 23 21:08	♉ Fev 21 22:12	♏ Jun 25 3:19	♉ Out 25 14:03	♎ Fev 23 20:01
♑ Out 25 23:10	♊ Fev 24 11:03	♐ Jun 27 4:26	♊ Out 28 2:22	♏ Fev 26 0:31
♒ Out 28 4:50	♋ Fev 26 22:03	♑ Jun 29 4:48	♋ Out 30 15:03	♐ Fev 28 3:49
♓ Out 30 14:21	♌ Mar 1 5:30	♒ Jul 1 6:19	♌ Nov 2 2:38	♑ Mar 2 6:29
♈ Nov 2 2:34	♍ Mar 3 9:24	♓ Jul 3 10:51	♍ Nov 4 11:21	♒ Mar 4 9:11
♉ Nov 4 15:37	♎ Mar 5 11:00	♈ Jul 5 19:24	♎ Nov 6 16:10	♓ Mar 6 12:45
♊ Nov 7 3:55	♏ Mar 7 11:55	♉ Jul 8 7:13	♏ Nov 8 17:29	♈ Mar 8 18:16
♋ Nov 9 14:35	♐ Mar 9 13:37	♊ Jul 10 20:02	♐ Nov 10 16:51	♉ Mar 11 2:33
♌ Nov 11 23:00	♑ Mar 11 17:07	♋ Jul 13 7:34	♑ Nov 12 16:25	♊ Mar 13 13:36
♍ Nov 14 4:42	♒ Mar 13 22:52	♌ Jul 15 16:52	♒ Nov 14 18:14	♋ Mar 16 2:06
♎ Nov 16 7:35	♓ Mar 16 6:59	♍ Jul 18 0:05	♓ Nov 16 23:38	♌ Mar 18 13:44
♏ Nov 18 8:18	♈ Mar 18 17:21	♎ Jul 20 5:34	♈ Nov 19 8:39	♍ Mar 20 22:39
♐ Nov 20 8:15	♉ Mar 21 5:32	♏ Jul 22 9:27	♉ Nov 21 20:08	♎ Mar 23 4:21
♑ Nov 22 9:19	♊ Mar 23 18:28	♐ Jul 24 11:55	♊ Nov 24 8:38	♏ Mar 25 7:36
♒ Nov 24 13:24	♋ Mar 26 6:17	♑ Jul 26 13:39	♋ Nov 26 21:13	♐ Mar 27 9:40
♓ Nov 26 21:35	♌ Mar 28 15:04	♒ Jul 28 15:55	♌ Nov 29 9:02	♑ Mar 29 11:51
♈ Nov 29 9:18	♍ Mar 30 20:01	♓ Jul 30 20:19	♍ Dez 1 18:53	♒ Mar 31 15:02
♉ Dez 1 22:22	♎ Abr 1 21:41	♈ Ago 2 4:03	♎ Dez 4 1:29	♓ Abr 2 19:44
♊ Dez 4 10:28	♏ Abr 3 21:35	♉ Ago 4 15:06	♏ Dez 6 4:19	♈ Abr 5 2:16
♋ Dez 6 20:31	♐ Abr 5 21:37	♊ Ago 7 3:44	♐ Dez 8 4:17	♉ Abr 7 10:52
♌ Dez 9 4:28	♑ Abr 7 23:29	♋ Ago 9 15:27	♑ Dez 10 3:16	♊ Abr 9 21:41
♍ Dez 11 10:31	♒ Abr 10 4:24	♌ Ago 12 0:36	♒ Dez 12 3:34	♋ Abr 12 10:04
♎ Dez 13 14:45	♓ Abr 12 12:38	♍ Ago 14 7:03	♓ Dez 14 7:11	♌ Abr 14 22:18
♏ Dez 15 17:13	♈ Abr 14 23:32	♎ Ago 16 11:31	♈ Dez 16 14:58	♍ Abr 17 8:07
♐ Dez 17 18:32	♉ Abr 17 12:00	♏ Ago 18 14:49	♉ Dez 19 2:10	♎ Abr 19 14:13
♑ Dez 19 20:00	♊ Abr 20 0:54	♐ Ago 20 17:36	♊ Dez 21 14:49	♏ Abr 21 16:55
♒ Dez 21 23:24	♋ Abr 22 13:02	♑ Ago 22 20:23	♋ Dez 24 3:18	♐ Abr 23 17:40
♓ Dez 24 6:20	♌ Abr 24 22:57	♒ Ago 24 23:53	♌ Dez 26 14:45	♑ Abr 25 18:20
♈ Dez 26 17:05	♍ Abr 27 5:30	♓ Ago 27 5:02	♍ Dez 29 0:41	♒ Abr 27 20:32
♉ Dez 29 5:58	♎ Abr 29 8:25	♈ Ago 29 12:45	♎ Dez 31 8:20	♓ Abr 30 1:13

(continua)

Tabela A-2 — A Lua (continuação)

♈ Maio 2 8:26	♎ Set 3 2:32	**1952**	♍ Maio 3 13:57	♓ Set 3 6:00
♉ Maio 4 17:47	♏ Set 5 8:49	♈ Jan 3 2:42	♎ Maio 6 0:39	♈ Set 5 5:57
♊ Maio 7 4:51	♐ Set 7 13:11	♉ Jan 5 9:43	♏ Maio 8 7:49	♉ Set 7 7:48
♋ Maio 9 17:13	♑ Set 9 16:06	♊ Jan 7 19:42	♐ Maio 10 11:50	♊ Set 9 13:06
♌ Maio 12 5:49	♒ Set 11 18:11	♋ Jan 10 7:34	♑ Maio 12 14:09	♋ Set 11 22:24
♍ Maio 14 16:44	♓ Set 13 20:21	♌ Jan 12 20:19	♒ Maio 14 16:14	♌ Set 14 10:38
♎ Maio 17 0:05	♈ Set 15 23:47	♍ Jan 15 9:00	♓ Maio 16 19:05	♍ Set 16 23:42
♏ Maio 19 3:23	♉ Set 18 5:41	♎ Jan 17 20:19	♈ Maio 18 23:07	♎ Set 19 11:41
♐ Maio 21 3:44	♊ Set 20 14:47	♏ Jan 20 4:44	♉ Maio 21 4:29	♏ Set 21 21:43
♑ Maio 2 3:07	♋ Set 23 2:34	♐ Jan 22 9:22	♊ Maio 23 11:37	♐ Set 24 5:33
♒ Maio 25 3:41	♌ Set 25 15:08	♑ Jan 24 10:39	♋ Maio 25 21:06	♑ Set 26 11:06
♓ Maio 27 7:05	♍ Set 28 2:05	♒ Jan 26 10:06	♌ Maio 28 8:59	♒ Set 28 14:24
♈ Maio 29 13:53	♎ Set 30 10:08	♓ Jan 28 9:45	♍ Maio 30 21:57	♓ Set 30 15:52
♉ Maio 31 23:33	♏ Out 2 15:23	♈ Jan 30 11:33	♎ Jun 2 9:26	♈ Out 2 16:34
♊ Jun 3 11:03	♐ Out 4 18:48	♉ Fev 1 16:51	♏ Jun 4 17:19	♉ Out 4 18:05
♋ Jun 5 23:31	♑ Out 6 21:30	♊ Fev 4 1:55	♐ Jun 6 21:21	♊ Out 6 22:15
♌ Jun 8 12:12	♒ Out 9 0:19	♋ Fev 6 13:44	♑ Jun 8 22:46	♋ Out 9 6:16
♍ Jun 10 23:47	♓ Out 11 3:46	♌ Fev 9 2:36	♒ Jun 10 23:27	♌ Out 11 17:50
♎ Jun 13 8:31	♈ Out 13 8:19	♍ Fev 11 15:02	♓ Jun 13 1:00	♍ Out 14 6:51
♏ Jun 15 13:17	♉ Out 15 14:37	♎ Fev 14 2:00	♈ Jun 15 4:29	♎ Out 16 18:44
♐ Jun 17 14:26	♊ Out 17 23:22	♏ Fev 16 10:45	♉ Jun 17 10:11	♏ Out 19 4:10
♑ Jun 19 13:38	♋ Out 20 10:43	♐ Fev 18 16:42	♊ Jun 19 18:03	♐ Out 21 11:12
♒ Jun 21 13:04	♌ Out 22 23:25	♑ Fev 20 19:49	♋ Jun 22 4:04	♑ Out 23 16:28
♓ Jun 23 14:49	♍ Out 25 11:01	♒ Fev 22 20:48	♌ Jun 24 16:02	♒ Out 25 20:28
♈ Jun 25 20:13	♎ Out 27 19:25	♓ Fev 24 21:01	♍ Jun 27 5:06	♓ Out 27 23:23
♉ Jun 28 5:17	♏ Out 30 0:09	♈ Fev 26 22:11	♎ Jun 29 17:18	♈ Out 30 1:34
♊ Jun 30 16:51	♐ Nov 1 2:20	♉ Fev 29 2:02	♏ Jul 2 2:25	♉ Nov 1 3:58
♋ Jul 3 5:27	♑ Nov 3 3:40	♊ Mar 2 9:36	♐ Jul 4 7:27	♊ Nov 3 8:02
♌ Jul 5 18:00	♒ Nov 5 5:43	♋ Mar 4 20:40	♑ Jul 6 9:02	♋ Nov 5 15:12
♍ Jul 8 5:36	♓ Nov 7 9:23	♌ Mar 7 9:30	♒ Jul 8 8:54	♌ Nov 8 1:56
♎ Jul 10 15:04	♈ Nov 9 14:52	♍ Mar 9 21:51	♓ Jul 10 8:59	♍ Nov 10 14:47
♏ Jul 12 21:19	♉ Nov 11 22:07	♎ Mar 12 8:16	♈ Jul 12 10:56	♎ Nov 13 2:57
♐ Jul 15 0:03	♊ Nov 14 7:15	♏ Mar 14 16:20	♉ Jul 14 15:45	♏ Nov 15 12:18
♑ Jul 17 0:14	♋ Nov 16 18:27	♐ Mar 16 22:15	♊ Jul 16 23:37	♐ Nov 17 18:33
♒ Jul 18 23:41	♌ Nov 19 7:12	♑ Mar 19 2:19	♋ Jul 19 10:05	♑ Nov 19 22:40
♓ Jul 21 0:29	♍ Nov 21 19:35	♒ Mar 21 4:55	♌ Jul 21 22:20	♒ Nov 22 1:52
♈ Jul 23 4:21	♎ Nov 24 5:09	♓ Mar 23 6:39	♍ Jul 24 11:25	♓ Nov 24 4:55
♉ Jul 25 12:07	♏ Nov 26 10:32	♈ Mar 25 8:34	♎ Jul 26 23:54	♈ Nov 26 8:09
♊ Jul 27 23:08	♐ Nov 28 12:20	♉ Mar 27 12:05	♏ Jul 29 10:04	♉ Nov 28 11:54
♋ Jul 30 11:42	♑ Nov 30 12:22	♊ Mar 29 18:36	♐ Jul 31 16:37	♊ Nov 30 16:53
♌ Ago 2 0:08	♒ Dez 2 12:45	♋ Abr 1 4:39	♑ Ago 2 19:27	♋ Dez 3 0:09
♍ Ago 4 11:18	♓ Dez 4 15:08	♌ Abr 3 17:10	♒ Ago 4 19:41	♌ Dez 5 10:23
♎ Ago 6 20:34	♈ Dez 6 20:18	♍ Abr 6 5:40	♓ Ago 6 19:05	♍ Dez 7 22:57
♏ Ago 9 3:24	♉ Dez 9 4:04	♎ Abr 8 15:56	♈ Ago 8 19:33	♎ Dez 10 11:35
♐ Ago 11 7:31	♊ Dez 11 13:54	♏ Abr 10 23:13	♉ Ago 10 22:46	♏ Dez 12 21:39
♑ Ago 13 9:18	♋ Dez 14 1:22	♐ Abr 13 4:08	♊ Ago 13 5:36	♐ Dez 15 4:00
♒ Ago 15 9:53	♌ Dez 16 14:05	♑ Abr 15 7:41	♋ Ago 15 15:52	♑ Dez 17 7:17
♓ Ago 17 10:52	♍ Dez 19 2:52	♒ Abr 17 10:43	♌ Ago 18 4:19	♒ Dez 19 9:02
♈ Ago 19 13:58	♎ Dez 21 13:41	♓ Abr 19 13:40	♍ Ago 20 17:22	♓ Dez 21 10:45
♉ Ago 21 20:26	♏ Dez 23 20:38	♈ Abr 21 16:56	♎ Ago 23 5:42	♈ Dez 23 13:30
♊ Ago 24 6:27	♐ Dez 25 23:27	♉ Abr 23 21:15	♏ Ago 25 16:10	♉ Dez 25 17:46
♋ Ago 26 18:44	♑ Dez 27 23:24	♊ Abr 26 3:40	♐ Ago 27 23:53	♊ Dez 27 23:48
♌ Ago 29 7:10	♒ Dez 29 22:36	♋ Abr 28 13:06	♑ Ago 30 4:24	♋ Dez 30 7:53
♍ Ago 31 18:00	♓ Dez 31 23:10	♌ Maio 1 1:12	♒ Set 1 6:03	

Apêndice: Tabelas Planetárias — 313

Tabela A-2 — A Lua (continuação)

1953			1954	
♌ Jan 1 18:17	♑ Maio 3 0:55	♋ Set 2 0:30	♐ Jan 1 13:39	♉ Maio 1 22:42
♍ Jan 4 6:41	♒ Maio 5 6:12	♌ Set 4 10:05	♑ Jan 3 21:45	♊ Maio 3 22:06
♎ Jan 6 19:36	♓ Maio 7 9:46	♍ Set 6 21:47	♒ Jan 6 3:09	♋ Maio 5 23:30
♏ Jan 9 6:44	♈ Maio 9 11:49	♎ Set 9 10:27	♓ Jan 8 6:43	♌ Maio 8 4:29
♐ Jan 11 14:14	♉ Maio 11 13:12	♏ Set 11 23:05	♈ Jan 10 9:27	♍ Maio 10 13:23
♑ Jan 13 17:55	♊ Maio 13 15:27	♐ Set 14 10:32	♉ Jan 12 12:10	♎ Maio 13 1:03
♒ Jan 15 18:57	♋ Maio 15 20:16	♑ Set 16 19:21	♊ Jan 14 15:29	♏ Maio 15 13:42
♓ Jan 17 19:07	♌ Maio 18 4:47	♒ Set 19 0:30	♋ Jan 16 20:01	♐ Maio 18 1:53
♈ Jan 19 20:08	♍ Maio 20 16:31	♓ Set 21 2:06	♌ Jan 19 2:24	♑ Maio 20 12:49
♉ Jan 21 23:20	♎ Maio 23 5:16	♈ Set 23 1:30	♍ Jan 21 11:14	♒ Maio 22 21:48
♊ Jan 24 5:21	♏ Maio 25 16:32	♉ Set 25 0:45	♎ Jan 23 22:30	♓ Maio 25 4:08
♋ Jan 26 14:07	♐ Maio 28 1:08	♊ Set 27 2:01	♏ Jan 26 11:03	♈ Maio 27 7:32
♌ Jan 29 1:06	♑ Maio 30 7:17	♋ Set 29 6:56	♐ Jan 28 22:42	♉ Maio 29 8:33
♍ Jan 31 13:35	♒ Jun 1 11:45	♌ Out 1 15:53	♑ Jan 31 7:26	♊ Maio 31 8:41
♎ Fev 3 2:31	♓ Jun 3 15:12	♍ Out 4 3:40	♒ Fev 2 12:38	♋ Jun 2 9:46
♏ Fev 5 14:21	♈ Jun 5 18:01	♎ Out 6 16:28	♓ Fev 4 15:03	♌ Jun 4 13:34
♐ Fev 7 23:20	♉ Jun 7 20:41	♏ Out 9 4:56	♈ Fev 6 16:14	♍ Jun 6 21:06
♑ Fev 10 4:32	♊ Jun 10 0:03	♐ Out 11 16:19	♉ Fev 8 17:47	♎ Jun 9 7:59
♒ Fev 12 6:17	♋ Jun 12 5:17	♑ Out 14 1:51	♊ Fev 10 20:54	♏ Jun 11 20:30
♓ Fev 14 5:58	♌ Jun 14 13:27	♒ Out 16 8:34	♋ Fev 13 2:10	♐ Jun 14 8:37
♈ Fev 16 5:31	♍ Jun 17 0:37	♓ Out 18 11:55	♌ Fev 15 9:35	♑ Jun 16 19:05
♉ Fev 18 6:51	♎ Jun 19 13:16	♈ Out 20 12:27	♍ Fev 17 19:00	♒ Jun 19 3:26
♊ Fev 20 11:27	♏ Jun 22 0:57	♉ Out 22 11:47	♎ Fev 20 6:14	♓ Jun 21 9:37
♋ Fev 22 19:48	♐ Jun 24 9:48	♊ Out 24 12:04	♏ Fev 22 18:43	♈ Jun 23 13:43
♌ Fev 25 7:05	♑ Jun 26 15:29	♋ Out 26 15:24	♐ Fev 25 7:00	♉ Jun 25 16:09
♍ Fev 27 19:51	♒ Jun 28 18:51	♌ Out 28 22:55	♑ Fev 27 16:58	♊ Jun 27 17:41
♎ Mar 2 8:41	♓ Jun 30 21:08	♍ Out 31 10:04	♒ Mar 1 23:07	♋ Jun 29 19:35
♏ Mar 4 20:31	♈ Jul 2 23:23	♎ Nov 2 22:51	♓ Mar 4 1:32	♌ Jul 1 23:16
♐ Mar 7 6:20	♉ Jul 5 2:23	♏ Nov 5 11:12	♈ Mar 6 1:40	♍ Jul 4 5:56
♑ Mar 9 13:10	♊ Jul 7 6:42	♐ Nov 7 22:06	♉ Mar 8 1:32	♎ Jul 6 15:53
♒ Mar 11 16:37	♋ Jul 9 12:54	♑ Nov 10 7:18	♊ Mar 10 3:06	♏ Jul 9 4:04
♓ Mar 13 17:17	♌ Jul 11 21:28	♒ Nov 12 14:31	♋ Mar 12 7:37	♐ Jul 11 16:19
♈ Mar 15 16:39	♍ Jul 14 8:28	♓ Nov 14 19:17	♌ Mar 14 15:17	♑ Jul 14 2:40
♉ Mar 17 16:44	♎ Jul 16 21:04	♈ Nov 16 21:35	♍ Mar 17 1:21	♒ Jul 16 10:19
♊ Mar 19 19:35	♏ Jul 19 9:17	♉ Nov 18 22:15	♎ Mar 19 12:57	♓ Jul 18 15:33
♋ Mar 22 2:29	♐ Jul 21 18:59	♊ Nov 20 22:55	♏ Mar 22 1:26	♈ Jul 20 19:07
♌ Mar 24 13:14	♑ Jul 24 1:06	♋ Nov 23 1:32	♐ Mar 24 13:56	♉ Jul 22 21:52
♍ Mar 27 2:04	♒ Jul 26 4:03	♌ Nov 25 7:40	♑ Mar 27 0:55	♊ Jul 25 0:30
♎ Mar 29 14:51	♓ Jul 28 5:07	♍ Nov 27 17:41	♒ Mar 29 8:37	♋ Jul 27 3:41
♏ Abr 1 2:19	♈ Jul 30 5:56	♎ Nov 30 6:06	♓ Mar 31 12:16	♌ Jul 29 8:10
♐ Abr 3 11:58	♉ Ago 1 7:57	♏ Dez 2 18:30	♈ Abr 2 12:40	♍ Jul 31 14:50
♑ Abr 5 19:29	♊ Ago 3 12:10	♐ Dez 5 5:09	♉ Abr 4 11:43	♎ Ago 3 0:14
♒ Abr 8 0:27	♋ Ago 5 18:59	♑ Dez 7 13:33	♊ Abr 6 11:40	♏ Ago 5 12:03
♓ Abr 10 2:49	♌ Ago 8 4:16	♒ Dez 9 19:59	♋ Abr 8 14:29	♐ Ago 8 0:32
♈ Abr 12 3:19	♍ Ago 10 15:33	♓ Dez 12 0:46	♌ Abr 10 21:05	♑ Ago 10 11:20
♉ Abr 14 3:31	♎ Ago 13 4:08	♈ Dez 14 4:06	♍ Abr 13 7:03	♒ Ago 12 18:54
♊ Abr 16 5:27	♏ Ago 15 16:43	♉ Dez 16 6:22	♎ Abr 15 18:58	♓ Ago 14 23:17
♋ Abr 18 10:53	♐ Ago 18 3:30	♊ Dez 18 8:27	♏ Abr 18 7:32	♈ Ago 17 1:37
♌ Abr 20 20:27	♑ Ago 20 10:53	♋ Dez 20 11:40	♐ Abr 20 19:55	♉ Ago 19 3:26
♍ Abr 23 8:53	♒ Ago 22 14:29	♌ Dez 22 17:23	♑ Abr 23 7:11	♊ Ago 21 5:56
♎ Abr 25 21:40	♓ Ago 24 15:12	♍ Dez 25 2:24	♒ Abr 25 16:02	♋ Ago 23 9:50
♏ Abr 28 8:52	♈ Ago 26 14:46	♎ Dez 27 14:11	♓ Abr 27 21:21	♌ Ago 25 15:22
♐ Abr 30 17:52	♉ Ago 28 15:10	♏ Dez 30 2:43	♈ Abr 29 23:08	♍ Ago 27 22:44
	♊ Ago 30 18:07			♎ Ago 30 8:12

(continua)

Tabela A-2 — A Lua (continuação)

	1955			1956
♏ Set 1 19:49	♉ Jan 3 2:24	♎ Maio 3 1:26	♈ Set 3 18:24	♍ Jan 1 14:31
♐ Set 4 8:32	♊ Jan 5 4:04	♏ Maio 5 12:04	♉ Set 5 22:36	♎ Jan 3 18:44
♑ Set 6 20:10	♋ Jan 7 5:00	♐ Maio 8 0:19	♊ Set 8 1:58	♏ Jan 6 3:00
♒ Set 9 4:31	♌ Jan 9 6:41	♑ Maio 10 13:19	♋ Set 10 5:01	♐ Jan 8 14:32
♓ Set 11 8:55	♍ Jan 11 10:43	♒ Maio 13 1:29	♌ Set 12 8:02	♑ Jan 11 3:33
♈ Set 13 10:22	♎ Jan 13 18:15	♓ Maio 15 10:53	♍ Set 14 11:33	♒ Jan 13 16:19
♉ Set 15 10:44	♏ Jan 16 5:15	♈ Maio 17 16:21	♎ Set 16 16:35	♓ Jan 16 3:47
♊ Set 17 11:55	♐ Jan 18 18:01	♉ Maio 19 18:12	♏ Set 19 0:18	♈ Jan 18 13:17
♋ Set 19 15:13	♑ Jan 21 6:09	♊ Maio 21 17:56	♐ Set 21 11:11	♉ Jan 20 20:11
♌ Set 21 21:04	♒ Jan 23 15:58	♋ Maio 23 17:33	♑ Set 24 0:01	♊ Jan 23 0:06
♍ Set 24 5:11	♓ Jan 25 23:11	♌ Maio 25 18:52	♒ Set 26 12:07	♋ Jan 25 1:20
♎ Set 26 15:11	♈ Jan 28 4:19	♍ Maio 27 23:16	♓ Set 28 21:12	♌ Jan 27 1:06
♏ Set 29 2:52	♉ Jan 30 8:06	♎ Maio 30 7:08	♈ Out 1 2:46	♍ Jan 29 1:17
♐ Out 1 15:41	♊ Fev 1 11:02	♏ Jun 1 17:54	♉ Out 3 5:52	♎ Jan 31 3:56
♑ Out 4 4:04	♋ Fev 3 13:36	♐ Jun 4 6:24	♊ Out 5 7:59	♏ Fev 2 10:33
♒ Out 6 13:45	♌ Fev 5 16:28	♑ Jun 6 19:21	♋ Out 7 10:23	♐ Fev 4 21:13
♓ Out 8 19:17	♍ Fev 7 20:43	♒ Jun 9 7:30	♌ Out 9 13:41	♑ Fev 7 10:08
♈ Out 10 20:58	♎ Fev 10 3:33	♓ Jun 11 17:32	♍ Out 11 18:11	♒ Fev 9 22:52
♉ Out 12 20:32	♏ Fev 12 13:38	♈ Jun 14 0:24	♎ Out 14 0:13	♓ Fev 12 9:52
♊ Out 14 20:10	♐ Fev 15 2:07	♉ Jun 16 3:50	♏ Out 16 8:23	♈ Fev 14 18:48
♋ Out 16 21:50	♑ Fev 17 14:34	♊ Jun 18 4:36	♐ Out 18 19:07	♉ Fev 17 1:48
♌ Out 19 2:41	♒ Fev 20 0:33	♋ Jun 20 4:15	♑ Out 21 7:52	♊ Fev 19 6:50
♍ Out 21 10:44	♓ Fev 22 7:09	♌ Jun 22 4:36	♒ Out 23 20:33	♋ Fev 21 9:50
♎ Out 23 21:12	♈ Fev 24 11:06	♍ Jun 24 7:26	♓ Out 26 6:37	♌ Fev 23 11:10
♏ Out 26 9:11	♉ Fev 26 13:46	♎ Jun 26 13:55	♈ Out 28 12:46	♍ Fev 25 12:05
♐ Out 28 21:59	♊ Fev 28 16:24	♏ Jun 29 0:04	♉ Out 30 15:30	♎ Fev 27 14:20
♑ Out 31 10:36	♋ Mar 2 19:40	♐ Jul 1 12:34	♊ Nov 1 16:23	♏ Fev 29 19:45
♒ Nov 2 21:22	♌ Mar 4 23:48	♑ Jul 4 1:29	♋ Nov 3 17:11	♐ Mar 3 5:09
♓ Nov 5 4:34	♍ Mar 7 5:09	♒ Jul 6 13:18	♌ Nov 5 19:20	♑ Mar 5 17:32
♈ Nov 7 7:42	♎ Mar 9 12:20	♓ Jul 8 23:09	♍ Nov 7 23:36	♒ Mar 8 6:19
♉ Nov 9 7:48	♏ Mar 11 22:04	♈ Jul 11 6:33	♎ Nov 10 6:15	♓ Mar 10 17:11
♊ Nov 11 6:50	♐ Mar 14 10:13	♉ Jul 13 11:20	♏ Nov 12 15:12	♈ Mar 13 1:26
♋ Nov 13 6:59	♑ Mar 16 23:01	♊ Jul 15 13:43	♐ Nov 15 2:17	♉ Mar 15 7:32
♌ Nov 15 10:03	♒ Mar 19 9:47	♋ Jul 17 14:30	♑ Nov 17 14:59	♊ Mar 17 12:12
♍ Nov 17 16:52	♓ Mar 21 16:45	♌ Jul 19 15:03	♒ Nov 20 3:58	♋ Mar 19 15:47
♎ Nov 20 3:02	♈ Mar 23 20:09	♍ Jul 21 17:06	♓ Nov 22 15:10	♌ Mar 21 18:31
♏ Nov 22 15:13	♉ Mar 25 21:31	♎ Jul 23 22:16	♈ Nov 24 22:47	♍ Mar 23 20:53
♐ Nov 25 4:01	♊ Mar 27 22:42	♏ Jul 26 7:19	♉ Nov 27 2:27	♎ Mar 26 0:00
♑ Nov 27 16:24	♋ Mar 30 1:05	♐ Jul 28 19:24	♊ Nov 29 3:11	♏ Mar 28 5:19
♒ Nov 30 3:19	♌ Abr 1 5:20	♑ Jul 31 8:18	♋ Dez 1 2:46	♐ Mar 30 13:56
♓ Dez 2 11:38	♍ Abr 3 11:31	♒ Ago 2 19:52	♌ Dez 3 3:07	♑ Abr 2 1:37
♈ Dez 4 16:35	♎ Abr 5 19:34	♓ Ago 5 5:04	♍ Dez 5 5:50	♒ Abr 4 14:24
♉ Dez 6 18:23	♏ Abr 8 5:38	♈ Ago 7 12:00	♎ Dez 7 11:48	♓ Abr 7 1:37
♊ Dez 8 18:16	♐ Abr 10 17:41	♉ Ago 9 17:03	♏ Dez 9 20:59	♈ Abr 9 9:46
♋ Dez 10 18:06	♑ Abr 13 6:40	♊ Ago 11 20:33	♐ Dez 12 8:34	♉ Abr 11 15:03
♌ Dez 12 19:48	♒ Abr 15 18:20	♋ Ago 13 22:50	♑ Dez 14 21:23	♊ Abr 13 18:30
♍ Dez 15 0:54	♓ Abr 18 2:28	♌ Ago 16 0:34	♒ Dez 17 10:19	♋ Abr 15 21:15
♎ Dez 17 9:51	♈ Abr 20 6:29	♍ Ago 18 2:57	♓ Dez 19 22:02	♌ Abr 18 0:00
♏ Dez 19 21:43	♉ Abr 22 7:29	♎ Ago 20 7:34	♈ Dez 22 7:05	♍ Abr 20 3:17
♐ Dez 22 10:35	♊ Abr 24 7:24	♏ Ago 22 15:37	♉ Dez 24 12:33	♎ Abr 22 7:36
♑ Dez 24 22:40	♋ Abr 26 8:09	♐ Ago 25 3:03	♊ Dez 26 14:33	♏ Abr 24 13:44
♒ Dez 27 9:00	♌ Abr 28 11:09	♑ Ago 27 15:57	♋ Dez 28 14:17	♐ Abr 26 22:25
♓ Dez 29 17:09	♍ Abr 30 16:58	♒ Ago 30 3:35	♌ Dez 30 13:36	♑ Abr 29 9:44
♈ Dez 31 22:56		♓ Set 1 12:23		

Apêndice: Tabelas Planetárias **315**

Tabela A-2 — A Lua (continuação)

						1957								
♒	Maio 1	22:27	♌	Set 1	20:14	♒	Jan 2	14:25	♋	Maio 3	16:08	♑	Set 2	18:05
♓	Maio 4	10:15	♍	Set 3	20:20	♓	Jan 5	3:04	♌	Maio 5	19:54	♒	Set 5	4:50
♈	Maio 6	19:05	♎	Set 5	21:04	♈	Jan 7	15:23	♍	Maio 7	22:37	♓	Set 7	17:04
♉	Maio 9	0:24	♏	Set 8	0:27	♉	Jan 10	1:27	♎	Maio 10	0:57	♈	Set 10	5:45
♊	Maio 11	3:00	♐	Set 10	7:46	♊	Jan 12	7:44	♏	Maio 12	3:48	♉	Set 12	17:57
♋	Maio 13	4:21	♑	Set 12	18:46	♋	Jan 14	10:05	♐	Maio 14	8:13	♊	Set 15	4:26
♌	Maio 15	5:52	♒	Set 15	7:28	♌	Jan 16	9:50	♑	Maio 16	15:13	♋	Set 17	11:49
♍	Maio 17	8:40	♓	Set 17	19:34	♍	Jan 18	9:03	♒	Maio 19	1:12	♌	Set 19	15:31
♎	Maio 19	13:25	♈	Set 20	5:47	♎	Jan 20	9:55	♓	Maio 21	13:20	♍	Set 21	16:11
♏	Maio 21	20:26	♉	Set 22	14:01	♏	Jan 22	14:02	♈	Maio 24	1:34	♎	Set 23	15:33
♐	Maio 24	5:46	♊	Set 24	20:25	♐	Jan 24	21:52	♉	Maio 26	11:43	♏	Set 25	15:40
♑	Maio 26	17:11	♋	Set 27	1:00	♑	Jan 27	8:32	♊	Maio 28	18:47	♐	Set 27	18:27
♒	Maio 29	5:52	♌	Set 29	3:49	♒	Jan 29	20:42	♋	Maio 30	23:05	♑	Set 30	0:59
♓	Maio 31	18:09	♍	Out 1	5:24	♓	Fev 1	9:20	♌	Jun 2	1:45	♒	Out 2	11:04
♈	Jun 3	4:04	♎	Out 3	7:01	♈	Fev 3	21:42	♍	Jun 4	3:59	♓	Out 4	23:17
♉	Jun 5	10:22	♏	Out 5	10:19	♉	Fev 6	8:37	♎	Jun 6	6:45	♈	Out 7	11:57
♊	Jun 7	13:09	♐	Out 7	16:46	♊	Fev 8	16:34	♏	Jun 8	10:41	♉	Out 9	23:48
♋	Jun 9	13:42	♑	Out 10	2:48	♋	Fev 10	20:39	♐	Jun 10	16:09	♊	Out 12	10:01
♌	Jun 11	13:45	♒	Out 12	15:09	♌	Fev 12	21:19	♑	Jun 12	23:36	♋	Out 14	17:54
♍	Jun 13	15:03	♓	Out 15	3:25	♍	Fev 14	20:17	♒	Jun 15	9:23	♌	Out 16	22:59
♎	Jun 15	18:58	♈	Out 17	13:35	♎	Fev 16	19:50	♓	Jun 17	21:15	♍	Out 19	1:23
♏	Jun 18	2:03	♉	Out 19	21:07	♏	Fev 18	22:06	♈	Jun 20	9:46	♎	Out 21	2:03
♐	Jun 20	11:55	♊	Out 22	2:29	♐	Fev 21	4:23	♉	Jun 22	20:38	♏	Out 23	2:31
♑	Jun 22	23:43	♋	Out 24	6:23	♑	Fev 23	14:27	♊	Jun 25	4:07	♐	Out 25	4:33
♒	Jun 25	12:26	♌	Out 26	9:27	♒	Fev 26	2:42	♋	Jun 27	8:00	♑	Out 27	9:41
♓	Jun 28	0:54	♍	Out 28	12:09	♓	Fev 28	15:25	♌	Jun 29	9:31	♒	Out 29	18:32
♈	Jun 30	11:43	♎	Out 30	15:10	♈	Mar 3	3:31	♍	Jul 1	10:23	♓	Nov 1	6:18
♉	Jul 2	19:26	♏	Nov 1	19:24	♉	Mar 5	14:20	♎	Jul 3	12:16	♈	Nov 3	19:00
♊	Jul 4	23:26	♐	Nov 4	1:56	♊	Mar 7	23:03	♏	Jul 5	16:10	♉	Nov 6	6:38
♋	Jul 7	0:20	♑	Nov 6	11:24	♋	Mar 10	4:45	♐	Jul 7	22:20	♊	Nov 8	16:09
♌	Jul 8	23:42	♒	Nov 8	23:19	♌	Mar 12	7:12	♑	Jul 10	6:35	♋	Nov 10	23:24
♍	Jul 10	23:34	♓	Nov 11	11:51	♍	Mar 14	7:20	♒	Jul 12	16:43	♌	Nov 13	4:36
♎	Jul 13	1:54	♈	Nov 13	22:36	♎	Mar 16	6:59	♓	Jul 15	4:32	♍	Nov 15	8:07
♏	Jul 15	7:56	♉	Nov 16	6:12	♏	Mar 18	8:15	♈	Jul 17	17:14	♎	Nov 17	10:25
♐	Jul 17	17:38	♊	Nov 18	10:45	♐	Mar 20	12:54	♉	Jul 20	4:58	♏	Nov 19	12:17
♑	Jul 20	5:40	♋	Nov 20	13:18	♑	Mar 22	21:34	♊	Jul 22	13:34	♐	Nov 21	14:52
♒	Jul 22	18:28	♌	Nov 22	15:10	♒	Mar 25	9:17	♋	Jul 24	18:05	♑	Nov 23	19:29
♓	Jul 25	6:50	♍	Nov 24	17:32	♓	Mar 27	22:00	♌	Jul 26	19:16	♒	Nov 26	3:16
♈	Jul 27	17:54	♎	Nov 26	21:11	♈	Mar 30	9:55	♍	Jul 28	18:59	♓	Nov 28	14:16
♉	Jul 30	2:40	♏	Nov 29	2:34	♉	Abr 1	20:11	♎	Jul 30	19:20	♈	Dez 1	2:56
♊	Ago 1	8:16	♐	Dez 1	9:59	♊	Abr 4	4:30	♏	Ago 1	22:01	♉	Dez 3	14:48
♋	Ago 3	10:32	♑	Dez 3	19:36	♋	Abr 6	10:37	♐	Ago 4	3:47	♊	Dez 6	0:00
♌	Ago 5	10:27	♒	Dez 6	7:16	♌	Abr 8	14:24	♑	Ago 6	12:23	♋	Dez 8	6:16
♍	Ago 7	9:50	♓	Dez 8	19:57	♍	Abr 10	16:13	♒	Ago 8	23:01	♌	Dez 10	10:23
♎	Ago 9	10:50	♈	Dez 11	7:37	♎	Abr 12	17:08	♓	Ago 11	11:02	♍	Dez 12	13:28
♏	Ago 11	15:20	♉	Dez 13	16:15	♏	Abr 14	18:45	♈	Ago 13	23:46	♎	Dez 14	16:23
♐	Ago 14	0:00	♊	Dez 15	21:06	♐	Abr 16	22:43	♉	Ago 16	12:00	♏	Dez 16	19:35
♑	Ago 16	11:47	♋	Dez 17	22:52	♑	Abr 19	6:08	♊	Ago 18	21:51	♐	Dez 18	23:30
♒	Ago 19	0:38	♌	Dez 19	23:11	♒	Abr 21	16:53	♋	Ago 21	3:48	♑	Dez 21	4:47
♓	Ago 21	12:47	♍	Dez 21	23:56	♓	Abr 24	5:23	♌	Ago 23	5:51	♒	Dez 23	12:19
♈	Ago 23	23:30	♎	Dez 24	2:39	♈	Abr 26	17:22	♍	Ago 25	5:26	♓	Dez 25	22:41
♉	Ago 26	8:23	♏	Dez 26	8:09	♉	Abr 29	3:18	♎	Ago 27	4:41	♈	Dez 28	11:13
♊	Ago 28	14:59	♐	Dez 28	16:20	♊	Maio 1	10:47	♏	Ago 29	5:45	♉	Dez 30	23:37
♋	Ago 30	18:51	♑	Dez 31	2:37				♐	Ago 31	10:07			

(continua)

Tabela A-2 — A Lua (continuação)

1958					1959		
♊ Jan 2	9:21	♏ Maio 2	13:14	♉ Set 2	16:24	♎ Jan 1	12:21
♋ Jan 4	15:22	♐ Maio 4	13:43	♊ Set 5	5:07	♏ Jan 3	15:42
♌ Jan 6	18:21	♑ Maio 6	16:21	♋ Set 7	15:22	♐ Jan 5	17:56
♍ Jan 8	19:59	♒ Maio 8	22:29	♌ Set 9	21:42	♑ Jan 7	19:50
♎ Jan 10	21:52	♓ Maio 11	8:27	♍ Set 12	0:19	♒ Jan 9	22:52
♏ Jan 13	1:02	♈ Maio 13	20:58	♎ Set 14	0:44	♓ Jan 12	4:39
♐ Jan 15	5:49	♉ Maio 16	9:50	♏ Set 16	0:49	♈ Jan 14	14:09
♑ Jan 17	12:13	♊ Maio 18	21:14	♐ Set 18	2:16	♉ Jan 17	2:33
♒ Jan 19	20:22	♋ Maio 21	6:23	♑ Set 20	6:13	♊ Jan 19	15:16
♓ Jan 22	6:42	♌ Maio 23	13:14	♒ Set 22	13:03	♋ Jan 22	1:47
♈ Jan 24	19:03	♍ Maio 25	18:00	♓ Set 24	22:33	♌ Jan 24	9:13
♉ Jan 27	7:56	♎ Maio 27	20:55	♈ Set 27	10:07	♍ Jan 26	14:13
♊ Jan 29	18:47	♏ Maio 29	22:33	♉ Set 29	22:58	♎ Jan 28	17:54
♋ Fev 1	1:41	♐ Maio 31	23:54	♊ Out 2	11:50	♏ Jan 30	21:05
♌ Fev 3	4:37	♑ Jun 3	2:23	♋ Out 4	23:00	♐ Fev 2	0:11
♍ Fev 5	5:11	♒ Jun 5	7:34	♌ Out 7	6:50	♑ Fev 4	3:29
♎ Fev 7	5:23	♓ Jun 7	16:24	♍ Out 9	10:49	♒ Fev 6	7:40
♏ Fev 9	7:03	♈ Jun 10	4:20	♎ Out 11	11:44	♓ Fev 8	13:50
♐ Fev 11	11:11	♉ Jun 12	17:12	♏ Out 13	11:11	♈ Fev 10	22:55
♑ Fev 13	17:55	♊ Jun 15	4:31	♐ Out 15	11:09	♉ Fev 13	10:47
♒ Fev 16	2:51	♋ Jun 17	13:04	♑ Out 17	13:23	♊ Fev 15	23:39
♓ Fev 18	13:39	♌ Jun 19	19:04	♒ Out 19	19:04	♋ Fev 18	10:50
♈ Fev 21	2:02	♍ Jun 21	23:22	♓ Out 22	4:19	♌ Fev 20	18:38
♉ Fev 23	15:05	♎ Jun 24	2:42	♈ Out 24	16:10	♍ Fev 22	23:06
♊ Fev 26	2:52	♏ Jun 26	5:30	♉ Out 27	5:07	♎ Fev 25	1:29
♋ Fev 28	11:17	♐ Jun 28	8:11	♊ Out 29	17:49	♏ Fev 27	3:15
♌ Mar 2	15:27	♑ Jun 30	11:32	♋ Nov 1	5:09	♐ Mar 1	5:33
♍ Mar 4	16:15	♒ Jul 2	16:44	♌ Nov 3	14:02	♑ Mar 3	9:06
♎ Mar 6	15:35	♓ Jul 5	0:57	♍ Nov 5	19:45	♒ Mar 5	14:16
♏ Mar 8	15:34	♈ Jul 7	12:18	♎ Nov 7	22:16	♓ Mar 7	21:25
♐ Mar 10	17:56	♉ Jul 10	1:09	♏ Nov 9	22:30	♈ Mar 10	6:54
♑ Mar 12	23:36	♊ Jul 12	12:46	♐ Nov 11	22:03	♉ Mar 12	18:37
♒ Mar 15	8:28	♋ Jul 14	21:15	♑ Nov 13	22:54	♊ Mar 15	7:31
♓ Mar 17	19:41	♌ Jul 17	2:31	♒ Nov 16	2:53	♋ Mar 17	19:28
♈ Mar 20	8:17	♍ Jul 19	5:42	♓ Nov 18	10:56	♌ Mar 20	4:22
♉ Mar 22	21:16	♎ Jul 21	8:12	♈ Nov 20	22:28	♍ Mar 22	9:28
♊ Mar 25	9:20	♏ Jul 23	10:57	♉ Nov 23	11:30	♎ Mar 24	11:27
♋ Mar 27	18:53	♐ Jul 25	14:25	♊ Nov 26	0:00	♏ Mar 26	11:54
♌ Mar 30	0:45	♑ Jul 27	18:53	♋ Nov 28	10:51	♐ Mar 28	12:31
♍ Abr 1	3:01	♒ Jul 30	0:52	♌ Nov 30	19:41	♑ Mar 30	14:49
♎ Abr 3	2:54	♓ Ago 1	9:11	♍ Dez 3	2:18	♒ Abr 1	19:41
♏ Abr 5	2:16	♈ Ago 3	20:14	♎ Dez 5	6:31	♓ Abr 4	3:23
♐ Abr 7	3:07	♉ Ago 6	9:04	♏ Dez 7	8:28	♈ Abr 6	13:33
♑ Abr 9	7:01	♊ Ago 8	21:16	♐ Dez 9	9:02	♉ Abr 9	1:32
♒ Abr 11	14:41	♋ Ago 11	6:25	♑ Dez 11	9:46	♊ Abr 11	14:25
♓ Abr 14	1:38	♌ Ago 13	11:43	♒ Dez 13	12:38	♋ Abr 14	2:48
♈ Abr 16	14:23	♍ Ago 15	14:07	♓ Dez 15	19:12	♌ Abr 16	12:55
♉ Abr 19	3:16	♎ Ago 17	15:17	♈ Dez 18	5:45	♍ Abr 18	19:27
♊ Abr 21	15:03	♏ Ago 19	16:50	♉ Dez 20	18:38	♎ Abr 20	22:19
♋ Abr 24	0:46	♐ Ago 21	19:48	♊ Dez 23	7:09	♏ Abr 22	22:34
♌ Abr 26	7:44	♑ Ago 24	0:38	♋ Dez 25	17:33	♐ Abr 24	21:59
♍ Abr 28	11:40	♒ Ago 26	7:28	♌ Dez 28	1:33	♑ Abr 26	22:32
♎ Abr 30	13:06	♓ Ago 28	16:25	♍ Dez 30	7:41	♒ Abr 29	1:55
		♈ Ago 31	3:35				

1959	
♓ Maio 1	8:58
♈ Maio 3	19:19
♉ Maio 6	7:39
♊ Maio 8	20:34
♋ Maio 11	8:57
♌ Maio 13	19:40
♍ Maio 16	3:38
♎ Maio 18	8:06
♏ Maio 20	9:24
♐ Maio 22	8:51
♑ Maio 24	8:24
♒ Maio 26	10:09
♓ Maio 28	15:42
♈ Maio 31	1:18
♉ Jun 2	13:37
♊ Jun 5	2:35
♋ Jun 7	14:44
♌ Jun 10	1:19
♍ Jun 12	9:50
♎ Jun 14	15:42
♏ Jun 16	18:38
♐ Jun 18	19:14
♑ Jun 20	19:01
♒ Jun 22	20:00
♓ Jun 25	0:09
♈ Jun 27	8:28
♉ Jun 29	20:11
♊ Jul 2	9:05
♋ Jul 4	21:03
♌ Jul 7	7:08
♍ Jul 9	15:15
♎ Jul 11	21:26
♏ Jul 14	1:33
♐ Jul 16	3:42
♑ Jul 18	4:42
♒ Jul 20	6:05
♓ Jul 22	9:41
♈ Jul 24	16:53
♉ Jul 27	3:43
♊ Jul 29	16:23
♋ Ago 1	4:24
♌ Ago 3	14:09
♍ Ago 5	21:29
♎ Ago 8	2:56
♏ Ago 10	7:00
♐ Ago 12	9:58
♑ Ago 14	12:18
♒ Ago 16	14:53
♓ Ago 18	18:59
♈ Ago 21	1:51
♉ Ago 23	11:58
♊ Ago 26	0:18
♋ Ago 28	12:33
♌ Ago 30	22:33

Apêndice: Tabelas Planetárias — 317

Tabela A-2 — A Lua (continuação)

	1960			1961
♍ Set 2 5:31	♓ Jan 2 6:19	♌ Maio 2 18:59	♒ Set 2 9:35	♌ Jan 3 9:54
♎ Set 4 9:56	♈ Jan 4 12:21	♍ Maio 5 5:59	♓ Set 4 10:51	♍ Jan 5 22:48
♏ Set 6 12:53	♉ Jan 6 22:22	♎ Maio 7 13:30	♈ Set 6 13:26	♎ Jan 8 10:31
♐ Set 8 15:20	♊ Jan 9 10:45	♏ Maio 9 17:07	♉ Set 8 18:44	♏ Jan 10 19:09
♑ Set 10 18:04	♋ Jan 11 23:23	♐ Maio 11 17:55	♊ Set 11 3:31	♐ Jan 12 23:40
♒ Set 12 21:43	♌ Jan 14 10:59	♑ Maio 13 17:50	♋ Set 13 15:10	♑ Jan 15 0:41
♓ Set 15 2:54	♍ Jan 16 21:03	♒ Maio 15 18:51	♌ Set 16 3:46	♒ Jan 16 23:55
♈ Set 17 10:16	♎ Jan 19 5:14	♓ Maio 17 22:23	♍ Set 18 15:07	♓ Jan 18 23:32
♉ Set 19 20:12	♏ Jan 21 10:59	♈ Maio 20 4:55	♎ Set 20 23:58	♈ Jan 21 1:26
♊ Set 22 8:16	♐ Jan 23 14:02	♉ Maio 22 14:00	♏ Set 23 6:18	♉ Jan 23 6:51
♋ Set 24 20:49	♑ Jan 25 14:59	♊ Maio 25 0:55	♐ Set 25 10:42	♊ Jan 25 15:50
♌ Set 27 7:36	♒ Jan 27 15:19	♋ Maio 27 13:06	♑ Set 27 13:54	♋ Jan 28 3:22
♍ Set 29 15:04	♓ Jan 29 16:56	♌ Maio 30 1:50	♒ Set 29 16:32	♌ Jan 30 16:05
♎ Out 1 19:08	♈ Jan 31 21:39	♍ Jun 1 13:38	♓ Out 1 19:14	♍ Fev 2 4:48
♏ Out 3 20:54	♉ Fev 3 6:16	♎ Jun 3 22:31	♈ Out 3 22:46	♎ Fev 4 16:27
♐ Out 5 21:54	♊ Fev 5 17:58	♏ Jun 6 3:20	♉ Out 6 4:09	♏ Fev 7 1:51
♑ Out 7 23:38	♋ Fev 8 6:37	♐ Jun 8 4:31	♊ Out 8 12:16	♐ Fev 9 8:01
♒ Out 10 3:12	♌ Fev 10 18:08	♑ Jun 10 3:48	♋ Out 10 23:18	♑ Fev 11 10:50
♓ Out 12 9:06	♍ Fev 13 3:35	♒ Jun 12 3:23	♌ Out 13 11:55	♒ Fev 13 11:14
♈ Out 14 17:20	♎ Fev 15 10:55	♓ Jun 14 5:17	♍ Out 15 23:40	♓ Fev 15 10:53
♉ Out 17 3:40	♏ Fev 17 16:24	♈ Jun 16 10:42	♎ Out 18 8:32	♈ Fev 17 11:41
♊ Out 19 15:40	♐ Fev 19 20:12	♉ Jun 18 19:33	♏ Out 20 14:06	♉ Fev 19 15:21
♋ Out 22 4:22	♑ Fev 21 22:39	♊ Jun 21 6:46	♐ Out 22 17:16	♊ Fev 21 22:51
♌ Out 24 16:03	♒ Fev 24 0:32	♋ Jun 23 19:10	♑ Out 24 19:28	♋ Fev 24 9:49
♍ Out 27 0:48	♓ Fev 26 3:04	♌ Jun 26 7:51	♒ Out 26 21:57	♌ Fev 26 22:34
♎ Out 29 5:41	♈ Fev 28 7:38	♍ Jun 28 19:53	♓ Out 29 1:26	♍ Mar 1 11:12
♏ Out 31 7:14	♉ Mar 1 15:18	♎ Jul 1 5:46	♈ Out 31 6:11	♎ Mar 3 22:21
♐ Nov 2 7:02	♊ Mar 4 2:08	♏ Jul 3 12:08	♉ Nov 2 12:27	♏ Mar 6 7:24
♑ Nov 4 7:05	♋ Mar 6 14:37	♐ Jul 5 14:42	♊ Nov 4 20:44	♐ Mar 8 14:04
♒ Nov 6 9:14	♌ Mar 9 2:25	♑ Jul 7 14:34	♋ Nov 7 7:26	♑ Mar 10 18:19
♓ Nov 8 14:35	♍ Mar 11 11:47	♒ Jul 9 13:43	♌ Nov 9 19:59	♒ Mar 12 20:29
♈ Nov 10 23:10	♎ Mar 13 18:19	♓ Jul 11 14:19	♍ Nov 12 8:24	♓ Mar 14 21:26
♉ Nov 13 10:04	♏ Mar 15 22:37	♈ Jul 13 18:07	♎ Nov 14 18:07	♈ Mar 16 22:32
♊ Nov 15 22:16	♐ Mar 18 1:37	♉ Jul 16 1:48	♏ Nov 16 23:53	♉ Mar 19 1:25
♋ Nov 18 10:57	♑ Mar 20 4:14	♊ Jul 18 12:40	♐ Nov 19 2:17	♊ Mar 21 7:32
♌ Nov 20 23:04	♒ Mar 22 7:10	♋ Jul 21 1:09	♑ Nov 21 3:02	♋ Mar 23 17:22
♍ Nov 23 9:08	♓ Mar 24 11:02	♌ Jul 23 13:46	♒ Nov 23 4:04	♌ Mar 26 :48
♎ Nov 25 15:41	♈ Mar 26 16:29	♍ Jul 26 1:31	♓ Nov 25 6:49	♍ Mar 28 18:30
♏ Nov 27 18:21	♉ Mar 29 0:13	♎ Jul 28 11:33	♈ Nov 27 11:51	♎ Mar 31 5:21
♐ Nov 29 18:12	♊ Mar 31 10:32	♏ Jul 30 18:55	♉ Nov 29 19:00	♏ Abr 2 13:36
♑ Dez 1 17:11	♋ Abr 2 22:46	♐ Ago 1 23:04	♊ Dez 2 4:01	♐ Abr 4 19:34
♒ Dez 3 17:35	♌ Abr 5 11:01	♑ Ago 4 0:25	♋ Dez 4 14:52	♑ Abr 6 23:52
♓ Dez 5 21:16	♍ Abr 7 21:02	♒ Ago 6 0:21	♌ Dez 7 3:21	♒ Abr 9 3:03
♈ Dez 8 4:59	♎ Abr 10 3:35	♓ Ago 8 0:42	♍ Dez 9 16:13	♓ Abr 11 5:31
♉ Dez 10 15:56	♏ Abr 12 7:01	♈ Ago 10 3:21	♎ Dez 12 3:10	♈ Abr 13 7:55
♊ Dez 13 4:24	♐ Abr 14 8:37	♉ Ago 12 9:36	♏ Dez 14 10:13	♉ Abr 15 11:16
♋ Dez 15 17:00	♑ Abr 16 10:01	♊ Ago 14 19:29	♐ Dez 16 13:07	♊ Abr 17 16:55
♌ Dez 18 4:58	♒ Abr 18 12:32	♋ Ago 17 7:43	♑ Dez 18 13:16	♋ Abr 20 1:50
♍ Dez 20 15:29	♓ Abr 20 16:55	♌ Ago 19 20:18	♒ Dez 20 12:49	♌ Abr 22 13:43
♎ Dez 22 23:29	♈ Abr 22 23:23	♍ Ago 22 7:41	♓ Dez 22 13:47	♍ Abr 25 2:31
♏ Dez 25 4:01	♉ Abr 25 7:50	♎ Ago 24 17:09	♈ Dez 24 17:34	♎ Abr 27 13:34
♐ Dez 27 5:15	♊ Abr 27 18:16	♏ Ago 27 0:24	♉ Dez 27 0:30	♏ Abr 29 21:27
♑ Dez 29 4:38	♋ Abr 30 6:22	♐ Ago 29 5:19	♊ Dez 29 10:01	♐ Maio 2 2:25
♒ Dez 31 4:15		♑ Ago 31 8:09	♋ Dez 31 21:22	

(continua)

Tabela A-2 — A Lua (continuação)

		1962		
♑ Maio 4 5:40	♋ Set 3 12:00	♐ Jan 3 9:54	♉ Maio 4 5:40	♏ Set 3 12:00
♒ Maio 6 8:24	♌ Set 6 0:01	♑ Jan 5 22:48	♊ Maio 6 8:24	♐ Set 6 0:01
♓ Maio 8 11:23	♍ Set 8 13:05	♒ Jan 8 10:31	♋ Maio 8 11:23	♑ Set 8 13:05
♈ Maio 10 14:56	♎ Set 11 1:33	♓ Jan 10 19:09	♌ Maio 10 14:56	♒ Set 11 1:33
♉ Maio 12 19:25	♏ Set 13 12:23	♈ Jan 12 23:40	♍ Maio 12 19:25	♓ Set 13 12:23
♊ Maio 15 1:34	♐ Set 15 20:54	♉ Jan 15 0:41	♎ Maio 15 1:34	♈ Set 15 20:54
♋ Maio 17 10:17	♑ Set 18 2:42	♊ Jan 16 23:55	♏ Maio 17 10:17	♉ Set 18 2:42
♌ Maio 19 21:45	♒ Set 20 5:43	♋ Jan 18 23:32	♐ Maio 19 21:45	♊ Set 20 5:43
♍ Maio 22 10:38	♓ Set 22 6:36	♌ Jan 21 1:26	♑ Maio 22 10:38	♋ Set 22 6:36
♎ Maio 24 22:18	♈ Set 24 6:40	♍ Jan 23 6:51	♒ Maio 24 22:18	♌ Set 24 6:40
♏ Maio 27 6:34	♉ Set 26 7:42	♎ Jan 25 15:50	♓ Maio 27 6:34	♍ Set 26 7:42
♐ Maio 29 11:11	♊ Set 28 11:31	♏ Jan 28 3:22	♈ Maio 29 11:11	♎ Set 28 11:31
♑ Maio 31 13:20	♋ Set 30 19:19	♐ Jan 30 16:05	♉ Maio 31 13:20	♏ Set 30 19:19
♒ Jun 2 14:45	♌ Out 3 6:43	♑ Fev 2 4:48	♊ Jun 2 14:45	♐ Out 3 6:43
♓ Jun 4 16:50	♍ Out 5 19:45	♒ Fev 4 16:27	♋ Jun 4 16:50	♑ Out 5 19:45
♈ Jun 6 20:23	♎ Out 8 8:04	♓ Fev 7 1:51	♌ Jun 6 20:23	♒ Out 8 8:04
♉ Jun 9 1:38	♏ Out 10 18:19	♈ Fev 9 8:01	♍ Jun 9 1:38	♓ Out 10 18:19
♊ Jun 11 8:40	♐ Out 13 2:21	♉ Fev 11 10:50	♎ Jun 11 8:40	♈ Out 13 2:21
♋ Jun 13 17:50	♑ Out 15 8:24	♊ Fev 13 11:14	♏ Jun 13 17:50	♉ Out 15 8:24
♌ Jun 16 5:16	♒ Out 17 12:37	♋ Fev 15 10:53	♐ Jun 16 5:16	♊ Out 17 12:37
♍ Jun 18 18:12	♓ Out 19 15:10	♌ Fev 17 11:41	♑ Jun 18 18:12	♋ Out 19 15:10
♎ Jun 21 6:32	♈ Out 21 16:36	♍ Fev 19 15:21	♒ Jun 21 6:32	♌ Out 21 16:36
♏ Jun 23 15:51	♉ Out 23 18:07	♎ Fev 21 22:51	♓ Jun 23 15:51	♍ Out 23 18:07
♐ Jun 25 21:05	♊ Out 25 21:24	♏ Fev 24 9:49	♈ Jun 25 21:05	♎ Out 25 21:24
♑ Jun 27 23:00	♋ Out 28 4:03	♐ Fev 26 22:34	♉ Jun 27 23:00	♏ Out 28 4:03
♒ Jun 29 23:18	♌ Out 30 14:30	♑ Mar 1 11:12	♊ Jun 29 23:18	♐ Out 30 14:30
♓ Jul 1 23:52	♍ Nov 2 3:17	♒ Mar 3 22:21	♋ Jul 1 23:52	♑ Nov 2 3:17
♈ Jul 4 2:12	♎ Nov 4 15:42	♓ Mar 6 7:24	♌ Jul 4 2:12	♒ Nov 4 15:42
♉ Jul 6 7:01	♏ Nov 7 1:40	♈ Mar 8 14:04	♍ Jul 6 7:01	♓ Nov 7 1:40
♊ Jul 8 14:27	♐ Nov 9 8:51	♉ Mar 10 18:19	♎ Jul 8 14:27	♈ Nov 9 8:51
♋ Jul 11 0:13	♑ Nov 13 13:59	♊ Mar 12 20:29	♏ Jul 11 0:13	♉ Nov 11 13:59
♌ Jul 13 11:56	♒ Nov 13 17:59	♋ Mar 14 21:26	♐ Jul 13 11:56	♊ Nov 13 17:59
♍ Jul 16 0:55	♓ Nov 15 21:18	♌ Mar 16 22:32	♑ Jul 16 0:55	♋ Nov 15 21:18
♎ Jul 18 13:39	♈ Nov 18 0:10	♍ Mar 19 1:25	♒ Jul 18 13:39	♌ Nov 18 0:10
♏ Jul 21 0:04	♉ Nov 20 3:03	♎ Mar 21 7:32	♓ Jul 21 0:04	♍ Nov 20 3:03
♐ Jul 23 6:42	♊ Nov 22 6:59	♏ Mar 23 17:22	♈ Jul 23 6:42	♎ Nov 22 6:59
♑ Jul 25 9:28	♋ Nov 24 13:20	♐ Mar 26 :48	♉ Jul 25 9:28	♏ Nov 24 13:20
♒ Jul 27 9:41	♌ Nov 26 23:01	♑ Mar 28 18:30	♊ Jul 27 9:41	♐ Nov 26 23:01
♓ Jul 29 9:13	♍ Nov 29 11:25	♒ Mar 31 5:21	♋ Jul 29 9:13	♑ Nov 29 11:25
♈ Jul 31 9:56	♎ Dez 2 0:08	♓ Abr 2 13:36	♌ Jul 31 9:56	♒ Dez 2 0:08
♉ Ago 2 13:19	♏ Dez 4 10:30	♈ Abr 4 19:34	♍ Ago 2 13:19	♓ Dez 4 10:30
♊ Ago 4 20:04	♐ Dez 6 17:25	♉ Abr 6 23:52	♎ Ago 4 20:04	♈ Dez 6 17:25
♋ Ago 7 5:56	♑ Dez 8 21:31	♊ Abr 9 3:03	♏ Ago 7 5:56	♉ Dez 8 21:31
♌ Ago 9 17:59	♒ Dez 11 0:11	♋ Abr 11 5:31	♐ Ago 9 17:59	♊ Dez 11 0:11
♍ Ago 12 7:00	♓ Dez 13 2:41	♌ Abr 13 7:55	♑ Ago 12 7:00	♋ Dez 13 2:41
♎ Ago 14 19:44	♈ Dez 15 5:44	♍ Abr 15 11:16	♒ Ago 14 19:44	♌ Dez 15 5:44
♏ Ago 17 6:44	♉ Dez 17 9:39	♎ Abr 17 16:55	♓ Ago 17 6:44	♍ Dez 17 9:39
♐ Ago 19 14:44	♊ Dez 19 14:47	♏ Abr 20 1:50	♈ Ago 19 14:44	♎ Dez 19 14:47
♑ Ago 21 19:07	♋ Dez 21 21:50	♐ Abr 22 13:43	♉ Ago 21 19:07	♏ Dez 21 21:50
♒ Ago 23 20:25	♌ Dez 24 7:26	♑ Abr 25 2:31	♊ Ago 23 20:25	♐ Dez 24 7:26
♓ Ago 25 20:02	♍ Dez 26 19:29	♒ Abr 27 13:34	♋ Ago 25 20:02	♑ Dez 26 19:29
♈ Ago 27 19:49	♎ Dez 29 8:26	♓ Abr 29 21:27	♌ Ago 27 19:49	♒ Dez 29 8:26
♉ Ago 29 21:37	♏ Dez 31 19:42	♈ Maio 2 2:25	♍ Ago 29 21:37	♓ Dez 31 19:42
♊ Set 1 2:53			♎ Set 1 2:53	

Apêndice: Tabelas Planetárias 319

Tabela A-2 — A Lua (continuação)

1963

Signo	Data	Hora
♈	Jan 2	9:21
♉	Jan 4	15:22
♊	Jan 6	18:21
♋	Jan 8	19:59
♌	Jan 10	21:52
♍	Jan 13	1:02
♎	Jan 15	5:49
♏	Jan 17	12:13
♐	Jan 19	20:22
♑	Jan 22	6:42
♒	Jan 24	19:03
♓	Jan 27	7:56
♈	Jan 29	18:47
♉	Fev 1	1:41
♊	Fev 3	4:37
♋	Fev 5	5:11
♌	Fev 7	5:23
♍	Fev 9	7:03
♎	Fev 11	11:11
♏	Fev 13	17:55
♐	Fev 16	2:51
♑	Fev 18	13:39
♒	Fev 21	2:02
♓	Fev 23	15:05
♈	Fev 26	2:52
♉	Fev 28	11:17
♊	Mar 2	15:27
♋	Mar 4	16:15
♌	Mar 6	15:35
♍	Mar 8	15:34
♎	Mar 10	17:56
♏	Mar 12	23:36
♐	Mar 15	8:28
♑	Mar 17	19:41
♒	Mar 20	8:17
♓	Mar 22	21:16
♈	Mar 25	9:20
♉	Mar 27	18:53
♊	Mar 30	0:45
♋	Abr 1	3:01
♌	Abr 3	2:54
♍	Abr 5	2:16
♎	Abr 7	3:07
♏	Abr 9	7:01
♐	Abr 11	14:41
♑	Abr 14	1:38
♒	Abr 16	14:23
♓	Abr 19	3:16
♈	Abr 21	15:03
♉	Abr 24	0:46
♊	Abr 26	7:44
♋	Abr 28	11:40
♌	Abr 30	13:06
♍	Maio 2	13:14
♎	Maio 4	13:43
♏	Maio 6	16:21
♐	Maio 8	22:29
♑	Maio 11	8:27
♒	Maio 13	20:58
♓	Maio 16	9:50
♈	Maio 18	21:14
♉	Maio 21	6:23
♊	Maio 23	13:14
♋	Maio 25	18:00
♌	Maio 27	20:55
♍	Maio 29	22:33
♎	Maio 31	23:54
♏	Jun 3	2:23
♐	Jun 5	7:34
♑	Jun 7	16:24
♒	Jun 10	4:20
♓	Jun 12	17:12
♈	Jun 15	4:31
♉	Jun 17	13:04
♊	Jun 19	19:04
♋	Jun 21	23:22
♌	Jun 24	2:42
♍	Jun 26	5:30
♎	Jun 28	8:11
♏	Jun 30	11:32
♐	Jul 2	16:44
♑	Jul 5	0:57
♒	Jul 7	12:18
♓	Jul 10	1:09
♈	Jul 12	12:46
♉	Jul 14	21:15
♊	Jul 17	2:31
♋	Jul 19	5:42
♌	Jul 21	8:12
♍	Jul 23	10:57
♎	Jul 25	14:25
♏	Jul 27	18:53
♐	Jul 30	0:52
♑	Ago 1	9:11
♒	Ago 3	20:14
♓	Ago 6	9:04
♈	Ago 8	21:16
♉	Ago 11	6:25
♊	Ago 13	11:43
♋	Ago 15	14:07
♌	Ago 17	15:17
♍	Ago 19	16:50
♎	Ago 21	19:48
♏	Ago 24	0:38
♐	Ago 26	7:28
♑	Ago 28	16:25
♒	Ago 31	3:35
♓	Set 2	16:24
♈	Set 5	5:07
♉	Set 7	15:22
♊	Set 9	21:42
♋	Set 12	0:19
♌	Set 14	0:44
♍	Set 16	0:49
♎	Set 18	2:16
♏	Set 20	6:13
♐	Set 22	13:03
♑	Set 24	22:33
♒	Set 27	10:07
♓	Set 29	22:58
♈	Out 2	11:50
♉	Out 4	23:00
♊	Out 7	6:50
♋	Out 9	10:49
♌	Out 11	11:44
♍	Out 13	11:11
♎	Out 15	11:09
♏	Out 17	13:23
♐	Out 19	19:04
♑	Out 22	4:19
♒	Out 24	16:10
♓	Out 27	5:07
♈	Out 29	17:49
♉	Nov 1	5:09
♊	Nov 3	14:02
♋	Nov 5	19:45
♌	Nov 7	22:16
♍	Nov 9	22:30
♎	Nov 11	22:03
♏	Nov 13	22:54
♐	Nov 16	2:53
♑	Nov 18	10:56
♒	Nov 20	22:28
♓	Nov 23	11:30
♈	Nov 26	0:00
♉	Nov 28	10:51
♊	Nov 30	19:41
♋	Dez 3	2:18
♌	Dez 5	6:31
♍	Dez 7	8:28
♎	Dez 9	9:02
♏	Dez 11	9:46
♐	Dez 13	12:38
♑	Dez 15	19:12
♒	Dez 18	5:45
♓	Dez 20	18:38
♈	Dez 23	7:09
♉	Dez 25	17:33
♊	Dez 28	1:33
♋	Dez 30	7:41
♌	Dez 31	19:42

1964

Signo	Data	Hora
♍	Jan 2	9:21
♎	Jan 4	15:22
♏	Jan 6	18:21
♐	Jan 8	19:59
♑	Jan 10	21:52
♒	Jan 13	1:02
♓	Jan 15	5:49
♈	Jan 17	12:13
♉	Jan 19	20:22
♊	Jan 22	6:42
♋	Jan 24	19:03
♌	Jan 27	7:56
♍	Jan 29	18:47
♎	Fev 1	1:41
♏	Fev 3	4:37
♐	Fev 5	5:11
♑	Fev 7	5:23
♒	Fev 9	7:03
♓	Fev 11	11:11
♈	Fev 13	17:55
♉	Fev 16	2:51
♊	Fev 18	13:39
♋	Fev 21	2:02
♌	Fev 23	15:05
♍	Fev 26	2:52
♎	Fev 28	11:17
♏	Mar 2	15:27
♐	Mar 4	16:15
♑	Mar 6	15:35
♒	Mar 8	15:34
♓	Mar 10	17:56
♈	Mar 12	23:36
♉	Mar 15	8:28
♊	Mar 17	19:41
♋	Mar 20	8:17
♌	Mar 22	21:16
♍	Mar 25	9:20
♎	Mar 27	18:53
♏	Mar 30	0:45
♐	Abr 1	3:01
♑	Abr 3	2:54
♒	Abr 5	2:16
♓	Abr 7	3:07
♈	Abr 9	7:01
♉	Abr 11	14:41
♊	Abr 14	1:38
♋	Abr 16	14:23
♌	Abr 19	3:16
♍	Abr 21	15:03
♎	Abr 24	0:46
♏	Abr 26	7:44
♐	Abr 28	11:40
♑	Abr 30	13:06
♒	Maio 2	13:14
♓	Maio 4	13:43
♈	Maio 6	16:21
♉	Maio 8	22:29
♊	Maio 11	8:27
♋	Maio 13	20:58
♌	Maio 16	9:50
♍	Maio 18	21:14
♎	Maio 21	6:23
♏	Maio 23	13:14
♐	Maio 25	18:00
♑	Maio 27	20:55
♒	Maio 29	22:33
♓	Maio 31	23:54
♈	Jun 3	2:23
♉	Jun 5	7:34
♊	Jun 7	16:24
♋	Jun 10	4:20
♌	Jun 12	17:12
♍	Jun 15	4:31
♎	Jun 17	13:04
♏	Jun 19	19:04
♐	Jun 21	23:22
♑	Jun 24	2:42
♒	Jun 26	5:30
♓	Jun 28	8:11
♈	Jun 30	11:32
♉	Jul 2	16:44
♊	Jul 5	0:57
♋	Jul 7	12:18
♌	Jul 10	1:09
♍	Jul 12	12:46
♎	Jul 14	21:15
♏	Jul 17	2:31
♐	Jul 19	5:42
♑	Jul 21	8:12
♒	Jul 23	10:57
♓	Jul 25	14:25
♈	Jul 27	18:53
♉	Jul 30	0:52
♊	Ago 1	9:11
♋	Ago 3	20:14
♌	Ago 6	9:04
♍	Ago 8	21:16
♎	Ago 11	6:25
♏	Ago 13	11:43
♐	Ago 15	14:07
♑	Ago 17	15:17
♒	Ago 19	16:50
♓	Ago 21	19:48
♈	Ago 24	0:38
♉	Ago 26	7:28
♊	Ago 28	16:25
♋	Ago 31	3:35

(continua)

Tabela A-2 — A Lua (continuação)

Coluna 1

♌ Set 2 16:24
♍ Set 5 5:07
♎ Set 7 15:22
♏ Set 9 21:42
♐ Set 12 0:19
♑ Set 14 0:44
♒ Set 16 0:49
♓ Set 18 2:16
♈ Set 20 6:13
♉ Set 22 13:03
♊ Set 24 22:33
♋ Set 27 10:07
♌ Set 29 22:58
♍ Out 2 11:50
♎ Out 4 23:00
♏ Out 7 6:50
♐ Out 9 10:49
♑ Out 11 11:44
♒ Out 13 11:11
♓ Out 15 11:09
♈ Out 17 13:23
♉ Out 19 19:04
♊ Out 22 4:19
♋ Out 24 16:10
♌ Out 27 5:07
♍ Out 29 17:49
♎ Nov 1 5:09
♏ Nov 3 14:02
♐ Nov 5 19:45
♑ Nov 7 22:16
♒ Nov 9 22:30
♓ Nov 11 22:03
♈ Nov 13 22:54
♉ Nov 16 2:53
♊ Nov 18 10:56
♋ Nov 20 22:28
♌ Nov 23 11:30
♍ Nov 26 0:00
♎ Nov 28 10:51
♏ Nov 30 19:41
♐ Dez 3 2:18
♑ Dez 5 6:31
♒ Dez 7 8:28
♓ Dez 9 9:02
♈ Dez 11 9:46
♉ Dez 13 12:38
♊ Dez 15 19:12
♋ Dez 18 5:45
♌ Dez 20 18:38
♍ Dez 23 7:09
♎ Dez 25 17:33
♏ Dez 28 1:33
♐ Dez 30 7:41

1965

♑ Jan 1 12:21
♒ Jan 3 15:42
♓ Jan 5 17:56
♈ Jan 7 19:50
♉ Jan 9 22:52
♊ Jan 12 4:39
♋ Jan 14 14:09
♌ Jan 17 2:33
♍ Jan 19 15:16
♎ Jan 22 1:47
♏ Jan 24 9:13
♐ Jan 26 14:13
♑ Jan 28 17:54
♒ Jan 30 21:05
♓ Fev 2 0:11
♈ Fev 4 3:29
♉ Fev 6 7:40
♊ Fev 8 13:50
♋ Fev 10 22:55
♌ Fev 13 10:47
♍ Fev 15 23:39
♎ Fev 18 10:50
♏ Fev 20 18:38
♐ Fev 22 23:06
♑ Fev 25 1:29
♒ Fev 27 3:15
♓ Mar 1 5:33
♈ Mar 3 9:06
♉ Mar 5 14:16
♊ Mar 7 21:25
♋ Mar 10 6:54
♌ Mar 12 18:37
♍ Mar 15 7:31
♎ Mar 17 19:28
♏ Mar 20 4:22
♐ Mar 22 9:28
♑ Mar 24 11:27
♒ Mar 26 11:54
♓ Mar 28 12:31
♈ Mar 30 14:49
♉ Abr 1 19:41
♊ Abr 4 3:23
♋ Abr 6 13:33
♌ Abr 9 1:32
♍ Abr 11 14:25
♎ Abr 14 2:48
♏ Abr 16 12:55
♐ Abr 18 19:27
♑ Abr 20 22:19
♒ Abr 22 22:34
♓ Abr 24 21:59
♈ Abr 26 22:32
♉ Abr 29 1:55

Coluna 3

♊ Maio 1 8:58
♋ Maio 3 19:19
♌ Maio 6 7:39
♍ Maio 8 20:34
♎ Maio 11 8:57
♏ Maio 13 19:40
♐ Maio 16 3:38
♑ Maio 18 8:06
♒ Maio 20 9:24
♓ Maio 22 8:51
♈ Maio 24 8:24
♉ Maio 26 10:09
♊ Maio 28 15:42
♋ Maio 31 1:18
♌ Jun 2 13:37
♍ Jun 5 2:35
♎ Jun 7 14:44
♏ Jun 10 1:19
♐ Jun 12 9:50
♑ Jun 14 15:42
♒ Jun 16 18:38
♓ Jun 18 19:14
♈ Jun 20 19:01
♉ Jun 22 20:00
♊ Jun 25 0:09
♋ Jun 27 8:28
♌ Jun 29 20:11
♍ Jul 2 9:05
♎ Jul 4 21:03
♏ Jul 7 7:08
♐ Jul 9 15:15
♑ Jul 11 21:26
♒ Jul 14 1:33
♓ Jul 16 3:42
♈ Jul 18 4:42
♉ Jul 20 6:05
♊ Jul 22 9:41
♋ Jul 24 16:53
♌ Jul 27 3:43
♍ Jul 29 16:23
♎ Ago 1 4:24
♏ Ago 3 14:09
♐ Ago 5 21:29
♑ Ago 8 2:56
♒ Ago 10 7:00
♓ Ago 12 9:58
♈ Ago 14 12:18
♉ Ago 16 14:53
♊ Ago 18 18:59
♋ Ago 21 1:51
♌ Ago 23 11:58
♍ Ago 26 0:18
♎ Ago 28 12:33
♏ Ago 30 22:33

Coluna 4

♐ Set 2 5:31
♑ Set 4 9:56
♒ Set 6 12:53
♓ Set 8 15:20
♈ Set 10 18:04
♉ Set 12 21:43
♊ Set 15 2:54
♋ Set 17 10:16
♌ Set 19 20:12
♍ Set 22 8:16
♎ Set 24 20:49
♏ Set 27 7:36
♐ Set 29 15:04
♑ Out 1 19:08
♒ Out 3 20:54
♓ Out 5 21:54
♈ Out 7 23:38
♉ Out 10 3:12
♊ Out 12 9:06
♋ Out 14 17:20
♌ Out 17 3:40
♍ Out 19 15:40
♎ Out 22 4:22
♏ Out 24 16:03
♐ Out 27 0:48
♑ Out 29 5:41
♒ Out 31 7:14
♓ Nov 2 7:02
♈ Nov 4 7:05
♉ Nov 6 9:14
♊ Nov 8 14:35
♋ Nov 10 23:10
♌ Nov 13 10:04
♍ Nov 15 22:16
♎ Nov 18 10:57
♏ Nov 20 23:04
♐ Nov 25 15:41
♑ Nov 27 18:21
♒ Nov 29 18:12
♓ Dez 1 17:11
♈ Dez 3 17:35
♉ Dez 5 21:16
♊ Dez 8 4:59
♋ Dez 10 15:56
♌ Dez 13 4:24
♍ Dez 15 17:00
♎ Dez 18 4:58
♏ Dez 20 15:29
♐ Dez 22 23:29
♑ Dez 25 4:01
♒ Dez 27 5:15
♓ Dez 29 4:38
♈ Dez 31 4:15

1966

♉ Jan 1 14:46
♊ Jan 3 21:06
♋ Jan 5 23:40
♌ Jan 7 23:50
♍ Jan 9 23:34
♎ Jan 12 0:53
♏ Jan 14 5:08
♐ Jan 16 12:39
♑ Jan 18 22:45
♒ Jan 21 10:26
♓ Jan 23 22:58
♈ Jan 26 11:33
♉ Jan 28 22:43
♊ Jan 31 6:43
♋ Fev 2 10:41
♌ Fev 4 11:14
♍ Fev 6 10:11
♎ Fev 8 9:50
♏ Fev 10 12:15
♐ Fev 12 18:33
♑ Fev 15 4:26
♒ Fev 17 16:25
♓ Fev 20 5:05
♈ Fev 22 17:30
♉ Fev 25 4:53
♊ Fev 27 14:03
♋ Mar 1 19:48
♌ Mar 3 21:57
♍ Mar 5 21:36
♎ Mar 7 20:48
♏ Mar 9 21:47
♐ Mar 12 2:18
♑ Mar 14 10:55
♒ Mar 16 22:35
♓ Mar 19 11:19
♈ Mar 21 23:33
♉ Mar 24 10:32
♊ Mar 26 19:41
♋ Mar 29 2:23
♌ Mar 31 6:12
♍ Abr 2 7:31
♎ Abr 4 7:40
♏ Abr 6 8:30
♐ Abr 8 11:54
♑ Abr 10 19:02
♒ Abr 13 5:42
♓ Abr 15 18:13
♈ Abr 18 6:27
♉ Abr 20 17:00
♊ Abr 23 1:27
♋ Abr 25 7:48
♌ Abr 27 12:09
♍ Abr 29 14:50

Apêndice: Tabelas Planetárias — 321

Tabela A-2 — A Lua (continuação)

♎ Maio 1	16:31	♈ Set 1	19:27	**1967**		♓ Maio 2	21:47	♍ Set 3	14:07
♏ Maio 3	18:23	♉ Set 4	7:59	♎ Jan 2	14:04	♈ Maio 5	10:10	♎ Set 5	15:03
♐ Maio 5	21:52	♊ Set 6	18:52	♏ Jan 4	17:16	♉ Maio 7	23:09	♏ Set 7	15:44
♑ Maio 8	4:12	♋ Set 9	2:26	♐ Jan 6	21:28	♊ Maio 10	11:08	♐ Set 9	17:40
♒ Maio 10	13:52	♌ Set 11	6:01	♑ Jan 9	2:53	♋ Maio 12	21:11	♑ Set 11	21:43
♓ Maio 13	1:55	♍ Set 13	6:25	♒ Jan 11	10:05	♌ Maio 15	4:49	♒ Set 14	4:08
♈ Maio 15	14:15	♎ Set 15	5:33	♓ Jan 13	19:45	♍ Maio 17	9:52	♓ Set 16	12:53
♉ Maio 18	0:49	♏ Set 17	5:34	♈ Jan 16	7:48	♎ Maio 19	12:31	♈ Set 18	23:46
♊ Maio 20	8:40	♐ Set 19	8:21	♉ Jan 18	20:39	♏ Maio 21	13:30	♉ Set 21	12:20
♋ Maio 22	14:00	♑ Set 21	14:52	♊ Jan 21	7:38	♐ Maio 23	14:06	♊ Set 24	1:21
♌ Maio 24	17:37	♒ Set 24	0:48	♋ Jan 23	14:51	♑ Maio 25	15:58	♋ Set 26	12:45
♍ Maio 26	20:22	♓ Set 26	12:48	♌ Jan 25	18:20	♒ Maio 27	20:44	♌ Set 28	20:41
♎ Maio 28	23:00	♈ Set 29	1:29	♍ Jan 27	19:36	♓ Maio 30	5:18	♍ Out 1	0:38
♏ Maio 31	2:11	♉ Out 1	13:47	♎ Jan 29	20:33	♈ Jun 1	17:07	♎ Out 3	1:34
♐ Jun 2	6:38	♊ Out 4	0:43	♏ Jan 31	22:44	♉ Jun 4	6:04	♏ Out 5	1:14
♑ Jun 4	13:10	♋ Out 6	9:12	♐ Fev 3	2:55	♊ Jun 6	17:52	♐ Out 7	1:32
♒ Jun 6	22:21	♌ Out 8	14:25	♑ Fev 5	9:10	♋ Jun 9	3:18	♑ Out 9	4:04
♓ Jun 9	9:57	♍ Out 10	16:27	♒ Fev 7	17:17	♌ Jun 11	10:19	♒ Out 11	9:45
♈ Jun 11	22:26	♎ Out 12	16:29	♓ Fev 10	3:19	♍ Jun 13	15:24	♓ Out 13	18:38
♉ Jun 14	9:29	♏ Out 14	16:21	♈ Fev 12	15:17	♎ Jun 15	18:58	♈ Out 16	5:58
♊ Jun 16	17:26	♐ Out 16	17:59	♉ Fev 15	4:19	♏ Jun 17	21:25	♉ Out 18	18:41
♋ Jun 18	22:05	♑ Out 18	22:55	♊ Fev 17	16:16	♐ Jun 19	23:20	♊ Out 21	7:38
♌ Jun 21	0:29	♒ Out 21	7:41	♋ Fev 20	0:48	♑ Jun 22	1:46	♋ Out 23	19:27
♍ Jun 23	2:08	♓ Out 23	19:20	♌ Fev 22	5:04	♒ Jun 24	6:11	♌ Out 26	4:40
♎ Jun 25	4:23	♈ Out 26	8:03	♍ Fev 24	6:04	♓ Jun 26	13:49	♍ Out 28	10:19
♏ Jun 27	8:04	♉ Out 28	20:05	♎ Fev 26	5:44	♈ Jun 29	0:53	♎ Out 30	12:31
♐ Jun 29	13:31	♊ Out 31	6:28	♏ Fev 28	6:09	♉ Jul 1	13:43	♏ Nov 1	12:26
♑ Jul 1	20:51	♋ Nov 2	14:43	♐ Mar 2	8:53	♊ Jul 4	1:39	♐ Nov 3	11:51
♒ Jul 4	6:14	♌ Nov 4	20:36	♑ Mar 4	14:35	♋ Jul 6	10:47	♑ Nov 5	12:44
♓ Jul 6	17:39	♍ Nov 7	0:10	♒ Mar 6	23:03	♌ Jul 8	16:58	♒ Nov 7	16:45
♈ Jul 9	6:16	♎ Nov 9	1:54	♓ Mar 9	9:41	♍ Jul 10	21:07	♓ Nov 10	0:42
♉ Jul 11	18:03	♏ Nov 11	2:53	♈ Mar 11	21:53	♎ Jul 13	0:20	♈ Nov 12	11:58
♊ Jul 14	2:51	♐ Nov 13	4:36	♉ Mar 14	10:54	♏ Jul 15	3:17	♉ Nov 15	0:52
♋ Jul 16	7:44	♑ Nov 15	8:37	♊ Mar 16	23:19	♐ Jul 17	6:22	♊ Nov 17	13:40
♌ Jul 18	9:27	♒ Nov 17	16:03	♋ Mar 19	9:10	♑ Jul 19	9:59	♋ Nov 20	1:13
♍ Jul 20	9:47	♓ Nov 20	2:53	♌ Mar 21	15:04	♒ Jul 21	14:59	♌ Nov 22	10:47
♎ Jul 22	10:38	♈ Nov 22	15:31	♍ Mar 23	17:08	♓ Jul 23	22:28	♍ Nov 24	17:46
♏ Jul 24	13:32	♉ Nov 25	3:37	♎ Mar 25	16:50	♈ Jul 26	9:00	♎ Nov 26	21:48
♐ Jul 26	19:04	♊ Nov 27	13:31	♏ Mar 27	16:10	♉ Jul 28	21:40	♏ Nov 28	23:13
♑ Jul 29	3:04	♋ Nov 29	20:50	♐ Mar 29	17:08	♊ Jul 31	10:00	♐ Nov 30	23:10
♒ Jul 31	13:02	♌ Dez 2	2:02	♑ Mar 31	21:11	♋ Ago 2	19:32	♑ Dez 2	23:25
♓ Ago 3	0:36	♍ Dez 4	5:48	♒ Abr 3	4:49	♌ Ago 5	1:26	♒ Dez 5	1:57
♈ Ago 5	13:15	♎ Dez 6	8:43	♓ Abr 5	15:29	♍ Ago 7	4:36	♓ Dez 7	8:19
♉ Ago 8	1:38	♏ Dez 8	11:18	♈ Abr 8	3:57	♎ Ago 9	6:34	♈ Dez 9	18:43
♊ Ago 10	11:38	♐ Dez 10	14:13	♉ Abr 10	16:56	♏ Ago 11	8:44	♉ Dez 12	7:32
♋ Ago 12	17:41	♑ Dez 12	18:30	♊ Abr 13	5:15	♐ Ago 13	11:52	♊ Dez 14	20:18
♌ Ago 14	19:50	♒ Dez 15	1:19	♋ Abr 15	15:37	♑ Ago 15	16:18	♋ Dez 17	7:23
♍ Ago 16	19:35	♓ Dez 17	11:17	♌ Abr 17	22:54	♒ Ago 17	22:17	♌ Dez 19	16:21
♎ Ago 18	19:05	♈ Dez 19	23:39	♍ Abr 20	2:42	♓ Ago 20	6:18	♍ Dez 21	23:21
♏ Ago 20	20:24	♉ Dez 22	12:07	♎ Abr 22	3:41	♈ Ago 22	16:47	♎ Dez 24	4:27
♐ Ago 23	0:51	♊ Dez 24	22:14	♏ Abr 24	3:19	♉ Ago 25	5:21	♏ Dez 26	7:36
♑ Ago 25	8:37	♋ Dez 27	4:58	♐ Abr 26	3:27	♊ Ago 27	18:08	♐ Dez 28	9:09
♒ Ago 27	18:56	♌ Dez 29	8:57	♑ Abr 28	5:54	♋ Ago 30	4:34	♑ Dez 30	10:11
♓ Ago 30	6:48	♍ Dez 31	11:33	♒ Abr 30	11:57	♌ Set 1	11:08		

(continua)

Tabela A-2 — A Lua (continuação)

1968				1969	
≈ Jan 1 12:24	♋ Maio 1 22:50	♑ Set 1 10:22	♋ Jan 2 14:04	♐ Maio 2 21:47	
♓ Jan 3 17:35	♌ Maio 4 9:54	≈ Set 3 13:19	♌ Jan 4 17:16	♑ Maio 5 10:10	
♈ Jan 6 2:45	♍ Maio 6 17:58	♓ Set 5 17:27	♍ Jan 6 21:28	≈ Maio 7 23:09	
♉ Jan 8 15:02	♎ Maio 8 22:21	♈ Set 7 23:49	♎ Jan 9 2:53	♓ Maio 10 11:08	
♊ Jan 11 3:54	♏ Maio 10 23:30	♉ Set 10 9:06	♏ Jan 11 10:05	♈ Maio 12 21:11	
♋ Jan 13 14:54	♐ Maio 12 22:53	♊ Set 12 20:54	♐ Jan 13 19:45	♉ Maio 15 4:49	
♌ Jan 15 23:09	♑ Maio 14 22:31	♋ Set 15 9:28	♑ Jan 16 7:48	♊ Maio 17 9:52	
♍ Jan 18 5:11	≈ Maio 17 0:22	♌ Set 17 20:25	≈ Jan 18 20:39	♋ Maio 19 12:31	
♎ Jan 20 9:47	♓ Maio 19 5:53	♍ Set 20 4:15	♓ Jan 21 7:38	♌ Maio 21 13:30	
♏ Jan 22 13:28	♈ Maio 21 15:14	♎ Set 22 9:00	♈ Jan 23 14:51	♍ Maio 23 14:06	
♐ Jan 24 16:23	♉ Maio 24 3:15	♏ Set 24 11:39	♉ Jan 25 18:20	♎ Maio 25 15:58	
♑ Jan 26 18:57	♊ Maio 26 16:12	♐ Set 26 13:30	♊ Jan 27 19:36	♏ Maio 27 20:44	
≈ Jan 28 22:06	♋ Maio 29 4:43	♑ Set 28 15:44	♋ Jan 29 20:33	♐ Maio 30 5:18	
♓ Jan 31 3:16	♌ Maio 31 15:53	≈ Set 30 19:11	♌ Jan 31 22:44	♑ Jun 1 17:07	
♈ Fev 2 11:39	♍ Jun 3 0:52	♓ Out 3 0:21	♍ Fev 3 2:55	≈ Jun 4 6:04	
♉ Fev 4 23:15	♎ Jun 5 6:49	♈ Out 5 7:35	♎ Fev 5 9:10	♓ Jun 6 17:52	
♊ Fev 7 12:09	♏ Jun 7 9:30	♉ Out 7 17:07	♏ Fev 7 17:17	♈ Jun 9 3:18	
♋ Fev 9 23:34	♐ Jun 9 9:42	♊ Out 10 4:43	♐ Fev 10 3:19	♉ Jun 11 10:19	
♌ Fev 12 7:50	♑ Jun 11 9:05	♋ Out 12 17:23	♑ Fev 12 15:17	♊ Jun 13 15:24	
♍ Fev 14 13:02	≈ Jun 13 9:46	♌ Out 15 5:08	≈ Fev 15 4:19	♋ Jun 15 18:58	
♎ Fev 16 16:21	♓ Jun 15 13:42	♍ Out 17 13:58	♓ Fev 17 16:16	♌ Jun 17 21:25	
♏ Fev 18 19:00	♈ Jun 17 21:50	♎ Out 19 19:05	♈ Fev 20 0:48	♍ Jun 19 23:20	
♐ Fev 20 21:48	♉ Jun 20 9:25	♏ Out 21 21:05	♉ Fev 22 5:04	♎ Jun 22 1:46	
♑ Fev 23 1:12	♊ Jun 22 22:22	♐ Out 23 21:32	♊ Fev 24 6:04	♏ Jun 24 6:11	
≈ Fev 25 5:37	♋ Jun 25 10:43	♑ Out 25 22:13	♋ Fev 26 5:44	♐ Jun 26 13:49	
♓ Fev 27 11:42	♌ Jun 27 21:30	≈ Out 28 0:43	♌ Fev 28 6:09	♑ Jun 29 0:53	
♈ Fev 29 20:14	♍ Jun 30 6:26	♓ Out 30 5:54	♍ Mar 2 8:53	≈ Jul 1 13:43	
♉ Mar 3 7:28	♎ Jul 2 13:10	♈ Nov 1 13:51	♎ Mar 4 14:35	♓ Jul 4 1:39	
♊ Mar 5 20:17	♏ Jul 4 17:20	♉ Nov 4 0:01	♏ Mar 6 23:03	♈ Jul 6 10:47	
♋ Mar 8 8:21	♐ Jul 6 19:05	♊ Nov 6 11:48	♐ Mar 9 9:41	♉ Jul 8 16:58	
♌ Mar 10 17:27	♑ Jul 8 19:24	♋ Nov 9 0:26	♑ Mar 11 21:53	♊ Jul 10 21:07	
♍ Mar 12 22:51	≈ Jul 10 20:03	♌ Nov 11 12:45	≈ Mar 14 10:54	♋ Jul 13 0:20	
♎ Mar 15 1:23	♓ Jul 12 23:03	♍ Nov 13 22:55	♓ Mar 16 23:19	♌ Jul 15 3:17	
♏ Mar 17 2:33	♈ Jul 15 5:51	♎ Nov 16 5:26	♈ Mar 19 9:10	♍ Jul 17 6:22	
♐ Mar 19 3:54	♉ Jul 17 16:30	♏ Nov 18 8:06	♉ Mar 21 15:04	♎ Jul 19 9:59	
♑ Mar 21 6:34	♊ Jul 20 5:13	♐ Nov 20 8:04	♊ Mar 23 17:08	♏ Jul 21 14:59	
≈ Mar 23 11:16	♋ Jul 22 17:31	♑ Nov 22 7:20	♋ Mar 25 16:50	♐ Jul 23 22:28	
♓ Mar 25 18:15	♌ Jul 25 3:55	≈ Nov 24 8:02	♌ Mar 27 16:10	♑ Jul 26 9:00	
♈ Mar 28 3:32	♍ Jul 27 12:10	♓ Nov 26 11:52	♍ Mar 29 17:08	≈ Jul 28 21:40	
♉ Mar 30 14:55	♎ Jul 29 18:32	♈ Nov 28 19:26	♎ Mar 31 21:11	♓ Jul 31 10:00	
♊ Abr 2 3:40	♏ Jul 31 23:11	♉ Dez 1 5:58	♏ Abr 3 4:49	♈ Ago 2 19:32	
♋ Abr 4 16:13	♐ Ago 3 2:11	♊ Dez 3 18:06	♐ Abr 5 15:29	♉ Ago 5 1:26	
♌ Abr 7 2:28	♑ Ago 5 3:57	♋ Dez 6 6:43	♑ Abr 8 3:57	♊ Ago 7 4:36	
♍ Abr 9 9:04	≈ Ago 7 5:37	♌ Dez 8 19:02	≈ Abr 10 16:56	♋ Ago 9 6:34	
♎ Abr 11 12:01	♓ Ago 9 8:46	♍ Dez 11 5:59	♓ Abr 13 5:15	♌ Ago 11 8:44	
♏ Abr 13 12:32	♈ Ago 11 14:53	♎ Dez 13 14:08	♈ Abr 15 15:37	♍ Ago 13 11:52	
♐ Abr 15 12:23	♉ Ago 14 0:36	♏ Dez 15 18:31	♉ Abr 17 22:54	♎ Ago 15 16:18	
♑ Abr 17 13:23	♊ Ago 16 12:51	♐ Dez 17 19:27	♊ Abr 20 2:42	♏ Ago 17 22:17	
≈ Abr 19 16:57	♋ Ago 19 1:15	♑ Dez 19 18:32	♋ Abr 22 3:41	♐ Ago 20 6:18	
♓ Abr 21 23:46	♌ Ago 21 11:40	≈ Dez 21 17:59	♌ Abr 24 3:19	♑ Ago 22 16:47	
♈ Abr 24 9:32	♍ Ago 23 19:21	♓ Dez 23 20:01	♍ Abr 26 3:27	≈ Ago 25 5:21	
♉ Abr 26 21:22	♎ Ago 26 0:45	♈ Dez 26 2:02	♎ Abr 28 5:54	♓ Ago 27 18:08	
♊ Abr 29 10:11	♏ Ago 28 4:38	♉ Dez 28 11:57	♏ Abr 30 11:57	♈ Ago 30 4:34	
	♐ Ago 30 7:40	♊ Dez 31 0:11		♉ Set 1 11:08	

Apêndice: Tabelas Planetárias 323

Tabela A-2 — A Lua (continuação)

	1970			1971
♊ Set 3 14:07	♏ Jan 2 9:21	♈ Maio 2 13:14	♎ Set 2 16:24	♈ Jan 1 1:08
♋ Set 5 15:03	♐ Jan 4 15:22	♉ Maio 4 13:43	♏ Set 5 5:07	♉ Jan 3 3:26
♌ Set 7 15:44	♑ Jan 6 18:21	♊ Maio 6 16:21	♐ Set 7 15:22	♊ Jan 5 7:00
♍ Set 9 17:40	♒ Jan 8 19:59	♋ Maio 8 22:29	♑ Set 9 21:42	♋ Jan 7 12:08
♎ Set 11 21:43	♓ Jan 10 21:52	♌ Maio 11 8:27	♒ Set 12 0:19	♌ Jan 9 19:09
♏ Set 14 4:08	♈ Jan 13 1:02	♍ Maio 13 20:58	♓ Set 14 0:44	♍ Jan 12 4:24
♐ Set 16 12:53	♉ Jan 15 5:49	♎ Maio 16 9:50	♈ Set 16 0:49	♎ Jan 14 15:57
♑ Set 18 23:46	♊ Jan 17 12:13	♏ Maio 18 21:14	♍ Set 18 2:16	♏ Jan 17 4:53
♒ Set 21 12:20	♋ Jan 19 20:22	♐ Maio 21 6:23	♎ Set 20 6:13	♐ Jan 19 17:04
♓ Set 24 1:21	♌ Jan 22 6:42	♑ Maio 23 13:14	♋ Set 22 13:03	♑ Jan 22 2:15
♈ Set 26 12:45	♍ Jan 24 19:03	♒ Maio 25 18:00	♌ Set 24 22:33	♒ Jan 24 7:32
♉ Set 28 20:41	♎ Jan 27 7:56	♓ Maio 27 20:55	♍ Set 27 10:07	♓ Jan 26 9:36
♊ Out 1 0:38	♏ Jan 29 18:47	♈ Maio 29 22:33	♎ Set 29 22:58	♈ Jan 28 10:02
♋ Out 3 1:34	♐ Fev 1 1:41	♉ Maio 31 23:54	♏ Out 2 11:50	♉ Jan 30 10:36
♌ Out 5 1:14	♑ Fev 3 4:37	♊ Jun 3 2:23	♐ Out 4 23:00	♊ Fev 1 12:49
♍ Out 7 1:32	♒ Fev 5 5:11	♋ Jun 5 7:34	♑ Out 7 6:50	♋ Fev 3 17:34
♎ Out 9 4:04	♓ Fev 7 5:23	♌ Jun 7 16:24	♒ Out 9 10:49	♌ Fev 6 1:07
♏ Out 11 9:45	♈ Fev 9 7:03	♍ Jun 10 4:20	♓ Out 11 11:44	♍ Fev 8 11:06
♐ Out 13 18:38	♉ Fev 11 11:11	♎ Jun 12 17:12	♈ Out 13 11:11	♎ Fev 10 22:58
♑ Out 16 5:58	♊ Fev 13 17:55	♏ Jun 15 4:31	♉ Out 15 11:09	♏ Fev 13 11:50
♒ Out 18 18:41	♋ Fev 16 2:51	♐ Jun 17 13:04	♊ Out 17 13:23	♐ Fev 16 0:22
♓ Out 21 7:38	♌ Fev 18 13:39	♑ Jun 19 19:04	♋ Out 19 19:04	♑ Fev 18 10:45
♈ Out 23 19:27	♍ Fev 21 2:02	♒ Jun 21 23:22	♌ Out 22 4:19	♒ Fev 20 17:37
♉ Out 26 4:40	♎ Fev 23 15:05	♓ Jun 24 2:42	♍ Out 24 16:10	♓ Fev 22 20:43
♊ Out 28 10:19	♏ Fev 26 2:52	♈ Jun 26 5:30	♎ Out 27 5:07	♈ Fev 24 21:05
♋ Out 30 12:31	♐ Fev 28 11:17	♉ Jun 28 8:11	♏ Out 29 17:49	♉ Fev 26 20:30
♌ Nov 1 12:26	♑ Mar 2 15:27	♊ Jun 30 11:32	♐ Nov 1 5:09	♊ Fev 28 20:54
♍ Nov 3 11:51	♒ Mar 4 16:15	♋ Jul 2 16:44	♑ Nov 3 14:02	♋ Mar 3 0:01
♎ Nov 5 12:44	♓ Mar 6 15:35	♌ Jul 5 0:57	♒ Nov 5 19:45	♌ Mar 5 6:47
♏ Nov 7 16:45	♈ Mar 8 15:34	♍ Jul 7 12:18	♓ Nov 7 22:16	♍ Mar 7 16:55
♐ Nov 10 0:42	♉ Mar 10 17:56	♎ Jul 10 1:09	♈ Nov 9 22:30	♎ Mar 10 5:10
♑ Nov 12 11:58	♊ Mar 12 23:36	♏ Jul 12 12:46	♉ Nov 11 22:03	♏ Mar 12 18:06
♒ Nov 15 0:52	♋ Mar 15 8:28	♐ Jul 14 21:15	♊ Nov 13 22:54	♐ Mar 15 6:31
♓ Nov 17 13:40	♌ Mar 17 19:41	♑ Jul 17 2:31	♋ Nov 16 2:53	♑ Mar 17 17:23
♈ Nov 20 1:13	♍ Mar 20 8:17	♒ Jul 19 5:42	♌ Nov 18 10:56	♒ Mar 20 1:37
♉ Nov 22 10:47	♎ Mar 22 21:16	♓ Jul 21 8:12	♍ Nov 20 22:28	♓ Mar 22 6:28
♊ Nov 24 17:46	♏ Mar 25 9:20	♈ Jul 23 10:57	♎ Nov 23 11:30	♈ Mar 24 8:07
♋ Nov 26 21:48	♐ Mar 27 18:53	♉ Jul 25 14:25	♏ Nov 26 0:00	♉ Mar 26 7:45
♌ Nov 28 23:13	♑ Mar 30 0:45	♊ Jul 27 18:53	♐ Nov 28 10:51	♊ Mar 28 7:16
♍ Nov 30 23:10	♒ Abr 1 3:01	♋ Jul 30 0:52	♑ Nov 30 19:41	♋ Mar 30 8:44
♎ Dez 2 23:25	♓ Abr 3 2:54	♌ Ago 1 9:11	♒ Dez 3 2:18	♌ Abr 1 13:51
♏ Dez 5 1:57	♈ Abr 5 2:16	♍ Ago 3 20:14	♓ Dez 5 6:31	♍ Abr 3 23:05
♐ Dez 7 8:19	♉ Abr 7 3:07	♎ Ago 6 9:04	♈ Dez 7 8:28	♎ Abr 6 11:16
♑ Dez 9 18:43	♊ Abr 9 7:01	♏ Ago 8 21:16	♉ Dez 9 9:02	♏ Abr 9 0:17
♒ Dez 12 7:32	♋ Abr 11 14:41	♐ Ago 11 6:25	♊ Dez 11 9:46	♐ Abr 11 12:28
♓ Dez 14 20:18	♌ Abr 14 1:38	♑ Ago 13 11:43	♋ Dez 13 12:38	♑ Abr 13 23:03
♈ Dez 17 7:23	♍ Abr 16 14:23	♒ Ago 15 14:07	♌ Dez 15 19:12	♒ Abr 16 7:38
♉ Dez 19 16:21	♎ Abr 19 3:16	♓ Ago 17 15:17	♍ Dez 18 5:45	♓ Abr 18 13:46
♊ Dez 21 23:21	♏ Abr 21 15:03	♈ Ago 19 16:50	♎ Dez 20 18:38	♈ Abr 20 17:07
♋ Dez 24 4:27	♐ Abr 24 0:46	♉ Ago 21 19:48	♏ Dez 23 7:09	♉ Abr 22 18:08
♌ Dez 26 7:36	♑ Abr 26 7:44	♊ Ago 24 0:38	♐ Dez 25 17:33	♊ Abr 24 18:06
♍ Dez 28 9:09	♒ Abr 28 11:40	♋ Ago 26 7:28	♑ Dez 28 1:33	♋ Abr 26 18:58
♎ Dez 30 10:11	♓ Abr 30 13:06	♌ Ago 28 16:25	♒ Dez 30 7:41	♌ Abr 28 22:43
		♍ Ago 31 3:35	♓ Dez 31 19:42	

(continua)

Tabela A-2 — A Lua (continuação)

♌ Maio 1 6:34	♒ Set 2 4:04	**1972**	♑ Maio 2 17:29	♋ Set 1 23:11
♍ Maio 3 18:03	♓ Set 4 5:51	♌ Jan 2 5:22	♒ Maio 5 3:35	♌ Set 4 3:54
♎ Maio 6 6:59	♈ Set 6 5:43	♍ Jan 4 12:50	♓ Maio 7 10:28	♍ Set 6 10:15
♏ Maio 8 19:03	♉ Set 8 5:37	♎ Jan 6 23:33	♈ Maio 9 13:35	♎ Set 8 18:36
♐ Maio 11 5:08	♊ Set 10 7:25	♏ Jan 9 12:03	♉ Maio 11 13:47	♏ Set 11 5:15
♑ Maio 13 13:09	♋ Set 12 12:21	♐ Jan 11 23:57	♊ Maio 13 12:57	♐ Set 13 17:42
♒ Maio 15 19:19	♌ Set 14 20:38	♑ Jan 14 9:26	♋ Maio 15 13:16	♑ Set 16 6:07
♓ Maio 17 23:39	♍ Set 17 7:29	♒ Jan 16 16:04	♌ Maio 17 16:38	♒ Set 18 16:04
♈ Maio 20 2:11	♎ Set 19 19:47	♓ Jan 18 20:28	♍ Maio 19 23:56	♓ Set 20 22:09
♉ Maio 22 3:31	♏ Set 22 8:33	♈ Jan 20 23:35	♎ Maio 22 10:36	♈ Set 23 0:44
♊ Maio 24 5:01	♐ Set 24 20:43	♉ Jan 23 2:17	♏ Maio 24 23:01	♉ Set 25 1:27
♋ Maio 26 8:26	♑ Set 27 6:52	♊ Jan 25 5:14	♐ Maio 27 11:33	♊ Set 27 2:14
♌ Maio 28 15:16	♒ Set 29 13:39	♋ Jan 27 9:01	♑ Maio 29 23:13	♋ Set 29 4:39
♍ Maio 31 1:48	♓ Out 1 16:36	♌ Jan 29 14:21	♒ Jun 1 9:15	♌ Out 1 9:25
♎ Jun 2 14:26	♈ Out 3 16:40	♍ Jan 31 21:56	♓ Jun 3 16:52	♍ Out 3 16:31
♏ Jun 5 2:36	♉ Out 5 15:42	♎ Fev 3 8:07	♈ Jun 5 21:27	♎ Out 6 1:35
♐ Jun 7 12:28	♊ Out 7 15:53	♏ Fev 5 20:18	♉ Jun 7 23:15	♏ Out 8 12:27
♑ Jun 9 19:45	♋ Out 9 19:10	♐ Fev 8 8:38	♊ Jun 9 23:24	♐ Out 11 0:52
♒ Jun 12 1:03	♌ Out 12 2:30	♑ Fev 10 18:50	♋ Jun 11 23:45	♑ Out 13 13:44
♓ Jun 14 5:01	♍ Out 14 13:16	♒ Fev 13 1:36	♌ Jun 14 2:10	♒ Out 16 0:51
♈ Jun 16 8:06	♎ Out 17 1:47	♓ Fev 15 5:11	♍ Jun 16 8:03	♓ Out 18 8:12
♉ Jun 18 10:39	♏ Out 19 14:31	♈ Fev 17 6:51	♎ Jun 18 17:39	♈ Out 20 11:22
♊ Jun 20 13:24	♐ Out 22 2:31	♉ Fev 19 8:11	♏ Jun 21 5:43	♉ Out 22 11:37
♋ Jun 22 17:30	♑ Out 24 13:05	♊ Fev 21 10:35	♐ Jun 23 18:14	♊ Out 24 11:02
♌ Jun 25 0:12	♒ Out 26 21:11	♋ Fev 23 14:52	♑ Jun 26 5:36	♋ Out 26 11:44
♍ Jun 27 10:06	♓ Out 29 1:57	♌ Fev 25 21:15	♒ Jun 28 15:02	♌ Out 28 15:14
♎ Jun 29 22:22	♈ Out 31 3:26	♍ Fev 28 5:39	♓ Jun 30 22:18	♍ Out 30 21:59
♏ Jul 2 10:46	♉ Nov 2 2:55	♎ Mar 1 16:00	♈ Jul 3 3:22	♎ Nov 2 7:27
♐ Jul 4 20:59	♊ Nov 4 2:27	♏ Mar 4 4:00	♉ Jul 5 6:25	♏ Nov 4 18:46
♑ Jul 7 4:03	♋ Nov 6 4:15	♐ Mar 6 16:36	♊ Jul 7 8:05	♐ Nov 7 7:16
♒ Jul 9 8:26	♌ Nov 8 9:56	♑ Mar 9 3:49	♋ Jul 9 9:29	♑ Nov 9 20:11
♓ Jul 11 11:14	♍ Nov 10 19:44	♒ Mar 11 11:42	♌ Jul 11 12:05	♒ Nov 12 8:02
♈ Jul 13 13:32	♎ Nov 13 8:05	♓ Mar 13 15:39	♍ Jul 13 17:16	♓ Nov 14 16:56
♉ Jul 15 16:10	♏ Nov 15 20:49	♈ Mar 15 16:37	♎ Jul 16 1:49	♈ Nov 16 21:44
♊ Jul 17 19:47	♐ Nov 18 8:30	♉ Mar 17 16:27	♏ Jul 18 13:15	♉ Nov 18 22:53
♋ Jul 20 0:56	♑ Nov 20 18:36	♊ Mar 19 17:12	♐ Jul 21 1:46	♊ Nov 20 22:05
♌ Jul 22 8:16	♒ Nov 23 2:52	♋ Mar 21 20:26	♑ Jul 23 13:10	♋ Nov 22 21:31
♍ Jul 24 18:09	♓ Nov 25 8:48	♌ Mar 24 2:46	♒ Jul 25 22:07	♌ Nov 24 23:12
♎ Jul 27 6:12	♈ Nov 27 12:03	♍ Mar 26 11:48	♓ Jul 28 4:29	♍ Nov 27 4:24
♏ Jul 29 18:50	♉ Nov 29 13:08	♎ Mar 28 22:42	♈ Jul 30 8:50	♎ Nov 29 13:15
♐ Ago 1 5:49	♊ Dez 1 13:25	♏ Mar 31 10:48	♉ Ago 1 11:57	♏ Dez 2 0:42
♑ Ago 3 13:32	♋ Dez 3 14:51	♐ Abr 2 23:27	♊ Ago 3 14:33	♐ Dez 4 13:22
♒ Ago 5 17:46	♌ Dez 5 19:17	♑ Abr 5 11:20	♋ Ago 5 17:18	♑ Dez 7 2:06
♓ Ago 7 19:34	♍ Dez 8 3:40	♒ Abr 7 20:37	♌ Ago 7 20:56	♒ Dez 9 13:53
♈ Ago 9 20:27	♎ Dez 10 15:19	♓ Abr 10 1:58	♍ Ago 10 2:23	♓ Dez 11 23:33
♉ Ago 11 21:55	♏ Dez 13 4:01	♈ Abr 12 3:32	♎ Ago 12 10:27	♈ Dez 14 5:59
♊ Ago 14 1:11	♐ Dez 15 15:37	♉ Abr 14 2:54	♏ Ago 14 21:19	♉ Dez 16 8:59
♋ Ago 16 6:50	♑ Dez 18 1:07	♊ Abr 16 2:16	♐ Ago 17 9:49	♊ Dez 18 9:24
♌ Ago 18 14:57	♒ Dez 20 8:32	♋ Abr 18 3:46	♑ Ago 19 21:38	♋ Dez 20 8:57
♍ Ago 21 1:19	♓ Dez 22 14:10	♌ Abr 20 8:47	♒ Ago 22 6:43	♌ Dez 22 9:34
♎ Ago 23 13:22	♈ Dez 24 18:09	♍ Abr 22 17:24	♓ Ago 24 12:28	♍ Dez 24 13:03
♏ Ago 26 2:09	♉ Dez 26 20:45	♎ Abr 25 4:34	♈ Ago 26 15:40	♎ Dez 26 20:21
♐ Ago 28 13:56	♊ Dez 28 22:38	♏ Abr 27 16:56	♉ Ago 28 17:43	♏ Dez 29 7:10
♑ Ago 30 22:54	♋ Dez 31 1:01	♐ Abr 30 5:31	♊ Ago 30 19:56	♐ Dez 31 19:51

Apêndice: Tabelas Planetárias — 325

Tabela A-2 — A Lua (continuação)

1973			1974		
♑ Jan 3 9:54	♊ Maio 4 5:40	♐ Set 3 12:00	♉ Jan 3 1:38	♎ Maio 2 20:39	
≈ Jan 5 22:48	♋ Maio 6 8:24	♑ Set 6 0:01	♊ Jan 5 5:00	♏ Maio 5 1:43	
♓ Jan 8 10:31	♌ Maio 8 11:23	≈ Set 8 13:05	♋ Jan 7 5:28	♐ Maio 7 9:05	
♈ Jan 10 19:09	♍ Maio 10 14:56	♓ Set 11 1:33	♌ Jan 9 4:42	♑ Maio 9 19:15	
♉ Jan 12 23:40	♎ Maio 12 19:25	♈ Set 13 12:23	♍ Jan 11 4:41	≈ Maio 12 7:34	
♊ Jan 15 0:41	♏ Maio 15 1:34	♉ Set 15 20:54	♎ Jan 13 7:21	♓ Maio 14 20:03	
♋ Jan 16 23:55	♐ Maio 17 10:17	♊ Set 18 2:42	♏ Jan 15 13:54	♈ Maio 17 6:20	
♌ Jan 18 23:32	♑ Maio 19 21:45	♋ Set 20 5:43	♐ Jan 18 0:12	♉ Maio 19 13:10	
♍ Jan 21 1:26	≈ Maio 22 10:38	♌ Set 22 6:36	♑ Jan 20 12:47	♊ Maio 21 16:54	
♎ Jan 23 6:51	♓ Maio 24 22:18	♍ Set 24 6:40	≈ Jan 23 1:50	♋ Maio 23 18:46	
♏ Jan 25 15:50	♈ Maio 27 6:34	♎ Set 26 7:42	♓ Jan 25 14:00	♌ Maio 25 20:12	
♐ Jan 28 3:22	♉ Maio 29 11:11	♏ Set 28 11:31	♈ Jan 28 0:32	♍ Maio 27 22:25	
♑ Jan 30 16:05	♊ Maio 31 13:20	♐ Set 30 19:19	♉ Jan 30 8:41	♎ Maio 30 2:16	
≈ Fev 2 4:48	♋ Jun 2 14:45	♑ Out 3 6:43	♊ Fev 1 13:53	♏ Jun 1 8:10	
♓ Fev 4 16:27	♌ Jun 4 16:50	≈ Out 5 19:45	♋ Fev 3 16:05	♐ Jun 3 16:21	
♈ Fev 7 1:51	♍ Jun 6 20:23	♓ Out 8 8:04	♌ Fev 5 16:11	♑ Jun 6 2:48	
♉ Fev 9 8:01	♎ Jun 9 1:38	♈ Out 10 18:19	♍ Fev 7 15:52	≈ Jun 8 15:02	
♊ Fev 11 10:50	♏ Jun 11 8:40	♉ Out 13 2:21	♎ Fev 9 17:10	♓ Jun 11 3:43	
♋ Fev 13 11:14	♐ Jun 13 17:50	♊ Out 15 8:24	♏ Fev 11 21:58	♈ Jun 13 14:52	
♌ Fev 15 10:53	♑ Jun 16 5:16	♋ Out 17 12:37	♐ Fev 14 7:01	♉ Jun 15 22:46	
♍ Fev 17 11:41	≈ Jun 18 18:12	♌ Out 19 15:10	♑ Fev 16 19:16	♊ Jun 18 2:59	
♎ Fev 19 15:21	♓ Jun 21 6:32	♍ Out 21 16:36	≈ Fev 19 8:21	♋ Jun 20 4:21	
♏ Fev 21 22:51	♈ Jun 23 15:51	♎ Out 23 18:07	♓ Fev 21 20:15	♌ Jun 22 4:30	
♐ Fev 24 9:49	♉ Jun 25 21:05	♏ Out 25 21:24	♈ Fev 24 6:12	♍ Jun 24 5:11	
♑ Fev 26 22:34	♊ Jun 27 23:00	♐ Out 28 4:03	♉ Fev 26 14:11	♎ Jun 26 7:57	
≈ Mar 1 11:12	♋ Jun 29 23:18	♑ Out 30 14:30	♊ Fev 28 20:10	♏ Jun 28 13:40	
♓ Mar 3 22:21	♌ Jul 1 23:52	≈ Nov 2 3:17	♋ Mar 2 23:59	♐ Jun 30 22:20	
♈ Mar 6 7:24	♍ Jul 4 2:12	♓ Nov 4 15:42	♌ Mar 5 1:49	♑ Jul 3 9:19	
♉ Mar 8 14:04	♎ Jul 6 7:01	♈ Nov 7 1:40	♍ Mar 7 2:33	≈ Jul 5 21:41	
♊ Mar 10 18:19	♏ Jul 8 14:27	♉ Nov 9 8:51	♎ Mar 9 3:52	♓ Jul 8 10:25	
♋ Mar 12 20:29	♐ Jul 11 0:13	♊ Nov 11 13:59	♏ Mar 11 7:40	♈ Jul 10 22:10	
♌ Mar 14 21:26	♑ Jul 13 11:56	♋ Nov 13 17:59	♐ Mar 13 15:20	♉ Jul 13 7:21	
♍ Mar 16 22:32	≈ Jul 16 0:55	♌ Nov 15 21:18	♑ Mar 16 2:41	♊ Jul 15 12:54	
♎ Mar 19 1:25	♓ Jul 18 13:39	♍ Nov 18 0:10	≈ Mar 18 15:38	♋ Jul 17 14:56	
♏ Mar 21 7:32	♈ Jul 21 0:04	♎ Nov 20 3:03	♓ Mar 21 3:33	♌ Jul 19 14:43	
♐ Mar 23 17:22	♉ Jul 23 6:42	♏ Nov 22 6:59	♈ Mar 23 13:02	♍ Jul 21 14:10	
♑ Mar 26 :48	♊ Jul 25 9:28	♐ Nov 24 13:20	♉ Mar 25 20:09	♎ Jul 23 15:19	
≈ Mar 28 18:30	♋ Jul 27 9:41	♑ Nov 26 23:01	♊ Mar 28 1:33	♏ Jul 25 19:45	
♓ Mar 31 5:21	♌ Jul 29 9:13	≈ Nov 29 11:25	♋ Mar 30 5:40	♐ Jul 28 4:00	
♈ Abr 2 13:36	♍ Jul 31 9:56	♓ Dez 2 0:08	♌ Abr 1 8:40	♑ Jul 30 15:11	
♉ Abr 4 19:34	♎ Ago 2 13:19	♈ Dez 4 10:30	♍ Abr 3 10:56	≈ Ago 2 3:46	
♊ Abr 6 23:52	♏ Ago 4 20:04	♉ Dez 6 17:25	♎ Abr 5 13:22	♓ Ago 4 16:26	
♋ Abr 9 3:03	♐ Ago 7 5:56	♊ Dez 8 21:31	♏ Abr 7 17:25	♈ Ago 7 4:15	
♌ Abr 11 5:31	♑ Ago 9 17:59	♋ Dez 11 0:11	♐ Abr 10 0:27	♉ Ago 9 14:13	
♍ Abr 13 7:55	≈ Ago 12 7:00	♌ Dez 13 2:41	♑ Abr 12 10:56	♊ Ago 11 21:15	
♎ Abr 15 11:16	♓ Ago 14 19:44	♍ Dez 15 5:44	≈ Abr 14 23:34	♋ Ago 14 0:49	
♏ Abr 17 16:55	♈ Ago 17 6:44	♎ Dez 17 9:39	♓ Abr 17 11:44	♌ Ago 16 1:26	
♐ Abr 20 1:50	♉ Ago 19 14:44	♏ Dez 19 14:47	♈ Abr 19 21:20	♍ Ago 18 0:43	
♑ Abr 22 13:43	♊ Ago 21 19:07	♐ Dez 21 21:50	♉ Abr 22 3:53	♎ Ago 20 0:45	
≈ Abr 25 2:31	♋ Ago 23 20:25	♑ Dez 24 7:26	♊ Abr 24 8:11	♏ Ago 22 3:37	
♓ Abr 27 13:34	♌ Ago 25 20:02	≈ Dez 26 19:29	♋ Abr 26 11:17	♐ Ago 24 10:34	
♈ Abr 29 21:27	♍ Ago 27 19:49	♓ Dez 29 8:26	♌ Abr 28 14:03	♑ Ago 26 21:15	
♉ Maio 2 2:25	♎ Ago 29 21:37	♈ Dez 31 19:42	♍ Abr 30 17:00	≈ Ago 29 9:52	
	♏ Set 1 2:53			♓ Ago 31 22:29	

(continua)

Tabela A-2 — A Lua (continuação)

	1975		Set 1 / 1976	1976
♈ Set 3 9:58	♍ Jan 1 14:46	♒ Maio 1 16:31	♌ Set 1 19:27	♒ Jan 2 23:33
♉ Set 5 19:50	♎ Jan 3 21:06	♓ Maio 3 18:23	♍ Set 4 7:59	♓ Jan 5 8:35
♊ Set 8 3:36	♏ Jan 5 23:40	♈ Maio 5 21:52	♎ Set 6 18:52	♈ Jan 7 20:21
♋ Set 10 8:39	♐ Jan 7 23:50	♉ Maio 8 4:12	♏ Set 9 2:26	♉ Jan 10 9:10
♌ Set 12 10:54	♑ Jan 9 23:34	♊ Maio 10 13:52	♐ Set 11 6:01	♊ Jan 12 20:19
♍ Set 14 11:12	♒ Jan 12 0:53	♋ Maio 13 1:55	♑ Set 13 6:25	♋ Jan 15 4:00
♎ Set 16 11:17	♓ Jan 14 5:08	♌ Maio 15 14:15	♒ Set 15 5:33	♌ Jan 17 8:15
♏ Set 18 13:14	♈ Jan 16 12:39	♍ Maio 18 0:49	♓ Set 17 5:34	♍ Jan 19 10:25
♐ Set 20 18:46	♉ Jan 18 22:45	♎ Maio 20 8:40	♈ Set 19 8:21	♎ Jan 21 12:11
♑ Set 23 4:22	♊ Jan 21 10:26	♏ Maio 22 14:00	♉ Set 21 14:52	♏ Jan 23 14:48
♒ Set 25 16:38	♋ Jan 23 22:58	♐ Maio 24 17:37	♊ Set 24 0:48	♐ Jan 25 18:51
♓ Set 28 5:14	♌ Jan 26 11:33	♑ Maio 26 20:22	♋ Set 26 12:48	♑ Jan 28 0:24
♈ Set 30 16:25	♍ Jan 28 22:43	♒ Maio 28 23:00	♌ Set 29 1:29	♒ Jan 30 7:34
♉ Out 3 1:39	♎ Jan 31 6:43	♓ Maio 31 2:11	♍ Out 1 13:47	♓ Fev 1 16:47
♊ Out 5 9:00	♏ Fev 2 10:41	♈ Jun 2 6:38	♎ Out 4 0:43	♈ Fev 4 4:17
♋ Out 7 14:30	♐ Fev 4 11:14	♉ Jun 4 13:10	♏ Out 6 9:12	♉ Fev 6 17:13
♌ Out 9 18:03	♑ Fev 6 10:11	♊ Jun 6 22:21	♐ Out 8 14:25	♊ Fev 9 5:16
♍ Out 11 19:56	♒ Fev 8 9:50	♋ Jun 9 9:57	♑ Out 10 16:27	♋ Fev 11 13:59
♎ Out 13 21:11	♓ Fev 10 12:15	♌ Jun 11 22:26	♒ Out 12 16:29	♌ Fev 13 18:32
♏ Out 15 23:23	♈ Fev 12 18:33	♍ Jun 14 9:29	♓ Out 14 16:21	♍ Fev 15 19:59
♐ Out 18 4:14	♉ Fev 15 4:26	♎ Jun 16 17:26	♈ Out 16 17:59	♎ Fev 17 20:14
♑ Out 20 12:44	♊ Fev 17 16:25	♏ Jun 18 22:05	♉ Out 18 22:55	♏ Fev 19 21:14
♒ Out 23 0:20	♋ Fev 20 5:05	♐ Jun 21 0:29	♊ Out 21 7:41	♐ Fev 22 0:18
♓ Out 25 12:57	♌ Fev 22 17:30	♑ Jun 23 2:08	♋ Out 23 19:20	♑ Fev 24 5:54
♈ Out 28 0:13	♍ Fev 25 4:53	♒ Jun 25 4:23	♌ Out 26 8:03	♒ Fev 26 13:48
♉ Out 30 9:00	♎ Fev 27 14:03	♓ Jun 27 8:04	♍ Out 28 20:05	♓ Fev 28 23:42
♊ Nov 1 15:23	♏ Mar 1 19:48	♈ Jun 29 13:31	♎ Out 31 6:28	♈ Mar 2 11:22
♋ Nov 3 20:01	♐ Mar 3 21:57	♉ Jul 1 20:51	♏ Nov 2 14:43	♉ Mar 5 0:18
♌ Nov 5 23:30	♑ Mar 5 21:36	♊ Jul 4 6:14	♐ Nov 4 20:36	♊ Mar 7 12:56
♍ Nov 8 2:18	♒ Mar 7 20:48	♋ Jul 6 17:39	♑ Nov 7 0:10	♋ Mar 9 22:59
♎ Nov 10 4:58	♓ Mar 9 21:47	♌ Jul 9 6:16	♒ Nov 9 1:54	♌ Mar 12 4:55
♏ Nov 12 8:23	♈ Mar 12 2:18	♍ Jul 11 18:03	♓ Nov 11 2:53	♍ Mar 14 6:59
♐ Nov 14 13:39	♉ Mar 14 10:55	♎ Jul 14 2:51	♈ Nov 13 4:36	♎ Mar 16 6:44
♑ Nov 16 21:42	♊ Mar 16 22:35	♏ Jul 16 7:44	♉ Nov 15 8:37	♏ Mar 18 6:18
♒ Nov 19 8:39	♋ Mar 19 11:19	♐ Jul 18 9:27	♊ Nov 17 16:03	♐ Mar 20 7:34
♓ Nov 21 21:11	♌ Mar 21 23:33	♑ Jul 20 9:47	♋ Nov 20 2:53	♑ Mar 22 11:48
♈ Nov 24 8:59	♍ Mar 24 10:32	♒ Jul 22 10:38	♌ Nov 22 15:31	♒ Mar 24 19:19
♉ Nov 26 18:05	♎ Mar 26 19:41	♓ Jul 24 13:32	♍ Nov 25 3:37	♓ Mar 27 5:34
♊ Nov 28 23:58	♏ Mar 29 2:23	♈ Jul 26 19:04	♎ Nov 27 13:31	♈ Mar 29 17:37
♋ Dez 1 3:22	♐ Mar 31 6:12	♉ Jul 29 3:04	♏ Nov 29 20:50	♉ Abr 1 6:34
♌ Dez 3 5:31	♑ Abr 2 7:31	♊ Jul 31 13:02	♐ Dez 2 2:02	♊ Abr 3 19:15
♍ Dez 5 7:40	♒ Abr 4 7:40	♋ Ago 3 0:36	♑ Dez 4 5:48	♋ Abr 6 6:06
♎ Dez 7 10:42	♓ Abr 6 8:30	♌ Ago 5 13:15	♒ Dez 6 8:43	♌ Abr 8 13:36
♏ Dez 9 15:13	♈ Abr 8 11:54	♍ Ago 8 1:38	♓ Dez 8 11:18	♍ Abr 10 17:16
♐ Dez 11 21:34	♉ Abr 10 19:02	♎ Ago 10 11:38	♈ Dez 10 14:13	♎ Abr 12 17:54
♑ Dez 14 6:04	♊ Abr 13 5:42	♏ Ago 12 17:41	♉ Dez 12 18:30	♏ Abr 14 17:14
♒ Dez 16 16:48	♋ Abr 15 18:13	♐ Ago 14 19:50	♊ Dez 15 1:19	♐ Abr 16 17:15
♓ Dez 19 5:12	♌ Abr 18 6:27	♑ Ago 16 19:35	♋ Dez 17 11:17	♑ Abr 18 19:43
♈ Dez 21 17:35	♍ Abr 20 17:00	♒ Ago 18 19:05	♌ Dez 19 23:39	♒ Abr 21 1:47
♉ Dez 24 3:45	♎ Abr 23 1:27	♓ Ago 20 20:24	♍ Dez 22 12:07	♓ Abr 23 11:28
♊ Dez 26 10:15	♏ Abr 25 7:48	♈ Ago 23 0:51	♎ Dez 24 22:14	♈ Abr 25 23:37
♋ Dez 28 13:15	♐ Abr 27 12:09	♉ Ago 25 8:37	♏ Dez 27 4:58	♉ Abr 28 12:37
♌ Dez 30 14:05	♑ Abr 29 14:50	♊ Ago 27 18:56	♐ Dez 29 8:57	♊ Maio 1 1:05
		♋ Ago 30 6:48	♑ Dez 31 11:33	

Tabela A-2 — A Lua (continuação)

Col. 1	Col. 2	1977	Col. 4	Col. 5
♋ Maio 3 11:53	♑ Set 2 13:29	♊ Jan 1 14:31	♏ Maio 1 22:27	♉ Set 1 20:14
♌ Maio 5 20:09	♒ Set 4 19:20	♋ Jan 3 18:44	♐ Maio 4 10:15	♊ Set 3 20:20
♍ Maio 8 1:21	♓ Set 7 3:11	♌ Jan 6 3:00	♑ Maio 6 19:05	♋ Set 5 21:04
♎ Maio 10 3:39	♈ Set 9 13:18	♍ Jan 8 14:32	♒ Maio 9 0:24	♌ Set 8 0:27
♏ Maio 12 4:03	♉ Set 12 1:30	♎ Jan 11 3:33	♓ Maio 11 3:00	♍ Set 10 7:46
♐ Maio 14 4:04	♊ Set 14 14:32	♏ Jan 13 16:19	♈ Maio 13 4:21	♎ Set 12 18:46
♑ Maio 16 5:31	♋ Set 17 2:07	♐ Jan 16 3:47	♉ Maio 15 5:52	♏ Set 14 7:28
♒ Maio 18 10:02	♌ Set 19 10:10	♑ Jan 18 13:17	♊ Maio 17 8:40	♐ Set 17 19:34
♓ Maio 20 18:27	♍ Set 21 14:16	♒ Jan 20 20:11	♋ Maio 19 13:25	♑ Set 20 5:47
♈ Maio 23 6:07	♎ Set 23 15:28	♓ Jan 23 0:06	♌ Maio 21 20:26	♒ Set 22 14:01
♉ Maio 25 19:07	♏ Set 25 15:34	♈ Jan 25 1:20	♍ Maio 24 5:46	♓ Set 24 20:25
♊ Maio 28 7:22	♐ Set 27 16:21	♉ Jan 27 1:06	♎ Maio 26 17:11	♈ Set 27 1:00
♋ Maio 30 17:39	♑ Set 29 19:13	♊ Jan 29 1:17	♏ Maio 29 5:52	♉ Set 29 3:49
♌ Jun 2 1:37	♒ Out 2 0:49	♋ Jan 31 3:56	♐ Maio 31 18:09	♊ Out 1 5:24
♍ Jun 4 7:21	♓ Out 4 9:10	♌ Fev 2 10:33	♑ Jun 3 4:04	♋ Out 3 7:01
♎ Jun 6 11:00	♈ Out 6 19:50	♍ Fev 4 21:13	♒ Jun 5 10:22	♌ Out 5 10:19
♏ Jun 8 12:58	♉ Out 9 8:11	♎ Fev 7 10:08	♓ Jun 7 13:09	♍ Out 7 16:46
♐ Jun 10 14:07	♊ Out 11 21:14	♏ Fev 9 22:52	♈ Jun 9 13:42	♎ Out 10 2:48
♑ Jun 12 15:45	♋ Out 14 9:24	♐ Fev 12 9:52	♉ Jun 11 13:45	♏ Out 12 15:09
♒ Jun 14 19:31	♌ Out 16 18:49	♑ Fev 14 18:48	♊ Jun 13 15:03	♐ Out 15 3:25
♓ Jun 17 2:43	♍ Out 19 0:25	♒ Fev 17 1:48	♋ Jun 15 18:58	♑ Out 17 13:35
♈ Jun 19 13:32	♎ Out 21 2:26	♓ Fev 19 6:50	♌ Jun 18 2:03	♒ Out 19 21:07
♉ Jun 22 2:21	♏ Out 23 2:17	♈ Fev 21 9:50	♍ Jun 20 11:55	♓ Out 22 2:29
♊ Jun 24 14:37	♐ Out 25 1:49	♉ Fev 23 11:10	♎ Jun 22 23:43	♈ Out 24 6:23
♋ Jun 27 0:29	♑ Out 27 2:55	♊ Fev 25 12:05	♏ Jun 25 12:26	♉ Out 26 9:27
♌ Jun 29 7:39	♒ Out 29 7:05	♋ Fev 27 14:20	♐ Jun 28 0:54	♊ Out 28 12:09
♍ Jul 1 12:46	♓ Out 31 14:53	♌ Fev 29 19:45	♑ Jun 30 11:43	♋ Out 30 15:10
♎ Jul 3 16:34	♈ Nov 3 1:46	♍ Mar 3 5:09	♒ Jul 2 19:26	♌ Nov 1 19:24
♏ Jul 5 19:33	♉ Nov 5 14:23	♎ Mar 5 17:32	♓ Jul 4 23:26	♍ Nov 4 1:56
♐ Jul 7 22:05	♊ Nov 8 3:21	♏ Mar 8 6:19	♈ Jul 7 0:20	♎ Nov 6 11:24
♑ Jul 10 0:49	♋ Nov 10 15:28	♐ Mar 10 17:11	♉ Jul 8 23:42	♏ Nov 8 23:19
♒ Jul 12 4:53	♌ Nov 13 1:36	♑ Mar 13 1:26	♊ Jul 10 23:34	♐ Nov 11 11:51
♓ Jul 14 11:36	♍ Nov 15 8:46	♒ Mar 15 7:32	♋ Jul 13 1:54	♑ Nov 13 22:36
♈ Jul 16 21:40	♎ Nov 17 12:34	♓ Mar 17 12:12	♌ Jul 15 7:56	♒ Nov 16 6:12
♉ Jul 19 10:11	♏ Nov 19 13:31	♈ Mar 19 15:47	♍ Jul 17 17:38	♓ Nov 18 10:45
♊ Jul 21 22:40	♐ Nov 21 13:03	♉ Mar 21 18:31	♎ Jul 20 5:40	♈ Nov 20 13:18
♋ Jul 24 8:39	♑ Nov 23 13:03	♊ Mar 23 20:53	♏ Jul 22 18:28	♉ Nov 22 15:10
♌ Jul 26 15:18	♒ Nov 25 15:30	♋ Mar 26 0:00	♐ Jul 25 6:50	♊ Nov 24 17:32
♍ Jul 28 19:23	♓ Nov 27 21:47	♌ Mar 28 5:19	♑ Jul 27 17:54	♋ Nov 26 21:11
♎ Jul 30 22:13	♈ Nov 30 8:01	♍ Mar 30 13:56	♒ Jul 30 2:40	♌ Nov 29 2:34
♏ Ago 2 0:55	♉ Dez 2 20:41	♎ Abr 2 1:37	♓ Ago 1 8:16	♍ Dez 1 9:59
♐ Ago 4 4:03	♊ Dez 5 9:38	♏ Abr 4 14:24	♈ Ago 3 10:32	♎ Dez 3 19:36
♑ Ago 6 7:54	♋ Dez 7 21:21	♐ Abr 7 1:37	♉ Ago 5 10:27	♏ Dez 6 7:16
♒ Ago 8 12:57	♌ Dez 10 7:12	♑ Abr 9 9:46	♊ Ago 7 9:50	♐ Dez 8 19:57
♓ Ago 10 20:00	♍ Dez 12 14:55	♒ Abr 11 15:03	♋ Ago 9 10:50	♑ Dez 11 7:37
♈ Ago 13 5:49	♎ Dez 14 20:13	♓ Abr 13 18:30	♌ Ago 11 15:20	♒ Dez 13 16:15
♉ Ago 15 18:05	♏ Dez 16 23:01	♈ Abr 15 21:15	♍ Ago 14 0:00	♓ Dez 15 21:06
♊ Ago 18 6:54	♐ Dez 18 23:54	♉ Abr 18 0:00	♎ Ago 16 11:47	♈ Dez 17 22:52
♋ Ago 20 17:34	♑ Dez 21 0:12	♊ Abr 20 3:17	♏ Ago 19 0:38	♉ Dez 19 23:11
♌ Ago 23 0:31	♒ Dez 23 1:48	♋ Abr 22 7:36	♐ Ago 21 12:47	♊ Dez 21 23:56
♍ Ago 25 4:03	♓ Dez 25 6:36	♌ Abr 24 13:44	♑ Ago 23 23:30	♋ Dez 25 2:39
♎ Ago 27 5:42	♈ Dez 27 15:32	♍ Abr 26 22:25	♒ Ago 26 8:23	♌ Dez 28 16:20
♏ Ago 29 7:05	♉ Dez 30 3:43	♎ Abr 29 9:44	♓ Ago 28 14:59	♍ Dez 31 2:37
♐ Ago 31 9:28			♈ Ago 30 18:51	

(continua)

Tabela A-2 — A Lua (continuação)

1978			1979	
♎ Jan 1 11:31	♓ Maio 1 6:00	♍ Set 1 17:46	♓ Jan 2 4:08	♌ Maio 2 22:56
♏ Jan 3 17:35	♈ Maio 3 11:27	♎ Set 4 4:15	♈ Jan 4 6:41	♍ Maio 5 11:41
♐ Jan 5 20:03	♉ Maio 5 18:52	♏ Set 6 12:38	♉ Jan 6 12:17	♎ Maio 7 23:47
♑ Jan 7 19:55	♊ Maio 8 4:18	♐ Set 8 18:39	♊ Jan 8 20:42	♏ Maio 10 9:10
♒ Jan 9 19:05	♋ Maio 10 15:41	♑ Set 10 22:20	♋ Jan 11 7:14	♐ Maio 12 15:25
♓ Jan 11 19:50	♌ Maio 13 4:17	♒ Set 13 0:09	♌ Jan 13 19:16	♑ Maio 14 19:25
♈ Jan 14 0:05	♍ Maio 15 16:15	♓ Set 15 1:09	♍ Jan 16 8:10	♒ Maio 16 22:26
♉ Jan 16 8:30	♎ Maio 18 1:24	♈ Set 17 2:50	♎ Jan 18 20:40	♓ Maio 19 1:18
♊ Jan 18 20:06	♏ Maio 20 6:39	♉ Set 19 6:43	♏ Jan 21 6:51	♈ Maio 21 4:30
♋ Jan 21 8:50	♐ Maio 22 8:31	♊ Set 21 13:56	♐ Jan 23 13:08	♉ Maio 23 8:20
♌ Jan 23 21:02	♑ Maio 24 8:41	♋ Set 24 0:31	♑ Jan 25 15:27	♊ Maio 25 13:28
♍ Jan 26 7:56	♒ Maio 26 9:10	♌ Set 26 13:02	♒ Jan 27 15:12	♋ Maio 27 20:51
♎ Jan 28 17:08	♓ Maio 28 11:37	♍ Set 29 1:11	♓ Jan 29 14:25	♌ Maio 30 7:08
♏ Jan 31 0:04	♈ Maio 30 16:52	♎ Out 1 11:17	♈ Jan 31 15:11	♍ Jun 1 19:41
♐ Fev 2 4:13	♉ Jun 2 0:50	♏ Out 3 18:48	♉ Fev 2 19:03	♎ Jun 4 8:12
♑ Fev 4 5:50	♊ Jun 4 10:53	♐ Out 6 0:07	♊ Fev 5 2:33	♏ Jun 6 18:05
♒ Fev 6 6:04	♋ Jun 6 22:30	♑ Out 8 3:52	♋ Fev 7 13:06	♐ Jun 9 0:15
♓ Fev 8 6:47	♌ Jun 9 11:07	♒ Out 10 6:42	♌ Fev 10 1:25	♑ Jun 11 3:23
♈ Fev 10 9:56	♍ Jun 11 23:35	♓ Out 12 9:12	♍ Fev 12 14:18	♒ Jun 13 5:06
♉ Fev 12 16:50	♎ Jun 14 9:55	♈ Out 14 12:06	♎ Fev 15 2:37	♓ Jun 15 6:56
♊ Fev 15 3:24	♏ Jun 16 16:28	♉ Out 16 16:22	♏ Fev 17 13:12	♈ Jun 17 9:52
♋ Fev 17 15:56	♐ Jun 18 19:01	♊ Out 18 23:05	♐ Fev 19 20:51	♉ Jun 19 14:18
♌ Fev 20 4:09	♑ Jun 20 18:52	♋ Out 21 8:52	♑ Fev 22 1:00	♊ Jun 21 20:23
♍ Fev 22 14:39	♒ Jun 22 18:07	♌ Out 23 21:04	♒ Fev 24 2:12	♋ Jun 24 4:25
♎ Fev 24 23:03	♓ Jun 24 18:57	♍ Out 26 9:32	♓ Fev 26 1:52	♌ Jun 26 14:47
♏ Fev 27 5:28	♈ Jun 26 22:53	♎ Out 28 19:51	♈ Mar 1 1:54	♍ Jun 29 3:14
♐ Mar 1 10:02	♉ Jun 29 6:21	♏ Out 31 2:52	♉ Mar 2 4:09	♎ Jul 1 16:08
♑ Mar 3 12:58	♊ Jul 1 16:37	♐ Nov 2 7:03	♊ Mar 4 9:58	♏ Jul 4 2:57
♒ Mar 5 14:51	♋ Jul 4 4:33	♑ Nov 4 9:40	♋ Mar 6 19:34	♐ Jul 6 9:55
♓ Mar 7 16:46	♌ Jul 6 17:13	♒ Nov 6 12:04	♌ Mar 9 7:47	♑ Jul 8 13:07
♈ Mar 9 20:08	♍ Jul 9 5:44	♓ Nov 8 15:06	♍ Mar 11 20:42	♒ Jul 10 13:59
♉ Mar 12 2:18	♎ Jul 11 16:48	♈ Nov 10 19:11	♎ Mar 14 8:42	♓ Jul 12 14:23
♊ Mar 14 11:48	♏ Jul 14 0:47	♉ Nov 13 0:35	♏ Mar 16 18:49	♈ Jul 14 15:57
♋ Mar 16 23:49	♐ Jul 16 4:50	♊ Nov 15 7:45	♐ Mar 19 2:38	♉ Jul 16 19:43
♌ Mar 19 12:12	♑ Jul 18 5:33	♋ Nov 17 17:16	♑ Mar 21 7:56	♊ Jul 19 1:59
♍ Mar 21 22:49	♒ Jul 20 4:41	♌ Nov 20 5:09	♒ Mar 23 10:52	♋ Jul 21 10:40
♎ Mar 24 6:41	♓ Jul 22 4:26	♍ Nov 22 17:57	♓ Mar 25 12:04	♌ Jul 23 21:30
♏ Mar 26 12:01	♈ Jul 24 6:46	♎ Nov 25 5:07	♈ Mar 27 12:47	♍ Jul 26 10:01
♐ Mar 28 15:37	♉ Jul 26 12:50	♏ Nov 27 12:38	♉ Mar 29 14:36	♎ Jul 28 23:06
♑ Mar 30 18:23	♊ Jul 28 22:31	♐ Nov 29 16:23	♊ Mar 31 19:08	♏ Jul 31 10:46
♒ Abr 1 21:05	♋ Jul 31 10:28	♑ Dez 1 17:44	♋ Abr 3 3:24	♐ Ago 2 19:05
♓ Abr 4 0:20	♌ Ago 2 23:10	♒ Dez 3 18:35	♌ Abr 5 14:58	♑ Ago 4 23:23
♈ Abr 6 4:51	♍ Ago 5 11:29	♓ Dez 5 20:36	♍ Abr 8 3:52	♒ Ago 7 0:28
♉ Abr 8 11:21	♎ Ago 7 22:30	♈ Dez 8 0:40	♎ Abr 10 15:45	♓ Ago 9 0:05
♊ Abr 10 20:27	♏ Ago 10 7:11	♉ Dez 10 6:50	♏ Abr 13 1:16	♈ Ago 11 0:10
♋ Abr 13 7:59	♐ Ago 12 12:43	♊ Dez 12 14:54	♐ Abr 15 8:18	♉ Ago 13 2:21
♌ Abr 15 20:30	♑ Ago 14 15:03	♋ Dez 15 0:50	♑ Abr 17 13:23	♊ Ago 15 7:41
♍ Abr 18 7:44	♒ Ago 16 15:15	♌ Dez 17 12:37	♒ Abr 19 17:02	♋ Ago 17 16:17
♎ Abr 20 15:53	♓ Ago 18 15:04	♍ Dez 20 1:34	♓ Abr 21 19:41	♌ Ago 20 3:28
♏ Abr 22 20:39	♈ Ago 20 16:29	♎ Dez 22 13:40	♈ Abr 23 21:51	♍ Ago 22 16:11
♐ Abr 24 23:00	♉ Ago 22 21:06	♏ Dez 24 22:32	♉ Abr 26 0:27	♎ Ago 25 5:13
♑ Abr 27 0:28	♊ Ago 25 5:31	♐ Dez 27 3:07	♊ Abr 28 4:49	♏ Ago 27 17:12
♒ Abr 29 2:28	♋ Ago 27 16:59	♑ Dez 29 4:15	♋ Abr 30 12:11	♐ Ago 30 2:39
	♌ Ago 30 5:40	♒ Dez 31 3:53		♑ Set 1 8:33

Apêndice: Tabelas Planetárias 329

Tabela A-2 — A Lua (continuação)

				1980								**1981**		

♒ Set 3	10:59	♋ Jan 1	6:40	♐ Maio 1	1:39	♊ Set 1	15:33	♐ Jan 2	14:04
♓ Set 5	11:03	♌ Jan 3	9:34	♑ Maio 3	6:57	♋ Set 4	1:20	♑ Jan 4	17:16
♈ Set 7	10:29	♍ Jan 5	9:35	♒ Maio 5	14:16	♌ Set 6	8:38	♒ Jan 6	21:28
♉ Set 9	11:12	♎ Jan 7	8:42	♓ Maio 8	0:17	♍ Set 8	13:13	♓ Jan 9	2:53
♊ Set 11	14:54	♏ Jan 9	9:03	♈ Maio 10	12:39	♎ Set 10	15:18	♈ Jan 11	10:05
♋ Set 13	22:27	♐ Jan 11	12:21	♉ Maio 13	1:21	♏ Set 12	15:46	♉ Jan 13	19:45
♌ Set 16	9:25	♑ Jan 13	19:22	♊ Maio 15	11:44	♐ Set 14	16:09	♊ Jan 16	7:48
♍ Set 18	22:15	♒ Jan 16	5:39	♋ Maio 17	18:19	♑ Set 16	18:14	♋ Jan 18	20:39
♎ Set 21	11:11	♓ Jan 18	17:53	♌ Maio 19	21:33	♒ Set 18	23:42	♌ Jan 21	7:38
♏ Set 23	22:54	♈ Jan 21	6:44	♍ Maio 21	23:00	♓ Set 21	9:10	♍ Jan 23	14:51
♐ Set 26	8:36	♉ Jan 23	19:03	♎ Maio 24	0:23	♈ Set 23	21:34	♎ Jan 25	18:20
♑ Set 28	15:40	♊ Jan 26	5:47	♏ Maio 26	2:58	♉ Set 26	10:30	♏ Jan 27	19:36
♒ Set 30	19:49	♋ Jan 28	13:51	♐ Maio 28	7:16	♊ Set 28	21:56	♐ Jan 29	20:33
♓ Out 2	21:23	♌ Jan 30	18:34	♑ Maio 30	13:25	♋ Out 1	7:04	♑ Jan 31	22:44
♈ Out 4	21:28	♍ Fev 1	20:15	♒ Jun 1	21:29	♌ Out 3	14:03	♒ Fev 3	2:55
♉ Out 6	21:45	♎ Fev 3	20:10	♓ Jun 4	7:45	♍ Out 5	19:11	♓ Fev 5	9:10
♊ Out 9	0:07	♏ Fev 5	20:07	♈ Jun 6	20:03	♎ Out 7	22:39	♈ Fev 7	17:17
♋ Out 11	6:09	♐ Fev 7	22:00	♉ Jun 9	9:03	♏ Out 10	0:44	♉ Fev 10	3:19
♌ Out 13	16:12	♑ Fev 10	3:17	♊ Jun 11	20:22	♐ Out 12	2:12	♊ Fev 12	15:17
♍ Out 16	4:51	♒ Fev 12	12:25	♋ Jun 14	3:59	♑ Out 14	4:26	♋ Fev 15	4:19
♎ Out 18	17:44	♓ Fev 15	0:24	♌ Jun 16	7:36	♒ Out 16	9:07	♌ Fev 17	16:16
♏ Out 21	5:02	♈ Fev 17	13:18	♍ Jun 18	8:30	♓ Out 18	17:28	♍ Fev 20	0:48
♐ Out 23	14:09	♉ Fev 20	1:20	♎ Jun 20	8:33	♈ Out 21	5:12	♎ Fev 22	5:04
♑ Out 25	21:11	♊ Fev 22	11:30	♏ Jun 22	9:36	♉ Out 23	18:10	♏ Fev 24	6:04
♒ Out 28	2:16	♋ Fev 24	19:25	♐ Jun 24	12:52	♊ Out 26	5:38	♐ Fev 26	5:44
♓ Out 30	5:29	♌ Fev 27	0:59	♑ Jun 26	18:52	♋ Out 28	14:14	♑ Fev 28	6:09
♈ Nov 1	7:09	♍ Mar 1	4:19	♒ Jun 29	3:27	♌ Out 30	20:14	♒ Mar 2	8:53
♉ Nov 3	8:16	♎ Mar 3	5:56	♓ Jul 1	14:13	♍ Nov 2	0:37	♓ Mar 4	14:35
♊ Nov 5	10:26	♏ Mar 5	6:54	♈ Jul 4	2:39	♎ Nov 4	4:10	♈ Mar 6	23:03
♋ Nov 7	15:24	♐ Mar 7	8:41	♉ Jul 6	15:45	♏ Nov 6	7:16	♉ Mar 9	9:41
♌ Nov 10	0:14	♑ Mar 9	12:53	♊ Jul 9	3:44	♐ Nov 8	10:10	♊ Mar 11	21:53
♍ Nov 12	12:20	♒ Mar 11	20:39	♋ Jul 11	12:40	♑ Nov 10	13:32	♋ Mar 14	10:54
♎ Nov 15	1:16	♓ Mar 14	7:51	♌ Jul 13	17:37	♒ Nov 12	18:31	♌ Mar 16	23:19
♏ Nov 17	12:29	♈ Mar 16	20:41	♍ Jul 15	19:07	♓ Nov 15	2:22	♍ Mar 19	9:10
♐ Nov 19	20:56	♉ Mar 19	8:43	♎ Jul 17	18:46	♈ Nov 17	13:27	♎ Mar 21	15:04
♑ Nov 22	3:01	♊ Mar 21	18:21	♏ Jul 19	18:30	♉ Nov 20	2:21	♏ Mar 23	17:08
♒ Nov 24	7:37	♋ Mar 24	1:23	♐ Jul 21	20:08	♊ Nov 22	14:19	♐ Mar 25	16:50
♓ Nov 26	11:17	♌ Mar 26	6:23	♑ Jul 24	0:53	♋ Nov 24	23:09	♑ Mar 27	16:10
♈ Nov 28	14:17	♍ Mar 28	10:05	♒ Jul 26	9:04	♌ Nov 27	4:35	♒ Mar 29	17:08
♉ Nov 30	16:54	♎ Mar 30	12:57	♓ Jul 28	20:04	♍ Nov 29	7:43	♓ Mar 31	21:11
♊ Dez 2	20:02	♏ Abr 1	15:27	♈ Jul 31	8:43	♎ Dez 1	10:01	♈ Abr 3	4:49
♋ Dez 5	1:01	♐ Abr 3	18:17	♉ Ago 2	21:45	♏ Dez 3	12:36	♉ Abr 5	15:29
♌ Dez 7	9:09	♑ Abr 5	22:37	♊ Ago 5	9:51	♐ Dez 5	16:00	♊ Abr 8	3:57
♍ Dez 9	20:33	♒ Abr 8	5:41	♋ Ago 7	19:40	♑ Dez 7	20:30	♋ Abr 10	16:56
♎ Dez 12	9:29	♓ Abr 10	16:03	♌ Ago 10	2:08	♒ Dez 10	2:32	♌ Abr 13	5:15
♏ Dez 14	21:08	♈ Abr 13	4:39	♍ Ago 12	5:09	♓ Dez 12	10:46	♍ Abr 15	15:37
♐ Dez 17	5:36	♉ Abr 15	16:59	♎ Ago 14	5:36	♈ Dez 14	21:37	♎ Abr 17	22:54
♑ Dez 19	10:54	♊ Abr 18	2:41	♏ Ago 16	5:06	♉ Dez 17	10:22	♏ Abr 20	2:42
♒ Dez 21	14:13	♋ Abr 20	9:04	♐ Ago 18	5:32	♊ Dez 19	22:55	♐ Abr 22	3:41
♓ Dez 23	16:50	♌ Abr 22	12:56	♑ Ago 20	8:40	♋ Dez 22	8:46	♑ Abr 24	3:19
♈ Dez 25	19:40	♍ Abr 24	15:40	♒ Ago 22	15:34	♌ Dez 24	14:44	♒ Abr 26	3:27
♉ Dez 27	23:08	♎ Abr 26	18:21	♓ Ago 25	2:07	♍ Dez 26	17:24	♓ Abr 28	5:54
♊ Dez 30	3:32	♏ Abr 28	21:36	♈ Ago 27	14:49	♎ Dez 28	18:21	♈ Abr 30	11:57
				♉ Ago 30	3:47	♏ Dez 30	19:17		

(continua)

Tabela A-2 — A Lua (continuação)

Sign/Data	Hora	Sign/Data	Hora	Sign/Data	Hora	Sign/Data	Hora	Sign/Data	Hora
♉ Maio 2	21:47	♏ Set 3	14:07	**1982**		♍ Maio 2	22:56	♓ Set 3	10:59
♊ Maio 5	10:10	♐ Set 5	15:03	♈ Jan 2	3:33	♎ Maio 5	11:41	♈ Set 5	11:03
♋ Maio 7	23:09	♑ Set 7	15:44	♉ Jan 4	6:41	♏ Maio 7	23:47	♉ Set 7	10:29
♌ Maio 10	11:08	♒ Set 9	17:40	♊ Jan 6	12:17	♐ Maio 10	9:10	♊ Set 9	11:12
♍ Maio 12	21:11	♓ Set 11	21:43	♋ Jan 8	20:42	♑ Maio 12	15:25	♋ Set 11	14:54
♎ Maio 15	4:49	♈ Set 14	4:08	♌ Jan 11	7:14	♒ Maio 14	19:25	♌ Set 13	22:27
♏ Maio 17	9:52	♉ Set 16	12:53	♍ Jan 13	19:16	♓ Maio 16	22:26	♍ Set 16	9:25
♐ Maio 19	12:31	♊ Set 18	23:46	♎ Jan 16	8:10	♈ Maio 19	1:18	♎ Set 18	22:15
♑ Maio 21	13:30	♋ Set 21	12:20	♏ Jan 18	20:40	♉ Maio 21	4:30	♏ Set 21	11:11
♒ Maio 23	14:06	♌ Set 24	1:21	♐ Jan 21	6:51	♊ Maio 23	8:20	♐ Set 23	22:54
♓ Maio 25	15:58	♍ Set 26	12:45	♑ Jan 23	13:08	♋ Maio 25	13:28	♑ Set 26	8:36
♈ Maio 27	20:44	♎ Set 28	20:41	♒ Jan 25	15:27	♌ Maio 27	20:51	♒ Set 28	15:40
♉ Maio 30	5:18	♏ Out 1	0:38	♓ Jan 27	15:12	♍ Maio 30	7:08	♓ Set 30	19:49
♊ Jun 1	17:07	♐ Out 3	1:34	♈ Jan 29	14:25	♎ Jun 1	19:41	♈ Out 2	21:23
♋ Jun 4	6:04	♑ Out 5	1:14	♉ Jan 31	15:11	♏ Jun 4	8:12	♉ Out 4	21:28
♌ Jun 6	17:52	♒ Out 7	1:32	♊ Fev 2	19:03	♐ Jun 6	18:05	♊ Out 6	21:45
♍ Jun 9	3:18	♓ Out 9	4:04	♋ Fev 5	2:33	♑ Jun 9	0:15	♋ Out 9	0:07
♎ Jun 11	10:19	♈ Out 11	9:45	♌ Fev 7	13:06	♒ Jun 11	3:23	♌ Out 11	6:09
♏ Jun 13	15:24	♉ Out 13	18:38	♍ Fev 10	1:25	♓ Jun 13	5:06	♍ Out 13	16:12
♐ Jun 15	18:58	♊ Out 16	5:58	♎ Fev 12	14:18	♈ Jun 15	6:56	♎ Out 16	4:51
♑ Jun 17	21:25	♋ Out 18	18:41	♏ Fev 15	2:37	♉ Jun 17	9:52	♏ Out 18	17:44
♒ Jun 19	23:20	♌ Out 21	7:38	♐ Fev 17	13:12	♊ Jun 19	14:18	♐ Out 21	5:02
♓ Jun 22	1:46	♍ Out 23	19:27	♑ Fev 19	20:51	♋ Jun 21	20:23	♑ Out 23	14:09
♈ Jun 24	6:11	♎ Out 26	4:40	♒ Fev 22	1:00	♌ Jun 24	4:25	♒ Out 25	21:11
♉ Jun 26	13:49	♏ Out 28	10:19	♓ Fev 24	2:12	♍ Jun 26	14:47	♓ Out 28	2:16
♊ Jun 29	0:53	♐ Out 30	12:31	♈ Fev 26	1:52	♎ Jun 29	3:14	♈ Out 30	5:29
♋ Jul 1	13:43	♑ Nov 1	12:26	♉ Mar 1	1:54	♏ Jul 1	16:08	♉ Nov 1	7:09
♌ Jul 4	1:39	♒ Nov 3	11:51	♊ Mar 2	4:09	♐ Jul 4	2:57	♊ Nov 3	8:16
♍ Jul 6	10:47	♓ Nov 5	12:44	♋ Mar 4	9:58	♑ Jul 6	9:55	♋ Nov 5	10:26
♎ Jul 8	16:58	♈ Nov 7	16:45	♌ Mar 6	19:34	♒ Jul 8	13:07	♌ Nov 7	15:24
♏ Jul 10	21:07	♉ Nov 10	0:42	♍ Mar 9	7:47	♓ Jul 10	13:59	♍ Nov 10	0:14
♐ Jul 13	0:20	♊ Nov 12	11:58	♎ Mar 11	20:42	♈ Jul 12	14:23	♎ Nov 12	12:20
♑ Jul 15	3:17	♋ Nov 15	0:52	♏ Mar 14	8:42	♉ Jul 14	15:57	♏ Nov 15	1:16
♒ Jul 17	6:22	♌ Nov 17	13:40	♐ Mar 16	18:49	♊ Jul 16	19:43	♐ Nov 17	12:29
♓ Jul 19	9:59	♍ Nov 20	1:13	♑ Mar 19	2:38	♋ Jul 19	1:59	♑ Nov 19	20:56
♈ Jul 21	14:59	♎ Nov 22	10:47	♒ Mar 21	7:56	♌ Jul 21	10:40	♒ Nov 22	3:01
♉ Jul 23	22:28	♏ Nov 24	17:46	♓ Mar 23	10:52	♍ Jul 23	21:30	♓ Nov 24	7:37
♊ Jul 26	9:00	♐ Nov 26	21:48	♈ Mar 25	12:04	♎ Jul 26	10:01	♈ Nov 26	11:17
♋ Jul 28	21:40	♑ Nov 28	23:13	♉ Mar 27	12:47	♏ Jul 28	23:06	♉ Nov 28	14:17
♌ Jul 31	10:00	♒ Nov 30	23:10	♊ Mar 29	14:36	♐ Jul 31	10:46	♊ Nov 30	16:54
♍ Ago 2	19:32	♓ Dez 2	23:25	♋ Mar 31	19:08	♑ Ago 2	19:05	♋ Dez 2	20:02
♎ Ago 5	1:26	♈ Dez 5	1:57	♌ Abr 3	3:24	♒ Ago 4	23:23	♌ Dez 5	1:01
♏ Ago 7	4:36	♉ Dez 7	8:19	♍ Abr 5	14:58	♓ Ago 7	0:28	♍ Dez 7	9:09
♐ Ago 9	6:34	♊ Dez 9	18:43	♎ Abr 8	3:52	♈ Ago 9	0:05	♎ Dez 9	20:33
♑ Ago 11	8:44	♋ Dez 12	7:32	♏ Abr 10	15:45	♉ Ago 11	0:10	♏ Dez 12	9:29
♒ Ago 13	11:52	♌ Dez 14	20:18	♐ Abr 13	1:16	♊ Ago 13	2:21	♐ Dez 14	21:08
♓ Ago 15	16:18	♍ Dez 17	7:23	♑ Abr 15	8:18	♋ Ago 15	7:41	♑ Dez 17	5:36
♈ Ago 17	22:17	♎ Dez 19	16:21	♒ Abr 17	13:23	♌ Ago 17	16:17	♒ Dez 19	10:54
♉ Ago 20	6:18	♏ Dez 21	23:21	♓ Abr 19	17:02	♍ Ago 20	3:28	♓ Dez 21	14:13
♊ Ago 22	16:47	♐ Dez 24	4:27	♈ Abr 21	19:41	♎ Ago 22	16:11	♈ Dez 23	16:50
♋ Ago 25	5:21	♑ Dez 26	7:36	♉ Abr 23	21:51	♏ Ago 25	5:13	♉ Dez 25	19:40
♌ Ago 27	18:08	♒ Dez 28	9:09	♊ Abr 26	0:27	♐ Ago 27	17:12	♊ Dez 27	23:08
♍ Ago 30	4:34	♓ Dez 30	10:11	♋ Abr 28	4:49	♑ Ago 30	2:39	♋ Dez 29	22:32
♎ Set 1	11:08			♌ Abr 30	12:11	♒ Set 1	8:33	♌ Dez 31	3:32

Apêndice: Tabelas Planetárias

Tabela A-2 — A Lua (continuação)

1983									1984					
♍ Jan 2	14:04	♒ Maio 2	21:47	♌ Set 3	14:07	♑ Jan 2	4:08	♊ Maio 2	22:56					
♎ Jan 4	17:16	♓ Maio 5	10:10	♍ Set 5	15:03	♒ Jan 4	6:41	♋ Maio 5	11:41					
♏ Jan 6	21:28	♈ Maio 7	23:09	♎ Set 7	15:44	♓ Jan 6	12:17	♌ Maio 7	23:47					
♐ Jan 9	2:53	♉ Maio 10	11:08	♏ Set 9	17:40	♈ Jan 8	20:42	♍ Maio 10	9:10					
♑ Jan 11	10:05	♊ Maio 12	21:11	♐ Set 11	21:43	♉ Jan 11	7:14	♎ Maio 12	15:25					
♒ Jan 13	19:45	♋ Maio 15	4:49	♑ Set 14	4:08	♊ Jan 13	19:16	♏ Maio 14	19:25					
♓ Jan 16	7:48	♌ Maio 17	9:52	♒ Set 16	12:53	♋ Jan 16	8:10	♐ Maio 16	22:26					
♈ Jan 18	20:39	♍ Maio 19	12:31	♓ Set 18	23:46	♌ Jan 18	20:40	♑ Maio 19	1:18					
♉ Jan 21	7:38	♎ Maio 21	13:30	♈ Set 21	12:20	♍ Jan 21	6:51	♒ Maio 21	4:30					
♊ Jan 23	14:51	♏ Maio 23	14:06	♉ Set 24	1:21	♎ Jan 23	13:08	♓ Maio 23	8:20					
♋ Jan 25	18:20	♐ Maio 25	15:58	♊ Set 26	12:45	♏ Jan 25	15:27	♈ Maio 25	13:28					
♌ Jan 27	19:36	♑ Maio 27	20:44	♋ Set 28	20:41	♐ Jan 27	15:12	♉ Maio 27	20:51					
♍ Jan 29	20:33	♒ Maio 30	5:18	♌ Out 1	0:38	♑ Jan 29	14:25	♊ Maio 30	7:08					
♎ Jan 31	22:44	♓ Jun 1	17:07	♍ Out 3	1:34	♒ Jan 31	15:11	♋ Jun 1	19:41					
♏ Fev 3	2:55	♈ Jun 4	6:04	♎ Out 5	1:14	♓ Fev 2	19:03	♌ Jun 4	8:12					
♐ Fev 5	9:10	♉ Jun 6	17:52	♏ Out 7	1:32	♈ Fev 5	2:33	♍ Jun 6	18:05					
♑ Fev 7	17:17	♊ Jun 9	3:18	♐ Out 9	4:04	♉ Fev 7	13:06	♎ Jun 9	0:15					
♒ Fev 10	3:19	♋ Jun 11	10:19	♑ Out 11	9:45	♊ Fev 10	1:25	♏ Jun 11	3:23					
♓ Fev 12	15:17	♌ Jun 13	15:24	♒ Out 13	18:38	♋ Fev 12	14:18	♐ Jun 13	5:06					
♈ Fev 15	4:19	♍ Jun 15	18:58	♓ Out 16	5:58	♌ Fev 15	2:37	♑ Jun 15	6:56					
♉ Fev 17	16:16	♎ Jun 17	21:25	♈ Out 18	18:41	♍ Fev 17	13:12	♒ Jun 17	9:52					
♊ Fev 20	0:48	♏ Jun 19	23:20	♉ Out 21	7:38	♎ Fev 19	20:51	♓ Jun 19	14:18					
♋ Fev 22	5:04	♐ Jun 22	1:46	♊ Out 23	19:27	♏ Fev 22	1:00	♈ Jun 21	20:23					
♌ Fev 24	6:04	♑ Jun 24	6:11	♋ Out 26	4:40	♐ Fev 24	2:12	♉ Jun 24	4:25					
♍ Fev 26	5:44	♒ Jun 26	13:49	♌ Out 28	10:19	♑ Fev 26	1:52	♊ Jun 26	14:47					
♎ Fev 28	6:09	♓ Jun 29	0:53	♍ Out 30	12:31	♒ Mar 1	1:54	♋ Jun 29	3:14					
♏ Mar 2	8:53	♈ Jul 1	13:43	♎ Nov 1	12:26	♓ Mar 2	4:09	♌ Jul 1	16:08					
♐ Mar 4	14:35	♉ Jul 4	1:39	♏ Nov 3	11:51	♈ Mar 4	9:58	♍ Jul 4	2:57					
♑ Mar 6	23:03	♊ Jul 6	10:47	♐ Nov 5	12:44	♉ Mar 6	19:34	♎ Jul 6	9:55					
♒ Mar 9	9:41	♋ Jul 8	16:58	♑ Nov 7	16:45	♊ Mar 9	7:47	♏ Jul 8	13:07					
♓ Mar 11	21:53	♌ Jul 10	21:07	♒ Nov 10	0:42	♋ Mar 11	20:42	♐ Jul 10	13:59					
♈ Mar 14	10:54	♍ Jul 13	0:20	♓ Nov 12	11:58	♌ Mar 14	8:42	♑ Jul 12	14:23					
♉ Mar 16	23:19	♎ Jul 15	3:17	♈ Nov 15	0:52	♍ Mar 16	18:49	♒ Jul 14	15:57					
♊ Mar 19	9:10	♏ Jul 17	6:22	♉ Nov 17	13:40	♎ Mar 19	2:38	♓ Jul 16	19:43					
♋ Mar 21	15:04	♐ Jul 19	9:59	♊ Nov 20	1:13	♏ Mar 21	7:56	♈ Jul 19	1:59					
♌ Mar 23	17:08	♑ Jul 21	14:59	♋ Nov 22	10:47	♐ Mar 23	10:52	♉ Jul 21	10:40					
♍ Mar 25	16:50	♒ Jul 23	22:28	♌ Nov 24	17:46	♑ Mar 25	12:04	♊ Jul 23	21:30					
♎ Mar 27	16:10	♓ Jul 26	9:00	♍ Nov 26	21:48	♒ Mar 27	12:47	♋ Jul 26	10:01					
♏ Mar 29	17:08	♈ Jul 28	21:40	♎ Nov 28	23:13	♓ Mar 29	14:36	♌ Jul 28	23:06					
♐ Mar 31	21:11	♉ Jul 31	10:00	♏ Nov 30	23:10	♈ Mar 31	19:08	♍ Jul 31	10:46					
♑ Abr 3	4:49	♊ Ago 2	19:32	♐ Dez 2	23:25	♉ Abr 3	3:24	♎ Ago 2	19:05					
♒ Abr 5	15:29	♋ Ago 5	1:26	♑ Dez 5	1:57	♊ Abr 5	14:58	♏ Ago 4	23:23					
♓ Abr 8	3:57	♌ Ago 7	4:36	♒ Dez 7	8:19	♋ Abr 8	3:52	♐ Ago 7	0:28					
♈ Abr 10	16:56	♍ Ago 9	6:34	♓ Dez 9	18:43	♌ Abr 10	15:45	♑ Ago 9	0:05					
♉ Abr 13	5:15	♎ Ago 11	8:44	♈ Dez 12	7:32	♍ Abr 13	1:16	♒ Ago 11	0:10					
♊ Abr 15	15:37	♏ Ago 13	11:52	♉ Dez 14	20:18	♎ Abr 15	8:18	♓ Ago 13	2:21					
♋ Abr 17	22:54	♐ Ago 15	16:18	♊ Dez 17	7:23	♏ Abr 17	13:23	♈ Ago 15	7:41					
♌ Abr 20	2:42	♑ Ago 17	22:17	♋ Dez 19	16:21	♐ Abr 19	17:02	♉ Ago 16	16:17					
♍ Abr 22	3:41	♒ Ago 20	6:18	♌ Dez 21	23:21	♑ Abr 21	19:41	♊ Ago 20	3:28					
♎ Abr 24	3:19	♓ Ago 22	16:47	♍ Dez 24	4:27	♒ Abr 23	21:51	♋ Ago 22	16:11					
♏ Abr 26	3:27	♈ Ago 25	5:21	♎ Dez 26	7:36	♓ Abr 26	0:27	♌ Ago 25	5:13					
♐ Abr 28	5:54	♉ Ago 27	18:08	♏ Dez 28	9:09	♈ Abr 28	4:49	♍ Ago 27	17:12					
♑ Abr 30	11:57	♊ Ago 30	4:34	♐ Dez 30	10:11	♉ Abr 30	12:11	♎ Ago 30	2:39					
		♋ Set 1	11:08					♏ Set 1	8:33					

(continua)

Tabela A-2 — A Lua (continuação)

	1985			1986
♐ Set 3 10:59	♊ Jan 3 9:54	♏ Maio 4 5:40	♉ Set 3 12:00	♎ Jan 2 14:25
♑ Set 5 11:03	♋ Jan 5 22:48	♐ Maio 6 8:24	♊ Set 6 0:01	♏ Jan 5 3:04
♒ Set 7 10:29	♌ Jan 8 10:31	♑ Maio 8 11:23	♋ Set 8 13:05	♐ Jan 7 15:23
♓ Set 9 11:12	♍ Jan 10 19:09	♒ Maio 10 14:56	♌ Set 11 1:33	♑ Jan 10 1:27
♈ Set 11 14:54	♎ Jan 12 23:40	♓ Maio 12 19:25	♍ Set 13 12:23	♒ Jan 12 7:44
♉ Set 13 22:27	♏ Jan 15 0:41	♈ Maio 15 1:34	♎ Set 15 20:54	♓ Jan 14 10:05
♊ Set 16 9:25	♐ Jan 16 23:55	♉ Maio 17 10:17	♏ Set 18 2:42	♈ Jan 16 9:50
♋ Set 18 22:15	♑ Jan 18 23:32	♊ Maio 19 21:45	♐ Set 20 5:43	♉ Jan 18 9:03
♌ Set 21 11:11	♒ Jan 21 1:26	♋ Maio 22 10:38	♑ Set 22 6:36	♊ Jan 20 9:55
♍ Set 23 22:54	♓ Jan 23 6:51	♌ Maio 24 22:18	♒ Set 24 6:40	♋ Jan 22 14:02
♎ Set 26 8:36	♈ Jan 25 15:50	♍ Maio 27 6:34	♓ Set 26 7:42	♌ Jan 24 21:52
♏ Set 28 15:40	♉ Jan 28 3:22	♎ Maio 29 11:11	♈ Set 28 11:31	♍ Jan 27 8:32
♐ Set 30 19:49	♊ Jan 30 16:05	♏ Maio 31 13:20	♉ Set 30 19:19	♎ Jan 29 20:42
♑ Out 2 21:23	♋ Fev 2 4:48	♐ Jun 2 14:45	♊ Out 3 6:43	♏ Fev 1 9:20
♒ Out 4 21:28	♌ Fev 4 16:27	♑ Jun 4 16:50	♋ Out 5 19:45	♐ Fev 3 21:42
♓ Out 6 21:45	♍ Fev 7 1:51	♒ Jun 6 20:23	♌ Out 8 8:04	♑ Fev 6 8:37
♈ Out 9 0:07	♎ Fev 9 8:01	♓ Jun 9 1:38	♍ Out 10 18:19	♒ Fev 8 16:34
♉ Out 11 6:09	♏ Fev 11 10:50	♈ Jun 11 8:40	♎ Out 13 2:21	♓ Fev 10 20:39
♊ Out 13 16:12	♐ Fev 13 11:14	♉ Jun 13 17:50	♏ Out 15 8:24	♈ Fev 12 21:19
♋ Out 16 4:51	♑ Fev 15 10:53	♊ Jun 16 5:16	♐ Out 17 12:37	♉ Fev 14 20:17
♌ Out 18 17:44	♒ Fev 17 11:41	♋ Jun 18 18:12	♑ Out 19 15:10	♊ Fev 16 19:50
♍ Out 21 5:02	♓ Fev 19 15:21	♌ Jun 21 6:32	♒ Out 21 16:36	♋ Fev 18 22:06
♎ Out 23 14:09	♈ Fev 21 22:51	♍ Jun 23 15:51	♓ Out 23 18:07	♌ Fev 21 4:23
♏ Out 25 21:11	♉ Fev 24 9:49	♎ Jun 25 21:05	♈ Out 25 21:24	♍ Fev 23 14:27
♐ Out 28 2:16	♊ Fev 26 22:34	♏ Jun 27 23:00	♉ Out 28 4:03	♎ Fev 26 2:42
♑ Out 30 5:29	♋ Mar 1 11:12	♐ Jun 29 23:18	♊ Out 30 14:30	♏ Fev 28 15:25
♒ Nov 1 7:09	♌ Mar 3 22:21	♑ Jul 1 23:52	♋ Nov 2 3:17	♐ Mar 3 3:31
♓ Nov 3 8:16	♍ Mar 6 7:24	♒ Jul 4 2:12	♌ Nov 4 15:42	♑ Mar 5 14:20
♈ Nov 5 10:26	♎ Mar 8 14:04	♓ Jul 6 7:01	♍ Nov 7 1:40	♒ Mar 7 23:03
♉ Nov 7 15:24	♏ Mar 10 18:19	♈ Jul 8 14:27	♎ Nov 9 8:51	♓ Mar 10 4:45
♊ Nov 10 0:14	♐ Mar 12 20:29	♉ Jul 11 0:13	♏ Nov 11 13:59	♈ Mar 12 7:12
♋ Nov 12 12:20	♑ Mar 14 21:26	♊ Jul 13 11:56	♐ Nov 13 17:59	♉ Mar 14 7:20
♌ Nov 15 1:16	♒ Mar 16 22:32	♋ Jul 16 0:55	♑ Nov 15 21:18	♊ Mar 16 6:59
♍ Nov 17 12:29	♓ Mar 19 1:25	♌ Jul 18 13:39	♒ Nov 18 0:10	♋ Mar 18 8:15
♎ Nov 19 20:56	♈ Mar 21 7:32	♍ Jul 21 0:04	♓ Nov 20 3:03	♌ Mar 20 12:54
♏ Nov 22 3:01	♉ Mar 23 17:22	♎ Jul 23 6:42	♈ Nov 22 6:59	♍ Mar 22 21:34
♐ Nov 24 7:37	♊ Mar 26 :48	♏ Jul 25 9:28	♉ Nov 24 13:20	♎ Mar 25 9:17
♑ Nov 26 11:17	♋ Mar 28 18:30	♐ Jul 27 9:41	♊ Nov 26 23:01	♏ Mar 27 22:00
♒ Nov 28 14:17	♌ Mar 31 5:21	♑ Jul 29 9:13	♋ Nov 29 11:25	♐ Mar 30 9:55
♓ Nov 30 16:54	♍ Abr 2 13:36	♒ Jul 31 9:56	♌ Dez 2 0:08	♑ Abr 1 20:11
♈ Dez 2 20:02	♎ Abr 4 19:34	♓ Ago 2 13:19	♍ Dez 4 10:30	♒ Abr 4 4:30
♉ Dez 5 1:01	♏ Abr 6 23:52	♈ Ago 4 20:04	♎ Dez 6 17:25	♓ Abr 6 10:37
♊ Dez 7 9:09	♐ Abr 9 3:03	♉ Ago 7 5:56	♏ Dez 8 21:31	♈ Abr 8 14:24
♋ Dez 9 20:33	♑ Abr 11 5:31	♊ Ago 9 17:59	♐ Dez 11 0:11	♉ Abr 10 16:13
♌ Dez 12 9:29	♒ Abr 13 7:55	♋ Ago 12 7:00	♑ Dez 13 2:41	♊ Abr 12 17:08
♍ Dez 14 21:08	♓ Abr 15 11:16	♌ Ago 14 19:44	♒ Dez 15 5:44	♋ Abr 14 18:45
♎ Dez 17 5:36	♈ Abr 17 16:55	♍ Ago 17 6:44	♓ Dez 17 9:39	♌ Abr 16 22:43
♏ Dez 19 10:54	♉ Abr 20 1:50	♎ Ago 19 14:44	♈ Dez 19 14:47	♍ Abr 19 6:08
♐ Dez 21 14:13	♊ Abr 22 13:43	♏ Ago 21 19:07	♉ Dez 21 21:50	♎ Abr 21 16:53
♑ Dez 23 16:50	♋ Abr 25 2:31	♐ Ago 23 20:25	♊ Dez 24 7:26	♏ Abr 24 5:23
♒ Dez 25 19:40	♌ Abr 27 13:34	♑ Ago 25 20:02	♋ Dez 26 19:29	♐ Abr 26 17:22
♓ Dez 27 23:08	♍ Abr 29 21:27	♒ Ago 27 19:49	♌ Dez 29 8:26	♑ Abr 29 3:18
♈ Dez 29 1:08	♎ Maio 2 2:25	♓ Ago 29 21:37	♍ Dez 31 19:42	♒ Maio 1 10:47
♉ Dez 31 3:32		♈ Set 1 2:53		

Apêndice: Tabelas Planetárias **333**

Tabela A-2 — A Lua (continuação)

♓ Maio 3 16:08	♍ Set 2 18:05	**1987**	♋ Maio 2 4:39	♑ Set 2 14:04
♈ Maio 5 19:54	♎ Set 5 4:50	♒ Jan 1 8:54	♌ Maio 4 17:06	♒ Set 4 15:22
♉ Maio 7 22:37	♏ Set 7 17:04	♓ Jan 3 9:36	♍ Maio 7 5:07	♓ Set 6 15:37
♊ Maio 10 0:57	♐ Set 10 5:45	♈ Jan 5 13:51	♎ Maio 9 14:29	♈ Set 8 16:34
♋ Maio 12 3:48	♑ Set 12 17:57	♉ Jan 7 22:13	♏ Maio 11 20:09	♉ Set 10 19:57
♌ Maio 14 8:13	♒ Set 15 4:26	♊ Jan 10 9:39	♐ Maio 13 22:41	♊ Set 13 2:55
♍ Maio 16 15:13	♓ Set 17 11:49	♋ Jan 12 22:18	♑ Maio 15 23:37	♋ Set 15 13:22
♎ Maio 19 1:12	♈ Set 19 15:31	♌ Jan 15 10:45	♒ Maio 18 0:42	♌ Set 18 1:50
♏ Maio 21 13:20	♉ Set 21 16:11	♍ Jan 17 22:15	♓ Maio 20 3:24	♍ Set 20 14:13
♐ Maio 24 1:34	♊ Set 23 15:33	♎ Jan 20 8:09	♈ Maio 22 8:23	♎ Set 23 0:58
♑ Maio 26 11:43	♋ Set 25 15:40	♏ Jan 22 15:30	♉ Maio 24 15:39	♏ Set 25 9:30
♒ Maio 28 18:47	♌ Set 27 18:27	♐ Jan 24 19:35	♊ Maio 27 0:55	♐ Set 27 15:49
♓ Maio 30 23:05	♍ Set 30 0:59	♑ Jan 26 20:42	♋ Maio 29 11:59	♑ Set 29 20:08
♈ Jun 2 1:45	♎ Out 2 11:04	♒ Jan 28 20:17	♌ Jun 1 0:25	♒ Out 1 22:51
♉ Jun 4 3:59	♏ Out 4 23:17	♓ Jan 30 20:24	♍ Jun 3 12:56	♓ Out 4 0:39
♊ Jun 6 6:45	♐ Out 7 11:57	♈ Fev 1 23:09	♎ Jun 5 23:24	♈ Out 6 2:35
♋ Jun 8 10:41	♑ Out 9 23:48	♉ Fev 4 5:53	♏ Jun 8 6:06	♉ Out 8 5:57
♌ Jun 10 16:09	♒ Out 12 10:01	♊ Fev 6 16:23	♐ Jun 10 8:53	♊ Out 10 12:03
♍ Jun 12 23:36	♓ Out 14 17:54	♋ Fev 9 4:55	♑ Jun 12 9:05	♋ Out 12 21:31
♎ Jun 15 9:23	♈ Out 16 22:59	♌ Fev 11 17:21	♒ Jun 14 8:45	♌ Out 15 9:34
♏ Jun 17 21:15	♉ Out 19 1:23	♍ Fev 14 4:26	♓ Jun 16 9:54	♍ Out 17 22:06
♐ Jun 20 9:46	♊ Out 21 2:03	♎ Fev 16 13:44	♈ Jun 18 13:56	♎ Out 20 8:50
♑ Jun 22 20:38	♋ Out 23 2:31	♏ Fev 18 21:04	♉ Jun 20 21:09	♏ Out 22 16:41
♒ Jun 25 4:07	♌ Out 25 4:33	♐ Fev 21 2:09	♊ Jun 23 6:54	♐ Out 24 21:57
♓ Jun 27 8:00	♍ Out 27 9:41	♑ Fev 23 4:57	♋ Jun 25 18:22	♑ Out 27 1:33
♈ Jun 29 9:31	♎ Out 29 18:32	♒ Fev 25 6:08	♌ Jun 28 6:52	♒ Out 29 4:27
♉ Jul 1 10:23	♏ Nov 1 6:18	♓ Fev 27 7:07	♍ Jun 30 19:34	♓ Out 31 7:19
♊ Jul 3 12:16	♐ Nov 3 19:00	♈ Mar 1 9:37	♎ Jul 3 6:55	♈ Nov 2 10:40
♋ Jul 5 16:10	♑ Nov 6 6:38	♉ Mar 3 15:11	♏ Jul 5 15:03	♉ Nov 4 15:02
♌ Jul 7 22:20	♒ Nov 8 16:09	♊ Mar 6 0:26	♐ Jul 7 19:05	♊ Nov 6 21:16
♍ Jul 10 6:35	♓ Nov 10 23:24	♋ Mar 8 12:24	♑ Jul 9 19:43	♋ Nov 9 6:10
♎ Jul 12 16:43	♈ Nov 13 4:36	♌ Mar 11 0:54	♒ Jul 11 18:49	♌ Nov 11 17:45
♏ Jul 15 4:32	♉ Nov 15 8:07	♍ Mar 13 11:55	♓ Jul 13 18:36	♍ Nov 14 6:29
♐ Jul 17 17:14	♊ Nov 17 10:25	♎ Mar 15 20:34	♈ Jul 15 21:00	♎ Nov 16 17:48
♑ Jul 20 4:58	♋ Nov 19 12:17	♏ Mar 18 2:57	♉ Jul 18 3:04	♏ Nov 19 1:47
♒ Jul 22 13:34	♌ Nov 21 14:52	♐ Mar 20 7:32	♊ Jul 20 12:33	♐ Nov 21 6:16
♓ Jul 24 18:05	♍ Nov 23 19:29	♑ Mar 22 10:48	♋ Jul 23 0:13	♑ Nov 23 8:32
♈ Jul 26 19:16	♎ Nov 26 3:16	♒ Mar 24 13:18	♌ Jul 25 12:50	♒ Nov 25 10:13
♉ Jul 28 18:59	♏ Nov 28 14:16	♓ Mar 26 15:46	♍ Jul 28 1:26	♓ Nov 27 12:40
♊ Jul 30 19:20	♐ Dez 1 2:56	♈ Mar 28 19:12	♎ Jul 30 12:59	♈ Nov 29 16:36
♋ Ago 1 22:01	♑ Dez 3 14:48	♉ Mar 31 0:46	♏ Ago 1 22:09	♉ Dez 1 22:06
♌ Ago 4 3:47	♒ Dez 6 0:00	♊ Abr 2 9:16	♐ Ago 4 3:47	♊ Dez 4 5:13
♍ Ago 6 12:23	♓ Dez 8 6:16	♋ Abr 4 20:33	♑ Ago 6 5:51	♋ Dez 6 14:20
♎ Ago 8 23:01	♈ Dez 10 10:23	♌ Abr 7 9:04	♒ Ago 8 5:37	♌ Dez 9 1:40
♏ Ago 11 11:02	♉ Dez 12 13:28	♍ Abr 9 20:28	♓ Ago 10 5:01	♍ Dez 11 14:30
♐ Ago 13 23:46	♊ Dez 14 16:23	♎ Abr 12 5:06	♈ Ago 12 6:09	♎ Dez 14 2:40
♑ Ago 16 12:00	♋ Dez 16 19:35	♏ Abr 14 10:41	♉ Ago 14 10:38	♏ Dez 16 11:41
♒ Ago 18 21:51	♌ Dez 18 23:30	♐ Abr 16 14:01	♊ Ago 16 18:59	♐ Dez 18 16:33
♓ Ago 21 3:48	♍ Dez 21 4:47	♑ Abr 18 16:21	♋ Ago 19 6:19	♑ Dez 20 18:07
♈ Ago 23 5:51	♎ Dez 23 12:19	♒ Abr 20 18:45	♌ Ago 21 18:58	♒ Dez 22 18:20
♉ Ago 25 5:26	♏ Dez 25 22:41	♓ Abr 22 22:02	♍ Ago 24 7:23	♓ Dez 24 19:10
♊ Ago 27 4:41	♐ Dez 28 11:13	♈ Abr 25 2:41	♎ Ago 26 18:35	♈ Dez 26 22:05
♋ Ago 29 5:45	♑ Dez 30 23:37	♉ Abr 27 9:06	♏ Ago 29 3:49	♉ Dez 29 3:37
♌ Ago 31 10:07		♊ Abr 29 17:43	♐ Ago 31 10:24	♊ Dez 31 11:29

(continua)

Astrologia Para Leigos

Tabela A-2 — A Lua (continuação)

1988			1989	
1988	♐ Maio 3 11:53	♊ Set 2 13:29	1989	♈ Maio 1 22:50
♋ Jan 2 23:33	♑ Maio 5 20:09	♋ Set 4 19:20	♏ Jan 1 12:24	♉ Maio 4 9:54
♌ Jan 5 8:35	♒ Maio 8 1:21	♌ Set 7 3:11	♐ Jan 3 17:35	♊ Maio 6 17:58
♍ Jan 7 20:21	♓ Maio 10 3:39	♍ Set 9 13:18	♑ Jan 6 2:45	♋ Maio 8 22:21
♎ Jan 10 9:10	♈ Maio 12 4:03	♎ Set 12 1:30	♒ Jan 8 15:02	♌ Maio 10 23:30
♏ Jan 12 20:19	♉ Maio 14 4:04	♏ Set 14 14:32	♓ Jan 11 3:54	♍ Maio 12 22:53
♐ Jan 15 4:00	♊ Maio 16 5:31	♐ Set 17 2:07	♈ Jan 13 14:54	♎ Maio 14 22:31
♑ Jan 17 8:15	♋ Maio 18 10:02	♑ Set 19 10:10	♉ Jan 15 23:09	♏ Maio 17 0:22
♒ Jan 19 10:25	♌ Maio 20 18:27	♒ Set 21 14:16	♊ Jan 18 5:11	♐ Maio 19 5:53
♓ Jan 21 12:11	♍ Maio 23 6:07	♓ Set 23 15:28	♋ Jan 20 9:47	♑ Maio 21 15:14
♈ Jan 23 14:48	♎ Maio 25 19:07	♈ Set 25 15:34	♌ Jan 22 13:28	♒ Maio 24 3:15
♉ Jan 25 18:51	♏ Maio 28 7:22	♉ Set 27 16:21	♍ Jan 24 16:23	♓ Maio 26 16:12
♊ Jan 28 0:24	♐ Maio 30 17:39	♊ Set 29 19:13	♎ Jan 26 18:57	♈ Maio 29 4:43
♋ Jan 30 7:34	♑ Jun 2 1:37	♋ Out 2 0:49	♏ Jan 28 22:06	♉ Maio 31 15:53
♌ Fev 1 16:47	♒ Jun 4 7:21	♌ Out 4 9:10	♐ Jan 31 3:16	♊ Jun 3 0:52
♍ Fev 4 4:17	♓ Jun 6 11:00	♍ Out 6 19:50	♑ Fev 2 11:39	♋ Jun 5 6:49
♎ Fev 6 17:13	♈ Jun 8 12:58	♎ Out 9 8:11	♒ Fev 4 23:15	♌ Jun 7 9:30
♏ Fev 9 5:16	♉ Jun 10 14:07	♏ Out 11 21:14	♓ Fev 7 12:09	♍ Jun 9 9:42
♐ Fev 11 13:59	♊ Jun 12 15:45	♐ Out 14 9:24	♈ Fev 9 23:34	♎ Jun 11 9:05
♑ Fev 13 18:32	♋ Jun 14 19:31	♑ Out 16 18:49	♉ Fev 12 7:50	♏ Jun 13 9:46
♒ Fev 15 19:59	♌ Jun 17 2:43	♒ Out 19 0:25	♊ Fev 14 13:02	♐ Jun 15 13:42
♓ Fev 17 20:14	♍ Jun 19 13:32	♓ Out 21 2:26	♋ Fev 16 16:21	♑ Jun 17 21:50
♈ Fev 19 21:14	♎ Jun 22 2:21	♈ Out 23 2:17	♌ Fev 18 19:00	♒ Jun 20 9:25
♉ Fev 22 0:18	♏ Jun 24 14:37	♉ Out 25 1:49	♍ Fev 20 21:48	♓ Jun 22 22:22
♊ Fev 24 5:54	♐ Jun 27 0:29	♊ Out 27 2:55	♎ Fev 23 1:12	♈ Jun 25 10:43
♋ Fev 26 13:48	♑ Jun 29 7:39	♋ Out 29 7:05	♏ Fev 25 5:37	♉ Jun 27 21:30
♌ Fev 28 23:42	♒ Jul 1 12:46	♌ Out 31 14:53	♐ Fev 27 11:42	♊ Jun 30 6:26
♍ Mar 2 11:22	♓ Jul 3 16:34	♍ Nov 3 1:46	♑ Fev 29 20:14	♋ Jul 2 13:10
♎ Mar 5 0:18	♈ Jul 5 19:33	♎ Nov 5 14:23	♒ Mar 3 7:28	♌ Jul 4 17:20
♏ Mar 7 12:56	♉ Jul 7 22:05	♏ Nov 8 3:21	♓ Mar 5 20:17	♍ Jul 6 19:05
♐ Mar 9 22:59	♊ Jul 10 0:49	♐ Nov 10 15:28	♈ Mar 8 8:21	♎ Jul 8 19:24
♑ Mar 12 4:55	♋ Jul 12 4:53	♑ Nov 13 1:36	♉ Mar 10 17:27	♏ Jul 10 20:03
♒ Mar 14 6:59	♌ Jul 14 11:36	♒ Nov 15 8:46	♊ Mar 12 22:51	♐ Jul 12 23:03
♓ Mar 16 6:44	♍ Jul 16 21:40	♓ Nov 17 12:34	♋ Mar 15 1:23	♑ Jul 15 5:51
♈ Mar 18 6:18	♎ Jul 19 10:11	♈ Nov 19 13:31	♌ Mar 17 2:33	♒ Jul 17 16:30
♉ Mar 20 7:34	♏ Jul 21 22:40	♉ Nov 21 13:03	♍ Mar 19 3:54	♓ Jul 20 5:13
♊ Mar 22 11:48	♐ Jul 24 8:39	♊ Nov 23 13:03	♎ Mar 21 6:34	♈ Jul 22 17:31
♋ Mar 24 19:19	♑ Jul 26 15:18	♋ Nov 25 15:30	♏ Mar 23 11:16	♉ Jul 25 3:55
♌ Mar 27 5:34	♒ Jul 28 19:23	♌ Nov 27 21:47	♐ Mar 25 18:15	♊ Jul 27 12:10
♍ Mar 29 17:37	♓ Jul 30 22:13	♍ Nov 30 8:01	♑ Mar 28 3:32	♋ Jul 29 18:32
♎ Abr 1 6:34	♈ Ago 2 0:55	♎ Dez 2 20:41	♒ Mar 30 14:55	♌ Jul 31 23:11
♏ Abr 3 19:15	♉ Ago 4 4:03	♏ Dez 5 9:38	♓ Abr 2 3:40	♍ Ago 3 2:11
♐ Abr 6 6:06	♊ Ago 6 7:54	♐ Dez 7 21:21	♈ Abr 4 16:13	♎ Ago 5 3:57
♑ Abr 8 13:36	♋ Ago 8 12:57	♑ Dez 10 7:12	♉ Abr 7 2:28	♏ Ago 7 5:37
♒ Abr 10 17:16	♌ Ago 10 20:00	♒ Dez 12 14:55	♊ Abr 9 9:04	♐ Ago 9 8:46
♓ Abr 12 17:54	♍ Ago 13 5:49	♓ Dez 14 20:13	♋ Abr 11 12:01	♑ Ago 11 14:53
♈ Abr 14 17:14	♎ Ago 15 18:05	♈ Dez 16 23:01	♌ Abr 13 12:32	♒ Ago 14 0:36
♉ Abr 16 17:15	♏ Ago 18 6:54	♉ Dez 18 23:54	♍ Abr 15 12:23	♓ Ago 16 12:51
♊ Abr 18 19:43	♐ Ago 20 17:34	♊ Dez 21 0:12	♎ Abr 17 13:23	♈ Ago 19 1:15
♋ Abr 21 1:47	♑ Ago 23 0:31	♋ Dez 23 1:48	♏ Abr 19 16:57	♉ Ago 21 11:40
♌ Abr 23 11:28	♒ Ago 25 4:03	♌ Dez 25 6:36	♐ Abr 21 23:46	♊ Ago 23 19:21
♍ Abr 25 23:37	♓ Ago 27 5:42	♍ Dez 27 15:32	♑ Abr 24 9:32	♋ Ago 26 0:45
♎ Abr 28 12:37	♈ Ago 29 7:05	♎ Dez 30 3:43	♒ Abr 26 21:22	♌ Ago 28 4:38
♏ Maio 1 1:05	♉ Ago 31 9:28		♓ Abr 29 10:11	♍ Set 1 10:22

Tabela A-2 — A Lua (continuação)

		1990		Maio/Jun/Jul/Ago				1991	
♎ Set 3	13:19	♓ Jan 1	12:21	♌ Maio 1	8:58	♒ Set 2	5:31	♌ Jan 1	23:54
♏ Set 5	17:27	♈ Jan 3	15:42	♍ Maio 3	19:19	♓ Set 4	9:56	♍ Jan 4	1:57
♐ Set 7	23:49	♉ Jan 5	17:56	♎ Maio 6	7:39	♈ Set 6	12:53	♎ Jan 6	7:33
♑ Set 10	9:06	♊ Jan 7	19:50	♏ Maio 8	20:34	♉ Set 8	15:20	♏ Jan 8	16:59
♒ Set 12	20:54	♋ Jan 9	22:52	♐ Maio 11	8:57	♊ Set 10	18:04	♐ Jan 11	5:06
♓ Set 15	9:28	♌ Jan 12	4:39	♑ Maio 13	19:40	♋ Set 12	21:43	♑ Jan 13	18:00
♈ Set 17	20:25	♍ Jan 14	14:09	♒ Maio 16	3:38	♌ Set 15	2:54	♒ Jan 16	6:04
♉ Set 20	4:15	♎ Jan 17	2:33	♓ Maio 18	8:06	♍ Set 17	10:16	♓ Jan 18	16:23
♊ Set 22	9:00	♏ Jan 19	15:16	♈ Maio 20	9:24	♎ Set 19	20:12	♈ Jan 21	0:28
♋ Set 24	11:39	♐ Jan 22	1:47	♉ Maio 22	8:51	♏ Set 22	8:16	♉ Jan 23	6:01
♌ Set 26	13:30	♑ Jan 24	9:13	♊ Maio 24	8:24	♐ Set 24	20:49	♊ Jan 25	9:06
♍ Set 28	15:44	♒ Jan 26	14:13	♋ Maio 26	10:09	♑ Set 27	7:36	♋ Jan 27	10:23
♎ Set 30	19:11	♓ Jan 28	17:54	♌ Maio 28	15:42	♒ Set 29	15:04	♌ Jan 29	11:03
♏ Out 3	0:21	♈ Jan 30	21:05	♍ Maio 31	1:18	♓ Out 1	19:08	♍ Jan 31	12:44
♐ Out 5	7:35	♉ Fev 2	0:11	♎ Jun 2	13:37	♈ Out 3	20:54	♎ Fev 2	17:02
♑ Out 7	17:07	♊ Fev 4	3:29	♏ Jun 5	2:35	♉ Out 5	21:54	♏ Fev 5	1:01
♒ Out 10	4:43	♋ Fev 6	7:40	♐ Jun 7	14:44	♊ Out 7	23:38	♐ Fev 7	12:23
♓ Out 12	17:23	♌ Fev 8	13:50	♑ Jun 10	1:19	♋ Out 10	3:12	♑ Fev 10	1:16
♈ Out 15	5:08	♍ Fev 10	22:55	♒ Jun 12	9:50	♌ Out 12	9:06	♒ Fev 12	13:16
♉ Out 17	13:58	♎ Fev 13	10:47	♓ Jun 14	15:42	♍ Out 14	17:20	♓ Fev 14	22:59
♊ Out 19	19:05	♏ Fev 15	23:39	♈ Jun 16	18:38	♎ Out 17	3:40	♈ Fev 17	6:11
♋ Out 21	21:05	♐ Fev 18	10:50	♉ Jun 18	19:14	♏ Out 19	15:40	♉ Fev 19	11:24
♌ Out 23	21:32	♑ Fev 20	18:38	♊ Jun 20	19:01	♐ Out 22	4:22	♊ Fev 21	15:10
♍ Out 25	22:13	♒ Fev 22	23:06	♋ Jun 22	20:00	♑ Out 24	16:03	♋ Fev 23	17:56
♎ Out 28	0:43	♓ Fev 25	1:29	♌ Jun 25	0:09	♒ Out 27	0:48	♌ Fev 25	20:13
♏ Out 30	5:54	♈ Fev 27	3:15	♍ Jun 27	8:28	♓ Out 29	5:41	♍ Fev 27	22:50
♐ Nov 1	13:51	♉ Mar 1	5:33	♎ Jun 29	20:11	♈ Out 31	7:14	♎ Mar 2	3:03
♑ Nov 4	0:01	♊ Mar 3	9:06	♏ Jul 2	9:05	♉ Nov 2	7:02	♏ Mar 4	10:08
♒ Nov 6	11:48	♋ Mar 5	14:16	♐ Jul 4	21:03	♊ Nov 4	7:05	♐ Mar 6	20:35
♓ Nov 9	0:26	♌ Mar 7	21:25	♑ Jul 7	7:08	♋ Nov 6	9:14	♑ Mar 9	9:14
♈ Nov 11	12:45	♍ Mar 10	6:54	♒ Jul 9	15:15	♌ Nov 8	14:35	♒ Mar 11	21:31
♉ Nov 13	22:55	♎ Mar 12	18:37	♓ Jul 11	21:26	♍ Nov 10	23:10	♓ Mar 14	7:11
♊ Nov 16	5:26	♏ Mar 15	7:31	♈ Jul 13	1:33	♎ Nov 13	10:04	♈ Mar 16	13:37
♋ Nov 18	8:06	♐ Mar 17	19:28	♉ Jul 16	3:42	♏ Nov 15	22:16	♉ Mar 18	17:40
♌ Nov 20	8:04	♑ Mar 20	4:22	♊ Jul 18	4:42	♐ Nov 18	10:57	♊ Mar 20	20:37
♍ Nov 22	7:20	♒ Mar 22	9:28	♋ Jul 20	6:05	♑ Nov 20	23:04	♋ Mar 22	23:27
♎ Nov 24	8:02	♓ Mar 24	11:27	♌ Jul 22	9:41	♒ Nov 23	9:08	♌ Mar 25	2:43
♏ Nov 26	11:52	♈ Mar 26	11:54	♍ Jul 24	16:53	♓ Nov 25	15:41	♍ Mar 27	6:41
♐ Nov 28	19:26	♉ Mar 28	12:31	♎ Jul 27	3:43	♈ Nov 27	18:21	♎ Mar 29	11:49
♑ Dez 1	5:58	♊ Mar 30	14:49	♏ Jul 29	16:23	♉ Nov 29	18:12	♏ Mar 31	19:01
♒ Dez 3	18:06	♋ Abr 1	19:41	♐ Ago 1	4:24	♊ Dez 1	17:11	♐ Abr 3	4:59
♓ Dez 6	6:43	♌ Abr 4	3:23	♑ Ago 3	14:09	♋ Dez 3	17:35	♑ Abr 5	17:20
♈ Dez 8	19:02	♍ Abr 6	13:33	♒ Ago 5	21:29	♌ Dez 5	21:16	♒ Abr 8	6:00
♉ Dez 11	5:59	♎ Abr 9	1:32	♓ Ago 8	2:56	♍ Dez 8	4:59	♓ Abr 10	16:18
♊ Dez 13	14:08	♏ Abr 11	14:25	♈ Ago 10	7:00	♎ Dez 10	15:56	♈ Abr 12	22:49
♋ Dez 15	18:31	♐ Abr 14	2:48	♉ Ago 12	9:58	♏ Dez 13	4:24	♉ Abr 15	2:06
♌ Dez 17	19:27	♑ Abr 16	12:55	♊ Ago 14	12:18	♐ Dez 15	17:00	♊ Abr 17	3:41
♍ Dez 19	18:32	♒ Abr 18	19:27	♋ Ago 16	14:53	♑ Dez 18	4:58	♋ Abr 19	5:17
♎ Dez 21	17:59	♓ Abr 20	22:19	♌ Ago 18	18:59	♒ Dez 20	15:29	♌ Abr 21	8:04
♏ Dez 23	20:01	♈ Abr 22	22:34	♍ Ago 21	1:51	♓ Dez 22	23:29	♍ Abr 23	12:29
♐ Dez 26	2:02	♉ Abr 24	21:59	♎ Ago 23	11:58	♈ Dez 25	4:01	♎ Abr 25	18:36
♑ Dez 28	11:57	♊ Abr 26	22:32	♏ Ago 26	0:18	♉ Dez 27	5:15	♏ Abr 28	2:34
♒ Dez 31	0:11	♋ Abr 29	1:55	♐ Ago 28	12:33	♊ Dez 29	4:38	♐ Abr 30	12:42
				♑ Ago 30	22:33	♋ Dez 31	4:15		

(continua)

336 Astrologia Para Leigos

Tabela A-2 — A Lua (continuação)

♑	Maio 2	0:55	♋	Set 3	3:19	**1992**			♉	Maio 1	16:09	♏	Ago 31	16:38

Sign	Date	Time	Sign	Date	Time	Sign	Date	Time	Sign	Date	Time	Sign	Date	Time
♑	Maio 2	0:55	♋	Set 3	3:19		**1992**		♉	Maio 1	16:09	♏	Ago 31	16:38
♒	Maio 5	13:51	♌	Set 5	5:13	♐	Jan 1	4:30	♊	Maio 3	21:28	♐	Set 2	21:50
♓	Maio 7	1:04	♍	Set 7	6:35	♑	Jan 3	16:09	♋	Maio 6	1:09	♑	Set 5	7:06
♈	Maio 10	8:34	♎	Set 9	8:52	♒	Jan 6	4:59	♌	Maio 8	4:07	♒	Set 7	19:08
♉	Maio 12	12:07	♏	Set 11	13:42	♓	Jan 8	17:52	♍	Maio 10	6:56	♓	Set 10	7:56
♊	Maio 14	13:02	♐	Set 13	22:14	♈	Jan 11	5:22	♎	Maio 12	10:05	♈	Set 12	20:02
♋	Maio 16	13:14	♑	Set 16	10:04	♉	Jan 13	14:00	♏	Maio 14	14:15	♉	Set 15	6:47
♌	Maio 18	14:30	♒	Set 18	22:58	♊	Jan 15	18:55	♐	Maio 16	20:22	♊	Set 17	15:40
♍	Maio 20	18:00	♓	Set 21	10:20	♋	Jan 17	20:26	♑	Maio 19	5:13	♋	Set 19	21:59
♎	Maio 23	0:08	♈	Set 23	18:56	♌	Jan 19	19:57	♒	Maio 21	16:43	♌	Set 22	1:19
♏	Maio 25	8:41	♉	Set 26	0:59	♍	Jan 21	19:22	♓	Maio 24	5:25	♍	Set 24	2:08
♐	Maio 27	19:21	♊	Set 28	5:25	♎	Jan 23	20:42	♈	Maio 26	16:52	♎	Set 26	1:55
♑	Maio 30	7:40	♋	Set 30	8:58	♏	Jan 26	1:32	♉	Maio 29	1:16	♏	Set 28	2:44
♒	Jun 1	20:42	♌	Out 2	11:58	♐	Jan 28	10:20	♊	Maio 31	6:19	♐	Set 30	6:33
♓	Jun 4	8:36	♍	Out 4	14:45	♑	Jan 30	22:07	♋	Jun 2	8:58	♑	Out 2	14:29
♈	Jun 6	17:25	♎	Out 6	18:00	♒	Fev 2	11:09	♌	Jun 4	10:35	♒	Out 5	1:53
♉	Jun 8	22:13	♏	Out 8	23:00	♓	Fev 4	23:51	♍	Jun 6	12:28	♓	Out 7	14:38
♊	Jun 10	23:36	♐	Out 11	6:58	♈	Fev 7	11:15	♎	Jun 8	15:33	♈	Out 10	2:36
♋	Jun 12	23:16	♑	Out 13	18:10	♉	Fev 9	20:36	♏	Jun 10	20:27	♉	Out 12	12:48
♌	Jun 14	23:10	♒	Out 16	7:04	♊	Fev 12	3:08	♐	Jun 13	3:29	♊	Out 14	21:08
♍	Jun 17	1:03	♓	Out 18	18:53	♋	Fev 14	6:31	♑	Jun 15	12:50	♋	Out 17	3:36
♎	Jun 19	6:01	♈	Out 21	3:33	♌	Fev 16	7:15	♒	Jun 18	0:19	♌	Out 19	8:01
♏	Jun 21	14:18	♉	Out 23	8:55	♍	Fev 18	6:47	♓	Jun 20	13:00	♍	Out 21	10:27
♐	Jun 24	1:16	♊	Out 25	12:09	♎	Fev 20	7:05	♈	Jun 23	1:03	♎	Out 23	11:39
♑	Jun 26	13:49	♋	Out 27	14:37	♏	Fev 22	10:11	♉	Jun 25	10:28	♏	Out 25	13:04
♒	Jun 29	2:47	♌	Out 29	17:20	♐	Fev 24	17:26	♊	Jun 27	16:14	♐	Out 27	16:29
♓	Jul 1	14:51	♍	Out 31	20:47	♑	Fev 27	4:33	♋	Jun 29	18:42	♑	Out 29	23:18
♈	Jul 4	0:33	♎	Nov 3	1:13	♒	Fev 29	17:34	♌	Jul 1	19:15	♒	Nov 1	9:43
♉	Jul 6	6:52	♏	Nov 5	7:09	♓	Mar 3	6:11	♍	Jul 3	19:37	♓	Nov 3	22:13
♊	Jul 8	9:42	♐	Nov 7	15:21	♈	Mar 5	17:07	♎	Jul 5	21:27	♈	Nov 6	10:19
♋	Jul 10	10:03	♑	Nov 10	2:16	♉	Mar 8	2:05	♏	Jul 8	1:53	♉	Nov 8	20:19
♌	Jul 12	9:35	♒	Nov 12	15:06	♊	Mar 10	9:03	♐	Jul 10	9:17	♊	Nov 11	3:49
♍	Jul 14	10:12	♓	Nov 15	3:33	♋	Mar 12	13:50	♑	Jul 12	19:16	♋	Nov 13	9:19
♎	Jul 16	13:34	♈	Nov 17	13:08	♌	Mar 14	16:20	♒	Jul 15	7:03	♌	Nov 15	13:23
♏	Jul 18	20:41	♉	Nov 19	18:49	♍	Mar 16	17:13	♓	Jul 17	19:44	♍	Nov 17	16:28
♐	Jul 21	7:16	♊	Nov 21	21:22	♎	Mar 18	17:55	♈	Jul 20	8:07	♎	Nov 19	19:03
♑	Jul 23	19:55	♋	Nov 23	22:25	♏	Mar 20	20:20	♉	Jul 22	18:36	♏	Nov 21	21:52
♒	Jul 26	8:49	♌	Nov 25	23:37	♐	Mar 23	2:13	♊	Jul 25	1:44	♐	Nov 24	2:01
♓	Jul 28	20:35	♍	Nov 28	2:12	♑	Mar 25	12:08	♋	Jul 27	5:08	♑	Nov 26	8:38
♈	Jul 31	6:20	♎	Nov 30	6:47	♒	Mar 28	0:44	♌	Jul 29	5:39	♒	Nov 28	18:19
♉	Ago 2	13:32	♏	Dez 2	13:33	♓	Mar 30	13:23	♍	Jul 31	5:01	♓	Dez 1	6:23
♊	Ago 4	17:54	♐	Dez 4	22:32	♈	Abr 2	0:04	♎	Ago 2	5:17	♈	Dez 3	18:49
♋	Ago 6	19:47	♑	Dez 7	9:41	♉	Abr 4	8:18	♏	Ago 4	8:16	♉	Dez 6	5:16
♌	Ago 8	20:09	♒	Dez 9	22:27	♊	Abr 6	14:33	♐	Ago 6	14:57	♊	Dez 8	12:37
♍	Ago 10	20:35	♓	Dez 12	11:19	♋	Abr 8	19:18	♑	Ago 9	1:00	♋	Dez 10	17:05
♎	Ago 12	22:52	♈	Dez 14	22:06	♌	Abr 10	22:46	♒	Ago 11	13:06	♌	Dez 12	19:47
♏	Ago 15	4:34	♉	Dez 17	5:10	♍	Abr 13	1:09	♓	Ago 14	1:51	♍	Dez 14	21:56
♐	Ago 17	14:11	♊	Dez 19	8:21	♎	Abr 15	3:10	♈	Ago 16	14:11	♎	Dez 17	0:33
♑	Ago 20	2:34	♋	Dez 21	8:54	♏	Abr 17	6:10	♉	Ago 19	1:10	♏	Dez 19	4:20
♒	Ago 22	15:27	♌	Dez 23	8:38	♐	Abr 19	11:40	♊	Ago 21	9:36	♐	Dez 21	9:42
♓	Ago 25	2:51	♍	Dez 25	9:24	♑	Abr 21	20:40	♋	Ago 23	14:36	♑	Dez 23	17:04
♈	Ago 27	12:01	♎	Dez 27	12:37	♒	Abr 24	8:38	♌	Ago 25	16:15	♒	Dez 26	2:43
♉	Ago 29	19:00	♏	Dez 29	19:03	♓	Abr 26	21:20	♍	Ago 27	15:46	♓	Dez 28	14:28
♊	Set 1	0:02				♈	Abr 29	8:13	♎	Ago 29	15:11	♈	Dez 31	3:07

Tabela A-2 — A Lua (continuação)

1993			1994	
♉ Jan 2 14:30	♎ Maio 2 22:20	♈ Set 2 18:21	♍ Jan 1 17:15	♒ Maio 1 13:34
♊ Jan 4 22:42	♏ Maio 4 22:57	♉ Set 5 7:09	♎ Jan 3 20:31	♓ Maio 3 21:47
♋ Jan 7 3:10	♐ Maio 7 0:34	♊ Set 7 19:16	♏ Jan 5 23:29	♈ Maio 6 9:01
♌ Jan 9 4:49	♑ Maio 9 4:51	♋ Set 10 4:37	♐ Jan 8 2:34	♉ Maio 8 21:50
♍ Jan 11 5:20	♒ Maio 11 12:44	♌ Set 12 9:51	♑ Jan 10 6:16	♊ Maio 11 10:43
♎ Jan 13 6:30	♓ Maio 13 23:50	♍ Set 14 11:20	♒ Jan 12 11:25	♋ Maio 13 22:27
♏ Jan 15 9:42	♈ Maio 16 12:24	♎ Set 16 10:44	♓ Jan 14 19:04	♌ Maio 16 7:58
♐ Jan 17 15:30	♉ Maio 19 0:16	♏ Set 18 10:15	♈ Jan 17 5:42	♍ Maio 18 14:31
♑ Jan 19 23:46	♊ Maio 21 10:07	♐ Set 20 11:53	♉ Jan 19 18:22	♎ Maio 20 17:54
♒ Jan 22 10:00	♋ Maio 23 17:38	♑ Set 22 16:54	♊ Jan 22 6:34	♏ Maio 22 18:51
♓ Jan 24 21:47	♌ Maio 25 23:03	♒ Set 25 1:19	♋ Jan 24 15:55	♐ Maio 24 18:43
♈ Jan 27 10:28	♍ Maio 28 2:46	♓ Set 27 12:13	♌ Jan 26 21:38	♑ Maio 26 19:17
♉ Jan 29 22:37	♎ Maio 30 5:18	♈ Set 30 0:29	♍ Jan 29 0:39	♒ Maio 28 22:19
♊ Fev 1 8:14	♏ Jun 1 7:22	♉ Out 2 13:13	♎ Jan 31 2:34	♓ Maio 31 5:03
♋ Fev 3 13:56	♐ Jun 3 10:01	♊ Out 5 1:27	♏ Fev 2 4:49	♈ Jun 2 15:31
♌ Fev 5 15:51	♑ Jun 5 14:26	♋ Out 7 11:42	♐ Fev 4 8:14	♉ Jun 5 4:14
♍ Fev 7 15:29	♒ Jun 7 21:39	♌ Out 9 18:34	♑ Fev 6 13:02	♊ Jun 7 17:03
♎ Fev 9 14:58	♓ Jun 10 7:57	♍ Out 11 21:36	♒ Fev 8 19:16	♋ Jun 10 4:22
♏ Fev 11 16:23	♈ Jun 12 20:14	♎ Out 13 21:47	♓ Fev 11 3:23	♌ Jun 12 13:29
♐ Fev 13 21:08	♉ Jun 15 8:19	♏ Out 15 21:01	♈ Fev 13 13:49	♍ Jun 14 20:16
♑ Fev 16 5:20	♊ Jun 17 18:12	♐ Out 17 21:23	♉ Fev 16 2:20	♎ Jun 17 0:48
♒ Fev 18 16:05	♋ Jun 20 1:05	♑ Out 20 0:42	♊ Fev 18 15:05	♏ Jun 19 3:20
♓ Fev 21 4:12	♌ Jun 22 5:26	♒ Out 22 7:49	♋ Fev 21 :27	♐ Jun 21 4:32
♈ Fev 23 16:50	♍ Jun 24 8:18	♓ Out 24 18:17	♌ Fev 23 7:47	♑ Jun 23 5:37
♉ Fev 26 5:11	♎ Jun 26 10:45	♈ Out 27 6:39	♍ Fev 25 10:27	♒ Jun 25 8:10
♊ Fev 28 15:52	♏ Jun 28 13:37	♉ Out 29 19:20	♎ Fev 27 11:06	♓ Jun 27 13:44
♋ Mar 2 23:16	♐ Jun 30 17:28	♊ Nov 1 7:13	♏ Mar 1 11:43	♈ Jun 29 23:07
♌ Mar 5 2:40	♑ Jul 2 22:49	♋ Nov 3 17:25	♐ Mar 3 13:54	♉ Jul 2 11:23
♍ Mar 7 2:52	♒ Jul 5 6:14	♌ Nov 6 1:06	♑ Mar 5 18:24	♊ Jul 5 0:12
♎ Mar 9 1:46	♓ Jul 7 16:10	♍ Nov 8 5:47	♒ Mar 8 1:15	♋ Jul 7 11:17
♏ Mar 11 1:40	♈ Jul 10 4:11	♎ Nov 10 7:42	♓ Mar 10 10:09	♌ Jul 9 19:43
♐ Mar 13 4:33	♉ Jul 12 16:37	♏ Nov 12 8:00	♈ Mar 12 20:59	♍ Jul 12 1:48
♑ Mar 15 11:28	♊ Jul 15 3:07	♐ Nov 14 8:20	♉ Mar 15 9:27	♎ Jul 14 6:15
♒ Mar 17 21:52	♋ Jul 17 10:08	♑ Nov 16 10:34	♊ Mar 17 22:29	♏ Jul 16 9:35
♓ Mar 20 10:11	♌ Jul 19 13:47	♒ Nov 18 16:08	♋ Mar 20 9:54	♐ Jul 18 12:09
♈ Mar 22 22:51	♍ Jul 21 15:24	♓ Nov 21 1:27	♌ Mar 22 17:39	♑ Jul 20 14:30
♉ Mar 25 10:59	♎ Jul 23 16:39	♈ Nov 23 13:30	♍ Mar 24 21:14	♒ Jul 22 17:38
♊ Mar 27 21:48	♏ Jul 25 19:00	♉ Nov 26 2:14	♎ Mar 26 21:46	♓ Jul 24 22:56
♋ Mar 30 6:14	♐ Jul 27 23:13	♊ Nov 28 13:48	♏ Mar 28 21:15	♈ Jul 27 7:31
♌ Abr 1 11:21	♑ Jul 30 5:27	♋ Nov 30 23:17	♐ Mar 30 21:41	♉ Jul 29 19:13
♍ Abr 3 13:10	♒ Ago 1 13:36	♌ Dez 3 6:33	♑ Abr 2 0:38	♊ Ago 1 8:05
♎ Abr 5 12:54	♓ Ago 3 23:44	♍ Dez 5 11:43	♒ Abr 4 6:45	♋ Ago 3 19:22
♏ Abr 7 12:32	♈ Ago 6 11:39	♎ Dez 7 15:03	♓ Abr 6 15:51	♌ Ago 6 3:31
♐ Abr 9 14:10	♉ Ago 9 0:22	♏ Dez 9 17:04	♈ Abr 9 3:09	♍ Ago 8 8:42
♑ Abr 11 19:24	♊ Ago 11 11:47	♐ Dez 11 18:39	♉ Abr 11 15:48	♎ Ago 10 12:07
♒ Abr 14 4:36	♋ Ago 13 19:46	♑ Dez 13 21:06	♊ Abr 14 4:48	♏ Ago 12 14:56
♓ Abr 16 16:32	♌ Ago 15 23:43	♒ Dez 16 1:51	♋ Abr 16 16:41	♐ Ago 14 17:53
♈ Abr 19 5:14	♍ Ago 18 0:41	♓ Dez 18 9:58	♌ Abr 19 1:45	♑ Ago 16 21:18
♉ Abr 21 17:08	♎ Ago 20 0:35	♈ Dez 20 21:19	♍ Abr 21 6:58	♒ Ago 19 1:34
♊ Abr 24 3:27	♏ Ago 22 1:27	♉ Dez 23 10:05	♎ Abr 23 8:40	♓ Ago 21 7:27
♋ Abr 26 11:45	♐ Ago 24 4:45	♊ Dez 25 21:46	♏ Abr 25 8:18	♈ Ago 23 15:55
♌ Abr 28 17:39	♑ Ago 26 10:58	♋ Dez 28 6:46	♐ Abr 27 7:48	♉ Ago 26 3:13
♍ Abr 30 21:00	♒ Ago 28 19:42	♌ Dez 30 12:59	♑ Abr 29 9:05	♊ Ago 28 16:07
	♓ Ago 31 6:18			♋ Ago 31 4:00

(continua)

Tabela A-2 — A Lua (continuação)

	1995			1996
♌ Set 2 12:37	♒ Jan 2 15:39	♋ Maio 3 21:45	♐ Set 3 16:45	♊ Jan 1 23:29
♍ Set 4 17:33	♓ Jan 4 18:49	♌ Maio 6 9:55	♒ Set 5 18:47	♋ Jan 4 11:56
♎ Set 6 19:57	♈ Jan 7 1:56	♍ Maio 8 19:33	♓ Set 7 21:08	♌ Jan 7 0:30
♏ Set 8 21:26	♉ Jan 9 12:58	♎ Maio 11 1:30	♈ Set 10 1:14	♍ Jan 9 12:29
♐ Set 10 23:25	♊ Jan 12 1:57	♏ Maio 13 3:53	♉ Set 12 8:21	♎ Jan 11 22:55
♑ Set 13 2:44	♋ Jan 14 14:20	♐ Maio 15 3:58	♊ Set 14 18:48	♏ Jan 14 6:30
♒ Set 15 7:42	♌ Jan 17 0:36	♑ Maio 17 3:36	♋ Set 17 7:16	♐ Jan 16 10:25
♓ Set 17 14:31	♍ Jan 19 8:39	♒ Maio 19 4:39	♌ Set 19 19:19	♑ Jan 18 11:07
♈ Set 19 23:30	♎ Jan 21 14:54	♓ Maio 21 8:40	♍ Set 22 5:01	♒ Jan 20 10:15
♉ Set 22 10:47	♏ Jan 23 19:32	♈ Maio 23 16:13	♎ Set 24 11:50	♓ Jan 22 10:02
♊ Set 24 23:41	♐ Jan 25 22:37	♉ Maio 26 2:46	♏ Set 26 16:20	♈ Jan 24 12:37
♋ Set 27 12:12	♑ Jan 28 0:26	♊ Maio 28 15:07	♐ Set 28 19:30	♉ Jan 26 19:16
♌ Set 29 21:55	♒ Jan 30 2:03	♋ Maio 31 3:59	♑ Set 30 22:10	♊ Jan 29 5:42
♍ Out 2 3:39	♓ Fev 1 5:05	♌ Jun 2 16:17	♒ Out 3 0:59	♋ Jan 31 18:11
♎ Out 4 5:56	♈ Fev 3 11:12	♍ Jun 5 2:46	♓ Out 5 4:35	♌ Fev 3 6:46
♏ Out 6 6:22	♉ Fev 5 21:08	♎ Jun 7 10:13	♈ Out 7 9:41	♍ Fev 5 18:22
♐ Out 8 6:47	♊ Fev 8 9:44	♏ Jun 9 14:03	♉ Out 9 17:05	♎ Fev 8 4:30
♑ Out 10 8:44	♋ Fev 10 22:17	♐ Jun 11 14:50	♊ Out 12 3:10	♏ Fev 10 12:35
♒ Out 12 13:09	♌ Fev 13 8:31	♑ Jun 13 14:05	♋ Out 14 15:20	♐ Fev 12 17:58
♓ Out 14 20:18	♍ Fev 15 15:52	♒ Jun 15 13:52	♌ Out 17 3:46	♑ Fev 14 20:29
♈ Out 17 5:56	♎ Fev 17 21:00	♓ Jun 17 16:13	♍ Out 19 14:11	♒ Fev 16 21:00
♉ Out 19 17:34	♏ Fev 20 0:55	♈ Jun 19 22:29	♎ Out 21 21:15	♓ Fev 18 21:09
♊ Out 22 6:28	♐ Fev 22 4:13	♉ Jun 22 8:35	♏ Out 24 1:06	♈ Fev 20 22:58
♋ Out 24 19:15	♑ Fev 24 7:11	♊ Jun 24 21:02	♐ Out 26 2:56	♉ Fev 23 4:08
♌ Out 27 6:05	♒ Fev 26 10:14	♋ Jun 27 9:56	♑ Out 28 4:15	♊ Fev 25 13:14
♍ Out 29 13:21	♓ Fev 28 14:16	♌ Jun 29 22:02	♒ Out 30 6:23	♋ Fev 28 1:10
♎ Out 31 16:46	♈ Mar 2 20:30	♍ Jul 2 8:35	♓ Nov 1 10:17	♌ Mar 1 13:47
♏ Nov 2 17:19	♉ Mar 5 5:50	♎ Jul 4 16:55	♈ Nov 3 16:21	♍ Mar 4 1:13
♐ Nov 4 16:46	♊ Mar 7 17:55	♏ Jul 6 22:19	♉ Nov 6 0:35	♎ Mar 6 10:40
♑ Nov 6 17:02	♋ Mar 10 6:40	♐ Jul 9 0:37	♊ Nov 8 10:55	♏ Mar 8 18:05
♒ Nov 8 19:48	♌ Mar 12 17:28	♑ Jul 11 0:43	♋ Nov 10 22:57	♐ Mar 10 23:32
♓ Nov 11 2:04	♍ Mar 15 0:54	♒ Jul 13 0:21	♌ Nov 13 11:37	♑ Mar 13 3:08
♈ Nov 13 11:44	♎ Mar 17 5:18	♓ Jul 15 1:37	♍ Nov 15 23:02	♒ Mar 15 5:15
♉ Nov 15 23:44	♏ Mar 19 7:52	♈ Jul 17 6:23	♎ Nov 18 7:18	♓ Mar 17 6:50
♊ Nov 18 12:41	♐ Mar 21 9:57	♉ Jul 19 15:20	♏ Nov 20 11:40	♈ Mar 19 9:15
♋ Nov 21 1:21	♑ Mar 23 12:31	♊ Jul 22 3:23	♐ Nov 22 12:56	♉ Mar 21 13:59
♌ Nov 23 12:33	♒ Mar 25 16:10	♋ Jul 24 16:16	♑ Nov 24 12:48	♊ Mar 23 21:59
♍ Nov 25 21:09	♓ Mar 27 21:18	♌ Jul 27 4:07	♒ Nov 26 13:15	♋ Mar 26 9:06
♎ Nov 28 2:22	♈ Mar 30 4:26	♍ Jul 29 14:12	♓ Nov 28 15:59	♌ Mar 28 21:37
♏ Nov 30 4:21	♉ Abr 1 13:59	♎ Jul 31 22:23	♈ Nov 30 21:51	♍ Mar 31 9:14
♐ Dez 2 4:13	♊ Abr 4 1:49	♏ Ago 3 4:29	♉ Dez 3 6:40	♎ Abr 2 18:26
♑ Dez 4 3:42	♋ Abr 6 14:40	♐ Ago 5 8:14	♊ Dez 5 17:35	♏ Abr 5 0:57
♒ Dez 6 4:52	♌ Abr 9 2:15	♑ Ago 7 9:52	♋ Dez 8 5:44	♐ Abr 7 5:21
♓ Dez 8 9:24	♍ Abr 11 10:39	♒ Ago 9 10:28	♌ Dez 10 18:24	♑ Abr 9 8:30
♈ Dez 10 18:03	♎ Abr 13 15:20	♓ Ago 11 11:46	♍ Dez 13 6:26	♒ Abr 11 11:09
♉ Dez 13 5:56	♏ Abr 15 17:13	♈ Ago 13 15:41	♎ Dez 15 16:09	♓ Abr 13 14:00
♊ Dez 15 19:00	♐ Abr 17 17:51	♉ Ago 15 23:25	♏ Dez 17 22:07	♈ Abr 15 17:42
♋ Dez 18 7:25	♑ Abr 19 18:54	♊ Ago 18 10:40	♐ Dez 20 0:13	♉ Abr 17 23:05
♌ Dez 20 18:13	♒ Abr 21 21:38	♋ Ago 20 23:24	♑ Dez 21 23:46	♊ Abr 20 6:54
♍ Dez 23 3:01	♓ Abr 24 2:50	♌ Ago 23 11:13	♒ Dez 23 22:52	♋ Abr 22 17:25
♎ Dez 25 9:27	♈ Abr 26 10:41	♍ Ago 25 20:50	♓ Dez 25 23:45	♌ Abr 25 5:44
♏ Dez 27 13:17	♉ Abr 28 20:53	♎ Ago 28 4:15	♈ Dez 28 4:06	♍ Abr 27 17:49
♐ Dez 29 14:45	♊ Maio 1 8:53	♏ Ago 30 9:51	♉ Dez 30 12:21	♎ Abr 30 3:27
♑ Dez 31 14:57		♐ Set 1 13:57		

Apêndice: Tabelas Planetárias

Tabela A-2 — A Lua (continuação)

		1997		
♏ Maio 2 9:42	♉ Set 1 9:19	♏ Jan 3 10:02	♈ Maio 3 11:59	♎ Set 3 14:30
♐ Maio 4 13:05	♊ Set 3 16:08	♐ Jan 5 16:27	♉ Maio 5 14:04	♏ Set 6 3:10
♑ Maio 6 14:54	♋ Set 6 2:29	♑ Jan 7 18:55	♊ Maio 7 17:21	♐ Set 8 13:54
♒ Maio 8 16:39	♌ Set 8 14:54	♒ Jan 9 19:00	♋ Maio 9 23:13	♑ Set 10 21:23
♓ Maio 10 19:29	♍ Set 11 3:28	♓ Jan 11 18:51	♌ Maio 12 8:33	♒ Set 13 1:10
♈ Maio 13 0:00	♎ Set 13 14:51	♈ Jan 13 20:22	♍ Maio 14 20:43	♓ Set 15 1:59
♉ Maio 15 6:25	♏ Set 16 0:20	♉ Jan 16 0:40	♎ Maio 17 9:27	♈ Set 17 1:25
♊ Maio 17 14:48	♐ Set 18 7:31	♊ Jan 18 7:53	♏ Maio 19 20:11	♉ Set 19 1:21
♋ Maio 20 1:16	♑ Set 20 12:12	♋ Jan 20 17:29	♐ Maio 22 3:51	♊ Set 21 3:39
♌ Maio 22 13:28	♒ Set 22 14:39	♌ Jan 23 4:50	♑ Maio 24 8:51	♋ Set 23 9:33
♍ Maio 25 1:58	♓ Set 24 15:43	♍ Jan 25 17:26	♒ Maio 26 12:20	♌ Set 25 19:12
♎ Maio 27 12:33	♈ Set 26 16:46	♎ Jan 28 6:21	♓ Maio 28 15:18	♍ Set 28 7:27
♏ Maio 29 19:30	♉ Set 28 19:24	♏ Jan 30 17:48	♈ Maio 30 18:18	♎ Set 30 20:32
♐ Maio 31 22:43	♊ Out 1 1:01	♐ Fev 2 1:51	♉ Jun 1 21:39	♏ Out 3 8:57
♑ Jun 2 23:29	♋ Out 3 10:14	♑ Fev 4 5:44	♊ Jun 4 1:55	♐ Out 5 19:43
♒ Jun 4 23:45	♌ Out 5 22:12	♒ Fev 6 6:21	♋ Jun 6 8:02	♑ Out 8 4:04
♓ Jun 7 1:19	♍ Out 8 10:49	♓ Fev 8 5:34	♌ Jun 8 16:58	♒ Out 10 9:29
♈ Jun 9 5:23	♎ Out 10 22:00	♈ Fev 10 5:29	♍ Jun 11 4:43	♓ Out 12 11:59
♉ Jun 11 12:11	♏ Out 13 6:46	♉ Fev 12 7:56	♎ Jun 13 17:35	♈ Out 14 12:25
♊ Jun 13 21:16	♐ Out 15 13:07	♊ Fev 14 13:53	♏ Jun 16 4:51	♉ Out 16 12:16
♋ Jun 16 8:08	♑ Out 17 17:37	♋ Fev 16 23:13	♐ Jun 18 12:39	♊ Out 18 13:26
♌ Jun 18 20:22	♒ Out 19 20:51	♌ Fev 19 10:52	♑ Jun 20 17:02	♋ Out 20 17:45
♍ Jun 21 9:07	♓ Out 21 23:22	♍ Fev 21 23:38	♒ Jun 22 19:20	♌ Out 23 2:10
♎ Jun 23 20:37	♈ Out 24 1:50	♎ Fev 24 12:23	♓ Jun 24 21:09	♍ Out 25 13:59
♏ Jun 26 4:53	♉ Out 26 5:11	♏ Fev 26 23:57	♈ Jun 26 23:38	♎ Out 28 3:05
♐ Jun 28 9:01	♊ Out 28 10:35	♐ Mar 1 9:01	♉ Jun 29 3:23	♏ Out 30 15:15
♑ Jun 30 9:47	♋ Out 30 18:56	♑ Mar 3 14:38	♊ Jul 1 8:35	♐ Nov 2 1:27
♒ Jul 2 9:05	♌ Nov 2 6:16	♒ Mar 5 16:54	♋ Jul 3 15:33	♑ Nov 4 9:31
♓ Jul 4 9:07	♍ Nov 4 18:57	♓ Mar 7 16:57	♌ Jul 6 0:45	♒ Nov 6 15:33
♈ Jul 6 11:42	♎ Nov 7 6:29	♈ Mar 9 16:33	♍ Jul 8 12:22	♓ Nov 8 19:34
♉ Jul 8 17:43	♏ Nov 9 15:02	♉ Mar 11 17:37	♎ Jul 11 1:21	♈ Nov 10 21:44
♊ Jul 11 2:52	♐ Nov 11 20:26	♊ Mar 13 21:48	♏ Jul 13 13:20	♉ Nov 12 22:45
♋ Jul 13 14:08	♑ Nov 13 23:44	♋ Mar 16 5:51	♐ Jul 15 22:02	♊ Nov 15 0:05
♌ Jul 16 2:31	♒ Nov 16 2:14	♌ Mar 18 17:08	♑ Jul 18 2:45	♋ Nov 17 3:32
♍ Jul 18 15:16	♓ Nov 18 5:00	♍ Mar 21 5:59	♒ Jul 20 4:29	♌ Nov 19 10:38
♎ Jul 21 3:14	♈ Nov 20 8:34	♎ Mar 23 18:35	♓ Jul 22 5:00	♍ Nov 21 21:33
♏ Jul 23 12:43	♉ Nov 22 13:12	♏ Mar 26 5:42	♈ Jul 24 6:03	♎ Nov 24 10:29
♐ Jul 25 18:24	♊ Nov 24 19:20	♐ Mar 28 14:40	♉ Jul 26 8:53	♏ Nov 26 22:43
♑ Jul 27 20:17	♋ Nov 27 3:37	♑ Mar 30 21:07	♊ Jul 28 14:04	♐ Nov 29 8:28
♒ Jul 29 19:47	♌ Nov 29 14:30	♒ Abr 2 0:59	♋ Jul 30 21:38	♑ Dez 1 15:38
♓ Jul 31 19:00	♍ Dez 2 3:11	♓ Abr 4 2:42	♌ Ago 2 7:27	♒ Dez 3 20:58
♈ Ago 2 20:05	♎ Dez 4 15:23	♈ Abr 6 3:19	♍ Ago 4 19:15	♓ Dez 6 1:07
♉ Ago 5 0:33	♏ Dez 7 0:38	♉ Abr 8 4:20	♎ Ago 7 8:17	♈ Dez 8 4:24
♊ Ago 7 8:49	♐ Dez 9 5:58	♊ Abr 10 7:28	♏ Ago 9 20:50	♉ Dez 10 7:00
♋ Ago 9 19:57	♑ Dez 11 8:14	♋ Abr 12 14:03	♐ Ago 12 6:45	♊ Dez 12 9:35
♌ Ago 12 8:29	♒ Dez 13 9:14	♌ Abr 15 0:22	♑ Ago 14 12:42	♋ Dez 14 13:25
♍ Ago 14 21:07	♓ Dez 15 10:44	♍ Abr 17 13:00	♒ Ago 16 14:58	♌ Dez 16 19:58
♎ Ago 17 8:55	♈ Dez 17 13:55	♎ Abr 20 1:36	♓ Ago 18 15:01	♍ Dez 19 6:00
♏ Ago 19 18:50	♉ Dez 19 19:09	♏ Abr 22 12:19	♈ Ago 20 14:45	♎ Dez 21 18:35
♐ Ago 22 1:48	♊ Dez 22 2:17	♐ Abr 24 20:32	♉ Ago 22 15:57	♏ Dez 24 7:07
♑ Ago 24 5:22	♋ Dez 24 11:14	♑ Abr 27 2:32	♊ Ago 24 19:56	♐ Dez 26 17:07
♒ Ago 26 6:10	♌ Dez 26 22:09	♒ Abr 29 6:50	♋ Ago 27 3:10	♑ Dez 28 23:48
♓ Ago 28 5:49	♍ Dez 29 10:45	♓ Maio 1 9:50	♌ Ago 29 13:19	♒ Dez 31 3:58
♈ Ago 30 6:15	♎ Dez 31 23:32		♍ Set 1 1:27	

(continua)

Tabela A-2 — A Lua (continuação)

1998					1999			
♓ Jan 2	14:25	♌ Maio 3	16:08	♒ Set 2	18:05	♋ Jan 1	4:30	♐ Maio 1	16:09
♈ Jan 5	3:04	♍ Maio 5	19:54	♓ Set 5	4:50	♌ Jan 3	16:09	♑ Maio 3	21:28
♉ Jan 7	15:23	♎ Maio 7	22:37	♈ Set 7	17:04	♍ Jan 6	4:59	♒ Maio 6	1:09
♊ Jan 10	1:27	♏ Maio 10	0:57	♉ Set 10	5:45	♎ Jan 8	17:52	♓ Maio 8	4:07
♋ Jan 12	7:44	♐ Maio 12	3:48	♊ Set 12	17:57	♏ Jan 11	5:22	♈ Maio 10	6:56
♌ Jan 14	10:05	♑ Maio 14	8:13	♋ Set 15	4:26	♐ Jan 13	14:00	♉ Maio 12	10:05
♍ Jan 16	9:50	♒ Maio 16	15:13	♌ Set 17	11:49	♑ Jan 15	18:55	♊ Maio 14	14:15
♎ Jan 18	9:03	♓ Maio 19	1:12	♍ Set 19	15:31	♒ Jan 17	20:26	♋ Maio 16	20:22
♏ Jan 20	9:55	♈ Maio 21	13:20	♎ Set 21	16:11	♓ Jan 19	19:57	♌ Maio 19	5:13
♐ Jan 22	14:02	♉ Maio 24	1:34	♏ Set 23	15:33	♈ Jan 21	19:22	♍ Maio 21	16:43
♑ Jan 24	21:52	♊ Maio 26	11:43	♐ Set 25	15:40	♉ Jan 23	20:42	♎ Maio 24	5:25
♒ Jan 27	8:32	♋ Maio 28	18:47	♑ Set 27	18:27	♊ Jan 26	1:32	♏ Maio 26	16:52
♓ Jan 29	20:42	♌ Maio 30	23:05	♒ Set 30	0:59	♋ Jan 28	10:20	♐ Maio 29	1:16
♈ Fev 1	9:20	♍ Jun 2	1:45	♓ Out 2	11:04	♌ Jan 30	22:07	♑ Maio 31	6:19
♉ Fev 3	21:42	♎ Jun 4	3:59	♈ Out 4	23:17	♍ Fev 2	11:09	♒ Jun 2	8:58
♊ Fev 6	8:37	♏ Jun 6	6:45	♉ Out 7	11:57	♎ Fev 4	23:51	♓ Jun 4	10:35
♋ Fev 8	16:34	♐ Jun 8	10:41	♊ Out 9	23:48	♏ Fev 7	11:15	♈ Jun 6	12:28
♌ Fev 10	20:39	♑ Jun 10	16:09	♋ Out 12	10:01	♐ Fev 9	20:36	♉ Jun 8	15:33
♍ Fev 12	21:19	♒ Jun 12	23:36	♌ Out 14	17:54	♑ Fev 12	3:08	♊ Jun 10	20:27
♎ Fev 14	20:17	♓ Jun 15	9:23	♍ Out 16	22:59	♒ Fev 14	6:31	♋ Jun 13	3:29
♏ Fev 16	19:50	♈ Jun 17	21:15	♎ Out 19	1:23	♓ Fev 16	7:15	♌ Jun 15	12:50
♐ Fev 18	22:06	♉ Jun 20	9:46	♏ Out 21	2:03	♈ Fev 18	6:47	♍ Jun 18	0:19
♑ Fev 21	4:23	♊ Jun 22	20:38	♐ Out 23	2:31	♉ Fev 20	7:05	♎ Jun 20	13:00
♒ Fev 23	14:27	♋ Jun 25	4:07	♑ Out 25	4:33	♊ Fev 22	10:11	♏ Jun 23	1:03
♓ Fev 26	2:42	♌ Jun 27	8:00	♒ Out 27	9:41	♋ Fev 24	17:26	♐ Jun 25	10:28
♈ Fev 28	15:25	♍ Jun 29	9:31	♓ Out 29	18:32	♌ Fev 27	4:33	♑ Jun 27	16:14
♉ Mar 3	3:31	♎ Jul 1	10:23	♈ Nov 1	6:18	♍ Fev 29	17:34	♒ Jun 29	18:42
♊ Mar 5	14:20	♏ Jul 3	12:16	♉ Nov 3	19:00	♎ Mar 3	6:11	♓ Jul 1	19:15
♋ Mar 7	23:03	♐ Jul 5	16:10	♊ Nov 6	6:38	♏ Mar 5	17:07	♈ Jul 3	19:37
♌ Mar 10	4:45	♑ Jul 7	22:20	♋ Nov 8	16:09	♐ Mar 8	2:05	♉ Jul 5	21:27
♍ Mar 12	7:12	♒ Jul 10	6:35	♌ Nov 10	23:24	♑ Mar 10	9:03	♊ Jul 8	1:53
♎ Mar 14	7:20	♓ Jul 12	16:43	♍ Nov 13	4:36	♒ Mar 12	13:50	♋ Jul 10	9:17
♏ Mar 16	6:59	♈ Jul 15	4:32	♎ Nov 15	8:07	♓ Mar 14	16:20	♌ Jul 12	19:16
♐ Mar 18	8:15	♉ Jul 17	17:14	♏ Nov 17	10:25	♈ Mar 16	17:13	♍ Jul 15	7:03
♑ Mar 20	12:54	♊ Jul 20	4:58	♐ Nov 19	12:17	♉ Mar 18	17:55	♎ Jul 17	19:44
♒ Mar 22	21:34	♋ Jul 22	13:34	♑ Nov 21	14:52	♊ Mar 20	20:20	♏ Jul 20	8:07
♓ Mar 25	9:17	♌ Jul 24	18:05	♒ Nov 23	19:29	♋ Mar 23	2:13	♐ Jul 22	18:36
♈ Mar 27	22:00	♍ Jul 26	19:16	♓ Nov 26	3:16	♌ Mar 25	12:08	♑ Jul 25	1:44
♉ Mar 30	9:55	♎ Jul 28	18:59	♈ Nov 28	14:16	♍ Mar 28	0:44	♒ Jul 27	5:08
♊ Abr 1	20:11	♏ Jul 30	19:20	♉ Dez 1	2:56	♎ Mar 30	13:23	♓ Jul 29	5:39
♋ Abr 4	4:30	♐ Ago 1	22:01	♊ Dez 3	14:48	♏ Abr 2	0:04	♈ Jul 31	5:01
♌ Abr 6	10:37	♑ Ago 4	3:47	♋ Dez 6	0:00	♐ Abr 4	8:18	♉ Ago 2	5:17
♍ Abr 8	14:24	♒ Ago 6	12:23	♌ Dez 8	6:16	♑ Abr 6	14:33	♊ Ago 4	8:16
♎ Abr 10	16:13	♓ Ago 8	23:01	♍ Dez 10	10:23	♒ Abr 8	19:18	♋ Ago 6	14:57
♏ Abr 12	17:08	♈ Ago 11	11:02	♎ Dez 12	13:28	♓ Abr 10	22:46	♌ Ago 9	1:00
♐ Abr 14	18:45	♉ Ago 13	23:46	♏ Dez 14	16:23	♈ Abr 13	1:09	♍ Ago 11	13:06
♑ Abr 16	22:43	♊ Ago 16	12:00	♐ Dez 16	19:35	♉ Abr 15	3:10	♎ Ago 14	1:51
♒ Abr 19	6:08	♋ Ago 18	21:51	♑ Dez 18	23:30	♊ Abr 17	6:10	♏ Ago 16	14:11
♓ Abr 21	16:53	♌ Ago 21	3:48	♒ Dez 21	4:47	♋ Abr 19	11:40	♐ Ago 19	1:10
♈ Abr 24	5:23	♍ Ago 23	5:51	♓ Dez 23	12:19	♌ Abr 21	20:40	♑ Ago 21	9:36
♉ Abr 26	17:22	♎ Ago 25	5:26	♈ Dez 25	22:41	♍ Abr 24	8:38	♒ Ago 23	14:36
♊ Abr 29	3:18	♏ Ago 27	4:41	♉ Dez 28	11:13	♎ Abr 26	21:20	♓ Ago 25	16:15
♋ Maio 1	10:47	♐ Ago 29	5:45	♊ Dez 30	23:37	♏ Abr 29	8:13	♈ Ago 27	15:46
		♑ Ago 31	10:07					♉ Ago 29	15:11

Apêndice: Tabelas Planetárias **341**

Tabela A-2 — A Lua (continuação)

			2000									**2001**		
♊	Ago 31	16:38	♐	Jan 2	18:32	♉	Maio 3	1:54	♏	Set 2	2:55	♈	Jan 1	19:14
♋	Set 2	21:50	♑	Jan 5	7:24	♊	Maio 5	3:23	♐	Set 4	11:08	♉	Jan 4	3:57
♌	Set 5	7:06	♒	Jan 7	19:53	♋	Maio 7	4:14	♑	Set 6	22:47	♊	Jan 6	8:44
♍	Set 7	19:08	♓	Jan 10	6:59	♌	Maio 9	6:01	♒	Set 9	11:44	♋	Jan 8	10:09
♎	Set 10	7:56	♈	Jan 12	15:48	♍	Maio 11	9:41	♓	Set 11	23:34	♌	Jan 10	9:44
♏	Set 12	20:02	♉	Jan 14	21:38	♎	Maio 13	15:27	♈	Set 14	9:00	♍	Jan 12	9:26
♐	Set 15	6:47	♊	Jan 17	0:25	♏	Maio 15	23:16	♉	Set 16	16:05	♎	Jan 14	11:05
♑	Set 17	15:40	♋	Jan 19	1:01	♐	Maio 18	9:09	♊	Set 18	21:22	♏	Jan 16	16:02
♒	Set 19	21:59	♌	Jan 21	0:58	♑	Maio 20	21:01	♋	Set 21	1:16	♐	Jan 19	0:36
♓	Set 22	1:19	♍	Jan 23	2:07	♒	Maio 23	10:00	♌	Set 23	4:00	♑	Jan 21	11:57
♈	Set 24	2:08	♎	Jan 25	6:09	♓	Maio 25	22:07	♍	Set 25	6:02	♒	Jan 24	0:43
♉	Set 26	1:55	♏	Jan 27	14:01	♈	Maio 28	7:08	♎	Set 27	8:22	♓	Jan 26	13:39
♊	Set 28	2:44	♐	Jan 30	1:17	♉	Maio 30	12:02	♏	Set 29	12:30	♈	Jan 29	1:35
♋	Set 30	6:33	♑	Fev 1	14:10	♊	Jun 1	13:34	♐	Out 1	19:50	♉	Jan 31	11:21
♌	Out 2	14:29	♒	Fev 4	2:31	♋	Jun 3	13:30	♑	Out 4	6:42	♊	Fev 2	17:56
♍	Out 5	1:53	♓	Fev 6	13:02	♌	Jun 5	13:45	♒	Out 6	19:33	♋	Fev 4	21:00
♎	Out 7	14:38	♈	Fev 8	21:17	♍	Jun 7	15:57	♓	Out 9	7:36	♌	Fev 6	21:21
♏	Out 10	2:36	♉	Fev 11	3:21	♎	Jun 9	20:59	♈	Out 11	16:51	♍	Fev 8	20:35
♐	Out 12	12:48	♊	Fev 13	7:23	♏	Jun 12	4:55	♉	Out 13	23:06	♎	Fev 10	20:46
♑	Out 14	21:08	♋	Fev 15	9:45	♐	Jun 14	15:18	♊	Out 16	3:19	♏	Fev 12	23:51
♒	Out 17	3:36	♌	Fev 17	11:11	♑	Jun 17	3:26	♋	Out 18	6:37	♐	Fev 15	7:02
♓	Out 19	8:01	♍	Fev 19	12:53	♒	Jun 19	16:26	♌	Out 20	9:42	♑	Fev 17	17:59
♈	Out 21	10:27	♎	Fev 21	16:21	♓	Jun 22	4:52	♍	Out 22	12:52	♒	Fev 20	6:53
♉	Out 23	11:39	♏	Fev 23	22:58	♈	Jun 24	14:55	♎	Out 24	16:30	♓	Fev 22	19:45
♊	Out 25	13:04	♐	Fev 26	9:10	♉	Jun 26	21:19	♏	Out 26	21:23	♈	Fev 25	7:20
♋	Out 27	16:29	♑	Fev 28	21:45	♊	Jun 28	23:59	♐	Out 29	4:40	♉	Fev 27	17:06
♌	Out 29	23:18	♒	Mar 2	10:14	♋	Jun 31	0:09	♑	Out 31	15:02	♊	Mar 2	0:36
♍	Nov 1	9:43	♓	Mar 4	20:30	♌	Jul 2	23:38	♒	Nov 3	3:41	♋	Mar 4	5:24
♎	Nov 3	22:13	♈	Mar 7	3:54	♍	Jul 5	0:19	♓	Nov 5	16:13	♌	Mar 6	7:30
♏	Nov 6	10:19	♉	Mar 9	9:01	♎	Jul 7	3:47	♈	Nov 8	2:02	♍	Mar 8	7:44
♐	Nov 8	20:19	♊	Mar 11	12:46	♏	Jul 9	10:48	♉	Nov 10	8:12	♎	Mar 10	7:47
♑	Nov 11	3:49	♋	Mar 13	15:51	♐	Jul 11	21:06	♊	Nov 12	11:27	♏	Mar 12	9:43
♒	Nov 13	9:19	♌	Mar 15	18:43	♑	Jul 14	9:28	♋	Nov 14	13:21	♐	Mar 14	15:17
♓	Nov 15	13:23	♍	Mar 17	21:48	♒	Jul 16	22:27	♌	Nov 16	15:19	♑	Mar 17	1:02
♈	Nov 17	16:28	♎	Mar 20	1:57	♓	Jul 19	10:44	♍	Nov 18	18:15	♒	Mar 19	13:36
♉	Nov 19	19:03	♏	Mar 22	8:17	♈	Jul 21	21:09	♎	Nov 20	22:35	♓	Mar 22	2:28
♊	Nov 21	21:52	♐	Mar 24	17:43	♉	Jul 24	4:44	♏	Nov 23	4:33	♈	Mar 24	13:44
♋	Nov 24	2:01	♑	Mar 27	5:51	♊	Jul 26	9:01	♐	Nov 25	12:33	♉	Mar 26	22:51
♌	Nov 26	8:38	♒	Mar 29	18:34	♋	Jul 28	10:30	♑	Nov 27	22:57	♊	Mar 29	6:01
♍	Nov 28	18:19	♓	Abr 1	5:12	♌	Jul 30	10:23	♒	Nov 30	11:26	♋	Mar 31	11:23
♎	Dez 1	6:23	♈	Abr 3	12:22	♍	Ago 1	10:27	♓	Dez 3	0:23	♌	Abr 2	14:54
♏	Dez 3	18:49	♉	Abr 5	16:29	♎	Ago 3	12:31	♈	Dez 5	11:17	♍	Abr 4	16:46
♐	Dez 6	5:16	♊	Abr 7	18:58	♏	Ago 5	18:04	♉	Dez 7	18:27	♎	Abr 6	17:57
♑	Dez 8	12:37	♋	Abr 9	21:16	♐	Ago 8	3:30	♊	Dez 9	21:50	♏	Abr 8	20:01
♒	Dez 10	17:05	♌	Abr 12	0:16	♑	Ago 10	15:44	♋	Dez 11	22:48	♐	Abr 11	0:47
♓	Dez 12	19:47	♍	Abr 14	4:19	♒	Ago 13	4:43	♌	Dez 13	23:09	♑	Abr 13	9:21
♈	Dez 14	21:56	♎	Abr 16	9:36	♓	Ago 15	16:41	♍	Dez 16	0:30	♒	Abr 15	21:11
♉	Dez 17	0:33	♏	Abr 18	16:35	♈	Ago 18	2:44	♎	Dez 18	4:01	♓	Abr 18	10:00
♊	Dez 19	4:20	♐	Abr 21	1:58	♉	Ago 20	10:31	♏	Dez 20	10:12	♈	Abr 20	21:18
♋	Dez 21	9:42	♑	Abr 23	13:47	♊	Ago 22	15:55	♐	Dez 22	18:57	♉	Abr 23	5:56
♌	Dez 23	17:04	♒	Abr 26	2:42	♋	Ago 24	19:00	♑	Dez 25	5:54	♊	Abr 25	12:11
♍	Dez 26	2:43	♓	Abr 28	14:06	♌	Ago 26	20:17	♒	Dez 27	18:25	♋	Abr 27	16:49
♎	Dez 28	14:28	♈	Abr 30	21:55	♍	Ago 28	20:55	♓	Dez 30	7:27	♌	Abr 29	20:25
♏	Dez 31	3:07				♎	Ago 30	22:33						

(continua)

Tabela A-2 — A Lua (continuação)

♍ Maio 1 23:16	♓ Set 1 21:32	**2002**	♒ Maio 3 1:43	♌ Set 3 23:36
♎ Maio 4 1:50	♈ Set 4 9:58	♍ Jan 2 20:34	♓ Maio 5 12:46	♍ Set 6 1:16
♏ Maio 6 5:01	♉ Set 6 21:18	♎ Jan 4 22:23	♈ Maio 8 1:22	♎ Set 8 0:57
♐ Maio 8 10:05	♊ Set 9 6:41	♏ Jan 7 1:41	♉ Maio 10 13:32	♏ Set 10 0:48
♑ Maio 10 18:10	♋ Set 11 13:09	♐ Jan 9 6:57	♊ Maio 13 0:04	♐ Set 12 2:44
♒ Maio 13 5:20	♌ Set 13 16:16	♑ Jan 11 14:18	♋ Maio 15 8:33	♑ Set 14 7:47
♓ Maio 15 18:01	♍ Set 15 16:39	♒ Jan 13 23:41	♌ Maio 17 14:52	♒ Set 16 15:54
♈ Maio 18 5:41	♎ Set 17 16:00	♓ Jan 16 11:00	♍ Maio 19 19:01	♓ Set 19 2:18
♉ Maio 20 14:29	♏ Set 19 16:27	♈ Jan 18 23:35	♎ Maio 21 21:19	♈ Set 21 14:11
♊ Maio 22 20:12	♐ Set 21 20:02	♉ Jan 21 11:47	♏ Maio 23 22:38	♉ Set 24 2:55
♋ Maio 24 23:42	♑ Set 24 3:48	♊ Jan 23 21:28	♐ Maio 26 0:20	♊ Set 26 15:26
♌ Maio 27 2:12	♒ Set 26 15:05	♋ Jan 26 3:17	♑ Maio 28 3:54	♋ Set 29 2:01
♍ Maio 29 4:38	♓ Set 29 3:50	♌ Jan 28 5:31	♒ Maio 30 10:35	♌ Out 1 8:58
♎ Maio 31 7:41	♈ Out 1 16:08	♍ Jan 30 5:40	♓ Jun 1 20:37	♍ Out 3 11:52
♏ Jun 2 11:56	♉ Out 4 3:01	♎ Fev 1 5:44	♈ Jun 4 8:51	♎ Out 5 11:51
♐ Jun 4 17:58	♊ Out 6 12:12	♏ Fev 3 7:35	♉ Jun 6 21:07	♏ Out 7 10:57
♑ Jun 7 2:23	♋ Out 8 19:19	♐ Fev 5 12:21	♊ Jun 9 7:29	♐ Out 9 11:21
♒ Jun 9 13:20	♌ Out 10 23:54	♑ Fev 7 20:08	♋ Jun 11 15:15	♑ Out 11 14:45
♓ Jun 12 1:53	♍ Out 13 1:58	♒ Fev 10 6:15	♌ Jun 13 20:39	♒ Out 13 21:51
♈ Jun 14 14:03	♎ Out 15 2:26	♓ Fev 12 17:53	♍ Jun 16 0:23	♓ Out 16 8:07
♉ Jun 16 23:39	♏ Out 17 3:03	♈ Fev 15 6:26	♎ Jun 18 3:11	♈ Out 18 20:13
♊ Jun 19 5:42	♐ Out 19 5:47	♉ Fev 17 18:58	♏ Jun 20 5:42	♉ Out 21 8:57
♋ Jun 21 8:41	♑ Out 21 12:11	♊ Fev 20 5:50	♐ Jun 22 8:42	♊ Out 23 21:17
♌ Jun 23 9:55	♒ Out 23 22:26	♋ Fev 22 13:16	♑ Jun 24 13:01	♋ Out 26 8:10
♍ Jun 25 10:58	♓ Out 26 10:56	♌ Fev 24 16:36	♒ Jun 26 19:36	♌ Out 28 16:20
♎ Jun 27 13:11	♈ Out 28 23:15	♍ Fev 26 16:47	♓ Jun 29 5:00	♍ Out 30 20:59
♏ Jun 29 17:28	♉ Out 31 9:48	♎ Fev 28 15:47	♈ Jul 1 16:49	♎ Nov 1 22:28
♐ Jul 2 0:13	♊ Nov 2 18:12	♏ Mar 2 15:51	♉ Jul 4 5:16	♏ Nov 3 22:10
♑ Jul 4 9:21	♋ Nov 5 0:44	♐ Mar 4 18:55	♊ Jul 6 16:01	♐ Nov 5 22:01
♒ Jul 6 20:33	♌ Nov 7 5:34	♑ Mar 7 1:48	♋ Jul 8 23:36	♑ Nov 7 23:59
♓ Jul 9 9:05	♍ Nov 9 8:49	♒ Mar 9 11:56	♌ Jul 11 4:08	♒ Nov 10 5:27
♈ Jul 11 21:36	♎ Nov 11 10:53	♓ Mar 11 23:56	♍ Jul 13 6:41	♓ Nov 12 14:42
♉ Jul 14 8:13	♏ Nov 13 12:44	♈ Mar 14 12:34	♎ Jul 15 8:39	♈ Nov 15 2:38
♊ Jul 16 15:26	♐ Nov 15 15:51	♉ Mar 17 1:01	♏ Jul 17 11:13	♉ Nov 17 15:23
♋ Jul 18 18:56	♑ Nov 17 21:40	♊ Mar 19 12:20	♐ Jul 19 15:02	♊ Nov 20 3:25
♌ Jul 20 19:43	♒ Nov 20 6:55	♋ Mar 21 21:06	♑ Jul 21 20:26	♋ Nov 22 13:48
♍ Jul 22 19:29	♓ Nov 22 18:52	♌ Mar 24 2:12	♒ Jul 24 3:40	♌ Nov 24 22:00
♎ Jul 24 20:08	♈ Nov 25 7:21	♍ Mar 26 3:44	♓ Jul 26 13:04	♍ Nov 27 3:42
♏ Jul 26 23:17	♉ Nov 27 18:06	♎ Mar 28 3:04	♈ Jul 29 0:39	♎ Nov 29 6:54
♐ Jul 29 5:44	♊ Nov 30 2:04	♏ Mar 30 2:21	♉ Jul 31 13:17	♏ Dez 1 8:15
♑ Jul 31 15:16	♋ Dez 2 7:30	♐ Abr 1 3:48	♊ Ago 3 0:46	♐ Dez 3 8:58
♒ Ago 3 2:53	♌ Dez 4 11:15	♑ Abr 3 8:58	♋ Ago 5 9:02	♑ Dez 5 10:39
♓ Ago 5 15:30	♍ Dez 6 14:11	♒ Abr 5 18:07	♌ Ago 7 13:27	♒ Dez 7 14:54
♈ Ago 8 4:05	♎ Dez 8 16:57	♓ Abr 8 5:57	♍ Ago 9 15:03	♓ Dez 9 22:46
♉ Ago 10 15:23	♏ Dez 10 20:09	♈ Abr 10 18:40	♎ Ago 11 15:38	♈ Dez 12 9:58
♊ Ago 12 23:59	♐ Dez 13 0:30	♉ Abr 13 6:55	♏ Ago 13 17:01	♉ Dez 14 22:43
♋ Ago 15 4:55	♑ Dez 15 6:48	♊ Abr 15 17:56	♐ Ago 15 20:25	♊ Dez 17 10:43
♌ Ago 17 6:25	♒ Dez 17 15:43	♋ Abr 18 3:01	♑ Ago 18 2:15	♋ Dez 19 20:30
♍ Ago 19 5:53	♓ Dez 20 3:09	♌ Abr 20 9:20	♒ Ago 20 10:16	♌ Dez 22 3:48
♎ Ago 21 5:19	♈ Dez 22 15:45	♍ Abr 22 12:35	♓ Ago 22 20:11	♍ Dez 24 9:05
♏ Ago 23 6:50	♉ Dez 25 3:12	♎ Abr 24 13:22	♈ Ago 25 7:48	♎ Dez 26 12:53
♐ Ago 25 11:59	♊ Dez 27 11:39	♏ Abr 26 13:15	♉ Ago 27 20:32	♏ Dez 28 15:41
♑ Ago 27 21:02	♋ Dez 29 16:40	♐ Abr 28 14:13	♊ Ago 30 8:45	♐ Dez 30 18:01
♒ Ago 30 8:48	♌ Dez 31 19:09	♑ Abr 30 18:03	♋ Set 1 18:14	

Apêndice: Tabelas Planetárias — 343

Tabela A-2 — A Lua (continuação)

2003			2004	
♑ Jan 1 20:42	♊ Maio 3 0:27	♐ Set 2 15:32	♉ Jan 1 2:02	♎ Maio 1 15:03
≈ Jan 4 0:56	♋ Maio 5 12:42	♑ Set 4 18:51	♊ Jan 3 14:58	♏ Maio 3 17:38
♓ Jan 6 7:57	♌ Maio 7 22:46	≈ Set 6 23:15	♋ Jan 6 3:38	♐ Maio 5 18:08
♈ Jan 8 18:15	♍ Maio 10 5:31	♓ Set 9 5:07	♌ Jan 8 14:38	♑ Maio 7 18:17
♉ Jan 11 6:48	♎ Maio 12 8:42	♈ Set 11 13:09	♍ Jan 10 23:37	≈ Maio 9 19:46
♊ Jan 13 19:08	♏ Maio 14 9:14	♉ Set 13 23:50	♎ Jan 13 6:38	♓ Maio 11 23:52
♋ Jan 16 4:56	♐ Maio 16 8:43	♊ Set 16 12:32	♏ Jan 15 11:33	♈ Maio 14 7:02
♌ Jan 18 11:29	♑ Maio 18 9:03	♋ Set 19 1:07	♐ Jan 17 14:18	♉ Maio 16 16:57
♍ Jan 20 15:32	≈ Maio 20 12:01	♌ Set 21 11:02	♑ Jan 19 15:24	♊ Maio 19 4:47
♎ Jan 22 18:23	♓ Maio 22 18:41	♍ Set 23 17:04	≈ Jan 21 16:11	♋ Maio 21 17:35
♏ Jan 24 21:09	♈ Maio 25 4:59	♎ Set 25 19:49	♓ Jan 23 18:29	♌ Maio 24 6:07
♐ Jan 27 0:26	♉ Maio 27 17:32	♏ Set 27 20:52	♈ Jan 26 0:06	♍ Maio 26 16:52
♑ Jan 29 4:30	♊ Maio 30 6:32	♐ Set 29 21:57	♉ Jan 28 9:46	♎ Maio 29 0:22
≈ Jan 31 9:44	♋ Jun 1 18:27	♑ Out 2 0:21	♊ Jan 30 22:18	♏ Maio 31 4:08
♓ Fev 2 16:55	♌ Jun 4 4:25	≈ Out 4 4:45	♋ Fev 2 11:03	♐ Jun 2 4:52
♈ Fev 5 2:44	♍ Jun 6 11:51	♓ Out 6 11:20	♌ Fev 4 21:50	♑ Jun 4 4:12
♉ Fev 7 14:59	♎ Jun 8 16:30	♈ Out 8 20:07	♍ Fev 7 6:03	≈ Jun 6 4:10
♊ Fev 10 3:45	♏ Jun 10 18:39	♉ Out 11 7:05	♎ Fev 9 12:12	♓ Jun 8 6:38
♋ Fev 12 14:19	♐ Jun 12 19:12	♊ Out 13 19:45	♏ Fev 11 16:58	♈ Jun 10 12:49
♌ Fev 14 21:04	♑ Jun 14 19:38	♋ Out 16 8:41	♐ Fev 13 20:35	♉ Jun 12 22:37
♍ Fev 17 0:22	≈ Jun 16 21:41	♌ Out 18 19:41	♑ Fev 15 23:14	♊ Jun 15 10:44
♎ Fev 19 1:48	♓ Jun 19 2:57	♍ Out 21 3:01	≈ Fev 18 1:27	♋ Jun 17 23:37
♏ Fev 21 3:09	♈ Jun 21 12:06	♎ Out 23 6:27	♓ Fev 20 4:27	♌ Jun 20 12:05
♐ Fev 23 5:46	♉ Jun 24 0:15	♏ Out 25 7:08	♈ Fev 22 9:45	♍ Jun 22 23:10
♑ Fev 25 10:11	♊ Jun 26 13:13	♐ Out 27 6:55	♉ Fev 24 18:30	♎ Jun 25 7:50
≈ Fev 27 16:24	♋ Jun 29 0:52	♑ Out 29 7:37	♊ Fev 27 6:22	♏ Jun 27 13:13
♓ Mar 2 0:26	♌ Jul 1 10:13	≈ Out 31 10:41	♋ Fev 29 19:12	♐ Jun 29 15:15
♈ Mar 4 10:30	♍ Jul 3 17:16	♓ Nov 2 16:52	♌ Mar 3 6:18	♑ Jul 1 15:01
♉ Mar 6 22:36	♎ Jul 5 22:20	♈ Nov 5 2:02	♍ Mar 5 14:18	≈ Jul 3 14:22
♊ Mar 9 11:38	♏ Jul 8 1:43	♉ Nov 7 13:29	♎ Mar 7 19:31	♓ Jul 5 15:26
♋ Mar 11 23:12	♐ Jul 10 3:48	♊ Nov 10 2:14	♏ Mar 9 23:03	♈ Jul 7 20:03
♌ Mar 14 7:06	♑ Jul 12 5:21	♋ Nov 12 15:10	♐ Mar 12 1:57	♉ Jul 10 4:51
♍ Mar 16 10:52	≈ Jul 14 7:38	♌ Nov 15 2:48	♑ Mar 14 4:51	♊ Jul 12 16:45
♎ Mar 18 11:43	♓ Jul 16 12:14	♍ Nov 17 11:36	≈ Mar 16 8:10	♋ Jul 15 5:40
♏ Mar 20 11:38	♈ Jul 18 20:20	♎ Nov 19 16:42	♓ Mar 18 12:26	♌ Jul 17 17:56
♐ Mar 22 12:33	♉ Jul 21 7:48	♏ Nov 21 18:24	♈ Mar 20 18:29	♍ Jul 20 4:44
♑ Mar 24 15:48	♊ Jul 23 20:42	♐ Nov 23 18:02	♉ Mar 23 3:10	♎ Jul 22 13:39
≈ Mar 26 21:51	♋ Jul 26 8:23	♑ Nov 25 17:31	♊ Mar 25 14:35	♏ Jul 24 20:08
♓ Mar 29 6:26	♌ Jul 28 17:17	≈ Nov 27 18:48	♋ Mar 28 3:23	♐ Jul 26 23:48
♈ Mar 31 17:04	♍ Jul 30 23:27	♓ Nov 29 23:25	♌ Mar 30 15:07	♑ Jul 29 0:57
♉ Abr 3 5:20	♎ Ago 2 3:48	♈ Dez 2 7:56	♍ Abr 1 23:45	≈ Jul 31 0:54
♊ Abr 5 18:24	♏ Ago 4 7:12	♉ Dez 4 19:30	♎ Abr 4 4:52	♓ Ago 2 1:34
♋ Abr 8 6:36	♐ Ago 6 10:11	♊ Dez 7 8:26	♏ Abr 6 7:24	♈ Ago 4 4:59
♌ Abr 10 15:54	♑ Ago 8 13:02	♋ Dez 9 21:11	♐ Abr 8 8:50	♉ Ago 6 12:26
♍ Abr 12 21:07	≈ Ago 10 16:23	♌ Dez 12 8:40	♑ Abr 10 10:33	♊ Ago 8 23:33
♎ Abr 14 22:42	♓ Ago 12 21:19	♍ Dez 14 18:07	≈ Abr 12 13:33	♋ Ago 11 12:20
♏ Abr 16 22:16	♈ Ago 15 5:00	♎ Dez 17 0:46	♓ Abr 14 18:24	♌ Ago 14 0:30
♐ Abr 18 21:51	♉ Ago 17 15:52	♏ Dez 19 4:20	♈ Abr 17 1:24	♍ Ago 16 10:49
♑ Abr 20 23:20	♊ Ago 20 4:41	♐ Dez 21 5:16	♉ Abr 19 10:43	♎ Ago 18 19:09
≈ Abr 23 3:58	♋ Ago 22 16:44	♑ Dez 23 4:55	♊ Abr 22 22:10	♏ Ago 21 1:37
♓ Abr 25 12:02	♌ Ago 25 1:48	≈ Dez 25 5:13	♋ Abr 24 10:56	♐ Ago 23 6:08
♈ Abr 27 22:54	♍ Ago 27 7:27	♓ Dez 27 8:10	♌ Abr 26 23:14	♑ Ago 25 8:46
♉ Abr 30 11:26	♎ Ago 29 10:41	♈ Dez 29 15:08	♍ Abr 29 9:00	≈ Ago 27 10:08
	♏ Ago 31 13:00			♓ Ago 29 11:33

(continua)

Tabela A-2 — A Lua (continuação)

	2005			2006
♈ Ago 31 14:46	♎ Jan 2 14:25	♓ Maio 3 16:08	♍ Set 2 18:05	♒ Jan 1 4:30
♉ Set 2 21:16	♏ Jan 5 3:04	♈ Maio 5 19:54	♎ Set 5 4:50	♓ Jan 3 16:09
♊ Set 5 7:24	♐ Jan 7 15:23	♉ Maio 7 22:37	♏ Set 7 17:04	♈ Jan 6 4:59
♋ Set 7 19:50	♑ Jan 10 1:27	♊ Maio 10 0:57	♐ Set 10 5:45	♉ Jan 8 17:52
♌ Set 10 8:06	♒ Jan 12 7:44	♋ Maio 12 3:48	♑ Set 12 17:57	♊ Jan 11 5:22
♍ Set 12 18:16	♓ Jan 14 10:05	♌ Maio 14 8:13	♒ Set 15 4:26	♋ Jan 13 14:00
♎ Set 15 1:54	♈ Jan 16 9:50	♍ Maio 16 15:13	♓ Set 17 11:49	♌ Jan 15 18:55
♏ Set 17 7:25	♉ Jan 18 9:03	♎ Maio 19 1:12	♈ Set 19 15:31	♍ Jan 17 20:26
♐ Set 19 11:30	♊ Jan 20 9:55	♏ Maio 21 13:20	♉ Set 21 16:11	♎ Jan 19 19:57
♑ Set 21 14:35	♋ Jan 22 14:02	♐ Maio 24 1:34	♊ Set 23 15:33	♏ Jan 21 19:22
♒ Set 23 17:10	♌ Jan 24 21:52	♑ Maio 26 11:43	♋ Set 25 15:40	♐ Jan 23 20:42
♓ Set 25 19:55	♍ Jan 27 8:32	♒ Maio 28 18:47	♌ Set 27 18:27	♑ Jan 26 1:32
♈ Set 27 23:57	♎ Jan 29 20:42	♓ Maio 30 23:05	♍ Set 30 0:59	♒ Jan 28 10:20
♉ Set 30 6:24	♏ Fev 1 9:20	♈ Jun 2 1:45	♎ Out 2 11:04	♓ Jan 30 22:07
♊ Out 2 15:55	♐ Fev 3 21:42	♉ Jun 4 3:59	♏ Out 4 23:17	♈ Fev 2 11:09
♋ Out 5 3:54	♑ Fev 6 8:37	♊ Jun 6 6:45	♐ Out 7 11:57	♉ Fev 4 23:51
♌ Out 7 16:23	♒ Fev 8 16:34	♋ Jun 8 10:41	♑ Out 9 23:48	♊ Fev 7 11:15
♍ Out 10 3:00	♓ Fev 10 20:39	♌ Jun 10 16:09	♒ Out 12 10:01	♋ Fev 9 20:36
♎ Out 12 10:32	♈ Fev 12 21:19	♍ Jun 12 23:36	♓ Out 14 17:54	♌ Fev 12 3:08
♏ Out 14 5:10	♉ Fev 14 20:17	♎ Jun 15 9:23	♈ Out 16 22:59	♍ Fev 14 6:31
♐ Out 16 17:58	♊ Fev 16 19:50	♏ Jun 17 21:15	♉ Out 19 1:23	♎ Fev 16 7:15
♑ Out 18 20:07	♋ Fev 18 22:06	♐ Jun 20 9:46	♊ Out 21 2:03	♏ Fev 18 6:47
♒ Out 20 22:38	♌ Fev 21 4:23	♑ Jun 22 20:38	♋ Out 23 2:31	♐ Fev 20 7:05
♓ Out 23 2:13	♍ Fev 23 14:27	♒ Jun 25 4:07	♌ Out 25 4:33	♑ Fev 22 10:11
♈ Out 25 7:24	♎ Fev 26 2:42	♓ Jun 27 8:00	♍ Out 27 9:41	♒ Fev 24 17:26
♉ Out 27 14:37	♏ Fev 28 15:25	♈ Jun 29 9:31	♎ Out 29 18:32	♓ Fev 27 4:33
♊ Out 30 0:11	♐ Mar 3 3:31	♉ Jul 1 10:23	♏ Nov 1 6:18	♈ Fev 29 17:34
♋ Nov 1 11:53	♑ Mar 5 14:20	♊ Jul 3 12:16	♐ Nov 3 19:00	♉ Mar 3 6:11
♌ Nov 4 0:32	♒ Mar 7 23:03	♋ Jul 5 16:10	♑ Nov 6 6:38	♊ Mar 5 17:07
♍ Nov 6 12:00	♓ Mar 10 4:45	♌ Jul 7 22:20	♒ Nov 8 16:09	♋ Mar 8 2:05
♎ Nov 8 20:23	♈ Mar 12 7:12	♍ Jul 10 6:35	♓ Nov 10 23:24	♌ Mar 10 9:03
♏ Nov 11 1:05	♉ Mar 14 7:20	♎ Jul 12 16:43	♈ Nov 13 4:36	♍ Mar 12 13:50
♐ Nov 13 2:56	♊ Mar 16 6:59	♏ Jul 15 4:32	♉ Nov 15 8:07	♎ Mar 14 16:20
♑ Nov 15 3:33	♋ Mar 18 8:15	♐ Jul 17 17:14	♊ Nov 17 10:25	♏ Mar 16 17:13
♒ Nov 17 4:39	♌ Mar 20 12:54	♑ Jul 20 4:58	♋ Nov 19 12:17	♐ Mar 18 17:55
♓ Nov 19 7:38	♍ Mar 22 21:34	♒ Jul 22 13:34	♌ Nov 21 14:52	♑ Mar 20 20:05
♈ Nov 21 13:11	♎ Mar 25 9:17	♓ Jul 24 18:05	♍ Nov 23 19:29	♒ Mar 23 2:13
♉ Nov 23 21:16	♏ Mar 27 22:00	♈ Jul 26 19:16	♎ Nov 26 3:16	♓ Mar 25 12:08
♊ Nov 26 7:25	♐ Mar 30 9:55	♉ Jul 28 18:59	♏ Nov 28 14:16	♈ Mar 28 0:44
♋ Nov 28 19:10	♑ Abr 1 20:11	♊ Jul 30 19:20	♐ Dez 1 2:56	♉ Mar 30 13:23
♌ Dez 1 7:50	♒ Abr 4 4:30	♋ Ago 1 22:01	♑ Dez 3 14:48	♊ Abr 2 0:04
♍ Dez 3 20:00	♓ Abr 6 10:37	♌ Ago 4 3:47	♒ Dez 6 0:00	♋ Abr 4 8:18
♎ Dez 6 5:46	♈ Abr 8 14:24	♍ Ago 6 12:23	♓ Dez 8 6:16	♌ Abr 6 14:33
♏ Dez 8 11:43	♉ Abr 10 16:13	♎ Ago 8 23:01	♈ Dez 10 10:23	♍ Abr 8 19:18
♐ Dez 10 13:54	♊ Abr 12 17:08	♏ Ago 11 11:02	♉ Dez 12 13:28	♎ Abr 10 22:46
♑ Dez 12 13:42	♋ Abr 14 18:45	♐ Ago 13 23:46	♊ Dez 14 16:23	♏ Abr 13 1:09
♒ Dez 14 13:10	♌ Abr 16 22:43	♑ Ago 16 12:00	♋ Dez 16 19:35	♐ Abr 15 3:10
♓ Dez 16 14:24	♍ Abr 19 6:08	♒ Ago 18 21:51	♌ Dez 18 23:30	♑ Abr 17 6:10
♈ Dez 18 18:52	♎ Abr 21 16:53	♓ Ago 21 3:48	♍ Dez 21 4:47	♒ Abr 19 11:40
♉ Dez 21 2:52	♏ Abr 24 5:23	♈ Ago 23 5:51	♎ Dez 23 12:19	♓ Abr 21 20:40
♊ Dez 23 13:32	♐ Abr 26 17:22	♉ Ago 25 5:26	♏ Dez 25 22:41	♈ Abr 24 8:38
♋ Dez 26 1:38	♑ Abr 29 3:18	♊ Ago 27 4:41	♐ Dez 28 11:13	♉ Abr 26 21:20
♌ Dez 28 14:14	♒ Maio 1 10:47	♋ Ago 29 5:45	♑ Dez 30 23:37	♊ Abr 29 8:13
♍ Dez 31 2:33		♌ Ago 31 10:07		

Apêndice: Tabelas Planetárias

Tabela A-2 — A Lua (continuação)

♋ Maio 1 16:09	♑ Ago 31 16:38	**2007**	♐ Maio 3 19:48	♊ Set 3 4:30
♌ Maio 3 21:28	♒ Set 2 21:50	♋ Jan 2 12:14	♑ Maio 6 6:21	♋ Set 5 8:08
♍ Maio 6 1:09	♓ Set 5 7:06	♌ Jan 4 18:14	♒ Maio 8 14:47	♌ Set 7 14:00
♎ Maio 8 4:07	♈ Set 7 19:08	♍ Jan 7 3:19	♓ Maio 10 20:32	♍ Set 9 22:10
♏ Maio 10 6:56	♉ Set 10 7:56	♎ Jan 9 15:15	♈ Maio 12 23:19	♎ Set 12 8:32
♐ Maio 12 10:05	♊ Set 12 20:02	♏ Jan 12 4:08	♉ Maio 14 23:48	♏ Set 14 20:37
♑ Maio 14 14:15	♋ Set 15 6:47	♐ Jan 14 15:12	♊ Maio 16 23:33	♐ Set 17 9:21
♒ Maio 16 20:22	♌ Set 17 15:40	♑ Jan 16 22:49	♋ Maio 19 0:37	♑ Set 19 20:52
♓ Maio 19 5:13	♍ Set 19 21:59	♒ Jan 19 3:15	♌ Maio 21 4:57	♒ Set 22 5:19
♈ Maio 21 16:43	♎ Set 22 1:19	♓ Jan 21 5:48	♍ Maio 23 13:27	♓ Set 24 9:55
♉ Maio 24 5:25	♏ Set 24 2:08	♈ Jan 23 7:51	♎ Maio 26 1:17	♈ Set 26 11:22
♊ Maio 26 16:52	♐ Set 26 1:55	♉ Jan 25 10:29	♏ Maio 28 14:12	♉ Set 28 11:17
♋ Maio 29 1:16	♑ Set 28 2:44	♊ Jan 27 14:09	♐ Maio 31 2:07	♊ Set 30 11:34
♌ Maio 31 6:19	♒ Set 30 6:33	♋ Jan 29 19:17	♑ Jun 2 12:09	♋ Out 2 13:57
♍ Jun 2 8:58	♓ Out 2 14:29	♌ Fev 1 2:15	♒ Jun 4 20:16	♌ Out 4 19:27
♎ Jun 4 10:35	♈ Out 5 1:53	♍ Fev 3 11:34	♓ Jun 7 2:23	♍ Out 7 4:02
♏ Jun 6 12:28	♉ Out 7 14:38	♎ Fev 5 23:15	♈ Jun 9 6:27	♎ Out 9 14:58
♐ Jun 8 15:33	♊ Out 10 2:36	♏ Fev 8 12:10	♉ Jun 11 8:29	♏ Out 12 3:14
♑ Jun 10 20:27	♋ Out 12 12:48	♐ Fev 11 0:01	♊ Jun 13 9:24	♐ Out 14 15:59
♒ Jun 13 3:29	♌ Out 14 21:08	♑ Fev 13 8:43	♋ Jun 15 10:44	♑ Out 17 4:02
♓ Jun 15 12:50	♍ Out 17 3:36	♒ Fev 15 13:35	♌ Jun 17 14:25	♒ Out 19 13:51
♈ Jun 18 0:19	♎ Out 19 8:01	♓ Fev 17 15:29	♍ Jun 19 21:45	♓ Out 21 20:03
♉ Jun 20 13:00	♏ Out 21 10:27	♈ Fev 19 16:06	♎ Jun 22 8:44	♈ Out 23 22:24
♊ Jun 23 1:03	♐ Out 23 11:39	♉ Fev 21 17:04	♏ Jun 24 21:27	♉ Out 25 22:06
♋ Jun 25 10:28	♑ Out 25 13:04	♊ Fev 23 19:42	♐ Jun 27 9:24	♊ Out 27 21:11
♌ Jun 27 16:14	♒ Out 27 16:29	♋ Fev 26 0:48	♑ Jun 29 19:04	♋ Out 29 21:49
♍ Jun 29 18:42	♓ Out 29 23:18	♌ Fev 28 8:30	♒ Jul 2 2:23	♌ Nov 1 1:48
♎ Jul 1 19:15	♈ Nov 1 9:43	♍ Mar 2 18:32	♓ Jul 4 7:52	♍ Nov 3 9:45
♏ Jul 3 19:37	♉ Nov 3 22:13	♎ Mar 5 6:25	♈ Jul 6 11:57	♎ Nov 5 20:47
♐ Jul 5 21:27	♊ Nov 6 10:19	♏ Mar 7 19:17	♉ Jul 8 14:54	♏ Nov 8 9:18
♑ Jul 8 1:53	♋ Nov 8 20:19	♐ Mar 10 7:37	♊ Jul 10 17:10	♐ Nov 10 21:59
♒ Jul 10 9:17	♌ Nov 11 3:49	♑ Mar 12 17:34	♋ Jul 12 19:39	♑ Nov 13 10:01
♓ Jul 12 19:16	♍ Nov 13 9:19	♒ Mar 14 23:52	♌ Jul 14 23:44	♒ Nov 15 20:30
♈ Jul 15 7:03	♎ Nov 15 13:23	♓ Mar 17 2:30	♍ Jul 17 6:40	♓ Nov 18 4:15
♉ Jul 17 19:44	♏ Nov 17 16:28	♈ Mar 19 2:41	♎ Jul 19 16:54	♈ Nov 20 8:24
♊ Jul 20 8:07	♐ Nov 19 19:03	♉ Mar 21 2:15	♏ Jul 22 5:18	♉ Nov 22 9:19
♋ Jul 22 18:36	♑ Nov 21 21:52	♊ Mar 23 3:07	♐ Jul 24 17:30	♊ Nov 24 8:29
♌ Jul 25 1:44	♒ Nov 24 2:01	♋ Mar 25 6:49	♑ Jul 27 3:22	♋ Nov 26 8:07
♍ Jul 27 5:08	♓ Nov 26 8:38	♌ Mar 27 14:05	♒ Jul 29 10:14	♌ Nov 28 10:24
♎ Jul 29 5:39	♈ Nov 28 18:19	♍ Mar 30 0:27	♓ Jul 31 14:14	♍ Nov 30 16:25
♏ Jul 31 5:01	♉ Dez 1 6:23	♎ Abr 1 12:44	♈ Ago 2 17:43	♎ Dez 3 3:01
♐ Ago 2 5:17	♊ Dez 3 18:49	♏ Abr 4 1:36	♉ Ago 4 20:15	♏ Dez 5 15:30
♑ Ago 4 8:16	♋ Dez 6 5:16	♐ Abr 6 13:57	♊ Ago 6 23:02	♐ Dez 8 4:11
♒ Ago 6 14:57	♌ Dez 8 12:37	♑ Abr 9 0:35	♋ Ago 9 2:35	♑ Dez 10 15:51
♓ Ago 9 1:00	♍ Dez 10 17:05	♒ Abr 11 8:23	♌ Ago 11 7:42	♒ Dez 13 2:02
♈ Ago 11 13:06	♎ Dez 12 19:47	♓ Abr 13 12:38	♍ Ago 13 15:03	♓ Dez 15 10:15
♉ Ago 14 1:51	♏ Dez 14 21:56	♈ Abr 15 13:47	♎ Ago 16 1:04	♈ Dez 17 15:53
♊ Ago 16 14:11	♐ Dez 17 0:33	♉ Abr 17 13:11	♏ Ago 18 13:14	♉ Dez 19 18:48
♋ Ago 19 1:10	♑ Dez 19 4:20	♊ Abr 19 12:51	♐ Ago 21 1:45	♊ Dez 21 19:14
♌ Ago 21 9:36	♒ Dez 21 9:42	♋ Abr 21 14:50	♑ Ago 23 12:20	♋ Dez 23 19:17
♍ Ago 23 14:36	♓ Dez 23 17:04	♌ Abr 23 20:38	♒ Ago 25 19:35	♌ Dez 25 20:51
♎ Ago 25 16:15	♈ Dez 26 2:43	♍ Abr 26 6:24	♓ Ago 27 23:34	♍ Dez 28 1:44
♏ Ago 27 15:46	♉ Dez 28 14:28	♎ Abr 28 18:45	♈ Ago 30 1:24	♎ Dez 30 10:37
♐ Ago 29 15:11	♊ Dez 31 3:07	♏ Maio 1 7:41	♉ Set 1 2:36	

(continua)

Tabela A-2 — A Lua (continuação)

2008			2009	
♏ Jan 1 4:30	♈ Maio 1 16:09	♎ Ago 31 16:38	♈ Jan 3 9:54	♍ Maio 4 5:40
♐ Jan 3 16:09	♉ Maio 3 21:28	♏ Set 2 21:50	♉ Jan 5 22:48	♎ Maio 6 8:24
♑ Jan 6 4:59	♊ Maio 6 1:09	♐ Set 5 7:06	♊ Jan 8 10:31	♏ Maio 8 11:23
♒ Jan 8 17:52	♋ Maio 8 4:07	♑ Set 7 19:08	♋ Jan 10 19:09	♐ Maio 10 14:56
♓ Jan 11 5:22	♌ Maio 10 6:56	♒ Set 10 7:56	♌ Jan 12 23:40	♑ Maio 12 19:25
♈ Jan 13 14:00	♍ Maio 12 10:05	♓ Set 12 20:02	♍ Jan 15 0:41	♒ Maio 15 1:34
♉ Jan 15 18:55	♎ Maio 14 14:15	♈ Set 15 6:47	♎ Jan 16 23:55	♓ Maio 17 10:17
♊ Jan 17 20:26	♏ Maio 16 20:22	♉ Set 17 15:40	♏ Jan 18 23:32	♈ Maio 19 21:45
♋ Jan 19 19:57	♐ Maio 19 5:13	♊ Set 19 21:59	♐ Jan 21 1:26	♉ Maio 22 10:38
♌ Jan 21 19:22	♑ Maio 21 16:43	♋ Set 22 1:19	♑ Jan 23 6:51	♊ Maio 24 22:18
♍ Jan 23 20:42	♒ Maio 24 5:25	♌ Set 24 2:08	♒ Jan 25 15:50	♋ Maio 27 6:34
♎ Jan 26 1:32	♓ Maio 26 16:52	♍ Set 26 1:55	♓ Jan 28 3:22	♌ Maio 29 11:11
♏ Jan 28 10:20	♈ Maio 29 1:16	♎ Set 28 2:44	♈ Jan 30 16:05	♍ Maio 31 13:20
♐ Jan 30 22:07	♉ Maio 31 6:19	♏ Set 30 6:33	♉ Fev 2 4:48	♎ Jun 2 14:45
♑ Fev 2 11:09	♊ Jun 2 8:58	♐ Out 2 14:29	♊ Fev 4 16:27	♏ Jun 4 16:50
♒ Fev 4 23:51	♋ Jun 4 10:35	♑ Out 5 1:53	♋ Fev 7 1:51	♐ Jun 6 20:23
♓ Fev 7 11:15	♌ Jun 6 12:28	♒ Out 7 14:38	♌ Fev 9 8:01	♑ Jun 9 1:38
♈ Fev 9 20:36	♍ Jun 8 15:33	♓ Out 10 2:36	♍ Fev 11 10:50	♒ Jun 11 8:40
♉ Fev 12 3:08	♎ Jun 10 20:27	♈ Out 12 12:48	♎ Fev 13 11:14	♓ Jun 13 17:50
♊ Fev 14 6:31	♏ Jun 13 3:29	♉ Out 14 21:08	♏ Fev 15 10:53	♈ Jun 16 5:16
♋ Fev 16 7:15	♐ Jun 15 12:50	♊ Out 17 3:36	♐ Fev 17 11:41	♉ Jun 18 18:12
♌ Fev 18 6:47	♑ Jun 18 0:19	♋ Out 19 8:01	♑ Fev 19 15:21	♊ Jun 21 6:32
♍ Fev 20 7:05	♒ Jun 20 13:00	♌ Out 21 10:27	♒ Fev 21 22:51	♋ Jun 23 15:51
♎ Fev 22 10:11	♓ Jun 23 1:03	♍ Out 23 11:39	♓ Fev 24 9:49	♌ Jun 25 21:05
♏ Fev 24 17:26	♈ Jun 25 10:28	♎ Out 25 13:04	♈ Fev 26 22:34	♍ Jun 27 23:00
♐ Fev 27 4:33	♉ Jun 27 16:14	♏ Out 27 16:29	♉ Mar 1 11:12	♎ Jun 29 23:18
♑ Fev 29 17:34	♊ Jun 29 18:42	♐ Out 29 23:18	♊ Mar 3 22:21	♏ Jul 1 23:52
♒ Mar 3 6:11	♋ Jul 1 19:15	♑ Nov 1 9:43	♋ Mar 6 7:24	♐ Jul 4 2:12
♓ Mar 5 17:07	♌ Jul 3 19:37	♒ Nov 3 22:13	♌ Mar 8 14:04	♑ Jul 6 7:01
♈ Mar 8 2:05	♍ Jul 5 21:27	♓ Nov 6 10:19	♍ Mar 10 18:19	♒ Jul 8 14:27
♉ Mar 10 9:03	♎ Jul 8 1:53	♈ Nov 8 20:19	♎ Mar 12 20:29	♓ Jul 11 0:13
♊ Mar 12 13:50	♏ Jul 10 9:17	♉ Nov 11 3:49	♏ Mar 14 21:26	♈ Jul 13 11:56
♋ Mar 14 16:20	♐ Jul 12 19:16	♊ Nov 13 9:19	♐ Mar 16 22:32	♉ Jul 16 0:55
♌ Mar 16 17:13	♑ Jul 15 7:03	♋ Nov 15 13:23	♑ Mar 19 1:25	♊ Jul 18 13:39
♍ Mar 18 17:55	♒ Jul 17 19:44	♌ Nov 17 16:28	♒ Mar 21 7:32	♋ Jul 21 0:04
♎ Mar 20 20:20	♓ Jul 20 8:07	♍ Nov 19 19:03	♓ Mar 23 17:22	♌ Jul 23 6:42
♏ Mar 23 2:13	♈ Jul 22 18:36	♎ Nov 21 21:52	♈ Mar 26 :48	♍ Jul 25 9:28
♐ Mar 25 12:08	♉ Jul 25 1:44	♏ Nov 24 2:01	♉ Mar 28 18:30	♎ Jul 27 9:41
♑ Mar 28 0:44	♊ Jul 27 5:08	♐ Nov 26 8:38	♊ Mar 31 5:21	♏ Jul 29 9:13
♒ Mar 30 13:23	♋ Jul 29 5:39	♑ Nov 28 18:19	♋ Abr 2 13:36	♐ Jul 31 9:56
♓ Abr 2 0:04	♌ Jul 31 5:01	♒ Dez 1 6:23	♌ Abr 4 19:34	♑ Ago 2 13:19
♈ Abr 4 8:18	♍ Ago 2 5:17	♓ Dez 3 18:49	♍ Abr 6 23:52	♒ Ago 4 20:04
♉ Abr 6 14:33	♎ Ago 4 8:16	♈ Dez 6 5:16	♎ Abr 9 3:03	♓ Ago 7 5:56
♊ Abr 8 19:18	♏ Ago 6 14:57	♉ Dez 8 12:37	♏ Abr 11 5:31	♈ Ago 9 17:59
♋ Abr 10 22:46	♐ Ago 9 1:00	♊ Dez 10 17:05	♐ Abr 13 7:55	♉ Ago 12 7:00
♌ Abr 13 1:09	♑ Ago 11 13:06	♋ Dez 12 19:47	♑ Abr 15 11:16	♊ Ago 14 19:44
♍ Abr 15 3:10	♒ Ago 14 1:51	♌ Dez 14 21:56	♒ Abr 17 16:55	♋ Ago 17 6:44
♎ Abr 17 6:10	♓ Ago 16 14:11	♍ Dez 17 0:33	♓ Abr 20 1:50	♌ Ago 19 14:44
♏ Abr 19 11:40	♈ Ago 19 1:10	♎ Dez 19 4:20	♈ Abr 22 13:43	♍ Ago 21 19:07
♐ Abr 21 20:40	♉ Ago 21 9:36	♏ Dez 21 9:42	♉ Abr 25 2:31	♎ Ago 23 20:25
♑ Abr 24 8:38	♊ Ago 23 14:36	♐ Dez 23 17:04	♊ Abr 27 13:34	♏ Ago 25 20:02
♒ Abr 26 21:20	♋ Ago 25 16:15	♑ Dez 26 2:43	♋ Abr 29 21:27	♐ Ago 27 19:49
♓ Abr 29 8:13	♌ Ago 27 15:46	♒ Dez 28 14:28	♌ Maio 2 2:25	♑ Ago 29 21:37
	♍ Ago 29 15:11	♓ Dez 31 3:07		♒ Set 1 2:53

Apêndice: Tabelas Planetárias 347

Tabela A-2 — A Lua (continuação)

♓ Set 3 12:00	**2010**	♑ Maio 2 7:00	♋ Set 3 3:50	**2011**
♈ Set 6 0:01	♌ Jan 1 23:40	♒ Maio 4 17:52	♌ Set 5 6:45	♑ Jan 3 4:39
♉ Set 8 13:05	♍ Jan 3 23:52	♓ Maio 7 6:34	♍ Set 7 6:53	♒ Jan 5 13:08
♊ Set 11 1:33	♎ Jan 6 1:58	♈ Maio 9 18:29	♎ Set 9 6:01	♓ Jan 7 23:57
♋ Set 13 12:23	♏ Jan 8 7:00	♉ Maio 12 3:48	♏ Set 11 6:21	♈ Jan 10 12:24
♌ Set 15 20:54	♐ Jan 10 15:09	♊ Maio 14 10:18	♐ Set 13 9:52	♉ Jan 13 0:36
♍ Set 18 2:42	♑ Jan 13 1:54	♋ Maio 16 14:46	♑ Set 15 17:30	♊ Jan 15 10:22
♎ Set 20 5:43	♒ Jan 15 14:17	♌ Maio 18 18:06	♒ Set 18 4:35	♋ Jan 17 16:29
♏ Set 22 6:36	♓ Jan 18 3:17	♍ Maio 20 20:59	♓ Set 20 17:15	♌ Jan 19 19:15
♐ Set 24 6:40	♈ Jan 20 15:37	♎ Maio 22 23:50	♈ Set 23 5:47	♍ Jan 21 20:10
♑ Set 26 7:42	♉ Jan 23 1:40	♏ Maio 25 3:16	♉ Set 25 17:17	♎ Jan 23 20:58
♒ Set 28 11:31	♊ Jan 25 8:11	♐ Maio 27 8:16	♊ Set 28 3:11	♏ Jan 25 23:15
♓ Set 30 19:19	♋ Jan 27 11:02	♑ Maio 29 15:44	♋ Set 30 10:45	♐ Jan 28 3:55
♈ Out 3 6:43	♌ Jan 29 11:10	♒ Jun 1 2:07	♌ Out 2 15:20	♑ Jan 30 11:04
♉ Out 5 19:45	♍ Jan 31 10:23	♓ Jun 3 14:34	♍ Out 4 17:00	♒ Fev 1 20:22
♊ Out 8 8:04	♎ Fev 2 10:41	♈ Jun 6 2:50	♎ Out 6 16:51	♓ Fev 4 7:24
♋ Out 10 18:19	♏ Fev 4 13:56	♉ Jun 8 12:41	♏ Out 8 16:51	♈ Fev 6 19:46
♌ Out 13 2:21	♐ Fev 6 21:04	♊ Jun 10 19:10	♐ Out 10 19:09	♉ Fev 9 8:23
♍ Out 15 8:24	♑ Fev 9 7:44	♋ Jun 12 22:51	♑ Out 13 1:16	♊ Fev 11 19:21
♎ Out 17 12:37	♒ Fev 11 20:24	♌ Jun 15 0:54	♒ Out 15 11:24	♋ Fev 14 2:48
♏ Out 19 15:10	♓ Fev 14 9:23	♍ Jun 17 2:41	♓ Out 17 23:51	♌ Fev 16 6:14
♐ Out 21 16:36	♈ Fev 16 21:31	♎ Jun 19 5:12	♈ Out 20 12:23	♍ Fev 18 6:38
♑ Out 23 18:07	♉ Fev 19 7:54	♏ Jun 21 9:14	♉ Out 22 23:30	♎ Fev 20 6:00
♒ Out 25 21:24	♊ Fev 21 15:47	♐ Jun 23 15:10	♊ Out 25 8:48	♏ Fev 22 6:28
♓ Out 28 4:03	♋ Fev 23 20:29	♑ Jun 25 23:22	♋ Out 27 16:15	♐ Fev 24 9:46
♈ Out 30 14:30	♌ Fev 25 22:09	♒ Jun 28 9:52	♌ Out 29 21:39	♑ Fev 26 16:32
♉ Nov 2 3:17	♍ Fev 27 21:53	♓ Jun 30 22:10	♍ Nov 1 0:50	♒ Mar 1 2:15
♊ Nov 4 15:42	♎ Mar 1 21:31	♈ Jul 3 10:44	♎ Nov 3 2:18	♓ Mar 3 13:47
♋ Nov 7 1:40	♏ Mar 3 23:11	♉ Jul 5 21:29	♏ Nov 5 3:16	♈ Mar 6 2:14
♌ Nov 9 8:51	♐ Mar 6 4:36	♊ Jul 8 4:51	♐ Nov 7 5:28	♉ Mar 8 14:52
♍ Nov 11 13:59	♑ Mar 8 14:13	♋ Jul 10 8:37	♑ Nov 9 10:36	♊ Mar 11 2:30
♎ Nov 13 17:59	♒ Mar 11 2:43	♌ Jul 12 9:54	♒ Nov 11 19:32	♋ Mar 13 11:30
♏ Nov 15 21:18	♓ Mar 13 15:44	♍ Jul 14 10:14	♓ Nov 14 7:24	♌ Mar 15 16:32
♐ Nov 18 0:10	♈ Mar 16 3:32	♎ Jul 16 11:24	♈ Nov 16 19:59	♍ Mar 17 17:53
♑ Nov 20 3:03	♉ Mar 18 13:30	♏ Jul 18 14:41	♉ Nov 19 7:05	♎ Mar 19 17:03
♒ Nov 22 6:59	♊ Mar 20 21:29	♐ Jul 20 20:49	♊ Nov 21 15:46	♏ Mar 21 16:17
♓ Nov 24 13:20	♋ Mar 23 3:16	♑ Jul 23 5:39	♋ Nov 23 22:13	♐ Mar 23 17:44
♈ Nov 26 23:01	♌ Mar 25 6:38	♒ Jul 25 16:38	♌ Nov 26 3:00	♑ Mar 25 22:58
♉ Nov 29 11:25	♍ Mar 27 7:57	♓ Jul 28 5:00	♍ Nov 28 6:34	♒ Mar 28 8:00
♊ Dez 2 0:08	♎ Mar 29 8:20	♈ Jul 30 17:42	♎ Nov 30 9:15	♓ Mar 30 19:38
♋ Dez 4 10:30	♏ Mar 31 9:41	♉ Ago 2 5:13	♏ Dez 2 11:43	♈ Abr 2 8:16
♌ Dez 6 17:25	♐ Abr 2 13:53	♊ Ago 4 13:54	♐ Dez 4 14:59	♉ Abr 4 20:46
♍ Dez 8 21:31	♑ Abr 4 22:07	♋ Ago 6 18:49	♑ Dez 6 20:15	♊ Abr 7 8:22
♎ Dez 11 0:11	♒ Abr 7 9:51	♌ Ago 8 20:22	♒ Dez 9 4:31	♋ Abr 9 18:02
♏ Dez 13 2:41	♓ Abr 9 22:48	♍ Ago 10 20:00	♓ Dez 11 15:41	♌ Abr 12 0:37
♐ Dez 15 5:44	♈ Abr 12 10:31	♎ Ago 12 19:42	♈ Dez 14 4:15	♍ Abr 14 3:41
♑ Dez 17 9:39	♉ Abr 14 19:55	♏ Ago 14 21:26	♉ Dez 16 15:49	♎ Abr 16 3:58
♒ Dez 19 14:47	♊ Abr 17 3:08	♐ Ago 17 2:34	♊ Dez 19 0:37	♏ Abr 18 3:18
♓ Dez 21 21:50	♋ Abr 19 8:39	♑ Ago 19 11:16	♋ Dez 21 6:22	♐ Abr 20 3:50
♈ Dez 24 7:26	♌ Abr 21 12:42	♒ Ago 21 22:38	♌ Dez 23 9:50	♑ Abr 22 7:24
♉ Dez 26 19:29	♍ Abr 23 15:25	♓ Ago 24 11:11	♍ Dez 25 12:13	♒ Abr 24 14:59
♊ Dez 29 8:26	♎ Abr 25 17:17	♈ Ago 26 23:49	♎ Dez 27 14:38	♓ Abr 27 1:58
♋ Dez 31 19:42	♏ Abr 27 19:29	♉ Ago 29 11:36	♏ Dez 29 17:50	♈ Abr 29 14:34
	♐ Abr 29 23:36	♊ Ago 31 21:19	♐ Dez 31 22:21	♉ Maio 2 2:59

(continua)

Tabela A-2 — A Lua (continuação)

		2012			
♊ Maio 4 14:08	♐ Set 3 18:04	♉ Jan 2 19:16	♎ Maio 2 23:03	♈ Set 2 2:37	
♋ Maio 6 23:31	♑ Set 5 23:03	♊ Jan 5 7:44	♏ Maio 4 23:19	♉ Set 4 12:41	
♌ Maio 9 6:35	♒ Set 8 6:42	♋ Jan 7 18:05	♐ Maio 6 22:38	♊ Set 7 1:10	
♍ Maio 11 10:59	♓ Set 10 16:27	♌ Jan 10 1:35	♑ Maio 8 23:00	♋ Set 9 13:49	
♎ Maio 13 12:57	♈ Set 13 3:50	♍ Jan 12 6:44	♒ Maio 11 2:02	♌ Set 12 0:01	
♏ Maio 15 13:31	♉ Set 15 16:25	♎ Jan 14 10:28	♓ Maio 13 8:42	♍ Set 14 6:31	
♐ Maio 17 14:23	♊ Set 18 5:06	♏ Jan 16 13:33	♈ Maio 15 18:46	♎ Set 16 9:55	
♑ Maio 19 17:15	♋ Set 20 15:53	♐ Jan 18 16:29	♉ Maio 18 7:04	♏ Set 18 11:46	
♒ Maio 21 23:31	♌ Set 22 22:55	♑ Jan 20 19:41	♊ Maio 20 20:06	♐ Set 20 13:34	
♓ Maio 24 9:24	♍ Set 25 1:50	♒ Jan 22 23:53	♋ Maio 23 8:32	♑ Set 22 16:20	
♈ Maio 26 21:37	♎ Set 27 1:51	♓ Jan 25 6:11	♌ Maio 25 19:12	♒ Set 24 20:32	
♉ Maio 29 10:02	♏ Set 29 1:05	♈ Jan 27 15:28	♍ Maio 28 3:06	♓ Set 27 2:24	
♊ Maio 31 20:56	♐ Out 1 1:41	♉ Jan 30 3:29	♎ Maio 30 7:46	♈ Set 29 10:14	
♋ Jun 3 5:37	♑ Out 3 5:16	♊ Fev 1 16:15	♏ Jun 1 9:31	♉ Out 1 20:26	
♌ Jun 5 12:03	♒ Out 4 12:18	♋ Fev 4 3:04	♐ Jun 3 9:33	♊ Out 4 8:47	
♍ Jun 7 16:33	♓ Out 7 22:13	♌ Fev 6 10:24	♑ Jun 5 9:30	♋ Out 6 21:46	
♎ Jun 9 19:31	♈ Out 10 9:57	♍ Fev 8 14:32	♒ Jun 7 11:17	♌ Out 9 8:55	
♏ Jun 11 21:34	♉ Out 12 22:34	♎ Fev 10 16:53	♓ Jun 9 16:21	♍ Out 11 16:24	
♐ Jun 13 23:39	♊ Out 15 11:15	♏ Fev 12 19:02	♈ Jun 12 1:21	♎ Out 13 20:01	
♑ Jun 16 2:59	♋ Out 17 22:37	♐ Fev 14 21:57	♉ Jun 14 13:22	♏ Out 15 21:07	
♒ Jun 18 8:48	♌ Out 20 7:06	♑ Fev 17 2:04	♊ Jun 17 2:24	♐ Out 17 21:25	
♓ Jun 20 17:45	♍ Out 22 11:41	♒ Fev 19 7:29	♋ Jun 19 14:34	♑ Out 19 22:41	
♈ Jun 23 5:24	♎ Out 24 12:48	♓ Fev 21 14:30	♌ Jun 22 0:47	♒ Out 22 2:03	
♉ Jun 25 17:53	♏ Out 26 12:08	♈ Fev 23 23:48	♍ Jun 24 20:42	♓ Out 24 8:00	
♊ Jun 28 4:56	♐ Out 28 11:44	♉ Fev 26 11:30	♎ Jun 26 14:15	♈ Out 26 16:31	
♋ Jun 30 13:13	♑ Out 30 13:38	♊ Mar 1 0:27	♏ Jun 28 17:32	♉ Out 29 3:16	
♌ Jul 2 18:42	♒ Nov 1 19:08	♋ Mar 2 12:08	♐ Jun 30 19:04	♊ Out 31 15:41	
♍ Jul 4 22:16	♓ Nov 4 4:18	♌ Mar 4 20:18	♑ Jul 2 19:50	♋ Nov 3 4:43	
♎ Jul 7 0:53	♈ Nov 6 16:02	♍ Mar 7 0:26	♒ Jul 4 21:25	♌ Nov 5 16:39	
♏ Jul 9 3:31	♉ Nov 9 4:46	♎ Mar 9 1:50	♓ Jul 7 1:29	♍ Nov 8 1:35	
♐ Jul 11 6:47	♊ Nov 11 17:10	♏ Mar 11 2:24	♈ Jul 9 9:14	♎ Nov 10 6:35	
♑ Jul 13 11:14	♋ Nov 14 4:19	♐ Mar 13 3:53	♉ Jul 11 20:30	♏ Nov 12 8:10	
♒ Jul 15 17:30	♌ Nov 16 13:17	♑ Mar 15 7:24	♊ Jul 14 9:27	♐ Nov 14 7:52	
♓ Jul 18 2:13	♍ Nov 18 19:19	♒ Mar 17 13:12	♋ Jul 16 21:31	♑ Nov 16 7:36	
♈ Jul 20 13:26	♎ Nov 20 22:15	♓ Mar 19 21:05	♌ Jul 19 7:13	♒ Nov 18 9:10	
♉ Jul 23 1:58	♏ Nov 22 22:58	♈ Mar 22 6:58	♍ Jul 21 14:24	♓ Nov 20 13:55	
♊ Jul 25 13:34	♐ Nov 24 22:58	♉ Mar 24 18:44	♎ Jul 23 19:39	♈ Nov 22 22:11	
♋ Jul 27 22:12	♑ Nov 27 0:05	♊ Mar 27 7:43	♏ Jul 25 23:29	♉ Nov 25 9:19	
♌ Jul 30 3:16	♒ Nov 29 4:02	♋ Mar 29 20:07	♐ Jul 28 2:18	♊ Nov 27 21:59	
♍ Ago 1 5:41	♓ Dez 1 11:46	♌ Abr 1 5:36	♑ Jul 30 4:30	♋ Nov 30 10:55	
♎ Ago 3 7:05	♈ Dez 3 22:51	♍ Abr 3 10:53	♒ Ago 1 6:55	♌ Dez 2 22:57	
♏ Ago 5 8:57	♉ Dez 6 11:35	♎ Abr 5 12:32	♓ Ago 3 10:58	♍ Dez 5 8:52	
♐ Ago 7 12:21	♊ Dez 8 23:53	♏ Abr 7 12:18	♈ Ago 5 17:59	♎ Dez 7 15:36	
♑ Ago 9 17:38	♋ Dez 11 10:26	♐ Abr 9 12:13	♉ Ago 8 4:28	♏ Dez 9 18:51	
♒ Ago 12 0:48	♌ Dez 13 18:48	♑ Abr 11 14:02	♊ Ago 10 17:11	♐ Dez 11 19:21	
♓ Ago 14 9:54	♍ Dez 16 0:59	♒ Abr 13 18:48	♋ Ago 13 5:28	♑ Dez 13 18:42	
♈ Ago 16 21:02	♎ Dez 18 5:06	♓ Abr 16 2:38	♌ Ago 15 15:05	♒ Dez 15 18:53	
♉ Ago 19 9:37	♏ Dez 20 7:33	♈ Abr 18 12:59	♍ Ago 17 21:33	♓ Dez 17 21:49	
♊ Ago 21 21:53	♐ Dez 22 9:02	♉ Abr 21 1:05	♎ Ago 20 1:46	♈ Dez 20 4:44	
♋ Ago 24 7:31	♑ Dez 24 10:46	♊ Abr 23 14:04	♏ Ago 22 4:54	♉ Dez 22 15:25	
♌ Ago 26 13:08	♒ Dez 26 14:15	♋ Abr 26 2:42	♐ Ago 24 7:49	♊ Dez 25 4:14	
♍ Ago 28 15:13	♓ Dez 28 20:46	♌ Abr 28 13:11	♑ Ago 26 10:59	♋ Dez 27 17:06	
♎ Ago 30 15:25	♈ Dez 31 6:49	♍ Abr 30 20:03	♒ Ago 28 14:39	♌ Dez 30 4:46	
♏ Set 1 15:48			♓ Ago 30 19:31		

Apêndice: Tabelas
349

Tabela A-3 — Os Nodos da Lua

1930 ♈ Jul 7 12:58 R	**1949** ♈ Jan 25 20:37 R	**1967** ♈ Ago 19 14:23 R	**1983** ♊ Mar 15 23:06 R	**2000** ♋ Abr 8 21:11 R
1931 ♉ Dez 28 2:23 R	**1950** ♓ Jul 26 17:56 R	**1969** ♓ Abr 19 3:54 R	**1984** ♉ Set 11 14:02 R	**2001** ♊ Out 12 22:48 R
1933 ♒ Jun 24 13:33 R	**1952** ♒ Mar 28 7:44 R	**1970** ♒ Nov 2 5:13 R	**1986** ♈ Abr 6 2:32 R ♉ Maio 5 19:53 ♈ Maio 8 14:18 R	**2003** ♉ Abr 13 20:44 R
1935 ♑ Mar 8 14:38 R	**1953** ♑ Out 9 1:28 R	**1972** ♑ Abr 27 5:03 R		**2004** ♈ Dez 26 4:31 R
1936 ♐ Set 14 3:29 R	**1955** ♐ Abr 2 20:06 R	**1973** ♐ Out 26 23:00 R	**1987** ♓ Dez 2 2:14 R	**2006** ♓ Jun 22 6:05 R
1938 ♏ Mar 3 20:15 R	**1956** ♏ Out 4 6:36 R	**1975** ♏ Jul 9 22:20 R	**1989** ♒ Maio 22 8:55 R	**2007** ♒ Dez 18 5:06 R
1939 ♎ Set 11 19:46 R	**1958** ♎ Jun 16 8:43 R	**1977** ♎ Jan 7 15:05 R	**1990** ♑ Nov 18 16:20 R	**2009** ♑ Ago 21 16:27 R
1941 ♍ Maio 24 4:48 R	**1959** ♍ Dez 15 14:36 R	**1978** ♍ Jul 5 7:41 R	**1992** ♐ Ago 1 19:07 R	**2011** ♐ Mar 3 9:39 R
1942 ♌ Nov 21 2:56 R	**1961** ♌ Jun 10 17:07 R	**1980** ♌ Jan 5 11:55 R ♍ Jan 6 23:32 ♌ Jan 12 15:22 R	**1994** ♏ Fev 1 6:11 R	**2012** ♏ Ago 30 0:41 R
1944 ♋ Maio 11 11:29 R	**1962** ♋ Dez 23 0:33 R		**1995** ♎ Jul 31 9:32 R	
1945 ♊ Dez 2 15:35 R	**1964** ♊ Ago 25 7:23 R	**1981** ♋ Set 20 4:20 R ♌ Set 21 7:22 ♋ Set 24 3:32 R	**1997** ♍ Jan 24 21:50 R	
1947 ♉ Ago 2 7:23 R	**1966** ♉ Fev 19 13:41 R		**1998** ♌ Out 20 2:52 R	

Tabela A-4 — Mercúrio

1930 ♒ Jan 2 7:25 ♑ Jan 22 21:30 R ♒ Fev 15 12:08 ♓ Mar 9 19:39 ♈ Mar 26 20:36 ♉ Abr 10 14:05 ♊ Maio 1 2:31 ♉ Maio 17 8:06 R ♊ Jun 14 17:09 ♋ Jul 4 19:10 ♌ Jul 18 23:44 ♍ Ago 3 23:38 ♎ Ago 26 15:04 ♍ Set 19 23:16 R ♎ Out 11 1:45 ♏ Out 29 11:35 ♐ Nov 17 2:31 ♑ Dez 6 17:57	**1931** ♒ Fev 11 9:27 ♓ Mar 2 14:28 ♈ Mar 18 16:31 ♉ Abr 3 10:38 ♊ Jun 11 4:27 ♋ Jun 26 10:49 ♌ Jul 10 16:56 ♍ Jul 28 20:24 ♎ Out 4 15:27 ♏ Out 21 23:08 ♐ Nov 10 1:27 ♑ Dez 1 21:00 ♐ Dez 20 4:59 R **1932** ♑ Jan 14 9:47 ♒ Fev 4 23:36 ♓ Fev 22 21:50	♈ Mar 9 17:21 ♉ Maio 15 19:49 ♊ Jun 2 20:05 ♋ Jun 16 19:30 ♌ Jul 2 5:16 ♍ Jul 27 17:38 ♌ Ago 10 4:31 R ♍ Set 9 4:20 ♎ Set 25 22:15 ♏ Out 13 12:41 ♐ Nov 2 17:28 **1933** ♑ Jan 8 7:25 ♒ Jan 27 19:39 ♓ Fev 14 2:06 ♈ Mar 3 7:49 ♓ Mar 25 18:49 R ♈ Abr 17 12:27	♉ Maio 10 4:42 ♊ Maio 25 11:27 ♋ Jun 8 11:12 ♌ Jun 26 22:12 ♍ Set 2 2:44 ♎ Set 18 0:48 ♏ Out 6 12:04 ♐ Out 30 1:27 ♏ Nov 15 23:07 R ♐ Dez 12 0:43 **1934** ♑ Jan 1 15:40 ♒ Jan 20 8:44 ♓ Fev 6 14:24 ♈ Abr 15 1:14 ♉ Maio 2 15:45 ♊ Maio 16 20:43 ♋ Jun 1 5:22	♌ Ago 9 10:49 ♍ Ago 24 23:18 ♎ Set 10 8:29 ♏ Set 30 11:46 ♐ Dez 6 3:42 ♑ Dez 25 11:59 **1935** ♒ Jan 12 22:20 ♓ Fev 1 8:16 ♒ Fev 15 0:02 R ♓ Mar 18 18:53 ♈ Abr 8 15:40 ♉ Abr 24 9:29 ♊ Maio 8 14:20 ♋ Maio 29 16:26 ♊ Jun 20 14:58 R ♋ Jul 13 19:22 ♌ Ago 1 22:48

(continua)

Tabela A-4 — Mercúrio (continuação)

♒ Ago 16 17:39
♑ Set 3 6:33
♒ Set 28 12:52
♓ Out 12 15:03 R
♈ Nov 9 22:24
♉ Nov 29 4:05
♊ Dez 18 5:28

1936
♉ Jan 6 0:32
♊ Mar 13 3:40
♋ Mar 31 2:08
♌ Abr 14 22:45
♍ Abr 30 22:30
♎ Jul 8 17:47
♍ Jul 23 12:39
♎ Ago 7 19:59
♏ Ago 27 14:43
♐ Nov 2 8:00
♑ Nov 20 21:39
♒ Dez 10 3:40

1937
♓ Jan 1 13:41
♈ Jan 9 18:28 R
♉ Fev 13 21:26
♊ Mar 6 11:06
♋ Mar 23 0:41
♌ Abr 6 22:09
♍ Jun 13 19:28
♎ Jun 30 23:21
♏ Jul 15 1:11
♐ Jul 31 18:07
♑ Out 8 7:12
♐ Out 25 22:14
♑ Nov 13 16:25
♒ Dez 3 20:51

1938
♓ Jan 6 18:37 R
♈ Jan 12 19:30
♉ Fev 8 10:17
♊ Fev 27 0:01
♋ Mar 14 21:02
♌ Abr 1 10:24
♍ Abr 23 10:56 R
♌ Maio 16 14:46
♍ Jun 7 21:32
♎ Jun 22 10:09
♏ Jul 7 0:21
♐ Jul 26 19:55
♑ Set 2 23:58 R
♒ Set 10 12:38
♓ Out 1 1:19
♈ Out 18 9:43
♓ Nov 6 20:33

1939
♈ Jan 12 4:57
♉ Fev 1 14:57
♊ Fev 19 5:09
♋ Mar 7 6:14
♌ Maio 14 10:43
♍ Maio 30 23:45
♎ Jun 13 20:01
♏ Jun 30 3:41
♐ Set 7 1:58
♏ Set 23 4:48
♐ Out 11 2:20
♑ Nov 1 4:03
♒ Dez 3 4:22 R
♓ Dez 13 16:16

1940
♈ Jan 6 4:56
♉ Jan 25 7:14
♊ Fev 11 11:01
♋ Mar 4 7:09
♌ Mar 7 22:25 R
♍ Abr 17 1:56
♎ Maio 6 18:14
♏ Maio 21 10:59
♐ Jun 4 19:29
♑ Jun 26 11:32
♒ Jul 20 22:39 R
♓ Ago 11 14:06
♌ Ago 29 8:11
♓ Set 14 8:34
♈ Out 3 9:14
♉ Dez 9 9:45
♊ Dez 29 6:35

1941
♋ Jan 16 19:36
♊ Fev 3 10:08
♋ Mar 6 23:22 R
♌ Mar 16 9:26
♒ Abr 12 4:19
♑ Abr 28 20:09
♒ Maio 12 21:50
♓ Maio 29 14:32
♈ Ago 6 2:57
♉ Ago 21 2:18
♊ Set 6 20:58
♉ Set 28 6:21
♊ Out 29 17:34 R
♋ Nov 11 17:11
♌ Dez 2 21:11
♍ Dez 22 0:54

1942
♎ Jan 9 12:24
♍ Mar 16 21:10

♎ Abr 5 4:06
♏ Abr 20 10:42
♐ Maio 5 1:37
♑ Jul 12 17:24
♒ Jul 29 1:24
♓ Ago 12 22:48
♈ Ago 31 5:27
♉ Nov 6 22:44
♊ Nov 25 17:26
♋ Dez 14 19:21

1943
♌ Jan 3 5:27
♍ Jan 27 20:42 R
♎ Fev 15 16:00
♏ Mar 11 1:59
♐ Mar 28 8:19
♑ Abr 12 1:56
♐ Abr 30 12:56
♑ Maio 26 7:04 R
♒ Jun 13 21:46
♓ Jul 6 6:05
♈ Jul 20 13:08
♉ Ago 5 7:33
♊ Ago 26 21:36
♋ Set 25 6:56 R
♌ Out 11 20:27
♍ Out 30 20:37
♌ Nov 18 10:39
♍ Dez 7 22:47

1944
♎ Fev 12 11:17
♏ Mar 2 23:45
♐ Mar 19 4:43
♑ Abr 3 14:29
♒ Jun 11 8:46
♓ Jun 27 0:40
♈ Jul 11 4:41
♓ Jul 28 20:44
♈ Out 5 0:17
♉ Out 22 8:33
♊ Nov 10 8:09
♋ Dez 1 12:31
♌ Dez 23 20:21 R

1945
♍ Jan 14 0:04
♎ Fev 5 6:20
♏ Fev 23 8:25
♐ Mar 11 3:45
♏ Maio 16 12:21
♐ Jun 4 7:30
♑ Jun 18 9:27
♒ Jul 3 12:39
♓ Jul 26 11:48

♈ Ago 17 5:50 R
♉ Set 10 4:21
♊ Set 27 9:08
♋ Out 14 21:13
♌ Nov 3 20:06

1946
♍ Jan 9 11:09
♎ Jan 29 4:22
♏ Fev 15 12:43
♐ Mar 4 6:26
♑ Abr 1 15:16 R
♒ Abr 16 11:54
♓ Maio 11 11:29
♒ Maio 27 1:13
♓ Jun 9 23:00
♈ Jun 27 16:07
♉ Set 3 13:29
♊ Set 19 11:34
♋ Out 7 18:21
♊ Out 30 8:23
♋ Nov 20 17:16 R
♌ Dez 12 21:03

1947
♒ Jan 2 22:46
♑ Jan 21 18:06
♒ Fev 7 22:31
♓ Abr 16 1:31
♈ Maio 4 3:03
♉ Maio 18 10:33
♊ Jun 2 10:40
♉ Ago 10 14:40
♊ Ago 26 11:50
♋ Set 11 17:54
♌ Out 1 12:26
♍ Dez 7 9:32
♎ Dez 26 20:17

1948
♍ Jan 14 7:06
♎ Fev 1 21:46
♏ Fev 20 8:08 R
♐ Mar 18 5:14
♑ Abr 8 23:26
♒ Abr 24 22:38
♓ Maio 9 1:38
♈ Maio 28 7:50
♉ Jun 28 14:57 R
♊ Jul 11 17:56
♋ Ago 2 10:54
♌ Ago 17 5:44
♍ Set 3 12:47
♎ Set 27 4:19
♏ Out 17 0:33 R
♐ Nov 9 23:19

♑ Nov 29 12:09
♐ Dez 18 13:46

1949
♑ Jan 6 5:53
♒ Mar 14 6:52
♓ Abr 1 13:02
♈ Abr 16 11:55
♉ Maio 1 23:19
♊ Jul 10 0:19
♋ Jul 25 2:20
♌ Ago 9 6:04
♍ Ago 28 12:48
♌ Nov 3 15:58
♍ Nov 22 6:06
♎ Dez 11 10:37

1950
♏ Jan 1 9:39
♐ Jan 15 4:35 R
♑ Fev 14 16:12
♒ Mar 7 19:04
♓ Mar 24 12:52
♈ Abr 8 8:13
♊ Jun 14 11:33
♋ Jul 2 11:57
♌ Jul 16 14:08
♊ Ago 1 23:44
♋ Ago 27 11:17
♌ Set 10 16:16 R
♍ Out 9 11:40
♎ Out 27 7:36
♏ Nov 15 0:10
♐ Dez 4 22:57

1951
♏ Fev 9 14:50
♐ Fev 28 10:04
♑ Mar 16 8:53
♒ Abr 2 0:27
♓ Maio 1 18:25 R
♈ Maio 14 22:40
♉ Jun 9 5:43
♊ Jun 24 0:13
♋ Jul 8 10:39
♌ Jul 27 12:24
♍ Out 2 11:25
♎ Out 19 18:52
♏ Nov 8 1:59
♐ Dez 1 17:41
♑ Dez 12 9:39 R

1952
♒ Jan 13 3:44
♓ Fev 2 22:38
♒ Fev 20 15:55

Apêndice: Tabelas Planetárias **351**

Tabela A-4 — Mercúrio (continuação)

Coluna 1

♒ Mar 7 14:10
♑ Maio 14 11:43
♒ Maio 31 12:26
♓ Jun 14 9:22
♈ Jun 30 7:27
♉ Set 7 9:02
♊ Set 23 15:45
♉ Out 11 10:05
♊ Nov 1 2:34

1953
♋ Jan 6 10:24
♌ Jan 25 16:10
♍ Fev 11 20:57
♎ Mar 2 16:21
♍ Mar 15 18:16 R
♎ Abr 17 13:48
♏ Maio 8 3:24
♐ Maio 23 0:58
♑ Jun 6 5:23
♒ Jun 26 8:01
♓ Jul 28 10:40 R
♈ Ago 11 11:04
♉ Ago 30 19:59
♊ Set 15 18:45
♋ Out 4 13:40
♌ Out 31 12:49
♍ Nov 6 19:18 R
♎ Dez 10 11:48
♏ Dez 30 14:14

1954
♐ Jan 18 4:43
♑ Fev 4 15:03
♐ Abr 13 8:34
♑ Abr 30 8:26
♒ Maio 14 10:57
♓ Maio 30 13:13
♈ Ago 7 11:44
♉ Ago 22 14:42
♊ Set 8 5:05
♋ Set 29 1:06
♌ Nov 4 9:37 R
♍ Nov 11 7:25
♌ Dez 4 4:02
♍ Dez 23 9:10

1955
♎ Jan 10 20:05
♏ Mar 17 17:49
♐ Abr 6 13:15
♑ Abr 21 23:57
♒ Maio 6 10:05
♓ Jul 13 11:44
♈ Jul 30 14:22
♓ Ago 14 10:08

Coluna 2

♈ Set 1 9:06
♉ Nov 8 3:57
♊ Nov 27 1:34
♋ Dez 16 3:06

1956
♌ Jan 4 6:16
♍ Fev 2 9:18 R
♎ Fev 15 3:34
♏ Mar 11 7:27
♐ Mar 28 19:41
♏ Abr 12 14:10
♐ Abr 29 19:41
♑ Jul 6 16:02
♑ Jul 21 2:35
♓ Ago 5 16:06
♈ Ago 26 10:30
♉ Set 29 18:25 R
♊ Out 11 4:30
♋ Out 31 5:19
♌ Nov 18 18:42
♍ Dez 8 4:11

1957
♎ Fev 12 11:30
♏ Mar 4 8:34
♐ Mar 20 16:48
♑ Abr 4 20:37
♒ Jun 12 10:40
♓ Jun 28 14:08
♒ Jul 12 16:41
♓ Jul 29 22:44
♈ Out 6 8:09
♉ Out 23 17:50
♊ Nov 11 15:00
♋ Dez 2 8:19
♊ Dez 28 14:30 R

1958
♋ Jan 14 7:03
♌ Fev 6 12:21
♒ Fev 24 18:44
♑ Mar 12 14:31
♒ Abr 2 16:17
♓ Abr 10 10:51 R
♈ Maio 16 22:53
♉ Jun 5 17:59
♊ Jun 19 23:20
♉ Jul 4 20:46
♊ Jul 26 7:08
♋ Ago 23 11:31 R
♌ Set 10 22:10
♍ Set 28 19:45
♎ Out 16 5:52
♍ Nov 4 23:36

Coluna 3

1959
♎ Jan 10 13:48
♏ Jan 30 12:41
♐ Fev 16 23:15
♑ Mar 5 8:52
♒ Maio 12 16:48
♓ Maio 28 14:35
♈ Jun 11 11:11
♉ Jun 28 13:31
♊ Set 4 23:28
♋ Set 20 22:20
♌ Out 9 1:02
♍ Out 30 22:16
♎ Nov 25 8:53 R
♏ Dez 13 12:42

1960
♐ Jan 4 5:24
♑ Jan 23 3:16
♐ Fev 9 7:13
♑ Abr 15 23:22
♒ Maio 4 13:45
♓ Maio 19 0:27
♈ Jun 2 17:31
♉ Jun 30 22:14
♊ Jul 5 22:22 R
♋ Ago 10 14:49
♌ Ago 27 0:11
♍ Set 12 3:29
♌ Out 1 14:17
♍ Dez 7 14:30
♎ Dez 27 4:21

1961
♏ Jan 14 15:58
♐ Fev 1 18:39
♑ Fev 24 17:22 R
♒ Mar 18 7:16
♓ Abr 10 6:22
♈ Abr 26 11:34
♓ Maio 10 13:34
♈ Maio 28 14:23
♉ Ago 3 22:15
♊ Ago 18 17:52
♋ Set 4 19:32
♌ Set 27 9:16
♍ Out 21 23:29 R
♎ Nov 10 20:53
♏ Nov 30 19:54
♐ Dez 19 22:04

1962
♏ Jan 7 12:08
♐ Mar 15 8:43
♑ Abr 2 23:32
♓ Abr 18 1:10

Coluna 4

♓ Maio 3 3:05
♈ Jul 11 4:36
♉ Jul 26 15:50
♊ Ago 10 16:29
♋ Ago 29 12:48
♌ Nov 4 23:20
♍ Nov 23 14:31
♎ Dez 12 17:51

1963
♏ Jan 1 22:10
♐ Jan 20 1:59 R
♑ Fev 15 7:08
♒ Mar 9 2:26
♓ Mar 26 0:52
♒ Abr 9 19:03
♓ Maio 3 1:17
♈ Maio 10 17:39 R
♉ Jun 14 20:21
♊ Jul 4 0:00
♋ Jul 18 3:19
♊ Ago 3 6:20
♋ Ago 26 17:33
♌ Set 16 17:29 R
♍ Out 10 13:44
♎ Out 28 16:54
♏ Nov 16 8:07
♓ Dez 6 2:17

1964
♈ Fev 10 18:30
♉ Fev 29 19:50
♊ Mar 16 20:54
♉ Abr 1 21:57
♊ Jun 9 12:45
♋ Jun 24 14:17
♌ Jul 8 21:38
♍ Jul 27 8:35
♎ Out 2 21:12
♍ Out 20 4:11
♎ Nov 8 8:02
♏ Nov 30 16:30
♐ Dez 16 11:31 R

1965
♑ Jan 13 0:12
♒ Fev 3 6:02
♓ Fev 21 2:40
♈ Mar 8 23:19
♉ Maio 15 10:19
♊ Jun 2 0:47
♋ Jun 15 23:04
♌ Jul 1 12:55
♍ Jul 31 8:24
♎ Ago 3 5:09 R
♏ Set 8 14:14

Coluna 5

♐ Set 25 2:49
♑ Out 12 18:15
♐ Nov 2 3:04

1966
♑ Jan 7 15:26
♒ Jan 27 1:10
♓ Fev 13 7:17
♈ Mar 2 23:57
♉ Mar 21 23:34 R
♊ Abr 17 18:31
♋ Maio 9 11:48
♌ Maio 24 14:59
♍ Jun 7 16:11
♌ Jun 26 16:05
♍ Set 1 7:35
♎ Set 17 5:19
♏ Out 5 19:03
♐ Out 30 4:38
♑ Nov 13 0:26 R
♒ Dez 11 12:27
♓ Dez 31 21:52

1967
♈ Jan 19 14:05
♓ Fev 5 21:38
♈ Abr 14 11:38
♉ Maio 1 20:26
♊ Maio 16 0:27
♋ Maio 31 15:02
♌ Ago 8 19:09
♍ Ago 24 3:17
♎ Set 9 13:53
♏ Set 29 22:46
♐ Dez 5 10:41
♏ Dez 24 17:33

1968
♐ Jan 12 4:19
♑ Fev 1 9:57
♒ Fev 11 15:54 R
♓ Mar 17 11:45
♈ Abr 6 22:01
♉ Abr 22 13:18
♊ Maio 6 19:56
♋ Maio 29 19:44
♌ Jun 13 19:32 R
♍ Jul 12 22:30
♎ Jul 31 3:11
♏ Ago 14 21:53
♐ Set 1 13:59
♑ Set 28 11:40
♒ Out 7 19:46 R
♓ Nov 8 8:00
♒ Nov 27 9:47
♓ Dez 16 11:11

(continua)

Tabela A-4 — Mercúrio (continuação)

1969
♒ Jan 4 9:18
♐ Mar 12 12:19
♒ Mar 30 6:59
♓ Abr 14 2:55
♈ Abr 30 12:18
♉ Jul 8 0:58
♊ Jul 22 16:11
♉ Ago 7 1:21
♊ Ago 27 3:50
♋ Out 6 23:57 R
♌ Out 9 13:56
♍ Nov 1 13:53
♎ Nov 20 3:00
♍ Dez 9 10:21

1970
♎ Fev 13 10:08
♏ Mar 5 17:10
♐ Mar 22 4:59
♐ Abr 6 4:40
♒ Jun 13 9:46
♓ Jun 30 3:22
♈ Jul 14 5:06
♉ Jul 31 2:21
♊ Out 7 15:04
♋ Out 25 3:16
♌ Nov 12 22:16
♍ Dez 3 7:14

1971
♎ Jan 2 20:36 R
♏ Jan 13 23:16
♐ Fev 7 17:51
♐ Fev 26 4:57
♐ Mar 14 1:46
♐ Abr 1 11:11
♒ Abr 18 18:52 R
♓ Maio 17 0:32
♈ Jun 7 3:45
♉ Jun 21 13:25
♊ Jul 6 5:53
♋ Jul 26 14:03
♌ Ago 29 17:42 R
♍ Set 11 3:45
♌ Set 30 6:19
♍ Out 17 14:49
♎ Nov 6 3:59

1972
♏ Jan 11 15:18
♐ Jan 31 20:46
♐ Fev 18 9:53
♒ Mar 5 13:59
♓ Maio 12 20:45
♈ Maio 29 3:46

♓ Jun 11 23:56
♈ Jun 28 13:52
♉ Set 5 8:36
♊ Set 21 9:11
♋ Out 9 8:11
♌ Out 30 16:27
♍ Nov 29 4:08 R
♎ Dez 12 20:20

1973
♏ Jan 4 11:41
♐ Jan 23 12:23
♏ Fev 9 16:30
♓ Abr 16 18:17
♐ Maio 5 23:55
♒ Maio 20 14:24
♓ Jun 4 1:42
♈ Jun 27 3:42
♉ Jul 16 5:03 R
♊ Ago 11 9:21
♋ Ago 28 12:22
♌ Set 13 13:16
♍ Out 2 17:12
♎ Dez 8 18:29
♏ Dez 28 12:14

1974
♐ Jan 16 0:56
♐ Fev 2 19:42
♒ Mar 2 14:49 R
♓ Mar 17 17:11
♒ Abr 11 12:20
♓ Abr 28 0:10
♈ Maio 12 1:55
♉ Maio 29 5:03
♊ Ago 5 8:42
♋ Ago 20 6:04
♊ Set 6 2:48
♋ Set 27 21:20
♌ Out 26 20:21 R
♍ Nov 11 13:05
♐ Dez 2 3:17
♒ Dez 21 6:16

1975
♓ Jan 8 18:58
♈ Mar 16 8:50
♉ Abr 4 9:28
♊ Abr 19 14:20
♋ Maio 4 8:55
♊ Jul 12 5:56
♋ Jul 28 5:05
♌ Ago 12 3:12
♍ Ago 30 14:20
♎ Nov 6 5:58
♏ Nov 24 22:44

♎ Dez 14 1:10

1976
♏ Jan 2 17:22
♐ Jan 24 22:30 R
♐ Fev 15 16:03
♒ Mar 9 9:02
♓ Mar 26 12:36
♈ Abr 10 6:29
♉ Abr 29 20:11
♊ Maio 19 16:21 R
♋ Jun 13 16:20
♌ Jul 4 11:18
♍ Jul 18 16:35
♎ Ago 3 13:41
♏ Ago 25 17:52
♐ Set 21 4:15 R
♐ Out 10 11:47
♐ Out 29 1:55
♐ Nov 16 16:02
♒ Dez 6 6:25

1977
♓ Fev 10 20:55
♈ Mar 2 5:09
♉ Mar 18 8:56
♊ Abr 2 23:46
♋ Jun 10 18:07
♌ Jun 26 4:07
♍ Jul 10 9:00
♌ Jul 28 7:15
♍ Out 4 6:16
♎ Out 21 13:23
♏ Nov 9 14:20
♐ Dez 1 3:43
♐ Dez 21 4:18 R

1978
♒ Jan 13 17:07
♓ Fev 4 12:54
♈ Fev 22 13:11
♈ Mar 10 9:10
♈ Maio 16 5:20
♉ Jun 3 12:26
♊ Jun 17 12:49
♋ Jul 2 19:28
♌ Jul 27 3:10
♍ Ago 13 4:05 R
♎ Set 9 16:23
♏ Set 26 13:40
♐ Out 14 2:30
♏ Nov 3 4:48

1979
♐ Jan 8 19:33
♐ Jan 28 9:49

♏ Fev 14 17:38
♓ Mar 3 18:32
♈ Mar 28 7:39 R
♉ Abr 17 9:48
♊ Maio 10 19:03
♋ Maio 26 4:44
♌ Jun 9 3:32
♍ Jun 27 6:51
♎ Set 2 18:39
♏ Set 18 15:59
♐ Out 7 0:55
♐ Out 30 4:06
♒ Nov 18 0:08 R
♓ Dez 12 10:34

1980
♒ Jan 2 5:02
♓ Jan 20 23:18
♈ Fev 7 5:07
♉ Abr 14 12:58
♊ Maio 2 7:56
♋ Maio 16 14:06
♊ Maio 31 19:05
♋ Ago 9 0:31
♌ Ago 24 15:47
♍ Set 9 23:00
♐ Set 29 22:16
♐ Dez 5 16:45
♓ Dez 25 1:46

1981
♈ Jan 12 12:48
♉ Jan 31 14:35
♊ Fev 16 5:02 R
♓ Mar 18 1:33
♊ Abr 8 6:11
♋ Abr 24 2:31
♌ Maio 8 6:42
♍ Maio 28 14:04
♎ Jun 22 19:51 R
♍ Jul 12 18:08
♎ Ago 1 15:30
♏ Ago 16 9:47
♐ Set 2 19:40
♐ Set 27 8:02
♒ Out 13 23:09 R
♓ Nov 9 10:14
♈ Nov 28 17:52
♉ Dez 17 19:21

1982
♊ Jan 5 13:49
♋ Mar 13 16:11
♌ Mar 31 17:59
♍ Abr 15 15:54
♎ Maio 1 10:29

♏ Jul 9 8:26
♐ Jul 24 5:48
♐ Ago 28 0:22
♐ Nov 2 22:10
♐ Nov 21 11:28
♒ Dez 10 17:04

1983
♓ Jan 1 10:32
♈ Jan 12 3:55 R
♉ Fev 14 6:36
♊ Mar 7 1:23
♋ Mar 23 17:09
♌ Abr 7 14:04
♍ Jun 14 5:06
♌ Jul 1 16:18
♍ Jul 15 17:57
♎ Ago 1 7:22
♏ Ago 29 3:07
♐ Set 5 23:30 R
♐ Out 8 20:44
♐ Out 26 12:47
♓ Nov 14 5:56
♈ Dez 4 8:22

1984
♓ Fev 8 22:50
♈ Fev 27 15:07
♉ Mar 14 13:27
♊ Mar 31 17:25
♋ Abr 25 8:49 R
♌ Maio 15 9:33
♍ Jun 7 12:45
♎ Jun 22 3:39
♏ Jul 6 15:56
♐ Jul 26 3:49
♏ Set 30 16:44
♐ Out 18 0:01
♐ Nov 6 9:09
♒ Dez 1 13:29
♓ Dez 7 18:46 R

1985
♈ Jan 11 15:25
♉ Fev 1 4:43
♊ Fev 18 20:41
♋ Mar 6 21:07
♌ Maio 13 23:10
♍ Maio 30 16:44
♎ Jun 13 13:11
♏ Jun 29 16:34
♐ Set 6 16:39
♐ Set 22 20:13
♒ Out 10 15:50
♓ Out 31 13:44
♎ Dez 4 16:23 R

Tabela A-4 — Mercúrio (continuação)

♒ Dez 12 8:05

1986
♑ Jan 5 17:42
♒ Jan 24 21:33
♓ Fev 11 2:21
♈ Mar 3 4:22
♉ Mar 11 14:36 R
♊ Abr 17 9:33
♉ Maio 7 9:33
♊ Maio 22 4:26
♋ Jun 5 11:06
♌ Jun 26 11:15
♍ Jul 23 18:51 R
♎ Ago 11 18:09
♍ Ago 30 0:28
♎ Set 14 23:28
♏ Out 3 21:19
♐ Dez 9 21:34
♑ Dez 29 20:09

1987
♒ Jan 17 10:08
♓ Fev 3 23:31
♈ Mar 11 18:55 R
♉ Mar 13 18:09
♊ Abr 12 17:23
♋ Abr 29 12:39
♌ Maio 13 14:50
♍ Maio 30 1:21
♎ Ago 6 18:20
♏ Ago 21 18:36
♐ Set 7 10:52
♑ Set 28 14:21
♐ Out 31 22:57 R
♑ Nov 11 18:57
♒ Dez 3 10:33
♓ Dez 22 14:40

1988
♈ Jan 10 2:28
♉ Mar 16 7:09
♊ Abr 4 19:04
♋ Abr 20 3:42
♌ Maio 4 16:40
♍ Jul 12 3:42
♌ Jul 28 18:19
♍ Ago 12 14:29
♎ Ago 30 17:25
♏ Nov 6 11:57
♐ Nov 25 7:04
♑ Dez 14 8:53

1989
♒ Jan 2 16:41
♓ Jan 29 1:06 R

♈ Fev 14 15:11
♓ Mar 10 15:07
♈ Mar 28 0:16
♉ Abr 11 18:36
♊ Abr 29 16:53
♋ Maio 28 19:53 R
♋ Jun 12 5:56
♍ Jul 5 21:55
♎ Jul 20 6:04
♏ Ago 4 21:54
♐ Ago 26 3:14
♏ Set 26 12:28 R
♐ Out 11 3:11
♑ Out 30 10:53
♒ Nov 18 0:10
♓ Dez 7 11:30

1990
♈ Fev 11 22:11
♉ Mar 3 14:14
♊ Mar 19 21:04
♋ Abr 4 4:35
♌ Jun 11 21:29
♍ Jun 27 17:46
♎ Jul 11 20:48
♏ Jul 29 8:10
♐ Out 5 14:44
♑ Out 22 22:46
♑ Nov 10 21:06
♓ Dez 1 21:13
♒ Dez 25 19:57 R

1991
♓ Jan 14 5:02
♈ Fev 5 19:20
♉ Fev 23 23:35
♊ Mar 11 19:40
♋ Maio 16 19:45
♊ Jun 4 23:24
♋ Jun 19 2:40
♌ Jul 4 3:05
♒ Jul 26 10:00
♑ Ago 19 18:40 R
♒ Set 10 14:14
♓ Set 28 0:26
♈ Out 15 11:01
♉ Nov 4 7:41

1992
♊ Jan 9 22:46
♉ Jan 29 18:15
♊ Fev 16 4:04
♋ Mar 3 18:45
♌ Abr 3 20:52 R
♍ Abr 14 14:35
♎ Maio 11 1:10

♍ Maio 26 18:16
♎ Jun 9 15:27
♏ Jun 27 2:11
♐ Set 3 5:03
♑ Set 19 2:41
♒ Out 7 7:13
♓ Out 29 14:02
♈ Nov 21 16:44 R
♉ Dez 12 5:05

1993
♊ Jan 2 11:47
♋ Jan 21 8:25
♌ Fev 7 13:19
♍ Abr 15 12:18
♎ Maio 3 18:54
♏ Maio 18 3:53
♐ Jun 2 0:54
♌ Ago 10 2:51
♐ Ago 26 4:06
♑ Set 11 8:18
♒ Set 30 23:09
♓ Dez 6 22:04
♈ Dez 26 9:47

1994
♉ Jan 13 21:25
♊ Fev 1 7:28
♋ Fev 21 12:15 R
♌ Mar 18 9:04
♍ Abr 9 13:30
♌ Abr 25 15:27
♍ Maio 9 18:08
♎ Maio 28 11:52
♏ Jul 2 20:18 R
♐ Jul 10 9:41
♑ Ago 3 3:09
♐ Ago 17 21:44
♓ Set 4 1:55
♈ Set 27 5:51
♓ Out 19 3:19 R
♈ Nov 10 9:46
♉ Nov 30 1:38
♊ Dez 19 3:26

1995
♋ Jan 6 19:17
♌ Mar 14 18:35
♍ Abr 2 4:29
♎ Abr 17 4:54
♏ Maio 2 12:18
♐ Jul 10 13:58
♏ Jul 25 19:19
♐ Ago 9 21:13
♑ Ago 28 23:07
♒ Nov 4 5:50

♓ Nov 22 19:46
♈ Dez 11 23:57

1996
♉ Jan 1 15:06
♊ Jan 17 6:37 R
♋ Fev 14 23:44
♌ Mar 7 8:53
♍ Mar 24 5:03
♎ Abr 8 0:16
♏ Jun 13 18:45
♐ Jul 2 4:37
♑ Jul 16 6:56
♐ Ago 1 13:17
♓ Ago 26 2:17
♒ Set 12 6:32 R
♓ Out 9 0:13
♈ Out 26 22:01
♉ Nov 14 13:36
♊ Dez 4 10:48

1997
♋ Fev 9 2:53
♊ Mar 1 0:54
♋ Mar 16 1:13
♌ Abr 1 10:45
♒ Maio 4 22:48 R
♑ Maio 12 7:25
♊ Jun 8 20:25
♓ Jun 23 17:41
♈ Jul 8 2:28
♉ Jul 26 21:42
♊ Out 2 2:38
♉ Out 19 9:08
♊ Nov 7 14:42
♋ Nov 30 16:11
♌ Dez 13 15:06 R

1998
♍ Jan 12 13:20
♎ Fev 2 12:15
♍ Fev 20 7:22
♎ Mar 8 5:28
♏ Maio 14 23:10
♐ Jun 1 5:07
♑ Jun 15 2:33
♒ Jun 30 20:52
♓ Set 7 22:58
♈ Set 24 7:13
♉ Out 11 23:44
♊ Nov 1 13:02

1999
♋ Jan 6 23:04
♌ Jan 26 6:32
♍ Fev 12 12:28

♎ Mar 2 19:50
♏ Mar 18 6:23 R
♐ Abr 17 19:09
♑ Maio 8 18:22
♐ Maio 23 18:22
♑ Jun 6 21:18
♒ Jun 26 12:39
♓ Jul 31 15:44 R
♈ Ago 11 1:25
♉ Ago 31 12:15
♊ Set 16 9:53
♋ Out 5 2:12
♌ Out 30 17:08
♍ Nov 9 17:13 R
♌ Dez 10 23:09
♍ Dez 31 3:48

2000
♎ Jan 18 19:20
♏ Fev 5 5:09
♐ Abr 12 21:17
♑ Abr 30 0:53
♒ Maio 14 4:10
♓ Maio 30 1:27
♈ Ago 7 2:42
♓ Ago 22 7:11
♈ Set 7 19:22
♉ Set 28 10:28
♊ Nov 7 4:28 R
♋ Nov 8 18:42
♌ Dez 3 17:26
♍ Dez 22 23:03

2001
♎ Jan 10 10:26
♏ Fev 1 4:13
♐ Fev 6 16:57 R
♏ Mar 17 3:05
♐ Abr 6 4:14
♑ Abr 21 17:08
♒ Maio 6 1:53
♓ Jul 12 19:47
♈ Jul 30 7:18
♉ Ago 14 2:04
♊ Ago 31 21:37
♋ Nov 7 16:53
♌ Nov 26 15:23
♍ Dez 15 16:55

2002
♎ Jan 3 18:38
♏ Fev 4 1:19 R
♐ Fev 13 14:20
♑ Mar 11 20:34
♒ Mar 29 11:44
♓ Abr 13 7:10

(continua)

Tabela A-4 — Mercúrio (continuação)

≈ Abr 30 4:15
♑ Jul 7 7:35
≈ Jul 21 19:41
♓ Ago 6 6:51
♈ Ago 26 18:10
♉ Out 2 6:26 R
♊ Out 11 2:56
♉ Out 31 19:43
♊ Nov 19 8:29
♋ Dez 8 17:21

2003
♌ Fev 12 22:00
♍ Mar 4 23:04
♎ Mar 21 9:16
♍ Abr 5 11:37
♎ Jun 12 22:34
♏ Jun 29 7:17
♐ Jul 13 9:10
♑ Jul 30 11:05
≈ Out 6 22:28
♓ Out 24 8:20
♈ Nov 12 4:19
♉ Dez 2 18:34
♊ Dez 30 16:52 R

2004
♋ Jan 14 8:02
♌ Fev 7 1:20
♍ Fev 25 9:58
♎ Mar 12 6:44
♏ Mar 31 23:27
♐ Abr 12 22:23 R
♑ Maio 16 3:54
♐ Jun 5 9:47
♑ Jun 19 16:49
≈ Jul 4 11:52

♓ Jul 25 10:58
♈ Ago 24 22:33 R
♉ Set 10 4:38
♊ Set 28 11:13
♋ Out 15 19:57
♌ Nov 4 11:40

2005
♍ Jan 10 1:09
♌ Jan 30 2:37
♍ Fev 16 14:46
♎ Mar 4 22:34
♏ Maio 12 6:13
♐ Maio 28 7:44
♑ Jun 11 4:03
≈ Jun 28 1:01
♓ Set 4 14:52
♈ Set 20 13:40
♓ Out 8 14:15
♈ Out 30 6:02
♉ Nov 26 8:53 R
♊ Dez 12 18:19

2006
♋ Jan 3 18:26
♌ Jan 22 17:41
♍ Fev 8 22:21
♎ Abr 16 9:19
♏ Maio 5 5:27
♐ Maio 19 17:51
♏ Jun 3 8:20
♐ Jun 28 16:57
♑ Jul 10 17:18 R
≈ Ago 11 1:09
♓ Ago 27 16:30
♈ Set 12 18:07
♉ Out 2 1:37

♊ Dez 8 2:51
♋ Dez 27 17:54

2007
♌ Jan 15 6:24
♍ Fev 2 6:19
♎ Fev 27 0:00 R
♍ Mar 18 6:34
♐ Abr 10 20:06
♑ Abr 27 4:15
≈ Maio 11 6:16
♓ Maio 28 21:55
≈ Ago 4 14:14
♓ Ago 19 10:00
♈ Set 5 9:02
♉ Set 27 14:17
♊ Out 24 0:36 R
♋ Nov 11 5:40
♊ Dez 1 9:20
♋ Dez 20 11:42

2008
♌ Jan 8 1:45
≈ Mar 14 19:45
♑ Abr 2 14:44
≈ Abr 17 18:06
♓ Maio 2 16:59
♈ Jul 10 17:16
♉ Jul 26 8:48
♊ Ago 10 7:50
♉ Ago 28 23:49
♊ Nov 4 12:59
♋ Nov 23 4:08
♌ Dez 12 7:12

2009
♍ Jan 1 6:51

♎ Jan 21 2:36 R
♍ Fev 14 12:38
♎ Mar 8 15:55
♏ Mar 25 16:55
♐ Abr 9 11:21
♑ Abr 30 19:29
≈ Maio 13 20:52 R
♓ Jun 13 23:47
♈ Jul 3 16:19
♉ Jul 17 20:07
♊ Ago 2 20:06
♌ Ago 25 17:17
♌ Set 18 0:25 R
♍ Out 10 0:45
♎ Out 29 14:08
♏ Nov 15 21:27
♐ Dez 5 14:24

2010
♑ Fev 10 6:05
♐ Mar 1 10:27
♑ Mar 17 13:11
≈ Abr 2 10:05
♓ Jun 10 2:40
♈ Jun 25 7:31
♉ Jul 9 13:28
♊ Jul 27 18:42
♋ Out 3 12:03
♌ Out 20 18:18
♍ Nov 8 20:42
♌ Nov 30 21:10
♍ Dez 18 11:53 R

2011
♎ Jan 13 8:24
♏ Fev 3 19:18
♐ Fev 21 17:53

♑ Mar 9 14:46
≈ Maio 15 20:18
♓ Jun 2 17:02
♈ Jun 16 16:08
♓ Jul 2 2:37
♈ Jul 28 14:58
♉ Ago 8 6:45 R
♊ Set 9 2:58
♋ Set 25 18:08
♌ Out 13 7:51
♍ Nov 2 13:54

2012
♎ Jan 8 3:33
♏ Jan 27 15:11
♐ Fev 13 22:37
♏ Mar 2 8:40
♐ Mar 23 10:22 R
♑ Abr 16 19:41
≈ Maio 9 2:14
♓ Maio 24 8:11
♈ Jun 7 8:15
♉ Jun 25 23:23
♊ Ago 31 23:31
♋ Set 16 20:21
♌ Out 5 7:35
♍ Out 29 3:18
♎ Nov 14 4:42 R
♏ Dez 10 22:39
♐ Dez 31 11:02

Tabela A-5 — Vênus

1930
≈ Jan 2 21:22
♑ Fev 16 19:11
≈ Mar 12 19:34
♓ Abr 5 23:57
♈ Abr 30 9:37
♉ Maio 25 1:36
♊ Jun 19 1:39
♉ Jul 14 13:34
♊ Ago 9 21:54
♋ Set 7 1:05
♌ Out 11 23:45

♍ Nov 22 4:44 R

1931
♎ Jan 3 17:03
♍ Fev 6 9:25
♎ Mar 5 18:46
♏ Mar 31 16:04
♐ Abr 25 23:10
♑ Maio 20 23:38
≈ Jun 14 20:04
♓ Jul 9 12:35
♈ Ago 3 0:29

♉ Ago 27 7:42
♊ Set 20 11:15
♋ Out 14 12:45
♌ Nov 7 13:32
♍ Dez 1 14:29
♎ Dez 25 16:44

1932
♏ Jan 18 22:52
♐ Fev 12 13:58
♑ Mar 8 23:07
♐ Abr 4 21:19

♑ Maio 6 6:04
≈ Jul 13 7:33 R
♓ Jul 28 9:36
♈ Set 8 16:45
♉ Out 7 2:46
♊ Nov 2 1:01
♋ Nov 26 21:06
♌ Dez 21 4:43

1933
♍ Jan 14 6:56
♌ Fev 7 7:30

♍ Mar 3 8:24
♎ Mar 27 10:58
♏ Abr 20 16:00
♐ Maio 14 23:47
♑ Jun 8 10:01
≈ Jul 2 22:29
♓ Jul 27 13:45
♈ Ago 21 9:23
♓ Set 15 11:54
♈ Out 11 1:32
♉ Nov 6 13:02
♊ Dez 5 15:00

Apêndice: Tabelas Planetárias

Tabela A-5 — Vênus (continuação)

1934
♒ Abr 6 6:23
♑ Maio 6 5:54
♒ Jun 2 7:11
♓ Jun 28 6:38
♈ Jul 23 15:22
♉ Ago 17 12:45
♊ Set 11 0:32
♉ Out 5 4:56
♊ Out 29 4:37
♋ Nov 22 1:59
♌ Dez 15 22:39

1935
♍ Jan 8 19:44
♎ Fev 1 18:36
♍ Fev 25 21:30
♎ Mar 22 7:29
♏ Abr 16 4:37
♐ Maio 11 19:01
♑ Jun 7 16:11
♒ Jul 7 17:33
♓ Nov 9 13:34
♈ Dez 8 11:36

1936
♉ Jan 3 11:16
♊ Jan 28 11:00
♋ Fev 22 1:14
♌ Mar 17 11:53
♍ Abr 10 21:41
♎ Maio 5 7:53
♏ Maio 29 18:39
♐ Jun 23 5:16
♑ Jul 17 14:51
♐ Ago 10 23:11
♑ Set 4 7:02
♒ Set 28 15:36
♓ Out 23 2:00
♈ Nov 16 15:36
♉ Dez 11 11:51

1937
♊ Jan 6 0:18
♋ Fev 2 7:39
♌ Mar 9 10:19
♍ Abr 14 1:19 R
♌ Jun 4 3:41
♍ Jul 7 18:13
♎ Ago 4 17:14
♏ Ago 30 21:08
♐ Set 25 1:03
♑ Out 19 13:33
♒ Nov 12 16:43
♓ Dez 6 15:06
♈ Dez 30 11:42

1938
♓ Jan 23 8:16
♈ Fev 16 6:00
♉ Mar 12 6:20
♊ Abr 5 10:46
♋ Abr 29 20:35
♌ Maio 24 12:56
♍ Jun 18 13:37
♎ Jul 14 2:44
♏ Ago 9 13:26
♐ Set 6 22:36
♏ Out 13 15:49
♐ Nov 15 13:07 R

1939
♑ Jan 4 18:48
♒ Fev 6 6:20
♓ Mar 5 10:29
♈ Mar 31 5:34
♉ Abr 25 11:28
♊ Maio 20 11:13
♋ Jun 14 7:11
♌ Jul 8 23:25
♍ Ago 2 11:11
♎ Ago 26 18:24
♏ Set 19 22:02
♐ Out 13 23:41
♑ Nov 7 0:41
♒ Dez 1 1:52
♓ Dez 25 4:25

1940
♒ Jan 18 11:00
♓ Fev 12 2:51
♈ Mar 8 13:25
♉ Abr 4 15:10
♊ Maio 6 15:47
♋ Jul 5 13:17 R
♊ Jul 31 23:20
♋ Set 8 13:59
♌ Out 6 18:10
♒ Nov 1 14:24
♑ Nov 26 9:32
♒ Dez 20 16:36

1941
♓ Jan 13 18:29
♈ Fev 6 18:49
♉ Mar 2 19:33
♊ Mar 26 21:58
♉ Abr 20 2:53
♊ Maio 14 10:36
♋ Jun 7 20:53
♌ Jul 2 9:33
♍ Jul 27 1:12
♎ Ago 20 21:29

(continuação)
♍ Set 15 1:01
♎ Out 10 16:21
♏ Nov 6 7:17
♐ Dez 5 20:04

1942
♑ Abr 6 10:14
♒ Maio 5 23:26
♓ Jun 1 21:26
♈ Jun 27 19:18
♉ Jul 23 3:10
♊ Ago 17 0:04
♋ Set 10 11:38
♌ Out 4 15:58
♍ Out 28 15:40
♎ Nov 21 13:07
♏ Dez 15 9:53

1943
♐ Jan 8 7:03
♑ Fev 1 6:02
♐ Fev 25 9:04
♑ Mar 21 19:24
♒ Abr 15 17:12
♓ Maio 11 8:56
♈ Jun 7 9:09
♉ Jul 7 20:56
♊ Nov 9 15:25
♋ Dez 8 4:45

1944
♌ Jan 3 1:43
♍ Jan 28 0:11
♌ Fev 21 13:40
♍ Mar 16 23:46
♎ Abr 10 9:09
♏ Maio 4 19:04
♐ Maio 29 5:39
♑ Jun 22 16:12
♒ Jul 17 1:47
♓ Ago 10 10:13
♈ Set 3 18:16
♓ Set 28 3:12
♈ Out 22 14:07
♉ Nov 16 4:26
♊ Dez 11 1:47

1945
♋ Jan 5 16:18
♌ Fev 2 5:07
♍ Mar 11 8:17
♎ Abr 7 16:15 R
♏ Jun 4 19:58
♐ Jul 7 13:20
♏ Ago 4 7:59
♐ Ago 30 10:05

(continuação)
♑ Set 24 13:06
♒ Out 19 1:09
♓ Nov 12 4:05
♈ Dez 6 2:22
♉ Dez 29 22:56

1946
♊ Jan 22 19:28
♋ Fev 15 17:11
♌ Mar 11 17:32
♍ Abr 4 22:01
♎ Abr 29 7:59
♏ Maio 24 0:39
♐ Jun 18 2:00
♑ Jul 13 16:22
♒ Ago 9 5:34
♓ Set 6 21:16
♒ Out 16 7:45
♓ Nov 8 5:56 R

1947
♈ Jan 5 13:45
♉ Fev 6 2:41
♊ Mar 5 2:09
♋ Mar 30 19:14
♊ Abr 25 0:03
♋ Maio 19 23:06
♌ Jun 13 18:35
♍ Jul 8 10:30
♎ Ago 1 22:06
♏ Ago 26 5:17
♐ Set 19 9:01
♑ Out 13 10:49
♒ Nov 6 11:59
♓ Nov 30 13:23
♈ Dez 24 16:13

1948
♊ Jan 17 23:14
♋ Fev 11 15:51
♌ Mar 8 3:59
♍ Abr 4 9:40
♎ Maio 7 5:27
♍ Jun 29 4:58 R
♎ Ago 2 23:15
♏ Set 8 10:40
♐ Out 6 9:25
♑ Nov 1 3:42
♒ Nov 25 21:55
♓ Dez 20 4:28

1949
♈ Jan 13 6:01
♉ Fev 6 6:05
♊ Mar 2 6:38
♋ Mar 26 8:54

(continuação)
♌ Abr 19 13:44
♍ Maio 13 21:25
♎ Jun 7 7:47
♏ Jul 1 20:40
♐ Jul 26 12:43
♑ Ago 20 9:39
♐ Set 14 14:12
♑ Out 10 7:18
♒ Nov 6 1:53
♓ Dez 6 3:06

1950
♈ Abr 6 12:13
♉ Maio 5 16:19
♊ Jun 1 11:19
♋ Jun 27 7:45
♌ Jul 22 14:50
♍ Ago 6 11:18
♌ Set 9 22:37
♍ Out 4 2:51
♎ Out 28 2:33
♏ Nov 21 0:03
♐ Dez 14 20:54

1951
♑ Jan 7 18:10
♒ Jan 31 17:14
♓ Fev 24 20:26
♈ Mar 21 7:05
♉ Abr 15 5:33
♈ Maio 10 22:41
♉ Jun 7 2:10
♊ Jul 8 1:54
♋ Nov 9 15:48
♌ Dez 7 21:19

1952
♍ Jan 2 15:44
♎ Jan 27 12:58
♏ Fev 21 1:42
♐ Mar 16 11:18
♏ Abr 9 20:17
♐ Maio 4 5:55
♑ Maio 28 16:19
♒ Jun 22 2:46
♓ Jul 16 12:23
♈ Ago 9 20:58
♉ Set 3 5:17
♊ Set 27 14:36
♋ Out 22 2:02
♌ Nov 15 17:03
♍ Dez 10 15:30

1953
♎ Jan 5 8:10
♏ Fev 2 2:54

(continua)

Tabela A-5 — Vênus (continuação)

♒ Mar 14	15:58	
♑ Mar 31	2:17 R	
♒ Jun 5	7:34	
♓ Jul 7	7:30	
♈ Ago 3	22:08	
♉ Ago 29	22:35	
♊ Set 24	0:48	
♉ Out 18	12:27	
♊ Nov 11	15:12	
♋ Dez 5	13:24	
♌ Dez 29	9:53	

1954
♍ Jan 22	6:20
♎ Fev 15	4:01
♍ Mar 11	4:22
♎ Abr 4	8:55
♏ Abr 28	19:03
♐ Maio 23	12:04
♑ Jun 17	14:04
♒ Jul 13	5:43
♓ Ago 8	21:34
♈ Set 6	20:29
♉ Out 23	19:07
♊ Out 27	7:42 R

1955
♋ Jan 6	3:48
♌ Fev 5	22:15
♍ Mar 4	17:22
♎ Mar 30	8:30
♏ Abr 24	12:13
♐ Maio 19	10:35
♑ Jun 13	5:38
♐ Jul 7	21:15
♑ Ago 1	8:43
♒ Ago 25	15:52
♓ Set 18	19:41
♈ Out 12	21:39
♉ Nov 5	23:02
♊ Nov 30	0:42
♋ Dez 24	3:52

1956
♌ Jan 17	11:22
♍ Fev 11	4:46
♌ Mar 7	18:31
♍ Abr 4	4:23
♎ Maio 7	23:17
♏ Jun 23	9:10 R
♐ Ago 4	6:49
♑ Set 8	6:23
♒ Out 6	0:12
♓ Out 31	16:40
♈ Nov 25	10:01
♓ Dez 19	16:07

1957
♈ Jan 12	17:23
♉ Fev 5	17:16
♊ Mar 1	17:39
♋ Mar 25	19:46
♌ Abr 19	0:28
♍ Maio 13	8:08
♎ Jun 6	18:35
♏ Jul 1	7:42
♐ Jul 26	0:10
♏ Ago 19	21:44
♐ Set 14	3:20
♑ Out 9	22:16
♒ Nov 5	20:46
♓ Dez 6	12:26

1958
♈ Abr 6	13:00
♉ Maio 5	8:59
♊ Jun 1	1:07
♋ Jun 26	20:08
♌ Jul 22	2:26
♍ Ago 15	22:28
♎ Set 9	9:35
♏ Out 3	13:44
♐ Out 27	13:26
♑ Nov 20	10:59
♒ Dez 14	7:55

1959
♓ Jan 7	5:16
♒ Jan 31	4:28
♓ Fev 24	7:53
♈ Mar 20	18:55
♉ Abr 14	18:08
♊ Maio 10	12:45
♋ Jun 6	19:43
♊ Jul 8	9:08
♋ Set 20	0:01 R
♌ Set 25	5:15
♒ Nov 9	15:11
♑ Dez 7	13:41

1960
♒ Jan 2	5:43
♓ Jan 27	1:46
♈ Fev 20	13:47
♉ Mar 15	22:53
♊ Abr 9	7:32
♋ Maio 3	16:56
♊ Maio 28	3:11
♋ Jun 21	13:34
♌ Jul 15	23:11
♍ Ago 9	7:54
♎ Set 2	16:29
♍ Set 27	2:13

♎ Out 21	14:12
♏ Nov 15	5:57
♐ Dez 10	5:34

1961
♑ Jan 5	0:31
♒ Fev 2	1:46
♓ Jun 5	16:25
♈ Jul 7	1:32
♉ Ago 3	12:28
♊ Ago 29	11:18
♋ Set 23	12:43
♌ Out 17	23:58
♍ Nov 11	2:33
♎ Dez 5	0:40
♏ Dez 28	21:07

1962
♐ Jan 21	17:31
♑ Fev 14	15:09
♐ Mar 10	15:28
♑ Abr 3	20:05
♒ Abr 28	6:23
♓ Maio 22	23:46
♈ Jun 17	2:31
♉ Jul 12	19:32
♊ Ago 8	14:13
♋ Set 6	21:11

1963
♌ Jan 6	14:35
♍ Fev 5	17:36
♌ Mar 4	8:41
♍ Mar 29	22:00
♎ Abr 24	0:39
♏ Maio 18	22:21
♐ Jun 12	16:57
♑ Jul 7	8:18
♒ Jul 31	19:38
♓ Ago 25	2:49
♈ Set 18	6:43
♓ Out 12	8:50
♈ Nov 5	10:25
♉ Nov 29	12:21
♊ Dez 23	15:53

1964
♋ Jan 16	23:54
♌ Fev 10	18:09
♍ Mar 7	9:38
♎ Abr 4	0:03
♏ Maio 9	0:16
♐ Jun 17	15:17 R
♏ Ago 5	5:53
♐ Set 8	1:53
♑ Out 5	15:10

♒ Out 31	5:54
♓ Nov 24	22:25
♈ Dez 19	4:02

1965
♉ Jan 12	5:00
♊ Fev 5	4:41
♋ Mar 1	4:55
♌ Mar 25	6:54
♍ Abr 18	11:31
♎ Maio 12	19:08
♏ Jun 6	5:39
♐ Jun 30	18:59
♑ Jul 25	11:51
♒ Ago 19	10:06
♓ Set 13	16:50
♒ Out 9	13:46
♓ Nov 5	16:36
♈ Dez 7	1:37

1966
♉ Fev 6	9:46 R
♊ Fev 25	7:55
♋ Abr 6	12:53
♊ Maio 5	1:33
♋ Maio 31	15:00
♌ Jun 26	8:40
♍ Jul 21	14:11
♎ Ago 15	9:47
♏ Set 8	20:40
♐ Out 3	0:44
♈ Out 27	0:28
♉ Nov 19	22:06
♊ Dez 13	19:09

1967
♉ Jan 6	16:36
♊ Jan 30	15:53
♋ Fev 23	19:30
♌ Mar 20	6:56
♍ Abr 14	6:54
♎ Maio 10	3:05
♍ Jun 6	13:48
♎ Jul 8	19:11
♏ Set 9	8:58 R
♐ Out 1	15:07
♑ Nov 9	13:32
♒ Dez 7	5:48

1968
♓ Jan 1	19:37
♈ Jan 26	14:35
♉ Fev 20	1:55
♊ Mar 15	10:32
♋ Abr 8	18:49
♌ Maio 3	3:56

♍ Maio 27	14:02
♎ Jun 21	0:20
♏ Jul 15	9:59
♐ Ago 8	18:49
♑ Set 2	3:39
♐ Set 26	13:45
♑ Out 21	2:16
♒ Nov 14	18:48
♓ Dez 9	19:40

1969
♈ Jan 4	17:07
♉ Fev 2	1:45
♊ Jun 5	22:48
♋ Jul 6	19:04
♌ Ago 3	2:30
♍ Ago 28	23:48
♌ Set 23	0:26
♍ Out 17	11:17
♎ Nov 10	13:40
♏ Dez 4	11:41
♐ Dez 28	8:04

1970
♑ Jan 21	4:26
♒ Fev 14	2:04
♓ Mar 10	2:25
♈ Abr 3	7:05
♓ Abr 27	17:33
♈ Maio 22	11:19
♊ Jun 16	14:49
♊ Jul 12	9:16
♋ Ago 8	6:59
♌ Set 6	22:54

1971
♍ Jan 6	22:00
♎ Fev 5	11:57
♏ Mar 3	23:24
♐ Mar 29	11:02
♏ Abr 23	12:44
♐ Maio 18	9:48
♑ Jun 12	3:58
♒ Jul 6	19:02
♓ Jul 31	6:15
♈ Ago 24	13:25
♉ Set 17	17:25
♊ Out 11	19:43
♋ Nov 4	21:30
♌ Nov 28	23:41
♍ Dez 23	3:32

1972
♎ Jan 16	12:01
♏ Fev 10	7:08
♐ Mar 7	0:25

Apêndice: Tabelas Planetárias

Tabela A-5 — Vênus (continuação)

Signo	Data	Hora		Signo	Data	Hora
♒	Abr 3	19:48		♏	Nov 28	11:20
♑	Maio 10	10:51		♍	Dez 22	15:35
♒	Jun 11	17:08 R		**1980**		
♓	Ago 5	22:26		♎	Jan 16	0:37
♈	Set 7	20:27		♏	Fev 9	20:39
♉	Out 5	5:33		♐	Mar 6	15:54
♊	Out 30	18:40		♑	Abr 3	16:46
♉	Nov 24	10:23		♒	Maio 12	17:53
♊	Dez 18	15:34		♓	Jun 5	2:44 R
1973				♈	Ago 6	11:25
♋	Jan 11	16:15		♉	Set 7	14:57
♌	Fev 4	15:43		♊	Out 4	20:07
♍	Fev 28	15:45		♋	Out 30	7:38
♎	Mar 24	17:34		♌	Nov 23	22:35
♍	Abr 17	22:05		♍	Dez 18	3:21
♎	Maio 12	5:42		**1981**		
♏	Jun 5	16:20		♎	Jan 11	3:48
♐	Jun 30	5:55		♏	Fev 4	3:07
♑	Jul 24	23:13		♐	Fev 28	3:01
♒	Ago 18	22:10		♑	Mar 24	4:43
♓	Set 13	6:05		♐	Abr 17	9:08
♈	Out 9	5:08		♑	Maio 11	16:45
♉	Nov 5	12:39		♊	Jun 5	3:29
♊	Dez 7	18:37		♋	Jun 29	17:20
1974				♈	Jul 24	11:04
♋	Jan 29	16:51 R		♉	Ago 18	10:44
♌	Fev 28	11:25		♊	Set 12	19:51
♍	Abr 6	11:17		♋	Out 8	21:04
♎	Maio 4	17:21		♌	Nov 5	9:39
♏	Maio 31	4:19		♍	Dez 8	17:52
♐	Jun 25	20:44		**1982**		
♑	Jul 21	1:34		♌	Jan 22	23:56 R
♐	Ago 14	20:47		♍	Mar 2	8:25
♑	Set 8	7:28		♎	Abr 6	9:20
♒	Out 2	11:27		♏	Maio 4	9:27
♓	Out 26	11:12		♐	Maio 30	18:02
♈	Nov 19	8:56		♑	Jun 25	9:13
♉	Dez 13	6:06		♒	Jul 20	13:21
1975				♓	Ago 14	8:09
♊	Jan 6	3:39		♈	Set 7	18:38
♋	Jan 30	3:05		♓	Out 1	22:32
♌	Fev 23	6:53		♈	Out 25	22:19
♍	Mar 19	18:42		♉	Nov 18	20:07
♌	Abr 13	19:26		♊	Dez 12	17:20
♍	Maio 9	17:11		**1983**		
♎	Jun 6	7:54		♋	Jan 5	14:58
♏	Jul 9	8:06		♌	Jan 29	14:31
♐	Set 2	12:34 R		♍	Fev 22	18:35
♑	Out 4	2:19		♎	Mar 19	6:51
♒	Nov 9	10:52		♏	Abr 13	8:26
♓	Dez 6	21:29		♐	Maio 9	7:56
1976				♏	Jun 6	3:04
♈	Jan 1	9:14		♐	Jul 10	2:25
♓	Jan 26	3:09		♑	Ago 27	8:43 R
♈	Fev 19	13:50		♒	Out 5	16:35
♉	Mar 14	21:59		♓	Nov 9	7:52
♊	Abr 8	5:56		♈	Dez 6	13:15
♋	Maio 2	14:49		♉	Dez 31	23:00
♌	Maio 27	0:43		**1984**		
♍	Jun 20	10:56		♊	Jan 25	15:51
♎	Jul 14	20:36		♋	Fev 19	1:53
♏	Ago 8	5:36		♌	Mar 14	9:35
♐	Set 1	14:44		♍	Abr 7	17:13
♏	Set 26	1:17		♎	Maio 2	1:53
♐	Out 20	14:22		♏	Maio 26	11:40
♑	Nov 14	7:42		♐	Jun 19	21:48
♒	Dez 9	9:53		♑	Jul 14	7:30
1977				♒	Ago 7	16:40
♓	Jan 4	10:01		♓	Set 1	2:07
♈	Fev 2	2:54		♒	Set 25	13:05
♉	Jun 6	3:10		♓	Out 20	2:45
♊	Jul 6	12:09		♈	Nov 13	20:54
♋	Ago 2	16:19		♉	Dez 9	0:26
♌	Ago 28	12:09		**1985**		
♍	Set 22	12:05		♊	Jan 4	3:23
♎	Out 16	22:37		♋	Fev 2	5:29
♏	Nov 10	0:52		♊	Jun 6	5:53
♐	Dez 3	22:49		♋	Jul 6	5:01
♑	Dez 27	19:09		♌	Ago 2	6:10
1978				♍	Ago 28	0:39
♒	Jan 20	15:29		♎	Set 21	23:53
♓	Fev 13	13:07		♏	Out 16	10:04
♒	Mar 9	13:29		♐	Nov 9	12:08
♓	Abr 2	18:14		♑	Dez 3	10:00
♈	Abr 27	4:53		♒	Dez 27	6:17
♉	Maio 21	23:03		**1986**		
♊	Jun 16	3:19		♊	Jan 20	2:36
♋	Jul 11	23:14		♉	Fev 13	0:11
♊	Ago 8	0:08		♊	Mar 9	0:32
♋	Set 7	2:07		♋	Abr 2	5:19
1979				♌	Abr 26	16:10
♌	Jan 7	3:38		♍	Maio 21	10:46
♒	Fev 5	6:16		♎	Jun 15	15:52
♑	Mar 3	14:18		♏	Jul 11	13:23
♒	Mar 29	0:18		♐	Ago 7	17:46
♓	Abr 23	1:02		♏	Set 7	7:15
♈	Maio 17	21:29		**1987**		
♉	Jun 11	15:13		♐	Jan 7	7:20
♊	Jul 6	6:02		♑	Fev 5	0:03
♉	Jul 30	17:07		♒	Mar 3	4:55
♊	Ago 24	0:16		♓	Mar 28	13:20
♋	Set 17	4:21		♈	Abr 22	13:07
♌	Out 11	6:48		♉	Maio 17	8:56
♍	Nov 4	8:50		♊	Jun 11	2:15

Signo	Data	Hora
♋	Jul 5	16:50
♌	Jul 30	3:49
♍	Ago 23	11:00
♎	Set 16	15:12
♏	Out 10	17:49
♐	Nov 3	20:04
♑	Nov 27	22:51
♒	Dez 22	3:29
1988		
♑	Jan 15	13:04
♒	Fev 9	10:04
♓	Mar 6	7:21
♈	Abr 3	14:07
♉	Maio 17	13:26
♊	Maio 27	4:36 R
♋	Ago 6	20:24
♌	Set 7	8:37
♍	Out 4	10:15
♌	Out 29	20:20
♍	Nov 23	10:34
♎	Dez 17	14:56
1989		
♏	Jan 10	15:08
♐	Fev 3	14:15
♑	Fev 27	13:59
♒	Mar 23	15:32
♓	Abr 16	19:52
♈	Maio 11	3:28
♓	Jun 4	14:17
♈	Jun 29	4:21
♉	Jul 23	22:31
♊	Ago 17	22:58
♋	Set 12	9:22
♌	Out 8	13:00
♍	Nov 5	7:13
♎	Dez 10	1:54
1990		
♏	Jan 16	12:23 R
♐	Mar 3	14:52
♏	Abr 6	6:13
♐	Maio 4	0:52
♑	Maio 30	7:13
♒	Jun 24	21:14
♓	Jul 20	0:41
♈	Ago 13	19:05
♉	Set 7	5:21
♊	Out 1	9:13
♋	Out 25	9:03
♌	Nov 18	6:58
♍	Dez 12	4:18
1991		
♎	Jan 5	2:03

(continua)

Tabela A-5 — Vênus (continuação)

♒ Jan 29 1:44
♑ Fev 22 6:02
♒ Mar 18 18:45
♓ Abr 12 21:10
♈ Maio 8 22:28
♉ Jun 5 22:16
♊ Jul 11 2:06
♉ Ago 21 12:06 R
♊ Out 6 18:15
♋ Nov 9 3:37
♌ Dez 6 4:21
♍ Dez 31 12:19

1992
♎ Jan 25 4:14
♍ Fev 18 13:40
♎ Mar 13 20:57
♏ Abr 7 4:16
♐ Maio 1 12:41
♑ Maio 25 22:18
♒ Jun 19 8:22
♓ Jul 13 18:07
♈ Ago 7 3:26
♉ Ago 31 13:09
♊ Set 25 0:31
♋ Out 19 14:47
♌ Nov 13 9:48
♍ Dez 8 14:49

1993
♎ Jan 3 20:54
♏ Fev 2 9:37
♐ Jun 6 7:03
♑ Jul 5 21:21
♐ Ago 1 19:38
♑ Ago 27 12:48
♒ Set 21 11:22
♓ Out 15 21:13
♈ Nov 8 23:07
♉ Dez 2 20:54
♊ Dez 26 17:09

1994
♋ Jan 19 13:28
♌ Fev 12 11:04
♍ Mar 8 11:28
♌ Abr 1 16:20
♍ Abr 26 3:24
♎ Maio 20 22:26
♏ Jun 15 4:23
♐ Jul 11 3:33
♑ Ago 7 11:36
♒ Set 7 14:12

1995
♓ Jan 7 9:07

♈ Fev 4 17:12
♓ Mar 2 19:10
♈ Mar 28 2:10
♉ Abr 22 1:07
♊ Maio 16 20:22
♋ Jun 10 13:18
♌ Jul 5 3:39
♍ Jul 29 14:32
♎ Ago 22 21:43
♏ Set 16 2:01
♐ Out 10 4:48
♏ Nov 3 7:18
♐ Nov 27 10:23
♑ Dez 21 15:23

1996
♒ Jan 15 1:30
♓ Fev 8 23:30
♈ Mar 5 23:01
♉ Abr 3 12:26
♊ Ago 7 3:15
♋ Set 7 2:07
♌ Out 4 0:22
♍ Out 29 9:02
♎ Nov 22 22:34
♏ Dez 17 2:34

1997
♐ Jan 10 2:32
♑ Fev 3 1:28
♒ Fev 27 1:01
♓ Mar 23 2:26
♒ Abr 16 6:43
♓ Maio 10 14:20
♈ Jun 4 1:18
♉ Jun 28 15:38
♊ Jul 23 10:16
♋ Ago 17 11:31
♊ Set 11 23:17
♋ Out 8 5:25
♌ Nov 5 5:50
♒ Dez 12 1:39

1998
♑ Jan 9 18:03 R
♒ Mar 4 13:14
♓ Abr 6 2:38
♈ Maio 3 16:16
♉ Maio 29 20:32
♊ Jun 24 9:27
♉ Jul 19 12:17
♊ Ago 13 6:19
♋ Set 6 16:24
♌ Set 30 20:13
♍ Out 24 20:06
♎ Nov 17 18:06

♍ Dez 11 15:33

1999
♎ Jan 4 13:25
♏ Jan 28 13:17
♐ Fev 21 17:49
♑ Mar 18 6:59
♒ Abr 12 10:17
♓ Maio 8 13:29
♈ Jun 5 18:25
♉ Jul 12 12:18
♊ Ago 15 11:12 R
♋ Out 7 13:51
♌ Nov 8 23:19
♍ Dez 5 19:41
♎ Dez 31 1:54

2000
♏ Jan 24 16:52
♐ Fev 18 1:43
♑ Mar 13 8:36
♐ Abr 6 15:37
♑ Abr 30 23:49
♒ Maio 25 9:15
♓ Jun 18 19:15
♈ Jul 13 5:02
♉ Ago 6 14:32
♊ Ago 31 0:35
♋ Set 24 12:26
♌ Out 19 3:18
♍ Nov 12 23:14
♌ Dez 8 5:48

2001
♍ Jan 3 15:14
♎ Fev 2 16:14
♏ Jun 6 7:25
♐ Jul 5 13:44
♑ Ago 1 9:18
♒ Ago 27 1:12
♓ Set 20 23:09
♈ Out 15 8:42
♓ Nov 8 10:28
♈ Dez 2 8:11
♉ Dez 26 4:25

2002
♊ Jan 19 0:42
♋ Fev 11 22:18
♌ Mar 7 22:42
♍ Abr 1 3:39
♎ Abr 25 14:57
♏ Maio 20 10:27
♐ Jun 14 17:16
♑ Jul 10 18:09
♐ Ago 7 6:09

♑ Set 8 0:05

2003
♒ Jan 7 10:07
♓ Fev 4 10:27
♈ Mar 2 9:40
♉ Mar 27 15:14
♊ Abr 21 13:18
♋ Maio 16 7:58
♌ Jun 10 0:32
♍ Jul 4 14:39
♎ Jul 29 1:25
♏ Ago 22 8:35
♐ Set 15 12:58
♑ Out 9 15:56
♒ Nov 2 18:42
♓ Nov 26 22:07
♒ Dez 21 3:32

2004
♓ Jan 14 14:16
♈ Fev 8 13:20
♉ Mar 5 15:12
♊ Abr 3 11:57
♋ Ago 2 8:02
♍ Set 6 19:16
♋ Out 3 14:20
♌ Out 28 21:39
♍ Nov 22 10:31
♑ Dez 16 14:10

2005
♒ Jan 9 13:56
♓ Fev 2 12:42
♈ Fev 26 12:07
♉ Mar 22 13:25
♊ Abr 15 17:37
♉ Maio 10 1:14
♊ Jun 3 12:18
♋ Jun 28 2:53
♌ Jul 22 22:01
♍ Ago 17 0:05
♎ Set 11 13:14
♍ Out 7 22:00
♎ Nov 5 5:10
♏ Dez 15 12:57 R

2006
♐ Jan 1 17:18
♑ Mar 5 5:38
♒ Abr 5 22:20
♓ Maio 3 7:24
♈ Maio 29 9:41
♉ Jun 23 21:30
♊ Jul 18 23:41
♋ Ago 12 17:20

♌ Set 6 3:14
♍ Set 30 7:01
♎ Out 24 6:57
♏ Dez 17 5:02
♐ Dez 11 2:33

2007
♑ Jan 4 0:31
♐ Jan 28 0:32
♑ Fev 21 5:21
♒ Mar 17 19:00
♓ Abr 11 23:14
♈ Maio 8 4:27
♉ Jun 5 14:59
♊ Jul 14 15:23
♋ Ago 8 22:10 R
♌ Out 8 3:52
♍ Nov 8 18:04
♌ Dez 5 10:28
♍ Dez 30 15:01

2008
♎ Jan 24 5:05
♏ Fev 17 13:22
♐ Mar 12 19:50
♑ Abr 6 2:35
♒ Abr 30 10:34
♓ Maio 24 19:51
♈ Jun 18 5:48
♓ Jul 12 15:38
♈ Ago 6 1:19
♉ Ago 30 11:41
♊ Set 23 23:58
♋ Out 18 15:30
♌ Nov 12 12:24
♍ Dez 7 20:36

2009
♎ Jan 3 9:35
♏ Fev 3 0:40
♐ Abr 11 9:46 R
♏ Abr 24 4:18
♐ Jun 6 6:06
♑ Jul 5 5:22
♒ Jul 31 22:27
♓ Ago 26 13:11
♈ Set 20 10:31
♉ Out 14 19:46
♊ Nov 7 21:23
♋ Dez 1 7:03
♌ Dez 25 15:16

2010
♍ Jan 18 11:34
♎ Fev 11 9:09
♏ Mar 7 9:33

Apêndice: Tabelas Planetárias

Tabela A-5 — Vênus (continuação)

♉ Mar 31 14:34
♊ Abr 25 2:05
♋ Maio 19 22:04
♓ Jun 14 5:49
♍ Jul 10 8:31
♎ Ago 7 0:47
♏ Set 8 12:44

♎ Nov 8 0:05 R
♏ Nov 29 21:33

2011
♐ Jan 7 9:30
♑ Fev 4 2:57
♒ Mar 1 23:38
♓ Mar 27 3:52

♈ Abr 21 1:06
♉ Maio 15 19:11
♊ Jun 9 11:23
♋ Jul 4 1:16
♌ Jul 28 11:58
♍ Ago 21 19:10
♓ Set 14 23:39

♈ Out 9 2:49
♉ Nov 2 5:51
♊ Nov 26 9:35
♋ Dez 20 15:25

2012
♌ Jan 14 2:47
♍ Fev 8 3:00

♎ Mar 5 7:24
♏ Abr 3 12:17
♐ Ago 7 10:42
♑ Set 6 11:47
♐ Out 3 3:58
♑ Out 28 10:03
♒ Nov 21 22:19

Tabela A-6 — Marte

1930
♒ Fev 6 15:21
♑ Mar 17 2:55
♒ Abr 24 14:27
♓ Jun 3 0:15
♈ Jul 14 9:54
♉ Ago 28 8:27
♊ Out 20 11:43

1931
♉ Fev 16 11:27 R
♊ Mar 30 0:48
♋ Jun 10 11:58
♌ Ago 1 13:38
♍ Set 17 5:43
♎ Out 30 9:46
♍ Dez 10 0:11

1932
♎ Jan 17 21:35
♏ Fev 24 23:36
♐ Abr 3 4:02
♑ Maio 12 7:53
♒ Jun 22 6:19
♓ Ago 4 16:52
♈ Set 20 16:43
♉ Nov 13 18:25

1933
♊ Jul 6 19:03
♋ Ago 26 3:34
♌ Out 9 8:35
♍ Nov 19 4:18
♎ Dez 28 0:43

1934
♏ Fev 4 1:13
♐ Mar 14 6:09
♑ Abr 22 12:40
♒ Jun 2 13:21
♑ Jul 15 18:33
♒ Ago 30 10:43

♓ Out 18 1:59
♈ Dez 11 6:32

1935
♉ Jul 29 14:32
♊ Set 16 9:59
♋ Out 28 15:22
♌ Dez 7 1:34

1936
♍ Jan 14 10:59
♌ Fev 22 1:09
♍ Abr 1 18:30
♎ Maio 13 6:17
♏ Jun 25 18:53
♐ Ago 10 6:43
♑ Set 26 11:51
♒ Nov 14 11:52

1937
♓ Jan 5 17:39
♈ Mar 13 0:16
♓ Maio 14 19:52 R
♈ Ago 8 19:14
♉ Set 30 6:08
♊ Nov 11 15:31
♋ Dez 21 14:46

1938
♌ Jan 30 9:44
♍ Mar 12 4:48
♎ Abr 23 15:39
♏ Jun 6 22:28
♐ Jul 22 19:26
♏ Set 7 17:22
♐ Out 25 3:20
♑ Dez 11 20:25

1939
♒ Jan 29 6:49
♓ Mar 21 4:25
♈ Maio 24 21:19

♉ Jul 21 16:31 R
♊ Set 23 22:13
♋ Nov 19 12:56

1940
♌ Jan 3 21:05
♍ Fev 16 22:54
♎ Abr 1 15:41
♏ Maio 17 11:45
♐ Jul 3 7:32
♑ Ago 19 12:58
♒ Out 5 11:21
♓ Nov 20 14:16

1941
♒ Jan 4 16:42
♓ Fev 17 20:32
♈ Abr 2 8:46
♉ Maio 16 2:05
♊ Jul 2 2:17

1942
♋ Jan 11 19:21
♊ Mar 7 5:04
♋ Abr 26 3:18
♌ Jun 14 0:56
♍ Ago 1 5:27
♎ Set 17 7:11
♏ Nov 1 19:36
♐ Dez 15 13:51

1943
♈ Jan 26 16:10
♉ Mar 8 9:42
♊ Abr 17 7:25
♈ Maio 27 6:25
♉ Jul 7 20:05
♊ Ago 23 20:58

1944
♋ Mar 28 6:54
♌ Maio 22 11:16

♍ Jul 11 23:54
♎ Ago 28 21:23
♏ Out 13 9:09
♐ Nov 25 13:11

1945
♑ Jan 5 16:31
♒ Fev 14 6:58
♓ Mar 25 0:43
♈ Maio 2 17:29
♉ Jun 11 8:52
♊ Jul 23 5:59
♋ Set 7 17:56
♌ Nov 11 18:05
♋ Dez 26 12:04 R

1946
♍ Abr 22 16:31
♎ Jun 20 5:31
♏ Ago 9 10:17
♐ Set 24 13:35
♑ Nov 6 15:22
♐ Dez 17 7:56

1947
♑ Jan 25 8:44
♒ Mar 4 13:46
♓ Abr 11 20:03
♈ Maio 21 0:40
♉ Jun 31 0:34
♊ Ago 13 18:26
♋ Set 30 23:31
♌ Dez 1 8:44

1948
♍ Fev 12 7:28 R
♌ Maio 18 17:54
♍ Jul 17 2:25
♎ Set 3 10:58
♏ Out 17 2:43
♐ Nov 26 18:59

1949
♑ Jan 4 14:50
♒ Fev 11 15:05
♓ Mar 21 19:02
♈ Abr 29 23:33
♉ Jun 9 21:57
♊ Jul 23 2:54
♋ Set 7 1:51
♌ Out 26 21:58
♍ Dez 26 2:23

1950
♌ Mar 28 8:05 R
♍ Jun 11 17:27
♎ Ago 10 13:48
♏ Set 25 16:48
♐ Nov 6 3:40
♏ Dez 15 5:59

1951
♐ Jan 22 10:05
♑ Mar 1 19:03
♒ Abr 10 6:37
♓ Maio 21 12:32
♈ Jul 3 20:42
♉ Ago 18 7:55
♊ Out 4 21:20
♋ Nov 24 3:11

1952
♌ Jan 19 22:33
♍ Ago 27 15:53
♎ Out 12 1:45
♏ Nov 21 16:40
♐ Dez 30 18:35

1953
♑ Fev 7 22:07
♒ Mar 20 3:54
♓ Maio 1 3:08
♈ Jun 14 0:49
♉ Jul 29 16:25

(continua)

360 Astrologia Para Leigos

Tabela A-6 — Marte (continuação)

♐ Set 14 14:59
♑ Nov 1 11:19
♒ Dez 20 8:22

1954
♓ Fev 9 16:18
♈ Abr 12 13:28
♉ Jul 3 4:23 R
♊ Ago 24 10:22
♋ Out 21 9:03
♊ Dez 4 4:41

1955
♋ Jan 15 1:33
♌ Fev 26 7:22
♍ Abr 10 20:09
♎ Maio 25 21:50
♍ Jul 11 6:22
♎ Ago 27 7:13
♏ Out 13 8:20
♐ Nov 28 22:33

1956
♑ Jan 13 23:28
♒ Fev 28 17:05
♓ Abr 14 20:40
♈ Jun 3 4:51
♉ Dez 6 8:24

1957
♊ Jan 28 11:19
♋ Mar 17 18:34
♌ Maio 4 12:22
♍ Jun 21 9:18
♎ Ago 8 2:27
♏ Set 24 1:31
♐ Nov 8 18:04
♑ Dez 22 22:29

1958
♐ Fev 3 15:57
♑ Mar 17 4:11
♒ Abr 26 23:31
♓ Jun 7 3:21
♈ Jul 21 4:03
♉ Set 21 2:26
♊ Out 28 21:00 R

1959
♌ Fev 10 10:57
♍ Abr 10 6:46
♌ Maio 31 23:26
♍ Jul 20 8:03
♎ Set 5 19:46
♏ Out 21 6:40
Dez 3 15:09

1960
♐ Jan 14 1:59
♑ Fev 23 1:11
♒ Abr 2 3:24
♓ Maio 11 4:19
♈ Jun 20 6:05
♓ Ago 2 1:32
♈ Set 21 1:06

1961
♉ Fev 4 21:23 R
♊ Fev 7 2:25
♋ Maio 5 22:13
♌ Jun 28 20:47
♍ Ago 16 21:41
♎ Out 1 17:02
♏ Nov 13 18:50
♐ Dez 24 14:50

1962
♏ Fev 1 20:06
♐ Mar 12 4:58
♑ Abr 19 13:58
♒ Maio 28 20:47
♓ Jul 9 0:50
♈ Ago 22 8:37
♉ Out 11 20:54

1963
♊ Jun 3 3:30
♋ Jul 27 1:14
♌ Set 12 6:11
♍ Out 25 14:31
♎ Dez 5 6:03

1964
♏ Jan 13 3:13
♐ Fev 20 4:33
♑ Mar 29 8:24
♒ Maio 7 11:41
♓ Jun 17 8:43
♒ Jul 30 15:23
♓ Set 15 2:22
♈ Nov 6 0:20

1965
♉ Jun 28 22:12
♊ Ago 20 9:16
♋ Out 4 3:46
♊ Nov 14 4:19
♋ Dez 23 2:36

1966
♌ Jan 30 4:01
♒ Mar 9 9:55
♑ Abr 17 17:35
♒ Maio 28 19:07

♓ Jul 11 0:15
♈ Ago 25 12:52
♉ Out 12 15:37
♊ Dez 3 21:55

1967
♉ Fev 12 9:20
♊ Mar 31 3:10 R
♋ Jul 19 19:56
♌ Set 9 22:44
♍ Out 22 23:14
♎ Dez 1 17:12

1968
♍ Jan 9 6:49
♎ Fev 17 0:18
♏ Mar 27 20:43
♐ Maio 8 11:14
♑ Jun 21 2:03
♒ Ago 5 14:07
♓ Set 21 15:39
♈ Nov 9 3:10
♉ Dez 29 19:07

1969
♊ Fev 25 3:21
♋ Set 21 3:35
♌ Nov 4 15:51
♍ Dez 15 11:22

1970
♎ Jan 24 18:29
♏ Mar 6 22:28
♐ Abr 18 15:59
♑ Jun 2 3:50
♐ Jul 18 3:43
♑ Set 3 1:57
♒ Out 20 7:57
♓ Dez 6 13:34

1971
♈ Jan 22 22:34
♉ Mar 12 7:11
♊ Maio 3 17:57
♋ Nov 6 9:31
♌ Dez 26 15:04

1972
♍ Fev 10 11:04
♎ Mar 27 1:30
♍ Maio 12 10:14
♎ Jun 28 13:09
♏ Ago 14 21:59
♐ Set 30 20:23
♑ Nov 15 19:17
♒ Dez 30 13:12

1973
♓ Fev 12 2:51
♈ Mar 26 17:59
♉ Maio 8 1:09
♊ Jun 20 17:54
♉ Ago 12 11:56
♊ Out 29 19:56 R
♋ Dez 24 5:09

1974
♌ Fev 27 7:11
♍ Abr 20 5:18
♎ Jun 8 21:54
♏ Jul 27 11:04
♐ Set 12 16:08
♏ Out 28 4:05
♐ Dez 10 19:05

1975
♑ Jan 21 15:49
♒ Mar 3 2:32
♓ Abr 11 16:15
♈ Maio 21 5:14
♉ Jun 31 0:53
♊ Ago 14 17:47
♋ Out 17 5:44
♌ Nov 25 15:30 R

1976
♍ Mar 18 10:15
♎ Maio 16 8:10
♏ Jul 6 20:27
♐ Ago 24 2:55
♑ Out 8 17:23
♒ Nov 20 20:53
♓ Dez 31 21:42

1977
♒ Fev 9 8:57
♓ Mar 19 23:19
♈ Abr 27 12:46
♉ Jun 6 0:00
♊ Jul 17 12:13
♋ Ago 31 21:20
♊ Out 26 15:56

1978
♋ Jan 25 22:59 R
♌ Abr 10 15:50
♒ Jun 13 23:38
♑ Ago 4 6:07
♒ Set 19 17:57
♓ Nov 1 22:20
♈ Dez 12 14:39

1979
♉ Jan 20 14:07

♊ Fev 27 17:25
♉ Abr 6 22:08
♊ Maio 16 1:25
♋ Jun 25 22:55
♌ Ago 8 10:28
♍ Set 24 18:21
♎ Nov 19 18:36

1980
♍ Mar 11 17:46 R
♎ Maio 3 23:26
♍ Jul 10 14:59
♐ Ago 29 2:50
♑ Out 12 3:27
♒ Nov 21 22:42
♓ Dez 30 19:30

1981
♈ Fev 6 19:48
♉ Mar 16 23:40
♊ Abr 25 4:17
♋ Jun 5 2:26
♌ Jul 18 5:54
♍ Set 1 22:52
♎ Out 20 22:56
♏ Dez 15 21:14

1982
♐ Ago 3 8:45
♑ Set 19 22:20
♐ Out 31 20:05
♑ Dez 10 3:17

1983
♒ Jan 17 10:10
♓ Fev 24 21:19
♈ Abr 5 11:03
♉ Maio 16 18:43
♊ Jun 29 3:54
♋ Ago 13 13:54
♌ Set 29 21:12
♍ Nov 18 7:26

1984
♌ Jan 11 0:20
♍ Ago 17 16:50
♎ Out 5 3:02
♏ Nov 15 15:09
♐ Dez 25 3:38

1985
♑ Fev 2 14:19
♒ Mar 15 2:06
♓ Abr 26 6:13
♈ Jun 9 7:40
♓ Jul 25 1:04
♈ Set 9 22:31

Tabela A-6 — Marte (continuação)

≈ Out 27 12:16
♑ Dez 14 15:59

1986
≈ Fev 2 3:27
♓ Mar 28 0:47
♈ Out 8 22:01
♉ Nov 25 23:35

1987
♊ Jan 8 9:20
♋ Fev 20 11:44
♊ Abr 5 13:37
♋ Maio 21 0:01
♌ Jul 6 13:46
♍ Ago 22 16:51
♎ Out 8 16:27
♍ Nov 24 0:19

1988
♎ Jan 8 12:24
♏ Fev 22 7:15
♐ Abr 6 18:44
♑ Maio 22 4:42
≈ Jul 13 17:00
♓ Out 23 19:02 R
♈ Nov 1 9:57

1989
♉ Jan 19 5:11
♊ Mar 11 5:51
♋ Abr 29 1:37
♌ Jun 16 11:10
♍ Ago 3 10:35
♎ Set 19 11:38
♏ Nov 4 2:29
♐ Dez 18 1:57

1990
♑ Jan 29 11:10
♐ Mar 11 12:54
♑ Abr 20 19:09
≈ Maio 31 4:11
♓ Jul 12 11:44
♈ Ago 31 8:40
♉ Dez 14 4:46 R

1991
♊ Jan 20 22:15

♋ Abr 2 21:49
♌ Maio 26 9:19
♍ Jul 15 9:36
♌ Set 1 3:38
♍ Out 16 16:05
♎ Nov 28 23:19

1992
♏ Jan 9 6:47
♐ Fev 18 1:38
♑ Mar 27 23:04
≈ Maio 5 18:36
♓ Jun 14 12:56
♈ Jul 26 15:59
♓ Set 12 3:05

1993
♈ Abr 27 20:40
♉ Jun 23 4:42
♊ Ago 11 22:10
♋ Set 26 23:15
♌ Nov 9 2:29
♍ Dez 19 21:34

1994
♎ Jan 28 1:05
♏ Mar 7 8:01
♐ Abr 14 15:02
♏ Maio 23 19:37
♐ Jul 3 19:30
♑ Ago 16 16:15
≈ Out 4 12:48
♓ Dez 12 8:32

1995
♈ Jan 22 20:48 R
♉ Maio 25 13:09
♊ Jul 21 6:21
♋ Set 7 4:00
♌ Out 20 18:02
♍ Nov 30 10:57

1996
♎ Jan 8 8:02
♏ Fev 15 8:50
♐ Mar 24 12:12
♑ Maio 2 15:16
≈ Jun 12 11:42

♓ Jul 25 15:32
≈ Set 9 17:02
♓ Out 30 4:13

1997
♈ Jan 3 5:10
♉ Mar 8 16:49 R
♊ Jun 19 5:30
♋ Ago 14 5:42
♊ Set 28 19:22
♋ Nov 9 2:33
♌ Dez 18 3:37

1998
≈ Jan 25 6:26
♑ Mar 4 13:18
≈ Abr 12 22:05
♓ Maio 24 0:42
♈ Jul 6 6:00
♉ Ago 20 16:16
♊ Out 7 9:28
♉ Nov 27 7:10

1999
♊ Jan 26 8:59
♋ Maio 5 18:32 R
♌ Jul 5 0:59
♍ Set 2 16:29
♎ Out 16 22:35
♍ Nov 26 3:56

2000
♎ Jan 4 0:01
♏ Fev 11 22:04
♐ Mar 22 22:25
♑ Maio 3 16:18
≈ Jun 16 9:30
♓ Jul 31 22:21
♈ Set 16 21:19
♉ Nov 3 23:00
♊ Dez 23 11:37

2001
♋ Fev 14 17:06
♌ Set 8 14:51
♍ Out 27 14:19
♎ Dez 8 18:52

2002
♏ Jan 18 19:53
♐ Mar 1 12:05
♑ Abr 13 14:36
≈ Maio 28 8:43
♑ Jul 13 12:23
≈ Ago 29 11:38
♓ Out 15 14:38
♈ Dez 1 11:26

2003
♉ Jan 17 1:22
♊ Mar 4 18:17
♋ Abr 21 20:48
♌ Jun 16 23:25
♍ Dez 16 10:24

2004
♌ Fev 3 7:04
♍ Mar 21 4:39
♎ Maio 7 5:45
♏ Jun 23 17:50
♐ Ago 10 7:14
♑ Set 26 6:15
≈ Nov 11 2:11
♓ Dez 25 13:04

2005
♈ Fev 6 15:32
♓ Mar 20 15:02
♈ Abr 30 23:58
♉ Jun 11 23:30
♊ Jul 28 2:12 R

2006
♋ Fev 17 19:43
♌ Abr 13 21:58
♍ Jun 3 15:42
♎ Jul 22 15:52
♏ Set 8 1:18
♐ Out 23 13:37
♏ Dez 11 2:33

2007
♐ Jan 16 17:53
♑ Fev 25 10:32
≈ Abr 6 5:49
♓ Maio 15 11:06

♈ Jun 24 18:26
♉ Ago 7 3:01
♊ Set 28 20:54
♋ Dez 31 13:00 R

2008
♌ Mar 4 7:01
♍ Maio 9 17:19
♎ Jul 1 13:21
♏ Ago 19 7:03
♐ Out 4 1:33
♑ Nov 16 5:26
≈ Dez 27 4:30

2009
♓ Fev 4 12:55
≈ Mar 15 0:19
♓ Abr 22 10:44
♈ Maio 31 18:18
♉ Jul 11 23:55
♊ Ago 25 14:15
♋ Out 16 12:32

2010
♊ Jun 7 3:11
♋ Jul 29 20:46
♌ Set 14 19:37
♍ Out 28 3:47
♑ Dez 7 20:48

2011
≈ Jan 15 19:41
♓ Fev 22 22:05
♈ Abr 2 1:50
♉ Maio 11 4:03
♊ Jun 20 23:49
♉ Ago 3 6:21
♊ Set 18 22:50
♋ Nov 11 1:14

2012
♌ Jul 3 9:31
♍ Ago 23 12:24
♎ Out 7 0:20
♍ Nov 16 23:35
♎ Dez 25 21:48
♏ Dez 16 1:37

Tabela A-7 — Júpiter

1930
♋ Jun 26 19:42

1931
♌ Jul 17 4:52

1932
♍ Ago 11 4:16

1933
♎ Set 10 2:11

1934
♏ Out 11 1:55

1935
♐ Nov 8 23:56

1936
♑ Dez 2 5:39

1937
♒ Dez 20 1:06

1938
♓ Maio 14 4:46
♒ Jul 30 0:01 R
♓ Dez 29 15:34

1939
♈ Maio 11 11:08
♓ Out 29 21:44 R
♈ Dez 20 14:03

1940
♉ Maio 16 4:54

1941
♊ Maio 26 9:48

1942
♋ Jun 10 7:36

1943
♌ Jun 30 18:46

1944
♍ Jul 25 22:04

1945
♎ Ago 25 3:06

1946
♏ Set 25 7:19

1947
♐ Out 24 0:00

1948
♑ Nov 15 7:38

1949
♒ Abr 12 16:18
♑ Jun 27 15:29 R
♒ Nov 30 17:08

1950
♓ Abr 15 5:58
♒ Set 14 23:23 R
♓ Dez 1 16:57

1951
♈ Abr 21 11:57

1952
♉ Abr 28 17:50

1953
♊ Maio 9 12:33

1954
♋ Maio 24 1:43

1955
♌ Jun 12 21:07
♍ Nov 17 0:59

1956
♌ Jan 17 23:04
♍ R
♎ Jul 7 16:01
Dez 12 23:17

1957
♎ Fev 19 12:37 R
Ago 6 23:11

1958
♎ Jan 13 9:52
♏ Mar 20 16:13 R
Set 7 5:52

1959
♏ Fev 10 10:46
♐ Abr 24 11:10 R
Out 5 11:40

1960
♐ Mar 1 10:10
♑ Jun 9 22:52 R
Out 26 0:01

1961
♑ Mar 15 5:01
♒ Ago 12 5:54 R
Nov 3 23:49

1962
♒ Mar 25 19:07

1963
♈ Abr 4 0:19

1964
♉ Abr 12 3:52

1965
♊ Abr 22 11:32
♋ Set 21 1:40
♊ Nov 17 0:08 R

1966
♋ Maio 5 11:52
♌ Set 27 10:19

1967
♋ Jan 16 0:50 R
♌ Maio 23 5:21
♍ Out 19 7:51

1968
♌ Fev 27 0:33 R
♍ Jun 15 11:44
♎ Nov 15 19:44

1969
♍ Mar 30 18:36 R
♎ Jul 15 10:30
♏ Dez 16 12:55

1970
♎ Abr 30 3:43 R
♏ Ago 15 14:58

1971
♐ Jan 14 5:49
♏ Jun 4 23:12 R
♐ Set 11 12:33

1972
♑ Fev 6 16:37
♐ Jul 24 13:42 R
♑ Set 25 15:20

1973
♒ Fev 23 6:28

1974
♓ Mar 8 8:11

1975
♈ Mar 18 13:47

1976
♉ Mar 26 7:25
♊ Ago 23 7:24
♉ Out 16 17:24 R

1977
♊ Abr 3 12:42
♋ Ago 20 9:43
♊ Dez 30 20:50 R

1978
♋ Abr 11 21:12
♌ Set 5 5:31

1979
♋ Fev 28 20:35 R
♌ Abr 20 5:30
♍ Set 29 7:23

1980
♎ Out 27 7:10

1981
♏ Nov 26 23:19

1982
♐ Dez 25 22:57

1984
♑ Jan 19 12:04

1985
♒ Fev 6 12:35

1986
♓ Fev 20 13:05

1987
♈ Mar 2 15:41

1988
♉ Mar 8 12:44
♊ Jul 21 21:00
♉ Nov 30 17:53 R

1989
♊ Mar 11 0:26
♋ Jul 30 20:50

1990
♌ Ago 18 4:30

1991
♍ Set 12 3:00

1992
♎ Out 10 10:26

1993
♏ Nov 10 5:15

1994
♐ Dez 9 7:54

1996
♑ Jan 3 4:22

1997
♒ Jan 21 12:13

1998
♓ Fev 4 7:52

1999
♈ Fev 12 22:23
♉ Jun 28 6:29
♈ Out 23 2:48 R

2000
♉ Fev 14 18:40
♊ Jun 30 4:35

2001
♋ Jul 12 21:03

2002
♌ Ago 1 14:20

2003
♍ Ago 27 6:26

2004
♎ Set 25 0:23

2005
♏ Out 25 23:52

2006
♐ Nov 23 23:52

2007
♑ Dez 18 17:11

2009
♒ Jan 5 12:40

2010
♓ Jan 17 23:10
♈ Jun 6 3:27
♓ Set 9 1:49 R

2011
♈ Jan 22 14:11
♉ Jun 4 10:55

2012
♊ Jun 11 14:21

Apêndice: Tabelas Planetárias *363*

Tabela A-8 — Saturno

1932
♒ Fev 23 23:47
♑ Ago 13 8:14 R
♒ Nov 19 23:10

1935
♓ Fev 14 11:08

1937
♈ Abr 25 3:29
♓ Out 18 0:41 R

1938
♈ Jan 14 7:31

1939
♉ Jul 6 2:45
♈ Set 22 2:18 R

1940
♉ Mar 20 6:40

1942
♊ Maio 8 16:39

1944
♋ Jun 20 4:48

1946
♌ Ago 2 11:42

1948
♍ Set 19 1:36

1949
♌ Abr 3 0:38 R
♍ Maio 29 9:59

1950
♎ Nov 20 12:50

1951
♍ Mar 7 9:12 R
♎ Ago 13 13:44

1953
♏ Out 22 12:36

1956
♐ Jan 12 15:46
♏ Maio 14 0:45 R
♐ Out 10 12:11

1959
♑ Jan 5 10:33

1962
♒ Jan 3 16:01

1964
♓ Mar 24 1:18
♒ Set 16 18:04 R
♓ Dez 16 2:39

1967
♈ Mar 3 18:32

1969
♉ Abr 29 19:24

1971
♊ Jun 18 13:09

1972
♉ Jan 10 0:43 R
♊ Fev 21 11:53

1973
♋ Ago 1 19:20

1974
♊ Jan 7 17:26 R
♋ Abr 18 19:34

1975
♌ Set 17 1:57

1976
♋ Jan 14 10:16 R
♌ Jun 5 2:09

1977
♍ Nov 16 23:43

1978
♎ Jan 4 21:44
♏ Jul 26 9:02

1980
♎ Set 21 7:48

1982
♏ Nov 29 7:29

1983
♎ Maio 6 16:29 R
♏ Ago 24 8:54

1985
♐ Nov 16 23:10

1988
♑ Fev 13 20:51
♐ Jun 10 2:22 R
♑ Nov 12 6:26

1991
♒ Fev 6 15:51

1993
♓ Maio 21 1:58
♒ Jun 30 5:28 R

1994
♓ Jan 28 20:43

1996
♈ Abr 7 5:49

1998
♉ Jun 9 3:07
♈ Out 25 15:41 R

1999
♉ Fev 28 22:26

2000
♊ Ago 9 23:26
♉ Out 15 21:44 R

2001
♊ Abr 20 18:59

2003
♋ Jun 3 22:28

2005
♌ Jul 16 9:30

2007
♍ Set 2 10:48

2009
♎ Out 29 14:08

2010
♍ Abr 7 15:50 R
♎ Jul 21 12:10

2012
♏ Out 5 17:33

Tabela A-9 — Urano

1934	1949	1968	♐ Nov 16 9:05	♓ Dez 30 6:14
♉ Jun 6 12:41	♋ Jun 10 1:08	♎ Set 28 13:10	**1988**	**2010**
♈ Out 9 21:37 R	**1955**	**1969**	♑ Fev 14 21:11	♈ Maio 27 22:43
1935	♌ Ago 24 15:04	♍ Maio 20 17:51 R	♐ Maio 26 22:17 R	♓ Ago 14 0:36 R
♉ Mar 27 23:57	**1956**	♎ Jun 24 7:36	♑ Dez 2 12:35	**2011**
1941	♋ Jan 27 22:57 R	**1974**	**1995**	♈ Mar 11 21:49
♊ Ago 7 12:32	♌ Jun 9 22:48	♏ Nov 21 6:32	♒ Abr 1 9:11	
♉ Out 4 23:08 R	**1961**	**1975**	♑ Jun 8 22:42 R	
1942	♍ Nov 1 13:01	♎ Maio 1 14:46 R	**1996**	
♊ Maio 15 1:04	**1962**	♏ Set 8 2:16	♒ Jan 12 4:13	
1948	♌ Jan 10 2:53 R	**1981**	**2003**	
♋ Ago 30 12:40	♍ Ago 9 22:19	♐ Fev 17 6:02	♓ Mar 10 17:53	
♊ Nov 12 10:27 R		♏ Mar 20 20:15 R	♒ Set 15 0:47 R	

Apêndice: Tabelas Planetárias 365

Tabela A-10 — Netuno

1942	1956	1970	1998	2012
♎ Out 3 14:01	♎ Mar 11 22:53 R	♐ Jan 4 16:55	♒ Jan 28 23:52	♓ Fev 3 16:02
	♏ Out 19 6:27	♏ Maio 2 22:30 R	♑ Ago 22 21:13 R	
1943		♐ Nov 6 13:32	♒ Nov 27 22:19	
♍ Abr 17 7:56 R	**1957**			
♎ Ago 2 16:10	♎ Jun 15 17:07 R	**1984**	**2011**	
	♏ Ago 6 5:25	♑ Jan 18 23:55	♓ Abr 4 10:50	
1955		♐ Jun 22 22:10 R	♒ Ago 4 23:53 R	
♏ Dez 24 12:22		♑ Nov 21 10:21		

Astrologia Para Leigos

Tabela A-11 — Plutão

1937		1956		1971		1984		2008	
♌ Out 7	9:08	♍ Out 20	3:12	♎ Out 5	3:15	♎ Maio 18 11:35 R		♑ Jan 25	23:36
♋ Nov 25	6:13 R					♏ Ago 28	1:44	♐ Jun 14	2:13 R
		1957		**1972**				♑ Nov 26	22:02
1938		♌ Jan 14 23:45 R		♍ Abr 17	4:49 R	**1995**			
♌ Ago 3	14:56	♍ Ago 19	1:23	♎ Jul 30	8:39	♐ Jan 17	6:16		
						♏ Abr 20 23:56 R			
1939		**1958**		**1983**		♐ Nov 10	16:11		
♋ Fev 7	10:00 R	♌ Abr 11 11:58 R		♏ Nov 5	18:07				
♌ Jun 14	1:46	♍ Jun 10	15:50						

Apêndice: Tabelas Planetárias *367*

Tabela A-12 — Quíron

1933
♊ Jun 6   23:16
♉ Dez 22 4:52 R

1934
♊ Mar 23 10:54

1937
♋ Ago 27 14:03
♊ Nov 22 23:23 R

1938
♋ Maio 28 9:29

1940
♌ Set 30   0:25
♋ Dez 27 2:22 R

1941
♌ Jun 16 15:22

1943
♍ Jul 26   19:30

1944
♎ Nov 18   0:08

1945
♍ Mar 24 0:14 R
♎ Jul 22   13:15

1946
♏ Nov 10   4:04

1948
♐ Nov 28   9:51

1951
♑ Fev 8   22:20
♐ Jun 18 10:21 R
♑ Nov 8   13:17

1955
♒ Jan 27 13:27

1960
♓ Mar 26 10:40
♒ Ago 19 3:30 R

1961
♓ Jan 20 22:51

1968
♈ Abr 1   4:09
♓ Out 18 19:33 R

1969
♈ Jan 30   5:14

1976
♉ Maio 28 8:12
♈ Out 13 19:43 R

1977
♉ Mar 28 16:07

1983
♊ Jun 21 10:56
♉ Nov 29 10:17 R

1984
♊ Abr 11   1:20

1988
♋ Jun 21   6:41

1991
♌ Jul 21 12:55

1993
♍ Set 3   14:34

1995
♎ Set 9   11:31

1996
♏ Dez 29   8:23

1997
♎ Abr 4   13:40 R
♏ Set 3   0:30

1999
♐ Jan 7   7:34
♏ Jun 1   6:41 R
♐ Set 21 23:38

2001
♑ Dez 11 20:09

2005
♒ Fev 21 14:39
♑ Ago 1   0:38 R
♒ Dez 5   22:10

2010
♓ Abr 20   4:27
♒ Jul 20 6:48 R

2011
♓ Fev 28 16:55

368 Astrologia Para Leigos

Índice

• A •

abrindo um negócio, 287-288
Adams, Douglas (escritor), 212
Adams, Evangeline (Astrologia para
  Todos), 107, 113, 117
água (elemento), 14
Ali, Muhammad (boxeador), 162, 277
análise por hemisfério, 199
anos sessenta, 125, 197
Aquário
  Ascendente (ou signo ascendente), 75
  características, 75
  datas de, 75
  Descendente ou signo poente, 78
  fatos básicos, 78
  Imum Coeli (Fundo do Céu) em, 150
  Júpiter em, 116
  Lua em, 261
  Marte em, 113
  Meio do Céu (MC) em, 150
  Mercúrio em, 107
  Netuno em, 130
  no amor, 230
  no trabalho, 77
  planeta regente, 78
  Plutão em, 133
  Quíron em, 136
  relacionamentos, 76
  Saturno em, 120
  símbolo, 78
  típicos aquarianos, 77
  Urano em, 126
  Vênus em, 110
ar (elemento), 14
Áries
  no amor, 217
  Ascendente (ou signo ascendente), 140
  características, 44
  datas de, 44
  Descendente ou signo poente, 145
  fatos básicos, 47
  Imum Coeli (Fundo do Céu) em, 146
  Júpiter em, 115
  Lua em, 260
  Marte em, 111
  Meio do Céu (MC) em, 147
  Mercúrio em, 105

Netuno em, 128
planeta regente, 47
Plutão em, 132
Quíron em, 135
relacionamentos, 45
Saturno em, 118
símbolo, 47
típicos arianos, 47
no trabalho, 46
Urano em, 124
Vênus em, 108
Armstrong, Lance (ciclista de corrida),
  277
Armstrong, Louis (músico), 129
Armstrong, Neil (astronauta), 162
Ascendente (signo ascendente)
  Aquário, 144
  Áries, 140
  Câncer, 141
  Capricórnio, 142, 143
  descobrindo, 31-34
  descrição, 18-19, 31, 199
  Gêmeos, 141
  identificando-o em um mapa, 137
  influência de, 135-136, 137-138
  Leão, 139
  Libra, 140
  Peixes, 142
  planeta regente de, 19, 207-208
  Sagitário, 141
  Escorpião, 140
  Touro, 138
  Virgem, 135, 141
aspectos. Veja também conjunções;
aspectos difíceis; aspectos harmoniosos
  esfera de influência, 175
  fora de signos, 177
  fortes, 175
  Grande Cruz, 212
  Grande Trígono, 211-212
  interpretando, 177-179
  de Júpiter, 193-194
  da Lua, 183-186
  maiores, 173-177
  Mapas "Fáceis" contra mapas
    "desafiadores", 174
  de Marte, 191-193
  menores, 178
  de Mercúrio, 186-188

370 Astrologia Para Leigos

de Netuno, 196-198
padrões, 211-214
de Plutão, 196-198
Quadratura em T ou T-Quadrado, 213
de Saturno, 195-196
símbolos dos, 174
do Sol, 179-183
tipos de, 174
de Urano, 196-198
de Vênus, 188-191
Yod, Dedo do Destino, ou Mão de
   Deus, 213-214
aspectos difíceis
   definição, 174
   Grande Cruz, 212
   Júpiter/Netuno, 194
   Júpiter/Plutão, 195
   Júpiter/Saturno, 193
   Júpiter/Urano, 194
   Lua/Júpiter, 184
   Lua/Marte, 184
   Lua/Mercúrio, 183
   Lua/Netuno, 185
   Lua/Plutão, 185
   Lua/Saturno, 184
   Lua/Urano, 185
   Lua/Vênus, 183
   Marte/Júpiter, 191
   Marte/Netuno, 192
   Marte/Plutão, 193
   Marte/Saturno, 192
   Marte/Urano, 192
   Mercúrio/Júpiter, 187
   Mercúrio/Marte, 186
   Mercúrio/Netuno, 188
   Mercúrio/Plutão, 188
   Mercúrio/Saturno, 187
   Mercúrio/Urano, 187
   Mercúrio/Vênus, 186
   Netuno/Plutão, 198
   num instante, 176-177
   oposições, 174, 175, 176-177
   quadraturas, 174, 175, 176-177
   Saturno/Netuno, 196
   Saturno/Plutão, 196
   Saturno/Urano, 195
   Sol/Júpiter, 181
   Sol/Lua, 179
   Sol/Marte, 180
   Sol/Mercúrio, 180
   Sol/Netuno, 182
   Sol/Plutão, 182
   Sol/Saturno, 181
   Sol/Urano, 182
   Sol/Vênus, 180
   Urano/Netuno, 197

Urano/Plutão, 197
Vênus/Júpiter, 189
Vênus/Marte, 189
Vênus/Netuno, 190
Vênus/Plutão, 191
Vênus/Saturno, 189
Vênus/Urano, 190
aspectos fora de signos, 175
aspectos harmônicos. Veja também
   trígonos
   definição, 172
   num instante, 175
   Grande Cruz, 210
   Júpiter/Netuno, 194
   Júpiter/Plutão, 195
   Júpiter/Saturno, 193
   Júpiter/Urano, 194
   Lua/Júpiter, 184
   Lua/Marte, 184
   Lua/Mercúrio, 183
   Lua/Netuno, 185
   Lua/Plutão, 185
   Lua/Saturno, 184
   Lua/Urano, 185
   Lua/Vênus, 183
   Marte/Júpiter, 191
   Marte/Netuno, 192
   Marte/Plutão, 193
   Marte/Saturno, 192
   Marte/Urano, 192
   Mercúrio/Júpiter, 187
   Mercúrio/Marte, 186
   Mercúrio/Netuno, 188
   Mercúrio/Plutão, 188
   Mercúrio/Saturno, 187
   Mercúrio/Urano, 187
   Mercúrio/Vênus, 186
   Netuno/Plutão, 198
   Saturno/Netuno, 196
   Saturno/Plutão, 196
   Saturno/Urano, 195
   sextis, 174, 175, 176-177
   quadraturas, 174, 175, 176-177
   Sol/Júpiter, 181
   Sol/Marte, 180
   Sol/Mercúrio, 180
   Sol/Lua, 179
   Sol/Netuno, 182
   Sol/Plutão, 182
   Sol/Saturno, 181
   Sol/Urano, 182
   Sol/Vênus, 180
   Urano/Netuno, 197
   Urano/Plutão, 197
   Vênus/Júpiter, 189
   Vênus/Marte, 189

Índice 371

Vênus/Netuno, 190
Vênus/Plutão, 191
Vênus/Saturno, 189
Vênus/Urano, 190
aspectos menores, 178
aspectos principais. Veja também
conjunções
Astrodienst (site), 26
Astrolabe (site), 26
AstrolDelux ReportWriter (software), 29
astrologia eletiva, 283
astrologia médica, 15
astrólogo, tornando-se, 281
Astrólogos astecas, 267
astrólogos védicos, 98
Astrology: A Cosmic Science (Hickey), 283
Astrology for Everyone (Adams), 117
astronomia
constelações, 10-11
eclíptica, 10, 32
signos do zodíaco, 10, 11-12
atletas, 162, 275
atração, o o poder da, 275-276
Autobiografia de um Iogue (Yogananda), 198

• B •

Bach, Johann Sebastian (compositor), 130
Barr, Candy (stripper), 151
beleza (ou poder da atração), 277-278
A Beleza da Vida (Morris), 147
Berkowitz, David (assassino), 142
Bernays, Edward (pai das Relações Públicas), 128
Björk (cantora/performer), 148
Bono (cantor de rock), 57
Bush, George W. (ex-presidente dos EUA), 201

• C •

calendários astrológicos, 234, 257, 283
caminho espiritual, iluminação, 98
Câncer
no amor, 222
Ascendente (ou signo ascendente), 141
características,
datas de, 12
Descendente ou signo poente, 145

fatos básicos, 81
Imum Coeli (Fundo do Céu) em, 149
Júpiter em, 115
Lua em, 260
Marte em, 112
Meio do Céu (MC) em, 147
Mercúrio em, 106
Netuno em, 129
planeta regente, 18
Plutão em, 132
Quíron em, 135
relacionamentos, 79
Saturno em, 118
símbolo, 12
típicos cancerianos, 81
no trabalho, 80
Urano em, 125
Vênus em, 109
Capricórnio
no amor, 229
Ascendente (ou signo ascendente), 142
características,
datas de, 12
Descendente ou signo poente, 145
fatos básicos, 63
Imum Coeli (Fundo do Céu) em, 147
Júpiter em, 115
Lua em, 97
Marte em, 112
Meio do Céu (MC) em, 149
Mercúrio em, 107
Netuno em, 130
planeta regente, 18
Plutão em, 133
Quíron em, 134
relacionamentos, 62
Saturno em, 119
símbolo, 12
típicos capricornianos, 64
no trabalho, 63
Urano em, 125
Vênus em, 109
características dos signos, 12-16
cardinais (signos), 13, 207. Veja também
Áries; Câncer; Libra
Carey, Mariah (cantora), 205
carreira
Aquário, 77-79
Áries, 44-45
Câncer, 82
Capricórnio, 63
Escorpião, 85-86
Gêmeos, 68
Leão, 48
Libra, 71-72

372 Astrologia Para Leigos

Peixes, 89
Sagitário, 51
Touro, 56
Virgem, 59-60
Caronte (lua de Plutão), 130-131
Casanova (conquistador), 128
casar, o momento de, 286
casas. Veja também as casas em
específico
ativas, 273
características, 151-152
classificações, 207
na cúspide, 20, 30
determinando, 34-36
Júpiter em, 163-164
lista de, 152
Lua nas, 154-156, 259-260
Marte nas, 160-162
Mercúrio nas, 157-159
Netuno nas, 168-169
Nodos da Lua nas, 156-157
planetas, 207-208
planetas regentes das, 172, 210
Plutão nas, 169-171
Saturno nas, 164-165
significados das, 20
sistemas para a divisão, 35
Sol nas, 153-154
tábuas das, 20, 24-25
Urano nas, 166-167
vazias, 171-172
Vênus em, 159-160
casas vazias, interpretação, 171-172
Castro, Fidel (presidente de Cuba), 204
catástrofes (interpretando-as), 254
Cayce, Edgar (médium), 282
Celestial Guide calendar, 234, 257, 283
Celestial Influences calendar, 234, 257
certidão de nascimento, online, 22
céticos, atacando a astrologia, 11
começando um negócio, 285-286
Chamberlain, Neville (primeiro-ministro
do Reino Unido), 128
Chaucer, Geoffrey (Contos de
Canterbury), 140
Chesterton, G. K. (O que há de errado
com o mundo?), 147
Churchill, Winston (primeiro-ministro
do Reino Unido), 128, 213
cientistas, Saturno em mapas astrais de,
208
cirurgia, momento de, 288-289
Clinton, Bill (ex-presidente dos EUA), 278
Clinton, Hillary Rodham (senadora), 224

comprar computadores, o momento
para, 287-288
conjunções. Veja também aspectos
definição, 174
esfera de influência, 175
Júpiter/Netuno, 194
Júpiter/Plutão, 195
Júpiter/Saturno, 193
Júpiter/Urano, 194
localização em um mapa, 176
Lua/Júpiter, 184
Lua/Marte, 184
Lua/Mercúrio, 183
Lua/Netuno, 185
Lua/Plutão, 185
Lua/Saturno, 184
Lua/Urano, 185
Lua/Vênus, 183
Marte/Júpiter, 191
Marte/Netuno, 192
Marte/Plutão, 193
Marte/Saturno, 192
Marte/Urano, 192
Mercúrio/Júpiter, 187
Mercúrio/Marte, 186
Mercúrio/Netuno, 188
Mercúrio/Plutão, 188
Mercúrio/Saturno, 187
Mercúrio/Urano, 187
Mercúrio/Vênus, 186
Netuno/Plutão, 198
Saturno/Netuno, 196
Saturno/Plutão, 196
Saturno/Urano, 195
Sol/Júpiter, 181
Sol/Lua, 179
Sol/Marte, 180
Sol/Mercúrio, 180
Sol/Netuno, 182
Sol/Plutão, 182
Sol/Saturno, 181
Sol/Urano, 182
Sol/Vênus, 180
Urano/Netuno, 197
Urano/Plutão, 197
Vênus/Júpiter, 189
Vênus/Marte, 189
Vênus/Netuno, 190
Vênus/Plutão, 191
Vênus/Saturno, 189
Vênus/Urano, 190
constelações, 10-11
construindo um mapa astral
à moda antiga, 23-25
determinando as casas, 34-36
descobrindo o Ascendente, 31-34

Índice 373

erros, evitando, 29
fontes online, 25-26
hora de nascimento, 22-23, 24, 30, 31
identificando os planetas, 30-31
software para, 26-28
tempo de nascimento desconhecido, 31
visão geral, 36-38
Web sites, 25-26
Contos de Canterbury (Chaucer), 140
Copérnico (astrônomo), 114
  O Curador Ferido, 134
cúspide de uma casa, 20, 30

• ☽ •

da Vinci, Leonardo (artista), 213
Dalai Lama (líder espiritual tibetano), 151
datas favoráveis, para
  abertura de um negócio, 290-288
  adquirir computadores, 289-290
  casamento, 285-286
  cirurgia, 290-291
  comprar um imóvel, 290
  diminuir o ritmo, 292
  escrever um romance ou roteiro, 292
  festas, dar, 289
  primeiro encontro, 287
  programas de dieta ou exercício, 291
  reuniões, agendar, 288-289
décima segunda casa
  Júpiter em, 166
  Lua em, 158, 262
  Marte em, 164
  Mercúrio em, 161
  Netuno em, 171
  Nodos da Lua em, 159
  Plutão em, 172
  Saturno em, 167
  Sol em, 156
  Urano em, 169
  Vênus em, 162
Dedo de Deus, 215-216
Davis, Miles (músico), 214
Davis, Ossie (ativista dos direitos civis), 234
décima casa
  Júpiter na, 166
  Lua na, 157, 262
  Marte em na 162
  Mercúrio na, 158
  Netuno na, 169
  Nodos da Lua na, 157
  Plutão na, 170

Saturno na, 165
Sol na, 153
Urano na, 167
Vênus na, 160
décima primeira casa
  Júpiter na, 164
  Lua na, 155, 260
  Marte na, 162
  Mercúrio na, 159
  Netuno na, 169
  Nodos da Lua na, 157
  Plutão na, 170
  Saturno na, 165
  Sol na, 154
  Urano na, 167
  Vênus na, 160
Dee, Ruby (ator), 232
descansar, momento de, 290
Descendente (signo poente)
  Aquário, 145
  Áries, 145
  Câncer, 145
  Capricórnio, 145
  características, 201
  definição, 138
  Escorpião, 144
  Gêmeos, 145
  influência de, 144
  Leão, 145
  Libra, 144
  localização em um mapa, 144
  Peixes, 145
  Sagitário, 145
  Touro, 145
  Virgem, 145
destino, 2, 10
deusas da Lua, 255
Diana, Princesa de Gales, 166
dieta ou exercício programas, de tempo para, 289
Dobyns, Zípora (astróloga), 134
Duncan, Isadora (dançarina), 128

• E •

Earhart, Amelia (aviador), 202
eclipse, 261-262
eclipse lunar, 261-262
eclipse solar, 261-262
eclíptica, 10, 32
Efeito de Marte, 162
efemérides, 25, 139
exercício, momento de, 289

374 Astrologia Para Leigos

Eggers, Dave (escritor), 205
Einstein, Albert (físico), 87, 128
Electronic Astrologer Series (Software), 27-28
elementos
    avaliação, 206
    mapa de, 14
    signos de água, 79-80
    signos de ar, 67-68
    signos de fogo, 43-44
    signos de terra, 53-54
    elemento água, 14
    elemento ar, 14
    elemento fogo, 13
    elemento terra, 13
    descrição, 12, 13-14
emprego
    Aquário, 77-78
    Áries, 65
    Câncer, 82
    Capricórnio, 63
    Escorpião, 85-86
    Gêmeos, 70
    Leão, 50
    Libra, 73
    Peixes, 89
    Sagitário, 53
    Touro, 58
    Virgem, 61-62
equinócios, 11
equinócio vernal (primeiro dia do outono no hemisfério sul; primeiro dia da primavera no hemisfério norte), 11
Era de Aquário (escritor), 11
Escorpião
    no amor, 227
    Ascendente (ou signo ascendente), 142
    características,
    datas de, 12
    Descendente ou signo poente, 144
    fatos básicos, 86
    Imum Coeli (Fundo do Céu) em, 147
    Júpiter em, 115
    Lua em, 96
    Marte em, 112
    Meio do Céu (MC) em, 149
    Mercúrio em, 106
    Netuno em, 129
    planeta regente, 18
    Plutão em, 133
    Quíron em, 136
    relacionamentos, 85
    Saturno em, 118
    símbolo, 12
    típicos escorpianos, 86

    no trabalho, 85
    Urano em, 125
    Vênus em, 109
escrever, quando começar a, 290
Esposa de Bath (personagem literário), 140
extrovertido,
Evans, Mary Anne (escritor), 142

• F •

famosos
    aquarianos, 77
    arianos, 47
    cancerianos, 83
    capricornianos, 66
    escorpianos, 86
    leoninos, 50
    librianos, 74
    mapas online de, 26
    piscianos, 90
    sagitarianos, 54
    taurinos, 59
    virginianos, 62
fator celebridade, 278-279
fatos básicos
    Aquário, 78
    Áries, 47
    Câncer, 83
    Capricórnio, 65
    Escorpião, 86
    Gêmeos, 71
    Leão, 51
    Libra, 74
    Peixes, 89
    Sagitário, 54
    Touro, 59
    Virgem, 62
festas, o melhor momento para, 287
fixos (signos), 13, 207. Veja também Aquário; Leão; Touro
fogo (elemento), 13
fora de curso, Lua, 262
Freud, Sigmund (psicanalista), 130, 144, 204
Friedman, Hank (astrólogo), 28, 29

• G •

Galileu (astrônomo), 114, 125
Galle, Johann (astrônomo), 127
Gandhi, Mahatma (líder espiritual do Índia), 128

Índice *375*

Gates, Bill (bilionário da informática), 171

Gauquelin, Michel (cientista/setores de Gauquelin), 162, 208, 280

Gêmeos
Ascendente (ou signo ascendente), 141
características,
datas de, 12
Descendente ou signo poente, 145
fatos básicos, 71
Imum Coeli (Fundo do Céu) em, 149
Júpiter em, 114
Lua em, 94
Marte em, 111
Meio do Céu (MC) em, 147
Mercúrio em, 106
Netuno em, 127
no amor, 220
no trabalho, 70
planeta regente, 18
Plutão em, 132
Quíron em, 135
relacionamentos, 72
Saturno em, 117
símbolo, 12
Urano em, 124
Vênus em, 108

glifos (símbolos),
da Lua, 17, 94
de Aquário, 12, 42, 73
de Áries, 12, 42
de aspectos, 174
de Câncer, 12, 78
de Capricórnio, 12, 61
de Escorpião, 12, 83-84
de Gêmeos, 12, 66
de Júpiter, 17, 113
de Leão, 12, 46
de Libra, 12, 69
de Marte, 17
de Mercúrio, 17
de Netuno, 17, 127
de Peixes, 12, 87
de Quíron, 17
de Sagitário, 12, 49
de Saturno, 17, 105, 117
de Sol, 17, 41
de Touro, 12, 54
de Urano, 17, 123
de Vênus, 17, 108
de Virgem, 12, 57-58
dos planetas, 17, 104
dos principais aspectos, 174
sobre, 1-2
Goldberg, Whoopi (atriz), 19

Gore, Al (político), 204
Grande Cruz, 212
Grande Trígono, 211-212
Guide to Horoscope Interpretation (Jones), 200, 201

• *H* •

habilidade de fazer dinheiro, 279
habilidade psíquica, 280
Halley, Edmund (cientista), 9
Hand, Robert (astrólogo), 35
Hickey, Isabel M. (Astrology: A Cosmic Science), 281
Hilton, Paris (socialite), 277
Homem do zodíaco, 15
hora. Veja horário.
hora de nascimento
aproximada, 22-23
desconhecida, 23, 31
determinando, 24
exata, 22
localizando na tabela, 30
horário
horário de verão, 24, 32, 139, 292
horário padrão, 139
fuso horários, 24, 30, 139, 292
horário de nascimento
aproximada, 22-23
desconhecida, 23, 31
determinando, 24
exata, 22
localizando na tabela, 30
horário de verão, 24, 32, 139, 292
horóscopo. Veja também mapa de nascimento
definição, 10
mapas online, 25-26, 27, 137, 146
mensal ou semanal, 258
Hudson, Kate (atriz), 30
Hughes, Howard (magnata), 63

• *I* •

Imum Coeli (Fundo do Céu)
Aquário, 147
Áries, 149
Câncer, 149
Capricórnio, 147
descrição, 138, 146, 201
Escorpião, 147
Gêmeos, 149
Leão, 149
Libra, 146-147

376 Astrologia Para Leigos

Peixes, 148
Sagitário, 147
Touro, 149
Virgem, 150
interpretação do mapa astral
análise por hemisfério, 199, 200-201
análise por modelo, 201-205
configurações de aspectos, 211-214
local de nascimento, longitude e latitude, 24
montando tudo, 214
os signos, 206-207
planetas nas casas, 207
principais componentes de, 209-211
inconjunção ou quincunce, 178
interpretando um mapa astral
análise por hemisfério, 199, 200-201
configurações de aspectos, 211-214
juntando-os, 214
os signos, 206-207
planetas nas casas, 207
principais componentes, 209-211
introvertido, 200
Irving, Washington (escritor), 142

• J •

Jackson, Janet (cantora), 140
Jackson, Stonewall (general da guerra civil estadunidense), 212
Jim Maynard's Celestial Guide, 234, 257, 283
Jim Maynard's Celestial Influences, 234, 257
Jolie, Angelina (atriz), 277
Jones, Marc Edmund (Guide to Horoscope Interpretation), 200, 201
Jones, Quincy (músico), 213
Jung, Carl (psicanalista), 9
Júpiter
aspectos, 193-194
características de, 16, 113-114
em Aquário, 116
em Áries, 114
em Câncer, 115
em Capricórnio, 115
em Escorpião, 115
em Gêmeos, 114
em Leão, 115
em Libra, 115
em Peixes, 116
em Sagitário, 115
em Touro, 114
em Virgem, 115
luas de, 114

nas casas, 163-164
palavra-chave de, 17
símbolo de, 17, 113
tabelas planetárias, 356
trânsitos, 239-242

• K •

Kahlo, Frida (artista), 276
Kelly, Grace (atriz/princesa), 142
Kennedy, Jacqueline (antiga Primeira Dama estadunidense), 142
Kepler 7.0 (software), 28
palavras-chave dos planetas, 17, 104
Kidman, Nicole (atriz), 32-33, 36-38
King, de Billie Jean (tenista), 202
King, Coretta Scott (esposa de Martin Luther King, Jr.), 57
Sistema Koch, 35
Kowal, Charles (cientista), 134

• L •

LaMarr, Barbara (atriz), 140
Latifah, Queen (cantora/atriz), 205
Leão
Ascendente (ou signo ascendente), 141
características,
datas de, 12
Descendente ou signo poente, 145
fatos básicos, 49
Imum Coeli (Fundo do Céu) em, 149
Júpiter em, 115
Lua em, 95
Marte em, 111
Meio do Céu (MC) em, 147
Mercúrio em, 106
Netuno em, 129
no amor, 223
no trabalho, 48
planeta regente, 278
Plutão em, 132
Quíron em, 135
relacionamentos, 47
Saturno em, 118
símbolo, 12
típicos leoninos, 48
Urano em, 125
Vênus em, 109
Leigh, Jennifer Jason (atriz), 211
Leno, Jay (apresentador de talk show), 210

Índice 377

Libra
  Ascendente (ou signo ascendente), 141
  características,
  datas de, 12
  Descendente ou signo poente, 145
  fatos básicos, 49
  Imum Coeli (Fundo do Céu) em, 149
  Júpiter em, 115
  Lua em, 95
  Marte em, 111
  Meio do Céu (MC) em, 147
  Mercúrio em, 106
  Netuno em, 129
  no amor, 223
  no trabalho, 48
  planeta regente, 270
  Plutão em, 132
  Quíron em, 135
  relacionamentos, 47
  Saturno em, 118
  símbolo, 12
  típicos librianos, 48
  Urano em, 125
  Vênus em, 109
Lincoln, Abraham (ex-Presidente dos EUA), 202
Lindbergh, Anne (esposa de Charles Lindbergh), 234-236
Lindbergh, Charles (aviador), 234
Llewellyn's Daily Planetary Guide, 234, 257, 283
longitude e latitude do local de nascimento, 24
Love, Courtney (cantora), 210
Lowell, Percival (astrônomo), 131
Lua
  aspectos, 183-186
  divindades da, 255
  eclipse lunar, 261-262
  em Aquário, 99, 261
  em Áries, 94, 260
  em Câncer, 95, 260
  em Capricórnio, 97, 261
  em Escorpião, 96, 261
  em Gêmeos, 94, 260
  em Leão, 95, 260
  em Libra, 96, 261
  em Peixes, 97, 261
  em Sagitário, 96, 261
  em Touro, 94, 260
  em Virgem, 95, 260
  esfera de influência, 175
  fases da, 256-257
  identificando em um mapa, 30
  localizando em um mapa, 93

nodos da, 97-102, 156-157
palavra-chave da, 17
posicionamento nas casas, 154-156, 259-260
significado da, 16, 209
símbolo da, 17, 94
tabelas planetárias, 297-342
trânsitos da, 261-262
vazia de curso, 262
Lua cheia, 256, 257
Lua escura, 261
Lua fora de curso (vazia de curso), 262
Lua Nova, 256, 261
lua de Plutão, 123-131
luas de Júpiter, 114

• M •

A maldição do astrólogo, 254-255
Manilius (astrólogo romano), 15
Mão de Deus, 213-214
mãos que curam, 277-278
mapa astral. Veja também mapa astral, construindo; mapa astral
  de Cayce, Edgar, 280
  de Hickey, Isabel, 281
  de Hilton, Paris, 277
  de Kahlo, Frida, 274
  de Kidman, Nicole, 37, 38
  de Lindbergh, Anne, 235-236
  de Warhol, Andy, 276
  de Welch, Jack, 279
  de Winfrey, Oprah, 175
  Descendente ou signo poente, 144
  descrição, 10, 21-22
  interpretação, 171
  retificação, 23
mapa astral, construindo
  com Mercúrio, Vênus e Marte retrógrados, 272
  de Morrison, Toni, 256
  descobrindo o ascendente, 31-34
  determinando as casas, 34-36
  erros, evitando, 29
  fontes online, 25-26
  hora de nascimento desconhecida, 31
  hora de nascimento para, 22-23, 24, 30, 31
  identificando os planetas, 30-31
  jeito antigo, 23-25
  obtendo-os online, 25-26, 139, 146
  quatro pontos de vista, 138
  software para, 26-28
  visão geral, 36-38
  Websites, 25-26

378 Astrologia Para Leigos

mapas. Veja mapa astral
mapas "duras", 174
mapas "fáceis", 174
Marte
  aspectos, 191-193
  características de, 16, 110-111
  em Aquário, 112
  em Áries, 111
  em Câncer, 111
  em Capricórnio, 112
  em Escorpião, 112
  em Gêmeos, 111
  em Leão, 111
  em Libra, 112
  em mapas de atletas, 275
  em Peixes, 113
  em Sagitário, 112
  em Touro, 111
  em Virgem, 112
  nas casas, 160-162
  palavra-chave de, 17, 104
  proeminência em mapas de atletas, 208
  retrógrado, 268-269, 270
  símbolo para, 17
  tabelas planetárias, 353-355
  trânsitos, 237-239
Mata Hari (espiã), 142
Maynard, Jim, 259
Celestial Guide, 234, 257, 283
Celestial Influences, 234, 257
MC. Veja Meio do Céu
McCarthy, Eugene (político), 129
Meio do Céu (MC)
  Aquário, 149
  Áries, 146-147
  Câncer, 147
  Capricórnio, 149
  definição, 138
  descrição, 201
  Escorpião, 149
  Gêmeos, 147
  Leão, 147
  Libra, 148-149
  Peixes, 150
  Sagitário, 149
  Touro, 147
  Virgem, 148
Mercúrio
  em Aquário, 107
  em Áries, 105
  aspectos, 186-188
  em Câncer, 106
  em Capricórnio, 107
  em Escorpião, 106
  em Gêmeos, 106

  nas casas, 157-159
  palavra-chave e símbolo, 17
  em Leão, 106
  em Libra, 106
  em Peixes, 107
  tabelas planetárias, 343-348
  características de, 16, 105
  retrógrado, 264-267, 270
  em Sagitário, 107
  em Touro, 105-106
  em Virgem, 106
meridiano, 20
mitologia
  avaliando, 207
  cardinal, 13, 207
  definição, 12
  fixa, 13, 207
  Júpiter na, 113
  Lua na, 255
  mapa de, 14
  Marte na, 110
  Mercúrio na, 105
  modalidade de signos
  mutável, 13, 207
  Plutão na, 131
  Saturno na, 116
  Vênus na, 108
modelos. Veja também padrões
  análise por hemisfério,
  balde, 204
  espalhado, 205
  feixe, 203
  funil, 206
  gangorra, 207
  locomotiva, 205
  tigela, 204
momento astrológico
  abrindo um negócio, 285-286
  aquisição de computadores, 287-288
  casamento, 283-284
  cirurgia, 288-289
  compra de um imóvel, 288
  dieta ou programas de exercícios, 289
  diminuindo o ritmo, 290
  escrevendo um romance ou roteiro, 290
  festas, dando, 287
  primeiro encontro, 285
  reuniões, marcando, 286-287
Morris, William (The Beauty of Life), 146-147
Morrison, Toni (romancista), 282
morte violenta, 167
mutáveis (signos), 13, 207. Veja também

• N •

negócio, momento de começar um, 285-286

Netuno
aspectos, 196-198
características de, 16, 196
descoberta de, 127
em Aquário, 130
em Áries, 128
em Câncer, 129
em Capricórnio, 130
em Escorpião, 129
em Gêmeos, 129
em Leão, 129
em Libra, 129
em Peixes, 130
em Sagitário, 130
em Touro, 128
em Virgem, 129
influência de, 127-128
nas casas, 168-169
palavra-chave e símbolo, 17
proeminência em um mapa de nascimento, 128
símbolo para, 127
tabelas planetárias, 359
trânsitos, 248-250

Newton, Isaac (cientista), 10

Nodo Sul. Veja também Nodos da Lua
descrição, 98
posicionamento em um mapa astral, 99

Nodos da Lua
descrição, 97-98, 156
nas casas, 156-157
localização em um mapa astral, 98-99

Nodo Norte em Aquário/ Nodo Sul em Leão, 102

Nodo Norte em Áries/Nodo Sul em Libra, 100

Nodo Norte em Câncer/Nodo Sul em Capricórnio, 100

Nodo Norte em Capricórnio/Nodo Sul em Câncer, 102

Nodo Norte em Escorpião/Nodo Sul em Touro, 101

Nodo Norte em Gêmeos/Nodo Sul em Sagitário, 100

Nodo Norte em Leão/Nodo Sul em Aquário, 101

Nodo Norte em Libra/Nodo Sul em Áries, 101

Nodo Norte em Peixes/Nodo Sul em Virgem, 102

Nodo Norte em Sagitário/Nodo Sul em Gêmeos, 101-102

Nodo Norte em Touro/Nodo Sul em Escorpião, 100

Nodo Norte em Virgem/Nodo Sul em Peixes, 101
Júpiter na, 164
Lua na, 155, 260
Marte na, 161
Mercúrio na, 158
Netuno na, 169
nona casa, 157
símbolo dos, 99
tabelas planetárias, 342-343

Nodos da Lua na, 157
novil, 178
Plutão na, 170
Saturno na, 165
Sol na, 153
Urano na, 167
Vênus na, 160

• O •

oitava casa
Júpiter na, 163
Lua na, 155, 260
Marte na, 161
Mercúrio na, 158
Netuno na, 169
Nodos da Lua na, 157
Plutão na, 170
Saturno na, 165
Sol na, 153
Urano na, 166
Vênus na, 160

oposições. Veja também aspectos difíceis
definição, 174
esfera de influência, 175
num instante, 176-177
posicionamento em um mapa, 176

• P •

padrão balde, 204
padrão espalhado, 205
padrão feixe, 203
padrão funil, 206
padrão gangorra, 207
padrão locomotiva, 205
padrão tigela, 204
padrões. Veja também modelos
análise por hemisfério,
balde, 204

380 Astrologia Para Leigos

espalhado, 205
feixe, 203
funil, 206
gangorra, 207
locomotiva, 205
tigela, 204
Pai do Tempo, 116
pedras da sorte. Veja fatos básicos
Peixes
Ascendente (ou signo ascendente), 144
características,
datas de, 12
Descendente ou signo poente, 145
fatos básicos, 89
Imum Coeli (Fundo do Céu) em, 148
Júpiter em, 116
Lua em, 97
Marte em, 113
Meio do Céu (MC) em, 150
Mercúrio em, 107
Netuno em, 130
no amor, 231
no trabalho, 89
planeta regente, 18
Plutão em, 133
Quíron em, 136
relacionamentos, 86
Saturno em, 119
símbolo, 12
típicos piscianos, 90
Urano em, 126
Vênus em, 110
Picasso, Pablo (artista), 128, 230
Placidus de Tito (astrólogo), 37
planeta regente
do Ascendente, 19, 209-210
pelo posicionamento da casa, 172, 210
dos signos, 17-18
planetas. Veja também trânsitos;
planetas específicos
casas regidas pelos, 172
identificando-os em um mapa, 30-31
localização em um mapa astral, 103-104
mapa dos, 152
ocupando um ângulo, 273
padrões no mapa astral, 201-205
palavras-chave dos, 17, 104
planetas pessoais, 103
proeminente, 273
regendo o Ascendente, 19, 209-210
retrógrados, 263-264
sentido direto, 263
significado de, 16-17
signos regidos pelos, 17-18

símbolos para, 104
visão geral, 103-104
planetas exteriores. Veja também
Netuno; Plutão; Quíron, 16, 17, 132-134, 361
definição, 103
Planetas pessoais, 103
retrógrados, 269
Urano, 123-125
Plutão
aspectos, 198
características de, 16, 196
em Aquário, 133
em Áries, 132
em Câncer, 132
em Capricórnio, 133
em Escorpião, 133
em Gêmeos, 132
em Leão, 132-133
em Libra, 133
em Peixes, 133
em Sagitário, 133
em Touro, 132
em Virgem, 133
influência de, 1320
lua de, 130-131
nas casas, 169-171
palavra-chave de, 17
símbolos para, 17, 131
tabelas planetárias, 360
trânsitos, 251-253
visão geral, 130-131
polaridade dos signos
definição, 12, 13
mapa de, 14
posicionamentos em um mapa, 176-177
esfera de influência, 175
símbolos para, 174
visão geral, 173-175
precessão dos equinócios, 11
previsões mensais ou semanais, 258
primeira casa
Júpiter na, 163
Lua na, 154, 259
Marte na, 160
Mercúrio na, 157
Netuno na, 168
Nodos da Lua na, 156
Plutão na, 169
posicionamento em um mapa astral, 36
Saturno na, 164
Sol na, 153
Urano na, 166
Vênus na, 159

Índice **381**

primeiro encontro, melhor momento
para um, 285
Prince (músico), 142
programas de exercício, momento para,
289
Ptolomeu (astrônomo), 35, 114

• ♀ •

Quadratura em T, 213
quadraturas. Veja também aspectos
difíceis
definição, 174
espera de influência, 175
Júpiter na, 163
Lua na, 154, 260
Marte na, 161
Mercúrio na, 158
Netuno na, 168
Nodos da Lua na, 156
num instante, 176-177
O que há de errado com o mundo?
(Chesterton), 147
Plutão na, 170
posicionamento em um mapa, 176
quadratura em T, 213
Saturno na, 164
Sol na, 153
Urano na, 166
Vênus na, 159
quincunce ou inconjunção, 178
quinta casa
Júpiter na, 163
Lua na, 154, 260
Marte na, 161
Mercúrio na, 158
Netuno na, 168
Nodos da Lua na, 156
Plutão na, 170
quintil, 178
Saturno na, 165
Sol na, 153
Urano na, 166
Vênus na, 159
Quíron
características de, 16, 134
como o curandeiro ferido, 134
descoberta de, 18
em Aquário, 136
em Áries, 135
em Câncer, 135
em Capricórnio, 136
em Escorpião, 136
em Gêmeos, 135
em Leão, 135

em Libra, 136
em Peixes, 136
em Sagitário, 136
em Touro, 135
em Virgem, 136
influência de, 134-135
palavra-chave e símbolo, 17
tabelas planetárias, 361

• ℞ •

Ray, Rachael (cozinheiro), 211
Reagan, Ronald (ex-presidente dos EUA),
129
regentes planetários, 17-18
relacionamentos. Veja também
relacionamentos amorosos
Aquário, 76
Áries, 45
Câncer, 81
Capricórnio, 64
Escorpião, 85
Gêmeos, 70
Leão, 49
Libra, 73
Peixes, 88
Sagitário, 52
Touro, 58
Virgem, 61
relacionamentos amorosos. Veja
também relacionamentos
Aquário em, 230-231
Áries em, 217-219
Câncer em, 222-223
Capricórnio em, 229-230
descrição, 263-264
Escorpião em, 227-228
Gêmeos em, 220-222
Leão em, 223-225
Libra em, 226-227
Marte, 268-269, 270
Mercúrio, 264-267, 270
Peixes em, 231
planetas exteriores, 269
problemas de compatibilidade, 231
retificando um mapa, 23
retrógrado, 99
reuniões, marcando, 286-287
Vênus, 267-268, 270
Rob Brezsny's Free Will Astrology
Newsletter (website), 258
Roosevelt, Eleanor (ex-primeira-dama),
72
Roosevelt, Theodore (ex-presidente dos
EUA), 130

382 Astrologia Para Leigos

Ryder, Winona (atriz), 210

• S •

Sagitário
    Ascendente (ou signo ascendente), 143
    características, 51
    datas de, 12
    Descendente ou signo poente, 145
    fatos básicos, 52
    Imum Coeli (Fundo do Céu) em, 147
    Júpiter em, 115
    Lua em, 96
    Marte em, 112
    Meio do Céu (MC) em, 149
    Mercúrio em, 107
    Netuno em, 130
    no amor, 228
    planeta regente, 18
    Plutão em, 133
    Quíron em, 136
    relacionamentos, 50
    Saturno em, 119
    símbolo, 12
    típicos sagitarianos, 52
    trabalho, 51
    Urano em, 125
    Vênus em, 109
Saturno, 119
    aspectos, 195-196
    características, 116-117
    em Aquário, 119
    em Áries, 117
    em Câncer, 118
    em Capricórnio, 119
    em Escorpião, 118
    em Gêmeos, 117
    em Leão, 118
    em Libra, 118
    em Peixes, 119
    em Sagitário, 119
    em Touro, 117
    em Virgem, 118
    nas casas, 164-165
    palavra-chave de, 17
    significado de, 16
    símbolo de, 17, 105, 117
    tabelas planetárias, 357
    trânsitos, 242-245
Schwarzenegger, Arnold (político/ator), 162
segunda casa
    Júpiter na, 163
    Lua na, 154, 260
    Marte na, 160
    Mercúrio na, 157
    Netuno na, 168

    Nodos da Lua na, 156
    Plutão na, 169
    Saturno na, 164
    Sol na, 153
    Urano na, 166
    Vênus na, 159
semissextil, 178
semi-quadratura, 178
O Senhor dos Anéis (Tolkien), 197
sentido direto, 263
sétima casa
    Júpiter na, 163
    Lua na, 155, 260
    Marte na, 161
    Mercúrio na, 158
    Netuno na, 168
    Nodos da Lua na, 157
    Plutão na, 170
    Saturno na, 165
    Sol na, 153
    Urano na, 166
    Vênus na, 159
Setores de poder (setores de Gauquelin),
  208, 282
sexta casa
    Júpiter na, 163
    Lua na, 155, 260
    Marte na, 161
    Mercúrio na, 158
    Netuno na, 168
    Nodos da Lua na, 157
    Plutão na, 170
    Saturno na, 165
    Sol na, 153
    Urano na, 166
    Vênus na, 159
sextis
    definição, 174
    esfera de influência, 175
    num instante, 177
    posicionamento em um mapa, 176
Shields, Brooke (atriz), 275
signo ascendente. Veja também
  Ascendente
    Aquário, 143-144
    Áries, 140
    Câncer, 141
    Capricórnio, 142, 143
    descobrindo, 31-34
    descrição, 18-19, 31, 201
    Gêmeos, 141
    identificando-o em um mapa, 139
    influência de, 137-138, 139-140
    Leão, 141
    Libra, 142
    Peixes, 144

Índice *383*

planeta regente de, 19, 209-210
Sagitário, 143
Escorpião, 142
Touro, 140
Virgem, 137, 141
signo solar astrológico,
signos solares. Veja também Sol; signos
solares específicos
analisando, 206-207
constelações, 11
datas dos, 12
descrição, 10, 151
Lua transita por, 261
oposição, 13
planetas regentes dos, 17-18
tabela dos, 12
símbolo de, 12, 17
determinando, 12, 30
na cúspide, 20, 30
visão geral, 11-12
características, 12-16
signos cardinais, 13, 205. Veja também
Áries; Câncer; Libra
signos fixos, 13, 205. Veja também
Aquário; Leão; Touro
signos mutáveis,
signos de ar, 65-66. Veja também
Aquário; Gêmeos, Libra
signos de água, 79-80. Veja também
Câncer; Peixes; Escorpião
signos de fogo, 41-42. Veja também
Áries, Leão; Sagitário
signos de terra, 53-54. Veja também
Capricórnio; Touro; Virgem
signos do zodíaco. Veja signos solares
signos mutáveis, 13, 207. Veja também
Gêmeos; Peixes; Sagitário; Virgem
para a lua, 17, 94
para Aquário, 12, 42, 73
para aspectos, 174
para Capricórnio, 12, 61
para Escorpião, 12, 83-84
para Gêmeos, 12, 66
para Júpiter, 17, 113
para Libra, 12, 69
para Marte, 17
para Mercúrio, 17
para Netuno, 17, 127
para o Câncer, 12, 80
para os planetas, 17, 104
para Peixes, 12, 87
para Quíron, 17
para Saturno, 17, 105, 117
para Sol, 17, 41
para Touro, 12, 54

para Vênus, 17, 108
para Virgem, 12, 57-58
por Áries, 12, 42
por Leão, 12, 46
por Sagitário, 12, 49
por Urano, 17, 123
signos negativos (yin), 13
signos opostos, 13
signos positivos (yang), 13
símbolos (glifos)
sobre, 1-2
Simpson, Nicole Brown (esposa de O. J.
Simpson), 212
Simpson, O. J. (atleta), 212
Sinatra, Frank (cantor), 205
sistema de divisões de casas, 35
Sistema Placidus, 35
sites da Web
Astrology Zone de Susan Miller, 258
calendários astrológicos, 283
certidão de nascimento, 22
de compras de software astrológicos,
28
mapas astrais, 25-26, 146
previsões mensais ou semanais, 258
software astrológico, 26-28
Sol. Veja também signos solares; signos
solares específicos
aspectos, 179-183
caminho de (eclíptica), 10, 32
eclipse solar, 261-262
esfera de influência, 175
palavra-chave de, 17
posição em um mapa, 30
posicionamento por casa, 153-154
significado de, 16, 209
símbolo de, 17, 41
sorte, 2
tabelas planetárias, 293-296
Springsteen, Bruce (músico de rock), 30
Stein, Gertrude (escritora), 232
stelliums, 211
Stone, Oliver (diretor de cinema), 30
Streep, Meryl (atriz), 213
sucesso profissional, efeito de Marte
sobre, 162
Susan Miller's Astrology Zone (website),
260

• T •

tabela de logaritmos proporcionais, 25
tabelas planetárias
Júpiter, 356
Lua, 297-342

384 Astrologia Para Leigos

Marte, 353-355
Mercúrio, 343-348
Netuno, 359
Nodos da Lua, 342-343
Plutão, 360
Quíron, 361
Saturno, 357
Sol, 291-295
trânsitos em, 234
Urano, 358
utilizando, 291-292
Vênus, 348-352
tábua de casas, 14-15
talento artístico, 273-274
talento de escrita, 108, 282
talentos
artísticos, 273-274
atléticos, 275
beleza (ou poder de atração), 275-276
escrita, 282
fator celebridade, 276-277
ganhar dinheiro, 279
habilidade psíquica, 280
mãos que curam, 277-278
Tarô, cartas de, 15
Taylor, Elizabeth (atriz), 171
tempo. Veja horário
terceira casa
Júpiter na, 163
Lua na, 154, 260
Marte na, 159
Mercúrio na, 158
Netuno na, 168
Nodos da Lua na, 156
Plutão na, 169
Saturno na, 164
Sol na, 153
Urano na, 166
Vênus na, 159
terra (elemento), 13
Terra, oscilando em seu eixo, 11
Time Cycles Research Programs
(software), 26–27
TimePassages (software), 27
tino comercial, 278-279
Toklas, Alice B. (companheira de
Gertrude Stein), 232
Tolkien, J.R.R. (O Senhor dos Anéis), 197
Tombaugh, Clyde (astrônomo), 131
tornando-se um astrólogo, 281
Touro
no amor, 219
Ascendente (ou signo ascendente), 140
características, 55
datas de, 12

Descendente ou signo poente, 145
fatos básicos, 57
Imum Coeli (Fundo do Céu) em, 149
Júpiter em, 114
Lua em, 94
Marte em, 111
Meio do Céu (MC) em, 147
Mercúrio em, 105
Netuno em, 128
planeta regente, 18
Plutão em, 132
Quíron em, 135
relacionamentos, 56
Saturno em, 117
símbolo, 12
típicos taurinos, 59
no trabalho, 58
Urano em, 124
Vênus em, 108
trabalho
Aquário, 77
Áries, 46
Câncer, 82
Capricórnio, 65
Escorpião, 85
Gêmeos, 70
Leão, 50
Libra, 73
Peixes, 89
Sagitário, 53
Touro, 58
Virgem, 61
trânsitos
identificando-os em um mapa, 234
importância de, 234-236
interpretando, 253-254
Júpiter, 239-242
Lua, 261-262
Marte, 237-239
Netuno, 248-250
Plutão, 251-253
Saturno, 242-245
seguindo, 236-237
visão geral, 233
Urano, 245-248
trígonos. Veja também aspectos
harmoniosos
definição, 174
esfera de influência, 175
Grande Trígono, 211-212
localizando em um mapa, 176
num instante, 177
Truman, Harry (ex-presidente dos EUA),
56
Trump, Donald (empresário), 202
T-quadrado, 213

Índice

• U •

Ullman, Tracey (comediante), 142
Urano
   aspectos, 196-198
   características de, 16, 123, 1964
   em Aquário, 126
   em Áries, 124
   em Câncer, 125
   em Capricórnio, 125
   em Escorpião, 125
   em Gêmeos, 124-1253
   em Leão, 125
   em Libra, 125
   em Peixes, 126
   em Sagitário, 125
   em Touro, 124
   em Virgem, 125
   nas casas, 166-167
   símbolo de, 17, 123
   tabelas planetárias, 358
   trânsitos, 245-2486

• V •

van Gogh, Vincent (artista), 130, 202
védicos (astrólogos), 98
Vênus
   aspectos, 188-191
   beleza amplificada, 275-276
   características de, 16, 108
   em Aquário, 110
   em Áries, 108
   em Câncer, 109
   em Capricórnio, 110
   em Escorpião, 109
   em Gêmeos, 108
   em Leão, 109
   em Libra, 109
   em Peixes, 110
   em Sagitário, 109
   em Touro, 108
   em Virgem, 109
   nas casas, 1597-160
   palavra-chave de, 17
   retrógrado, 267-268, 270
   símbolo para, 17, 108
   tabelas planetárias, 348-3520
   visão geral, 107-108
Victoria, rainha da Inglaterra, 198
Virgem
   Ascendente (ou signo ascendente), 137
   características, 59
   datas de, 12
   Descendente ou signo poente, 145
   fatos básicos, 62
   Imum Coeli (Fundo do Céu) em, 160
   Júpiter em, 115
   Lua em, 95-96
   Marte em, 112
   Meio do Céu (MC) em, 148
   Mercúrio em, 106
   Netuno em, 129
   no amor, 225
   no trabalho, 61-62
   planeta regente, 18
   Plutão em, 133
   Quíron em, 135
   relacionamentos, 59
   Saturno em, 118
   símbolo, 12, 57-58
   típicos virginianos, 60
   Urano em, 125
   Vênus em, 109

• W •

Warhol, Andy (artista), 171, 212, 276-277
Welch, Jack (CEO da General Electric), 278-279
Whitehead, Alfred North (matemático), 232
Whitehead, Mary Beth (mãe de aluguel), 95
Whitman, Walt (poeta), 155, 198
Winfrey, Oprah (talk show)
   aspectos do mapa, 174, 176
   mapa astral, 175
   planetas em casas de substância, 207
   quadratura em T, 213
Woods Tiger (jogador de golfe profissional), 162, 275
Woolf, Virginia (escritora), 128

yang, signos (positivos),13
yin, signos (negativos), 13
Yod, Dedo do Destino, ou Mão de Deus, 213-214
Yogananda, Paramahansa (Autobiografia de um Iogue), 197